算数 出題分野分析表

分野 ＼ 年度		2024	2023	2022	2021	2020	2019	2018	2017	2016	2015
計算	四則計算・逆算	○							○		○
	計算のくふう										
	単位の計算									○	
和と差	和差算・分配算										○
	消去算		◎								
	つるかめ算	○								○	
	平均とのべ		○								
	過不足算・差集め算			○			○				
	集まり										
	年齢算										
割合と比	割合と比										
	正比例と反比例										
	還元算・相当算										
	比の性質					○			○		○
	倍数算							○			
	売買損益										
	濃度		○			○			○		
	仕事算										
	ニュートン算										
速さ	速さ			○							○
	旅人算					○	○				○
	通過算										
	流水算	○									
	時計算			○					○		
	速さと比	◎			○	○	○		○	○	○
図形	角度・面積・長さ	○	●		○	◎		○		○	
	辺の比と面積の比・相似			◎			○	○	◎	○	○
	体積・表面積							○			◎
	水の深さと体積										●
	展開図										
	構成・分割		○				○				
	図形・点の移動				○	○		●			
表とグラフ											
数の性質	約数と倍数										
	N進数										
	約束記号・文字式								○		
	整数・小数・分数の性質			○			○	●	○	○	●
規則性	植木算										
	周期算	[illegible]	[illegible]	[illegible]	[illegible]	[illegible]	○	○			
	数	[illegible]	[illegible]	[illegible]	[illegible]	[illegible]					
	方陣	[illegible]	[illegible]	[illegible]	[illegible]	[illegible]					
	図形と規	[illegible]	[illegible]	[illegible]	[illegible]	[illegible]				○	
場合の		[illegible]	[illegible]	[illegible]	[illegible]	[illegible]		◎		○	
調べ・推理・条件の整		[illegible]	[illegible]	[illegible]	[illegible]	[illegible]		◎		○	
その他											

※　○印はその分野の問題が1題，◎印は2題，●印は3題以上出題されたことをしめします。

社会　出題傾向＆対策

◆基本データ(2024年度)

試験時間／満点	50分／40点
問題構成	・大問数…１題 ・小問数…13問
解答形式	記述問題を中心に構成されているが，用語の記入や記号選択も見られる。記述問題は，解答らんが１～２行のものが中心で，字数が指定されているものも１問ある。
実際の問題用紙	Ｂ５サイズ，小冊子形式
実際の解答用紙	Ｂ４サイズ

◆過去10年間の分野別出題率

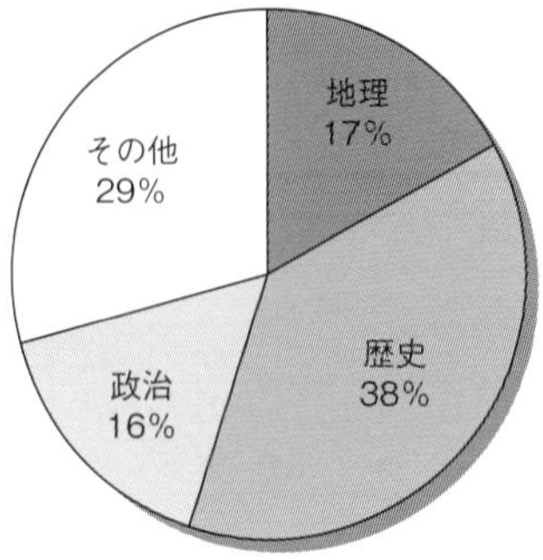

※　配点(推定ふくむ)をもとに算出

◆近年の出題内容

【 2024年度 】	【 2023年度 】
〔**総合**〕教育と社会の歴史を題材にした問題	〔**総合**〕「公共のもの」を題材にした問題

◆出題傾向と内容

例年，**非常に長い文章を用いた総合問題**が出題されます。形式としては，あるテーマについて深くはば広く検討できるような文章と地図，史料，統計資料などがまずしめされ，そのテーマについてさまざまな角度から小問が設定されています。

したがって，本校入試では断片的な知識だけを問うものや，各分野だけに限定されたものはほとんど出されません。逆に，**あるテーマに関して全分野の知識をさまざまな角度から問う**という形式が本校の特ちょうといってよいでしょう。たとえば，ある地方について，歴史上どのようなできごとがあり，そして現在はどのような生活や産業活動が営まれているか，それらに共通している特色は何かを考えてみる，また，ある産業や制度が歴史上どのように発展してきたかをたどり，その原因や問題点について調べてみる，さらに，日ごろの衣食住に関連する問題，新聞・テレビ・雑誌などで大きく取り上げられる問題について考えてみるといった力が要求されます。これに加えて，地図，年表，グラフ，統計を読み取る能力も要求されます。

◆対策～合格点を取るには？～

上でのべたように，**断片的な細かい知識を一つずつ覚えるだけではなく，あわせて社会的なことがらについての思考力とそれをまとめる記述力を養うような学習法が大切**です。そのためには，まず教科書に書いてあることがらを正確に理解し，覚えておくことが必要です。そのうえで，応用的な勉強法として，各分野について次のようなことを実行してみるのはどうでしょうか。

地理の分野では，関東，東北などの地方ごとに区切り，まずその地方の歴史を調べてみましょう。また，農産物・工業原料・工業製品の移動を追ってみましょう。ある産業がある地方に立地している場合には，その立地条件，発展の歴史，問題点について整理してみることも必要です。

歴史の分野では，一つの時代ごとに事項を覚えるだけでなく，ある地域ごとに，また，政治・経済・文化・外交などの分野ごとにことがらをまとめて，できごとが起こった原因と結果，そしてその影響をふまえて歴史の流れを追ってみるのがよいでしょう。

政治の分野では，政治のしくみがどこでどのように発達してきたか考えることが大切です。現在の世界の国々で政治がどのように行われているかを調べてみることも必要です。

各分野ごとの勉強のほかに，新聞・テレビ・年鑑などを利用して時事問題に関心を持つのを忘れないこと。そのさい，地図や年表などをつねに手近におくようにしましょう。

■2025年度中学受験用

麻布中学校

10年間(＋3年間HP掲載)スーパー過去問

●収録内容一覧

入試問題と解説・解答の収録内容

2024年度（令和６年度）	算数・社会・理科・国語　実物解答用紙DL
2023年度（令和５年度）	算数・社会・理科・国語　実物解答用紙DL
2022年度（令和４年度）	算数・社会・理科・国語　実物解答用紙DL
2021年度（令和３年度）	算数・社会・理科・国語
2020年度（令和２年度）	算数・社会・理科・国語
2019年度（平成31年度）	算数・社会・理科・国語
2018年度（平成30年度）	算数・社会・理科・国語
平成29年度	算数・社会・理科・国語
平成28年度	算数・社会・理科・国語
平成27年度	算数・社会・理科・国語
平成26～24年度（HP掲載） 「カコ過去問」 （ユーザー名）koe （パスワード）w8ga5a1o	問題・解答用紙・解説解答DL **◇著作権の都合により国語と一部の問題を削除しております。** ◇一部解答のみ（解説なし）となります。 ◇９月下旬までに全校アップロード予定です。 ◇掲載期限以降は予告なく削除される場合があります。

～本書ご利用上の注意～　以下の点について，あらかじめご了承ください。

★別冊解答用紙は巻末にございます。実物解答用紙は，弊社サイトの各校商品情報ページより，一部または全部をダウンロードできます。

★編集の都合上，学校実施のすべての試験を掲載していない場合がございます。

★当問題集のバックナンバーは，弊社には在庫がございません（ネット書店などに一部在庫あり）。

合格を勝ち取るための『スーパー過去問』の使い方

本書に掲載されている過去問をご覧になって，「難しそう」と感じたかもしれません。でも，多くの受験生が同じように感じているはずです。なぜなら，中学入試で出題される問題は，小学校で習う内容よりも高度なものが多く，たくさんの知識や解き方のコツを身につけることも必要だからです。ですから，初めて本書に取り組むさいには，点数を気にしすぎないようにしましょう。本番でしっかり点数を取れることが大事なのです。

過去問で重要なのは「まちがえること」です。自分の弱点を知るために，過去問に取り組むのです。当然，まちがえた問題をそのままにしておいては意味がありません。

本書には，長年にわたって中学入試にたずさわっているスタッフによるていねいな解説がついています。まちがえた問題はしっかりと解説を読み，できるようになるまで何度も解き直しをしてください。理解できていないと感じた分野については，参考書や資料集などを活用し，改めて整理しておきましょう。

このページも参考にしてみましょう！

◆どの年度から解こうかな　「入試問題と解説・解答の収録内容一覧」

本書のはじめには収録内容が掲載されていますので，収録年度や収録されている入試回などを確認できます。

※著作権上の都合によって掲載できない問題が収録されている場合は，最新年度の問題の前に，ピンク色の紙を差しこんでご案内しています。

◆学校の情報を知ろう!!「学校紹介ページ」

このページのあとに，各学校の基本情報などを掲載しています。問題を解くのに疲れたら息ぬきに読んで，志望校合格への気持ちを新たにし，再び過去問に挑戦してみるのもよいでしょう。なお，最新の情報につきましては，学校のホームページなどでご確認ください。

◆入試に向けてどんな対策をしよう？「出題傾向＆対策」

「学校紹介ページ」に続いて，「出題傾向＆対策」ページがあります。過去にどのような分野の問題が出題され，どのように対策すればよいかをアドバイスしていますので，参考にしてください。

◇別冊「入試問題解答用紙編」

本書の巻末には，ぬき取って使える別冊の解答用紙が収録してあります。解答用紙が非公表の場合などを除き，（注）が記載されたページの指定倍率にしたがって拡大コピーをとれば，実際の入試問題とほぼ同じ解答欄の大きさで，何度でも過去問に取り組むことができます。このように，入試本番に近い条件で練習できるのも，本書の強みです。また，データが公表されている学校は別冊の１ページ目に過去の「入試結果表」を掲載しています。合格に必要な得点の目安として活用してください。

本書がみなさんの志望校合格の助けとなることを，心より願っています。

株式会社　声の教育社　編集部

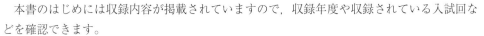

麻布中学校

所在地	〒106-0046 東京都港区元麻布2-3-29
電　話	03-3446-6541
ホームページ	https://www.azabu-jh.ed.jp/
交通案内	地下鉄日比谷線「広尾駅」1番出口より徒歩10分 地下鉄大江戸線・南北線「麻布十番駅」より徒歩12～15分

くわしい情報はホームページへ

トピックス

★学校説明会は，Web説明会として実施(参考：昨年度)。
★学校見学会は，人数制限のうえで7月・9月・10月の土曜日に計6回実施(参考：昨年度)。

創立年 明治28年　男子校　高校募集 なし

応募状況

年度	募集数	応募数	受験数	合格数	倍率
2024	300名	826名	796名	352名	2.3倍
2023	300名	918名	880名	365名	2.4倍
2022	300名	934名	890名	371名	2.4倍
2021	300名	881名	844名	377名	2.2倍
2020	300名	1016名	971名	383名	2.5倍
2019	300名	1037名	998名	376名	2.7倍

入試情報（参考：昨年度）

・出願期間：2024年１月10日９時
　～2024年１月17日13時
　〔インターネット出願〕
　※受験票は，2024年１月17日までに印刷し，試験日に持参となります。
・試 験 日：2024年２月１日　８時30分集合
・合格発表：2024年２月３日　15時～17時頃
　〔Web上および本校中庭に掲示〕

本校の特色

・カリキュラム：中高一貫教育のもと，６年間の連続性を考慮した独自のカリキュラムを編成しています。教諭陣には専任教諭を多くそろえ，原則として各クラスを正担任と副担任で受け持ちます。定期試験は１・２学期に中間・期末の各２回，３学期は期末のみです。また，高校では年３回，主要３教科の実力試験があります。
・校則：明文化された校則はありませんが，学校生活や社会生活を円滑にするためにモラルは必要であると考え，常に自覚したうえで行動するよう指導しています。
・論集：生徒の学習意欲と知的探究心の高揚を願い，年に１回「論集」を刊行しています。生徒の作品・報告書・論文などから選ばれたものが掲載されます。

2023年度の主な大学合格実績

＜国公立大学・大学校＞
東京大，京都大，東京工業大，一橋大，東北大，北海道大，筑波大，東京外国語大，千葉大，横浜国立大，東京医科歯科大，埼玉大，電気通信大，防衛医科大，防衛大，東京都立大，横浜市立大

＜私立大学＞
慶應義塾大，早稲田大，上智大，国際基督教大，東京理科大，明治大，青山学院大，立教大，中央大，法政大，学習院大，成蹊大，成城大，明治学院大，國學院大，東京慈恵会医科大，順天堂大，昭和大，日本医科大，東京医科大

編集部注―本書の内容は2024年2月現在のものであり，変更されている場合があります。正式な情報は，学校のホームページ等で必ずご確認ください。

算数　出題傾向＆対策

◆基本データ(2024年度)

試験時間／満点	60分／60点
問　題　構　成	・大問数…６題 計算問題１題／応用小問１題(２問)／応用問題４題 ・小問数…14問
解　答　形　式	必要な単位などはあらかじめ印刷してある。解答だけでなく式や考え方を書くスペースが設けられている。
実際の問題用紙	Ａ３サイズ
実際の解答用紙	問題用紙に書きこむ形式

◆過去10年間の出題率トップ５

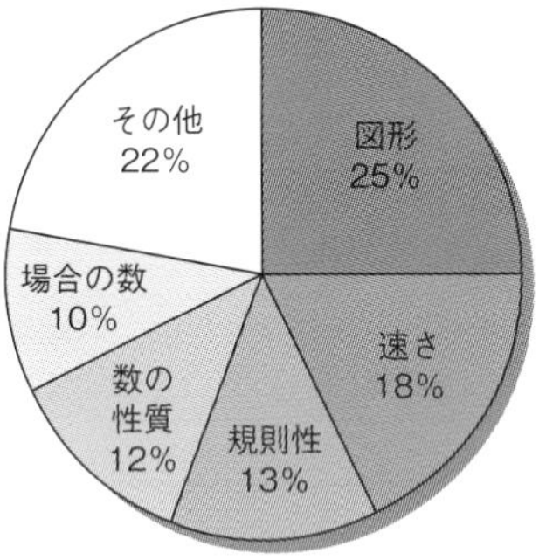

※　配点(推定ふくむ)をもとに算出

◆近年の出題内容

		【 2024年度 】			【 2023年度 】
大問	1	四則計算	大問	1	消去算
	2	平面図形－面積		2	平面図形－構成，面積
	3	流水算，速さと比		3	平面図形－角度，長さ
	4	数列		4	濃度，平均とのべ，消去算
	5	速さと比，つるかめ算		5	図形と規則
	6	場合の数		6	条件の整理

◆出題傾向と内容

全体的に見ると，**各分野の基本的な考えを組み合わせた，思考力・推理力を重視する応用問題**が目立ちます。問題の内容は高度なものですが，**小設問の順を追って解いていくと解法の見通しが立つ**ようにくふうされています。

内容的には図形の問題が毎年よく出されています。移動や対称，相似比がからんだもの，作図をさせるもの，高度な直感力を必要とする空間図形など，新傾向問題もふくめバラエティーにとんでいます。これとならんでよく取り上げられるものに，濃度や速さの問題をふくめた割合に関する設問があります。これについては，どの単元からの出題か迷うといったものは少なく，素直で基礎的なものが多いのが特ちょうです。さらに，場合の数についても，図形や整数とからめたものをふくめてよく出題されています。どれもけっこう面倒で，ていねいさと根気が必要です。

◆対策～合格点を取るには？～

本校の問題は基礎的事項の組み合わせからなる応用問題がほとんどですから，基礎的事項の復習から始めるのが本筋です。この“基礎的事項”の中には，各種の定理のほかに，計算力もふくまれます。計算力をみがくためには，日頃からスピードと正確さの２点を念頭において計算練習をくり返してください。

また，文章題を解いているときに，解き方がわかったからといって計算をおろそかにしてしまうということは絶対に禁物です。答えの見直しや自分の考え方の確認ができなくなりますから，**ふだんの学習からていねいな答案をつくる**ように心がけましょう。

基礎的事項がマスターできたら，あとは思考力・推理力をいかにつけるかです。問題集で勉強するときは，解き方がわからないからといってすぐ解説を見てしまわずに，あらゆる角度から考えてみることです。そして，**わかるところまでは必ず書いてみましょう。**こうした練習を積み重ねるうちに，思考力・推理力が養われていくのです。

社会 出題分野分析表

分野＼年度			2024	2023	2022	2021	2020	2019	2018	2017	2016	2015
日本の地理	地図の見方									○	○	
日本の地理	国土・自然・気候			○							○	
日本の地理	資源											
日本の地理	農林水産業					○						○
日本の地理	工業						○	○				
日本の地理	交通・通信・貿易											
日本の地理	人口・生活・文化								○	○		○
日本の地理	各地方の特色			○	○							
日本の地理	地理総合					○			○	○		○
世界の地理					○		○					
日本の歴史	時代	原始～古代				○			○	○	○	○
日本の歴史	時代	中世～近世	○	○	○	○		○	○	○	○	○
日本の歴史	時代	近代～現代	○	○	○		○	○	○	○	○	
日本の歴史	テーマ	政治・法律史										
日本の歴史	テーマ	産業・経済史										
日本の歴史	テーマ	文化・宗教史										
日本の歴史	テーマ	外交・戦争史										
日本の歴史	テーマ	歴史総合	○		○	○			○	○	○	○
世界の歴史												
政治	憲法				○							
政治	国会・内閣・裁判所			○								
政治	地方自治											
政治	経済			○		○						
政治	生活と福祉		○									
政治	国際関係・国際政治				○							
政治	政治総合		○		○	○		○	○	○		○
環境問題												
時事問題												
世界遺産												
複数分野総合			★	★	★	★	★	★	★	★	★	★

※　原始～古代…平安時代以前，中世～近世…鎌倉時代～江戸時代，近代～現代…明治時代以降

※　★印は大問の中心となる分野をしめします。

理科 出題傾向&対策

◆基本データ(2024年度)

試験時間／満点	50分／40点
問題構成	・大問数…４題 ・小問数…29問
解答形式	記号選択や記述，数値記入など解答形式は多彩である。記号選択では，あてはまるものをすべて答えさせる問題も出されている。記述は１行程度である。
実際の問題用紙	Ｂ５サイズ，小冊子形式
実際の解答用紙	Ａ３サイズ

◆過去10年間の分野別出題率

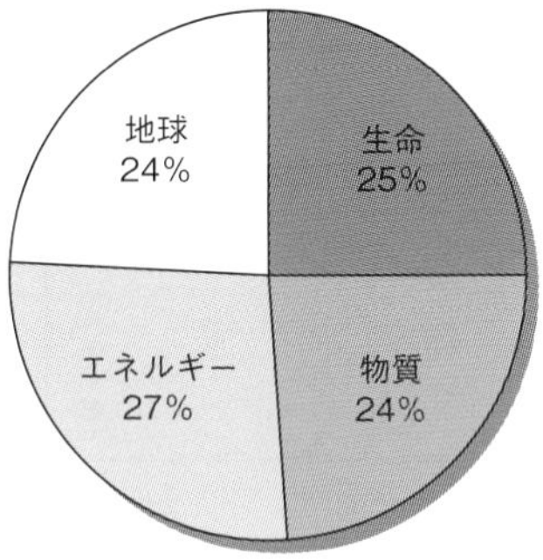

※　配点(推定ふくむ)をもとに算出

◆近年の出題内容

大問	【 2024年度 】	【 2023年度 】
1	〔生命〕バイオロギング	〔生命〕感覚神経
2	〔物質〕物質の結びつき方	〔地球〕天体の見かけの運動の速さ
3	〔エネルギー〕電流計のしくみ	〔エネルギー〕スピーカーとマイク
4	〔地球〕地層の観察	〔生命／物質〕栄養成分と熱量

◆出題傾向と内容

内容的には，実験・観察の解釈が中心で，まず実験・観察についての文章やデータなどがしめされ，その後に設問がつけられています。本校の問題は**しめされる実験・観察の文章・テーマが長い**のが特ちょうですから，これらをいかに時間をかけずにすばやく，そして正確に読み取るかがカギとなるでしょう。

計算問題は深く追求していくものが多いので，かなりの計算力と思考力がないと満足な解答はできないでしょう。また，記述式の問題はたんに説明を求めるだけでなく，理由を考えたり，方法を図に示したりというくふうが見られます。

また，特ちょうとしては，新元素の発見，宇宙開発といった新聞・テレビなどで目にふれることがらや発酵，バターを使ったお菓子，コーヒーの淹れ方，エアコンなど，生活の中で目にするものについて，さまざまな角度から考えさせるような総合問題の出題があげられます。

また，問題にカラー印刷の写真などを用いたものが出題された年度もあります。

◆対策～合格点を取るには？～

日ごろから，実験や観察を重視した勉強を心がける必要があります。理科における思考力とは，実験や観察をたんねんに行い，検討し，事実にもとづいて法則や結論を導き出す，そしてその法則や結論を応用してほかの問題にあたる力です。この力は，短い期間で身につくわけではありません。日ごろの授業を大切にし，疑問に思ったことや考えたりしたことを先生や友達と一緒に考えていくなかで養われるのです。そのさい，実験や観察はやりっぱなしにせず，**目的・方法・結果などをノートにきちんと整理しておく**ことが，内容を的確に理解していくためにも大切です。また，似たような結果を得られることがらがないかを考えることで，応用力がみがかれます。

最後に，時事問題をテーマに出される総合問題について。これからも，先端技術，環境問題などの出題が予想されますが，思考力が身についていれば，それほど恐れることはありません。ただし，日ごろから新聞の科学に関する記事やテレビの科学番組などを積極的に見たり，興味のあるものは自分で調べたり先生に聞いたりする日常の努力が大切です。

理科 出題分野分析表

分野 ＼ 年度		2024	2023	2022	2021	2020	2019	2018	2017	2016	2015
生命	植物				★		○	○	★		
	動物	★	★			★	○	★		○	
	人体			○					○	★	
	生物と環境							○	★		★
	季節と生物										
	生命総合			★			★				
物質	物質のすがた				○	★					
	気体の性質										
	水溶液の性質				○					○	
	ものの溶け方			○	○						
	金属の性質										
	ものの燃え方										
	物質総合	★	★	★	★		★	★	○	★	○
エネルギー	てこ・滑車・輪軸										
	ばねののび方										
	ふりこ・物体の運動		○						★	★	
	浮力と密度・圧力										
	光の進み方		○			★					★
	ものの温まり方						○	○			
	音の伝わり方										
	電気回路	★			★		○				
	磁石・電磁石		★								★
	エネルギー総合			★			★	★			
地球	地球・月・太陽系		★	★			★	○			
	星と星座										
	風・雲と天候							○			
	気温・地温・湿度										
	流水のはたらき・地層と岩石	★				○		○			★
	火山・地震									○	○
	地球総合				★	★		★		★	
実験器具											
観察											
環境問題											
時事問題									★		
複数分野総合											

※　★印は大問の中心となる分野をしめします。

国語 出題傾向＆対策

◆基本データ(2024年度)

試験時間／満点	60分／60点
問題構成	・大問数…１題 文章読解題１題 ・小問数…12問
解答形式	記述問題が大半をしめる(字数制限はないが，解答らんの行数で分量は推測できる)。ほかに，記号選択や書きぬきも出題されている。
実際の問題用紙	Ｂ５サイズ，小冊子形式
実際の解答用紙	Ａ３サイズ

◆過去10年間の分野別出題率

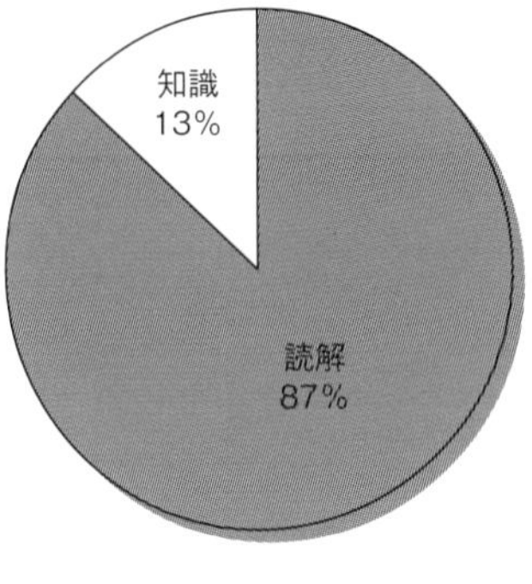

※　配点(推定ふくむ)をもとに算出

◆近年の出題内容

【 2024年度 】	【 2023年度 】
〔小説〕真下みこと『やさしいの書き方』(約8900字)	〔小説〕寺地はるな『タイムマシンに乗れないぼくたち』(約9800字)

◆出題傾向と内容

本校の国語の**長文読解問題の素材文は，小説・物語文**からの出題が長く続いており，説明文・論説文，随筆のたぐいは出されていません。したがって，設問も登場人物の心情や文学的な表現の正確な理解と本格的な記述に主眼をおいたものが中心です。

分野別に見ると，**重点は小説・物語文などを読みこむ力，読み取った内容を表現する力**におかれており，ほかの分野では漢字の書き取りが見られる程度です。読みこむ力に関しては，問題文の長さがそれを物語っています。また，表現する力については，問題文の内容や登場人物の心情，語句や理由の説明を100字程度で書かせる設問など，本格的な記述が要求されています。さらに記述式の特ちょうについてのべると，ただ単に文中の表現をぬき出したり，利用したりするだけでなく，「自分のことばで～について説明しなさい」「～の理由を想像して書きなさい」「君の考えをのべなさい」など，文章を読んで自分の考えを的確に表現する力が必要です。

総じていえることは，本格的な国語力，つまり，一定のまとまりのある分量の文章を読みこなし，その結果を自分なりに記述する力こそが求められているということです。

◆対策～合格点を取るには？～

上で分析したとおり，本校の国語が要求するのは，第一に，かなり長い文章を読み，内容・心情を理解したり，主題をはあくしたりする本格的な読解力です。そして第二に，読解したその結果を自分のことばで記述する文章表現力です。したがって，本格的な読解力と表現力を身につけなければなりません。そのためには，**本を読み，それについての感想文を書いてみる**ことです。小説，物語，伝記，童話，何でもよいですから自分の好きなものを選んで，どんどん読み進めていくとよいでしょう。そして，読む楽しさや力がついたら，読みっぱなしにするのではなく，どこがおもしろかったか，どんなあらすじだったかなどをゆっくりとふりかえってみることです。さらに，それらのことを頭のなかで考えたり，友達や家族と話したりするだけでなく，原稿用紙に書いてみましょう。また，書くことに慣れてきたら，ただ書くのではなく，最初に書くことを整理し，それを段落ごとに一つずつ書き，全体としてわかりやすいまとまりのある文章になるよう練習します。**できあがった文章は先生や家族に見てもらい**，漢字や語句のまちがい，全体の構成についてチェックしてもらって，もう一度書き直してみましょう。

国語 出題分野分析表

分野		年度	2024	2023	2022	2021	2020	2019	2018	2017	2016	2015
読解	文章の種類	説明文・論説文										
		小説・物語・伝記	★	★	★	★	★	★	★	★	★	★
		随筆・紀行・日記										
		会話・戯曲										
		詩										
		短歌・俳句										
	内容の分類	主題・要旨					○					○
		内容理解	○	○	○	○	○	○	○	○	○	○
		文脈・段落構成										
		指示語・接続語				○						
		その他										
知識	漢字	漢字の読み										
		漢字の書き取り	○	○	○	○	○	○	○	○	○	○
		部首・画数・筆順										
	語句	語句の意味										○
		かなづかい										
		熟語										
		慣用句・ことわざ										
	文法	文の組み立て										
		品詞・用法										
		敬語										
	形式・技法											
	文学作品の知識											
	その他											
	知識総合											
表現	作文											
	短文記述											
	その他											
放送問題												

※ ★印は大問の中心となる分野をしめします。

カコを追いかけ
ミライをつかめ

2024年度 麻布中学校

【算　数】（60分）〈満点：60点〉

《注意》 円周率の値《あたい》を用いるときは，3.14として計算しなさい。

1 次の計算をし，分数で答えなさい。

$$\left\{\left(4.2-\frac{7}{3}\right)\times 2.25-4\frac{1}{9}\right\}\div\left(0.895+2\frac{1}{6}\div 9\frac{1}{11}\right)$$

2 以下の問いに答えなさい。

(1) 右の図１において，AB＝５cmであり，BC＝BD＝６cmです。三角形ABEの面積から三角形CDEの面積を引くと何cm²になりますか。

(2) 右の図２において，QS＝５cmであり，三角形PQRは正三角形です。三角形UQRの面積から四角形PTUSの面積を引くと何cm²になりますか。

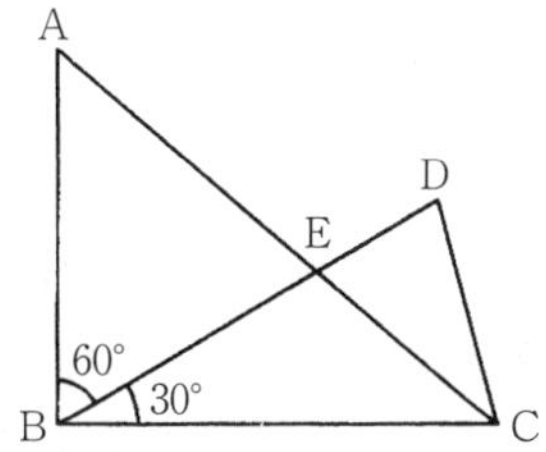

図１

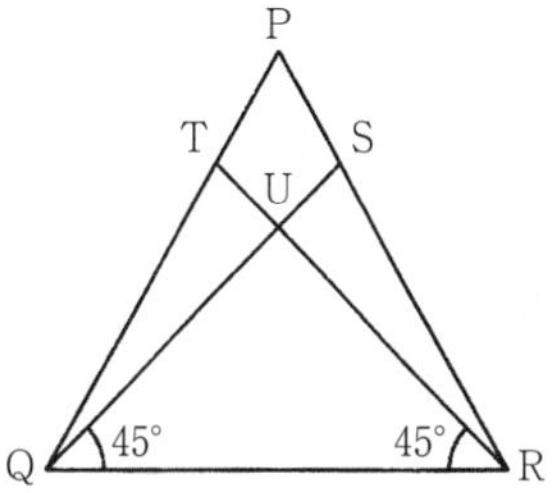

図２

必要ならば，下の図は自由に用いてかまいません。

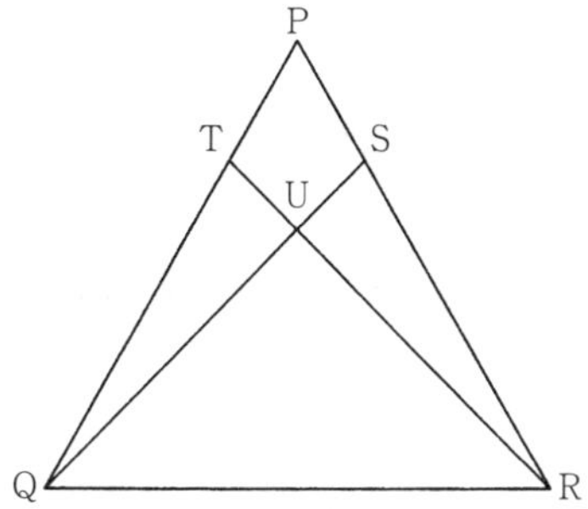

3 川に船着き場Aがあり，Aから7200ｍ下流の地点に船着き場Bがあります。船アがAを出発してBへ向かい，船アの出発と同時に船イがBを出発してAへ向かうと，２そうの船はAから4500ｍ下流の地点ですれ違《ちが》います。また，船イがAを出発してBへ向かい，船イの出発と同時に船アがBを出発してAへ向かうと，２そうの船はAから3750ｍ下流の地点ですれ違います。ただし，川の流れの速さはつねに一定で，静水時の船ア，イの速さもそれぞれ一定であるものとします。以下の問いに答えなさい。

(1) 静水時の船ア，イの速さの比を最も簡単な整数の比で答えなさい。

(2) 船アがAからBへ移動するのにかかる時間は，船イがBからAへ移動するのにかかる時間よりも４分48秒短いことがわかりました。川の流れの速さは分速何ｍですか。

4 右の図1のように白黒2色の正三角形をしきつめて，

- 1段目の三角形に1
- 2段目の三角形に2，3，4
- 3段目の三角形に5，6，7，8，9

⋮

というように規則的に数を書きこみます。

以下の問いに答えなさい。

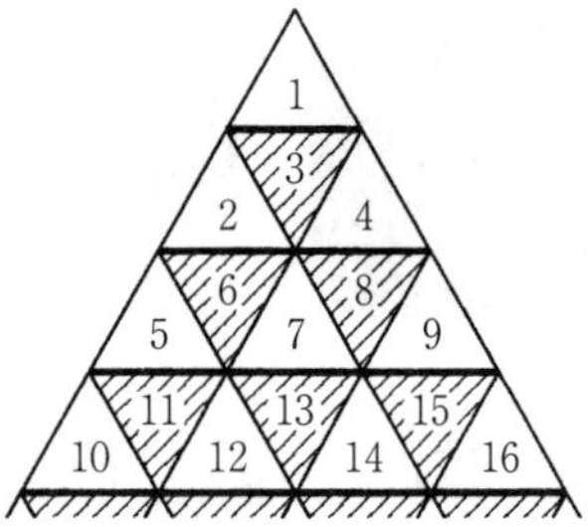

図1

(1) 13段目の三角形に書きこまれたすべての数の和を答えなさい。

(2) しきつめられた三角形の中から，右の図2のように上下に並んだ2つの三角形を考えます。**ア**＋**イ**＝464であるとき，数**ア**，**イ**を答えなさい。

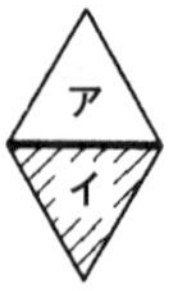

図2

図3

(3) しきつめられた三角形の中から，右の図3のように並んだ4つの三角形を考えます。**ウ**＋**エ**＋**オ**＋**カ**＝1608であるとき，数**オ**を答えなさい。

5 1周1kmの円形のコースがあります。A君とB君はコース上のP地点を同時に出発し，A君は自転車に乗って反時計回りに，B君は歩いて時計回りに，それぞれコースを周回します。2人はこれを2日行いました。以下の問いに答えなさい。

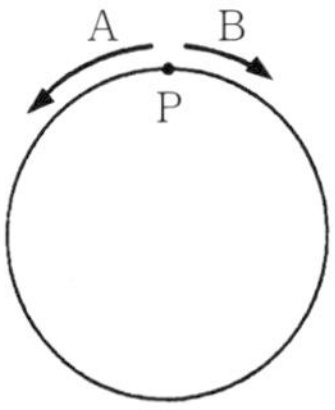

(1) 1日目，A君の進む速さとB君の進む速さの比は9：4でした。2人が18回目にすれ違うまでにA君が進んだ道のりは何kmですか。

(2) 2日目，A君の進む速さとB君の進む速さの比は，出発してしばらく9：4でしたが，途中《とちゅう》でA君だけが速さをそれまでの2倍に変えました。すると，2人が18回目にすれ違った場所はP地点でした。

① 2人が18回目にすれ違ったのは，A君がコースを何周したときですか。考えられるものをすべて答えなさい。ただし，解答欄《らん》はすべて使うとは限りません。

答　　　　**周，**　　　　**周，**　　　　**周，**　　　　**周**

② A君が出発してから途中で速さを変えるまでに進んだ道のりは何kmですか。考えられるものをすべて答えなさい。ただし，解答欄はすべて使うとは限りません。

答　　　　**km，**　　　　**km，**　　　　**km，**　　　　**km**

6 1から9999までの整数を小さい順につなげて書き並べ，数字の並びAを作ります。

数字の並びA　　123456789101112…99989999

この数字の並びAを左から順に3つの数字ごとに区切り，整数の列Bを作ります。

整数の列B　　123，456，789，101，112，…，999

ただし，3つの数字の一番左が0である場合には，左の0を取って2桁《けた》や1桁の整数にします。例えば，021は整数21，007は整数7になります。また，000は整数0にします。

以下の問いに答えなさい。

(1) Bの1001番目の整数を答えなさい。

(2)　Aに数字0は何回現れるか答えなさい。

(3)　Aの中で，20から30までを書き並べた部分に注目し，Bを作るときに区切られる位置に縦線を書きました。このとき，縦線のすぐ右にある数字0をすべて丸で囲むと，以下のようになります。

2 | ⓪ 2 1 | 2 2 2 | 3 2 4 | 2 5 2 | 6 2 7 | 2 8 2 | 9 3 0 |

これにならって，解答欄にある

- 1000から1003までを書き並べた部分
- 2000から2003までを書き並べた部分
- 3000から3003までを書き並べた部分

に，それぞれBを作るときに区切られる位置に縦線を書き入れ，縦線のすぐ右にある数字0をすべて丸で囲みなさい。ただし，0が2個以上続いている場合も，縦線のすぐ右にある0だけを丸で囲みなさい。

答

1 0 0 0 1 0 0 1 1 0 0 2 1 0 0 3

2 0 0 0 2 0 0 1 2 0 0 2 2 0 0 3

3 0 0 0 3 0 0 1 3 0 0 2 3 0 0 3

(4)　Bの中に100未満の整数は何回現れるか答えなさい。

【社　会】（50分）〈満点：40点〉

次の文章をよく読んで，あとの問いに答えなさい。

今日は麻布中学校の入学試験日です。ところで，なぜいま君は試験を受けているのでしょうか。その理由はさまざまだと思います。いろいろな学校を見たり調べたりして麻布中学校が自分に合うと思ったとか，親や先生にすすめられてここで学校生活を送りたいと考えたからかもしれません。しかし，なぜ子どもは学校に通うものとされているのでしょうか。おとなが子どものための学びの場を用意することは古くからありましたが，現在のようにだれもが当たり前に学校に通い，決まったクラスで時間割に従って授業を受けていたわけではありませんでした。

奈良《なら》時代から鎌倉《かまくら》時代までの教育

かつて子どもはどのように学んでいたのでしょうか。奈良時代には貴族の子どもを役人に育てるために儒学《じゅがく》などを教える場所がありました。ア鎌倉時代になり，政権をとった武士は教育のための特別な場所をつくらず，日常生活のなかで礼儀《れいぎ》作法や武芸を学ばせました。また，一部の武士は子どもを寺院に一定期間住まわせて，読み書きの基礎《きそ》などを身につけさせました。武士のなかには子どもに仏教を熱心に学ばせる者もおり，難しい仏典(仏教の書物)を読むことが教育の目標とされることもありました。この時代，教育を受けたのは貴族や武士など一部の人たちだけであり，身分に応じた内容を学んだのでした。

江戸《えど》時代の教育

江戸時代になると民衆のなかにも，子どもに教育を受けさせる人が増えましたが，あくまで生活の必要に応じて学ばせるものでした。当時，都市や農村で商品の売り買いが広まっていき，読み書きの能力を身につけることが民衆にも求められるようになりました。そのため，民衆の手で寺子屋がつくられました。

寺子屋では現在の学校のように共通の学習進度などは設定されていませんでした。子どもたちは自由に持ち運びできる机を使用して好きな場所に移動し，先生に字を直してもらったり読み方を教えてもらったりしながら，個別に学んでいました。基本的には通い始める時期も定まっておらず，上級の学校に進む機会もないため，学ぶ必要があることを学んだらすぐに寺子屋を離《はな》れることもできました。また子どもたちが文字の読み書きの手本とする書物は，イもともと手紙文例集であったものが教科書として発展した「往来物《おうらいもの》」とよばれるものでした。

読み書きを身につけた農民は，農業の技術についての書物を読んで，品種改良や肥料のくふう，新田開発などをおこなって穀物を増産したほか，ウ現金収入を増やすための作物もつくるようになりました。また契約書《けいやくしょ》や送り状などを書くために，商人にも読み書きの能力が求められるようになっていきました。

一方で，エ各藩《はん》は政治の担《にな》い手である武士の子どもたちのために藩校をつくりました。そこでは漢文(中国語で書かれた文章)の学習や武術を中心に教育がおこなわれました。

また江戸時代も後期になると，子どもだけでなく，オ若者を中心として学ぶ意欲を持つ人びとが集まる私塾《しじゅく》という民間の教育機関が各地で発展しました。そこでは西洋の学問がすすんで取り入れられることもありました。たとえば大坂《おおさか》にあった適塾《てきじゅく》では，ヨーロッパからもたらされる最新の知識，技術がおもに(　1　)語で学ばれました。のちに慶應義塾《けいおうぎじゅく》を開いた九州出身の(　2　)も適塾に学びました。私塾で学んだ人びとが明治《めいじ》時代の近代化に大きな役割を果たしました。

明治時代以降の教育

明治時代になると，新政府は日本中のすべての子どもを学校に通わせることを目標としました。1871年に政府は文部省を新設し，カ翌年から全国で学校の設置を進め，学問が立身出世のための手段であることを強調しました。1879年には，小学校では読書・習字・算術・地理・歴史・修身を基本としながら，罫画《けいが》（美術）・唱歌・体操や，物理・生理・博物（あわせて理科）などを教えることとしました。また女子には裁縫《さいほう》を教えることもありました。教室では多数の子どもに対して同じ内容の知識を教えこむ仕組みがつくられましたが，キこれらの教科の多くは生活上の必要とは離れたものであり，子どもたちにとっては学ぶ意味を見いだしにくいものでした。それでもしだいに教育制度がととのえられていき，1886年には小学校での教育が義務化されました。小学校を卒業するとほとんどの子どもは仕事に就《つ》きましたが，一部の子どもはク男子であれば中学校，女子であれば高等女学校に進学しました。さらに男子のなかには上級の学校である高等学校や軍の学校に進学する人もいました。

1890年には「（　**3**　）」が出され，天皇を中心とする国家への忠誠と，国民としての道徳を身につけることが教育の目標とされました。1891年には小学校で学級制が始まりました。それまでは知識の習得の度合いに応じて進級し，さまざまな年齢《ねんれい》の子どもが同じ教室で学ぶ等級制がとられていましたが，ケ学級制では同じ年齢の子どもたちが授業をいっせいに受ける形での教育がおこなわれました。

小学校就学率は，1873年には28.1％でしたが，その後授業料が無償《むしょう》になるなど制度がととのえられていくなかで就学率は上がっていき，1910年ころには小学校の就学率は90％を超《こ》えました。この時代になると一部の学校では，子ども自身の経験や体験を重視して，個性や自発性を伸《の》ばそうとする教育がおこなわれました。

しかし，戦争が近づくと，こうした子どもの自発性を重視する教育が政府に利用されるようになりました。とくに1940年代に小学校が国民学校とよばれるようになったあとは，国家や天皇のために尽《つ》くした人たちの物語を読み聞かせるなどして，子どもの関心をひきつけながら，戦争に協力する国民を生み出そうとする教育がおこなわれました。

第２次世界大戦後の教育

第２次世界大戦後，GHQ（連合国軍総司令部）による教育の民主化の指令を受けて，軍国教育が一掃《いっそう》されました。そしてコ1947年に教育基本法が成立し，教育の目的は人格の完成にあるとされ，すべての子どもが能力に応じて等しく学ぶ機会が保障されました。男女共学も進み，子どもにとって教育は義務ではなく，権利であると考えられるようになりました。教育内容についても子どもたちが生きる社会や身のまわりの生活の課題を解決する能力を育成することが重視されました。たとえば，クラスの問題をみんなで話し合って解決するための場として学級会がつくられたのもこのころです。

しかし一方で，敗戦から立ち直るために産業の復興が重視され，教育もそれに貢献《こうけん》するべきだと考えられるようになりました。1957年になると，社会主義国の（　**4**　）が人工衛星の打ち上げに成功し，アメリカや日本は科学技術で社会主義国におくれをとってはいけないと危機感を持ちました。そのため政府はとくに理科・数学の教育に力をいれました。さらに高度経済成長期には，教育内容や授業時間数も増やされました。

やがて高校や大学への進学率が上昇《じょうしょう》すると，「受験戦争」とよばれるほどに競争が過熱し，学校は受験勉強の場所となっていきました。このころになると学校がかかえる問題が社会のなかで注目されるようになりました。たとえば厳しすぎる校則による子どもたちの管理，校内暴力やいじめ，学校に適応できない子どもたちの不登校などです。

1980年代になると，授業時間数を減らし，子どもの自発性を重視した教育がめざされることになります。これが「ゆとり教育」とよばれる改革です。しかし，やがて「ゆとり教育」は学力低下の原因であるとされ，批判されるようになりました。そのため2010年代には授業時間数の増加など「脱《だつ》ゆとり」といわれる改革がおこなわれていきました。

これからの教育

現代社会は急速な勢いでめまぐるしく変化しています。それにともない学校に求められる役割も変化しており，さまざまな提言にもとづいて多くの改革がおこなわれ，よりよい教育がめざされてきました。たとえばIT 化が進展するなかで，**サ**子どもたちがインターネットを使いこなせるようになるためとして，学校のインターネット環境が整備されてきました。またグローバル化に対応するためとして，小学校でも英語が教えられるようになり，さらに「アクティブ・ラーニング」といった参加型の授業が重視されるようになりました。しかし，そのような改革で今後すべてがよくなるとは思えません。改革に次ぐ改革の結果，学校は疲《つか》れ果てていくでしょう。

学校教育の目的は子どもを社会に適応させるだけではありません。むしろ子どもが自分とは違《ちが》うさまざまな考え方を学ぶことで，よりよい社会をつくっていくことに役立つということもあるでしょう。**シ**いまいちど教育とは何か，そして学校がどのような役割を果たすべきかについて考え直さなければならないときかもしれません。

問１　文中の空らん（**1**）～（**4**）に当てはまる語句を入れなさい。

問２　下線部**ア**について。鎌倉時代について述べた次の**あ**～**え**の文のなかから**誤っているもの**を１つ選びなさい。

あ　源 頼朝《みなもとのよりとも》は，朝廷《ちょうてい》から征夷大将軍《せいいたいしょうぐん》に任命され全国の武士を従えた。

い　守護は，村で年貢《ねんぐ》の取り立てや犯罪の取りしまりをおこなう役職であった。

う　武士たちは，博多《はかた》に攻《せ》めてきたモンゴル軍を撃退《げきたい》した。

え　武士たちが，主君から新たな領地をもらうことを「御恩《ごおん》」とよんだ。

問３　下線部**イ**について。江戸時代の往来物のなかには，農民たちが幕府に生活の苦しさを訴《うった》えた書状や，村同士の争いにおけるやりとりをまとめた書状などがありました。このことから，この時代の前後で，民衆の問題解決の方法がどのように変化してきたといえるでしょうか。解答らんに合うように答えなさい。

問４　下線部**ウ**について。そのような作物として**適当でないもの**を次の**あ**～**お**のなかから１つ選びなさい。

あ　綿花　　**い**　なたね

う　さといも　　**え**　茶

お　たばこ

問５　下線部**エ**について。以下の**表１**に挙がっているのは，江戸時代の藩校の例です。表のなかの藩校①～③があった場所を，あとにある**地図１**の記号**あ**～**く**からそれぞれ選びなさい。

表１

藩校の名前	藩校の特徴《とくちょう》
①　日新館《にっしんかん》	上級武士の子どもへの教育に重点が置かれ，白虎隊《びゃっこたい》隊士を生み出した。
②　教授館《きょうじゅかん》	この地から漂流《ひょうりゅう》して外国を見聞した中浜万次郎《なかはままんじろう》が帰国後教授になった。
③　明倫堂《めいりんどう》	徳川御三家《とくがわごさんけ》の藩主が設立し，儒学中心の学問が教えられた。

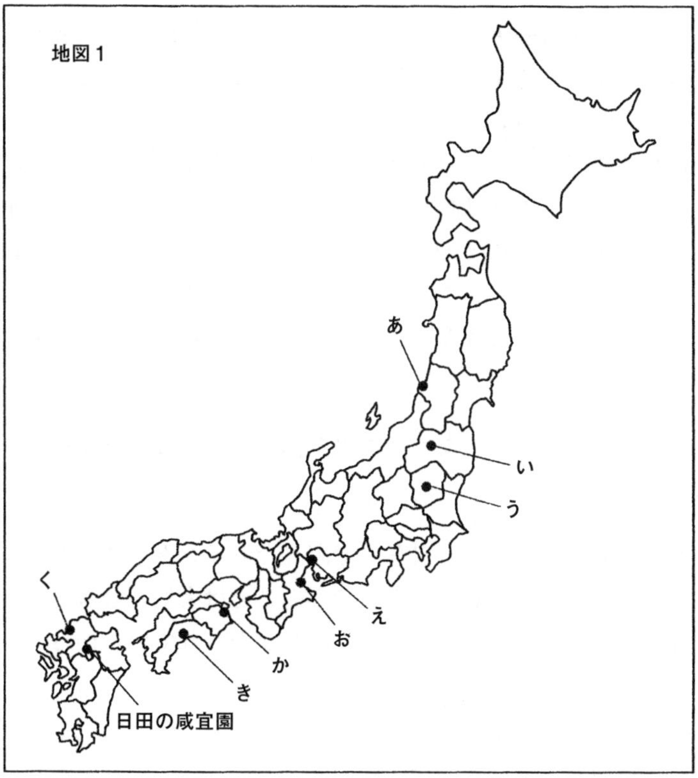

問６　下線部**オ**について。幕府領だった九州の日田《ひた》という町(現在の大分《おおいた》県日田市)で，廣瀬淡窓《ひろせたんそう》という儒学者が1817年に咸宜園《かんぎえん》という私塾を開き，儒学や漢文を中心に教えました。この私塾は当時の日本で最大となり，閉塾した1897年までに約5000人が入門しました。藩校と比べて私塾に集まったのはどのような人びとだと考えられますか。説明しなさい。

問７　下線部**カ**について。明治時代の初めには，小学校の校舎が打ちこわされたり，新たに雇《やと》われた教員が追い返されるといったことが起きました。それはなぜですか。次の**図１**を参考にして説明しなさい。

図１　公立小学校の収入の内訳(1873年度)

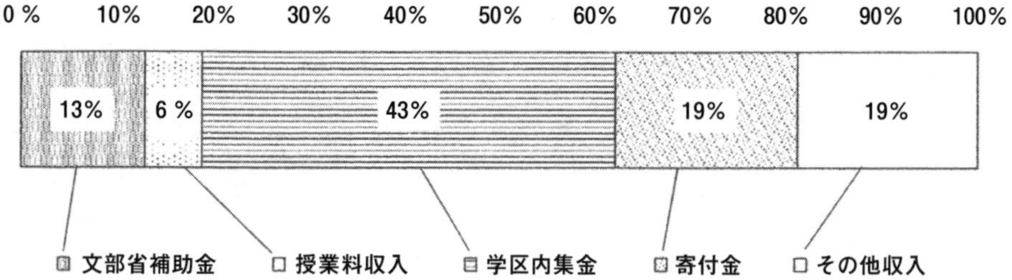

(文部科学省『学制百年史』より作成)

問8　下線部**キ**について。子どもたちにとって学ぶ意味を見いだしにくいにもかかわらず，これらの教科を政府が子どもたちに学ばせようとしたのはなぜですか。説明しなさい。

問9　下線部**ク**について。女子の場合，なぜ男子の「中学校」にあたる学校が「高等女学校」とされたのでしょうか。説明しなさい。

問10　下線部**ケ**について。同じ程度の学力を持つ子どもたちが年齢にかかわりなくともに学び，知識の習得をより効率よくおこなえる「等級制」ではなく，学力にかかわりなく同じ年齢の子どもたちがともに学ぶ「学級制」が採用されました。「等級制」と比べて「学級制」の方が実現しやすいことはどのようなことですか。そして，それは政府にとってなぜ都合がよかったのでしょうか。あわせて説明しなさい。

問11　下線部**コ**について。教育基本法ではすべての子どもへの教育が保障されているわけではないという意見があります。たとえば下の文は制定当時の教育基本法第10条の一部です。この条文にある「国民全体」という語は，GHQによる原案では「全人民(the whole people)」と書かれていました。これは「日本に住むすべての人びと」を意味します。それを日本政府があえて「国民全体」としたことで，どのような問題が生じたと考えられますか。説明しなさい。

> 第10条　教育は，不当な支配に服することなく，国民全体に対し直接に責任を負つて行われるべきものである。

問12　下線部**サ**について。何かを知りたいときに，自ら本で調べたりインターネットで検索《けんさく》したりすればたいていのことはわかります。それでも学校で学ぶことは大切だと考えられています。それは学校で知識が提供されるときに，どのような配慮《はいりょ》がなされているからでしょうか。説明しなさい。

問13　下線部**シ**について。本文にあるように，学校教育は社会の求めによって，大きな影響《えいきょう》を受けてきました。他方で，学校教育も人びとの価値観や考え方に大きな影響をあたえてきました。学校教育は人びとの価値観や考え方に影響をあたえることで，どのような社会をつくってきましたか。そして，そのような人びとによってつくられた社会にはどのような問題がありますか。あわせて100字以上120字以内で説明しなさい。ただし，句読点も1字分とします。

【理　科】（50分）〈満点：40点〉

1　動物に深度記録計や温度計や照明付きビデオカメラなどを付けて行動を分析《ぶんせき》することを「バイオロギング」といいます。これにより，様々な動物が水中で何を食べて，どんな行動パターンをとるか分かってきました。ペンギンは鳥の仲間ですが，水の中を上手に泳ぐことができます。特にエサを食べるために潜水《せんすい》をくりかえしています。下に４種類のペンギンについて，体重と潜水最大深度と潜水時間の平均を示しました。

	体重	潜水最大深度	潜水時間
エンペラーペンギン	12.0kg	400m	600秒
ジェンツーペンギン	5.3kg	50m	180秒
ヒゲペンギン	4.5kg	45m	90秒
マゼランペンギン	4.2kg	30m	60秒

問１　ペンギンは限られた時間で潜水してエサをとっています。この理由として適当なものを次のア～カから２つ選び，記号で答えなさい。

ア．エラで呼吸しているから。
イ．肺で呼吸しているから。
ウ．エサが水中に豊富にあるから。
エ．エサが水中にほとんどないから。
オ．陸にいると自分が食べられてしまうから。
カ．つばさを使って空を飛ぶこともできるから。

問２　ペンギンの潜水に関する文として適当なものを次のア～キからすべて選び，記号で答えなさい。

ア．体重が重いほど，潜水最大深度は浅い。
イ．体重が重いほど，潜水最大深度は深い。
ウ．体重と潜水最大深度に関係はない。
エ．体重が重いほど，潜水時間は短い。
オ．体重が重いほど，潜水時間は長い。
カ．体重が重いほど，体が大きいために息が続かない。
キ．体重が軽いほど，疲《つか》れにくいために息が長く続く。

魚の仲間であるマンボウは，水面にういてただよっている様子についてはよく観察されていましたが，水中でどのようにエサをとっているかはよく分かっていませんでした。バイオロギングによって，ペンギンと同じように潜水をくりかえしてエサをとっていることや，水面でただよっている理由が分かってきました。また，マンボウは群れにならず，それぞれが決まったルートを持たず広い海にばらばらに広がって活動していることも分かりました。

日中，潜水をするマンボウの行動を分析すると，水深150m付近にいるときには，さかんにクダクラゲなどを食べていることが分かりました。ところがこの深さにずっととどまるわけではなく，しばらくすると水面に上がって何もしていないように見えました。潜水してエサを食べることと浮上《ふじょう》して水面近くでじっとしていることを日中６～10回ほどくりかえしていました。

バイオロギングで水中の水温とマンボウの体温を測ることができます。水面近くの水温は約

18℃，水深150m付近では約5℃でした。マンボウの体温は14℃から17℃の範囲《はんい》で上がったり下がったりしていました。エサの多い水深150m付近の海中は水温が低いので30分ほど潜水してエサを食べて，体温が14℃まで下がると水面近くに浮上して，1時間ほどかけて体温を上げていることが分かりました。マンボウは体温が17℃まで上がれば，すぐに次の潜水を始めていました。

問3　マンボウの潜水に関する文として適当なものを次のア～カからすべて選び，記号で答えなさい。

ア．マンボウはエラで呼吸している。

イ．マンボウは肺で呼吸している。

ウ．水深150m付近にエサが豊富にある。

エ．水面付近にエサが豊富にある。

オ．水深150m付近ではマンボウの体温が下がるのでまったく活動できない。

カ．水面付近ではマンボウの体温が上がるのでまったく活動できない。

問4　マンボウが水深150m付近にいる時間より，水面近くにいる時間が長いのはどうしてですか。その理由を答えなさい。

体の大きいマンボウに対して体の小さいマンボウでは，まわりの水温によって体温が早く変わります。つまり，自分の体温より水温が高ければ体が小さいほど体温が早く上がり，水温が低ければ体温は早く下がります。また，マンボウは体の大きさに関係なく，体温を14℃から17℃に保ちながら，水深150m付近でエサを食べる潜水をくりかえしていました。水面と水深150m付近との間の移動にかかる時間は短いので，ここでは考えないものとします。

問5　マンボウの体の大きさと1回あたりの潜水時間との関係を説明した文として，適当なものを次のア～カからすべて選び，記号で答えなさい。

ア．体の大きいマンボウほど水深150m付近にいる時間は長い。

イ．体の小さいマンボウほど水深150m付近にいる時間は長い。

ウ．体の大きさと水深150m付近にいる時間の長さに関係はない。

エ．体の大きいマンボウほど水面付近にいる時間は長い。

オ．体の小さいマンボウほど水面付近にいる時間は長い。

カ．体の大きさと水面付近にいる時間の長さに関係はない。

問6　体の大きいマンボウと小さいマンボウが同じ日に潜水する回数を，上記の体温の変化を考えて比べるとどちらが多いと考えられますか。ア，イのどちらかの記号を選び，理由とともに答えなさい。

ア．大きいマンボウ　　イ．小さいマンボウ

問7　近年，世界中の海の水温をバイオロギングで測定しようとしています。サンマはマンボウとは異なり，大きな群れになって決まったルートを決まったシーズンに回遊します。多くの魚を使って水温を測定しようとするときに，できるだけ広い範囲で測定するには，サンマとマンボウのどちらが適していますか。ア，イのどちらかの記号を選び，理由とともに答えなさい。

ア．サンマ　　イ．マンボウ

2 　私たちの身の回りには数多くの物質があり，その数は１億種類をこえるほどです。しかし，それら無数の物質は，わずか100種類程度の目には見えないほど小さな「つぶ」が，様々な組み合わせで結びついてできています。このつぶが結びついて物質ができる様子を表すときに，つぶを表す記号同士を直線１本のみで結んで図１のように表すことがあります。この表し方では，それぞれのつぶが他にどのような種類のつぶと何個ずつ結びついているかが分かります。図１では，●，○，⊗が３種類のつぶを表しており，左右どちらも１個の●に２個の○と２個の⊗が結びついている様子が表されているので，どちらも同じ物質であると考えます。

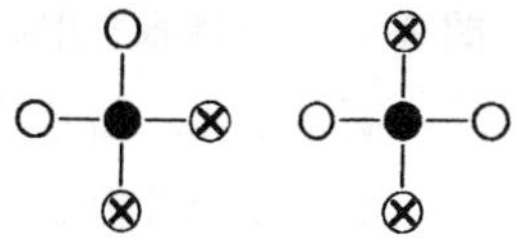
図１

問１　次のア～オのうち，他とは異なる物質を表しているものを１つ選び，記号で答えなさい。

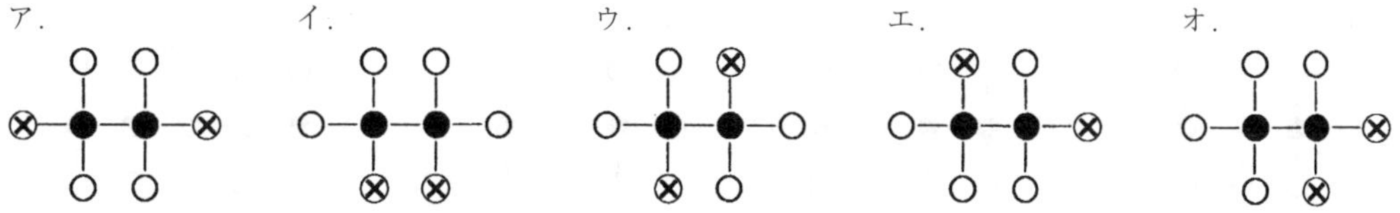

　○や⊗は結びつく相手のつぶが１個だけですが，●は４個のつぶと結びつくことが図１から分かります。<u>ここで考えている小さな「つぶ」は，その種類によって結びつく相手となるつぶの個数は決まっていて，その個数よりも多くなることも少なくなることもありません</u>。さらに，◎という２個の相手と結びつくつぶも考えると，図２～図４のような様々な組み合わせによる物質の例も考えられます。

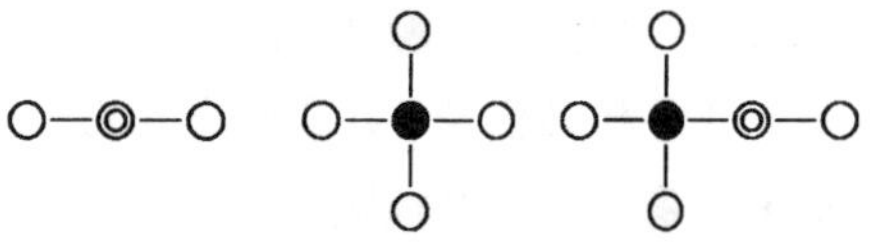
図２　図３　図４

問２　下線部の規則にしたがって，○２個と◎２個がすべて結びついた物質を図１～図４のようなかき方で表しなさい。

　○について調べる装置があります。この装置を用いると，○と他のつぶとの結びつき方のちがいによって，異なる種類の「信号」が現れます。例えば，図３の物質では４個の○に結びつき方のちがいがなく，信号は１種類しか現れません。一方，図４の物質では４個の○は，●と結びつくものと◎と結びつくものに分類できるので，信号は２種類現れ，信号の強さの比は○の個数の比を反映して３：１となります。

　さらに，⊗１個，●４個，○９個が結びついてできた図５の例を見てみましょう。この物質の中にある４個の●（❶～❹）は⊗との位置関係からすべて区別がつきます。そのため，これらと結びついている９個の○はⒶ～Ⓓの４種類に分類できます。このため，図５の物質からは４種類の信号が現れ，それぞれの信号の強さの比はⒶ：Ⓑ：Ⓒ：Ⓓ＝2：2：2：3となります。

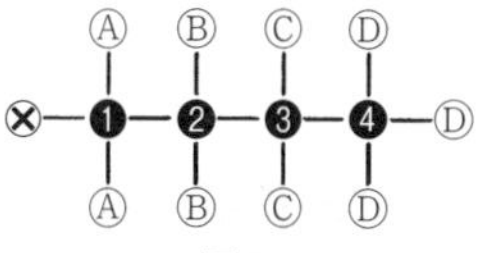
図５

　次に，●４個，○10個が結びついてできた図６の例を見てみましょう。この物質は対称的《たいしょうてき》な結びつき方をしており，左右を反転させても区別がつきません。そのため，この物質の中にある４個の●は❺と❻の２種類に分類できます。そして，これらと結びついている10個の○はⒺとⒻの２種類に分類でき，信号の強さの比はⒺ：Ⓕ＝3：2となります。

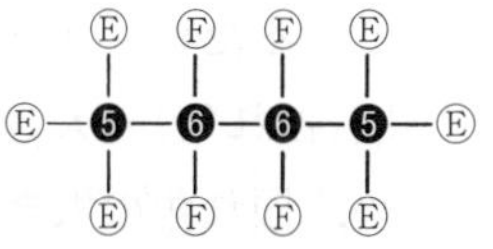
図６

問3　この装置を用いて右図の物質内の○について調べると，信号の強さを示す右の棒グラフにあるような３種類の信号が現れました。６個の○はそれぞれどの信号のもとになっていますか。図５や図６のかき方を参考にして，解答欄《かいとうらん》の６個の○中に**あ**，**い**，**う**を記して分類しなさい。

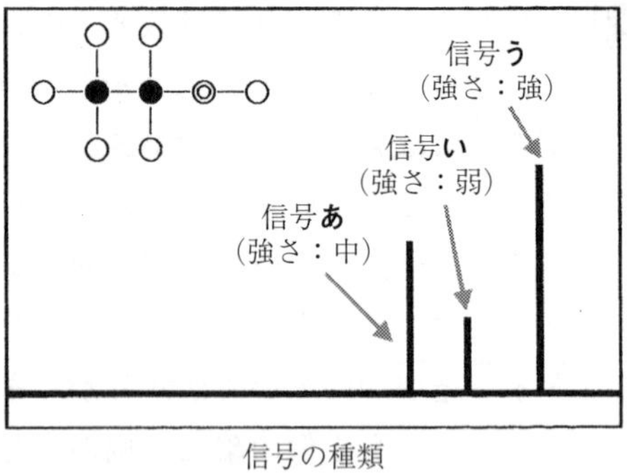

問4　この装置を用いてある物質の○について調べました。その結果，２種類の信号が現れ，その強さの比が3：1になりました。この物質を表しているものとしてもっとも適当なものを次のア～エから選び，記号で答えなさい。

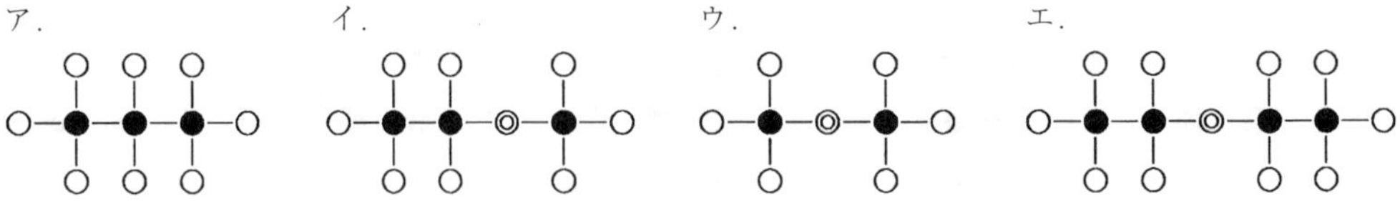

問5　この装置で●３個，○６個，⊗２個がすべて結びついてできた物質の○について調べると，１種類の信号しか現れませんでした。この物質を図１～図４のようなかき方で表しなさい。

問6　●と○の２種類のつぶのみが結びついてできている物質Aを1.4g用意して，燃やしました。すると，物質A内のすべての●は結びつく相手がかわって空気中の◎と結びつき，4.4gの物質Bになり，用意した元の物質Aは残っていませんでした。物質Bは●と◎のみが3：8の重さの比で結びついた物質であることが知られています。

(1)　1.4gの物質A内の●だけをすべて集めると何gになりますか。また，○だけをすべて集めると何gになりますか。それぞれ答えなさい。

(2)　●と○は，それぞれの１個あたりの重さの比が12：1です。物質A内の●と○の個数の比を答えなさい。

(3)　物質Aは，○について調べると１種類の信号しか現れませんでした。物質Aとして考えられる物質を図１～図４のようなかき方で１つだけ表しなさい。

ここで紹介《しょうかい》した，つぶの結びつき方を知るための方法は「核《かく》磁気共鳴分光法」といい，物質に関する研究・開発だけでなく，医学の分野などでも有用な技術として広く応用されています。

3　理科室にある図１のような電流計のメーター部分には，図２のようにコイルが含《ふく》まれています。コイルに流れる電流が大きいほど，より強力な電磁石となるため，メーターの針が振《ふ》れる角度(振れ角)も大きくなります。このため，振れ角の大きさから電流を測ることができます。

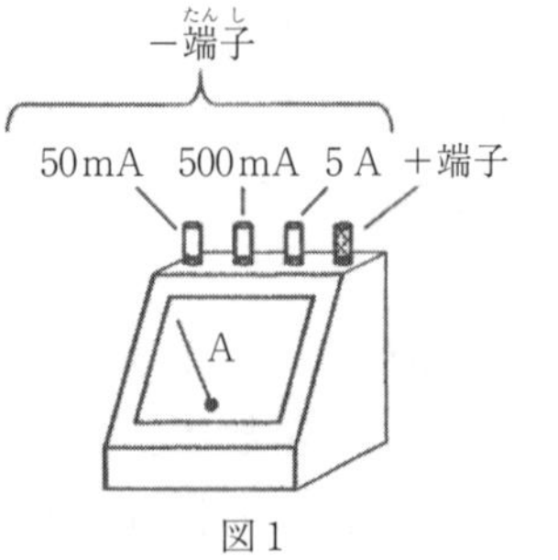

図１

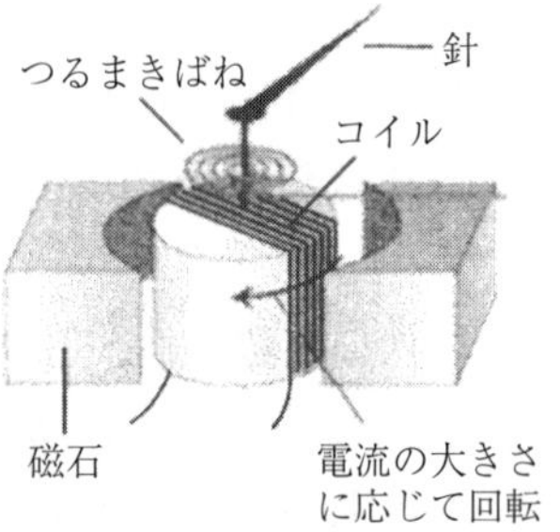

図２

問1　次のア～ウのうち，電磁石を利用しているものには○，利用していないものには×と答えなさい。

ア．太陽光発電所の光電池　　イ．扇風機《せんぷうき》のモーター　　ウ．消火栓《しょうかせん》のベル

問2　乾電池《かんでんち》と接続すると，おおよそ0.2Aの電流が流れる豆電球があります。図1の電流計を用いて，この豆電球に乾電池を接続したときに流れる電流を，もっとも正確に調べることができる導線のつなぎ方を，解答欄の図に線をかいて答えなさい。

問3　**問2**の正しい回路において，電流計の－端子《たんし》の接続位置をかえずに，乾電池を1つではなく2つ直列に接続したところ，電流計の針は右図の位置まで振れました。このとき，回路に流れた電流はいくらと読み取れますか。単位をつけて答えなさい。

電流計のメーターに最大の振れ角をこえる電流を流しても，その電流を測ることはできません。では，用いるメーターはかえずに，より大きい電流を測定するにはどうすればよいでしょうか。これについて考えるため，電源装置，材質と太さが同じ金属線a，bと2つの電流計を用いた図3の回路で実験を行いました。金属線a，bをともに長さ10cmにして電源装置から60mAの電流を流すと，2つの電流計はいずれも30mAを示しました。また，電源装置から流す電流を変化させたり，bの長さを10cmにしたまま，aを別の長さのものにかえたりして同様の実験を行ったところ，各実験の2つの電流計の測定値は下の表の結果になりました。さらに，2つの電流計のうち，どちらを導線に置きかえても電流が変化しないことも実験で確かめました。

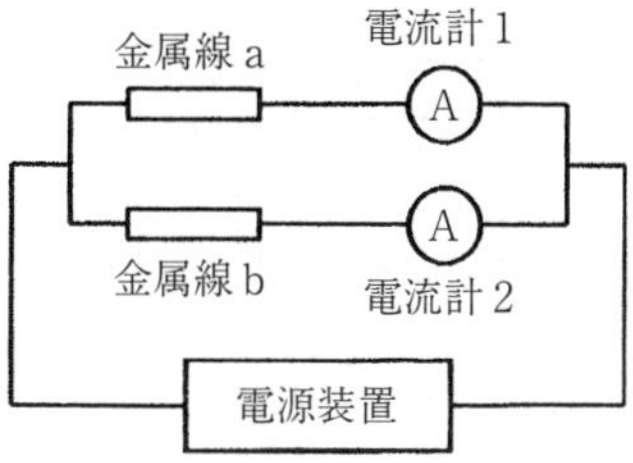

図3

表　（bの長さはいずれも10cm）

aの長さ		電源装置から流す電流		
		60mA	120mA	180mA
10cm	電流計1	30mA	60mA	90mA
	電流計2	30mA	60mA	90mA
20cm	電流計1	20mA	40mA	60mA
	電流計2	40mA	80mA	120mA
30cm	電流計1	15mA	30mA	45mA
	電流計2	45mA	90mA	135mA

問4　下の文章中の空欄《くうらん》[あ]と[い]に入る正しい数値を書きなさい。

30mAの電流が流れると振れ角が最大となるメーターを用いて，図4の回路をつくりました。図3の回路の実験結果から，図4の回路で電源装置から20mAの電流を流したときは，メーターには[あ]mAの電流が流れて，その分だけメーターの針が振れます。また，電源装置から[い]mAの電流を流したときは，メーターの振れ角が最大となります。よって，図4の点線部分全体を1つの電流計とみれば，最大[い]mAの電流まで測定できる電流計になったと考えることができます。ただし，メーターを導線に置きかえても流れる電流は変化しないものとします。

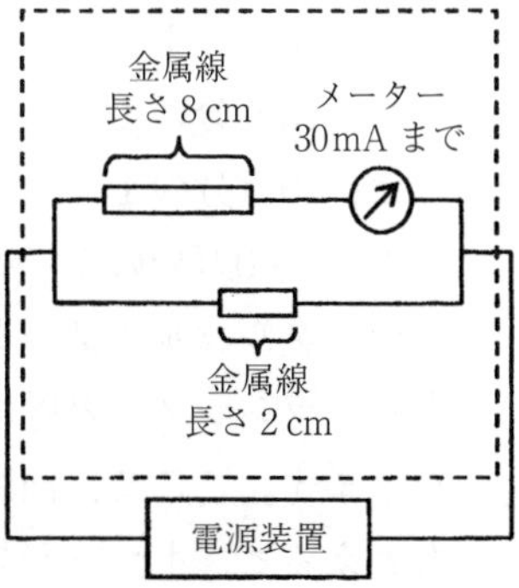

※2つの金属線の材質と太さは同じです。

図4

問5　下の文章中の空欄[う]～[け]に入る正しい数値と，空欄【X】に入る適当な語句を書きなさい。ただし，比の数値はもっとも簡単な整数比となるように答えなさい。

図1のような電流計では，－端子をつなぎかえることで測定範囲《はんい》を変えることができます。この仕組みを理解するため，図4の回路で使ったものと同じメーターを用いて，図5のように－端子をつなぎかえることで，最大300mAや最大3Aまで測ることができる電流計をつくることを考えてみます。

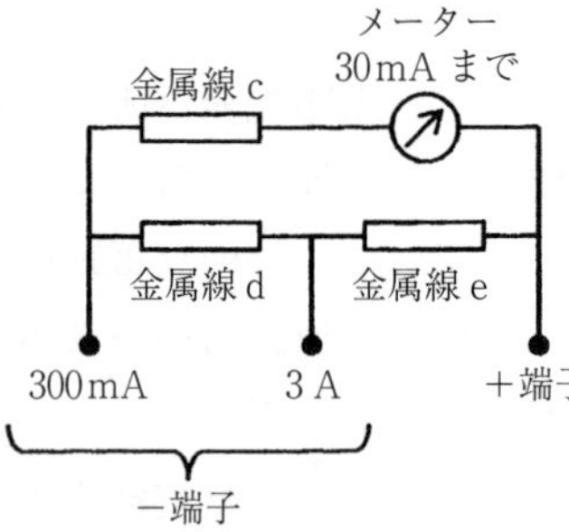

※3つの金属線の材質と太さは同じです。

図5

図5の＋端子と300mAの－端子に電源装置を接続して，電源装置から300mAの電流を流したとします(3Aの－端子には何も接続しません)。このときにメーターの針の振れ角が最大となるようにしたいので，図5の3つの金属線の長さの間には

cの長さ：dとeの長さの合計＝[う]：[え]

の関係が満たされるようにしなければならないことが分かります。また，同様に＋端子と3Aの－端子に電源装置を接続して，電源装置から3Aの電流を流すことを考えれば

【　X　】：eの長さ＝[お]：[か]

の関係も満たされるようにしなければならないことが分かります。よって，3つの金属線の長さの比を

cの長さ：dの長さ：eの長さ＝[き]：[く]：[け]

とすれば，目的の電流計をつくることができます。

回路を流れる電流が非常に小さくなると，図2のようなメーターを用いた電流計で正確に電流を測ることが難しくなります。そのときには，図6のようなデジタルマルチメーターを使用することで，電流をより正確に測ることができます。デジタルマルチメーターは電池を入れると作動し，回路を流れる電流が数μA(マイクロアンペア)のときにも計測に使用できます。なお，1000μA＝1mAです。

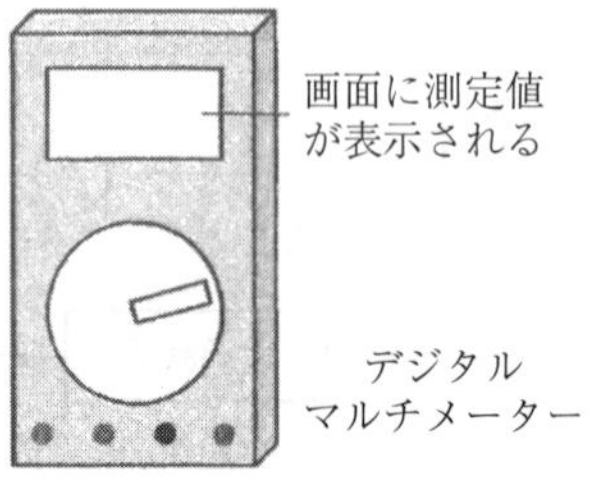

図6

問6　1μAは1Aの何分の1の電流ですか。正しいものを次のア～クから1つ選び，記号で答えなさい。

ア．10分の1　　イ．100分の1
ウ．1000分の1　　エ．1万分の1
オ．10万分の1　　カ．100万分の1
キ．1000万分の1　　ク．1億分の1

デジタルマルチメーターの内部では，半導体でできたトランジスタと呼ばれる部品が重要なはたらきをします。ここで，回路に流れる電流を水の流れにたとえると，トランジスタのはたらきは次のように説明できます。

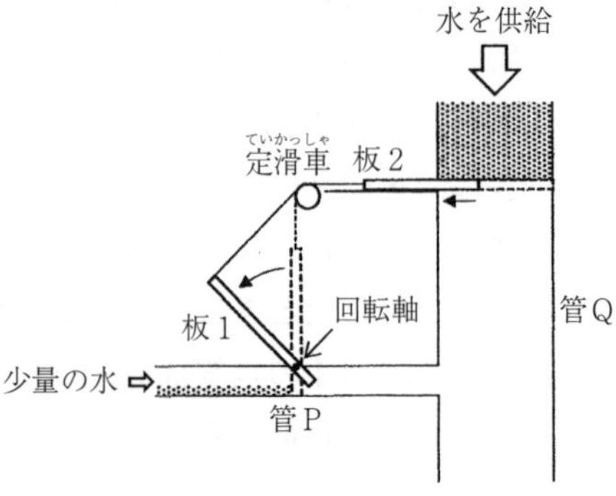

(管と水以外が装置T)

図7

図7は連結された管Pと管Qに対して，頑丈《がんじょう》な

ひもでつながれた板1と板2からなる装置Tを設置したときに，どのように動作するかを示しています。管Qの上部からは水が供給されていて，板2の高さより上側は常に水で満たされています。ここで，管Pの左側から少量の水を流すと，水の流れの強さ(1秒あたりに通る水の量)に応じて板1が回転し，水はその先にある管Qまで到達《とうたつ》します。一方，板1と板2をつなぐひもは定滑車《ていかっしゃ》にかけられていて途中《とちゅう》で向きが変わるため，板1の回転角度に応じて板2は左向きに動きます。すると，水は管Qの上部からも流れてくるようになります。

トランジスタは，水の流れにたとえたときの図7の装置Tのはたらきをしていて，パソコンやスマートフォンなどの日常的に目にする機器の内部にもたくさん使用されています。

問7　図7において，管Pを通ってきた少量の水の流れの強さを直接測定することが難しい場合でも，管Qの下部から流れ出た水の流れの強さを測定することで，管Pを通ってきた水の流れの強さを調べることができると考えられます。それは，図7の装置Tが水の流れに対してどのようにはたらく装置であるといえるからですか。そのはたらきを簡単に説明しなさい。

問8　図1のような電流計とはちがって，デジタルマルチメーターには電池が必要です。この電池は，画面に測定値を表示するためだけではなく，電流を測定すること自体にも使われます。トランジスタの仕組みを考えた上で，電流の測定に電池が必要な理由を説明しなさい。

4　昨年は大正関東地震《じしん》から100年の節目でした。地震は大地の変動のひとつです。大地が何によって，どのように成り立っているかを知ることは，災害への備えの一歩となります。

問1　大地の変動について断層の動きをブロックで考えます。2つで1組のブロック2種類を右図のように置き，図中の矢印のように上下方向にのみ押《お》したとき，ブロックの動き方としてもっとも適当なものを次のア～エから選び，記号で答えなさい。

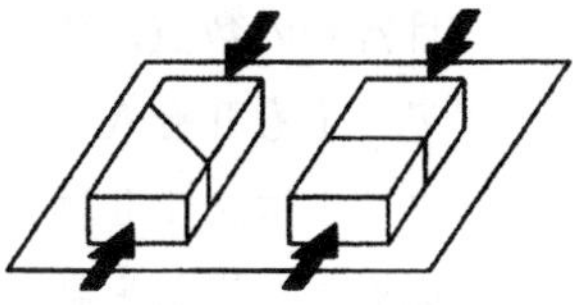

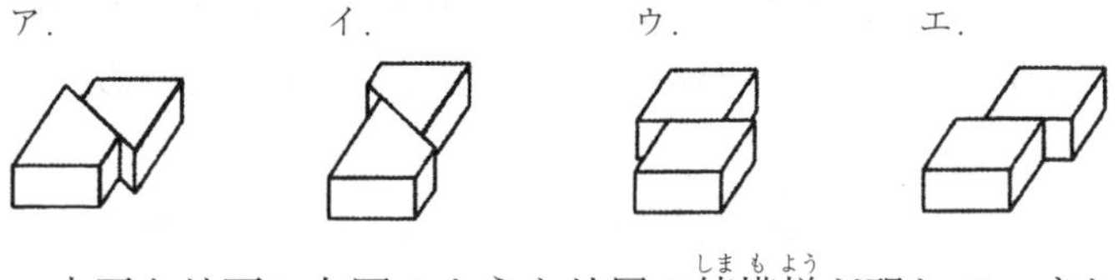

問2　水平な地面に右図のような地層の縞模様《しまもよう》が現れていました。これは，古い方からA，B，Cの順に水平に堆積《たいせき》した地層が，大地の変動によって曲げられた後にけずられてできたものです。この地層の曲げられ方について述べた次の文中の空欄《くうらん》a，bに入る適当な語句を，それぞれア～エから1つずつ選び，記号で答えなさい。

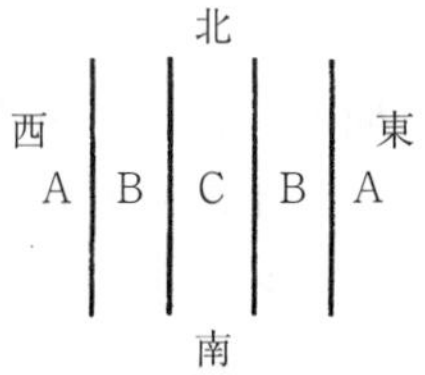

地層は $_a$〔ア．南北　　イ．東西〕方向に押されることで，$_b$〔ウ．山折りのように上に盛り上がる形　　エ．谷折りのように下にへこむ形〕に曲げられた。

地層の縞模様が続く方向や，地層の傾《かたむ》きを調べるには，クリノメーターという図1のような道具が用いられます。クリノメーターは手のひらサイズで，文字盤《もじばん》に2種類の針がついていることが特徴《とくちょう》です。地層の縞模様が続く方向を調べるときは，水平にしたクリノメーターの長辺が縞模様の向きと平行になるようにして，方位磁針が示す目盛りを読みます(図2のⅠ)。地層の傾きを調べるときは，クリノメーターの側面を地層の面に当てて，傾きを調べ

図1

る針が示す目盛りを読みます(図２のⅡ)。この針は，必ず下を向くようになっています。

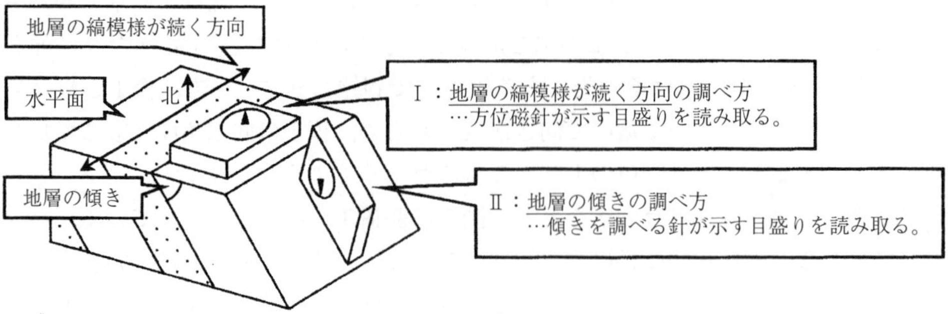

図２

問３　地層の縞模様が続く方向を調べるとき(図２のⅠ)は，水平面内で北から何度の方向かを測定します。また，地層の傾きを調べるとき(図２のⅡ)は，水平面から何度傾いているかを測定します。ⅠとⅡについて上の図２のように測定を行うとき，目盛りの数値をそのまま読み取ればよいようにするため，文字盤の目盛りはそれぞれどうなっていると考えられますか。もっとも適当なものを次のア～エから選び，記号で答えなさい。ただし，上のＡとＢは，前ページの図１の向き(クリノメーターの短辺を上とした向き)に文字盤を見たものとします。また，目盛りの数値は角度を表します。

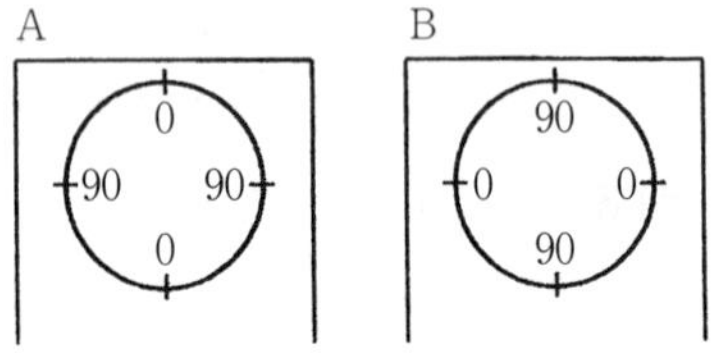

ア．ⅠもⅡもＡ　　　イ．ⅠもⅡもＢ

ウ．ⅠはＡでⅡはＢ　　エ．ⅠはＢでⅡはＡ

採集した岩石を調べる場合，岩石薄片《はくへん》(プレパラート)を作成して顕微鏡《けんびきょう》で観察します。岩石をつくっている鉱物の多くは薄《うす》くすると光を通すので，特別な顕微鏡で見ると，光の通り方で鉱物の種類を調べることができます。岩石の厚さが均一になるように薄くするため，岩石薄片は次の過程で作成します。

「岩石のかけらの片面が平らになるように，研磨剤《けんまざい》という粉を使ってけずって磨《みが》く(研磨する)→スライドガラスに貼《は》りつける→反対側を研磨してより薄くする→カバーガラスをかぶせる」

問４　岩石のかけらの表面を効率的に平らにするためには，どのような研磨剤をどのように使用するとよいですか。それについて述べた次の文中の空欄ａ，ｂに入る適当な語句を，それぞれア～エから１つずつ選び，記号で答えなさい。

岩石に含《ふく》まれる鉱物よりも a〔ア．かたい　　イ．やわらかい〕粒子《りゅうし》からなる研磨剤を，粒子の大きさが b〔ウ．小さなものから大きなもの　　エ．大きなものから小さなもの〕へと順に使って研磨する。

問５　市販《しはん》されている研磨剤の粒子の直径には，粒子を大きさごとに分けるふるい(目の細かいざるのような道具)のメッシュ数で表されているものがあります。例えば，メッシュ数が80の場合，１インチ(2.54cm)が80本の糸で分割《ぶんかつ》されているということです。

(1)　メッシュ数を x，糸の太さを y (cm)とするとき，粒子のサイズを決めるふるいの網目《あみめ》の幅《はば》(cm)は，どのように求められますか。もっとも適当なものを次のア～カから選び，記号で答えなさい。

ア．$2.54 \div (x+y)$　　イ．$2.54 \div x + y$　　ウ．$(2.54+y) \div x$

エ．$2.54 \div (x-y)$　　オ．$2.54 \div x - y$　　カ．$(2.54-y) \div x$

(2)　0.11mmの糸で作られた100メッシュのふるいは，網目の幅が何mmになりますか。小数第三位を四捨五入して小数第二位まで答えなさい。

岩石の表面を平らに研磨することは，岩石の本来の色を見やすくする効果もあります。太陽や蛍光灯《けいこうとう》の光は，様々な色の光がまざって白色になっていますが，それが物体に当たると，それぞれの物体で特定の色の光が吸収されたり反射されたりすることで，見える物体の色が決まります。ただし，物体の表面に細かいでこぼこがたくさんあると，様々な色の光がいろいろな向きに反射してしまい，それらの光がまざって白色に見えます。くもりガラスが白くくもって奥《おく》が見えないようになっていることはその一例です。研磨すると，そのでこぼこによる効果を減らすことができます。また，野外で岩石を観察するときに水をかけることがあるのですが，細かいでこぼこの表面を水の膜《まく》がおおうので，でこぼこによる効果を減らすことができ，観察しやすくなるのです。

問6　灰色の岩石を平らに研磨した場合と，水をかけてぬらした場合，岩石の表面の見た目はどのようになりますか。もっとも適当なものを次のア～オから選び，記号で答えなさい。

ア．研磨した場合もぬらした場合も，もとより白っぽく(明るく)見える。

イ．研磨した場合もぬらした場合も，もとより黒っぽく(暗く)見える。

ウ．研磨するともとより白っぽく見えるが，ぬらした場合はもとより黒っぽく見える。

エ．研磨するともとより黒っぽく見えるが，ぬらした場合はもとより白っぽく見える。

オ．研磨してもぬらしても，表面の見た目はまったく変化しない。

ところで，研磨剤は，水場の鏡などにできてくもりのもとになる，水アカのそうじにも使われます。水アカは，水道水に含まれる物質が沈殿《ちんでん》したり，水道水中の成分と空気中の成分がくっついて沈殿したりすることで生成されます。できてしまった水アカを取り除くのはなかなか大変なので，水アカがつかないように使用することを心がけたいですね。

問7　鏡に水アカがついていなくても，お風呂《ふろ》のフタを開けるだけで鏡がくもってしまう場合があります。その現象を説明する次の文の空欄a～cに入る適当な語を答えなさい。

空気中の[　a　]が，鏡の表面で[　b　]されて，[　c　]する。

問8　鏡の水アカを予防するには，浴室など水場の使用後にどのようなことを心がければよいですか。もっとも適当なものを次のア～オから選び，記号で答えなさい。

ア．鏡に光が当たらないように暗くする。

イ．なるべく新鮮《しんせん》な空気が鏡にあたるように換気《かんき》をする。

ウ．空気中の細かいホコリを取り除くために換気をする。

エ．鏡についている水滴《すいてき》が残らないようにふき取る。

オ．鏡の全体をぬらしてムラがないようにする。

したところ、ふざけて描いたと思われ、怒られてしまったから。

問十　——線⑪「守は晴れやかな気持ちだった」（383～384行目）とありますが、泣いてしまった守が「晴れやかな気持ち」になったのはなぜですか。D**【　】**（376～382行目）に注目して説明しなさい。（4行）

問十一　この作品では、守は絵を描くことで自らの表現に対する姿勢が変化しています。それについて以下の問いに答えなさい。

(1)　自らの表現に対する守の姿勢は絵を描く前後でどのように変化していますか。説明しなさい。（3行）

(2)　自らの表現に対する守の姿勢が変化したのはなぜだと考えられますか。守が絵を描く場面（234～324行目）をよく読んで説明しなさい。（4行）

問十二　＝線**a**「**モ**」（58行目）、**b**「**チヂ**」（201行目）、**c**「**タバ**」（237行目）、**d**「**カクセイ**」（313行目）のカタカナを、漢字で書きなさい。

で答えなさい。

ア　本当に思ったことだとしても、先生に怒られる可能性のある表現を用いてはならず、本当の気持ちは伝わらなくても、先生の反感を買わない表現を選ぼうと思っている。

イ　ふざけて書いたことを発表してしまうと、みんなを失望させてしまうので、学級委員らしくあるべきだという期待に応えるためにも、先生の表現を借りようとしている。

ウ　どんな内容を書いたとしても、本当の気持ちを伝えることなどできないのだから、どうせならあたりさわりのない表現にすることで、その場をやり過ごそうとしている。

エ　自分らしい表現を用いなければと思ってむりやり書いた文章よりも、大人の表現の方が現実をうまく表していることに気づき、自分の子供っぽさにうちのめされている。

問五　――線⑤「菅平の自然にしかないもの」（246行目）とありますが、守が描きたいと思ったものは何ですか。文中から十四字でぬき出しなさい。

問六　A【　】（266〜268行目）、B【　】（272〜277行目）、C【　】（308〜310行目）について、この場面で守はどのようなことをしようとしているのですか。目的がわかるように説明しなさい。（3行）

問七　――線⑥「守のやさしさと達哉くんのやさしさは、一体どこが違うのだろう」（285〜286行目）、――線⑦「お母さんの言葉が、守のやさしさの基準だった」（288行目）とありますが、「達哉くんのやさしさ」は「お母さんの言葉」とどのような点で違っていますか。「点」という言葉につながる形で、文中から十五字でぬき出しなさい。

問八　――線⑧「裏に名前と題名書いておいてね、と先生は続けたが、守は自分の絵を見直すことに夢中になっていた」（319〜320行目）、――線⑨「守はテストが早く解き終わった時と同じように、画用紙を持ってユリ先生のところに歩いて行った」（322〜324行目）とありますが、この時の守の様子の説明としてふさわしいものを、次のア〜エの中から一つ選んで記号で答えなさい。

ア　自分の描いた絵が先生に受け入れられるか心配になるあまり、名前と題名を書くように言われた指示をそっちのけにし、手直しを加えられる場所がないかを必死に探している様子。

イ　自分の描いた絵の仕上がりに気を取られるあまり、名前と題名を書くように言われた指示をそっちのけにし、先生が満足してくれるかどうかにも意識がおよばなくなっている様子。

ウ　自分の描いた絵がどう評価されるか知りたくなるあまり、見せに来るよう指示されるのが待ちきれず、早く先生に見せて評価を確かめたい気持ちをおさえられなくなっている様子。

エ　自分の描いた絵に自信を持つあまり、見せに来るよう指示されるのが待ちきれず、他の生徒にとってもお手本になる絵だと先生からほめてもらえると思って気がはやっている様子。

問九　――線⑩「気づくと、守は大粒の涙を流していた」（347行目）とありますが、守が「大粒の涙を流し」たのはなぜですか。その理由としてふさわしいものを、次のア〜エの中から一つ選んで記号で答えなさい。

ア　これまで、学級委員としてみんなをまとめる努力をしてきたが、先生にはいじめられているのではないかと誤解されたから。

イ　これまで、学級委員として相応しいようにみんなにやさしくふるまってきたが、それを先生に評価してもらえなかったから。

ウ　先生に自分の絵を理解してもらえなかったので、絵にこめた思いを説明しようと思ったが、うまく言葉にできなかったから。

エ　先生に自分の絵を評価してもらえるか不安に思いながら提出

だ習っていないと気づいた。やさしいの書き方を、三年生の僕たちはまだ知らない。知らない漢字を何年後に教えてもらえるのか、僕たちは知らない。

D【やさしいという漢字を習う頃《ころ》には、さっきうまく言えなかった気持ちも、説明することができるようになるのだろうか。

これまで守は、世界には言って良いことと悪いことの二つしかないと思っていた。先生や親に怒られるから言ってはいけないことが、守にはたくさんあった。けれど、まだわからないから言えないこともあるのかもしれないと、やさしいの書き方を知らないことで初めて気がついた。】

泣いてしまうなんて学級委員としては失格だったけれど、⑪守は晴れやかな気持ちだった。

（真下みこと「やさしいの書き方」より）

〈語注〉
※① 内申点…出身校から受験校に伝えられる評価のこと。
※② 宿舎長…守の学年は東京から長野県にある菅平《すがだいら》へ林間学校に来ている。宿舎長とは、林間学校が行われる宿舎の責任者のこと。
※③ その達哉くんは林間学校に来られない…本文以前の場面に、翔吾くんの母親が原因で達哉くんは交通事故にあい、林間学校に参加できなくなったことが書かれている。
※④ 昼間の記録…中略部分（183行目）に、菅平の自然にふれた守が、その時に感じたことをそのまましおりに記録したことが書かれている。
※⑤ 星空観察…中略部分（183行目）に、みんなで星空観察をしたことが書かれている。
※⑥ 小さなやけど…中略部分（183行目）に、飯ごう炊さん中にできたらしいやけどに守が気づいたことが書かれている。
※⑦ 里中さんの譬え…中略部分（183行目）に、星空観察をした里中さんが「空と地面をひっくり返したみたい」と発言したことが書かれている。
※⑧ グラデーション…色が少しずつ移り変わっているさま。
※⑨ 唯人くんにそう言われたこと…中略部分（226行目）に、学級委員として気を配る守に対して、唯人くんが「みんなにやさしいんだね」と言ったことが書かれている。
※⑩ テンパっちゃってて…「気持ちに余裕《よゆう》がなくなっていて」という意味。

〔設問〕**解答はすべて、解答らん**（編集部注＝横10ミリメートル・たて153ミリメートルの行数で示した。）**におさまるように書きなさい。句読点なども一字分とします。**

問一 ――線①「他に誰も出ないでくれ」（26行目）とありますが、守がそのように思うのはなぜですか。説明しなさい。（2行）

問二 ――線②「うん、わかった」（91行目）とありますが、守はどのようなことがわかったのですか。説明しなさい。（2行）

問三 ――線③「みんなにやさしいと言われている達哉くんだったら、こんな時どうするだろう」（136〜137行目）とありますが、ここからは守にとって達哉くんがどのような存在であることがわかりますか。説明しなさい。（1行半）

問四 ――線④「そう思って守は記録の文章を消しゴムで消した。代わりに『青々としたにおいがした』とユリ先生が言っていたことをそのまま書き込んだ」（194〜196行目）とありますが、この時点で守は自らの表現に対してどのように向き合っていますか。その説明としてふさわしいものを、次のア〜エの中から一つ選んで記号

⑧裏に名前と題名書いておいてね、と先生は続けたが、守は自分の絵を見直すことに夢中になっていた。青空と絵を見比べながら、そっくりに描けたと嬉しくなる。

ユリ先生が話すのをやめたので、⑨守はテストが早く解き終わった時と同じように、画用紙を持ってユリ先生のところに歩いて行った。

「できました」

そう言って提出すると、いつも笑顔のユリ先生の表情が、みるみる曇《くも》っていくのが守にもわかった。

「あの、できたんですけど」

「ねえ田口くん、これ、画用紙を全部青く塗っただけじゃない。どういうこと？」

注意されることなんて滅多《めった》にない守は、言葉をうまく返すことができない。

「いや、これ、あの」

「先生、菅平の自然にあるものって言ったよね？　それなのに何、これ。こんなの絵じゃないでしょう。画用紙を全部おんなじ色に塗るだけなんて。ねえ、いつも真面目な田口くんがふざけるなんてどういうこと？　誰かにやれって言われたの？」

先生の眉毛《まゆげ》は困ったように下がっている。自分がいじめられているかのような先生の言い方に、守は思わず反論する。

「達哉くんが」

「何、山田くんがどうかしたの？」

「達哉くんはあったかくて、でも、僕はつめたくて、だけどどっちも、やさしくて」

「何が言いたいの？」

守の後ろに何人か並び始め、先生は困惑《こんわく》を隠《かく》せないようだった。

「う、うう」

⑩気づくと、守は大粒《おおつぶ》の涙《なみだ》を流していた。並んでいるクラスメイトが、守を遠巻きに見ている。

学級委員になってから、クラスメイトに涙を見せるのは初めてだった。学級委員になってからというもの、守は、この行動は学級委員に相応《ふさわ》しいのかを考えるようになって、先生に怒られないように、みんなにやさしくすることばかり気にしていた。林間学校に来てからだって、みんなに邪険に扱われても、荷物の準備を手伝った。

――守くんって、みんなにやさしいんだね。

※⑨唯人くんにそう言われたこと、達哉くんのやさしさのこと、普段《ふだん》は見られないまんまるの青空のこと、それを持って帰って見せてあげたくなったこと、守と達哉くんのやさしさが違うこと……。

絵の具の色を全部混ぜ合わせたみたいに、守の感情はぐちゃぐちゃの汚《きたな》い色になってしまう。先生にちゃんと説明しないといけないのに、守は一つも言葉にできない。

「やだ、ちょっと、ごめん。そんなつもりじゃ……。言い過ぎちゃったよね。ごめん、先生も今ちょっと※⑩テンパっちゃってて。いいよ、この絵で。うん。裏に題名だけ書いておいてね」

先生は慌《あわ》てたようにそう言って、守を解放してくれた。ポケットからハンカチを取り出して涙を拭《ふ》き、自分のレジャーシートの場所まで戻る。

書いたばかりの絵の裏面に、「青空　三年二組　田口守」と書いた。

本当だったら「やさしいたつやくんへ」と書きたかった。達哉くんの名前の漢字は、僕たちはまだ習っていない。

「あれ、やさしいって、どう書くんだろう」

そう考えたところで、守は「やさしい」という漢字の書き方をましょう。

A【ユリ先生の言葉が頭をよぎる。この空を持って帰ることができたら、誰に見せたいだろう。一番に思い浮《う》かんだのは、骨折してここに来られなくなってしまった達哉くんだった。】バスが出発する時、お母さんたちに紛《まぎ》れてみんなに手を振っていた、松葉杖《まつばづえ》をついた達哉くん。一ヶ月《かげつ》前に交通事故に遭《あ》って骨折してしまい、林間学校には参加することができない達哉くん。

B【画板を首から下げ、画用紙をクリップで留めた。大きな筆を取り出し、パレットに青と水色をちょっとずつ出して、水を加えていく。そうやって自分で作った青空色を、画用紙の真ん中から広げていく。達哉くんは今、どうしているのだろうか。

水色を少し足し、白の絵の具も取り出す。水に溶《と》かして画用紙に薄《うす》く塗《ぬ》り重ねると、本当に空を持って帰れるような気がした。】

自分が骨折してしまったのに、翔吾くんを庇《かば》う達哉くんはやさしいと、守は思う。達哉くんは運動ができて、クラスの人気者だ。ただ運動ができるだけではない。運動ができる子は、運動ができない守のようなクラスメイトを邪険《じゃけん》に扱《あつか》うことが多い。けれど達哉くんは、運動が苦手なクラスメイトにもやさしい。守は達哉くんが誰かをいじめたり、そもそも誰かにつめたくしたりするところも見たことがなかった。

⑥守のやさしさと達哉くんのやさしさは、一体どこが違うのだろう。

——学級委員なんだから、誰か一人だけと仲良くしちゃだめだよ。

⑦お母さんの言葉が、守のやさしさの基準だった。誰か一人だけと仲良くしてはいけない。みんなにやさしくするためには、守は一人でいないといけない。けれど達哉くんは一人じゃない。友達がいながらも、他の子にもやさしくしている。

「……温度？」

空を描いていた筆の動きが、一瞬止まる。達哉くんと守のやさしさの違いは、温度なんじゃないんだろうか。

守のやさしさは、誰か一人と仲良くならないことで、ある意味でみんなを拒絶《きょぜつ》することで、誰にでも手を差し伸《の》べることができる、つめたいやさしさだ。だから守には特定の仲の良い友達がいないし、自分はそういう友達を作ってはいけないと思う。けれど達哉くんのやさしさは、誰もこばまずみんなを受け入れる、あたたかいやさしさだ。

体温が高い人と低い人がいるように、やさしさの温度も人によって違うのだろう。守のやさしさにあるつめたさを見抜《ぬ》いてしまうから、翔吾くんは守をこばむのかもしれない。けれど、それでも良かった。守にはどんな温度であれ、やさしい人でいることが重要なのだから。

——空と地面をひっくり返したみたい。

昨日の里中さんの発言を思い出し、青空を地面とひっくり返したらどうなるのだろうと守は考える。C【青空はよく見ると、薄い水色から青への※⑧グラデーションになっていた。水彩絵の具を注意深く混ぜながら、守は空を画用紙に写しとる。】

そうして出来上がった青空は、結局画用紙の大きさに切り取ったので四角くなってしまったが、とてもよく描けたと守は満足だった。

ユリ先生が、ちょっと聞いてください、とd**カクセイ**器越しに声を上げるのが聞こえた。守は顔をあげて、先生がいる方に目をやった。

「そろそろ描き終わった人もいると思います。絵が描けたという人は私か早見先生にチェックしてもらって、ＯＫが出たら提出してください」

「自然がたくさんで面白《おもしろ》かったです」「星空が綺麗《きれい》でした」「お母さんのお弁当がおいしかったです」

そんな感想の後で守が話す番になった。

「班のみんなで飯ごう炊さんができて楽しかったです」

守はそう言った。木から血が流れているように思ったことや、飯ごう炊さんでにんじんをみんなの班から集めたこと、星空観察で※⑦里中さんの譬《たと》えがとても素敵《すてき》だと思ったことは、どれも守の中では大きな思い出だったけれど、みんなの前で発表することはしなかった。

「じゃあ明日も予定はたっぷりだけど、みんな怪我しないように注意して一日を過ごしましょう」

ユリ先生がそう言って、反省会が終わった。

部屋に戻るとすぐ消灯時間になった。夜更《よふ》かしをしないようにと早見先生に言われたが、守たちは思った以上に疲《つか》れ切っていたようで、布団《ふとん》に入るとすぐに眠《ねむ》ってしまった。

（**中略**）

リュックを背負ってレジャーシートをみんながしまうと、色鉛筆《いろえんぴつ》の黄緑色にそっくりな芝生《しばふ》が一面に現れた。班ごとに一列に並んだのを確認して、ユリ先生がにっこりと笑う。

「みんなが集合してからすぐに静かになってくれたので、先生はとても助かりました。協力してくれてありがとう。午後は、しおりにもある通り写生会をします。早見先生が前から画用紙を配るので、一人一枚ずつ取って後ろに回してね」

渡された画用紙から一枚取り、守は後ろに回した。画用紙の少しざらざらした表面を、撫《な》でるように触ってみる。

「水彩《すいさい》絵の具は持ってきてるよね。そう、チューブと筆だけをゴムで**ｃタバ**ねて、筆洗いはペットボトルの下の部分だけを切り取ったやつをお家《うち》で用意してもらったよね。忘れたものがある人は後で先生のところに来てください」

昼ごはんの時に確認したところ、守の班は完璧《かんぺき》だった。少し得意な気分で、守は先生の目をじっと見る。

「描《か》くものは自由です。自分が描きたいもののところでレジャーシートを敷《し》いて、首かけの画板を使って描いてください。あ、でも一つだけ決まりがあります」

ユリ先生がポケットに入れていたしおりを取り出す。

「えっと、テーマは、⑤菅平《すがだいら》の自然にしかないもの、です。だからたとえば近くに生えているお花とか、木を描いてみるとかね。学校では見られないものを観察して、絵にして持って帰りましょう」

それからユリ先生は、友達とは離《はな》れて座ることや、水は広場の端《はし》っこにある水道から持ってくること、先生から見えない場所までは行かないことなどを注意し、自由時間になった。

何を描こうかと広場を探していると、木の上の方から鳥の鳴き声がした。朝聞いたのとよく似た鳴き声で、けれど守にはそれがどんな鳥だかわからなかった。見上げると、名前も知らない鳥が羽ばたき、澄《す》んだ青空をまっすぐに横断した。守の目は空に釘付けになった。守のマンションから見える空は、他の建物に四角く囲まれており、電線が何本も引かれている。けれど、すでに鳥がいなくなっているこの空を遮《さえぎ》るものは、何もなかった。

守は広場の真ん中に走りだした。この空は、菅平でしか見られない。両手に収まらないほど大きな空を眺《なが》めながら、守は確信した。

水道で筆洗いに水を入れ、守は自分の場所に戻る。もう一度空を見上げ、この青はどうやったら表現できるだろうと思うと、自然とワクワクした。

――学校では見られないものを観察して、絵にして持って帰りま

「他の班からももらうつもりだから、本当にちょっとでいいから」

本当はこの班から半分くらいもらえればいいなと思っていた。けれどこの反応を見る限り、たくさんもらうのは難しいだろう。

「じゃあ、ちょっとね」

里中さんはしょうがないといった様子で、切られたにんじんを三切れくれた。

他の班にも同じように言って回り、どうにかみんなに行き渡る量のにんじんを集めることができた。

自分の班に戻ると、みんなは他の具材を切り終わっており、ご飯も炊き始めていた。

「遅《おく》れてごめん」

自分が謝《あやま》る理由はよく分からなかったが、守はそう言ってにんじんを差し出した。みんなは特に感謝する様子もなく、これで材料揃ったねと鍋《なべ》に具材を入れ始めた。

「俺《おれ》、にんじん嫌《きら》いなんだよな」

その時、翔吾くんが小さい声でそう言ったのを、守は聞いてしまった。苦手なにんじんを食べなくても済むように、翔吾くんはわざとにんじんを忘れたのだろうか。それを守が、勝手に他の班から集めてきてしまったのだろうか。やさしいつもりでやったことなのに。

そんな考えが一瞬《いっしゅん》だけ過《よ》ぎったが、守はそれ以上考えないことにした。

外がまだ明るいうちにカレーが出来上がり、それからご飯も炊き上がった。班ごとのいただきますをしてから口に入れると、自分たちで作ったからか、うちでお母さんが作るカレーよりも美味《おい》しかった。けれどしおりにそんなことを書いたらお母さんを悲しませてしまうから、守はその気持ちを誰にも話さなかった。

（**中略**）

九時から各部屋の班長が集まる反省会がある。反省会には班の人全員のしおりを集めて持って行かなくてはならない。

「十分後、僕が反省会にしおり持っていくから、みんなしおりは今日の記録のところ埋《う》めといて」

「あーい」

みんなロッカーからしおりを持ってきて、今日の記録を埋めていく。守は※④昼間の記録を読み返した。

――切られた木から、血が流れているみたいなにおいがしました。あの時は勢いで書いてしまったが、これはちょっと怒られてしまう気がする。木から血は流れないのだから、ふざけていると思われそうだ。④そう思って守は記録の文章を消しゴムで消した。代わりに「青々としたにおいがした」とユリ先生が言っていたことをそのまま書き込《こ》んだ。それから※⑤星空観察が楽しかったですと書いたが、守の本当の気持ちは、その文章を読んでも誰にもわからないだろうと思った。

反省会はクラスごとに班長たちと担任の先生で行われた。里中さんのパジャマはピンク色でフリルが付いていて、守は自分のチェック柄《がら》が子供っぽく見えて少し体を**b** **チヂ**めた。

全員分のしおりを集めてから、今日の出来事を担任の先生と話した。今日危なかったことや、怪我《けが》した人がいなかったかなどを聞かれた。シャワーで沁《し》みた※⑥小さなやけどのことを、守は特に話さなかった。他にも怪我をした人は特にいなかった。

「林間学校、先生も初めて来たからドキドキしていたんだけど、みんなが無事に過ごせて良かったです」

ユリ先生は心からそう思っているように言った。それから明日の予定を一通りしおりで確認し、最後にひとりずつ今日の思い出を発表することになった。

人くんは教室ではいつも本ばかり読んでいる。守はクラスメイトのためになれるならと引き受けているが、翔吾くんはどうやら守とそこまで仲良くしたいわけではないらしい。こういうことで、守は傷ついたりしない。だって翔吾くんは達哉くんと仲良くしたくて、※③その達哉くんは林間学校に来られないのだ。代わりに守をあてがわれたとしても、嬉しいわけがない。

廊下から、早見《はやみ》先生の渋《しぶ》い声が聞こえてきた。女子部屋は女のユリ先生、男子部屋は男の早見先生が担当するらしい。

「みんな荷物は置いたかな？　そしたら飯ごう炊《すい》さんの用意をして外に出てください」

外に行くと、出て右側の広場で飯ごう炊さんの準備が始まった。家にある炊飯器とは違う飯ごうにお米を入れながら、本当にご飯が炊《た》けるのだろうかと信じられないような気持ちになった。火を起こすのは大変だからということでカセットコンロが用意されており、ご飯を炊くのと並行《へいこう》してカレー作りもみんなでやった。

守の班は唯人くんと翔吾くんと、あとは女子が三人いる。カレーの具材は分担して持ってくることになっていて、守は玉ねぎ担当だった。工作の時間に牛乳パックを開いて作ったまな板に、材料を置いていく。

「あれ、にんじんは？」

他の具材は揃《そろ》ったが、にんじんだけが見当たらなかった。

「にんじん持ってくるの、誰？」

そう班のみんなに問いかけたが、返事はない。仕方なくしおりを取り出して、事前に決めた分担を調べる。するとにんじんは翔吾くんの担当だった。

「忘れちゃった」

守に指摘《してき》されるのを見越《こ》してか、翔吾くんはそのタイミングでやっと名乗り出た。

「えー？」

「忘れたのー？」

女子たちが困ったように言った。守も困っていた。料理をすることすら不安なのに、材料が揃っていないなんて。なんでだよ、と怒ってしまいそうになるのを、守はグッと堪《こら》えた。

③みんなにやさしいと言われている達哉くんだったら、こんな時どうするだろう。サッカーが下手な守にも、やさしくパスを出してくれる、やさしい達哉くんだったら。

「悪い」

そこまで悪いと思っていなさそうな翔吾くんに怒るのをやめ、守はじっと考える。にんじんがないのは仕方がない。けれどにんじんがないカレーになってしまうのは困る。どうしたらいいんだろう。

そこまで考えて、守は班のみんなに声をかける。

「先にご飯炊くのとか、できることを進めててくれない？　にんじんはちょっと待ってて」

はーい、という声を背中に、守は他の班を回り始めた。

ピンク色の三角巾《さんかくきん》をつけた里中さんに、守はゆっくり声をかける。

「あの、にんじんちょっとだけくれませんか」

「え？」

里中さんの班はもう具材を切り終わっていた。

「うちの班、にんじん忘れちゃって、困ってて、ちょっとだけでいいから、くれないかな」

「えー？」

どうする、とヒソヒソ話が目の前で繰《く》り広げられ、守は翔吾くんが忘れたのだと言ってしまいたくなる。けれど、守は学級委員だ。みんなにやさしくしないといけない。

った。

「田口くんがやりたいんだから、それが一番いいと思います」

「そう?」

先生はどこかホッとしたような表情になり、他に立候補がいないかを確認《かくにん》した。結局それから立候補は出ず、守が学級委員をやることになった。女子は立候補する人がいなかったため、推薦で決まった。しかし守を推薦してくれた子は、クラスに一人もいなかった。けれどこれで、お母さんに怒《おこ》られなくて済む。そう思いながら一日を終え、トイレに寄ってから教室に戻《もど》ると、中から女子たちの**a**モり上がる声が聞こえた。里中《さとなか》さんという、毎日違う色のリボンを頭につけて取り巻きに囲まれている女子のグループだった。

「美紗都《みさと》、やれば良かったのに」

「えー? 学級委員?」

話題が学級委員のことだとわかり、聞いていいのか分からず、守は少し廊下《ろうか》に留《とど》まることにした。

「だってぴったりじゃん」

「確かにやりたかったんだけどー」

里中さんはピンク色のリボンを軽く触《さわ》り、それから言った。

「だって男子、あの真面目メガネでしょ? 達哉くんだったらなぁ」

「ちょっと真面目メガネはピッタリすぎだって」

それからクスクスと笑い声が続き、しばらく待っていると話題が移ったので、守は何事もなかったかのように教室に戻り、帰り支度《じたく》をした。里中さんとは去年同じクラスだったが、陰《かげ》で真面目メガネと呼ばれていることを、守は知らなかった。

家に帰ってから在宅勤務をしているお母さんの部屋をノックし、パソコンの画面に釘付《くぎづ》けのお母さんに、守は今日の出来事を報告した。無事に学級委員になれたこと、だけど男子は達哉くんを推薦する声が多かったことだけを伝え、真面目メガネと呼ばれていたことは黙っておいた。

「そう。無事決まって良かった。私立入試と違って都立入試では※①内申点《ないしんてん》も重視されるらしいから、学級委員やっていたら有利になると思う」

守と喋《しゃべ》る時、お母さんはいつも真顔で、だから嬉《うれ》しいのか悲しいのかが分からない。

「達哉くんが推薦された時どうしようかと思って」

「やさしいからって言われてたのね?」

「そう」

「じゃあ守、あんたもこれからみんなにやさしくしないとね。学級委員なんだから、誰か一人だけと仲良くしちゃだめだよ」

パソコンを見ていたお母さんが、この時初めて守の目を見てくれた。

「②うん、わかった」

「真面目があんたの取《と》り柄《え》なんだから」

——あの真面目メガネ。

里中さんの声が頭の中で蘇り、けれど守はそれに気づかないふりをした。

「僕、頑張《がんば》るよ」

（中略）

※②宿舎長と一組のバスに乗っていた教頭先生のお話を聞いて入舎式を済ませ、これから泊《と》まる部屋に荷物を置いた。

翔吾《しょうご》くんと唯人《ゆいと》くんは、守が班長を務める班にいる。それは、守がこの二人と仲が良いからではない。この二人がクラスで仲が良い人がいないからなのだ。翔吾くんはクラスで避《さ》けられているし、唯

2024年度 麻布中学校

【国語】（六〇分）〈満点：六〇点〉

次の文章を読み、設問に答えなさい。

コツコツコツ……。ユリ先生が黒板に文字を書く音を、みんなが黙《だま》って聞いている。四月に入ったばかりだが、校庭の桜は散り始めていた。

今日は学級委員を決める日だ。三年生になると、クラスで男女二人が学級委員として選ばれて、クラスをまとめる役割を担《にな》うことになる。立候補が一番優先されるが、誰《だれ》も立候補しなかった場合は、他の人を推薦《すいせん》してもいいとユリ先生が話していた。

黒板には縦書きで「学きゅういいん決め」という言葉と、その左側に男子、さらに左に女子と書かれていた。

「はい、じゃあ学級委員だけど、男子から決めちゃおうか」

先生がこちらを振《ふ》り返る。守《まもる》は手のひらの汗《あせ》をズボンで拭《ぬぐ》い、手を挙げる準備をする。

「学級委員やりたい人！」

「はい」

思わず声がうわずり、それを誤魔化《ごまか》すために守は手を挙げたまま軽く咳《せき》をした。

「えっと、田口《たぐち》守くんね」

クラス替《が》えから一週間も経《た》っていなかったため、先生は座席表を見てそう言った。黒板の男子と書かれた下のスペースに田口守、と守のフルネームが書かれた。

「はい、田口くんは手を下ろして大丈夫《だいじょうぶ》よ」

先生は守の方を見てニコッと笑い、立候補してくれてありがとう、と言った。

「じゃあ、他にやりたい人はいないかな。このままいなければ田口くんにやってもらうことになるけど」

そう言って先生はクラスを見渡《わた》した。①他に誰も出ないでくれ、という思いが、守の頭の中でぐるぐると回った。

――学級委員、立候補しなさいね。

お母さんの言葉が蘇《よみがえ》った。立候補はできたけれど、誰か別の人に決まってしまったらと思うと、急に不安になってくる。

「はい！」

誰かが手を挙げたのがわかった。去年違《ちが》うクラスで、守が話したことのない男の子だった。

「僕《ぼく》は山田《やまだ》達哉《たつや》くんがいいと思います」

「え、推薦？　立候補するんじゃなくて？」

「達哉くんはやさしいから、いい学級委員になると思います」

彼《かれ》はそれだけ言って座《すわ》ってしまい、先生は困ったように笑った。

「今は立候補の時間で、推薦はなしなの」

「僕も！」

別のところからも声が上がる。先生に指されてもないのに、その子は話し出した。

「僕も達哉くんがいいと思います。みんなにやさしいから」

「ちょっと、推薦の時間じゃないって言ったでしょ？　推薦は立候補がない時に特別にやることなんだから」

それから先生は困ったように座席表を見渡した。

「山田、達哉くんね、山田くんは学級委員に立候補する気、ある？」

すると、達哉くんと呼ばれた男の子は座ったまま、笑顔《えがお》で首を振

2024年度

麻 布 中 学 校　▶解説と解答

算 数　(60分)＜満点：60点＞

解　答

1　$\frac{4}{51}$　　2　(1)　6 cm^2　(2)　6.25cm^2　　3　(1)　53：43　(2)　分速$116\frac{2}{3}$m
4　(1)　3925　(2)　ア＝217，イ＝247　(3)　412　　5　(1)　$12\frac{6}{13}$km　(2)　①　13周，14周　②　4 km，9.5km　　6　(1)　710　(2)　2889回　(3)　解説の図3を参照のこと。　(4)　903回

解　説

1　四則計算

$$\left\{\left(4.2-\frac{7}{3}\right)\times 2.25-4\frac{1}{9}\right\}\div\left(0.895+2\frac{1}{6}\div 9\frac{1}{11}\right)=\left\{\left(\frac{21}{5}-\frac{7}{3}\right)\times 2\frac{1}{4}-\frac{37}{9}\right\}\div\left(\frac{179}{200}+\frac{13}{6}\div\frac{100}{11}\right)$$
$$=\left\{\left(\frac{63}{15}-\frac{35}{15}\right)\times\frac{9}{4}-\frac{37}{9}\right\}\div\left(\frac{179}{200}+\frac{13}{6}\times\frac{11}{100}\right)=\left(\frac{28}{15}\times\frac{9}{4}-\frac{37}{9}\right)\div\left(\frac{179}{200}+\frac{143}{600}\right)=\left(\frac{21}{5}-\frac{37}{9}\right)\div\left(\frac{537}{600}\right.$$
$$\left.+\frac{143}{600}\right)=\left(\frac{189}{45}-\frac{185}{45}\right)\div\frac{680}{600}=\frac{4}{45}\div\frac{17}{15}=\frac{4}{45}\times\frac{15}{17}=\frac{4}{51}$$

2　平面図形─面積

図1

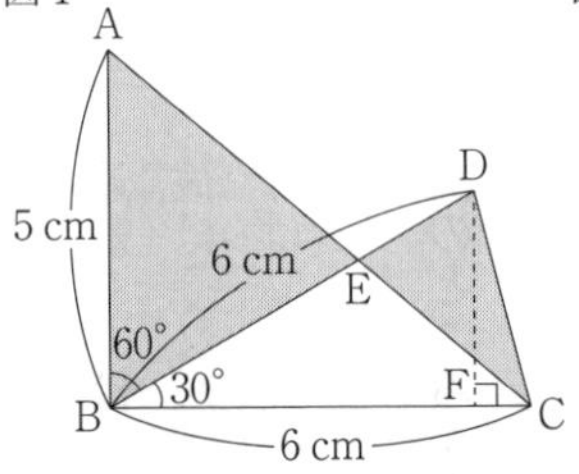

図2

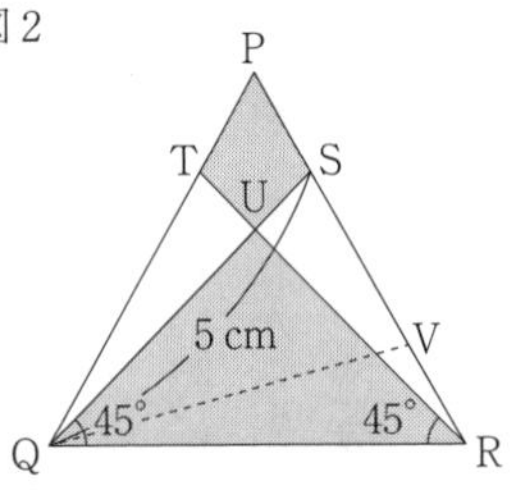

(1)　右の図1で，かげをつけた三角形にそれぞれ三角形EBCを加えると，かげをつけた三角形の面積の差は，三角形ABCと三角形DBCの面積の差と等しくなる。ここで，角ABCの大きさは，30＋60＝90(度)だから，三角形ABCの面積は，6×5÷2＝15(cm^2)とわかる。また，DからBCに垂直な線DFを引くと，三角形DBFは正三角形を半分にした形の三角形になるので，DFの長さは，6÷2＝3(cm)とわかる。よって，三角形DBCの面積は，6×3÷2＝9(cm^2)だから，かげをつけた三角形の面積の差は，15－9＝6(cm^2)と求められる。

(2)　右上の図2で，かげをつけた三角形と四角形にそれぞれ三角形SURを加えると，かげをつけた三角形と四角形の面積の差は，三角形SQRと三角形PTRの面積の差と等しくなる。また，角PRTの大きさは，60－45＝15(度)だから，辺PR上に，角RQV＝15度となる点Vをとると，三角形PTRと三角形RVQは合同になる。よって，三角形SQRと三角形PTRの面積の差は，三角形SQRと三角形RVQの面積の差，つまり三角形SQVの面積と等しくなることがわかる。さらに，角SQVの大きさは，45－15＝30(度)なので，三角形SQVは図1の三角形DBCと相似になる。したがって，図1と同様に考えると，三角形SQVの面積は，5×(5÷2)÷2＝6.25(cm^2)と求められる。

3 流水算，速さと比

⑴　右の図1のように表すことができる。□＝7200−4500＝2700(m)だから，アの下りとイの上りの速さの比は，4500：2700＝5：3とわかる。また，△＝7200−3750＝3450(m)なので，イの下りとアの上りの速さの比は，3750：3450＝25：23となり，右の図2のように表すことができる。また，アとイの下りの速さと上りの速さの差は等しい(どちらも川の流れの速さの2倍にあたる)から，⑤−$\boxed{23}$＝$\boxed{25}$−③より，⑤＋③＝$\boxed{25}$＋$\boxed{23}$，⑧＝$\boxed{48}$，①＝$\boxed{6}$とわかる。よって，図2の比をそろえると上の図3のようになる。さらに，静水時の速さの比は，上りと下りの速さの和の比と等しいので，ア，イの静水時の速さの比は，(23＋30)：(18＋25)＝53：43と求められる。

図1

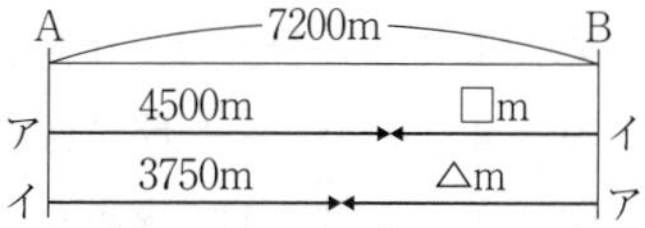

図2

	上り	下り
ア	$\boxed{23}$	⑤
イ	③	$\boxed{25}$

図3

	上り	下り
ア	$\boxed{23}$	$\boxed{30}$
イ	$\boxed{18}$	$\boxed{25}$

⑵　アの下りとイの上りの速さの比は，5：3だから，アの下りとイの上りにかかる時間の比は，$\frac{1}{5}:\frac{1}{3}$＝3：5となる。この差が4分48秒(＝4.8分)なので，アの下りにかかる時間は，4.8÷(5−3)×3＝7.2(分)となり，アの下りの速さは分速，7200÷7.2＝1000(m)と求められる。さらに，アの下りの速さと川の流れの速さの比は，$30:\left(\frac{30-23}{2}\right)$＝60：7だから，川の流れの速さは分速，$1000\times\frac{7}{60}=\frac{350}{3}=116\frac{2}{3}$(m)とわかる。

4 数列

⑴　N段目の最後に並ぶ数は，$N\times N$と表すことができる。よって，12段目の最後の数は，12×12＝144，13段目の最後の数は，13×13＝169だから，13段目には145から169までの，169−144＝25(個)の数が並ぶ。したがって，これらの和は，(145＋169)×25÷2＝3925と求められる。

⑵　イよりもアの方が小さいから，アは，464÷2＝232よりも小さく，アは232よりも大きい。また，15段目，16段目，17段目の最後の数はそれぞれ，15×15＝225，16×16＝256，17×17＝289なので，考えられる位置は右の図1の太線で囲んだ2通りある。ここで，上の段(白)と下の段(黒)の部分の差を求めると，1段目と2段目の差は2，2段目と3段目の差は4，3段目と4段目の差は6，…のようになる。よって，N段目と(N＋1)段目の差は(2×N)と表すことができるから，アが15段目の場合のアとイの差は，2×15＝30となり，ア＝(464−30)÷2＝217，イ＝217＋30＝247と求められる。なお，アが16段目の場合は，ア＝(464−2×16)÷2＝216となるが，これはアが16段目にあるという条件に合わない。

図1

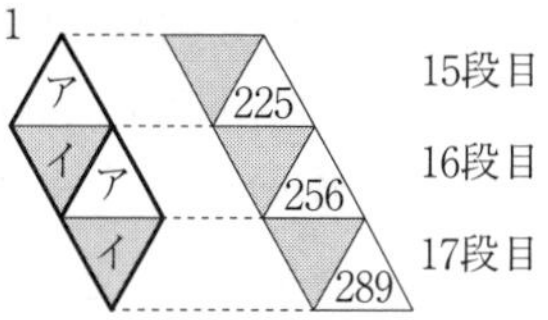

⑶　エ，オ，カは連続する整数だから，エ，オ，カの和はオの3倍になる。よって，ウは，1608÷(1＋3)＝402よりも小さく，オは402よりも大きい。また，20段目，21段目，22段目の最後の数はそれぞれ，20×20＝400，21×21＝441，22×22＝484なので，考えられる位置は右上の図2の太線で囲んだ2通りある。ウが20段目(オが21段目)の場合のウとオの差は，2×20＝40だから，ウ＋エ＋オ＋カ＝(オ−40)＋オ×3＝オ×4−40となる。これが1608になるので，オ＝(1608＋40)÷4＝412と求められる。なお，ウが21段目の場合は，ウ＋エ＋オ＋カ＝(オ−2×21)＋オ×3＝オ×4−42より，オ＝(1608＋42)÷4＝412.5となり，条件に合わない。

図2

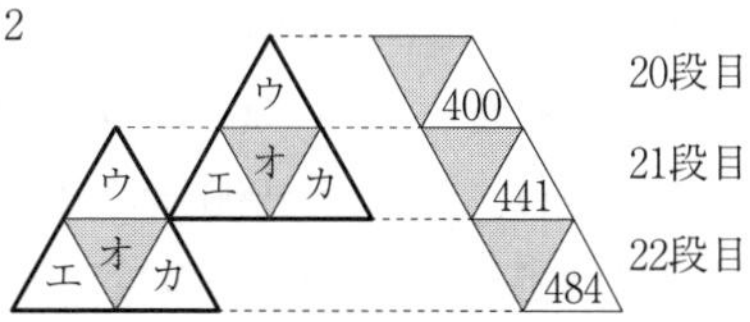

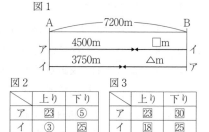

5 速さと比，つるかめ算

(1)　A君とB君は2人合わせて1km進むごとにすれ違《ちが》うから，2人が18回目にすれ違うまでに進んだ道のりの合計は，1×18＝18(km)である。また，A君とB君が同じ時間で進む道のりの比は9：4なので，その間にA君が進んだ道のりは，$18\times\frac{9}{9+4}=12\frac{6}{13}$(km)となる。

(2)　①　A君は(1)で求めた道のりよりも多く進むから，少なくとも13周はしている。次に，もしもA君が最初から2倍の速さで進んだとすると，A君とB君の速さの比は，(9×2)：4＝9：2となるので，2人が18回目にすれ違うまでにA君が進む道のりは，$18\times\frac{9}{9+2}=14\frac{8}{11}$(km)となる。よって，A君が15周以上することはないから，考えられるのは13周と14周である。　②　はじめにA君が13周した場合を求める。このとき，2人は合わせて18周しているので，B君は，18−13＝5(周)している。そこで，B君の速さを毎時4kmとすると，2人が進んだ時間は，$1\times5\div4=\frac{5}{4}$(時間)となる。また，A君のはじめの速さは毎時9km，途《と》中《ちゅう》からの速さは毎時，9×2＝18(km)だから，右上の図1のようにまとめることができる。よって，毎時9kmで進んだ時間は，$\left(18\times\frac{5}{4}-13\right)\div(18-9)=\frac{19}{18}$(時間)なので，速さを変えるまでに進んだ道のりは，$9\times\frac{19}{18}=$9.5(km)とわかる。同様に，A君が14周した場合，B君は，18−14＝4(周)しているから，2人が進んだ時間は，1×4÷4＝1(時間)となる。したがって，右上の図2のようにまとめることができるので，毎時9kmで進んだ時間は，$(18\times1-14)\div(18-9)=\frac{4}{9}$(時間)となり，速さを変えるまでに進んだ道のりは，$9\times\frac{4}{9}=4$(km)と求められる。

図1

毎時9km　}合わせて
毎時18km　}$\frac{5}{4}$時間で13km

図2

毎時9km　}合わせて
毎時18km　}1時間で14km

6 場合の数

(1)　3×1001＝3003より，Bの1001番目の整数は，Aの3001番目，3002番目，3003番目に並ぶ数字を並べたものとわかる。また，Aに並ぶ数字の個数をけたごとに調べると右の図1のようになるから，999までに全部で，9＋180＋2700＝2889(個)あることがわかる。よって，Aの3001番目の数字は，4けたの中で，3001−2889＝112(番目)の数字である。さらに，112÷4＝28より，1000からかぞえて28番目の整数の一の位とわかるので，1000＋28−1＝1027の一の位の7となる。つまり，Bの1001番目の整数は，1027，1028の__部分だから，710である。

図1

・1けた(1～9の9個)　➡　1×9＝9(個)
・2けた(10～99の90個)　➡　2×90＝180(個)
・3けた(100～999の900個)　➡　3×900＝2700(個)

(2)　0が現れる位ごとに求める。右の図2で，アには1～999の999通りの数が入るから，一の位に現れる0の回数は999回である。また，イには1～99の99通り，ウには0～9の10通りの数が入るので，十の位に現れる0の回数は，99×10＝990(回)とわかる。さらに，エには1～9の9通り，オには00～99の100通りの数が入るから，百の位に現れる0の回数は，9×100＝900(回)と求められる。よって，Aに現れる0の回数は，999＋990＋900＝2889(回)とわかる。

図2

・一の位　[ア]0
・十の位　[イ]0[ウ]
・百の位　[エ]0[オ]

(3)　1～999に並ぶ数字の個数が2889個なので，2889÷3＝963より，4けたの最初の部分の区切られる位置は，999/100/0…となることがわかる。よって，1000～1003は下の図3の㋐のようになる。また，1000～1999に並ぶ数字の個数は，4×1000＝4000(個)だから，4000÷3＝1333余り1より，1999の最後の1個が余り，199/920/00…となることがわかる。したがって，2000～2003は㋑のようになる。このように，1000増えるごとに区切る位置が左に１つ移動するので，3000～3003はㇹのようになる。

図３

```
      ⬇  ⬇  ⬇     ⬇  ⬇  ⬇     ⬇  ⬇  ⬇     ⬇  ⬇  ⬇
㋐|1  0  0|⓪  1  0|⓪  1  1|⓪  0  2|1  0  0|3
㋑  2  0|⓪  0  2|⓪  0  1|2  0  0|2  2  0|⓪  3
㋒  3|⓪  0  0|3  0  0|1  3  0|⓪  2  3|⓪  0  3|
```

図４

```
10～19  |1  0  1|1  1  2|…  1  8|1  9
20～29    2|⓪  2  1|2  2  …|2  8  2|9
30～39    3  0|3  1  3|2  …  3|8  3  9|
```

⑷　⑶の作業を行ったときに○で囲む部分が100未満の整数になる。並べる整数が１けたの場合は，123/456/789となるから，この中に100未満の整数はない。また，並べる整数が２けたの場合，考えられるのは一の位が０の場合だけなので，10，20，30の前後を調べると上の図４のようになる。よって，10～39に１回あり，40～69，70～99は10～39と同じことがくり返されるから，２けたの場合は，１×３＝３(回)とわかる。さらに，２けたの最後の部分は，9/899/…となるので，並べる整数が３けたの場合は，/100/101/…/999/のようになる。つまり，縦線の後は必ず百の位の数字になるから，３けたの場合はない。次に，並べる整数が４けたの場合について考える。図３で，⬇の位置にはすべて同じ数字が並び，その中の１つの数字の左側だけに縦線がある。したがって，㋐の０が○で囲まれていない場合，同じ列の㋑，㋒の０のどちらか一方だけが○で囲まれていて，㋐の０が○で囲まれている場合，同じ列の㋑，㋒の０はどちらも○で囲まれていないことになる。これは1004以上の場合も同じなので，1000～3999で○で囲まれる０の回数は，1000～1999に現れる０の回数と一致《いっち》することになる。そこで，⑵と同様に考えて1000～1999に現れる０の回数を求める。右の図５で，アには00～99の100通りの数が入るので，一の位に現れる０の回数は100回である。また，イとウにはそれぞれ０～９の10通りの数が入るから，十の位に現れる０の回数は，10×10＝100(回)となる。さらに，エには00～99の100通りの数が入るので，百の位に現れる０の回数は100回である。以上より，1000～1999に現れる０の回数は，100×３＝300(回)とわかるから，1000～3999で○で囲まれる０の回数も300回になる。4000～6999，7000～9999は1000～3999と同じことがくり返されるので，○で囲まれる０の回数は全部で，３＋300×３＝903(回)と求められる。つまり，Bの中に100未満の整数は903回現れる。

図５

・一の位　1［ア］0
・十の位　1［イ］0［ウ］
・百の位　1 0［エ］

社　会　(50分)＜満点：40点＞

解　答

問１　**１**　オランダ　**２**　福沢諭吉　**３**　教育勅語　**４**　ソビエト連邦　**問２**　い　**問３**　(例)　経験的知識，先例から得た知識　**問４**　う　**問５**　①　い　②　き　③　え　**問６**　(例)　身分や年齢に関係なく，学ぶ意欲のある人。　**問７**　(例)　授業料や学区内集金などの金銭的な負担があったから。　**問８**　(例)　富国強兵に役立つ高度な知識や技術を持つ人材を必要としたから。　**問９**　(例)　卒業後は，より上級の学校ではなく家庭に入るものだと考えられていたから。　**問10**　(例)　年齢で区切ることで行政上の管理がしやすく，一律に教育することで子どもの能力を効率的にはかることができ，学校の労力をおさえられるから。　**問11**　(例)　外国人の子どもの教育が保障されず，言語や文化の違いによる問題が生じたと考えられる。　**問12**　(例)　子どもの発達段階に応じて，さまざまな知識が整理され，かたよりなく，体系的に学習できるように配慮されているから。　**問13**　(例)　これまでの学校教育は，教師から多数の子どもへ，定められた知識を一方的に教えてきたため，画一的な価値観や考え方を持つ均質な社会をつくりだした。このような社会では，価値観の多様性が認められにくく，新しいアイデアが生まれにくいといった問題がある。

解　説

教育の歴史を題材にした総合問題

問１　**1**　江戸幕府第８代将軍の徳川吉宗が，実学(実用的な学問)と新しい産業を奨励《しょうれい》するために，キリスト教と関係のない漢訳洋書(中国語に訳された西洋の書物)の輸入制限を緩和《かんわ》し，青木昆《こん》陽《よう》らにオランダ語を学ばせたことから蘭《らん》学(オランダ語による西洋の学問)が始まった。これにより蘭学塾がさかんになり，中でも，緒方洪庵《おがたこうあん》が大坂(大阪)で1838年に開いた適々斎《てきてきさい》塾(適塾)がよく知られ，幕末・明治維新に活躍《かつやく》する福沢諭吉や大村益次郎，橋本佐内らを輩出した。　**2**　福沢諭吉は豊前中津藩(大分県)出身の思想家・教育者で，適塾で学び，1858年に江戸に出て中津藩邸で蘭学塾を開いた。この塾が後の慶應義塾の前身となる。翌59年，日米修好通商条約の批准《ひじゅん》書交換のためアメリカ合衆国へ派遣された幕府使節団に諭吉も随行《ずいこう》し，咸臨《かんりん》丸で太平洋を横断して初めて外国の地を踏《ふ》んだ。帰国後，欧米の民主主義思想を紹介し，代表的著作に『学問のすゝ《(す)》め』のほか，『西洋事情』などがある。　**3**　明治政府は教育理念を示すために，1890年に教育勅語《ちょくご》を発布した。教育勅語では，「忠君愛国」などの儒教的道徳思想を教育の基本として強調していた。　**4**　1957年，社会主義国のソビエト連邦(ソビエト社会主義共和国連邦)が，初の人工衛星打ち上げに成功した。さらに1961年には，世界初の有人宇宙飛行にも成功した。

問２　鎌倉時代，国ごとに守護，荘園や公領に地頭が置かれ，幕府の全国支配の基礎となった。鎌倉時代の守護の仕事は，大番催促《おおばんさいそく》(御家人に京都の警護に行くように指示すること)，謀反《むほん》人の逮捕《たいほ》，殺害人の逮捕の３つで，年貢の取り立てや犯罪の取り締《し》まりは地頭が行った(い…×)。

問３　民衆が文字を書くことや読むことができなかったころは，自分の見聞きしたことなど限られた情報に基《もと》づいた知識で問題を解決していた。しかし，寺子屋で読み書きを学び，往来物などで先例を知ることで，自分の抱えている問題と似た問題がどのように解決されてきたのかを知ったり，これまで自分が問題だと認識していなかったことを改めて問題視して解決しようとしたりするなど，民衆の問題解決の方法が変化したと考えられる。

問４　現金収入が得られる作物は商品作物と呼ばれ，中でも幕府や諸藩が重視したものに四木三草がある。四木は桑・漆《うるし》・茶・楮《こうぞ》，三草は麻・藍《あい》・紅花《べにばな》で，このほか綿花・なたね・たばこなどがある。

問５　①　農民や町人の子どもが寺子屋で学んだのに対し，藩士やその子弟は藩が設けた藩校で学んだ。約250の藩校の大半は，江戸後期に設立された。表１の「藩の特徴」に白虎隊《びゃっこたい》隊士を生み出したとあるので，日新館は会津藩(福島県)の藩校である(地図中い)。白虎隊は戊辰戦争(1868～69年)における会津戦争で，旧幕府側についた会津藩の少年藩士らで結成された隊である。　②「藩の特徴」に中浜万次郎が帰国後教授になったとあるので，教授館は土佐藩(高知県)の藩校である(地図中き)。中浜万次郎は土佐藩の漁師の子として生まれ，漁の最中に遭難《そうなん》してアメリカの捕鯨《ほげい》船に助けられてアメリカ本土に渡った。帰国後，土佐藩の士分に取り立てられ，教授館の教師となった。　③「藩の特徴」に徳川御三家の藩主が設立したとあるので，明倫堂は尾張藩(愛知県)の藩校である(地図中え)。徳川御三家は尾張藩と水戸藩(茨城県)・紀伊藩(和歌山県)の３つの藩を指す。

問６　咸宜《かんぎ》園は廣瀬淡窓《ひろせたんそう》が1817年に現在の大分県日田市に設立した私塾で，身分や出身，年齢などに関係なく全ての塾生が平等に学ぶことができた。藩校で学ぶには，藩士やその子弟，一部の町人という身分規制があるが，私塾はそれがなく，学ぶ意志のあるものなら，誰でも教育を受けることができた。

問７　図１「公立小学校の収入の内訳(1873年度)」において，国から給付される「文部省補助金」がわずか13％しかなく，残りは地方の負担になっている。これは国が学制を発布して子どもに教育を受けさせることを求めておきながら，その費用は教育の恩恵を受けるものが負担するのが妥当《だとう》という考え方にもとづく。そのため，授業料があるわけだが，学制で定められた授業料は当時としては高額であったことから，実際は少額での徴収または無料とすることも多かった。こうした事情から，学制期における教育財政は，学齢児童の有無にかかわりなく，学区内の住民に割り当てて徴収される「学区内集金」を主とする民費に依存しなければならなかった。このことは当時の財政事情からみてやむを得ないとはいえ，当時の国民にとっては過度の負担でもあり，中でも子のない家庭は，他人の子の教育にお金を出すことに不満を持ったとも考えられる。また，農家にとっては労働力となる子どもを学校に取られることにもなったので，就学拒否や学校破壊，教員の追い返しといった騒動が起きた。

問８　明治政府は近代化の進んだ欧米諸国に追いつくため，富国強兵をスローガンとして国の近代化を進めた。そのためには，優秀な人材をより多く養成することが必要であり，それはあらゆる学問的分野に求められた。そのため，生活上の必要とはかけ離れた，子どもたちにとっては学ぶ意味を見いだしにくい教科も学ぶこととなった。

問９　文章の「明治時代以降の教育」の第１段落４行目に，小学校において「女子には裁縫《さいほう》を教えることもありました」とあり，性別によって教育内容が異なっていたことがわかる。男子の中学校の学科課程が国語および漢文，外国語，数学中心で卒業後の進路として高等学校などがあったのに対し，高等女学校の学科課程では家事および裁縫が中心で卒業後の進路は家庭に入るものと考えられていた。つまり，女子教育は高等女学校をもって最後にするという意図があったと考えられる。

問10　ある年齢に達したときに就学を開始し，毎年学年が１つずつあがる学級制は国民全員を学校に通わせること(国民皆学)を目指す政府としては子どもの管理がしやすかった。また，同じ年齢の子どもに一律に教育を行い，同じ課題を出すことでその時点の子どもの能力をはかりやすいため，学級制は学校側の労力を低くおさえられたと考えられる。

問11　日本には，日本国籍を持つ日本国民の子どもと，日本国籍を持たない外国人の子どもが住んでいる。教育基本法第10条の「国民全体」は日本国籍を持つ子どものみを指すため，日本国籍を持たない外国人の子どもへの教育は保障しないということになる。グローバル化が進む現代社会では言語や文化が異なる外国人の子どもも多いため，日本語を教える必要や，宗教の違いなどによる文化の差などに学校が対応する必要がある。

問12　本を読んだりインターネットで検索したりすれば，自分が知りたい情報を簡単に入手することができる。ただし，インターネットの場合は，断片的な知識になりやすく，また真偽のほどが定かではない情報も含《ふく》まれるので，それを見極められる能力が求められる。一方，学校教育の場合は，対象学年に合わせた教材をもとに，重要なポイントをおさえながら，知識を体系的に身につけられるような配慮がなされている。また，学校では，疑問があれば教師に質問して聞くこともできるし，友だちと話し合って理解を深めることもできるという利点がある。

問13　本文の「明治時代以降の教育」の中で，「教室では多数の子どもに対して同じ内容の知識を教えこむ仕組みがつくられました」とある。こうして，子どもたちは等しく必要最低限の教育を受けることができたが，その一方で，子どもたちは画一化された価値観や考え方を持つようになった。そして，この画一化された価値観や考え方により均質化された社会となり，これまでに経験したことがないものや異なる文化・習慣などを容易には受け入れがたくしている。本文の「これからの教育」の中で，「学校教育の目的は子どもを社会に適応させるだけではありません。むしろ子どもが自分とは違うさまざまな考え方を学ぶことで，よりよい社会をつくっていくことに役立つということもあるでしょう」とある。つまり，自分と他者との「違い」を学ぶ，「多様性」を学ぶということも，教育の一つのあり方ではないかということである。

理　科　(50分)＜満点：40点＞

解　答

[1] **問1**　イ，ウ　**問2**　イ，オ　**問3**　ア，ウ　**問4**　(例)　水深150m付近で体温が下がるのにかかる時間より，水面近くで体温が上がるのにかかる時間の方が長いから。　**問5**　ア，エ　**問6**　**記号…**イ　**理由…**(例)　小さいマンボウの方が，水深150m付近にいる時間も水面付近にいる時間も短いから。　**問7**　**記号…**イ　**理由…**(例)　マンボウは決まった回遊のルートをもたず，広い海にばらばらに広がって活動しているから。　[2] **問1**　オ　**問2**　下の図①　**問3**　下の図②　**問4**　ア　**問5**　下の図③　**問6**　(1)　●…1.2g　○…0.2g　(2)　1：2　(3)　(例)　下の図④　[3] **問1**　**ア**　×　**イ**　○　**ウ**　○　**問2**　下の図⑤　**問3**　290mA(0.29A)　**問4**　**あ**　4　**い**　150　**問5**　**う**　9　**え**　1　**お**　99　**か**　1　**き**　90　**く**　9　**け**　1　**X**　cとdの長さの合計　**問6**　カ　**問7**　(例)　少量の水の流れを大量の水の流れに変える装置。　**問8**　(例)　小さい電流を大きくするための電流が必要だから。　[4] **問1**　ア　**問2**　**a**　イ　**b**　エ　**問3**　ウ　**問4**　**a**　ア　**b**　エ　**問5**　(1)　オ　(2)　0.14mm　**問6**　イ　**問7**　**a**　水蒸気　**b**　冷や　**c**　液化(凝結)　**問8**　エ

図①

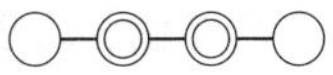

図②

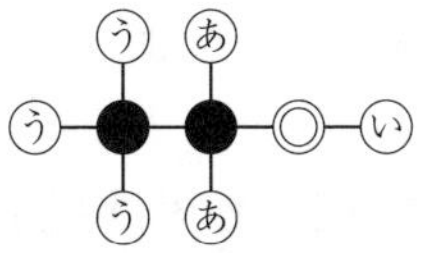

図③

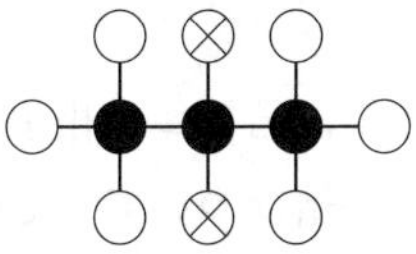

図④

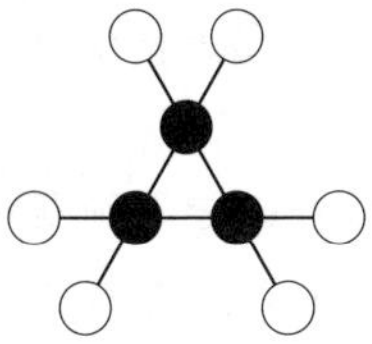

図⑤

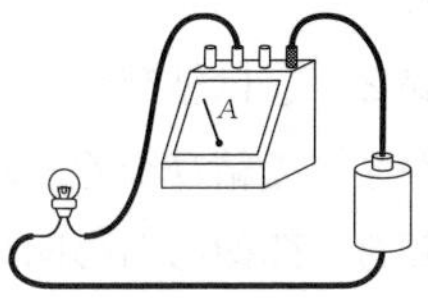

解説

1 海で生活する動物の生態についての問題

問1　ペンギンは鳥類で，肺呼吸をしている。ペンギンが潜水《せんすい》するときは，肺と気のうと呼ばれる袋《ふくろ》に空気をたくわえて潜《もぐ》り，この空気を使って呼吸をしている。また，限られた時間の潜水でエサを取れるということは，水中にエサが豊富にあるからだと考えられる。なお，ペンギンは空を飛ぶことができない。

問2　表から，体重が重い種類ほど，潜水最大深度が深く，潜水時間が長くなっていることがわかる。これは，体重が重い(体が大きい)ほど，体内にたくわえられる空気が多くなるからだと考えられる。

問3　マンボウは魚類で，エラ呼吸をしている。また，問題文で，エサの多い水深150m付近で体温が14℃になるまでさかんにエサを食べ，体温が下がると水面付近で体温を上げ，体温が17℃になるとすぐに次の潜水を始めると述べられている。そのため，水面や水深150m付近でまったく活動できないわけではない。

問4　一般《いっぱん》に，まわりとの温度差が大きい方が，温度が変化するまでの時間は短くなる。水温が5℃の水深150m付近の方が，18℃の水面付近よりマンボウの体温との差が大きいので，水深150m付近で体温が14℃まで下がる時間の方が，水面付近で体温が17℃まで上がる時間よりも短くなる。

問5　体が小さいマンボウほど，まわりの水温による体温の変化が大きいと述べられている。そのため，体が大きいマンボウほど，水深150m付近で体温が14℃まで下がるのにかかる時間が長くなるため，その深さで活動できる時間が長くなり，水面付近では体温が17℃まで上がるのに時間がかかるため，再び潜り始めるまでの時間は長くなるとわかる。

問6　問5と同様に考えると，体の小さいマンボウほど，水深150m付近にいる時間は短く，水面付近にいる時間も短いので，小さいマンボウの方が大きいマンボウより，同じ日に潜水する回数は多いことになる。

問7　サンマは決まったルートを決まったシーズンに回遊しているので，一部の海の決まった期間の水温しか測定できない。それに対して，マンボウは，それぞれが決まったルートを持たず広い海にばらばらに広がって活動しているので，広い範囲《はんい》の水温を1年中測定することができる。

2 物質を作るつぶの結びつきについての問題

問1　ア〜エは，1個の●に○が2個と⊗が1個結びついている。オは，左側の●には○が3個結びついていて，右側の●には○が１個と⊗が２個結びついている。よって，オがほかと異なっている。

問２　○は結びつく相手のつぶが１個で，◎は結びつく相手のつぶが２個なので，○２個と◎２個がすべて結びつくためには，まず，◎と◎が結びついて，その◎に○が１個ずつ結びつけばよい。

問３　問題の右の図の物質で，ほかのつぶと結びついている○について考えると，左の●と結びついている３個，右の●と結びついている２個，◎と結びついている１個に分類できる。よって，解答の図②のようになる。

問４　ア　○について考えると，左右対称《たいしょう》なので，両端《りょうはし》の●に結びついている３個ずつの○と，真ん中の●に結びついている２個に分けられる。このとき信号は２種類現れ，その強さの比は，(３×２)：２＝３：１となる。　イ　○について考えると，左右対称ではないので，左の●に結びついている３個，真ん中の●に結びついている２個，右の●に結びついている３個に分けられ，信号は３種類で，信号の強さの比は，３：２：３になる。　ウ　○について考えると，左右対称なので●に結びついている３個ずつの結びつき方しかなく，１種類の信号だけが現れる。　エ　○について考えると，左右対称なので，両端の●に結びついている３個ずつの○と内側の●に結びついている２個ずつの○に分けられる。よって，信号は２種類で，信号の強さの比は，(３×２)：(２×２)＝３：２になる。

問５　１種類の信号しか現れなかったので，この物質のつぶの結びつき方は左右対称であると考えられる。よって，解答の図③のように，３個の●が一直線に結びつき，両端の●に○が３個ずつ結びついていて，真ん中の●に⊗が２個結びついていればよい。

問６　(1)　4.4gの物質Ｂは●と◎のみが３：８の重さの比で結びついているので，物質Ｂに含《ふく》まれる●の重さは，$4.4\times\frac{3}{3+8}=1.2$(g)となる。ここで，物質Ａ内のすべての●が空気中の◎と結びついて物質Ｂができたので，物質Ａに含まれていた●の重さは1.2gとわかる。また，物質Ａに含まれていた○の重さは，1.4−1.2＝0.2(g)となる。　(2)　物質Ａ内の●と○の重さはそれぞれ1.2gと0.2gで，●と○の１個あたりの重さの比は12：１なので，物質Ａ内の●と○の個数の比は，$\frac{1.2}{12}:\frac{0.2}{1}=1:2$となる。　(3)　１種類の信号しか現れなかったので，物質Ａ中の●と○の結びつき方は左右対称になっていて，●と○のどの結びつき方も同じになっていることがわかる。さらに，●と○の個数の比が１：２なので，●１個に対して○が２個結びついたものがつながった物質になる。すると，物質Ａは，たとえば●が３個のときは解答の図④のように，●が４個のときは右上の図のようになる。なお，●が１直線につながった物質では，両端の●に３個の○がつながるため，当てはまるものはない。

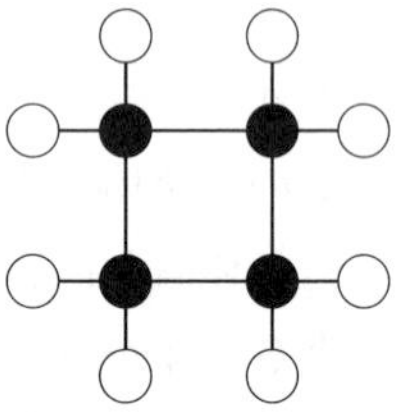

3　電流計の仕組みについての問題

問１　ア　光電池には半導体が使われていて，光のエネルギーを直接電気に変えている。電磁石は利用されていない。　イ　扇風《せんぷう》機は，電気でモーターを回すことで羽を動かす道具で，モーターには電磁石が使われている。　ウ　消火栓《せん》のベルは，電磁石に電流が流れたり流れなかったりすることでベルをたたくハンマーを動かして音を鳴らす。

問２　電流計は電流の大きさを調べたいところに直列につなぐ。このとき，電流計の＋端子《たんし》には，乾《かん》電池の＋極側の導線をつなぎ，−端子には，乾電池の−極側の導線をつなぐ。ここでは，豆電球を流れる電流はおよそ，0.2A＝200mAなので，電流計の－端子を最大500mAまで調べることができる500mA端子につなぐとよい。なお，このとき，－極側の導線を５Ａ端子につなぐと，針の振《ふ》れ角が小さすぎて値が読み取りにくく，50mA端子につなぐと針が振り切れてしまうと考えられる。

問３　500mAの－端子につないでいるので，大きい目盛りの間かくが100mAになり，流れる電流の大きさは290mA（0.29A）と読み取れる。

問４　表から，並列につながった金属線に流れる電流の大きさの比は，金属線の長さの比と逆比になっていて，それぞれの金属線に流れる電流の大きさの和が電源装置から流す電流の大きさになっていることがわかる。そのため，図４の回路では，金属線の長さが，８：２＝４：１なので，８cmの金属線に流れる電流の大きさと２cmの金属線に流れる電流の大きさの比は，$\frac{1}{4}:\frac{1}{1}=1:4$になる。よって，電源装置から流す電流の大きさが20mAのときに，８cmの金属線に流れる電流の大きさは，$20\times\frac{1}{1+4}=4$（mA）（…**あ**）となる。また，メーターの針の振れ角が最大となるときは，メーターと８cmの金属線には30mAの電流が流れているので，２cmの金属線に流れる電流の大きさは，30×４＝120（mA）だから，電源装置から流す電流の大きさ，つまり，この電流計で測定できる最大の電流の大きさは，30＋120＝150（mA）（…**い**）とわかる。

問５　**う，え**　300mAの－端子に電源装置を接続したときは，ｄとｅが直列につながった部分とｃが並列につながった回路になる。このときメーターの針の振れ角が最大になるようにすると，ｃには30mAの電流が流れ，ｄとｅには，300－30＝270（mA）の電流が流れる。よって，（ｃの長さ）：（ｄとｅの長さの合計）＝$\frac{1}{30}:\frac{1}{270}$＝９：１となる。　**Ｘ，お，か**　３Ａの－端子に電源装置を接続するときは，ｃとｄが直列につながった部分とｅが並列につながった回路になる。このとき，メーターの針の振れ角が最大となるようにすると，ｃとｄには30mAの電流が流れ，ｅに，３×1000－30＝2970（mA）の電流が流れる。よって，（ｃとｄの長さの合計）：（ｅの長さ）＝$\frac{1}{30}:\frac{1}{2970}$＝99：１となる。　**き～け**　以上より，ｅの長さを１とすると，（ｃの長さ）＋（ｄの長さ）＋（ｅの長さ）＝99＋１＝100となる。ここで，（ｃの長さ）：｛（ｄの長さ）＋（ｅの長さ）｝＝９：１だから，ｃの長さは，$100\times\frac{9}{9+1}$＝90，ｄの長さは，100－（90＋１）＝９とわかる。よって，（ｃの長さ）：（ｄの長さ）：（ｅの長さ）＝90：９：１とすれば目的の電流計をつくることができる。

問６　1000μA＝１mA，1000mA＝１Ａなので，$1\,\mu\mathrm{A}=\frac{1}{1000}\times\frac{1}{1000}\mathrm{A}=\frac{1}{1000000}\mathrm{A}$であり，カが選べる。

問７　管Ｐを少量の水が流れると，水の流れの強さに応じて，板１が回転し，板２が左向きに動くので，管Ｑの上部から水が大量に流れる。このとき，管Ｑの上部から流れる水の強さは管Ｐを流れる水の強さによって変わる。すると，管Ｐを流れる水の量が少なく，その量の測定が難しくても，管Ｑから流れた水の量を測定することで，管Ｐを流れる水の量を求めることができる。このように装置Ｔで流れる水の量を増やすことで，少ない水の量を測定することが可能になる。

問８　回路を流れる非常に小さい電流を，装置Ｔでは管Ｐを流れる少量の水の流れにたとえている。そのため，デジタルマルチメーター内部のトランジスタには，装置Ｔで管Ｑの上部にある水にあたる電流が必要であり，そのために電池が必要だと考えられる。

４　地層と岩石の観察についての問題

問１　地層を押《お》す力が断層に対して斜《なな》めにはたらく場合は，アのように断層面に沿って地層がせり上がるようにずれる。なお，地層を押す力と断層が垂直の場合は，ずれる方向に力がはたらかない

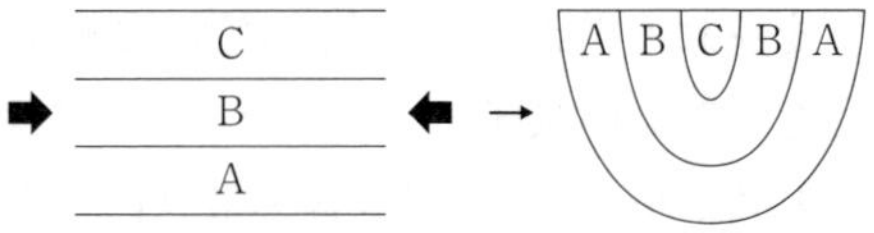

ので，地層はずれない。

問２　古い方からＡ，Ｂ，Ｃの順に地層が水平に堆積《たいせき》した場合，Ａの地層は一番下に，Ｃの地層は一番上になる。このとき，右上の図のように地層が東西から押され，谷折りのように下にへこむ形に曲げられたあと上部がけずられると，問題の図のような縞《しま》模様が見られる。

問３　図２のⅠでは，地層の縞模様が続く方向が北向きのときに，クリノメーターの長辺方向が北を向く。このとき，北からの角度(目盛りの値)が０度になるため，ⅠはＡのような目盛りになっている。また，図２のⅡで地面と水平なときは，クリノメーターの短辺方向が地面と垂直(目盛りの値が０度)になるので，Ｂのような目盛りになる。

問４　岩石に含まれる鉱物をけずるためには，鉱物よりもかたい研磨剤《けんまざい》を使う必要がある。また，研磨するときは粒子《りゅうし》の大きさが大きいもので粗《あら》くけずった後，粒子が小さいもので細かくけずる。

問５　⑴　2.54cmをx本の糸で分割すると，(2.54÷x)個に分けることができる。この１個あたりの長さは，網目《あみめ》の幅《はば》と糸の太さを合わせたものになる。よって，網目の幅は，(2.54÷x－y)で求めることができる。　⑵　⑴から，網目の幅は，2.54×10÷100－0.11＝0.144より，0.14mmと求められる。

問６　岩石の表面を平らに研磨した場合も，水をかけてぬらした場合も，表面の細かいでこぼこを減らすことになるので，光の乱反射が弱まり，黒っぽく見える。

問７　お風呂《ふろ》のフタを開けたときに出た水蒸気が，鏡の表面で冷やされて，液体の水の粒になると鏡がくもる。このように気体が液体になる変化を液化(凝結《ぎょうけつ》)という。

問８　水アカは，水道水に含まれる物質が沈殿《ちんでん》したり，空気中の成分と結びつくことでできたりすると述べられているので，水分を速やかに取り除くことで予防することができると考えられる。

国　語　(60分)＜満点：60点＞

解　答

問１　(例)　誰かが立候補し，もし自分が学級委員になれなかったとしたら，期待通りに行かなかったと母親に怒られるかもしれず不安だったから。　**問２**　(例)　特定の誰かとだけ仲良くするのではなく，達哉くんのようにみんなにやさしくできる学級委員になるのを，母親が望んでいるということ。　**問３**　(例)　自分にはないやさしさや人望のある，目指すべき理想の存在。　**問４**　ア　**問５**　両手に収まらないほど大きな空　**問６**　(例)　骨折して林間学校に来られなかった達哉くんに，菅平でしか見られない空を見せてあげたいという思いから，忠実に空の色を再現しようとしている。　**問７**　誰もこばまずみんなを受け入れる(点)　**問８**　イ　**問９**　ウ　**問10**　(例)　これまでのように先生や親に怒られるかどうかを基準に言葉を発するのではなく，自分が抱いている本当の気持ちをきちんと言葉で伝えようとしたものの，うまくいかずに傷ついたが，まだわからないから言えないこともあるのかもしれないと気がついたことで，救われた気持ちになったから。　**問11**　⑴　(例)　絵を描く前は自分が感じた本当の気持ちをそのまま表現できず，母親や先生の反感を買わないような表現に改めたり人前で発表することをしなかったりしたが，絵を描いた後は自分の素直な感性や表現したいことを大切にするようになった。　(2)（例）満足のいく絵が描けたこと，達哉くんと自分のやさしさの違いを考えたこと，気持ちを素直に表現した里中さんの言葉を思い出したことを通じて，自分も自分らしくあればいいのだという思いを持てるようになったから。　**問12**　下記を参照のこと。

●漢字の書き取り

問12　a　盛　b　縮　c　束　d　拡声

解説

出典：真下《ました》みこと「やさしいの書き方」。学級委員になった小学校三年生の「守《まもる》」の心の成長が描《えが》かれている。

問1　「学級委員，立候補しなさいね」という母親の言いつけにしたがい手をあげた「守」は，「他に誰《だれ》も出ないでくれ」と強く思っている。複数の候補者が立つことになり，もし，学級委員になれなかったとしたら母親に「怒《おこ》られ」るかもしれないので，「守」は「不安」にかられていたのだろうと想像できる。

問2　問1で検討したことからうかがえるとおり，「守」は母親の目(意向)を気にしている。ここでも，「やさしい」ことを理由として達哉《たつや》くんが多くの男子に推薦《すいせん》されていたとの話を聞いた母親から，「あんたもこれからみんなにやさしくしないとね。学級委員なんだから，誰か一人だけと仲良くしちゃだめだよ」と言われた「守」は，そういう学級委員になるのを母親が期待していることを理解し，「うん，わかった」と言ったのである。続く部分で「守」が，純粋《じゅんすい》に“学級委員の務めを果たす”ためだけでなく，“自分の「目を見てくれた」母親の期待に応える”ために，「僕《ぼく》，頑張《がんば》るよ」と言ったのであろう点も参考になる。

問3　林間学校に行ったさい，飯ごう炊《すい》さんで行うカレー作りの材料であるにんじんを，班のメンバーである翔吾《しょうご》が忘れるというトラブルに直面した「守」は，つい「怒ってしまいそうになるのを」堪《こら》え，「達哉くんだったら，こんな時どうするだろう」と考えている。つまり，「守」にとって達哉くんは，何かで行き詰《づ》まったとき，自らのとるべき行動の指針や手本となる，理想の存在だといえる。

問4　菅平《すがだいら》の自然にふれた「守」は，「切られた木から，血が流れているみたいなにおいがしました」と率直《そっちょく》な思いを「今日の記録」に書いたものの，「ふざけている」と怒られることを恐《おそ》れてそれを消し，代わりに「青々としたにおいがした」とユリ先生が言っていたとおりに書いたり，「星空観察が楽しかった」とあたりさわりのないことを書いたりしている。下手なことを書いて反感を持たれないよう，自分の「本当の気持ち」にふたをしていたのだから，アが正しい。なお，「守」は率直に思ったことが「ふざけている」と思われるのを恐れていたのであって，最初から「ふざけて書いた」わけではないので，イは誤り。また，「どんな内容を書いたとしても，本当の気持ちを伝えることなどできない」とあきらめているのではなく，「本当の気持ち」を伝えることで先生に怒られてしまうのがいやだったのだから，ウも間違《まちが》っている。さらに，「切られた木から，血が流れているみたいなにおいがしました」という最初の文章は「むりやり書いた」ものではないし，書き直したものに対して「大人の表現の方が現実をうまく表していることに気づき，自分の子供っぽさにうちのめされ」たわけでもないので，エもふさわしくない。

問5　写生会のテーマとされた「菅平の自然にしかないもの」に沿って「何を描《か》こうかと広場を探

して」いた「守」は，ふと見上げた先の「澄《す》んだ青空」に「釘《くぎ》付けになっ」ている。ふだん，「マンションから見える空は，他の建物に四角く囲まれ」，電線にさえぎられているのに対して，今，目に映っている「この空は，菅平でしか見られない」と「守」は「確信した」のだから，「両手に収まらないほど大きな空」がぬき出せる。

問６　「両手に収まらないほど大きな空」を眺《なが》めながら，ユリ先生の「学校では見られないものを観察して，絵にして持って帰りましょう」という言葉とともに，骨折したせいで林間学校に来られなくなってしまった達哉くんのことを思い浮《う》かべた「守」は，「この空」を彼《かれ》に見せたいと画材を手に取っている。絵を描き進めるうち，「本当に空を持って帰れるような気」がした「守」は，その「グラデーション」までも忠実に再現しようと心がけ，結果，自分の満足のいくものを仕上げたのである。達哉くんへの思いが「守」にこのような絵を描かせたことをおさえ，「交通事故による骨折が原因で林間学校に来られなかった達哉くんに見せるため，自分が見て感動した菅平の青空をそのまま画用紙に写し取ろうとしている」のようにまとめる。

問７　続く部分で「守」は，自分のやさしさと達哉くんのやさしさの違いは「温度」なのではないかと思い至っている。「誰か一人だけと仲良くしちゃだめだよ」という母親の言葉にしたがい，自分は特定の友達をつくらず「誰にでも手を差し伸《の》べ」ているが，それは言いかえれば「みんなを拒《きょ》絶《ぜつ》」しているのと同じで，ある意味「つめたいやさしさ」だと考えている。これに対し，友達もいながら誰かに意地悪することもない達哉のやさしさには，「誰もこばまずみんなを受け入れる」あたたかさがあると「守」は思っている。

問８　問５，問６でみたように，思い通り青空を写し取れたことに満足していた「守」は，「裏に名前と題名書いておいてね」というユリ先生の言葉に意識が向かず，夢中で「自分の絵を見直」している。その後，ユリ先生が話すのをやめたことに気づいた「守」のなかには，「テストが早く解き終わった時」のように，うれしく得意げな，早く絵を見せたいという気持ちばかりがあり，これまでふだんは気にしていた先生の反応や評価も頭からぬけ落ちてしまっていたと考えられるので，イがふさわしい。なお，手直しの必要がないほど自分の絵に満足していたため，「守」は早く先生に提出したいと思っていたのだから，先生からの評価を意識しているア，ウ，エは誤り。

問９　自分自身，満足がいっていたにもかかわらず，ユリ先生から指示したものと違うと注意されたり，いじめられて描いたのではないかと疑われたりした「守」は，絵にこめた思いについて説明しようとしたものの，さまざまな思いが混ざり合って「一つも言葉にでき」ずにいる。自分のなかにある多くの感情をうまく表現できないもどかしさやくやしさもあって，「守」の目には「大粒《おおつぶ》の涙《なみだ》」があふれたのだから，ウが選べる。なお，ア，イ，エは，言いたいことを伝えられずにいる「守」のようすをとらえていない。

問10　抱《いだ》いていた「ぐちゃぐちゃ」の感情を言葉でうまく表現できず，「守」は「大粒の涙を流していた」が，自分の描いた絵の題名を書こうとしたさい，「やさしい」という漢字をまだ習っていないために書き方がわからないのだと気づいたことで，これまで意識していた「言って良いことと悪いことの二つ」のほかに，自分が「まだわからないから言えない」こともあるのかもしれないと思い至っている。その気づきを通じて，「守」は今，自分の感情をうまく表現できなかったとしても何らおかしいことはなく，いつか言葉で表せるときが来るのだろうと，救われたような気持ちになったのである。以上をふまえ，「世界には言って良いことと悪いことの二つしかないと思っており，先生や親に怒られるから言えないことをたくさんかかえていたが，まだわからないから言えないこともあるかもしれないと初めて気づいたことで，新しい視点を得たように感じ，将来に希望が持てたから」のようにまとめる。

問11　⑴　絵を描く前の「守」は，「切られた木から，血が流れているみたいなにおいがしました」という，感じたままに書いたしおりの記録を，先生にふざけていると思われないような無難な感想に書きかえたり，飯ごう炊さんで作ったカレーが「お母さんが作るカレーよりも美味《おい》しかった」と感じても，「しおりにそんなことを書いたらお母さんを悲しませてしまう」と考え，書かなかったりしている。しかし，自分が心から良いと思った青空の絵を楽しみながら描いた後は，ユリ先生に見せる前からひとりでそのできばえに満足したり，ユリ先生の感想にも反論したりと，人からの評価よりも自分の感じたままに表現することを大切にするようになっている。これをもとに，「絵を描く前は，自分らしい表現よりも怒られないことを優先していたが，絵を描いた後は，自分の完成や素直《すなお》な表現を大切にするようになった」のようにまとめる。　⑵　骨折で林間学校に来られなかった達哉くんに見せたいという思いから菅平の大空を写し取って持ち帰ろうと考え，「この青はどうやったら表現できるだろう」と胸を弾《はず》ませながら絵を描き始めた「守」は，絵筆を動かすなかで，自分と達哉くんの「やさしさ」の性質は違えど「やさしい」ことに変わりはないと思ったり，「空と地面をひっくり返したみたい」と言った里中《さとなか》さんの素直な表現に思いをはせたりしながら，自分なりに「満足」のいく絵を仕上げている。つまり，「守」は絵を描くことを通じて自信が持てたほか，自分らしくあることの大切さに気づいたのである。これをふまえ，「自分なりに満足のいく絵が描けたことや，達哉くんのやさしさと自分のやさしさの違いを考えたこと，里中さんの素敵な星空に対する表現に思いをはせたことを通じて，人はそれぞれ素直に自分の信念や気持ちにしたがって行動してよいと思えるようになったから」のようにまとめる。

問12　a　音読みは「セイ」「ジョウ」で，「盛大」「繁盛《はんじょう》」などの熟語がある。訓読みにはほかに，「さか(ん)」がある。　b　音読みは「シュク」で，「縮小」などの熟語がある。　c　音読みは「ソク」で，「約束」などの熟語がある。　d　声や音を大きくすること。

Dr.福井の
入試に勝つ！脳とからだのウルトラ科学

歩いて勉強した方がいい？

みんなは座って勉強しているよね。だけど，暗記するときには歩きながら覚えるといいんだ。なぜかというと，歩いているときのほうが座っているときに比べて，心臓が速く動いて（脈はくが上がって）脳への血のめぐりがよくなるし，歩いている感覚が背骨の中を通って脳をつつくので，頭が働きやすくなるからだ（ちなみに，運動による記憶力アップについては，京都大学の久保田名誉教授の研究が有名）。

具体的なやり方は，以下のとおり。まず，机の上にテキストを広げ，1ページぐらいをざっと読む。そして，部屋の中をゆっくり歩き回りながら，さっき読んだ内容を思い出す。重要な語句は，声に出して言ってみよう。その後，机にもどってテキストをもう一度読み直し，大切な部分を覚え忘れてないかをチェック。もし忘れている部分があったら，また部屋の中を歩き回りながら覚え直す。こうしてひと通り覚えることができたら，次のページへ進む。あとはそのくり返しだ。

さらに，この“歩き回り勉強法”にひとくふう加えてみよう。それは，なかなか覚えられないことがら（地名・人名・漢字など）をメモ用紙に書いてかべに貼っておくこと。ドンドン貼っていくと，やがて部屋中がメモでいっぱいになるハズ。これらはキミの弱点集というわけだが，これを歩き回りながら覚えていくようにしてみよう！　このくふうは，ふだんのときにも自然と目に入ってくるので，知らず知らずのうちに覚えることができてしまうという利点もある。

歴史の略年表や算数の公式などを大きな紙に書いて貼っておくのも有効だ。

Dr.福井（福《ふく》井《い》一成《かずしげ》）…医学博士。開成中・高から東大・文Ⅱに入学後，再受験して翌年東大・理Ⅲに合格。同大医学部卒。さまざまな勉強法や脳科学に関する著書多数。

Memo

Memo

2023年度 麻布中学校

【算　数】（60分）〈満点：60点〉

《注意》　円周率の値《あたい》を用いるときは，3.14として計算しなさい。

1　容積100Lの水そうがあります。また，水そうに水を注ぐための蛇口《じゃぐち》と，水そうから水を排《はい》出《しゅつ》するための排水口《はいすいこう》がそれぞれいくつかあります。水そうが空の状態から，蛇口１つと排水口１つを開けておいたところ，ちょうど25分で水そうがいっぱいになりました。１秒あたりに１つの蛇口から注がれる水の量は一定で，どの蛇口についても同じです。１秒あたりに１つの排水口から排出される水の量は一定で，どの排水口についても同じです。以下の問いに答えなさい。

(1)　水そうが空の状態から，蛇口２つと排水口２つを開けておくと，水そうは何分何秒でいっぱいになりますか。

(2)　水そうが空の状態から，蛇口３つと排水口２つを開けておいたところ，２分30秒で水そうがいっぱいになりました。水そうが空の状態から，蛇口５つと排水口４つを開けておくと，水そうは何分何秒でいっぱいになりますか。

2　面積が30cm²の正八角形ABCDEFGHがあります。以下の問いに答えなさい。

(1)　右の図１のように点Pが正八角形の中にあるとき，三角形PABと三角形PEFの面積の和は何cm²ですか。

(2)　右の図２のように３直線QA，QC，QRを引くと，正八角形の面積が三等分されました。三角形QERと四角形QRFGの面積の比が1：3であるとき，四角形QCDEの面積は何cm²ですか。

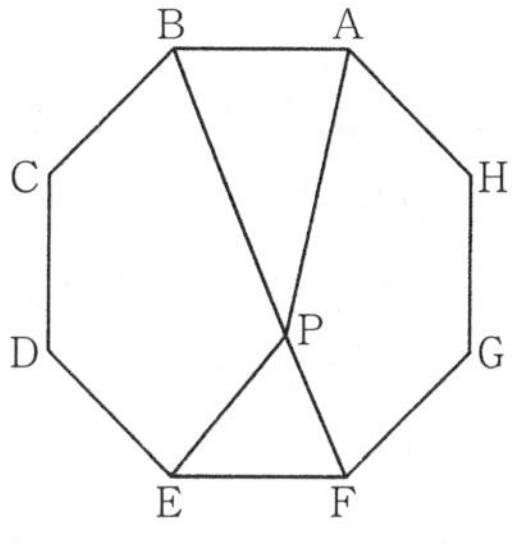

図１

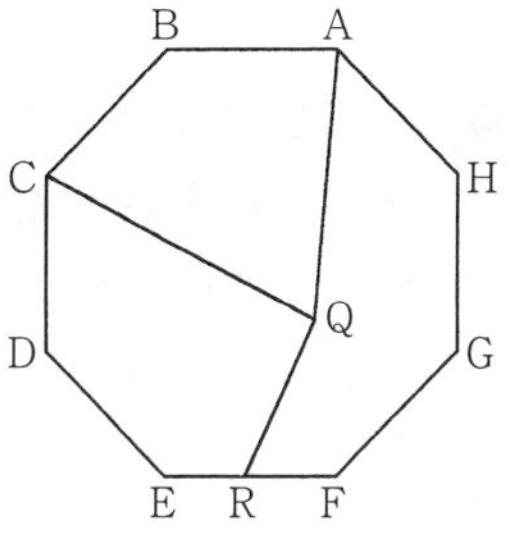

図２

3　次のページの図１のような半径１cmの円形の紙のふちにインクがぬられています。点Aが中心Oと重なるようにこの紙を折って，インクの跡《あと》をつけてから開きました。同じように，点BがOと重なるように折って開き，点CがOと重なるように折って開きました。このとき，折り目 あ と い ， あ と う は，図１のように交わりました。

図１の角**ア**の大きさは何度ですか。また，インクの跡と紙のふちでできる図形において，次のページの図２の３か所の斜線《しゃせん》部分の周の長さの和は何cmですか。ただし，図は正確とは限りません。

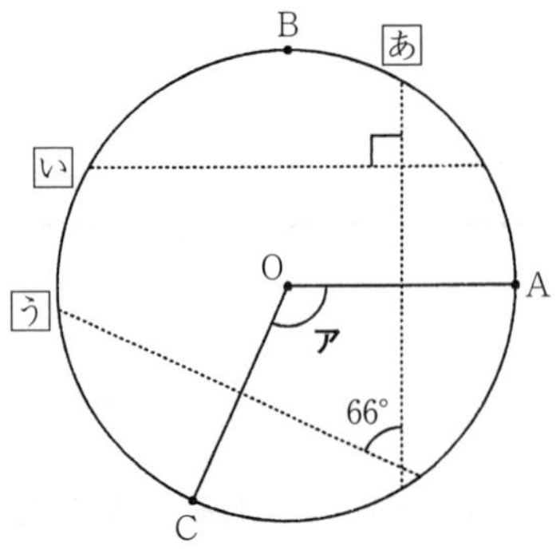

図１

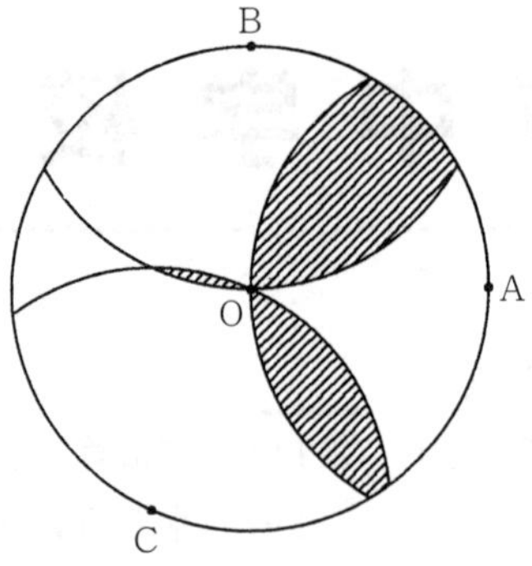

図２

必要ならば，下の図は自由に用いてかまいません。

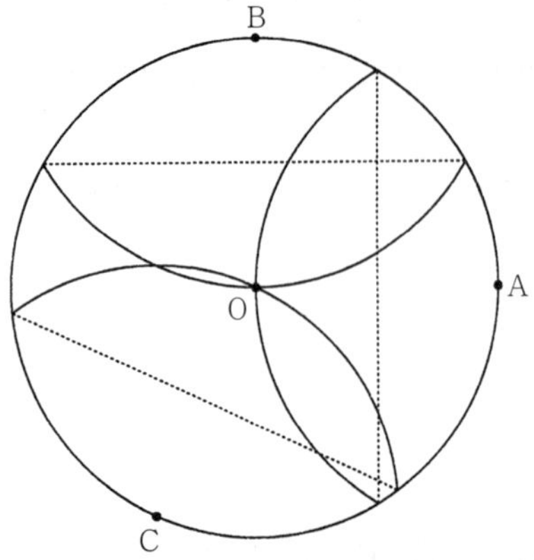

4　同じ物質が溶《と》けている水溶液《すいようえき》がA，B，Cの３種類あります。それぞれの濃《こ》さと，100gあたりの原価は右の表のようになっています。ただし，水溶液の濃さとは，水溶液の重さに対する溶けている物質の重さの割合のことです。

種類	濃さ	100gあたりの原価
A	10%	40円
B	20%	90円
C	26%	140円

これらをいくらかずつ混ぜ合わせることで，別の濃さの水溶液を作ります。例えば，Aを300g，Bを200g混ぜ合わせると，14%の濃さの水溶液が500gできます。この500gの水溶液を作るには300円かかるので，できる水溶液の100gあたりの原価は60円となります。

⑴　AとCを混ぜ合わせて，100gあたりの原価が110円の水溶液を作ります。AとCの重さの比はどのようにすればよいですか。もっとも簡単な整数の比で答えなさい。また，できる水溶液の濃さを答えなさい。

⑵　BとCを混ぜ合わせて，100gあたりの原価が110円の水溶液を作ります。BとCの重さの比はどのようにすればよいですか。もっとも簡単な整数の比で答えなさい。また，できる水溶液の濃さを答えなさい。

⑶　AとBとCを混ぜ合わせて，100gあたりの原価が110円で，濃さが22%の水溶液を作ります。AとBとCの重さの比はどのようにすればよいですか。もっとも簡単な整数の比で答えなさい。

5　1辺の長さが1cmの立方体の形をしたブロックを，いくつかすき間なく貼《は》り合わせて立体を作ります。この立体に対して，次の【**操作**】を行います。

【**操作**】　他のブロックと接する面の数が3つ以下のブロックを，一斉《いっせい》に取り除く。

すべてのブロックが取り除かれるまで【**操作**】を繰《く》り返し行うとき，【**操作**】が行われる回数について考えます。例えば，9個のブロックを使ってできる図1の立体では，1回目でAのブロックが，2回目でBのブロックが取り除かれるので，【**操作**】は2回行われます。

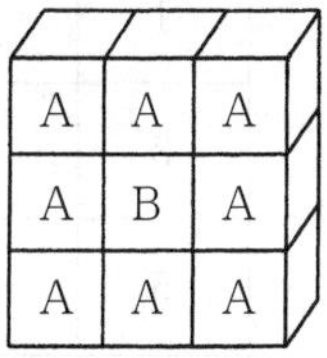

図1

(1)　27個のブロックを使ってできる，1辺の長さが3cmの立方体について，【**操作**】は何回行われますか。

必要ならば，下の図は自由に用いてかまいません。

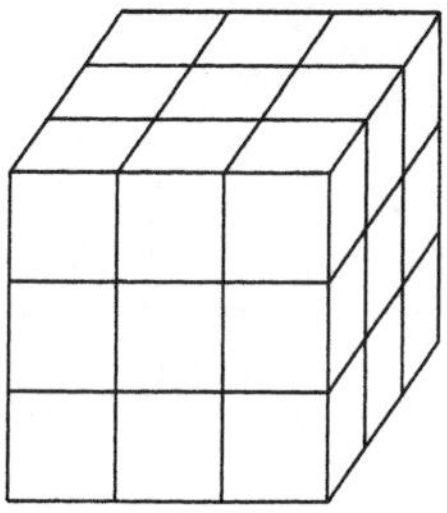

(2)　245個のブロックをすべて使って作ることのできる直方体は4種類あります。ただし，たて，横，高さの3辺の長さを入れ替《か》えた直方体は同じものとみなします。これら4種類の直方体について，3辺の長さと【**操作**】が行われる回数をそれぞれ答えなさい。ただし，3辺の長さは，長いほうから順に書きなさい。例えば，図1の直方体では『3cm，3cm，1cm，2回』のように書きます。

6　$\frac{1}{16}$，$\frac{3}{32}$，$\frac{9}{64}$ のように，2を4個以上かけ合わせてできる数を分母として，奇数《きすう》を分子とするような真分数を考えます。このような分数Aを小数で表したとき，小数点以下に現れる数字のうち，右端《はし》の4個をそのままの順で並べてできる整数を$\langle A \rangle$で表します。

例えば，

$$\frac{1}{16}=0.0625 \quad なので \quad \left\langle \frac{1}{16} \right\rangle=625,$$

$$\frac{1}{32}=0.03125 \quad なので \quad \left\langle \frac{1}{32} \right\rangle=3125$$

です。

次の表は，さまざまな$\langle A \rangle$の値《あたい》を，分数Aの分母と分子についてまとめたものです。

分母 / 分子	16	32	64	128	256	…
1	625	3125	5625			
3	1875	9375				
5	3125	5625				
7	4375	1875				
9	5625	8125				
11	6875	4375				
13	**ア**	**ウ**				
15	**イ**	**エ**				
17	／	**オ**				
19	／	**カ**				
⋮		⋮	⋮	⋮	⋮	⋮

以下の問いに答えなさい。ただし，上の表は答えを求めるために自由に用いてかまいません。

(1) 表の中にある空らん**ア**，**イ**，**ウ**，**エ**，**オ**，**カ**に当てはまる整数を下の答のらんに書きなさい。

答 **ア** ［　　］ **イ** ［　　］ **ウ** ［　　］
エ ［　　］ **オ** ［　　］ **カ** ［　　］

(2) $\left\langle \dfrac{\boxed{\text{あ}}}{64} \right\rangle=4375$ となりました。$\boxed{\text{あ}}$ に当てはまる，1以上64未満の奇数をすべて答えなさい。ただし，答のらんはすべて使うとは限りません。

答 ［　　］［　　］［　　］
［　　］［　　］［　　］

(3) $\left\langle \dfrac{9}{\boxed{\text{い}}} \right\rangle=625$ となりました。$\boxed{\text{い}}$ に当てはまる，2を4個以上かけ合わせてできる数を，もっとも小さいものから順に2つ答えなさい。

(4) $\dfrac{\boxed{\text{う}}}{2048}$ を小数で表したとき，小数第一位の数字が1になりました。さらに，$\left\langle \dfrac{\boxed{\text{う}}}{2048} \right\rangle=9375$ となりました。$\boxed{\text{う}}$ に当てはまるもっとも小さい奇数を答えなさい。

【社　会】（50分）〈満点：40点〉

次の文章をよく読んで，あとの問いに答えなさい。

麻布《あざぶ》中学校でよく耳にする会話です。

先生「教室の掃除《そうじ》当番，さぼらないでください。困るのは君たちですよ」

生徒「じゃあ，お金を払《はら》って掃除業者に頼《たの》めばいいじゃないですか」

みなさんの通っている小学校でも分担を決めて自分たちで掃除をしていると思います。しかし，2013年の調査によると，世界で生徒や児童が掃除を行っている国は34.3%に過ぎません。業者に掃除を依頼《いらい》する国の方が多いようですが，近年，そのような国でも自分たちで掃除をする学校がでてきています。生徒が掃除をすることによって教室を汚《よご》さなくなる効果が指摘《してき》されているからです。

教室は学校生活において，生徒が最も利用する「みんな」の空間です。これは，少し難しい言葉でいうと「公共」の空間となります。公共のものとは，どのようなものでしょうか。大きな特徴《とくちょう》として，アだれかが努力をして得た成果を一部の人たちだけのものにすることはできず，みんなで分かち合うことになるということがあります。たとえば教室の場合，だれかが掃除をしてくれればみんながきれいな空間で過ごすことができます。掃除をした人もしなかった人も，同じようにきれいな教室で快適に過ごすことができるわけです。そこで，もしだれかがしてくれるから自分はしなくてよいと考える人が出てきてしまうと，すすんで掃除をしたがる人が減ってしまいます。あるいは，掃除をする人も自分の周辺だけすればよいと思ってしまうかもしれません。教室を居心地《いごこち》よく保つためには，こうしたことにならないように，掃除当番を決めたり，汚さないためのルールを決めたりなど，工夫《くふう》をする必要があるのです。

公共のものを維持《いじ》する役割をだれが担《にな》うのかは，実社会においても難しい問題です。みんなの利益につながることであっても，みんなで努力をしていけるとは限りません。学校の外のことを考えてみましょう。君たちのお父さんやお母さんは，町内会やマンションの住民たちで集まって公園を掃除したり，ゴミの集積所を整えたりしていませんか。すべてお金で解決しようとしないのは，周囲の人との協力を大切にしたり，あまりに身近な場所すぎて自分たちで管理する方が良いという判断があるのかもしれません。

しかし，そこで集められたゴミの収集や最終処理などはどうでしょう。かつて，好き勝手にゴミが道路や河川《かせん》などに捨てられたり，ゴミの量が多すぎて処理ができなくなったりすることがあったため，こうした事業は，国や地方公共団体などが担当する仕事になっていきました。わたしたちは，みんなが過ごしやすい環境《かんきょう》を維持するためにこれらの仕事を国や地方公共団体に任せ，イその代わりに税金を払うことでその運営を支えています。しかし，そのようなやり方にも難しさはあります。少子高齢化《しょうしこうれいか》がすすんでいる日本社会では，今後もすべてを国や地方公共団体が担っていくことは現実的ではなくなってきています。

このあたりの事情をもう少し詳《くわ》しくみるため，具体的な例として水道事業を取り上げてみましょう。歴史的にみると，都市の衛生環境を保つために上下水道の整備が必要でした。戦国時代の頃《ころ》から城下町の形成にともなって，田畑へ引く水を兼《か》ねた上水道が各地でつくられました。江戸《えど》時代になると，各地の藩《はん》では役人と町人や村人たちが協力して水道を管理していました。たとえば（　1　）が城下町としてつくった仙台《せんだい》には四ツ谷《よつや》用水が建設され，この修理と維持にかかった費用は，3分の1が藩から支給され，残りの費用を城下に住む町人とその周辺の村人たちで等しく負担することになっていました。町人たちは，春と秋の2回，藩の役人の監督《かんとく》のもとに用水の大掃除と修理を行い，水路のゴミや泥《どろ》を除いていました。これに対して，江戸の水道は役人たちが中心となって管理し，武家や町人から使用料を徴収して運営にあたっていました。一方，下水道はどうなっていたのでしょうか。江戸のまちには，通り沿いに排水《はいすい》用の溝《みぞ》やドブがありましたが，おもに雨水を排水する目的でつくられていました。便所がくみ取り式で，排《はい》泄物《せつぶつ》は周辺の村で（　2　）として活用されたので，下水道は小規模なものにとどまっていました。

ウ明治《めいじ》時代には他の設備や制度と同じく，水道事業も近代化が始まります。関東地方で，エ最初に近代的な上水道の整備が行われたのは横浜《よこはま》でした。一方，東京では1877年にコレラが流行し，その原因として飲料水の衛生環境の悪さが指摘されると，浄水施設《じょうすいしせつ》によって濾過《ろか》や消毒を行う近代的な上水道の整備は急速にすすみ始めます。1890年に水道条例が成立し，上下水道の整備や運用は市町村単位で責任を持つことが定められました。企業《きぎょう》が関わることについては否定的で，オ水道は国や地方公共団体が責任を負わなくてはならない，という考え方が強くありました。第二次世界大戦後の1957年に成立した水道法でも，この原則が引き継《つ》がれました。しかしその当時からすでに，カ都市化がすすむなか，その原則では限界があるという声があがっていました。高度経済成長期を迎《むか》えると水道は急速に普及《ふきゅう》し，1970年頃には全国の上水道普及率は80%を超《こ》えるまでになりました。この頃になると，水不足や水源の水質悪化が問題となり，巨額《きょがく》の費用がかかる水源開発の点からも従来の水道を見直す必要がでてきました。1977年に水道法が改正されると，水源の開発に都道府県が関わることも増えていきました。

宮城《みやぎ》県の場合をみてみましょう。宮城県でも疫病《えきびょう》対策の声が高まり，1923年に仙台市で近代的な上水道の整備が始まりました。最初は市独自でダムを建設しましたが，都市の発達とともに水が足りなくなりました。さらに，仙台市が二つの町と合併《がっぺい》することになったため，1978年に宮城県がすすめていた広域水道から水を供給してもらうことになったのです。県が巨大な七ヶ宿《しちかしゅく》ダムを建設することで，仙台市を含《ふく》む17市町に水を供給することができるようになりました。ただ現在までの間に，宮城県沖地震《みやぎけんおきじしん》，東日本大震災を経験し，宮城県の水道施設は大きな被害《ひがい》を受けました。水道管の復旧作業の費用や，今後に備えて地震に強い水道管につけかえる作業の費用は，水道料金に上乗せされることになってしまいました。

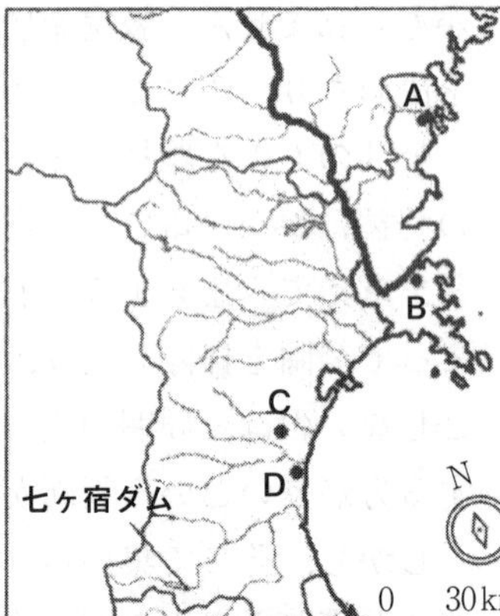

図1　宮城県内のおもな河川

このような公共のサービスを維持していくには巨額の経費がかかるため，1980年代よりこれらを民間企業に任せる動きが世界中で加速していきます。最初はイギリスやアメリカから始まり，やがて日本にもその動きが広まりました。国や地方公共団体が公共のサービスを担うということには，倒産《とうさん》の心配がないので安定的なサービスの提供が行えるという長所がある一方で，その産業に競争が生まれにくく，効率の悪い経営になりやすいという短所もあります。そのため国や地方公共団体はさまざまな形で民間企業に経営をゆだねるようになっていきました。たとえば，鉄道はかつて日本国有鉄道として国が運営していましたが，経営を効率化するため現在のJR各社に民営化されました。また通信の分野では，つぎつぎ生まれる新たな技術に対応するために民間企業同士で競争する方が良いという意見が高まり，NTTなどとして民営化されていきました。これらの産業は民営化したとはいえ，だれでも利用できるように法律によって国から一定の制約を受けることになっています。

キ日本の水道事業も21世紀になって民営化が本格的に検討され始め，2018年の水道法改正によって民間企業が水道事業の一部を引き受けることができるようになりました。政府は，ク地方公共団体が水道事業の最終的な責任を持ちながらも，経営自体は民間企業に任せて効率化できる仕組みづくりを積極的にすすめようとしているのです。先ほど例に挙げた宮城県では，全国に先がけて2022年から水道事業の運営を民間企業に任せ始めています。これによって県は，今後約20年間で300億円以上の経費を節約できると発表していますが，住民のなかからは水道料金の値上げなどを心配する声が上がっています。というのも，いち早く民営化に乗り出したヨーロッパ諸国では，水道事業の効率化がうまくいかず，再び公営化するという事例が報告されるようになってきたからです。また，いくつかの発展途上国《とじょうこく》でも経費削減《さくげん》のために水道事業の経営を欧米《おうべい》の民間企業に任せましたが，利益があがらない地域の水道が廃止《はいし》されたり，水道料金が値上がりしたため，公営に戻《もど》す運動が起きています。民間企業は，より多くの利益をあげることが目的なので，効率の悪いサービスを廃止していくのは仕方がないことかもしれません。しかし，ある日突然《とつぜん》水が自由に使えなくなったときのことを想像してみると，わたしたちの生活に欠かせないサービスを公共のものとして国や地方公共団体が責任を負っていくということの大切さがわかると思います。仮に民間企業の手を借りるとしても，人びとが国や地方公共団体を通じてサービスが適切に行われているかを監視する必要があるといえるでしょう。

公共のものの維持は，長らく国や地方公共団体が担ってきました。その負担の大きさに国や地方公共団体が耐《た》えられなくなると，今度は民間企業に頼《たよ》り始めました。今後この流れがすすみ，お金を払えない人は生活に欠かせないサービスを得られなくなる可能性が指摘されています。このような流れを仕方がないこととしてあきらめてしまってよいのでしょうか。わたしたちは，みんなで話し合って社会がどうあるべきかを決めています。ケ公共のもののあり方について考えることは，わたしたちがどのような社会を目指すのかを考えることであるともいえるでしょう。

問1　文中の空らん（1）には人物名を，（2）には適切な語句を答えなさい。

問2　文中の**図1**について。

(1)　太線で示した河川の名称《めいしょう》を答えなさい。

(2)　図中の**A**～**D**は，東日本大震災の津波《つなみ》被害を後世に伝えるための施設や「津波遺構」の場所を示したものです。**B**にあるものの名称とその説明文を下の**あ**～**え**から一つ選び，記号で答えなさい。

あ　閖上《ゆりあげ》の記憶《きおく》

…仙台平野の海岸近くにあった閖上集落の資料を展示した施設。集落のほぼすべてが津波で流されたので，その記憶をとどめるために施設がつくられた。

い　大川《おおかわ》小学校

…人工堤防《ていぼう》のそばにあった小学校。堤防の上に避難《ひなん》したために多数の小学生が津波の被害にあった。賛否が分かれたが校舎を残すことを決定した。

う　3がつ11にちをわすれないためにセンター

…仙台市街にある図書館「せんだいメディアテーク」に置かれた展示室。小学生の防災学習にも活用できるようにつくられた。

え　気仙沼向洋《けせんぬまこうよう》高校(旧校舎)

…リアス海岸の港に近い位置にあった校舎。津波は校舎の4階にまで達したが，生徒たちは高台に避難して無事だった。

問3　下線部**ア**について。学校のなかで，このような特徴を持つものとして**適当でないもの**を，下の**あ**～**え**から一つ選び，記号で答えなさい。

あ　始業前に花壇《かだん》の手入れをすること

い　授業中に教室に入ってきた害虫を追い出すこと

う　昼休みに校内放送で音楽を流すこと

え　放課後に友達と勉強会をすること

問4　下線部**イ**について。税金は公共のものから利益を得られる人ほど多く負担するべきだという考え方がありますが，どの人がどれだけの利益を公共のものから得られているかを数字で示すことは難しく，実現していません。一方で，収入を調べることはそれほど難しくないため，実際には以下に示した例のように税金を払う能力がある人ほど多く納めることになっています。このような仕組みに対して賛成する意見も反対する意見もありますが，賛成する意見を二つ挙げなさい。

世帯A：夫，妻，子2人

・世帯年収400万円(夫の年収200万円，妻の年収200万円)

・子ども2人は公立保育園に通っている。

・収入にかかる税を世帯全体で年間7万円納めている。

世帯B：夫，妻

・世帯年収1200万円(夫の年収600万円，妻の年収600万円)

・週末は夫婦《ふうふ》で市民体育館に行って運動をし，健康維持に役立てている。

・収入にかかる税を世帯全体で年間40万円納めている。

問5　下線部**ウ**について。明治政府は税金をかけて**表1**と**表2**のような官営施設を建設し，殖《しょく》産《さん》興業政策を行いました。しばらくして，こうした官営施設は民間に払い下げられていきました。これについて，下の(1)(2)の問いに答えなさい。

(1)　**表1**で挙げられた施設について，なぜ明治政府はこれらをつくったのですか。施設で生産されたものを考えて説明しなさい。

(2)　**表2**について，財閥《ざいばつ》は表にある施設を高額で買い取りました。なぜ財閥はこれらの施設を経営することが大きな利益につながると考えたのですか。説明しなさい。

表1

政府が税金でつくった施設	政府がかけた金額	払下価格	払下先
品川《しながわ》硝子《ガラス》	294,168円	79,950円	西村勝三(実業家)
札幌《さっぽろ》麦酒《ビール》醸造所《じょうぞうじょ》	61,587円	27,672円	大倉喜八郎(実業家)
播州《ばんしゅう》葡萄《ブドウ》園《えん》	8,000円	5,377円	前田正名(元役人)
神戸《こうべ》阿利襪《オリーブ》園《えん》	不明	※	前田正名(元役人)

※播州葡萄園とあわせて払い下げられた。

表2

政府が税金でつくった施設	政府がかけた金額	払下価格	払下先
高島炭鉱《たかしまたんこう》	393,834円	550,000円	三菱
三池《みいけ》炭鉱	750,060円	4,590,439円	三井

(小林正彬『日本の工業化と官業払下げ　政府と企業』などより作成)

問6　下線部**エ**について。近代的な上水道が，いち早く横浜で整備されたのはなぜでしょうか。その理由を二つ説明しなさい。

問7　下線部**オ**について。水道事業に関する現在の省庁ごとの役割分担について，次の文章の空らん(A)～(C)にあてはまる省庁の組み合わせとして正しいものを，下の**あ～か**から一つ選び，記号で答えなさい。

上水道は水質が重要だとして(A)が，下水道は都市計画に関係するため(B)が，工業用水は(C)が，それぞれ担当しています。これは水道行政三分割《ぶんかつ》とも呼ばれますが，工業用水では水のリサイクルがすすむなど，状況《じょうきょう》は大きく変化してきています。加えて，(A)の仕事全般《ぜんぱん》を見直す必要があり，上水道の管理を(B)に移そうという動きもあります。

あ　A－環境省　B－厚生労働省　C－総務省
い　A－環境省　B－総務省　C－国土交通省
う　A－総務省　B－国土交通省　C－経済産業省
え　A－総務省　B－厚生労働省　C－環境省
お　A－厚生労働省　B－総務省　C－国土交通省
か　A－厚生労働省　B－国土交通省　C－経済産業省

問8　下線部**カ**について。都市化がすすむと，市町村単位の水道整備ではどのような問題が起こりますか。下の**図2**をみて気がつくことを説明しなさい。

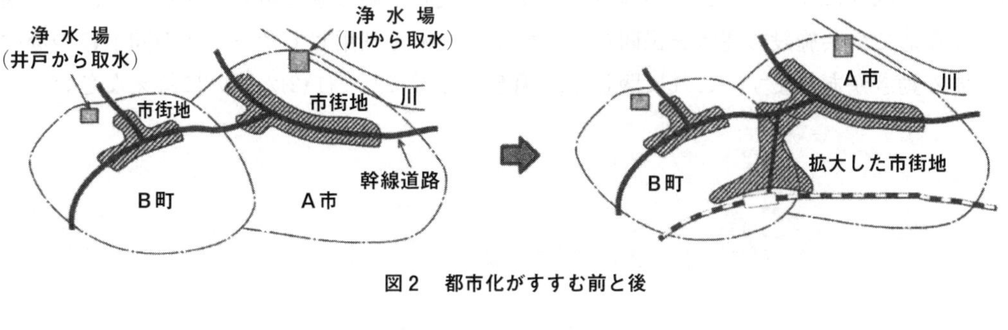

図2　都市化がすすむ前と後

問 9　下線部**キ**について。民営化が本格的に検討され始めた背景には，近年の水道事業が抱《かか》えているいくつかの問題があります。下の**図 3**，**図 4** から読み取れる問題を説明しなさい。なお，水道の料金収入は使用量に応じて決まり，水道の維持管理費用は家屋や建物の数に関わって増減するものとします。

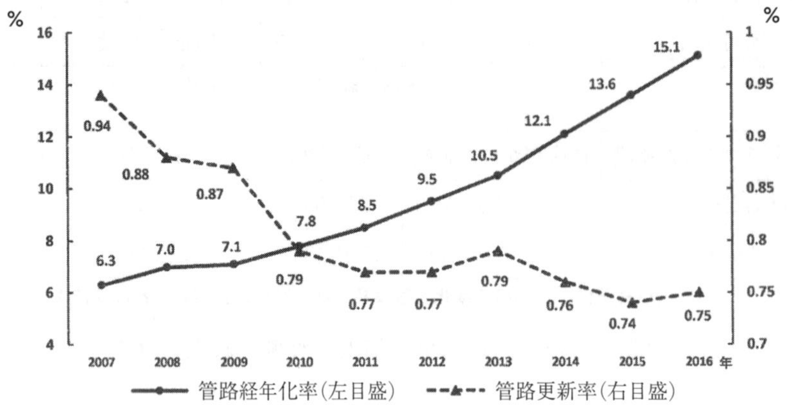

管路経年化率：水道管の総延長にしめる耐用《たいよう》年数(40年)をこえた水道管の割合
管路更新《こうしん》率　：水道管の総延長にしめる新しくつけかえた水道管の割合

図 3　日本の水道管の管理状況
(日本水道協会の資料より作成)

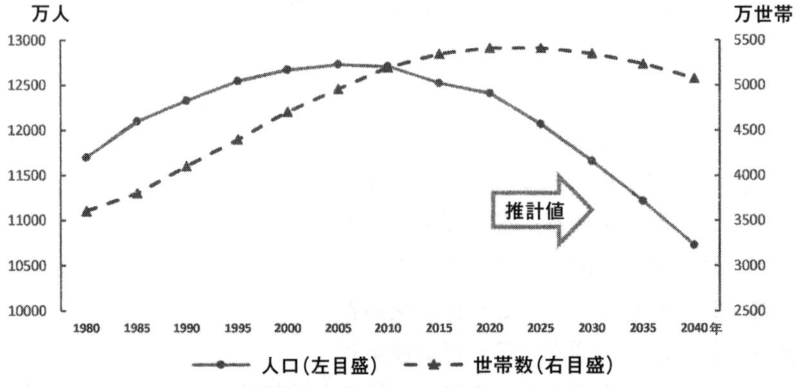

図 4　日本の人口・世帯数の変化と2015年時点の予測
(総務省および国立社会保障・人口問題研究所の資料より作成)

問10　下線部**ク**について。近年の地方公共団体と民間企業の協力事業のなかには，下の**図 5** のような形で公共施設の運営を民間企業の資金や技術を利用してサービスの向上につなげようとする動きがあります。これに関して，**図 5** を参考にして(1)(2)の問いに答えなさい。

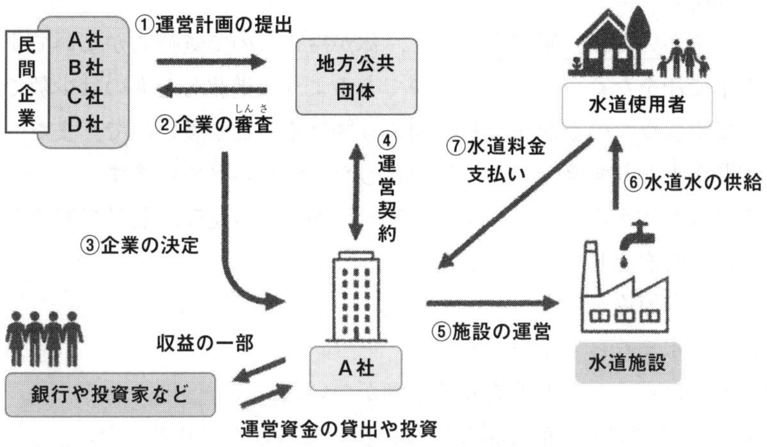

図5　水道事業における民間企業の運営例

⑴　地方公共団体と民間企業の運営契約《けいやく》は，長期(20～30年間)になることが多くなります。その理由を説明しなさい。

⑵　長期の運営契約を民間企業と結んだ場合，地方公共団体または水道使用者にとってどのような欠点がありますか。説明しなさい。

問11　下線部**ケ**について。文中にあるように，現代の社会では公共のもののあり方が問われています。国や地方公共団体が担うのか，民間企業にゆだねるのかに関わらず，わたしたちがどこまでを公共のものとして「みんな」で支え合うか，どこから個人の問題と考えるのかが問われているといえます。しかし，個人で抱えているようにみえる問題でも「みんな」で支えることで解決するものもあります。そのような問題を一つ挙げ，それを解決できるような「みんな」で支える仕組みを考え，100～120字で説明しなさい。ただし，句読点《くとうてん》も1字分とします。

【理　科】（50分）〈満点：40点〉

1　たくさん運動して①汗《あせ》をかいた体に風が当たると，体が冷えるので気持ちがよいですね。意外なことに，ほ乳類の中で汗をたくさんかくことができるように進化したものは少数で，ウマのなかまと人間くらいです。ウマのなかまは長い間走り続けることが多いので，また，人間の脳は熱に弱いので，体温が上がりすぎないように進化したと考えられています。

問１　下線部①と同様の現象と考えられるものを次のア～オから２つ選び，記号で答えなさい。

ア．暑い日に，道路に打ち水をして涼《すず》しくした。

イ．足を水の中に入れて夕涼みをした。

ウ．発熱したときに額を氷まくらで冷やした。

エ．コップに氷水を入れたら，コップの周りに水滴《すいてき》がついた。

オ．夏に遊園地でミスト(霧状《きりじょう》の水滴)を浴びた後に歩いたらひんやりとした。

問２　私たちの体は，足やうでに比べ，額や胴体《どうたい》(胸，背中など)によく汗をかきます。このことの利点を説明しなさい。

汗はどのようなしくみで出るのでしょうか。皮ふの表面には，温点や冷点という温度を感じる点が数多くあります。そこには感覚神経の先端《せんたん》がのびていて，暑さを感知した感覚神経は，その刺激《しげき》を脳に伝えます。すると脳から「汗を出せ」という指令が，別の神経を通じて体表の汗腺《かんせん》(汗を出す穴)に伝えられ汗が出るのです(図１)。

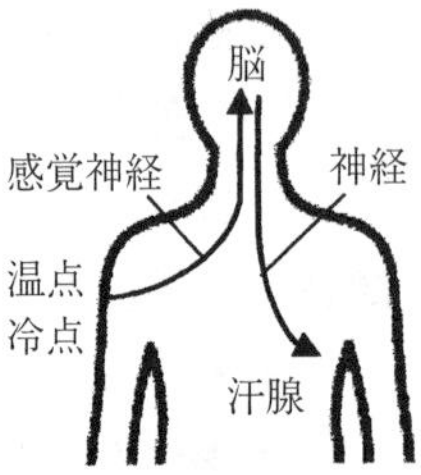

図１

温点や冷点には，感知する温度が20℃付近，30℃付近，43℃以上など，さまざまな感覚神経があります。たとえば，43℃以上のお湯にふれたときには43℃以上を感知する感覚神経だけが反応し，熱いと感じます。この感覚神経には，トウガラシにふくまれるカプサイシンという辛《から》み物質を感知したときや，痛みを感知したときにも反応するというおもしろい特ちょうがあります。つまり，この感覚神経は，高温・辛み・痛みの３種のどの刺激を受けても区別せず，同じように反応するのです。カプサイシンを舌で感知すると「熱い・辛《から》い・痛い」と感じ，皮ふで感知すると「熱い・痛い」と感じます。辛い物を食べた翌日，おしりの穴が痛くなる理由もこれで分かりますね。②また，高温・辛み・痛みの刺激が２種類，３種類と重なると，脳に伝わる刺激がより大きくなります。

問３　「暑い夏には辛い物を食べるとよい」と言われます。これについて説明した次の文中の空《くう》欄《らん》に入る適当な語句をそれぞれ答えなさい。

辛い物を食べると，カプサイシンを感知する感覚神経が反応して脳に情報を伝える。辛さと（　あ　）の情報は混同して脳に伝わるため，脳が汗腺に汗を出せという指令を送り汗が出る。汗の効果で体が（　い　）ので，暑い日にすっきりすることができる。

問４　辛い料理は食べたいが汗をかくのはいやだ，という人は，辛い料理を食べるときにどのような工夫《くふう》をすれば，汗をかきにくくなるでしょうか。下線部②を参考にして工夫の例を１つ答えなさい。ただし料理の辛さ成分の量や食べる量，周囲の環境《かんきょう》は同じとします。

皮ふが日焼けをすると，赤くはれたりすることがあります。赤く日焼けした皮ふの細胞《さいぼう》からはある物質が放出されます。この物質により，43℃以上を感知する感覚神経は，33℃以上の温度でも反応し脳に刺激を伝えるようになります。

問５　43℃以上を感知する感覚神経の反応する温度が，43℃から33℃に下がると起こることについて，次の文中の空欄に入る適当な語句を，それぞれ2文字で答えなさい。

33℃は(あ)より低いため，通常は43℃以上を感知する皮ふの感覚神経が，刺激を脳に送り続ける。そのため，常に熱さだけでなく(い)も感じることになる。

冷点には約25℃以下の温度を感知する感覚神経もありますが，あるマウスAにはこの感覚神経が生まれつきありません。

図2の装置は，床《ゆか》の右半分はマウスが快適と感じる30℃に常に保たれ，左半分(斜線《しゃせん》の部分)では温度を20℃または30℃に変えることができます。この装置に，正常なマウスとマウスAを別々に入れて，それぞれ5分間ずつ観察しました。左半分の温度を20℃にした場合と30℃にした場合それぞれで，2種のマウスが床の左半分に滞在《たいざい》した時間を表1に示します。

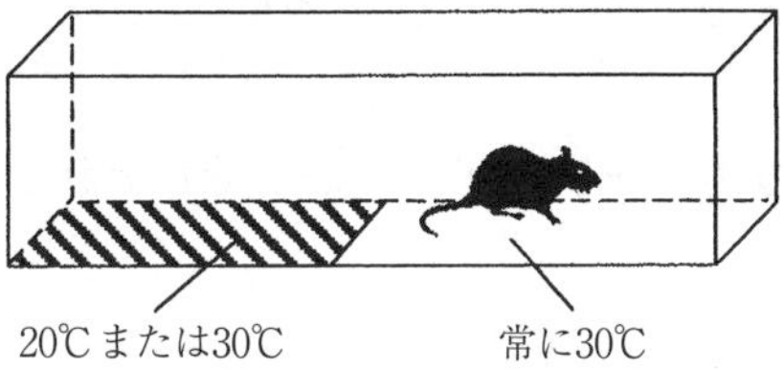

図2

表1：左半分に滞在した時間

左半分の温度	20℃	30℃
正常なマウス	10秒	2分35秒
マウスA	2分25秒	2分30秒

問6　表の結果の説明として適当なものを次のア～オから2つ選び，記号で答えなさい。

ア．マウスAは20℃を感じることができないので，20℃の床より30℃の床を好む。

イ．マウスAは20℃と30℃の床温度の違《ちが》いを区別することができない。

ウ．マウスAは20℃だと温度を感じないですむので，30℃の床より20℃の床を好む。

エ．正常なマウスが30℃の床で過ごした時間は全体の約半分の時間だった。

オ．正常なマウスはほとんどすべての時間を，30℃の床の上で過ごした。

問7　約25℃以下の温度を感知する感覚神経は，ハッカなどにふくまれるメントールという物質を感知したときにも反応して，本来は冷たくなくても冷たいと感じます。メントールをとかしたハッカ湯には，冷たく感じて気持ちがよいだけでなく，湯《ゆ》冷《ざ》めしにくい効果もあります。ハッカ湯に入ると湯冷めしにくい理由として最も適当なものを次のア～エから選び，記号で答えなさい。

ア．体が冷やされたと感知し，お風呂で温まっても汗があまり出ず，体が冷えにくいから。

イ．体が冷やされたと感知し，お風呂で温まると汗が出やすくなり，体温が下がるから。

ウ．メントールによって体が冷やされ，お風呂で体が温まらず，汗もあまり出なくなり，それ以上は体が冷えないから。

エ．メントールによって体が冷やされ，すぐに体温を上げようと体が発熱するから。

2　2022年5月，私たちが住む銀河系の中心に位置するブラックホールの天体画像が発表されました。2019年に発表されたM87という天体にふくまれるブラックホールの画像に続き2例目です。

ブラックホールが周囲のあらゆる物を吸いこむだけの存在と思う人も多いでし

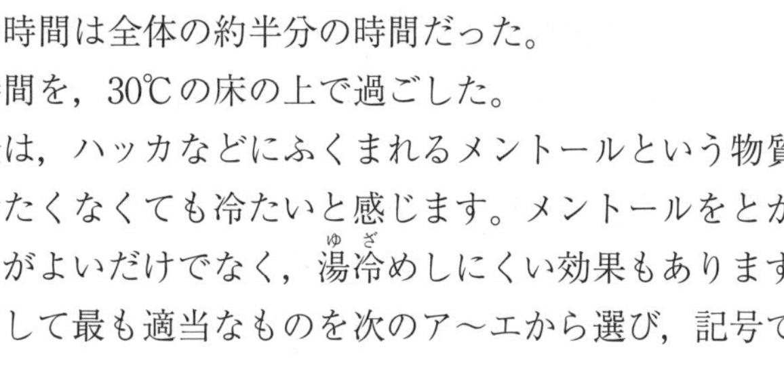

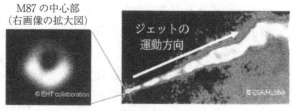

図1：(左)　M87の中心部にあるブラックホール
(右)　ジェットの天体画像

ょう。しかし，ブラックホールの周囲からは物がふき出てもいます。たとえば，図１右のように，M87では中心部から高速でふき出たガスによる「ジェット」という構造が見られます。ジェットは多くの天体で見られ，画像から測った運動の速さが，光の速さの10倍をこえるものも見つかっています。アインシュタインの相対性理論によると，物体は光の速さをこえないとされているので，一見するとこれは不思議な現象です。

物体の立体構造をつかむためには，縦・横・奥行《おくゆき》の３つの長さが必要です。図２のように，はなれた位置に置いた２つの棒を左右の眼で観察すると，左右の眼はそれぞれ異なる像を得ます。私たちは，この２つの像を比べることで奥行を測っています。

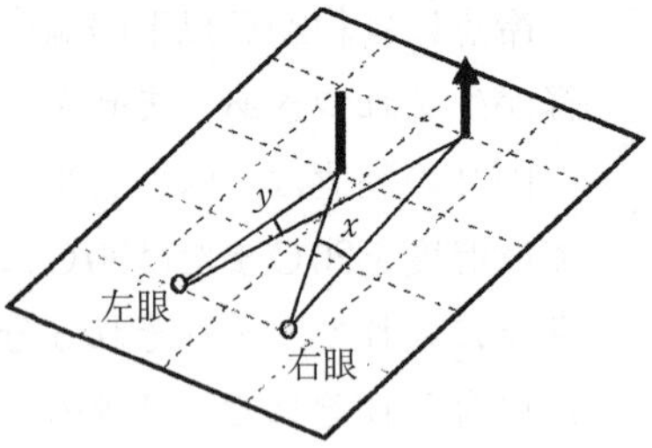

図２

問１　図２の左眼と右眼から見える像として，最も適当なものを次のア～エからそれぞれ１つずつ選び，記号で答えなさい。

ア．　　　　イ．　　　　ウ．　　　　エ．

問２　図２の２つの棒が，眼からより遠くにあると奥行をつかみづらくなります。その理由を説明する次の文中のａ～ｃについて，〔　〕に入る適当な語句をそれぞれ選び，記号で答えなさい。

xの角の大きさが$_{\mathrm{a}}$〔ア．小さく　　イ．大きく〕，yの角の大きさが$_{\mathrm{b}}$〔ウ．小さく　　エ．大きく〕なり，xとyの角の大きさの差が$_{\mathrm{c}}$〔オ．小さく　　カ．大きく〕なり過ぎるから。

問３　宇宙の奥行をつかむには工夫が必要です。その工夫を説明する次の文中のａ，ｂについて，〔　〕に入る適当な語句をそれぞれ選び，記号で答えなさい。

左右の眼よりも間隔《かんかく》の$_{\mathrm{a}}$〔ア．せまい　　イ．広い〕２つの場所から目的とする物体の像を得ると，xとyの角の大きさの差が$_{\mathrm{b}}$〔ウ．小さく　　エ．大きく〕なり，遠くの物体の奥行をつかめる。

地球は太陽のまわりを動くので，季節を変えて同じ天体の画像を得ることで，私たちは宇宙の奥行をつかめます。しかし，限界はあり，画像からはあまりに遠い天体の奥行をつかめません。

さて，図３の点Ｃにいる観測者が，点Ａから点Ｂに向けて動くジェット中のあるガスのかたまりを観測するとします。点Ａや点Ｂは点Ｃから十分に遠いため，直線BCと直線HCは平行とみなせます(図３下)。このとき，点Ｃからはジェットが点Ｈから点Ｂに動くように見え，天体画像ではこの見

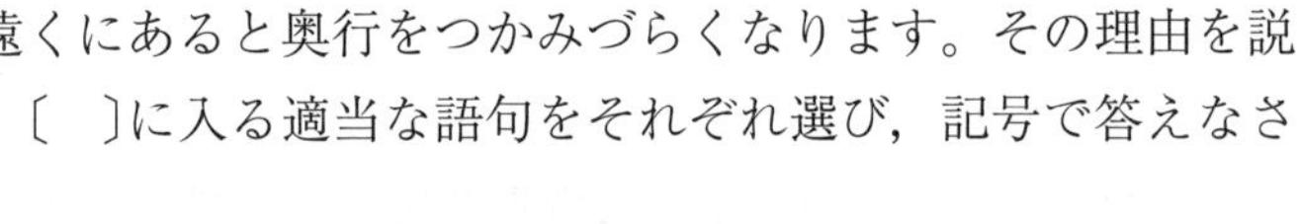

下図は上図の点線部をそれぞれ拡大したもの

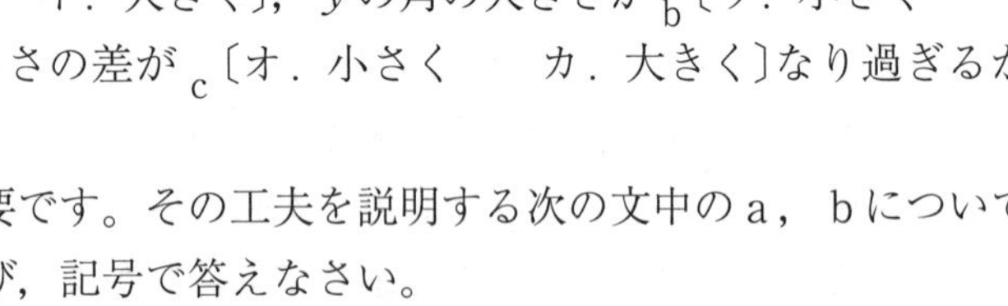

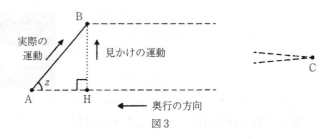

図３

かけの運動が観測されます。この見かけの運動は，ジェットの実際の運動と同じとは限りません。

問４　点Ａと点Ｂの間の距離《きょり》が18光年，点Ａから点Ｂに向けて動くガスのかたまりの速さが１年あたり0.9光年，zの角の大きさが60度として次の問いに答えなさい。１光年とは光が１年間に進む距離のことです。また，必要に応じて，内角の１つが60度である直角三角形の３辺の長さの比を１：1.7：２として計算しなさい。

⑴　ガスのかたまりが点Ａを出発してから点Ｂに着くまでの時間を答えなさい。

⑵　点Ａと点Ｈの間の距離は何光年か答えなさい。

⑶　点Ａから点Ｂに向けて動くガスのかたまりが「点Ａで放《はな》った光が点Ｈを経て点Ｃに着く時刻」と，ガスのかたまりが「点Ａから点Ｂまで動き，そこで放った光が点Ｃに着く時刻」の差が何年か答えなさい。ただし，直線BCと直線HCの長さは等しいとします。

⑷　私たちは，物体が放つ光によって物体の運動をとらえています。そのため，点Ｃから見ると，⑶で答えた時間の間に，ガスのかたまりは点Ｈから点Ｂまで動くように見えます。この見かけの運動の速さは１年あたり何光年か答えなさい。ただし，答えが割り切れないときは小数第２位を四捨五入して小数第１位まで答えなさい。

問５　zの角の大きさが30度のとき，ガスのかたまりによる点Ｈから点Ｂまでの見かけの運動の速さは１年あたり何光年か答えなさい。ただし，zの角の大きさ以外の条件は**問４**と同じとします。答えが割り切れないときは，小数第２位を四捨五入して小数第１位まで答えなさい。

問６　点Ｃから見てジェットが点Ｈから点Ｂまで動く速さは，zの角の大きさによって変わります。見かけの運動の速さとzの角の大きさの関係を示すグラフとして最も適当なものを右のア～オから選び，記号で答えなさい。ただし，zの角の大きさ以外の条件は**問４**と同じとします。

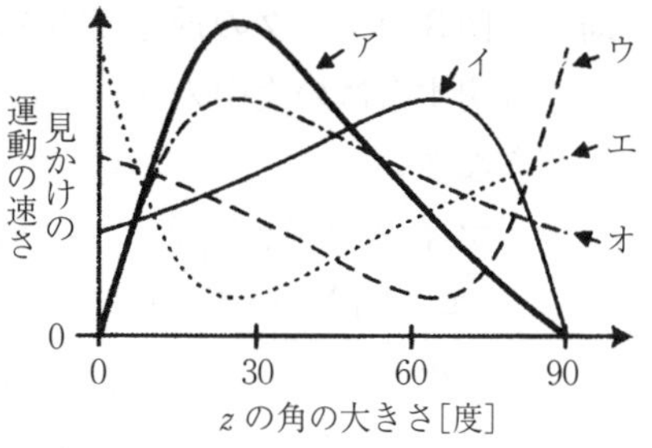

このように，天体画像からわかる見かけの運動の速さは，光の速さをこえることがあります。遠くの天体に限らず，観察からわかる見かけの姿は本当の姿と異なることがあり，注意が必要です。

3　マイクは音を電気信号に変える道具で，電気信号をスピーカーに送ると，スピーカーから音を出すことができます。太鼓《たいこ》などの打楽器，ギターなどの弦楽器《げんがっき》，声を発する人の喉《のど》など，音を発するものはすべて自らが振動《しんどう》することで音を出し，同じようにスピーカーもまた振動することで音を出します。図１では，簡易的なスピーカーに，電源を接続しています。スピーカーはコイルと，磁石のついた膜《まく》でできています。まず，電源に色々な電池を使うと図２のように膜の位置が移動しました。電池とスピーカーをつなげると膜の位置は移動しますが，つなげたままでは音が出ません。それは，電流の大きさで膜の位置が決まり，また，電流の向きで膜が移動す

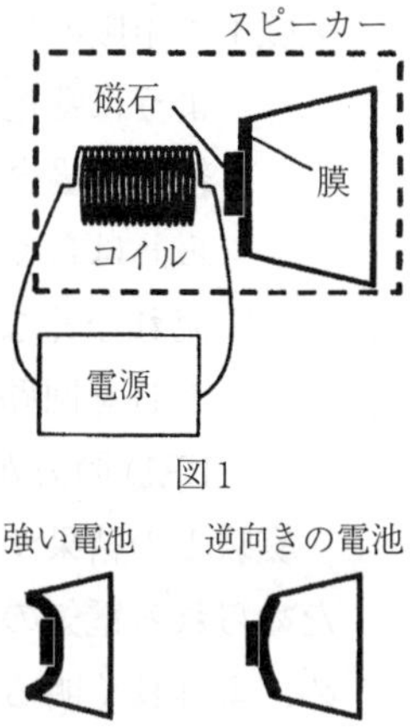

図１

図２

る向きが決まるからです。次に，電源を手回し発電機に入れかえて，同じ方向に回し続けると音が出続けました。

問１　電池とスピーカーをつなげたままでは，音が出なかった理由を答えなさい。

問２　手回し発電機でスピーカーから音を出し続けているとき，コイルを流れる電流の大きさと時間の関係を表す最も適当なグラフを次のア～エから選び，記号で答えなさい。

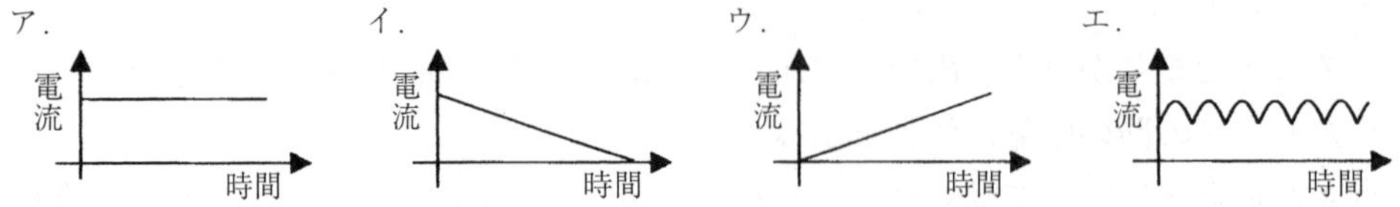

一方で，図１のスピーカーはマイクとしても利用できます。このような構造のマイクはダイナミックマイクといわれ，磁石とコイルのどちらかを動かすことによって電流をつくる装置になっています。手回し発電機も磁石とコイルが内部にあり，ハンドルを回すことでそれらを動かして，電流をつくります。マイクの場合は膜を動かすことで電流をつくります。図３のようにマイクとスピーカーを接続します。このマイクの膜の部分を押《お》し込《こ》むとコイルの部分に電気が流れ，スピーカーの膜が出っ張りました。逆に，マイクの膜の部分を引っ張るとスピーカーの膜が引っ込みました。

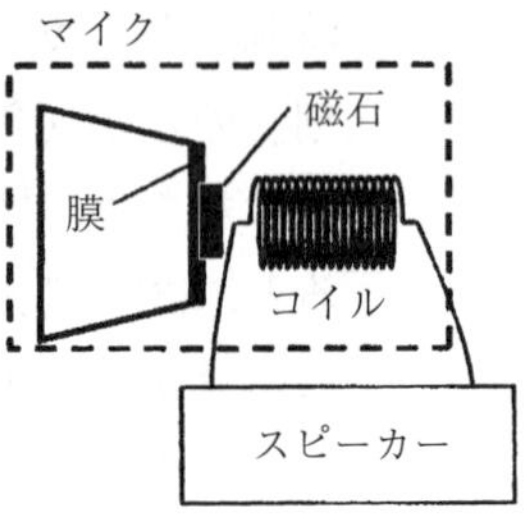

図３

問３　図３でマイクの近くで声を出し続けると，スピーカーから音が出続けました。その理由を説明する次の文中のａ～ｃについて，〔　〕に入る最も適当な語句をそれぞれ選び，記号で答えなさい。

マイクの膜が $_a$〔ア．振動する　　イ．出っ張る　　ウ．引っ込む〕と，スピーカーに $_b$〔エ．向きが一定の　　オ．向きが変わる〕電流が流れ，スピーカーの膜が $_c$〔カ．振動し　キ．出っ張り　　ク．引っ込み〕，音が出る。

次に，ダイナミックマイクとはしくみの異なるコンデンサーマイクを考えます。コンデンサーは電気をためられ，充電池《じゅうでんち》のように使用することができるものです。

まず，コンデンサーの性質を次の実験で調べました。

実験１：市販《しはん》のコンデンサーＡとＢを用意し，それらを図４のように乾電池《かんでんち》と電流計にそれぞれ接続しました。Ａを接続した場合もＢを接続した場合も，スイッチを入れてからしばらくすると，電流は流れなくなりました。電流が流れなくなったらコンデンサーの充電を完了《かんりょう》とし，ＡとＢを回路からはずし，それぞれLED(発光ダイオード)に接続すると，Ｂに接続したLEDの方がより長く明るく光りました。

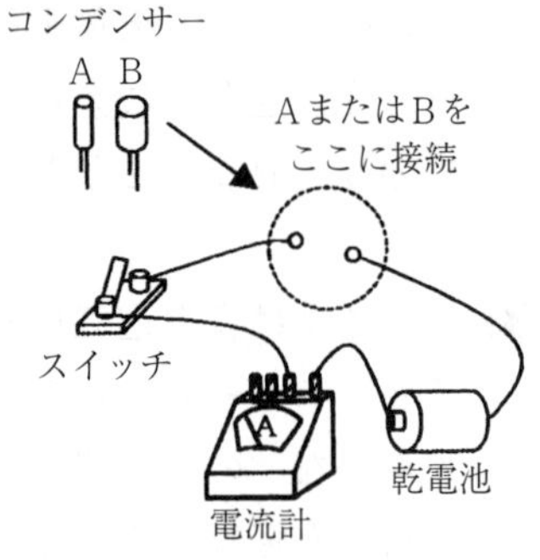

図４

実験１の結果から，コンデンサーが充電池のはたらきをもっており，またその種類によって，ためられる電気の量が異なることが分かります。ＡとＢではＢの方が多く電気をためていたため，より長く明るくLEDを光らせることができたのです。

次に，どのようなコンデンサーが電気を多くためることができるか次の実験で調べました。

なお，図5のようにコンデンサーの構造は，2本の導線がそれぞれ繋《つな》がった金属板が一定の間隔《かんかく》をあけて向かい合うように設置されているとみなせます。

実験2：金属板の間隔だけが異なる2種類のコンデンサーCとDを充電し，それぞれLEDに接続すると，Cの方がより長く明るくLEDが光りました。

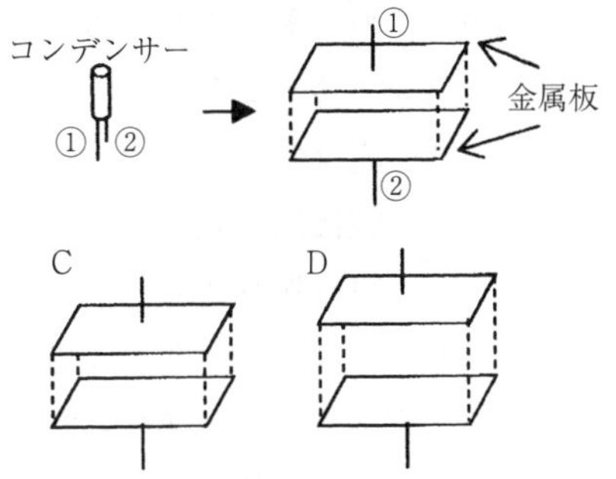

図5

実験2の結果から，コンデンサーの金属板の間隔が変わると，コンデンサーの電気をためる能力が変わることが分かります。

コンデンサーの電気をためる能力は金属板の面積によっても変えられ，金属板の面積は大きいほど多くの電気をためられます。

問4　下線部について，コンデンサーを充電池として利用する場合，より電気をためられるものが必要になることがあります。ただし，より電気をためるコンデンサーには問題点もあります。この問題点についての説明として最も適当なものを次のア～エから選び，記号で答えなさい。

ア．コンデンサーの寿命《じゅみょう》が長くなり，新しいものと交換しにくい。

イ．乾電池との差がなくなってしまう。

ウ．コンデンサーが小型化しにくい。

エ．コンデンサーの充電が速くなり，制御《せいぎょ》が難しい。

次に，コンデンサー，乾電池，検流計を図6のように接続し，コンデンサーを充電しました。この回路を流れる電流の向きは，検流計の針が振《ふ》れる向きによって分かります。

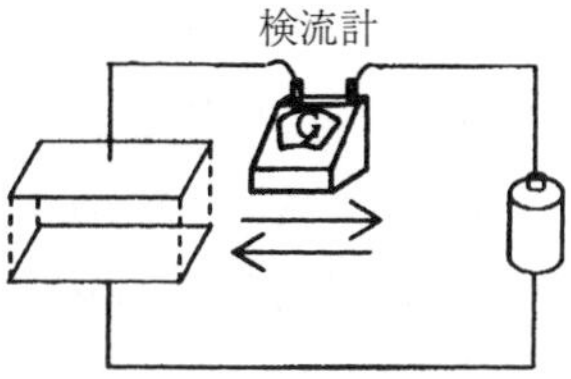

図6

問5　充電したコンデンサーの金属板の間隔を近づけると，検流計に電流が流れました。この電流の向きを説明する次の文中のa～cについて，〔　〕に入る適当な語句をそれぞれ選び，記号で答えなさい。

コンデンサーの金属板の間隔を近づけると，コンデンサーにためられる電気の量が a〔ア．増え　　イ．減り〕，電気がコンデンサーの b〔ウ．外から入ってくる　　エ．外に出ていく〕ため，検流計には c〔オ．図6の→の向き　　カ．図6の←の向き〕に電流が流れる。また，金属板の間隔をはなしたときは，すべて逆のことが起こる。

次に，乾電池，コンデンサー，スピーカーを図7のように接続しました。コンデンサーの充電中，スピーカーの膜は何も接続していないときよりも出っ張っていましたが，充電が完了するとスピーカーの膜は元に戻《もど》りました。

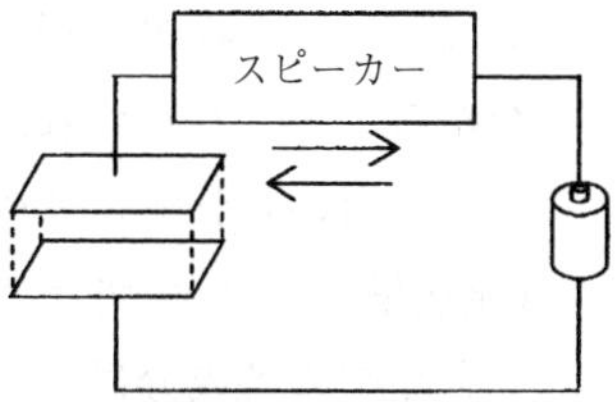

図7

問6　充電が完了した状態からコンデンサーの金属板の間隔をはなしました。

(1)　このとき，スピーカーに流れる電流の向きはどうなりますか。最も適当なものを次のア～ウから選び，記号で答えなさい。

ア．電流は流れない。　　イ．図7の→の向き。　　ウ．図7の←の向き。

(2) このとき，スピーカーの膜はどうなりますか。最も適当なものを次のア～エから選び，記号で答えなさい。

ア．膜は変化しない。

イ．膜は出っ張る。

ウ．膜は振動する。

エ．膜は何も接続してないときよりも引っ込む。

コンデンサーの金属板のうち１枚を外から揺《ゆ》らしやすい薄《うす》い膜にし，その膜の近くで音を出すと，コンデンサー部分はマイクとして利用でき，これをコンデンサーマイクといいます。実際の回路は図７よりも複雑ですが，コンデンサーのはたらきは変わりません。

問７ コンデンサーマイクは，ダイナミックマイクに比べて小型化しやすいです。その理由を答えなさい。

問８ ダイナミックマイクと違《ちが》い，コンデンサーマイクを使用するためには，電源が必要になります。その理由を答えなさい。

4 皆《みな》さんは若いので「カロリー」を気にしない人が多いと思いますが，いろいろな食品のパッケージに表１のような栄養成分表示がついていることは知っているでしょう。この一番上に記されている「エネルギー」の数値こそが，いわゆる食品の「カロリー」のことなのです。

表１：栄養成分表示
　　1食分(７g)あたり

エネルギー	33kcal
タンパク質	0.5g
脂質《ししつ》	1.2g
炭水化物	5.0g
食塩相当量	0.05g

表１から分かるように，「カロリー」はエネルギーの単位なのですが，その定義は「１gの水を１℃上昇《じょうしょう》させるために必要な熱量(エネルギーの一種)を１cal(１カロリー)とする」と定められています。なお，ｋは「キロ」で，１kcal＝1000calとなります。つまり，表１のエネルギー33kcalとは，20℃の水１kgがあったとして，この温度を(あ)℃まで上昇させることができる熱量に相当することになります。

問１ 空欄《くうらん》(あ)にあてはまる整数を答えなさい。

もちろん，水の中にこの表１の食品を入れても温度は上昇しません。この熱量の数値は，この食品を燃やしたことにより発生する熱量のことなのです。食品を摂取《せっしゅ》しても体内で火をつけて燃やしたりしないのに，なぜ？　と思うかもしれません。実は，われわれが食品を摂取して消化・吸収して栄養成分としてたくわえ，活動する際にこれらを消費してエネルギーを得る反応は，多くの物質を経由しますが，最終的にはこれらの成分を燃やす反応とほぼ同じなのです。だからこそ，われわれが食品から得るエネルギーとして，それらを燃やしたときの数値が目安として用いられているのです。では，食品中の各成分について，燃やしたときに発生する熱量(発熱量)について考えていきましょう。

食品中の各成分は，それぞれ原子というとても小さな粒《つぶ》がたくさん結びついてできている分子という粒からできています。まずは炭水化物から考えていきましょう。一般的《いっぱんてき》な炭水化物は，ブドウ糖という分子(図中ブ)どうしがつながってできています。このとき，次のページの図１のようにブドウ糖の分子の間から水の分子(図中水)が１個とれて，つながっています。このとき，２個のブドウ糖の分子とくらべると，つながった分子はとれた水の分子の分だけ，少し軽くなります。炭水化物の一種であるデンプンは，とても多くのブドウ糖の分子がつながってできています。

図1

ブドウ糖の分子を180g集めて燃やすと，669kcalの熱が生じることが知られています。また，図1のように水の分子がとれていくと，水の分子18gがとれるたびに，つながった分子の方は24kcalの熱量をたくわえます。したがって，ブドウ糖の分子がつながっていくにしたがって，その分子を1g集めて燃やしたときの発熱量は少しずつ増えていくことになります。なお，ブドウ糖の分子と水の分子の1個あたりの重さの比は10：1です。ここでは，食品中の炭水化物の代表例として，砂糖の主成分であるショ糖の分子とよく似た，麦芽糖《ばくがとう》の分子(ブドウ糖の分子が2個つながったもの)を燃やしたときの発熱量を考えます。

問2　360gのブドウ糖の分子が2個ずつつながって，すべて麦芽糖の分子になったとします。このとき，生じた水の分子をすべてとりのぞくと，何gの麦芽糖の分子が生じたか答えなさい。

問3　**問2**で生じた麦芽糖を燃やすと，発熱量は麦芽糖1gあたり何kcalか求めなさい。答えが割り切れないときは小数第3位を四捨五入して小数第2位まで答えなさい。

次に，脂質について考えましょう。一般的な脂質はグリセリンの分子(図中 )が脂肪酸《しぼうさん》の分子(図中 )3個とつながった構造をしており，油脂《ゆし》とよばれます。このとき，下の図2のようにつながった3か所それぞれから水の分子が1個ずつ，つまり計3個の水分子がとれます。

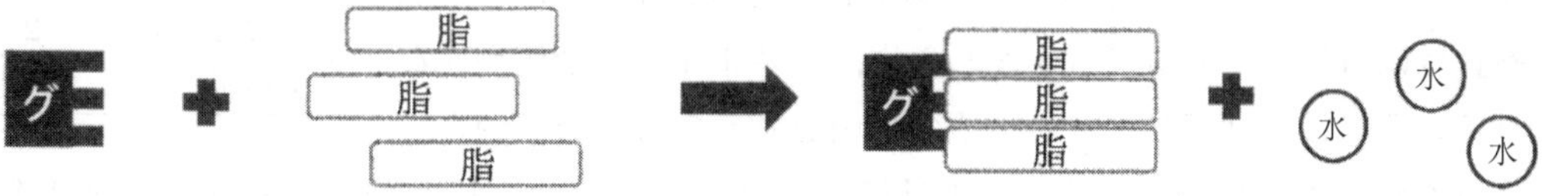

図2

脂肪酸にはいろいろな種類がありますが，ここでは平均的な長さの，ある脂肪酸のみがふくまれているものとして考えていきます。グリセリン，脂肪酸，水の分子1個あたりの重さの比は92：284：18です。また，グリセリン92gを燃やすと発熱量は406kcal，脂肪酸284gを燃やすと発熱量は2516kcalです。炭水化物のときと同様に水分子18gがとれるたびに，つながった分子の方は24kcalの熱量をたくわえます。

問4　92gのグリセリンの分子と852gの脂肪酸の分子がすべて油脂になったとします。このとき，生じた水の分子をすべてとりのぞくと，何gの油脂が生じたか答えなさい。

問5　**問4**で生じた油脂を燃やすと，発熱量は油脂1gあたり何kcalか答えなさい。答えが割り切れないときは小数第3位を四捨五入して小数第2位まで答えなさい。

以上の考えをふまえると，炭水化物1gを燃やしたときの平均の発熱量は約4kcalなので，炭水化物の1gあたりのエネルギーは4kcal/gと表されます。また，平均的なタンパク質は，これとほぼ同じ数値となることが知られているので，タンパク質の1gあたりのエネルギーも4kcal/gと表されます。また，脂質は発熱量が大きく，その1gあたりのエネルギーは9kcal/gとなります。以下の計算では，一般のカロリー計算と同様に，これらの数値を用いて計算します。

問6　表2はある食品の成分表示です。次の文章を読み，空欄に適した語句や数値を答えなさい。なお，空欄(a)には小数第1位までの数値を，空欄(c)には適する食品を下のア～オから選び，記号で答えなさい。

表2の成分表示より，タンパク質，脂質，炭水化物のエネルギーを計算すると，合計(a)kcalとなる。したがって，表示のエネルギーとほぼ同じ数値となっており，表2には記されていないが，この食品の主な成分である(b)は，エネルギーの計算にふくめる必要がないことが分かる。成分の内容量も考えると，この食品は(c)である。

表2：栄養成分表示
210gあたり

エネルギー	140kcal
タンパク質	7.0g
脂質	8.1g
炭水化物	9.7g
食塩相当量	0.21g

ア．豚肉《ぶたにく》　イ．納豆《なっとう》　ウ．牛乳

エ．スポーツドリンク　オ．食パン

最後に，表3を見てみましょう。炭水化物の項目《こうもく》が2つに分かれていることに気が付くでしょう。このうち「糖質」のほとんどは，先ほど紹介《しょうかい》したようにブドウ糖がつながってできており，1gあたりのエネルギーは4kcal/gです。

問7　一般に，栄養成分表示の「食塩相当量」の項目については，エネルギーを計算する際に考える必要がありません。その理由を考えて答えなさい。

問8　食物繊維《しょくもつせんい》のエネルギーは何kcal/gか答えなさい。答えが割り切れないときは，小数第2位を四捨五入して小数第1位まで答えなさい。また，糖質と食物繊維を燃やしたときの1gあたりの発熱量はほぼ同じであるにもかかわらず，エネルギーの数値が異なっているのはなぜでしょうか。その理由を考えて答えなさい。

表3：栄養成分表示
1食分あたり

エネルギー	437kcal
タンパク質	11.0g
脂質	22.0g
炭水化物	
一糖質	47.5g
一食物繊維	2.5g
食塩相当量	3.2g

皆さんが大人の体格になると，1日に必要なカロリーはおよそ2000kcal程度になります。当たり前のことですが，カロリーの合計値だけを見て食事の計画を立てるのではなく，バランスのよい食事を心がけましょう。タンパク質，脂質，炭水化物はそれぞれ違《ちが》う構造をもつ分子たちで，からだに対しての役割も異なりますから。

ものを、次のア～エの中から一つ選んで記号で答えなさい。

ア　自分は父だけでなく祖母との関係もうまくいかず、家庭に居場所がないことに気づいていく。

イ　自分は博物館の休館日もおぼえておらず、何にも興味を持てないということに気づいていく。

ウ　自分は学校で級友や先生と話すことができず、誰にも必要とされていないことに気づいていく。

エ　自分は誰ともよい関係を結べておらず、どこにも安心できる居場所がないことに気づいていく。

問八　――線⑦「あと、もっと前の時代のいろんな生きものにも、いっぱい、いっぱい興味がある」（228～229行目）とありますが、草児が特に「エディアカラ紀」という時代に「興味がある」のはなぜですか。説明しなさい。（3行）

問九　――線⑧「他の大人の前では言わない続きが、するりと口から出た」（230行目）とありますが、なぜですか。説明しなさい。（2行）

問十　――線⑨「タイムマシンがあればなー」（246行目）とありますが、「タイムマシン」で過去へ旅をする想像と、その後の「男」との会話を通して、草児はどのようなことに気づいたのですか。説明しなさい。（2行）

問十一　――線⑩「誰かと並んで立つ体育館の床は、ほんのすこしだけ、冷たさがましに感じられる」（341～342行目）とありますが、ここには草児のどのような気持ちが表れていますか。説明しなさい。（2行）

問十二　この作品では、「博物館」は草児にとってどのような場所としてえがかれていますか。～～線A「『ところできみは、なんでいつも博物館にいるの?』～頻繁に博物館を訪れているのだ」（219～221行目）、～～線B「草児が博物館に行く回数は減っていった」（345行目）をふまえて説明しなさい。（3行）

問十三　――線⑪「ひとくち～気分にもさせる」（414～416行目）について、本文全体をふまえ、以下の問いに答えなさい。

(1)　コーラが「しっかりと甘かった」ことが「草児をさらに笑わせ」るのはなぜですか。――線④「味がぜんぜん～感じない」（127～128行目）に注目して説明しなさい。（4行）

(2)　コーラが「しっかりと甘かった」ことが、草児を「泣きたいような気分にもさせる」のはなぜですか。～～線C「男の首がゆっくりと左右に動く」（393行目）、～～線D「もう一度男が首を横に振った。～自分の席に戻る」（398～399行目）、～～線E『いろいろある』世界から～神さまにお願いするように思った」（405～408行目）に注目して説明しなさい。（3行）

※② 懇願…必死に頼《たの》みこむこと。

※③ このあいだ…本文の前の場面に、博物館でこの男から話しかけられたことが書かれている。

※④ 蒲焼きさん太郎…駄菓子の商品名。

※⑤ チップスター…菓子の商品名。

※⑥ 非常食然としたもの…いかにも非常食らしいもの。

※⑦ セキノヤマ…関の山。せいいっぱい。

※⑧ 賞与…給料とは別に支払《しはら》われるお金。ボーナス。

〔設問〕解答はすべて、解答らん（編集部注＝横10ミリメートル・たて153ミリメートルの行数で示した。）**におさまるように書きなさい。句読点なども一字分とします。**

問一 ＝線a「シュウカン」（22行目）、b「ホウソウ」（157行目）、c「ソウジュウ」（247行目）、d「タ」（378行目）のカタカナを、漢字で書きなさい。

問二 ――線①「文ちゃんのことを考えると、今でも手足がぐったりと重くなる」（5行目）とありますが、なぜですか。その理由としてふさわしいものを、次のア～エの中から一つ選んで記号で答えなさい。

ア 文ちゃんはいつも自分を守ってくれていたのに、別れも言わずに転校してしまったことが申し訳ないから。

イ 文ちゃんとは親しい関係であったが、いつもおこづかいを暗に求められて拒《こば》めない自分がいやだったから。

ウ 文ちゃんはいつもしつこくつきまとってくる迷惑《めいわく》な存在だったので、思い出すとつらくなってしまうから。

エ 文ちゃんとは母親どうしも親しかったため、勝手な行動を母親に相談できない自分がもどかしかったから。

問三 ――線②「そう思うことで、むしろ草児の心はなぐさめられる」（70行目）とありますが、なぜですか。その理由としてふさわしいものを、次のア～エの中から一つ選んで記号で答えなさい。

ア クラスメイトに笑われたとしても、分厚い透明ななにかによって隔てられていると思うことで、彼らの存在を気にせずにいることができて安心するから。

イ クラスメイトと分厚い透明ななにかを挟《はさ》んで向かい合うことで、自分は危険がおよばない世界にいながら、みんなの弱点を発見しようという気持ちになるから。

ウ クラスメイトから隔てられているとは考えず、透明の仕切りごしに彼らを観察していると思うことで、教室にとけこめない現実を意識しないですむから。

エ クラスメイトを透明の仕切りごしにじっくりと観察することで、それぞれの性質や特徴《とくちょう》を理解し、教室にとけこむきっかけを見いだすことができるから。

問四 ――線③「草児は自分が『食べる側』になれるとは、どうしても思えない」（106行目）とありますが、教室において「食べる側」とはどのような人たちですか。説明しなさい。（1行半）

問五 ――線④「味がぜんぜんわからなかった。給食もそうだ。甘いとも辛いとも感じない」（127～128行目）とありますが、草児が「味がぜんぜんわからな」くなっているのは、家や学校でどのような状況にあるからですか。説明しなさい。（1行）

問六 ――線⑤「鞄から、つぎつぎとお菓子が取り出される」（162行目）とありますが、「男」は「お菓子」をどのようなものだと考えていますか。文中から十五字でぬき出しなさい。

問七 ――線⑥「どうして泣いているのか自分でもよくわからなかった」（195行目）とありますが、ここで草児は泣くことによってどのようなことに気づいていくのですか。その説明としてふさわしい唇の両端《りょうたん》をにぃっと持ち上げた。

「それはよかった」

祖母の真似《まね》をしてみた草児に向かって、母がやさしく目を細める。

賞与の金額の話から、コテイシサンゼイが、ガクシホケンがどうのこうのというつまらない話がはじまったので、草児はひとりドリンクバーにむかう。

グラスにコーラを注いで席に戻る途中で、あの男がいるのに気づいた。

男は窓際《まどぎわ》の席にいた。ひとりではなかった。四人がけのテーブルに、誰かと横並びに座っている。

男の連れが男なのか女なのか、草児には判断できなかった。髪は背中にdタれるほど長く、来ている服は女もののようであるのに、顔や身体《からだ》つきは男のようだ。

ふたりはただ隣に座っているだけで、触《ふ》れあっているわけではない。にもかかわらず、近かった。身体はたしかに離《はな》れているのに、ぴったりとくっついているように見える。

男の前には湯気の立つ鉄板がある。男は鉄板上のハンバーグをナイフですいと切って、口に運ぶなり「フーファ」というような声を上げた。ムササビの骨格を見上げておどろいていた時とまったく同じ、間の抜《ぬ》けた声だった。

「あっつい」

「うん」

「でもうまい」

「ね」

男とその連れは視線を合わすことなく、短い言葉を交わす。声をかけようとした時、ふいに男が顔を上げた。挨拶《あいさつ》しようと上げた草児の手が、宙で止まる。C男の首がゆっくりと左右に動くのに気づいたから。

男の視線が鉄板にかがみこんでいる隣の人間に注がれたのち、草児の母と祖母がいる席に向いた。迷いなくそちらを向いたことで草児は、男がとっくに自分に気づいていたと知る。

Dもう一度男が首を横に振《ふ》った。口もとだけが微笑《ほほえ》んでいた。だから草児も片手をゆっくりとおろして、自分の席に戻る。

男の隣にいる人間が男であるか女であるかは判断できないままだったが、そんなことは草児にとっては、どうでもいいことだった。あの人はきっと、男が鞄にしのばせているお菓子のような存在なんだろうなと勝手に思った。というよりも、そうでありますように、と。

E「いろいろある」世界から逃げ出したくなった時の命綱みたいな、「やっかいだけどだいじな人」とあの男が、ずっとずっと元気でありますようにと、名前も知らない彼らが幸せでありますようにと、神さまにお願いするように思った。

「なにかいいことがあった」

コーラにストローをさす草児に、祖母が問う。はてなマークがついていなくても、ちゃんとわかる。いつのまにかわかるようになった。祖母は今、たしかに自分に問いかけている。

「なんにも」と答えた自分の声がごまかしようがないほど弾《はず》んでいて、草児は笑い出してしまう。⑪ひとくち飲んでみたコーラはしっかりと甘かった。そのことが草児をさらに笑わせ、泣きたいような気分にもさせる。

（寺地はるな「タイムマシンに乗れないぼくたち」より
『タイムマシンに乗れないぼくたち』所収）

〈語注〉 ※① うまい棒やおやつカルパス…ともに駄菓子《だがし》の商品名。

こえる。

「ちがう、というのはどういう意味かな？　宮本さん」

「……それはアロサウルスの絵だと思います」

「なるほど。どう違うか説明できる？」

「時代が違います。ティラノサウルスは白亜紀末に現れた恐竜で、アロサウルスは、ジュラ紀です」

すべて図鑑の受け売りだった。

「続けて」

「えっと、どちらも肉食ですが、ティラノサウルスよりアロサウルスのほうが頭が小さい、という特徴《とくちょう》があります」

ずっと喋らないようにしていた。笑われるのは無視されるよりずっとずっと嫌なことだった。おそるおそる目線だけ動かして教室を見まわしたが、笑っている者はひとりもいなかった。何人かは驚《おどろ》いたような顔で、何人かは注意深く様子をうかがうように、草児を見ている。「ありがとう。座っていいよ。宮本さん、くわしいんだな。説明もわかりやすかったよ」

感心したような声を上げた担任につられたように、誰かが「へー」と声を漏《も》らすのが聞こえた。

「じゃあ、国語の教科書三十五ページ、みんな開いて」

なにごともなかったように、授業がはじまる。

国語の次は、体育の授業だった。体操服に着替《きが》えて体育館に向かう。体育館はいつも薄暗《うすぐら》く、壁《かべ》はひび割れ、床《ゆか》は傷だらけで冷たい。草児はここに来るたび、うっすらと暗い気持ちになる。

体育館シューズに履《は》き替《か》えていると、誰かが横に立った。草児より小柄《こがら》な「誰か」はメガネを押《お》し上《あ》げる。

「恐竜、好きなの？」

「うん」

草児が頷くと、メガネも頷いた。

「ぼくも」

そこで交わした言葉は、それだけだった。でも⑩誰かと並んで立つ体育館の床は、ほんのすこしだけ、冷たさがましに感じられる。

すこしずつ、すこしずつ、画用紙に色鉛筆《いろえんぴつ》で色を重ねるように季節が変わっていって、B草児が博物館に行く回数は減っていった。

体育館の靴箱の前で声をかけてきた男子の名は、杉田《すぎた》くんという。杉田くんは塾《じゅく》とピアノ教室とスイミングに通っているから一緒に遊べるのは火曜日だけだ。そして、教室で話す相手は彼だけだ。それでももう、以前のように透明の板に隔てられているという感じはしなくなった。完全に取《と》っ払《ぱら》われたわけではない。でも、透明のビニールぐらいになった気がしている。その気になればいつだって自力でぶち破れそうな厚さに。

「外でごはん食べよう」

帰宅した母が、そんなことを言い出す。突然《とつぜん》なんなのと戸惑《とまど》う祖母の背中を押すようにして向かった先はファミリーレストランだった。草児がそこに行きたいとせがんだからだ。

もっとぜいたくできるのに、と母は不満そうだったが、草児はぜいたくでなくてもよかった。ぜいたくとうれしいはイコールではない。

体調不良が続いていた祖母も、今日はめずらしく調子が良いようで、うすく化粧《けしょう》をして、明るいオレンジ色のカーディガンを羽織っている。四人がけの席につき、メニューを広げた。

「急に外食なんて、どうしたの」

草児が気になっていたことを、祖母が訊ねてくれる。頬杖《ほおづえ》をついていた母が「パートのわたしにも※⑧賞与《しょうよ》が出たのよ」と言うなり、く。いくつもの水泡《すいほう》が、窓ガラスに不規則な丸い模様を走らせる。

視界が濃《こ》く、青く、染まっていく。

海の底から生えた巨大《きょだい》な葉っぱのようなカルニオディスクス。楕《だ》円形《えんけい》にひろがるディッキンソニア。ゆったりとうごめく生きものたち。自分はそれらをいちいち指さし、男は薄《うす》く笑って応じるだろう。バスは音も立てずに進んでいく。砂についたタイヤの跡《あと》はやわらかいカーブを描《えが》き、その上を、図鑑には載《の》っていない小さな生きものが横断する。

そこまで想像して、でも、と呟いた。

「もし行けたとしても、戻《もど》ってこられるのかな？」

タイムマシンで白亜紀《はくあき》に行ってしまうアニメ映画を、母と一緒《いっしょ》に観たことがある。その映画では、途中でタイムマシンが恐竜に踏《ふ》み壊《こわ》されていた。その場面は強烈《きょうれつ》に覚えているのに、主人公が現代に戻ってきたのかどうかは覚えていない。

男が「さあ」と首を傾げる。さっきと同じ、他人事のような態度で。

「戻ってきたいの？」

そりゃあ、と言いかけて、自分でもよくわからなくなる。

「だって、えっと……戻ってこなかったら、心配するだろうから」

草ちゃんがどこにでも行けるように、と母は言ってくれるが、タイムマシンで原生代に行って二度と帰ってこなかったら、きっと泣くだろう。

「そうか。だいじな人がいるんだね」

おれもだよ、と言いながら、男はゆっくりと、草児から視線を外した。

「タイムマシンには乗れないんだ。仕事をさぼって博物館で現実逃《とう》避《ひ》するぐらいが※⑦セキノヤマなんだ、おれには」

「さぼってるの？」

男は答えなかった。意図的に無視しているとわかった。そのかわりのように「ねえ、だいじな人って、たまにやっかいだよね」と息を吐《は》いた。

「なんで？」

「やっかいで、だいじだ」

空は藍色《あいいろ》の絵の具を足したように暗く、公園の木々は、ただの影《かげ》になっている。きみもう帰りな、とやっぱりへんな、すくなくとも草児にはへんだと感じられるアクセントで言い、男が立ち上がる。うまい棒のかけらのようなものが空中にふわりと舞《ま》い散《ち》った。

いつもと同じ朝が、今日もまた来る。

トースターに入れたパンを焦《こ》がしてしまって、家を出るのがすこし遅《おく》れた。教室に入って宿題を出し、椅子《いす》に腰《こし》を下ろすと同時に担任が教室に入ってきた。あー！　誰かが甲高《かんだか》い叫《さけ》び声《ごえ》を上げる。担任はいつものジャージを穿《は》いていたが、上は黒いTシャツだった。恐竜の絵が描かれている。

「ティラノサウルス！」

誰かが指さす。せんせーなんで今日そんなかっこうしてんのー、と別の誰かが笑う。彼らは先生たちの変化にやたら敏感《びんかん》で、髪《かみ》を切ったとか手をケガしたとか、そういったことにいちいち気づいて指《し》摘《てき》せずにはいられないのだ。

「ちがう」

声を発したのが自分だと気づくのに、数秒を要した。みんながこちらを見ている。心の中で思ったことを、いつのまにか口に出していた。

担任から促されて立ち上がる。椅子が動く音が、やけに大きく聞らないこと。

今日も学校で、誰とも口をきかなかったこと。算数でわからないところがあったこと。でも先生に訊《き》けなかったこと。

母がいつも家にいないこと。疲《つか》れた顔をしていること。祖母から好かれているのか嫌われているのかよくわからないこと。

いつも自分はここにいていいんだろうかと感じること。

男は泣いている草児を見てもおどろいた様子はなく、困惑《こんわく》するでもなく、かといって慰《なぐさ》めようとするでもなかった。ただ「いろいろ、あるよね」とだけ、言った。

「え」と訊きかえした時には、涙はとまっていた。

いろいろ、と言った男は、けれども、草児の「いろいろ」をくわしく聞きだそうとはしなかった。

「いろいろある」

草児が繰《く》り返《かえ》すと、男は食べ終えたうまい棒の袋《ふくろ》を細長く折って畳《たた》みはじめる。

A「ところできみは、なんでいつも博物館にいるの？」

「だよね、いつもいるよね？」と質問を重ねる男は、草児がいつもいるとわかるほど頻繁《ひんぱん》に博物館を訪《おとず》れているのだ。

「恐竜《きょうりゅう》とかが、好きだから」

大人に好きなものについて訊かれたら、かならずそう答えることにしている。嘘ではないが、太古の生物の中でもとりわけ恐竜を好むわけではない。にもかかわらずそう言うのは「そのほうがわかりやすいだろう」と感じるからだ。そう答えると、大人は「ああ、男の子だもんね」と勝手に納得してくれる。

「⑦あと、もっと前の時代のいろんな生きものにも、いっぱい、いっぱい興味がある」

⑧他の大人の前では言わない続きが、するりと口から出た。

エディアカラ紀、海の中で、とつぜんさまざまなかたちの生物が出現しました。

体はやわらかく、目やあし、背骨はなく、獲物《えもの》をおそうこともありませんでした。

エディアカラ紀の生物には、食べたり食べられたりする関係はありませんでした。

図鑑を暗誦《あんしょう》した。

草児は、そういう時代のそういうものとして生まれたかった。同級生に百円をたかられたり、喋っただけで奇異《きい》な目で見られたり、こっちはこっちでどう見られているか気にしたり、そんなんじゃなく、静かな海の底の砂の上で静かに生きているだけの生物として生まれたかった。

「行ってみたい？　エディアカラ紀」

唐突《とうとつ》な質問に、うまく答えられない。この男は「エディアカラ紀」を観光地の名かなにかだと思っているのではないか。

「⑨タイムマシンがあればなー」

でもc**ソウジュウ**できるかな。ハンドルを左右に切るような動作をしてみせる。

「バスなら運転できるんだけどね。おれむかし、バスの運転手だったから」

男の言う「むかし」がどれぐらい前の話なのか、草児にはわからない。わからないので、黙って頷《うなず》いた。むかしというからには今は運転手ではなく、なぜ運転手ではないのかという理由を、草児は訊ねない。男が「いろいろ」の詳細《しょうさい》を訊かなかったように。

男がまた、見えないハンドルをあやつる。

一瞬《いっしゅん》ほんとうにバスに乗っているような気がした。バスが、長い長い時空のトンネルをぬけて、しぶきを上げながら海に潜《もぐ》っていいしたものか「なに？　腹減ってんの？」と質問を重ねる。違う。とっさに答えたが、嘘《うそ》だった。腹は常に減っている。

　男のアクセントはすこしへんだった。このあたりの人とも、草児とも違う。そのくせ、すこしも恥《は》じてはいないようだ。

「あ、これ食う？」

　書類やノートパソコンが入っていそうな鞄《かばん》から※④蒲焼《かばや》きさん太《た》郎《ろう》が出てきた。差し出されたそれを草児が黙《だま》って見ていると、男はきまりわるそうに下を向き、**bホウソウ**を破いて、自分の口に入れた。

「そうだよな、あやしいよな。知らないおじさんが手渡《てわた》してくる蒲焼きさん太郎なんか食べちゃだめだ」

　しっかりしてるんだな、えらいな、うん、と勝手に納得《なっとく》し、男はベンチに座った。⑤鞄から、つぎつぎとお菓子が取り出される。いくつかのお菓子には見覚えがあり、そのほかははじめて目にする。うまい棒とポテトスナックは知っているが、なんとかボールと書いてあるお菓子は知らない。

「あの、なんで、そんなにいっぱいお菓子持ってるの」

　おそるおそる問う。この男は草児が知っているどの大人とも違う。男はすこし考えてから「さあ？」と首を傾《かし》げた。自分自身のことなのに。

「安心するから、かな」

　うまい棒を齧《かじ》りながら、男は「何年か前に出張した時に」と喋り出した。帰りの新幹線が事故で何時間もとまったまま、という体験をしたのだという。いつ動き出すのかすらまったくわからなくて、不安だった。でも、新幹線に乗る前に売店で買った※⑤チップスターの筒《つつ》を握りしめていると、なぜか安心した。その時、思いもよらないものが気持ちを支えてくれることもあるんだな、と知った。あれは単純に「食料がある」という安心感ではなかった、たとえば持っていたのが乾《かん》パンなどの※⑥非常食然としたものだったらもっと違った気がする、だからお菓子というものは自分の精神的な命綱《いのちづな》のようなものだと思ったのだ、というようなことをのんびりと語る男に手招きされて、草児もベンチに座った。いつでも逃《に》げられるように、すこし距離《きょり》をとりつつ。

　草児が背負っていたリュックからオレンジマーブルガムのボトルを出すと、男は「なんだよ、持ってるじゃないか」とうれしそうな顔をする。自分のガムはただのおやつであって、命綱なんかではない。

　やっぱへんなやつだ、と身を引いた拍子《ひょうし》に、手元が狂《くる》った。容器の蓋《ふた》が開いてガムがばらばらと地面にこぼれ落ちる。草児は声を上げなかった。男もまた。映画館で映画を観《み》るように、校長先生の話を聞くように、唇《くちびる》を結んだまま、丸いガムが土の上を転がっていくのを見守った。

　気づいた時にはもう、涙《なみだ》があふれ出てしまっていた。頬《ほお》を伝っていく滴《しずく》は熱くて、でも顎《あご》からしたたり落ちる頃《ころ》には冷たくなっていた。

　⑥どうして泣いているのか自分でもよくわからなかった。ガムの容器の蓋をちゃんとしめていなかったこと。博物館の休みを忘れていたこと。男が蒲焼きさん太郎を差し出した時に蘇《よみがえ》った、文ちゃんと過ごした日々のこと。

　楽しかった時もいっぱいあった。

　それなのに、どうしても文ちゃんに嫌《いや》だと言えなかったこと。嫌だと言えない自分が恥ずかしかったこと。別れを告げずに引《ひ》っ越《こ》ししてしまったこと。

　父が手紙をくれないこと。自分もなにを書いていいのかよくわか

海の底をはって移動する暮らしから、泳いだりもぐったりするようになりました。それと同時に、生きものは、食べたり食べられたりするようになっていきました。

オルドビス紀やシルル紀になると、カンブリア紀よりも泳ぎのうまい生きものがあらわれました。生存競争はさらに激しくなっていきました。

来年、草児は中学生になる。

生存競争はさらに激しくなっていきました。

③草児は自分が「食べる側」になれるとは、どうしても思えない。勉強も運動も、できないわけではないが突出《とっしゅつ》してできるわけではない。クラスにもなじめていない。「ありがとう」と言っただけで、岩かなにかが喋ったみたいにびっくりされているのだから。

お金のことなら気にしなくていいよ、と母は言う。不意打ちみたいに言ってくる。ふろ上がりの廊下《ろうか》ですれ違いざまに、あるいは、掃除機《そうじき》をかけながら。お母さんぜったい草ちゃんを大学まで行かせてあげたいんだよね、と。

「草ちゃんが将来、どこへでも、好きな場所に行けるように。お母さんがんばって働くし、働けるし、なんにも心配いらないからね」

（中略）

「シフトの都合」で予定外の休みをもらった母は、同じ理由で休みがなくなった。十連勤だなんて冗談《じょうだん》じゃないよとぼやいていたのは最初の数日だけで、半ば頃《ごろ》になると家にいる時は無言でテーブルにつっぷしているだけの、物言わぬ生物になった。祖母はなんだか近頃調子が悪いといって、日中も寝てばかりいた。

古生代の生物たちも、こんなふうに干渉《かんしょう》し合うことなく、暮らしていたのかもしれない。同じ家の中にいても、ほとんど言葉を交《か》わさない。母や祖母の気配だけを感じつつ、ひとりで食卓《しょくたく》に置かれたパンや釜めしを食べた。

④味がぜんぜんわからなかった。給食もそうだ。甘《あま》いとも辛《から》いとも感じない。誰かと同じ空間にいても、人間は簡単に「ひとり」になるものだと、こんなふうになるずっと前から知っていた。

博物館の前に立ち、「本日休館日」の立て札を目にするなり、動けなくなってしまった。今日は木曜日だということをすっかり忘れていた。一色の絵の具で塗《ぬ》りつぶしたような毎日の中で、曜日の感覚が鈍《にぶ》っていたのかもしれない。

ワチャーというような声が頭上から降ってきて、振《ふ》り返《かえ》った。※③このあいだムササビの骨格標本を見上げていた男が草児のすぐ後ろに立っていた。今日は灰色のスーツを着ている。男の指がすっと持ち上がって、立て札を指す。ちょっと異様なぐらいに長く見える指だった。

「きみ知ってた？　今日休みって」

「うん」

男があまりに情けない様子だったので、つい警戒心《けいかいしん》がゆるみ「知ってたけど忘れてた」と反応してしまう。

「そうかあ」

中に入れないのならば、帰るしかない。背を向けて歩き出すと、男も後ろからついてくる。公園から出るには同じ方向に向かうしかないからあたりまえのことなのだが、気になって何度も振り返ってしまう。

「どうしたの？」

草児の視線を受けとめた男が、ゆったりと口を開く。なにを勘違《かんちが》たとか、消しゴムをひろってもらった礼を言うとかその程度のことだ。

隣《となり》の席の女子は、消しゴムを受けとった草児が「ありがとう」と言った時、あきらかにおどろいていた。効果音をつけるとしたら「ハッ」ではなく「ギョッ」というおどろきかただった。

転校してきた日、黒板に大きく書かれた「宮本《みやもと》草児」という文字の前で自己紹介《しょうかい》をしている時、誰《だれ》かが笑った。「なんか、しゃべりかたへんじゃない？」と呟《つぶや》いたのも聞こえた。

ひとりが発した笑い声は、ゆっくりと教室全体に広がっていった。風に吹《ふ》かれた草が揺《ゆ》れているようだった。風はやがて止《や》んだが、草児はもう口を開くことができなかった。黒板に書かれた「宮本草児」という名も他人のもののように感じられた。両親の離婚を受け入れたことと自分が母の名字を名乗ることになったことは、また別の話なのだ。

担任の先生は笑った生徒を注意するわけでもなく、自己紹介を途《と》中《ちゅう》でやめた草児に続きを促《うなが》すわけでもなく、授業をはじめた。

強いものと弱いもの。頭のよいものとよくないもの。教室には異なる種の生物が共存している。くっきりと二分されているわけではなく、あるものは足がはやく勉強ができるが、性質がおとなしく、あるものはどちらもそこそこであるが空気をあやつるのがとてもうまく、声が大きい。力の関係は状況《じょうきょう》に応じて微妙《びみょう》に変化し、ぎりぎりのところで均衡《きんこう》をたもつ。均衡という言葉は最近、図鑑《ずかん》で覚えた。バランスと表現するよりかっこいい。

転校してくる前の草児が、そんなふうに考えたことは一度もなかった。世界はもっと、ぼんやりとしていた。自分がその世界の一部だったからだ。今は違《ちが》う。世界と自分とがくっきりと隔《へだ》てられている。ガラスだかアクリルだかわからないけど、なんだか分厚い透明《とうめい》なにかに隔てられている。

②そう思うことで、むしろ草児の心はなぐさめられる。自分はこの学校になじめないのではなくて、ただ博物館で展示物を見ているように透明の仕切りごしに彼《かれ》らを観察しているだけ、というポーズでどうにか顔を上げていられる。

今日はひとことも喋らない日だった。授業でも一度も当てられなかったし、消しゴムも落とさなかった。木曜日はつまらない。博物館の休館日だからだ。

家に帰ると、めずらしく母がいた。「シフトの都合」で、急きょ休みになったのだという。

ビールでも飲んじゃいますかねえ、などと冷蔵庫をいそいそと開ける母は以前よりすこし痩《や》せた。明るい時間に顔を合わせるのはひさしぶりだった。祖母はいない。買いものに行ったという。

母はこの街に来て三日目に「仕事決まった！」とはしゃいでいた。百円ショップの店員となった母は、そのあとしばらくして「もっと稼《かせ》がなきゃ」と言い出し、夜中の二時まで営業しているという釜《かま》めし屋の仕事を見つけてきて、昼も夜も働くようになった。たまに、売れ残りの釜めしを持ち帰る。それらはたいてい翌日の草児の朝食か、母の弁当になる。

（中略）

草児は膝《ひざ》の上の図鑑を開く。

カンブリア紀になると「目」のある生きものがあらわれ、体が立体的になりました。

もう何度も読んだ図鑑の、古生代カンブリア紀のページをそっと指で撫《な》でてみる。

2023年度 麻布中学校

【国語】（六〇分）〈満点：六〇点〉

次の文章を読み、設問に答えなさい。

両親が離婚《りこん》し、母とともに祖母のマンションで暮らすことになった十二歳《さい》の草児《そうじ》。新しい街にも祖母にもなじめず、転校した学校でも孤立《こりつ》しています。手紙のやりとりの約束をした父からも連絡《れんらく》がありません。草児は部屋にひとり布団《ふとん》にくるまって、以前住んでいた家のことを思い出しています。

古い家だった。ただ古いだけだ。歴史も由緒《ゆいしょ》もない。

インターホンはついていたが、近所の人はみな勝手に玄関《げんかん》の戸を開けて、いるのかと大声で訊《たず》ねる。草児の友人の文《ぶん》ちゃんに至っては、自分の家みたいになにも言わずに靴《くつ》を脱《ぬ》いで入ってきていた。

①文ちゃんのことを考えると、今でも手足がぐったりと重くなる。そのまま身体が沈《しず》んでいきそうで、こわくなって掛《か》け布団《ぶとん》をぎゅっと握《にぎ》った。

文ちゃんとは保育園からのつきあいだった。身体がずんぐりと大きかった。ひょろひょろした草児と並ぶと、同じ年齢《ねんれい》には見えなかった。文太という自分の名を年寄りっぽいという理由で嫌《きら》っていた。

俺《おれ》が草児を守ってやる、が口癖《くちぐせ》だった。足が遅《おそ》いし、力も弱いから、俺が守ってやらないといけない、と。通りすがりにたまたまそれを聞きつけた一年生の時の女の担任が「わあ、頼《たの》もしいね。草児くん、文太くんがいてよかったね」と声をかけてきて、先生がそう言うのならそうなのだろうとその時は思った。自分は文ちゃんに守られていて、それは幸せなことなのだろうと。

四年生になると、文ちゃんは文ちゃんのお母さんから一日百円のおこづかいをもらうようになった。その話を聞いた草児の母も、同じようにした。ふたりの母はいっしょにＰＴＡの役員をやったりして、仲が良かった。

毎日百円を持って小学校近くのフレッシュハザマというスーパーマーケットに行くａ**シュウカン**がうまれた。最初のうちは※①うまい棒やおやつカルパスなどを買っていたのだが、文ちゃんは次第《しだい》に、百円以上の菓子《かし》を欲《ほ》しがるようになった。よほど腹が減っていたのか、菓子では飽《あ》き足《た》らず、惣菜《そうざい》売り場の唐揚《からあ》げなどに目を向ける日もあった。

でも金が足りないなあと言いながら横目でちらちら見られると、草児はなんだかそわそわしてきて、毎回自分の手の中の百円を差し出してしまうのだった。文ちゃんは礼を言うでもなく、それをぶんどっていく。

二百円で買った大袋《おおぶくろ》入りのポテトチップスやポップコーンや唐揚げは、ぜんぶ文ちゃんが食べた。「百円出せよ」と脅《おど》されたわけでも、「百円くれよ」と泣いて※②懇願《こんがん》されたわけでもない。それでも、何度考えても、草児には文ちゃんに百円を差し出さずに済む方法がわからなかった。どうしても、わからなかった。

朝、学校で顔を合わせると、文ちゃんはいつもヨウッとかオオッとかなんとか言って、肩《かた》を組んできた。新しい学校には、そんなことをするやつはひとりもいない。正門をとおってから教室の自分の席に座《すわ》るまで、草児は口を開かない。どうかすると下校の時間までだれとも喋《しゃべ》らない時もある。喋ったとしても、先生に話しかけられ

2023年度

麻布中学校　▶解説と解答

算数　(60分)＜満点：60点＞

解答

[1] (1) 12分30秒　(2) 2分5秒　[2] (1) 7.5cm^2　(2) 8.75cm^2　[3] ア…114度，周…5.652cm　[4] (1) A：C…3：7，濃さ…21.2%　(2) B：C…3：2，濃さ…22.4%　(3) 1：4：5　[5] (1) 4回　(2) (245cm，1cm，1cm，1回)，(49cm，5cm，1cm，3回)，(35cm，7cm，1cm，4回)，(7cm，7cm，5cm，9回)　[6] (1) ア…8125，イ…9375，ウ…625，エ…6875，オ…3125，カ…9375　(2) 15，31，47，63　(3) 64，1024　(4) 219

解説

[1] 消去算

(1) 蛇口《じゃぐち》1つと排水口《はいすいこう》1つを開けると1分間に，100÷25＝4(L)の割合で水が増えるから，蛇口の数と排水口の数をそれぞれ2倍にすると，1分間に，4×2＝8(L)の割合で増えることになる。よって，容積が100Lの水そうがいっぱいになるのにかかる時間は，100÷8＝12.5(分)とわかる。60×0.5＝30(秒)より，これは12分30秒となる。

(2) 蛇口3つと排水口2つを開けると1分間に，$100\div 2\frac{30}{60}=40$(L)の割合で水が増えるので，1つの蛇口から1分間に入る水の量を①L，1つの排水口から1分間に出る水の量を[1]Lとすると，右のような式を作ることができる。2つの式をたすと，⑤−[4]＝8＋40＝48(L)となるので，蛇口5つと排水口4つを開けると1分間に48Lの割合で増えることがわかる。よって，容積が100Lの水そうがいっぱいになるのにかかる時間は，$100\div 48=\frac{25}{12}=2\frac{1}{12}$(分)であり，$60\times\frac{1}{12}=5$(秒)より，これは2分5秒となる。

②−[2]＝8(L)
③−[2]＝40(L)

[2] 平面図形―構成，面積

(1) 正八角形は，下の図①のように合同な8個の三角形に分けることができる。図①でかげをつけた2つの三角形と，下の図②でかげをつけた2つの三角形は，底辺が等しく高さの和も等しいから，面積の和も等しくなる。よって，三角形PABと三角形PEFの面積の和は正八角形の面積の，$\frac{2}{8}=\frac{1}{4}$にあたるので，$30\times\frac{1}{4}=7.5$(cm^2)と求められる。

図①

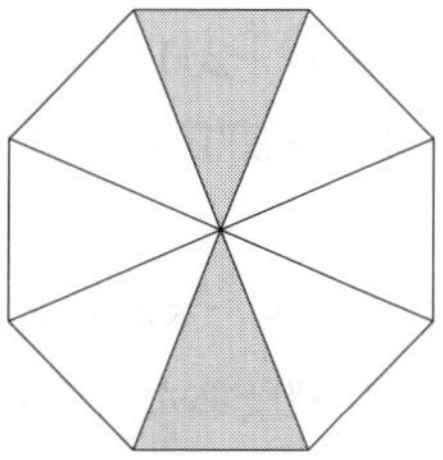

図②

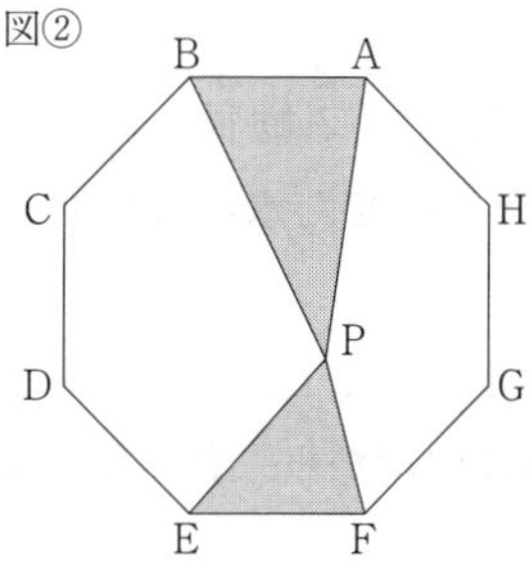

図③

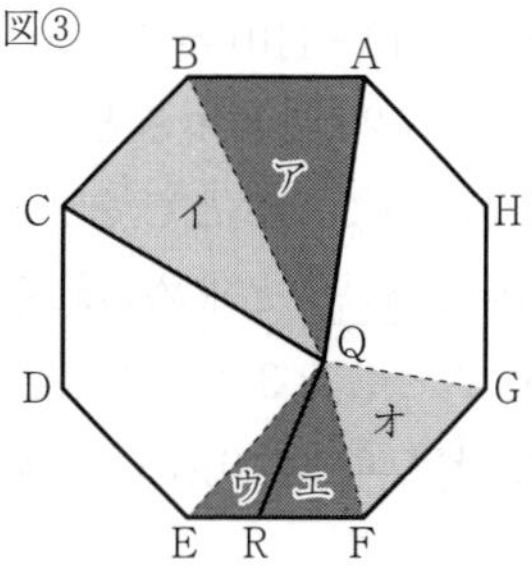

(2)　上の図③のように，それぞれの三角形の面積をア～オとすると，(1)から，ア＋ウ＋エ，イ＋オはどちらも7.5cm^{2}とわかる。また，ア＋イ＝30÷３＝10(cm^2)だから，ウ＋エ＋オ＝7.5＋7.5－10＝５(cm^2)になる。ここで，ウ：(エ＋オ)＝１：３なので，ウ＝$5\times\frac{1}{1+3}$＝1.25(cm^2)と求められる。さらに，五角形QCDERの面積も10cm^{2}だから，四角形QCDEの面積は，10－1.25＝8.75(cm^2)である。

3　平面図形―角度，長さ

右の図①のように，円周上の点Ａ，Ｂ，Ｃと円の中心Ｏをそれぞれ結ぶと，OAと折り目あ，OBと折り目い，OCと折り目うはそれぞれ垂直に交わる。また，かげをつけた四角形の内角の和は360度だから，角アの大きさは，360－(90＋90＋66)＝114(度)とわかる。

図①

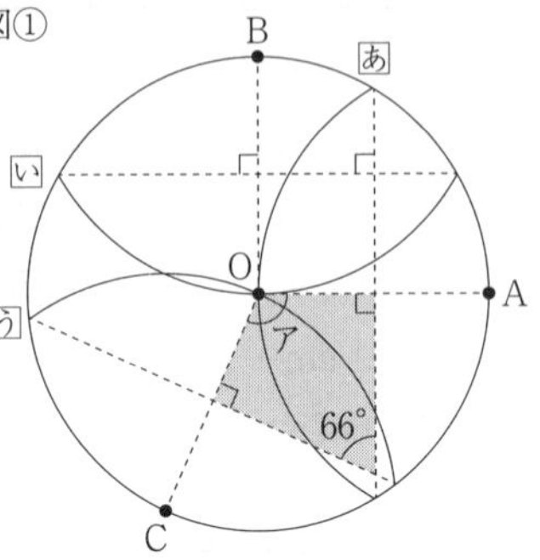

図②

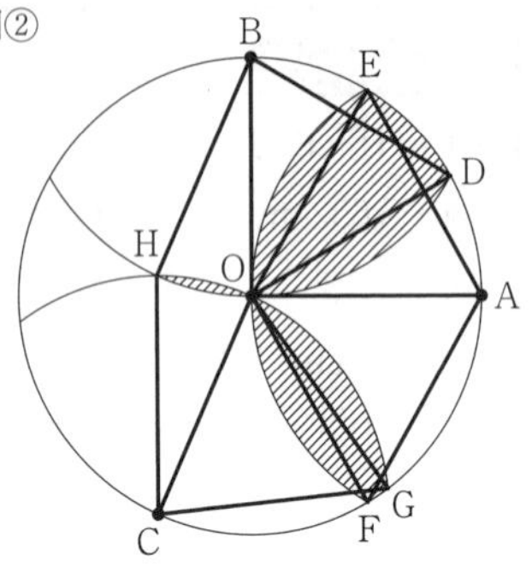

次に右上の図②で，太線部分はすべて円の半径で長さが等しいので，三角形OAE，ODB，OCG，OFAは正三角形である。よって，斜線《しゃせん》部分の弧《こ》OE，OD，OG，OFの中心角はすべて60度になる。また，角AOBの大きさは90度だから，弧DEの中心角は，60＋60－90＝30(度)となり，角AOCの大きさは114度なので，弧FGの中心角は，60＋60－114＝６(度)とわかる。さらに，四角形OBHCはひし形であり，角BOCの大きさは，360－(90＋114)＝156(度)だから，弧OHの中心角１つ分は，180－156＝24(度)と求められる。したがって，中心角の合計は，60×４＋30＋６＋24×２＝324(度)なので，斜線部分の周の長さは，$1\times2\times3.14\times\frac{324}{360}$＝5.652(cm)となる。

4　濃度《のうど》，平均とのべ，消去算

(1)　Ａの重さをⒶg，Ｃの重さをⒸgとして，原価について図に表すと下の図１のようになる。図１で，ア：イ＝(110－40)：(140－110)＝７：３だから，Ⓐ：Ⓒ＝$\frac{1}{7}$：$\frac{1}{3}$＝３：７とわかる。また，Ａの重さを300g，Ｃの重さを700gとすると，ＡとＣに溶《と》けている物質の重さの合計は，300×0.1＋700×0.26＝212(g)になるので，ＡとＣを３：７の割合で混ぜた水溶液《すいようえき》の濃《こ》さは，212÷(300＋700)＝0.212，0.212×100＝21.2(％)と求められる。

図１

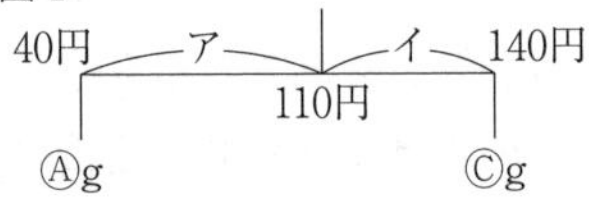

図２

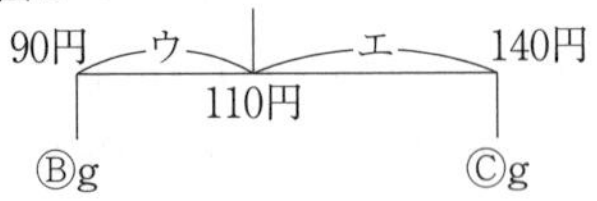

図３

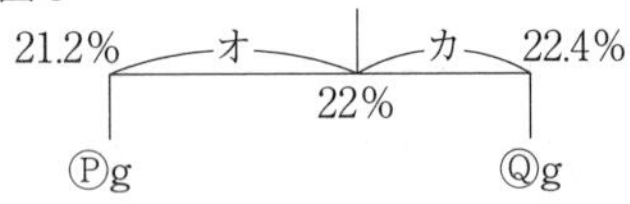

(2)　Ｂの重さをⒷg，Ｃの重さをⒸgとして，(1)と同様に考える。上の図２で，ウ：エ＝(110－90)：(140－110)＝２：３だから，Ⓑ：Ⓒ＝$\frac{1}{2}$：$\frac{1}{3}$＝３：２とわかる。また，Ｂの重さを300g，Ｃの重さを200gとすると，ＢとＣに溶けている物質の重さの合計は，300×0.2＋200×0.26＝112(g)になるので，ＢとＣを３：２の割合で混ぜた水溶液の濃さは，112÷(300＋200)＝0.224，0.224×100＝22.4(％)と求められる。

(3)　ＡとＣを３：７の割合で混ぜた水溶液をＰ，ＢとＣを３：２の割合で混ぜた水溶液をＱとすると，どちらも100gあたりの原価は110円だから，ＰとＱを混ぜた水溶液の100gあたりの原価も110

円になる。また，Pの濃さは21.2%，Qの濃さは22.4%なので，Pの重さをⓅg，Qの重さをⓆgとして，濃さについて図に表すと上の図3のようになる。図3で，オ：カ＝(22－21.2)：(22.4－22)＝2：1だから，Ⓟ：Ⓠ＝$\frac{1}{2}:\frac{1}{1}$＝1：2とわかる。よって，Pの重さを1，Qの重さを2とすると，Pの中に含《ふく》まれるAの重さは，$1\times\frac{3}{3+7}=\frac{3}{10}$，Qの中に含まれるBの重さは，$2\times\frac{3}{3+2}=\frac{6}{5}$となる。すると，PとQの中に含まれるCの重さの合計は，$\left(1-\frac{3}{10}\right)+\left(2-\frac{6}{5}\right)=\frac{3}{2}$になるので，AとBとCの重さの比は，$\frac{3}{10}:\frac{6}{5}:\frac{3}{2}$＝1：4：5と求められる。

5 図形と規則

⑴　右の図①のかげの部分のブロックが取り除かれていく。よって，すべてのブロックが取り除かれるまでの操作の回数は4回である。

図①

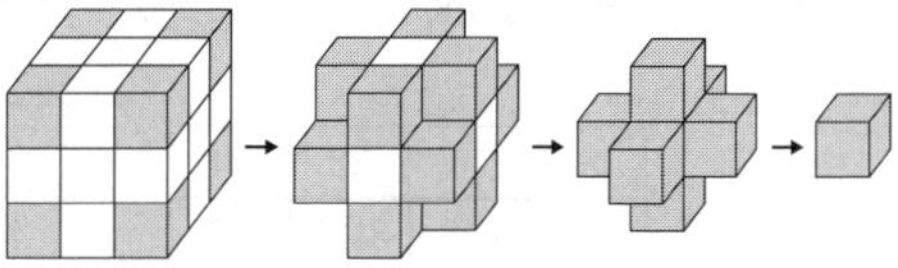

1回目　2回目　3回目　4回目

⑵　245＝5×7×7だから，245を3つの整数の積で表す方法は，245×1×1(…㋐)，49×5×1(…㋑)，35×7×1(…㋒)，7×7×5(…㋓)の4通りあることがわかる。㋐の場合は右の図②のようになるので，1回目の操作ですべて取り除かれる。また，㋑の場合は右の図③のようになるから，1回目の操作で一番外側のひとまわり(かげの部分)が取り除かれ，2回目の操作で斜線部分が取り除かれる。すると，図②と同じ状態のものが残るので，3回目の操作ですべて取り除かれることがわかる。さらに，㋒は図③の外側にもうひとまわり加えたものだから，図③よりも操作の回数は1回多くなり，4回となる。次に，㋓の場合(縦横7個ずつを5段に積んだもの)について，それぞれのブロックが何回目の操作で取り除かれるかを，段ごとに分けて調べる。このとき，1段目と5段目，2段目と4段目はそれぞれ同じように取り除かれるから，1，2，3段目だけを調べればよい。また，直方体の1つの頂点の部分は下の図④のように取り除かれるので，この後も同様に考えると，それぞれのブロックが取り除かれる回数は下の図⑤のようになる。よって，9回目の操作ですべて取り除かれることがわかる。

図②

図③

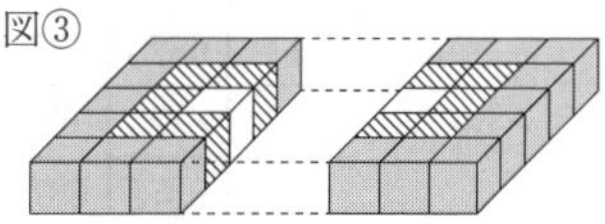

図④

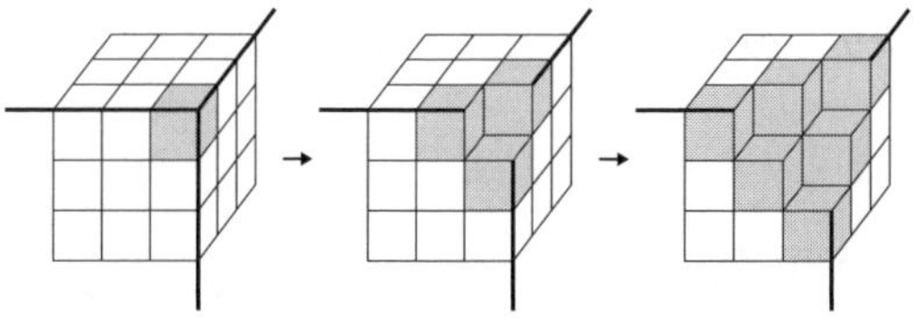

図⑤

1	2	3	4	3	2	1
2	3	4	5	4	3	2
3	4	5	6	5	4	3
4	5	6	7	6	5	4
3	4	5	6	5	4	3
2	3	4	5	4	3	2
1	2	3	4	3	2	1

1，5段目

2	3	4	5	4	3	2
3	4	5	6	5	4	3
4	5	6	7	6	5	4
5	6	7	8	7	6	5
4	5	6	7	6	5	4
3	4	5	6	5	4	3
2	3	4	5	4	3	2

2，4段目

3	4	5	6	5	4	3
4	5	6	7	6	5	4
5	6	7	8	7	6	5
6	7	8	9	8	7	6
5	6	7	8	7	6	5
4	5	6	7	6	5	4
3	4	5	6	5	4	3

3段目

6 条件の整理

⑴　ア，イの値は625をそれぞれ13倍，15倍すればよいから，ア＝625×13＝8125，イ＝625×15＝9375と求められる。また，ウ，エ，オ，カの値は3125をそれぞれ13倍，15倍，17倍，19倍した数の下4桁《けた》にあたるので，3125×13＝40625，3125×15＝46875，3125×17＝53125，3125×19＝59375より，ウ＝625，エ＝6875，オ＝3125，カ＝9375となる。

⑵　分子が変わらないとき，分母が2倍になると分数の大きさは半分になる。これを利用すると，

$\left\langle \frac{1}{32} \right\rangle$=3125だから，3125÷２=1562.5より，$\left\langle \frac{1}{64} \right\rangle$=5625になる。また，$\left\langle \frac{3}{32} \right\rangle$=9375なので，9375÷２=4687.5より，$\left\langle \frac{3}{64} \right\rangle$=6875となる。ほかの場合も同様に調べると，分母が64のときの値は下の図１のようになるから，分母が64で値が4375となるもっとも小さい分子は15とわかる。次に，太線で囲んだ部分には625を奇数《きすう》倍した数が８個ずつあらわれるが，分子が１のときと分子が17のとき，分子が３のときと分子が19のとき，…のように，分子が16大きくなるごとに同じ値になる。よって，[あ]に当てはまる数は，15，15＋16=31，31＋16=47，47＋16=63の４個とわかる。なお，625=５×５×５×５，16=２×２×２×２より，625×16=（５×２）×（５×２）×（５×２）×（５×２）=10×10×10×10=10000となる。よって，625×（□＋16）=625×□＋10000となるので，「625×□」と「625×(□＋16)」の下４桁は同じ数になる。

図１

分子＼分母	16	32	64
1	625	3125	5625
3	1875	9375	6875
5	3125	5625	8125
7	4375	1875	9375
9	5625	8125	625
11	6875	4375	1875
13	8125	625	3125
15	9375	6875	4375
17		3125	5625
19		9375	6875

図２

分子＼分母	16	32	64	128	256	512	1024	2048
1	625	3125	5625	8125	625			
3	1875	9375	6875	4375	1875			
5	3125	5625	8125	625	3125			
7	4375	1875	9375	6875	4375			
9	5625	8125	625	3125	5625	8125	625	3125
11	6875	4375	1875	9375	6875			
13	8125	625	3125	5625	8125			
15	9375	6875	4375	1875	9375			
17		3125	5625					
19		9375	6875					

(3)　(2)と同様に分子が９のときの値を順に調べると，上の図２のようになる。よって，[い]に当てはまる数は小さいものから順に，64，1024である。

(4)　小数第一位の数字が１になるから，$\frac{[う]}{2048}$は0.1以上の数である。よって，0.1×2048=204.8より，[う]に当てはまる奇数は205以上とわかる。また，図２の太線部分には同じ並び方がくり返される。これはほかの分子でも同様なので，分母が2048のときの値と分母が128のときの値は同じになる。このことから，分母が2048で値が9375になるもっとも小さい分子は11とわかる。さらに，分子に16を加えても同じ値になるから，[う]に当てはまる数は，11＋16×□（□は整数）と表すことができる数である。したがって，(205－11)÷16=12余り２より，205以上でもっとも小さい数は，11＋16×(12＋１)=219と求められる。

社　会　(50分)　＜満点：40点＞

解　答

問１　(1)　伊達政宗　　(2)　肥料　　**問２**　(1)　北上(川)　　(2)　い　　**問３**　え　　**問４**　(例)　収入が多い人に多く納税してもらうことで財政を豊かにすることができる。／収入の差が生む経済的な格差を縮めることができる。　　**問５**　(1)　(例)　日本人の生活様式を西洋化するため。　　(2)　(例)　産業の発達によって石炭が売れるようになると考えたから。　　**問６**　(例)　海沿いのうめ立て地で，良質の水が得にくい場所だったため。／貿易の開始にともなって急増した人口をおぎなうだけの水が必要になったため。　**問７**　か　**問８**　(例)　都市化によって拡大した地域における水道の整備の仕方や費用の負担，給水量の分配などをめぐって，主張がぶつかる可能性がある。　**問９**　(例)　人口が減って使用量が減るので，水道の料金収入は減る。一方で，世帯数は減らず，耐用年数をこえた古い水道管も増え続けているので，維持管理費用は減らない。そのため，水道の維持管理費用がまかなえなくなり，水道事業が維持できなくなるおそれがある。　**問10**　(1)　(例)　投資した費用を回収して収益を上げるのに，長い期間がかかるから。　(2)　(例)　利益を得るために水道料金の値上げが行われると，水道利用者の負担が増える。　**問11**　(例)　家庭の経済的な事情から進学を断念する人がいるが，個人が得た知識や技術は，社会全体の財産ともなりうるので，社会全体で支える価値がある。そこで，寄付金や税を組み合わせて返す必要のない資金援助制度をつくり，だれでも大学まで通えるようにする。

解　説

「公共のもの」を題材にした総合問題

問１　(1)　伊達政宗《だてまさむね》は東北地方の戦国大名で，出羽《でわ》国(山形県)の米沢城を根拠《こんきょ》地として領地を拡大し，奥州一帯をほぼ支配下に置いた。1590年には豊臣秀吉の小田原攻《ぜ》めに参加して秀吉に従ったが，1600年の関ヶ原の戦いでは徳川家康の東軍に従った。その後，徳川家康に仙台藩をあたえられ，居城となった仙台城(青葉城)の城下町は大きく発展した。　(2)　人の排泄《はいせつ》物(人糞尿《じんぷんにょう》)は「下肥《しもごえ》」などとよばれ，古くから肥料として活用されてきた。大都市である江戸で出た排泄物は，おもに船で川を使って周辺の農村に運ばれ，売りさばかれた。

問２　(1)　北上川は東北地方第一の長流で，岩手県中央部を北から南へ向かって流れたのち，宮城県東部の石巻市で追波《おっぱ》湾(太平洋)に注ぐ。　(2)　宮城県は全体として，西部に奥羽山脈が連なり，その東側から北上川の西側にかけて仙台平野が広がるという地形になっている。県庁所在地の仙台市は宮城県のほぼ中央に位置し，市の中心部はやや内陸にある。これらのことから，「仙台平野の海岸近くにあった」という「あ」がＤ，「仙台市街にある」という「う」がＣだとわかる。また，気仙沼《けせんぬま》市は宮城県北部に位置し，リアス海岸をいかした東北地方有数の漁港があることで知られる。したがって，Ａに「え」があてはまる。残った「い」がＢで，北上川の河口から４kmほど内陸にあった大川小学校では，2011年３月11日の東日本大震災のさい，想定をこえる津波が押し寄せて堤防を乗りこえたことで，大きな被害が出た。

問３　「あ」の場合は花壇《かだん》を手入れした人，「い」の場合は害虫を追い出した人，「う」の場合は音楽を流してくれる人が，下線部アの「だれか」にあたる。そして，その成果は学校やクラスのみんなで分かち合うことになる。一方，「え」の場合は，勉強会に参加したみんなが，みんなで努力してそれぞれ成果を得るのだから，下線部アの例にはあてはまらない。

問４　国や地方公共団体は，仕事をするための費用を税金として集めている。資本主義社会では人々の間に収入の差が生まれるので，すべての人に同じ金額の税金を課す場合，収入が少ない人は収入のうち税金に支払う金額の割合が高くなり，収入が多い人は収入のうち税金に支払う金額の割合が低くなる。つまり，収入が多い人ほど税金を納める能力があると考えられるので，日本では所得税などで収入に比例して税金の金額が変化する累進課税制度がとられている。累進課税制度の利点には，国や地方公共団体は収入が多い人からより多くの税金を集めることで財政を豊かにすることができ，収入が少ない人は税金の負担が減ることで収入を必要なことに使えるようになるといったことがあると考えられる。賛成意見をあげるのだから，このような利点を書けばよい。

問５　⑴　ガラスやビール，オリーブは，江戸時代までの多くの日本人にとってはなじみのないもので，明治時代になってから広がっていった。これらをつくる施設・工場が税金でつくられた背景として，当時，政府が欧米に追いつこうと近代化政策をおしすすめていたことがあげられる。日本人の生活になかった西洋のものを，税金を使ってまで普《ふ》及《きゅう》させようという政策からは，西洋化をそのまま近代化ととらえていた当時の政府の考えがうかがえる。なお，ブドウは古くから日本にあったが，播州《ばんしゅう》葡萄《ぶどう》園はワイン製造のためにつくられたのだと考えられる。　⑵　明治政府は，殖産興業政策の中心として各地に官営工場を建設し，これらの工場では石炭が燃料として用いられた。産業がさらに発展し，石炭の必要性が高まれば，それを売ることで大きな利益が得られる。このように考えた財閥《ざいばつ》が，高額であるにもかかわらず，政府がつくった炭鉱を買い取ったのだと推測できる。また，買い取り額が高くても，すでにできあがっている施設なので，新しい炭鉱を開発するさいにかかる費用や労力を節約できるという利点もある。

問６　1858年に欧米５か国との間で修好通商条約(安政の５か国条約)が結ばれると，横浜(神奈川県)は開港地とされ，外国人居留地がつくられた。横浜は最大の貿易港として発展し，人口も増えていったが，海沿いをうめ立てた場所が中心であったため，良質な飲み水を得るのが難しく，増加する水需要《じゅよう》をまかないきれなかった。そこで，外国人技師を招いて上水道の建設がすすめられた結果，1887年に日本初の近代的な上水道が整備された。

問７　Ａ　上水道の整備は国民の公衆衛生に関する仕事なので，厚生労働省の担当となる。　Ｂ　都市計画など，国土の利用や保全に関する仕事は，国土交通省が担当している。　Ｃ　経済産業省は，工業をふくむ産業全般や貿易，資源，エネルギーなどに関する仕事を担当している。

問８　図２から，都市化がすすんだ結果，Ａ市とＢ町にまたがって市街地が拡大したことがわかる。市町村単位で水道を整備する場合，Ａ市とＢ町がそれぞれ水道を整備し，給水することになる。Ａ市の視点で考えると，拡大した市街地の大部分はＢ町にあるのだから，この地域の水道はＢ町が整備するべきだということになる。一方，Ｂ町の視点で考えると，市街地はＡ市から広がってきたものなのだから，Ｂ町が水道の整備費用をすべて負担するのは不公平だという主張が考えられる。また，Ｂ町は井戸水(地下水)を水源としているが，地下水のくみ上げすぎは地盤沈下《じばんちんか》などの問題を引き起こすため，取水・給水できる量に限界がある。このように，図２の状況《じょうきょう》において市町村単位で水道整備を行った場合，２市町の間で，水道の整備の仕方や費用の負担，給水量の分配などをめぐって，主張がぶつかることも考えられる。

問９　図３によると，管路経年化率は年々高くなっており，耐用《たいよう》年数をこえた水道管が多くなっている。一方，管路更新《こうしん》率は減少傾向《けいこう》にあるので，耐用年数をこえた古い水道管の多くがそのまま使われているとわかる。また，図４より，人口は2010年から減少傾向となっているが，世帯数は2025年ごろまでゆるやかに増え，その後も大きくは減らないと予測されている。人口が減れば水道の使用量が減るので，水道の料金収入も減る。しかし，世帯数が増えて新しい家やマンションが建てられるようなことになれば，そのぶん水道の維持管理費用も増え，世帯数があまり変わらない場合でも，維持管理費用はかかり続ける。つまり，今後，水道の料金収入は減るのに，耐用年数をこえた古い水道管をつけかえる費用や，維持管理にかかる費用は増えることが予想されているため，このままでは水道事業が維持できなくなるおそれが生じる。

問10 (1) 図５における水道事業のように，地方公共団体が行う公共性の高い事業は，利潤《りじゅん》(もうけ)の追求を目的としていない。また，収益が急激に落ちこむ可能性は低いものの，大きく収益が上がる可能性も低い。こうした事業を，原則として利潤の追求を目的とする民間企業《きぎょう》に任せる場合，図５にあるように，収益を得てその一部を銀行や投資家に返せるようになるまでに長い時間がかかってしまうため，長期の運営契約《けいやく》を結ぶことが必要になるのだと考えられる。また，工事や施設の維持管理が必要な水道事業の場合，事業をすすめるにあたって長期的な運営計画を立てることが不可欠といえる。つまり，事業の性質やその収益性から，運営契約が長期になることが多いのだといえる。 (2) 本文にもあるように，民間企業は利潤の追求を目的として活動するため，利益が上がらない事業から撤退《てったい》したり，利益を上げるために値上げを行ったりする。水道料金は公共料金の一つで，地方公共団体の認可がなければ値上げはできないが，利益が上がらず，事業の維持が難しくなった場合，水道水を供給するという公共サービスに悪い影響《えいきょう》が出かねない。一方，そうならないように水道料金の値上げを認可した場合，水道使用者の負担は増えることになる。また，民間企業の運営に問題があった場合，改善をうながすことはできても，長期にわたる契約を途中《とちゅう》で打ち切り，再び図５の①～③のような過程を経て，よりよい民間企業と新たな契約を結ぶのは，簡単なことではないと考えられる。

問11 子育てや介護《かいご》などは，それぞれの家庭や個人が抱《かか》える問題であるようにみえるが，社会全体で支え合うことで，問題が軽くなったり，解決したりする場合もある。たとえば，経済的な事情から進学を断念する人がいる。大学までの授業料をすべて，「みんな」が負担した税金や奨学《しょうがく》金のような資金でまかなえれば，こうした人たちをなくすことができる。あるいは，家族の介護や世話のために，勉強したり友人と過ごしたりする時間を十分に持てない，ヤングケアラーとよばれる子どもたちがいる。現在でも日本には，介護保険制度などの社会保障制度があるが，ヤングケアラーの存在はそれが不十分であることを示すものであり，お金だけでなく人を適切に配置し，ヤングケアラーの負担を少しでも減らせるようなしくみをつくることが重要になる。特に，国の将来を担《にな》う若い世代の問題は，「みんな」で解決するべきだといえる。

理 科 (50分)＜満点：40点＞

解 答

1 **問１** ア，オ **問２** (例) 熱に弱い脳の温度をすばやく下げたり，体内の大切な器官の温度を下げることができる。 **問３** **あ** 熱さ **い** 冷える **問４** (例) 冷たい飲み物を飲みながら食べる。 **問５** **あ** 体温 **い** 痛み **問６** イ，オ **問７** ア

2 **問１** **左眼**…エ **右眼**…ア **問２** **a** ア **b** ウ **c** オ **問３** **a** イ **b** エ **問４** (1) 20年 (2) ９光年 (3) 11年 (4) １年あたり1.4光年 **問５** １年あたり1.9光年 **問６** オ

3 **問１** (例) コイルの磁力が一定になり，膜が振動しないから。 **問２** エ **問３** **a** ア **b** オ **c** カ **問４** ウ **問５** **a** ア **b** ウ **c** カ **問６** (1) イ (2) エ **問７** (例) 磁石やコイルを必要とし

ないから。　**問8**　(例)　コンデンサーが充電と放電をくり返すので，充電時に電源が必要になるから。　**4**　**問1**　53　**問2**　342g　**問3**　3.98kcal　**問4**　890g　**問5**　9.02kcal　**問6**　**a**　139.7　**b**　水　**c**　ウ　**問7**　(例)　食塩は燃えないから。
問8　2kcal/g／**理由**…(例)　食物繊維はヒトの体内で消化・吸収されにくく，エネルギーを一部しか得られないから。

解　説

1　感覚神経についての問題

問1　汗《あせ》をかいた体に風が当たると，汗が蒸発するときに体から熱がうばわれて，体が冷える。これと同様に，打ち水をした道路やミストを浴びた体は，水が蒸発することで冷やされる。

問2　人間の脳は熱に弱いと述べられている。額に汗をかくことで熱に弱い脳の温度をすばやく下げることができる。また，胴体《どうたい》の内部には心臓や肺，せきずいなどの大切な器官があるので，胸や背中などに汗をかくことで，これらの器官の温度をすばやく下げ，温度が上昇《じょうしょう》しすぎるのを防いでいる。

問3　辛《から》み物質のカプサイシンを感知すると，感覚神経は高温・痛みの刺激《しげき》と区別せず，同じように反応する。暑い夏にカプサイシンをふくむ物を食べると，舌で感知した辛さと，皮ふで感知した熱さの情報が混同して脳に伝わり，脳が汗腺《かんせん》に汗を出すよう指令を送ることになる。すると，汗の効果で体が冷える。

問4　高温・辛み・痛みの刺激が2種類，3種類と重なると，脳に伝わる刺激がより大きくなるので，汗をあまりかかずに料理の辛さだけを感じるようにするためには，高温の刺激がない状態で料理を食べるとよい。たとえば，料理の温度を低くしてから食べたり，冷たい物といっしょに食べたりする。

問5　**あ**　人間の体温は36～37℃くらいなので，33℃以上の温度に反応するようになった感覚神経は体温に反応し，刺激を脳に送り続けることになる。　**い**　この感覚神経は高温・辛み・痛みの刺激を区別せず同じように反応するため，皮ふの感覚神経が体温に反応して刺激を脳に送り続けると，熱さだけでなく痛みも感じることになる。

問6　表1を見ると，床《ゆか》の左半分の温度が30℃の場合では，正常なマウスとマウスAで滞在《たいざい》した時間がほとんど変わらない。一方，20℃の場合では，正常なマウスが5分間の観察中に10秒というわずかな時間しか床の左半分に滞在しなかったのに対して，マウスAは30℃の場合と滞在した時間がほとんど変わっていない。このことから，20℃と30℃の床の温度の違《ちが》いを正常なマウスは区別しているが，マウスAは区別することができないといえる。また，正常なマウスはこの5分間ずつの観察の間，ほとんどすべての時間を30℃の床の上で過ごしたこともわかる。

問7　約25℃以下の温度を感知する感覚神経は，メントールを感知すると反応して，本来は冷たくなくても冷たいと感じると述べられている。メントールをとかしたハッカ湯に入ると，実際は温かいにもかかわらず，この感覚神経がメントールに反応して体が冷やされたと感じるため，汗があまり出ず，体が冷えにくくなる。

2　天体の見かけの運動の速さについての問題

問1　yの角の大きさはxの角の大きさより小さいので，左眼から見た2つの棒の間隔《かんかく》は右眼から見た２つの棒の間隔よりせまくなる。また，どちらの眼から見ても矢印の棒はまっすぐな棒よりも右側に見える。

問２　図２で２つの棒を眼から遠ざかるように移動させると，xの角の大きさもyの角の大きさも小さくなり，xとyの角の大きさの差も小さくなる。すると，左右の眼で見た像の差が小さくなるので奥行《おくゆき》がつかみづらくなる。

問３　左右の眼の間隔よりせまい２つの場所から物体を見ると，xとyの角の大きさが近づき，その差が小さくなる。反対に，左右の眼の間隔より広い２つの場所から物体を見ると，xとyの角の大きさの差が大きくなる。そのため，遠くの物体の奥行がつかみやすくなる。

問４　(1)　ガスのかたまりは１年で0.9光年進むので，点Ａと点Ｂの間の距離《きょり》である18光年を進むのにかかる時間は，18÷0.9＝20(年)となる。　(2)　内角の１つが60度である直角三角形の３辺の長さの比より，(点Ａと点Ｂの距離)：(点Ａと点Ｈの距離)＝２：１で，点Ａと点Ｂの距離が18光年であることから，AHの距離は，$18\times\frac{1}{2}=9$(光年)と求められる。　(3)　点Ａで放った光が点Ｈを経て点Ｃに着く時刻と，ガスのかたまりが点Ａから点Ｂまで動き，そこで放った光が点Ｃに着く時刻の差は，直線BCと直線HCの長さが同じ場合，点Ａと点Ｈの間の距離を光が進むのにかかった時間と，ガスのかたまりが点Ａから点Ｂまで動くのにかかった時間の差となる。光は１年で１光年進むので，点Ａと点Ｈの間の距離を光が進むのにかかった時間は，(2)より，９年，ガスのかたまりが点Ａから点Ｂまで動くのにかかった時間は，(1)より，20年なので，その差は，20－９＝11(年)である。　(4)　内角の１つが60度である直角三角形の３辺の長さの比より，(点Ａと点Ｂの距離)：(点Ｈと点Ｂの距離)＝２：1.7なので，点Ｈと点Ｂの距離は，$18\times\frac{1.7}{2}=15.3$(光年)と求められる。この距離をガスのかたまりが11年かけて動くように見えるので，この見かけの運動の速さは１年あたり，15.3÷11＝1.39…より，1.4光年となる。

問５　zの角の大きさが30度のとき，点Ａと点Ｈの距離は，$18\times\frac{1.7}{2}=15.3$(光年)，点Ｈと点Ｂの距離は，$18\times\frac{1}{2}=9$(光年)になる。すると，ガスのかたまりによる点Ｈから点Ｂまでの見かけの運動の速さは１年あたり，９÷(20－15.3)＝1.91…より，1.9光年と求められる。

問６　zの角の大きさが０度の場合には，点Ｈと点Ｂの距離が０なので，見かけの運動の速さは０になる。また，zの角の大きさが90度の場合には，点Ｈと点Ｂの距離が，点Ａと点Ｂの距離と等しくなるので，見かけの運動の速さは実際の運動の速さと同じ，つまり１年あたり0.9光年である。これらと問４，問５で求めた見かけの運動の速さより，グラフはオのようになるとわかる。

3　スピーカーとマイクについての問題

問１　スピーカーなどの音を発するものは，自ら振動《しんどう》することで音を出すと述べられている。電池とスピーカーをつなげると，スピーカーのコイルに磁力が発生するため，磁石のついた膜《まく》は移動するが，電池からコイルに流れる電流の向きや大きさが一定なので，コイルに発生する磁力も一定となり，膜は移動した位置で静止して振動せず，スピーカーから音が出ない。

問２　スピーカーから音を出し続けているので，手回し発電機を回すとエのように大きさが周期的に変わる電流が発生して，コイルの磁力が周期的に変化し，膜が振動していると考えられる。

問３　**a**　マイクの近くで声を出し続けると，マイクの膜が振動する。　**b**　マイクの膜の部分を押《お》し込《こ》むとスピーカーの膜が出っ張り，マイクの膜の部分を引っ張るとスピーカーの膜が引っ込むと述べられている。図２より，電流の流れる向きが変わると，膜が出っ張ったり引っ込んだりする。よって，マイクの膜が振動するとき，スピーカーには向きが変わる電流が流れることになる。　**c**　スピーカーに向きが変わる電流が流れると，スピーカーの膜が振動して音が出る。

問４　金属板の面積が大きいほどコンデンサーに多くの電気をためられるので，より多くの電気をためられるコンデンサーは大きくなる。そのため，小型化しにくいという問題点がある。

問５　実験２から，コンデンサーの金属板の間隔がせまい方が電気を多くためられることがわかる。したがって，コンデンサーの金属板の間隔を近づけると，コンデンサーにためられる電気の量が増える。すると，図６では，電気がコンデンサーの外から入ってくることになり，乾《かん》電池の＋極からコンデンサーの方に向かって電気が流れ，検流計には←の向きに電流が流れる。

問６　**(1)**　コンデンサーの金属板の間隔をはなすと，コンデンサーにためられる電気の量が減るので，電気はコンデンサーから乾電池の＋極の方へ流れ出ていく。そのため，電流の向きは図７の→の向きとなる。　**(2)**　コンデンサーの充電《じゅうでん》中は，図７の←の向きに電流が流れている。このとき，スピーカーの膜は何も接続してないときよりも出っ張っていたので，図７の→の向きに電流が流れた場合は，スピーカーの膜は何も接続していないときよりも引っ込むことになる。

問７　ダイナミックマイクにはマイクの膜のほかに磁石，コイルが必要だが，コンデンサーマイクは揺《ゆ》らしやすい薄《うす》い膜と向かい合う金属板があればつくれるので，ダイナミックマイクに比べて小型化しやすい。

問８　コンデンサーマイクでは，金属板のうち１枚が音に対して振動して，このときに向かい合う金属板との間隔が近づいたりはなれたりして，コンデンサー部分は充電と放電をくり返す。コンデンサー部分の充電には，電気の供給源としての電源が必要になる。

4　栄養成分とエネルギーについての問題

問１　水１gの温度を１℃上昇させるのに必要な熱量が１calなので，水１kgの温度を１℃上げるのに必要な熱量は，１×1000＝1000(cal)，つまり１kcalとなる。よって，33kcalのエネルギーでは１kgの水の温度を33℃上げることができ，20℃の水１kgの温度は，20＋33＝53(℃)まで上がる。

問２　水の分子18gがとれてブドウ糖の分子が２個つながってすべて麦芽糖《ばくがとう》になるとき，ブドウ糖の分子と水の分子１個あたりの重さの比は10：１だから，はじめにブドウ糖の分子が，18×10×２＝360(g)必要となる。このとき，麦芽糖の分子は，360－18＝342(g)生じる。

問３　ブドウ糖の分子180gを集めて燃やすと669kcalの熱が生じるので，ブドウ糖の分子360gは，669×２＝1338(kcal)の熱量を持っている。このブドウ糖の分子360gがつながって水の分子18gがとれると，さらに24kcalの熱量をたくわえて，麦芽糖の分子342gが生じるので，発熱量は麦芽糖１gあたり，(1338＋24)÷342＝3.982…より，3.98kcalと求められる。

問４　グリセリンの分子１個に脂肪酸《しぼうさん》の分子３個がつながり，３個の水の分子がとれて油脂となる。グリセリン，脂肪酸，水の分子１個あたりの重さの比は92：284：18なので，グリセリンの分子92gに脂肪酸の分子，284×３＝852(g)がつながって油脂になるとき，水の分子が，18×３＝54(g)とれて，油脂が，92＋852－54＝890(g)生じる。

問５　油脂890gの持つ熱量は，$406+2516\times\frac{852}{284}+24\times3=8026$(kcal)である。よって，油脂１gあたりの発熱量は，8026÷890＝9.017…より，9.02kcalになる。

問６　**a**　炭水化物，タンパク質，脂質の１gあたりのエネルギーはそれぞれ，４kcal/g，４kcal/g，９kcal/gなので，表２の炭水化物，タンパク質，脂質のエネルギーは合計で，４×9.7＋４×7.0＋

9 ×8.1＝139.7(kcal)である。　**b**　表2に表示されている成分の重さの合計は，7.0＋8.1＋9.7＋0.21＝25.01(g)となる。表2では210gあたりとなっているので，表示されていないものが，210－25.01＝184.99(g)ある。食品において，表2に表示しておらず，重さの多くをしめているものとして考えられるのは水である。　**c**　表2の食品は，タンパク質，脂質，炭水化物がバランスよくふくまれていて，水が非常に多くふくまれる。このことから，牛乳が選べる。なお，同じく水が多いスポーツ飲料は，タンパク質や脂質がふくまれていないか，ふくまれていてもわずかである。

問7　食品から得るエネルギーとして，それらを燃やしたときの数値が目安として用いられると述べられているが，食塩は燃えない。そのため，食品中にふくまれる食塩相当量については，エネルギーを計算するさいに考える必要がない。

問8　タンパク質，脂質，炭水化物の糖質から得られるエネルギーの合計は，4 ×11.0＋ 9 ×22.0＋ 4 ×47.5＝432(kcal)である。食物繊維《せんい》もふくめたエネルギーは437kcalなので，食物繊維2.5g分のエネルギーは，437－432＝5(kcal)となる。よって，食物繊維 1 gあたりのエネルギーは，5 ÷2.5＝2(kcal)と求められる。ヒトは食品を摂取《せっしゅ》して消化・吸収して栄養成分としてたくわえていて，これらを消費してエネルギーを得る反応は，これらの成分を燃やす反応とほぼ同じであるため，食品から得るエネルギーとして，それらを燃やしたときの数値を目安にしていると述べられている。しかし，食物繊維はヒトの体内で消化・吸収されにくいため，食品から得るエネルギーは燃やしたときの数値よりも小さなものになる。

国語　(60分) ＜満点：60点＞

解答

問1　下記を参照のこと。　**問2**　イ　**問3**　ウ　**問4**　(例)　ほかの者よりもすぐれた能力を持っていて目立ち，クラスの力関係の上位にいる人たち。　**問5**　(例)　どこにいてもなじめず孤立している自分に，むなしさを覚えている状況。　**問6**　自分の精神的な命綱のようなもの　**問7**　エ　**問8**　(例)　さまざまな生物がいても「食べたり食べられたりの関係」がなかったエディアカラ紀のような，周りに振り回されずおだやかに生きられる世界にあこがれていたから。　**問9**　(例)　ふいに泣き出した自分の事情を察しながらも，深く干渉しようとはしない男に親しみを覚えたから。　**問10**　(例)　タイムマシンに乗れれば希望をかなえられるかもしれないが，一方では息子がいなくなったことで悲しむ母のような大切な人が自分にはいること。　**問11**　(例)　杉田くんと言葉を交わすことで，孤立しているという感覚がうすれていくことに，ほっとする気持ち。　**問12**　(例)　周囲になじめず孤独感を強めていた草児にとって，博物館はつらい現実から逃避でき，だれからの干渉も受けず，静かな気持ちでいられる場所である。　**問13**　(1)　(例)　孤独感や疎外感を強く覚え，むなしさを覚えていたときには失われていた味覚が，周囲となじめるようになって戻ったことに気づき，自分には居場所や存在意義があることを再確認して，喜びが感じられたから。　(2)　(例)　博物館での交流がきっかけで二人ともだいじな人との生活を取り戻せたのだから，今後は互いの生活に立ち入らないようにしようと気づかう男の気持ちに気づき，さびしさを感じたから。

●漢字の書き取り

a　習慣　b　包装　c　操縦　d　垂

解　説

出典は寺地《てらち》はるなの『タイムマシンに乗れないぼくたち』による。転校し，新しい環境《かんきょう》になじめず孤独《こどく》感を抱《いだ》いていた草児《そうじ》は，ある日，博物館で現実逃避《とうひ》をしている男と出会い交流したことをきっかけに少しずつ周囲との関係を深め，孤独を解消していく。

問1　a　長い間くり返し行われ，そうするのがきまりのようになっていること。　b　品物などの外側をうすい紙やプラスチックなどで包むこと。　c　飛行機や船などの乗り物や機械などを思いどおりに動かすこと。　d　音読みは「スイ」で，「垂直」などの熟語がある。

問2　保育園からの長いつきあいだった文《ぶん》ちゃんから，ある日，買い物にさいして足りない分のお金を要求するようなそぶりを見せられた草児は落ちつきを失い，つい自分のお小遣《こづか》いを差し出している。ぼう線⑥の後に，「楽しかった時もいっぱいあった」が「どうしても文ちゃんに嫌《いや》だと言えなかった」とあることからうかがえるとおり，当時，自分の意思をはっきりと伝えられなかったふがいなさを悔《く》やみ，草児は文ちゃんのことを思うと「手足がぐったりと重く」なったのだから，イがふさわしい。

問3　転校する前は，自身もまた学校という「世界の一部」だった，つまりなじむことができていたので，草児がそこでの力関係を意識することはなかったが，孤立した今では自分と世界との間に存在する隔《へだ》たりをはっきりと実感している。しかし，「ガラスだかアクリルだかわからない」が，「なんだか分厚い透明《とうめい》ななにかに隔てられている」と思うことで，草児は自分が「この学校になじめないのではなくて，ただ博物館で展示物を見ているように透明の仕切りごしに彼《かれ》らを観察しているだけ，というポーズ」を取り，教室にとけこめないために抱く疎外《そがい》感・孤独感から目を背《そむ》けているのである。よって，ウが選べる。

問4　図鑑《ずかん》に載《の》っていた，激しい生存競争がくり広げられている恐竜《きょうりゅう》の世界でのようすと，自らが通う学校での状況《じょうきょう》を草児が重ねていることをおさえる。「強いものと弱いもの。頭のよいものとよくないもの」といったように多様なクラスメイトが混じり合い，力関係が生まれている学校において，草児は環境になじめず孤立している自分が，その関係のなかで上位に位置するなどどうしても考えられないのである。ほかよりも，何らかのすぐれた能力を有する者が強い力を持つ(「食べる側」に回る)ことをふまえてまとめる。

問5　シフトの都合で休みをなくし，このごろ「無言でテーブルにつっぷしているだけの，物言わぬ生物になった」母や，「なんだか近頃《ちかごろ》調子が悪いといって，日中も寝《ね》てばかり」いる祖母とほぼやりとりをせず，学校でも口を開かないことの多い草児は，孤独感を強めている。つまり，ものの「味がぜんぜんわからな」いのは，草児がうるおいのない日々を過ごしているからだろうと推測できる。

問6　博物館で出会った草児にお菓子《かし》をたくさん持っている理由を問われた男は，「帰りの新幹線が事故で何時間も」とまって不安だったとき，「売店で買ったチップスター」がどういうわけか気持ちを支えてくれたと，過去の経験を語っている。男にとって，お菓子は「自分の精神的な命綱《いのちづな》のようなもの」だったのである。

問７　ばらばらとこぼれ落ちたガムと同じように，この後，草児の心からは文ちゃんとの間にあったわだかまりが解消されていないことや，連絡《れんらく》のない父との接し方に困っていること，学校にいても何ら行動を起こせない自分，母や祖母との関係，そして「いつも自分はここにいていいんだろうかと感じ」ていることがあふれだしている。居場所や存在意義を見失い，苦しんでいる自分に気がついたのだから，エが選べる。

問８　続く部分で，さまざまな生物がいながら獲物《えもの》をおそうことをせず，食べたり食べられたりする関係のなかったエディアカラ紀について説明されている。「同級生に百円をたかられたり，喋《しゃべ》っただけで奇異《きい》な目で見られたり」，それを気にしたりというように周囲からの干渉《かんしょう》に振《ふ》り回されている自身にとって，おだやかな気持ちでいられるエディアカラ紀の世界はとても理想的だったので，草児はこの時代に強い「興味」を持ったのだと考えられる。

問９　話すときのアクセントが少しおかしい男と，喋り方が変だと言われていた自分に似通ったものがあると感じたことや，博物館が休みだと知ったときのあまりにも情けないようすについ警戒《けいかい》心がゆるんだことなどから，草児が彼に対しこれまで知っていた「どの大人とも違《ちが》う」と思った点をおさえる。問７，問８でみたとおり，ふいに涙がこぼれたとき，その事情をくわしく聞きただそうと干渉してこなかったことが，周囲に振り回されずおだやかに暮らしたいと思う自分の理想と重なったこともあいまって，草児は男に親しみを覚え，「他の大人の前では言わない」ことまで自然と話せたのだから，「とつぜん泣き出した自分に対し，特に干渉しようとしない男に親しみを感じたから」のようにまとめる。

問10　男の言葉に導かれ，エディアカラ紀への旅に想像をふくらませていた草児は，タイムマシンに乗ったまま自分が戻《もど》ってこなかったら，きっと深く悲しみ，泣くであろう母のことに思い至っている。男もまた，「仕事をさぼって博物館で現実逃避するぐらいがセキノヤマなんだ」と言っているように，「だいじな人がいる」二人は，「タイムマシンには乗れない」とあらためて実感したのである。

問11　ずっと喋らないようにしていた学校でついに口を開いた草児が，体育の時間，横に立った小《こ》柄《がら》な杉田くんからふいに恐竜が好きなのかときかれ，言葉を交わしたことに注目する。ほんの二言三言の会話ではあったものの，どこにも居場所がないと感じていた自分には大きなできごとだったので，草児はこれまで「うっすらと暗い気持ち」にさせられていた体育館の床《ゆか》の冷たさも，少しだけ「まし」になったように思えたのである。

問12　「仕事をさぼって博物館で現実逃避」をするために，男は「草児がいつもいるとわかるほど頻繁《ひんぱん》に博物館を訪《おとず》れて」いる。同様に，博物館は現実の生活で孤独感を深めている草児にとってもあこがれの時代である「エディアカラ紀」に思いをはせることができる場所であり，いわば「現実逃避」ができる場所であったことをおさえる。しかし，今では杉田くんという友だちができ「以前のように透明の板に隔てられているという感じはしなくなった」（孤独感がうすれてきた）ため，草児は現実逃避をする必要がなくなり，博物館に行く回数が減ったのである。

問13　(1)　問５でみたように，何を食べても「甘《あま》いとも辛《から》いとも感じない」時期は，草児が周囲になじめず孤独感のなかでむなしさを覚えていたころにあたる。一方，杉田くんという友だちもできたほか，家族で外食をするようになった今，草児の感じる孤独感は「その気になればいつだって自力でぶち破れそうな」，「透明のビニール」程度にまでうすらいでいる。かつては「ここにいていいんだろうかと感じ」ていた自分にも，居場所や存在意義があることを再確認《かくにん》できたため，草児には味覚が戻ってきたのである。　⑵「ぜいたくでなくてもよかった。ぜいたくとうれしいはイコールではない」と考え，ファミリーレストランでの食事を希望した草児は，「だいじな人」である母とともにいられることや，祖母になじめていることに喜びを感じている。一方，偶然《ぐうぜん》近くの席で食事をしていた男とその連れの身体《からだ》が「たしかに離《はな》れているのに，ぴったりとくっついているように」草児の目には映ったことから，連れは男にとって「だいじな人」なのだろうと考えられる。つまり，現実逃避をするため博物館に通っていた草児や男が，今では互《たが》いにかけがえのない人との時間を過ごしている点をおさえる。男に気づき，挨拶《あいさつ》しようとした自分を，とうにその存在に気づいていながらも拒《こば》んだ男の真意が，“現実逃避をするために博物館で出会った二人なのだから今の幸せな日常に立ち入る(干渉する)べきではなく，これからはそれぞれの生活を大切にするのがよい”というところにあり，気遣《きづか》いによるものだと気づいた草児はその思いを受けいれ，「名前も知らない彼らが幸せでありますようにと，神さまにお願い」している。しかし反面，孤独感を抱いていたときにはじめて親しみを感じた男とのつながりが，居場所を見つけたために失われてしまうことを思い，草児はさびしさで「泣きたいような気分」になったのである。

2022年度　麻布中学校

〔電　話〕 (03) 3446－６５４１
〔所在地〕 〒106－0046　東京都港区元麻布２－３－29
〔交　通〕 東京メトロ日比谷線－「広尾駅」より徒歩10分
都営大江戸線・東京メトロ南北線－「麻布十番駅」より徒歩15分

【算　数】（60分）〈満点：60点〉

《注意》 円周率の値《あたい》を用いるときは，3.14として計算しなさい。

1　２つの倉庫A，Bに同じ個数の荷物が入っています。Aに入っている荷物を小型トラックで，Bに入っている荷物を大型トラックで運び出します。

それぞれの倉庫が空になるまで荷物を繰《く》り返し運び出したところ，小型トラックが荷物を運んだ回数は，大型トラックが荷物を運んだ回数より４回多くなりました。また，小型トラックは毎回20個の荷物を運びましたが，大型トラックは１回だけ10個以下の荷物を運び，他は毎回32個の荷物を運びました。

大型トラックが荷物を運んだ回数と，倉庫Bにもともと入っていた荷物の個数を答えなさい。

2　次の図１，図２の時計について，以下の問いに答えなさい。

(1)　２時から３時までの１時間で，図１の点線と短針の間の角度が，長針によって２等分される時刻を答えなさい。ただし，秒の値《あたい》のみ帯分数を用いて答えること。

(2)　１時から２時までの１時間で，短針と長針の間の角度が，図２の点線によって２等分される時刻を答えなさい。ただし，秒の値のみ帯分数を用いて答えること。

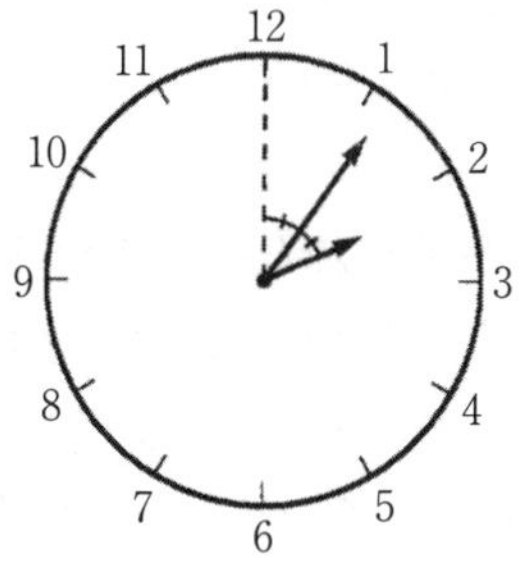

図１

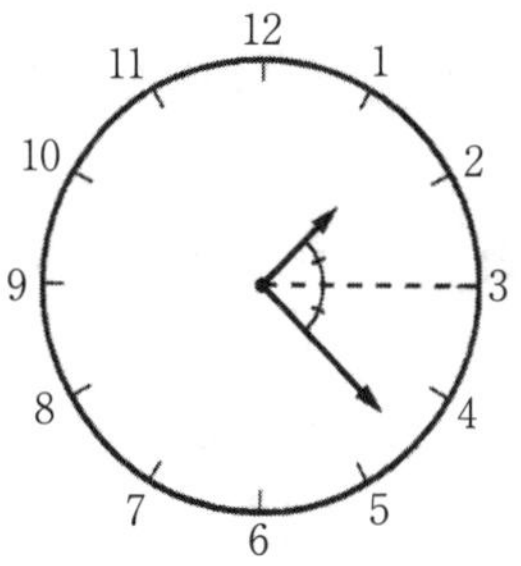

図２

3　次の条件に当てはまる４桁《けた》の整数を考えます。

条件：１つの数字を３個，別の数字を１個並べて作られる。

例えば，2022はこの条件に当てはまっています。以下の問いに答えなさい。

(1)　条件に当てはまる４桁の整数のうち，どの桁の数字も０でないものはいくつありますか。

(2)　条件に当てはまる４桁の整数は全部でいくつありますか。

(3)　条件に当てはまる４桁の整数のうち，３の倍数であるものはいくつありますか。

4　兄と弟の２人が，図のような東西にのびた道で，自転車に乗って競走します。２人はそれぞれ一定の速さで走り，スタート地点を変えて何回か競走します。ただし，ゴール地点は毎回変わりません。

はじめに２回競走したところ，結果は次のようになりました。

- ２人がA地点から同時に出発したところ，兄が弟より4.6秒早くゴール地点に到着《とうちゃく》しました。

• A地点の24m東にB地点があります。弟がB地点から，兄がA地点から同時に出発したところ，弟が兄より1秒早くゴール地点に到着しました。

(1)　弟の速さは秒速何mですか。

さらにもう1回競走したところ，結果は次のようになりました。

• A地点の6m東にC地点があり，A地点の24m西にD地点があります。弟がC地点から，兄がD地点から同時に出発したところ，2人は同時にゴール地点に到着しました。

(2)　兄の速さは秒速何mですか。

5　面積が6 cm^2の正六角形ABCDEFがあります。

この正六角形の辺FA，BC，DE上に，

FG：GA＝BH：HC＝DI：IE＝2：1

となるような点G，H，Iをとります。また，直線AIとCGが交わる点をJ，CGとEHが交わる点をK，EHとAIが交わる点をLとします。以下の問いに答えなさい。ただし，右の図は正確な図ではありません。

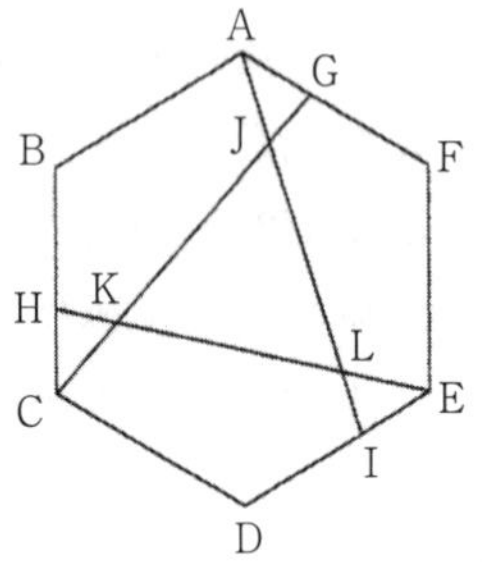

(1)　3点A，C，Gを頂点とする三角形ACGの面積を求めなさい。

(2)　三角形AJGの面積を求めなさい。

(3)　三角形JKLの面積を求めなさい。

6　1から250までの整数が書かれたカードが1枚ずつあり，これらは上から1のカード，2のカード，…，250のカードの順で積まれています。Aさん，Bさん，Cさん，Dさんの4人がA→B→C→D→A→B→C→… の順番で次の作業をします。

• 積まれているカードの中で一番上のものを引き，自分の手札にする。
• 自分の手札に書かれている数をすべて合計する。
• その合計が10の倍数になったときだけ自分の手札をすべて捨てる。

この作業を，積まれているカードがなくなるまで繰《く》り返します。以下の問いに答えなさい。

(1)　Bさんが引いたカードに書かれた数を，小さい方から順に7個書きなさい。また，Bさんが最初に手札を捨てることになるのは，何の数のカードを引いたときか答えなさい。

(2)　Aさんが最初に手札を捨てることになるのは，何の数のカードを引いたときか答えなさい。

(3)　ある人が作業をした直後，手札がある人は1人もいませんでした。初めてこのようになるのは，誰《だれ》が何の数のカードを引いたときか答えなさい。

(4)　ある人が作業をした直後，4人全員がそれぞれ1枚以上の手札を持っていました。このようになるのは，250回の作業のうち何回あるか答えなさい。

【社　会】（50分）〈満点：40点〉

次の文章を読み，あとの問いに答えなさい。

日本人と外国人の区分け

「コンビニエンスストアの店員さんって外国人が多いなあ」と思ったことはありませんか。街を見わたしてみましょう。ラーメン屋さんや牛丼《ぎゅうどん》屋さんでも外国人が働いています。実はみなさんが生まれたころと比べると，日本で働いている外国人は倍以上に増えているのです。ところで「外国人」とはどういう人を指すのでしょうか。

ア「国籍法《こくせきほう》」という法律によると，両親のうち少なくともどちらかが日本国籍を持っていれば日本人として登録されます。また希望して日本国籍を取得した人も日本人です。そして日本国籍を持たない人が外国人です。肌《はだ》の色や日本語を話すことができるかは関係ありません。外国人が日本に入国するとき，法律にもとづいて入国の審査《しんさ》がおこなわれ，**イ**滞在《たいざい》の許可がおります。観光ではなく中長期にわたって滞在する外国人には，「在留カード」という身分証明書が発行され，それをいつも持っていることが義務づけられています。下の表１を見てください。「出入国管理法及《およ》び難民認定《にんてい》法」という法律によると，中長期にわたって日本に滞在する外国人はこのように区分けされています。このような区分けができたことには，日本が歩んだ経済や外交の歴史が大きくかかわっています。時代をおってみながら，日本の外国人受け入れの問題について考えてみたいと思います。

特別永住者	在日韓国《かんこく》・朝鮮《ちょうせん》人など
永住者	日本政府から永住許可がおりた人
定住者	日本政府から一定期間の日本滞在許可がおりた人（住み続ける場合は定期的な更新《こうしん》手続きが必要）
資格別の在留者	日本政府から技能実習，特定技能，研究，留学，研修などの資格での滞在許可がおりた人
難民	自国での迫害《はくがい》を逃《のが》れて来た人のうち日本政府が認定した人

表１　中長期滞在の外国人の区分け

（「出入国管理法及び難民認定法」より作成）

植民地支配と特別永住者（1890年代～1950年代前半）

表１の特別永住者という立場がつくられたことは，日本がおこなった植民地支配や太平洋戦争とその後の混乱と関係しています。日本は日清《にっしん》戦争の後に（ **あ** ）を植民地とし，続いて1910年に朝鮮半島を植民地としました。**ウ**植民地にいた人は「日本人」として登録され，仕事をするために日本列島に移り住んだ人も多くいました。戦後，日本はアメリカ合衆国《がっしゅうこく》（以下，アメリカ）を中心とする連合国軍の占領《せんりょう》下で植民地を手ばなし，これらの人びとのあつかいはあいまいになりました。1951年に日本が（ **い** ）平和条約を結び，独立国としての立場を回復する一方で，朝鮮戦争などの混乱が生じたこともあり，その後の国籍登録の問題はより複雑になりました。数十年にわたって日本でくらした人や，日本で生まれた人は，日本での生活を簡単に捨てられません。結果として**エ**特別に日本に住むことを認められた外国人という立場をつくることになりました。これが特別永住者です。特別永住者として登録されている人は，何世代にもわたって日本でくらしているものの，日本国籍を持っている人とまったく同じ権利があるわけではありません。

経済成長と外国人労働者（1950年代後半～1990年代）

日本は1950年代後半から1960年代にかけて，高度経済成長の時期をむかえました。オ高度経済成長期には，外国人労働者は多くありませんでしたが，その後，少しずつ日本で働く人も増えていきました。

1980年代後半から1990年代にかけて**イラン**という国から日本に来る人が増えました。当時のイランは革命や戦争による混乱が深刻でした。日本はイランから観光目的で来る人の入国審査を厳しくしていなかったので，生活ができなくなったイランの人たちは観光目的で来てそのまま働くようになりました。ちょうどそのころ，日本は好景気で，都市部を中心に労働力が不足したので，このような人が不法滞在者だとわかっていても雇《やと》う企業《きぎょう》があったのです。不法滞在者の増加を受け，日本政府は外国人労働者全体の取りしまりを強化するとともに，10年以上日本でくらした外国人には永住資格をあたえることにしました。これが永住者です。

同じく1980年代から1990年代にかけ，不足する労働力を補う存在として注目されたのが「日系人」と呼ばれる人たちで，日本政府はこれらの人たちの入国基準をゆるめました。日系人とは，日本から海外に移民として渡り，その国の国籍を得た人や，その子孫を指します。戦前，カ日本政府は海外に移民を積極的に送り出しました。日本から**ブラジル**への移民も急増し，現地で生まれ育った人も増えていきました。最も急増した時期に渡った人たちの孫は現在，40歳《さい》前後の年齢《ねんれい》になっています。現地で生まれ育った人は日系ブラジル人と呼ばれています。日本政府が日系ブラジル人の入国基準をゆるめたころ，ブラジルでは貧困《ひんこん》や治安の悪さが深刻な課題でした。そのため，おじいさんやおばあさんの故郷で働くことに明るい未来を期待した人たちも少なくありませんでした。こうして日本にやって来た日系人には，10年以上くらしているという条件をみたしていなくても，定住の許可があたえられました。これが定住者です。

永住者も定住者も日本の労働力不足を背景に制度がととのえられていった結果つくられたものでした。

日本の難民政策（1970年代～1990年代）

永住者や定住者として登録されるような外国人労働者が日本で増え始めたころ，もう一つ，別の立場の外国人が日本にやって来ました。これが難民です。政治的な混乱などで自分の国でくらすことが危険になり，やむなく国外に逃《に》げた人を難民といいます。みなさんも「同時多発テロ事件」後のアメリカが，（ **う** ）という国を空爆《くうばく》し，周辺国へ多くの人が逃れて難民となったことを知っているでしょう。

日本が難民を受け入れたきっかけはベトナム戦争が終わった1970年代後半でした。東南アジアの一部の国では政治が混乱し，身の危険を感じた人たちが助けをもとめて国外に逃げたのです。この人たちをインドシナ難民といいます。このとき日本は国際的な圧力もあり，インドシナ難民を受け入れました。その後1981年に，国際社会で定められていた難民に関する条約を日本も結びました。難民として認定されれば，基本的には定住者と同じような資格があたえられます。ただし，条約を結んでからのキ日本政府の難民に対する姿勢は消極的です。

労働力不足の中で（2000年代以降）

表1には，資格別に在留許可がおりた人たちについても示されていますが，ここではとくに技能実習と特定技能という資格に注目してみましょう。ク2000年代以降，日本の労働力不足はより深刻になり，不景気のために安い賃金で働く労働力を求める声が大きくなりました。しかし，外国人の移住が増えることに慎重《しんちょう》な姿勢をとってきた日本政府は，外国人労働者を積極的

に受け入れるとは言いませんでした。そこで考え出されたのが技能実習という資格でした。日本で仕事の技能を身につけて，自分の国に帰ったときにいかしてもらおうという国際貢献《こうけん》の名目で外国人労働者の受け入れが広がりました。しかし，実態は短期の低賃金労働でした。滞在期間も最長で５年までに制限され，家族を日本に呼ぶこともできませんでした。

2018年，特定技能という資格がつくられて，滞在期間がのび，働くことができる仕事の種類は多様化しました。ケ仕事によっては，技能実習で来た人も特定技能に切りかえて滞在を更新することができるようになりました。一見，日本で働きたい外国人にとってはよい方向に変わったように見えますが，これも日本の都合であることにかわりはありません。また，難民についても，申請《しんせい》中の人が働くことを認める制度ができたかと思うと，数年後には廃止《はいし》され，政府の都合でその制度が二転三転していることは事実です。難民として保護を求めた人たちにとって困難な状況《じょうきょう》が続いています。

このような状況で働く外国人労働者の問題は深刻です。とくに，日本人があまり希望しない安い賃金の仕事は外国人労働者でまかなえばよい，という考え方は問題でしょう。また，日本で働く以上，日本語の習得が必要になりますが，日本語を学ぶために借金をすることが多く，その借金を返さなければならないので途中《とちゅう》で帰国することはできません。ましてや，難民認定を申請している最中の人は仕事をすることもできず，日本語を学ぶ機会もなく，強制送還《そうかん》されてしまうかもしれないという不安の中での生活を強いられています。

外国人と日本社会

外国人が移住することに消極的だった日本ですが，気がつけば今の日本には多くの外国人が住んでいます。「コンビニエンスストアは24時間営業していてもらいたい」「お弁当は安いほうがいい」「宅配便は決まった時間にきちんと届けてもらいたい」「新聞は毎朝毎夕決まった時間に配達してほしい」など，当たり前のように考えている便利な生活のために，外国人労働者の存在は欠かせません。しかし，日本人は，日本にやって来た外国人と対等な関係をつくることができているのでしょうか。外国人の権利が日本でどれほど保障されているのでしょうか。

特別永住者が日本人と同じ権利を持っていないことを知らない人も多くいます。また，永住者，定住者，特定技能，難民などの立場の人をきちんと移民としてむかえることには，治安の悪化などを理由に根強い抵抗《ていこう》があります。そのため，日本でくらしていくためのサポートは二の次になっていました。コこうした人たちのサポートは今でもボランティアに頼《たよ》っている部分が大きく，その問題点も指摘《してき》されているのです。日本で生まれた外国人の子どもたちも増え，日本で亡《な》くなる外国人も増えています。にもかかわらず，外国にルーツを持つだけで差別されたり，被害《ひがい》にあう事件が起きたりするなど，外国人がくらしやすい社会とはほど遠いのが現状です。人間は機械ではありません。サある作家が「われわれは労働力を呼んだが，やって来たのは人間だった」という言葉を残していますが，これは今の日本がかかえる問題をよくあらわした言葉ではないでしょうか。

問１　空らん（**あ**），（**い**），（**う**）にあてはまる語句を答えなさい。

問2　本文にある**イラン**と**ブラジル**について。それぞれの国の位置を地図1の**あ～か**から1つずつ選び，記号で答えなさい。

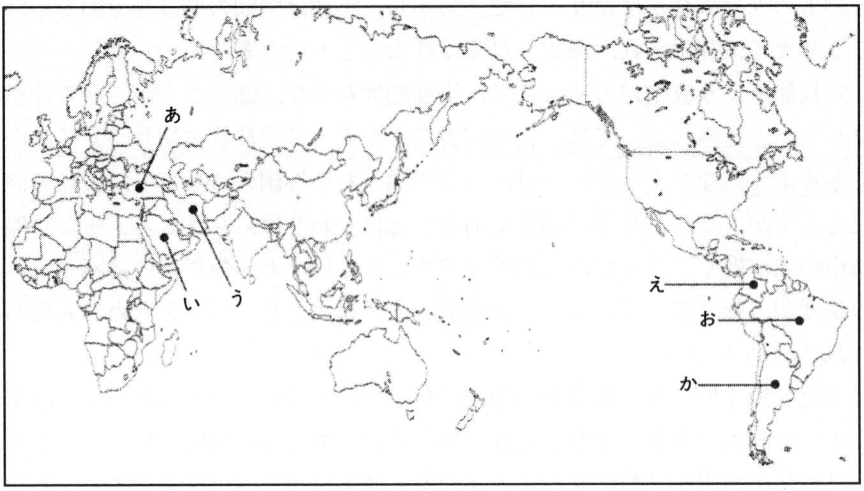

地図1

問3　下線部**ア**について。日本の国籍法では，子どもの国籍登録は，日本人から生まれたことを重視しています。一方，アメリカは自国で生まれたことを重視しています。日本とアメリカの両方の国籍を持つことができる例を，次に示す**あ～え**から**すべて**選び，記号で答えなさい。なお，例で示されている「子ども」は未成年を指します。

あ　両親が日本国籍で，アメリカで生まれた子ども

い　父がアメリカ国籍，母が日本国籍で，アメリカで生まれた子ども

う　母がアメリカ国籍，父が日本国籍で，アメリカで生まれた子ども

え　両親がアメリカ国籍で，日本で生まれた子ども

問4　下線部**イ**について。江戸《えど》時代には幕府の鎖国《さこく》政策のため，外国と日本を自由に行き来することは禁じられました。しかし，オランダと中国の貿易船は，幕府の支配地である長崎《ながさき》だけに滞在し，出入りを認められていました。

(1)　オランダと中国の貿易船だけが出入りを認められたのはなぜですか。説明しなさい。

(2)　幕府の支配地である長崎だけに貿易船の出入りが認められたのはなぜですか。説明しなさい。

問5　下線部**ウ**について。図1の政見演説会の案内に「ハングル」が記されているのはなぜですか。説明しなさい。

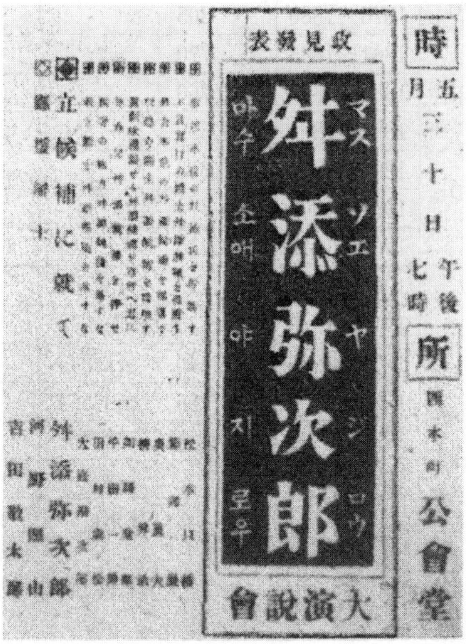

図1　1930年福岡《ふくおか》県若松《わかまつ》市（現在の北九州《きたきゅうしゅう》市）の市議会議員選挙における政見演説会の案内
（出典　有馬《ありま》 学《まなぶ》『日本の歴史23 帝国の昭和』）

問6　下線部**エ**について。

(1)　図2にあるように在留資格外国人の総数はこの約30年の間で減少した時期があります。減少の理由を説明した文として最もふさわしいものを次に示す**あ**～**え**から1つ選び，記号で答えなさい。

あ　バブル経済崩壊《ほうかい》の影響《えいきょう》で減り始めた。

い　阪神《はんしん》・淡路《あわじ》大震災《だいしんさい》の影響で減り始めた。

う　アメリカに始まる世界的な金《きん》融《ゆう》危機の影響で減り始めた。

え　東日本大震災の影響で減り始めた。

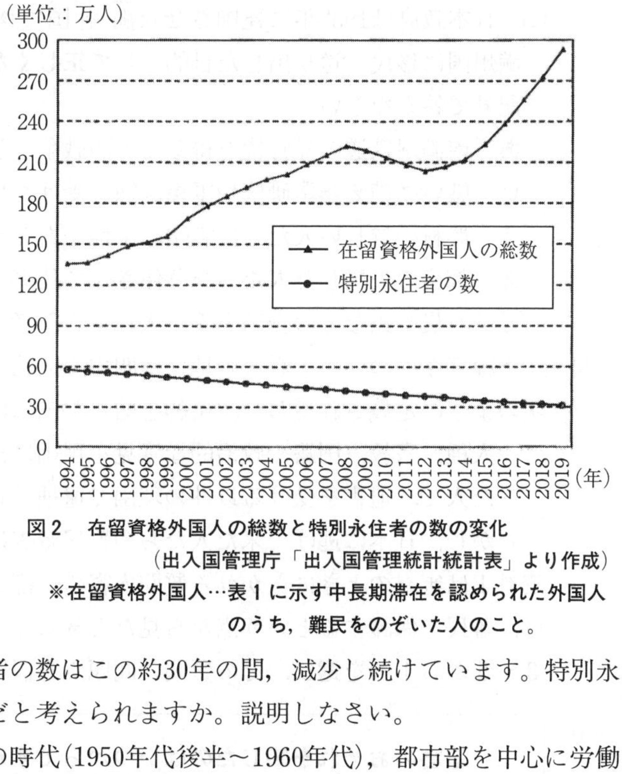

図2　在留資格外国人の総数と特別永住者の数の変化
（出入国管理庁「出入国管理統計統計表」より作成）
※在留資格外国人…表1に示す中長期滞在を認められた外国人のうち，難民をのぞいた人のこと。

(2)　図2にあるように，在留資格外国人の総数とはちがい，特別永住者の数はこの約30年の間，減少し続けています。特別永住者の数が減少しているのはなぜだと考えられますか。説明しなさい。

問7　下線部**オ**について。高度経済成長の時代（1950年代後半～1960年代），都市部を中心に労働力が不足しましたが，1980年代とは異なり，外国人労働者は増えませんでした。労働力はどのようにして補われたと考えられますか。説明しなさい。

問8　下線部**カ**について。

(1)　表2は各国への日本人移民数の変化を示したものです。①，②，③には日本人移民の行き先として，ブラジル，アメリカ(ハワイをのぞく)，ロシア(ソビエト連邦《れんぽう》)のどれかがあてはまります。①，②，③にあてはまる国名の組み合わせとして正しいものを，次に示す**あ**～**か**から1つ選び，記号で答えなさい。

あ　①　ブラジル　②　アメリカ　③　ロシア

い　①　ブラジル　②　ロシア　③　アメリカ

う　①　アメリカ　②　ロシア　③　ブラジル

え　①　アメリカ　②　ブラジル　③　ロシア

お　①　ロシア　②　ブラジル　③　アメリカ

か　①　ロシア　②　アメリカ　③　ブラジル

年＼国名	①	②	③
1868～1875	596		90
1876～1880	305		405
1881～1885	770		1,023
1886～1890	2,760		998
1891～1895	8,329		8,759
1896～1900	17,370		16,526
1901～1905	1,774		1,786
1906～1910	7,715	1,714	3,813
1911～1915	20,773	13,101	3,386
1916～1920	30,756	13,576	3,250
1921～1925	14,849	11,349	6,464
1926～1930	1,256	59,564	4,694
1931～1935		72,661	5,071
1936～1941		16,750	556
計	107,253	188,715	56,821

（単位：人）

※戦前の日本政府が発行した旅券数などをもとに作成

表2　日本人移民数の変化

（出典　岡部牧夫《おかべまきお》『日本史リブレット56 海を渡《わた》った日本人』）

(2)　日本政府は1932年に建国させた満州国《まんしゅうこく》に移民を送り出しました。このとき日本政府が満州国に移民を送り出した目的として**正しくないもの**を，次に示す**あ**～**お**から1つ選び，記号で答えなさい。

あ　南満州鉄道の経営権を得るための戦争をしようと考えていた。

い　戦いに備え農業研修や軍事訓練を受けた移民団をつくろうと考えていた。

う　農村の貧しい人たちに満州の土地をあたえようと考えていた。

え　都会の失業した人たちを移住させて仕事をあたえようと考えていた。

お　石炭や鉄などの資源を手に入れようと考えていた。

問9　下線部**キ**について。難民の地位に関する条約(通称《つうしょう》「難民条約」)をまとめると，難民とは次のように定義されており，条約を結んだ国には難民を保護することが求められています。

人種，宗教，国籍や政治的な意見を理由に迫害を受けるおそれがあるために他国に逃げた人で，迫害を受ける以外の理由で逮捕《たいほ》されるような犯罪をおかしていない人

しかし，日本に逃げて来た人たちの難民審査は厳しく，問題視されています。次にあげる資料1は審査のときにきかれる質問内容の一部です。日本政府がこのような質問をすることは，難民を保護するという点から見たときにどのような問題があると考えられますか。質問**3**～**5**から1つを選び，その質問の問題点を説明しなさい。

1　迫害のおそれを感じたのはいつからですか。根拠《こんきょ》を具体的に答えてください。

2　あなたが帰国すると，どのようなことになるか，具体的に答えてください。

3　あなたが国にいたとき，上記の理由，その他の理由で逮捕されたり，その他身体の自由をうばわれたり暴行などを受けたことがありますか。

4　あなたは，あなたの国に敵対する組織に属したり，敵対する意見を表明したりすることはありますか。
5　現在，生活費用は何によってまかなっていますか。
6　もともと住んでいた国に日本から送金をしたことがありますか。

資料1　難民審査のときにきかれる質問の内容

問10　下線部**ク**について。図3は，愛知《あいち》県，高知《こうち》県，東京《とうきょう》都の産業別外国人労働者の割合を示したものです。図3の①と②にあてはまる都県名を答えなさい。

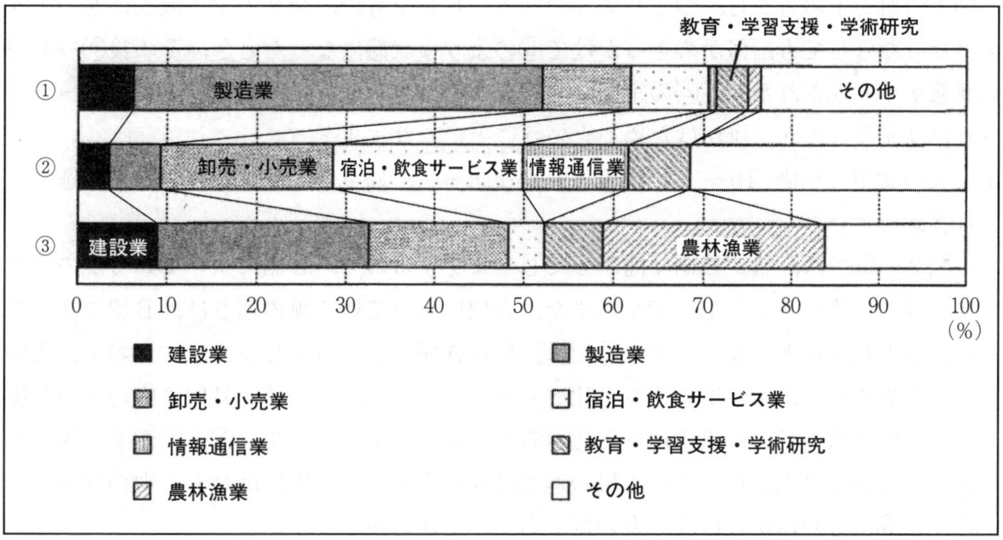

図3　産業別外国人労働者の割合

(「外国人労働者アクセス」ホームページより作成)

問11　下線部**ケ**について。特定技能という制度によって外国人労働者の滞在期間をのばすことができるようになりました。この制度ができた理由の一つには，企業が新しい外国人労働者を招くよりも，すでに働いている人の滞在期間の延長を希望したことがあげられます。次にあげる資料2は，特定技能の対象になった仕事の一部です。企業が滞在期間の延長を希望したのはなぜだと考えられますか。これらの仕事の特徴《とくちょう》を参考にしながら説明しなさい。

大工などの建設業	**高齢者施設《しせつ》などでの介護《かいご》**
医療《いりょう》・福祉《ふくし》施設向けの食事の調理	**自動車整備**

資料2　特定技能の対象になった仕事の一部

問12　下線部**コ**について。日本政府が正式に移民を受け入れようとせず，行政が外国人の支援《しえん》をおこなわないと，日本に不慣れな外国人の支援はボランティアの人たちに依存《いぞん》することになります。その場合，外国人の支援活動にはどのような不都合が生じると考えられますか。2つあげて説明しなさい。

問13　下線部**サ**について。日本に働きに来た外国人とその家族の人権を守るためには，どのような政策や活動が必要だと考えられますか。君が考える政策や活動の内容とそれが必要である理由を，80～100字で説明しなさい。なお，句読点も1字分とします。

【理　科】（50分）〈満点：40点〉

1　図1のような旗がパタパタとはためいているのを見たことがある人も多いと思います。これは，風の速さが一定でなく，向きも変化するからだと考える人もいるかもしれません。しかし，一定の向きと強さで風が吹《ふ》いていても，はためくことがわかっています。この現象について，まず考えていきます。

図1

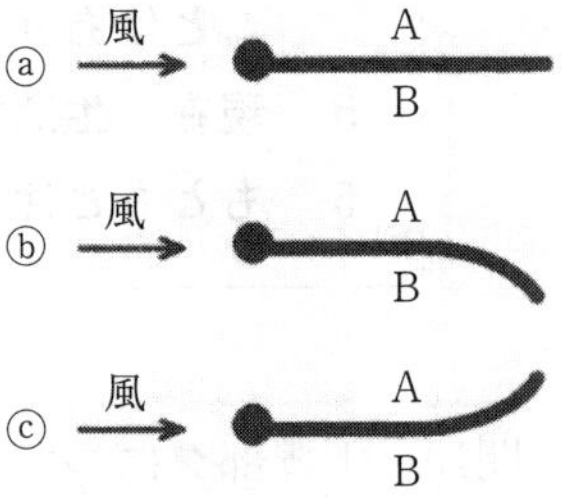

図2

図1の旗を上の方から，つまり矢印の向きから見たものが図2です。最初はⓐのようにまっすぐだったとしても，何かのきっかけでⓑのような状態になったとき，その後ⓒ→ⓑ→ⓒ→…の状態がくり返されたり，ⓒのような状態になったとしても，同様にⓑ→ⓒ→ⓑ→…とくり返されたりすることが，旗がはためくということになります。

問1　次の文中の空欄《くうらん》(①)～(⑥)に入る適当な語句を，以下のア～ウから1つずつ選び，それぞれ答えなさい。

図2のⓑでは，旗がB側に曲がってじゃまをするので，B側に吹いている風の速さは元の風の速さと比べると(　①　)です。また，A側に吹いている風の速さは，B側に吹いている風の速さと比べると(　②　)です。ⓒでは，旗がA側に曲がってじゃまをするので，A側に吹いている風の速さは元の風の速さと比べると(　③　)です。そして，B側に吹いている風の速さは，A側に吹いている風の速さと比べると(　④　)です。そして，ⓑとⓒがくり返されることから，A側とB側に吹いている風の速さに差があるとき，旗にはたらく力の向きは，風の速さが(　⑤　)方の側から(　⑥　)方の側であることがわかります。

ア．速い　　イ．同じ速さ　　ウ．遅《おそ》い

問2　次の文中の空欄(⑦)～(⑩)に入る適当な語句をそれぞれ答えなさい。

風による現象には他に，強い風に対して図3のⓓのように傘《かさ》をさし続けているときに，図3のⓔのような状態になってしまうこともあります。空気の流れの速さは，傘の上側の表面と傘の内部とでは(　⑦　)の方が速いため，傘には(　⑧　)から(　⑨　)の向きに力がはたらきます。この力の大きさが(　⑩　)と，図3のⓓの状態からⓔの状態になります。

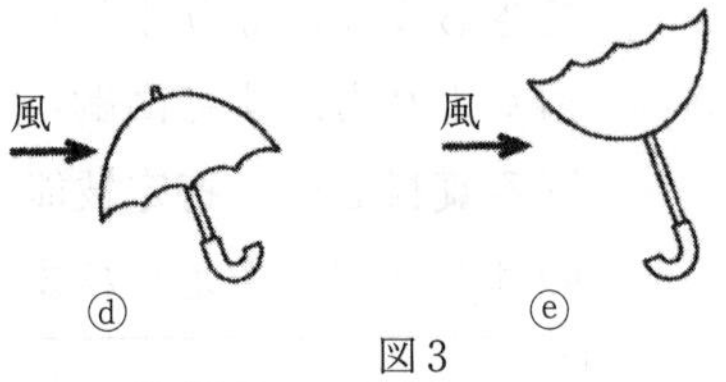

図3

風のような空気の流れは，乗り物にも関係しています。図4の飛行機が飛ぶためには，翼《つばさ》が必要です。図5は図4に示した翼の断面図で，下側の面は直線的ですが，上側の面は膨《ふく》らんでいます。また，離陸《りりく》時は翼の中心を通っている線Cと風が吹く向きとの間の角，角Dの分だけ，風が吹く向きに対して傾《かたむ》いています。

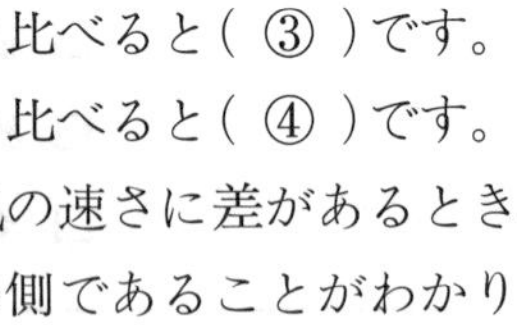

図4

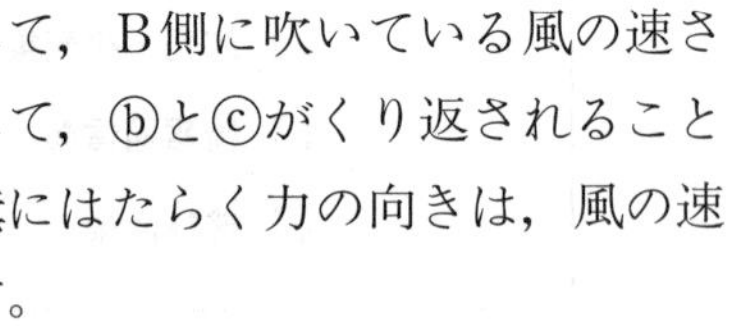

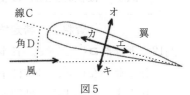

図5

問3　次の文中の空欄(⑪)と(⑫)は以下のア～ウから，(⑬)は右上の図5のエ～キから適当なものを1つずつ選び，それぞれ答えなさい。

翼のすぐ下側を進む風の速さは，元の風の速さと比べると(　⑪　)です。そして，翼のすぐ上側を進もうとする風の速さは，翼のすぐ下側を進む風の速さと比べると（ ⑫ ）です。だから，翼にはたらく力の向きは（ ⑬ ）です。

ア．速い

イ．同じ速さ

ウ．遅い

風を利用した乗り物には他に，図６のようなヨットもあります。ヨットは，風下の方に進むだけではなく，図７のように矢印Ｅ→矢印Ｆ→矢印Ｅ→…の向きへと進むことができます。つまり，右斜《なな》め前，次に左斜め前と，ジグザグに風上に向かって進むことができるのです。ヨットは，どうして風上に進むことができるのでしょうか。そこで，図８のように風上に向かって右斜め前を向いている場合について考えます。簡単にするために，ヨットの帆《ほ》は１枚として考えます。このとき，ヨットの帆は，最初は線Ｇの位置にありましたが，風をはらんで右側に膨らみます。

図６

図７

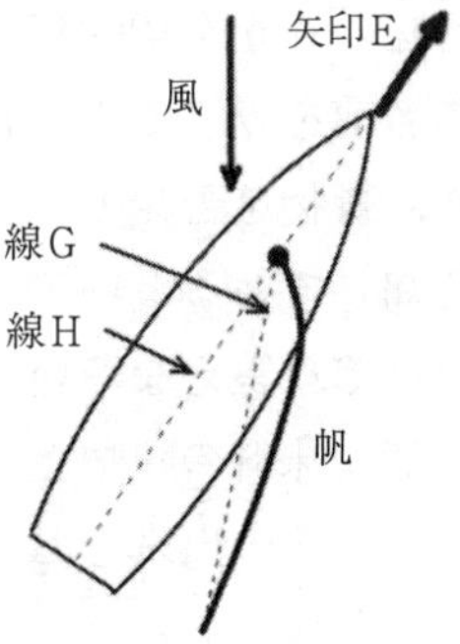

図８

問４　図８の帆の左側と右側を吹く風の速さを比べると，どちらの方が速いですか。

問５　図８のようなヨットの帆には，どの向きに力がはたらきますか。解答欄《かいとうらん》の図中に示された点Ｉから始まる矢印をかきなさい。

問５で答えた力のためにヨットは進もうとしますが，それは矢印Ｅの向きではありません。そこで矢印Ｅの向きに進めるようにするために，ヨットの船底には，図８の線Ｈに沿って図９で黒く塗《ぬ》りつぶして示したもの（Ｊ）が取り付けられています。

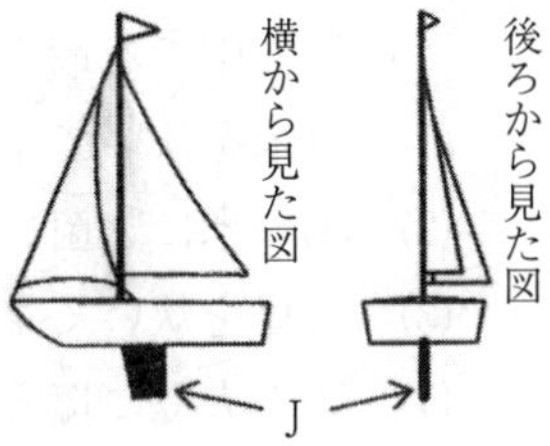

図９

問６　次の文中の空欄⑭と⑮に入る適当な言葉をそれぞれ答えなさい。

図９のＪがないと矢印Ｅの向きに進まず，（　⑭　）に進もうとする。しかし，Ｊがあると（　⑮　）ため，矢印Ｅの向きに進むことができる。

問７　図９のＪを取り付けることによって，矢印Ｅの向きに進めないことを解決する以外にも役立つことがあります。役立つこととその理由をそれぞれ答えなさい。

2 「和食」が日本の伝統的な食文化として保護，継承《けいしょう》されるべきものであるとユネスコ(国際連合教育科学文化機関)に認められ，2013年に無形文化遺産に登録されました。この理由の１つに発酵《はっこう》食品や発酵調味料の豊富さがあるといえます。みなさんは発酵という言葉になんとなく体に良いという印象を持っているでしょう。ここで発酵について考えてみましょう。

私たちにとって特に大切な栄養素である炭水化物(でんぷんや砂糖の仲間)，たんぱく質，脂《し》質《しつ》，無機質(ミネラル)，(Ａ)を五大栄養素といいます。でんぷんはブドウ糖という砂糖の仲間が，たんぱく質はいろいろなアミノ酸が，それぞれたくさん結びついた大きな物質です。

微生物《びせいぶつ》が酵素《こうそ》という物質をつくって炭水化物やたんぱく質を分解することで，私たちにとって役に立つものができることを発酵といいます。その一方で，役に立たないものができることを腐敗《ふはい》といいます。つまり発酵も腐敗も，微生物が生きるために行っている，大きな物質を小さな物質にする活動で，私たち人間が呼び分けているに過ぎないのです。

私たちは物を食べるときに味を感じます。この味は長い間，甘味《あまみ》，塩味，酸味，苦味の４つが基本要素であるとされてきました。しかし，アミノ酸の一種であるグルタミン酸の仲間を食べたときに感じる味が，この４つでは説明できないことに池田菊苗《きくなえ》博士が気づきました。そして５つ目の基本要素として旨味《うまみ》の存在を1908年に主張し，2002年についに認められました。

問１　空欄《くうらん》(Ａ)に入る栄養素の名前をカタカナで答えなさい。

問２　私たちは，腐敗物を酸味，毒物を苦味として感知しているといえます。一方，体に必要なものを甘味や旨味として感知しているといえます。甘味と旨味は五大栄養素のうち何を感知しているといえますか。それぞれ答えなさい。

和食の中心にあるのは，発酵調味料の味噌《みそ》と醤油《しょうゆ》だといえるでしょう。特に味噌は，かつては多くの家庭でつくられており，その出来《でき》をおたがいに自慢《じまん》しあっていたようです。自慢することを手前味噌というのはその名残《なごり》であると考えられます。ここで，味噌づくりで利用している酵母菌《こうぼきん》と麹菌《こうじきん》という微生物に注目してみます。

酵母菌はブドウ糖を分解し，エタノールというアルコールと，気体の(Ｂ)ができる発酵を行う微生物で，お酒やパンをつくるときにも使われます。パンをつくるときに使う酵母菌は一《いっ》般的《ぱんてき》にはイースト菌とも呼ばれ，パンに独特の香りがあるのはエタノール，パンがふくらむのは(Ｂ)ができるためです。

麹菌はカビの仲間ですが，日本で伝統的に使われている麹菌は世界的にも珍《めずら》しい，毒をつくらないカビです。そして，でんぷんを分解してブドウ糖にする酵素や，たんぱく質を分解してアミノ酸にする酵素をつくって発酵を行い，お酒をつくるときにも使われます。

味噌の中でも最も多くつくられている米味噌のつくり方を紹介《しょうかい》します。

⑴　白米を炊《た》いて柔《やわ》らかくする。

⑵　⑴の米に麹菌を加えて発酵させる。これを麹という。

⑶　大豆を炊いて柔らかくし，十分に冷えてからつぶす。

⑷　⑶の大豆に塩を加え，麹菌を含《ふく》む多くの微生物が死滅《しめつ》する濃度《のうど》にし，⑵の麹を加える。

⑸　麹菌がつくった，たんぱく質を分解する酵素が大豆のたんぱく質を分解し，アミノ酸にしていく。また，塩に強い酵母菌や乳酸菌《にゅうさんきん》が一部生き残っていて，これらも発酵を行い，さらに複雑な味にしていく。

問３　味噌などの発酵食品が消化や吸収されやすいといわれる理由を答えなさい。

問4　味噌が腐敗しにくく，長く保存できる理由を答えなさい。

私たちの身の回りにある物質の多くは，原子というとても小さな粒《つぶ》からできています。原子には炭素原子，水素原子，酸素原子などの種類があり，炭素原子と水素原子と酸素原子の1個あたりの重さの比は，12：1：16です。それらの原子がつながって分子となり，その分子が非常に多く集まって目に見える大きさの結晶《けっしょう》になっています。

例えば，ブドウ糖の結晶を細かく分けていくと，ブドウ糖の分子になります。この分子は炭素原子6個と水素原子12個と酸素原子6個からできています。また，エタノールの分子は炭素原子2個と水素原子6個と酸素原子1個からできています。

問5　12ページの下線部について，炭素原子を炭，水素原子を水，酸素原子を酸として，この変化を図で表すと，下のように，ブドウ糖の分子1つから，エタノールの分子2つと(B)の分子2つができます。X，Y，Zに入る数字を答えなさい。ただし，原子は増えたり減ったりしません。また，空欄(B)に入る物質の名前を答えなさい。

ブドウ糖		エタノール	エタノール	B	B
炭　6個	➡	炭　2個	炭　2個	炭　X個	炭　X個
水　12個		水　6個	水　6個	水　Y個	水　Y個
酸　6個		酸　1個	酸　1個	酸　Z個	酸　Z個

問6　ブドウ糖1分子とエタノール1分子と(B)1分子の重さの比を，最も簡単な整数比で答えなさい。

問7　ブドウ糖の水溶液《すいようえき》に少量の酵母菌を加えてよく混ぜ，全体の重さが1kg，ブドウ糖の濃度が20%の水溶液をつくりました。これを発酵させると，発生した(B)がすべて空気中に出ていき，44g軽くなりました。

まだ残っているブドウ糖の重さと，エタノールの濃度をそれぞれ答えなさい。ただし，この間に水やエタノールの蒸発はなかったものとします。また，答えが割り切れない場合は，小数第二位を四捨五入して小数第一位まで答えなさい。

3　夜空を見上げると，星や月といった天体を見ることができます。その見える位置や見え方は時間や季節によって変わりますが，これは，私たちのいる地球やその他の天体がおたがいに動くことで生じている，見かけの変化です。例えば①月の満ち欠けは，月が地球の周りを回っていることで，地球から見た月と太陽の位置関係が変化するために生じています。

問1　昨年の9月半ば，右の図1に示した形の月が，東京で南の空に見えたとします。その同じ時刻に太陽を見ようとすると，太陽はどの辺りに位置することになりますか。最も適当なものを下の図中のア～キから選び，記号で答えなさい。ただし，図は地平線を北から時計回りにぐるりと360°見渡《みわた》した様子を示すものとし，それぞれの記号の間は45°の角度で離《はな》れています。

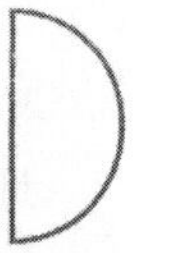

図1

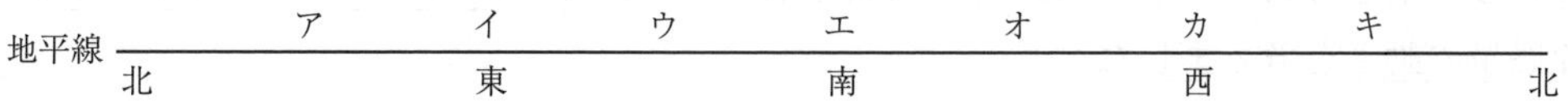

問2　下線部①について，地球の周りを回る月の通り道と，地球の位置から見た太陽の向きを示したものが右の図2です。満ち欠けで最もふくらんだ形の月を地球の位置から見た向きは，地球の位置から見た太陽の向きと，図2中でどれだけの角度で離れていることになりますか。整数で答えなさい。

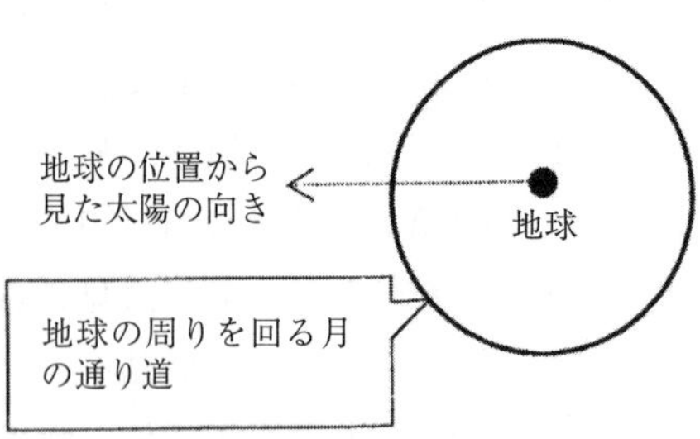

図2

夜空で月の次に明るく見える星は，惑星《わくせい》である金星です。金星は星座の星たちや月とは異なり，暗い空で明るく輝《かがや》く姿を日の出や日の入りに近い時間しか見ることができません。これも位置関係による見かけの動きによります。

金星や地球といった惑星は，太陽の周りをほぼ同心円状の通り道で回っていること(公転)が知られています。また，その通り道はほぼ同じ平面上にあります。図3はその通り道で，地球の位置から見た金星がさまざまな位置関係にある様子を示しています。図中の点線は，地球の位置から見た金星が太陽から最も離れる位置関係を示しています。このように金星が通り道のどの位置にあっても，地球から見ると太陽からあまり離れることがないため，明るく輝く姿を見られる時間が限られるのです。

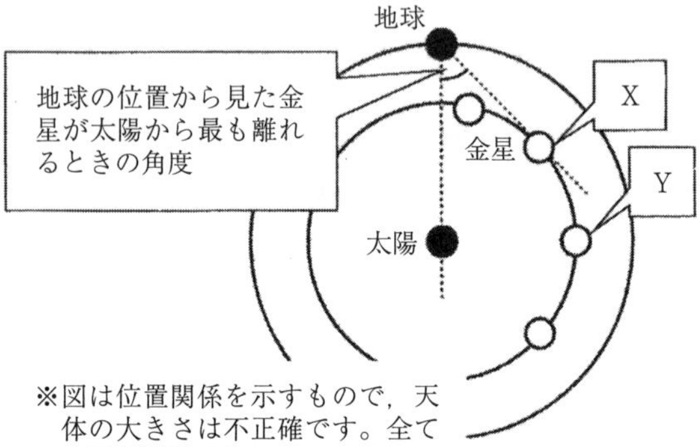

※図は位置関係を示すもので，天体の大きさは不正確です。全ての図が同様です。

図3

②地球と金星の位置関係によって，金星にも月のような満ち欠けが生じます。図4は，1610年頃《ごろ》にガリレオ・ガリレイが望遠鏡での観測によってスケッチした金星の形を示したものです。

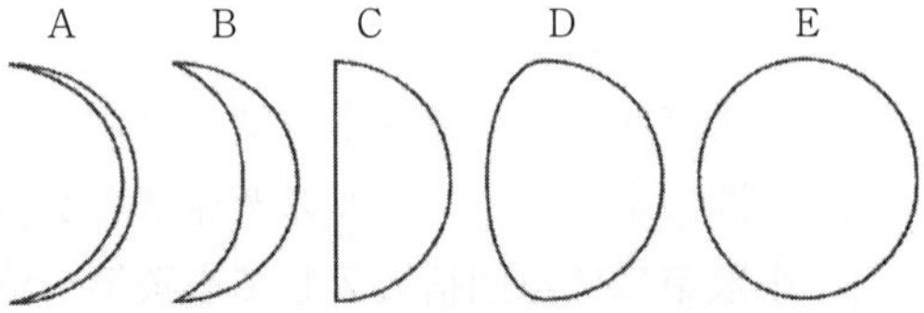

図4

問3　下線部②について，金星が図3のXとYの位置のとき，地球から見た金星はそれぞれどのような形をしていますか。最も適当なものを，図4のA～Eから1つずつ選びなさい。ただし，Xの位置の金星から見た太陽と地球の位置関係は90°離れており，金星がYの位置のときは太陽から見た地球と金星の位置関係が90°離れているものとします。

ガリレオは地球から見た金星の形だけでなく，その大きさが変化して見える様子も観測していました。見た目の大きさの変化は，金星と地球の距離《きょり》が変化することを示します。今では，地球と金星が太陽の周りを回ることで，おたがいの距離が変化することが知られています。しかし，私たちは天体の動きを図3のように見ることはできません。また，天体を観測すると自分たちを中心として動いているように見えるので，かつては地球の周りを太陽や他の惑星が回っていると信じられていました。昔の天文学者たちは，③観測事実を説明するために，いろいろな惑星の動きを考えました。

問4　下線部③について，次の2つの条件が成り立つとすると，太陽，地球，金星の通り道や動きは，図3の関係以外にどのように考えられますか。最も適当なものを下のア～エから選び，記号で答えなさい。ただし，実線と点線はそれぞれ地球と太陽を中心とする通り道を示します。

条件1：暗い空で明るく輝く金星を，日の出や日の入りに近い時間しか見ることができない。

条件2：金星の大きさが変化して見える。

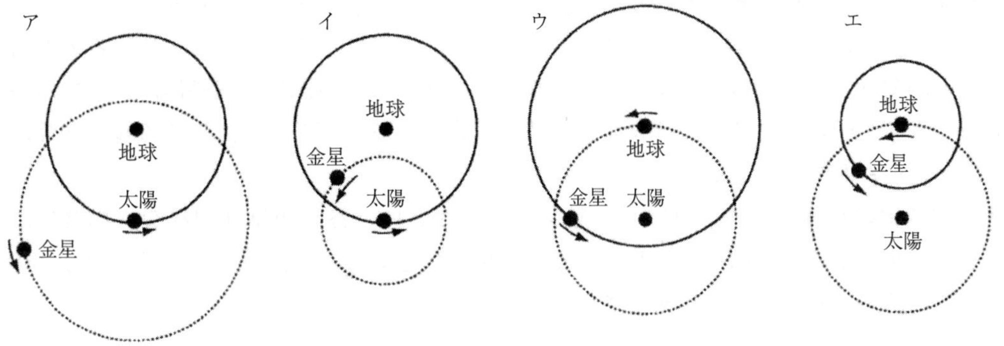

（アとイは，金星は太陽の周りを回り，太陽が金星を引き連れて地球の周りを回っているという考え。）

（ウとエは，金星は地球の周りを回り，地球が金星を引き連れて太陽の周りを回っているという考え。）

明るさが変化して見えるのは，金星だけではありません。図5は地球から見た金星と木星の明るさの変化を示しています。④地球から見た惑星は，近づくと明るく，遠ざかると暗く見えるので，この図から，⑤地球と惑星が近づく周期がわかります。

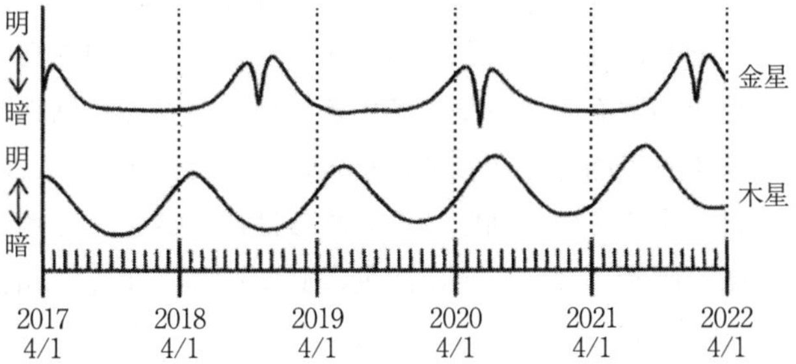

図5

問5　下線部④について，図5の金星の明るさは，地球と最も近づくときに暗くなっています。その理由について述べた次の文中の空欄《くうらん》に入る語句を答えなさい。

月と同じく満ち欠けがある金星は，地球に最も近づくときに，月でいうと(　　)のときと同じような位置関係となっているから。

問6　下線部⑤について，惑星がふたたび同じ位置関係になるまでにかかる時間(周期)を会合周期といいます。図5から読み取れる地球と木星の会合周期は，およそ何か月ですか。最も適当なものを次のア～オから選び，記号で答えなさい。

ア．11　　イ．13　　ウ．15　　エ．17　　オ．19

地球を含《ふく》む惑星が太陽の周りを公転しているとすれば，会合周期から，惑星の公転の1周にかかる時間(公転周期)を求めることができます。**問6**で求めた値と図6を使いながら，木星の運動について考えてみましょう。

まず，地球と木星が最も近づいているのは，太陽から一直線に並んだ状態です。地球の公転は12か月で360°なので，1か月で地球が動く角度は(あ)です。太陽から遠い惑星ほどゆっくり動く

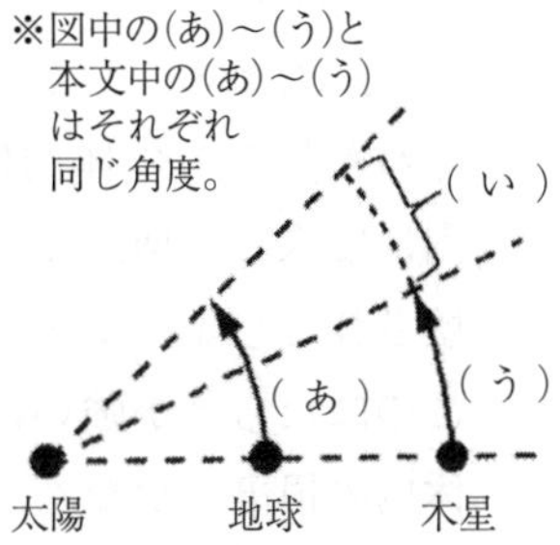

図6

ので，1か月経過しただけでも地球と木星が動いた角度には差ができます。さらに時間が経《た》つとこの角度の差が次第《しだい》に大きくなりますが，360°になると元の位置関係にもどることになります。この，元の位置関係にもどるまでの時間が会合周期ですから，360°を地球と木星の会合周期で割ると，1か月での差は（ い ）となります。そのため，木星が1か月に動く角度は（ う ）となり，木星が360°公転するのにかかる時間は（ え ）か月，すなわち（ お ）年であることが求められます。観測と計算をより正確に行うことができれば，さらに正確な惑星の公転周期を知ることができます。このように，今日の私たちが知っている惑星の運動は，先人たちの地道な観測によって明らかにされてきました。時には夜空を見上げて，先人たちの知の探究に触《ふ》れてみるのはいかがでしょうか。

問7 文章中の空欄(あ)～(お)に入る数字を答えなさい。答えが割り切れない場合は，(い)と(う)は小数第二位を四捨五入して小数第一位まで答えなさい。また，(え)と(お)は小数第一位を四捨五入して整数で答えなさい。

4 さまざまな病気があるなかで，人から人へとうつる病気を特に感染症《かんせんしょう》といいます。みなさんも経験のある風邪《かぜ》はこの感染症の1つです。2019年の冬に確認《かくにん》された新型コロナウイルス感染症の世界的な流行は，みなさん自身の健康への意識を高めたことでしょう。感染症になることなく，健康を保つにはどうすれば良いのかを考えてみましょう。

それには，まず私たちのからだのことを知る必要があります。私たちのからだは，無数の細《さい》胞《ぼう》というものが集まってできています。この細胞たちはそれぞれ生きていて，さまざまな役割をもって協力し合っています。すべての生物はこのような細胞からできています。次の(1)～(3)は，生きている細胞でみられるはたらきをまとめたものです。

(1) 呼吸によって生命活動に必要なエネルギー(活動エネルギー)をつくる。

(2) 細胞ごとにもっている，親から子へと生命をつないでいく物質(遺伝物質)をもとに，からだのさまざまなたんぱく質をつくる。

(3) 遺伝物質そのものを複製する。

(1)～(3)のすべてのはたらきは，細胞を満たしている水の中で，(2)で自らつくったたんぱく質によって行われます。(2)は，(1)で得たエネルギーを利用するため，死んでいる細胞では行えません。また，(3)を行うには，(1)，(2)が必要です。このはたらきで細胞は増えますが，生きている細胞の一部でのみ行われます。

問1 生きている細胞のすべてで必ず行われているはたらきとして最も適当なものを次のア～キから選び，記号で答えなさい。

ア．(1)のみ　　イ．(2)のみ　　ウ．(3)のみ　　エ．(1)と(2)

オ．(1)と(3)　　カ．(2)と(3)　　キ．(1)～(3)すべて

わたしたちの体内に侵入《しんにゅう》し，悪い影響《えいきょう》をおよぼすものを病原体といいます。病原体が体内に侵入し，増えることを感染といいます。この病原体が増えれば増えるほど，体内の細胞が壊《こわ》されてしまいます。その一方で，からだは病原体をやっつけようとするはたらきを強めます。このはたらきが強いほど，鼻水や咳《せき》，発熱，下痢《げり》などの感染症の症状《しょうじょう》が強くあらわれます。体内の損傷が少なく，病原体をすみやかにやっつけることができた場合，症状がみられないこともあります。

問2　ある病原体による「感染」と，その病原体による「感染症」特有の症状に関する説明として適当なものを，次のア～エからすべて選び，記号で答えなさい。

ア．「感染」すれば，その病原体による症状が必ずあらわれる。

イ．「感染」しなければ，その病原体による症状はあらわれない。

ウ．症状がない人たちと一緒《いっしょ》にいても，「感染」することは絶対にない。

エ．症状がある人に近づいても，必ず「感染」するとは限らない。

病原体の多くは，細菌《さいきん》やカビといった細胞からできている微生《びせい》物《ぶつ》です。しかし，インフルエンザやはしかなどは，生物とは考えられていないウイルスが病原体です。図1は，球状の立体構造をもつ新型コロナウイルスの断面を簡単に示したものです。この図のように，どのウイルスにもウイルス自身の遺伝物質があり，この遺伝物質をもとにつくられたウイルス表面たんぱく質で包まれた構造をしています。また，ウイルスの内部に水はいっさいありません。

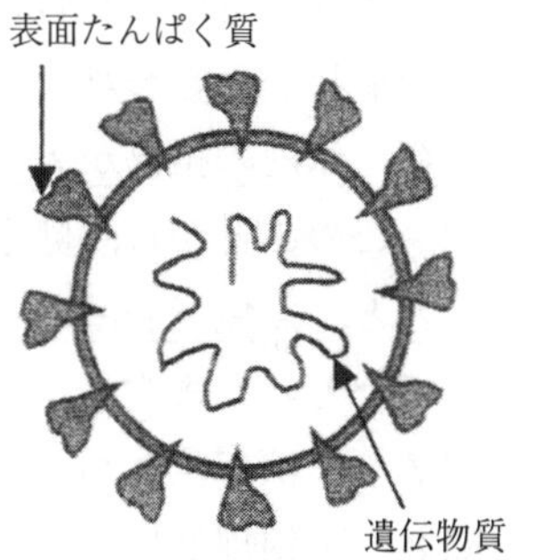

図1

ウイルス自身は，細胞でみられる(1)～(3)のはたらきが無いため，単独では増えません。生きた細胞に侵入し，生きた細胞の(1)～(3)のはたらきを利用して増えるのです。細胞へ侵入するには，ウイルスの（ A ）の構造が細胞の表面の構造と合うことが重要です。おたがいの構造が合うと，ウイルスは細胞にくっつきます。すると，ウイルス自身が細胞内に取りこまれるのです。そうして，細胞内に入ったウイルスの（ B ）は，細胞自身の遺伝物質と同様に利用され，細胞が(2)，(3)のはたらきを行った結果，大量のウイルスがつくられるのです。

つまり，ウイルスに侵入された細胞は，ウイルス生産工場(感染細胞)となり，ウイルスがいっぱいになると感染細胞は壊れて，大量のウイルスを細胞の外に放出するのです。

問3　空欄《くうらん》(A)と(B)に入る語句をそれぞれ答えなさい。

問4　感染細胞に関する説明として最も適当なものを次のア～エから選び，記号で答えなさい。

ア．ウイルスに侵入されると，細胞はすぐに死んでしまう。

イ．死んだ細胞にウイルスが侵入しても，感染細胞になる。

ウ．感染細胞が壊れない限り，ウイルスはどんどんつくられる。

エ．感染細胞は，呼吸をしない。

病原体をやっつけようとするはたらきは，疫《えき》(病気)を免《まぬが》れるという意味で，免疫《めんえき》といいます。この役割を担《にな》っているのも細胞です。さまざまな役割の免疫細胞が連携《れんけい》し，免疫は次の(4)から(7)の順に進行します。

(4)　病原体の特徴《とくちょう》をさぐる細胞が，病原体表面の形状を読み取る。

(5)　読み取った形状を司令塔《しれいとう》の役割をする細胞に知らせる。司令塔からのはたらきで，知らされた形状にちょうど合う形のおもりのようなもの(抗体《こうたい》)がつくられる。

(6)　病原体は，体内に無数にばらまかれた抗体とくっつくと，その場から動けなくなり，体内の異物を食べる細胞たちにやっつけられる。

(7)　司令塔となった細胞のいくつかは，体内で生き残る。一度つくった抗体の形を記憶《きおく》しているので，同じ病原体が体内に侵入すると，すぐに抗体をばらまいて，病原体をやっつける。

問5　鼻水や咳といった感染症のおもな症状は，病原体を体内からとりのぞこうとするはたらきによって起きます。これら感染症の症状がやわらいでくるのは，どの段階が始まったころと考えられますか。(4)～(7)の数字で答えなさい。

問6　抗体は細胞内には入れませんが，細胞の外にある病原体を，(4)～(7)のはたらきですべてやっつけることができます。しかし，ウイルス感染症はこれだけでは治りません。その理由を答えなさい。

免疫は常にはたらいています。病原体のはたらきが弱い場合，体内の損傷が小さく，感染症の症状があらわれないうちに病原体はとりのぞかれます。逆に，①病原体のはたらきが強い場合，体内の損傷が大きくなり，生命が危険な状態となることもあります。

このことから，健康であり続けるには，②必要以上に多くの病原体を体内に侵入させないことと，③免疫のはたらきを受けもつ生きた細胞たちをできるだけ良い状態に維持《いじ》することが大切だといえます。

問7　下線部①について，体内の損傷を大きくするような病原体の性質を1つ答えなさい。

問8　下線部②について，病原体がウイルスの場合，生きた細胞にウイルスをくっつけないようにすることが重要だと考えられます。正常な皮ふの表面にある角質層は，死んだ細胞でできているので，傷口のない手指にウイルスがいくら付着しても感染することはありません。それにも関わらず，手洗いや手指のアルコール消毒をしなくてはならない理由を答えなさい。

問9　下線部③について，免疫の細胞もわたしたちの筋肉と同様に，使わずに休ませすぎると弱ってしまいます。また，激しく使いすぎると壊れてしまいます。からだをきたえるため運動するのと同じようなしくみがあるのです。免疫のはたらきを高めるのに良いとされるものを，次のア～キから3つ選び，記号で答えなさい。

ア．からだにどんな細菌も入れたくないので，常に消毒したものを利用する。

イ．多少の細菌がからだに入った方が良いので，体調が良いときには外出する。

ウ．できるだけ細菌と接触《せっしょく》する方が良いので，手洗い，うがいは一切《いっさい》しない。

エ．免疫細胞のはたらきのために，たんぱく質を多くふくむ食事を心がける。

オ．免疫細胞をはたらかせるために，細菌が増えたものを食べるようにする。

カ．免疫細胞をできるだけ休ませるために，一日中，寝《ね》て過ごすようにする。

キ．激しい運動によって免疫細胞も疲《つか》れるため，運動後はしっかりと休養する。

こか重なるものがある」(225～226行目)とありますが、「彼女」と「私」とはどのような点で重なっているのですか。説明しなさい。(2行)

問十　――線⑩「なるほどね。だから、だから私の滝の絵は賞を獲れなかったってことね」(268～269行目)とありますが、「滝の絵」が「賞を獲れなかった」のはなぜだと「私」は理解したのですか。説明しなさい。(2行)

問十一　――線⑪「『この絵を見て元気が湧いたり、明るい気持ちになって、頑張ろうって思ってもらえたらうれしいです』と、小さく声に出して言う」(274～276行目)とありますが、この時の「私」について述べたものとしてふさわしいものを、次のア～エの中から一つ選んで記号で答えなさい。

ア　賞を獲るためには人々からの期待に応えたふるまいをする必要があるが、それでは自分を偽《いつわ》ることになると思っている。

イ　賞を逃《のが》した理由に気がついてこだわりがなくなり、自分はもともと絵で誰《だれ》かを元気づけたかったのだと改めて感じている。

ウ　今回の経験を通して賞の獲り方が分かったような気がしたので、自分が受賞できた時のことを具体的に思い浮《う》かべている。

エ　賞を獲れない絵を描いていた自分の姿勢について考え直し、これからは人に評価される絵を描こうと固く心に決めている。

問十二　――線⑫「夕方の美術室にひとりきり、私は私の滝を抱きしめていた」(288～289行目)について、

(1)　「私の滝」とありますが、～～線「不動の滝の大好きな祖母に捧げるような気持ちで、祖母と対話をしているような気持ちで」(27～29行目)描いていた「私」は、震災を経た後に、滝の絵をどのような思いで描くようになっていきましたか。震災以降の絵に向かう姿勢の変化を、二つの段階に分けて説明しなさい。(5行)

(2)　「ひとりきり、私は私の滝を抱きしめていた」とは、どのようなことを表していますか。説明しなさい。(3行)

ャジツ」（208行目）、d「キンカン」（286行目）のカタカナを、漢字で書きなさい。

問二　――線①「『大丈夫大丈夫』と独り言を繰り返した」（46〜47行目）とありますが、「私」がこのようなことをしたのはなぜですか。説明しなさい。（2行）

問三　――線②「うそじゃん。と声が出た」（72行目）とありますが、この時の「私」の気持ちを説明しなさい。（2行）

問四　――線③「自分のからだのなかに一本の太い滝を流すような、絵のなかの音を描きだすような、豪快で、繊細な不動の滝で、必ず賞を獲りたい。獲る」（97〜99行目）とありますが、この時の「私」について述べたものとしてふさわしいものを、次のア〜エの中から一つ選んで記号で答えなさい。

ア　大切なものを失う体験をしたので、大好きだった祖母を思い出させてくれる優しい滝の絵を描き、それを評価してほしいと思っている。

イ　かつてない混乱の中にいるので、自分を揺るぎないものにしてくれるような力強い滝の絵を描き、それを評価してほしいと思っている。

ウ　あまりにつらい現実の中にいるので、その現実を忘れさせてくれるような幻想的《げんそうてき》な滝の絵を描き、それを評価してほしいと思っている。

エ　言葉にできないような恐《おそ》ろしい経験をしたので、それが相手に伝わるような激しい滝の絵を描き、それを評価してほしいと思っている。

問五　――線④「……描いた方がいいですか」（129行目）とありますが、「私」がこのような態度を示すのはなぜですか。その理由としてふさわしいものを、次のア〜エの中から一つ選んで記号で答えなさい。

ア　自分は納得いくまで冷たく厳《おごそ》かな滝を描きたいと思っているので、被災地の人々をいやすような温かく穏《おだ》やかな題材を描くことに対して、自信が持てなかったから。

イ　被害を受けなかったからこそ滝の絵を描くことができている自分が、被災地の人々のためにという名目でさらに新たな絵を描いてもよいのか、分からなくなったから。

ウ　滝の絵を描くことだけで精一杯《せいいっぱい》だったのに加えて、大きな被害を受けたわけでもない自分が安易に被災地の人々を励《はげ》ます絵を描くことに対して、違和感《いわかん》を覚えたから。

エ　滝の絵の制作にようやく集中できるようになった時に、被災地の人々を励ますためとはいえ、教師がテーマの決まった絵を描かせようとすることに怒《いか》りを感じたから。

問六　――線⑥「しばらくペンを親指の腹と人差し指の腹でくにくに触り」（158〜159行目）とありますが、――線⑤「いますぐ走り書きができるようにペンを構えて」（153〜154行目）いた「記者」の筆が進まないのはなぜですか。説明しなさい。（2行）

問七　――線⑦「私はこの絵を見た人に、そう言われたかったのだ」（180〜181行目）とありますが、「私」は「この絵」について、どのような点をほめてほしかったのですか。説明しなさい。（1行）

問八　――線⑧「ニセアカシアの絵のことを考えるとからだも頭も重くなるから、私は滝の絵に没頭した」（189〜190行目）について、

(1)　「ニセアカシアの絵のことを考えるとからだも頭も重くなる」のはなぜですか。説明しなさい。（2行）

(2)　この時の「私」にとって、「滝の絵に没頭」することはどのような意味がありますか。説明しなさい。（1行）

問九　――線⑨「彼女の言葉には不動の滝を描いていた時の自分とど

面について、それを繰り返す。大きな貧乏《びんぼう》ゆすりをしている自分がいた。何度も足をあげ、おろす、あげ、おろす。指定靴《していぐつ》のスニーカーの底の白いゴムが床《ゆか》につくたびに、きょ、きょ、きょ、と間抜けな音がした。⑩なるほどね。だから、だから私の滝の絵は賞を獲れなかったってことね。私から私が剝《は》がれていく感覚がした。あーあ、そういうことだった。だった。でした。はい。なるほどね。なるほど、なの？　黙《だま》ってニセアカシアの絵を描けばよかったんだろうか。心が安らぐような、夢を抱けるような、希望や絆があって前向きなもの。鳥や、花や、空を、描けば。

⑪「この絵を見て元気が湧いたり、明るい気持ちになって、頑張ろうって思ってもらえたらうれしいです」

と、小さく声に出して言う。言って、左足を下げて、助走をつけて絵に向かって走る。迫力のある滝のしぶきに私が近づいていく。蹴《け》とばそう、と思った。こんなもの、こんなものこんなもの！　私は思い切り右足を後ろに振《ふ》り上げて、その反動を使って勢いよく蹴った。いや、蹴ろうとした。「んら！」と、声が出た。しかし私は絵を蹴ることができなかった。とっさに的をずらし、イーゼルを蹴った。蹴り上げられたイーゼルの左の脚《あし》が動いてバランスが崩《くず》れ、キャンバスの滝がぐらり、と大きく揺れた。私は倒《たお》れ込もうとする滝へ駆け寄った。両手でキャンバスの両端《りょうはし》を支えて持ち上げると、イーゼルだけが鋭《するど》い音を響《ひび》かせて床へ倒れた。

吹奏楽部《すいそうがくぶ》の d **キンカン**楽器が、ぱほおー、と、さっきから同じ音ばかりを出している。それがそういう練習だと知っていても、間抜けなものだった。⑫夕方の美術室にひとりきり、私は私の滝を抱《だ》きしめていた。

（くどうれいん『氷柱《つらら》の声』より）

〈語注〉

※①　震災が起きて岩手県はめちゃくちゃになった…地震の被害《ひがい》は岩手県全域におよび、特に太平洋沿岸部は、地震によって発生した津波で大きな被害を受けた。

※②　CG…コンピューター・グラフィックスの略。コンピューターで作成された画像や動画。

※③　テレビはACの同じCMばかり…当時一般のCMは放送されず、代わりにAC（公共広告機構）のCMばかりが流されていた。

※④　幽霊部員…所属はしているが、実際には活動に参加していない部員。

※⑤　イーゼル…キャンバスを立てかける台。

※⑥　アタリの線…絵の描き始めにつける、目当てや手がかりの線。

※⑦　不謹慎…相手への心配りが足りず、状況《じょうきょう》にふさわしくない。

※⑧　ディテール…細部。

※⑨　ライフライン…生活に最低限必要な、電気・ガス・水道など。

※⑩　怒濤…激しく荒《あ》れる大波。

※⑪　作為的…わざとらしい。

※⑫　モチーフ…絵のもとになる題材。

※⑬　不遇…不幸なめぐり合わせ。

※⑭　未曽有…これまでにない。

※⑮　キャプション…表題、見出し。

〔設問〕解答はすべて、解答らん（編集部注＝横10ミリメートル・たて153ミリメートルの行数で示した）**におさまるように書きなさい。句読点なども一字分とします。**

問一　＝＝線a「ジフ」（31行目）、b「シャザイ」（104行目）、c「シを受賞した生徒は高い位置にポニーテールをして、肌《はだ》がこんがり焼けていて、明るそうな人だった。東京で行われた授賞式で、私は初めてその人の顔を見た。

「わたしはあの日、家と母を亡くしました。避難所でしばらく暮らしていて思ったのは『絵を描きたい』という強い思いでした。いまはテニス部だし、しばらく描くことから離《はな》れていました。そんなわたしでも、絵を描いている間、わたしはわたしの内側にあるきもちと対話をすることができました。暗いがれきの中で泣いて、怒《おこ》って、悲しんでいたはずの、どこに向かえばよいかわからなくなっていたわたしは、それでも最後にこの双葉を、気が付いたら、描いていました。こんな栄誉《えいよ》ある賞をいただき、どうしていいのか……」

と、彼女は手元のメモをちらちら見ながら、押し出すようにとぎれとぎれに言った。審査員席に並んでいる六十代くらいの女性は、ハンカチで目元を押さえていた。私も喉《のど》の奥《おく》がぐっとせりあがってきて、熱くて苦しかった。⑨彼女の言葉には不動の滝を描いていた時の自分とどこか重なるものがある。それなのに、私は、それでも。

ああ。やっぱ絵じゃないんだ。と思った。審査されているのは純《じゅん》粋《すい》にこの作品ではなく、「この作品を描いた高校生」なのではないか。作品と作者の※⑬不遇《ふぐう》を紐《ひも》づけてその感動を評価に加点するならば「特別震災復興賞」という賞でも新設すればよかったのに、とすら思った。

「あのお、本当に、こういった、ね、たいへんな、※⑭未曽有《みぞう》の、あのお、そういう、事が起きたわけですが。こういった状況《じょうきょう》の中で、えー、筆を持つことを、うん。あきらめなかった彼女に、審査員一同、希望のひかり、そして絵の持つ力を再認識《さいにんしき》しました」

と、審査員のひとりは言った。その審査員は東京の高校の美術教師だった。震災のことを「あのお、そういう、事が起きた」としか言えないような人が言う「希望のひかり」って、いったい何なのだろう。

無冠《むかん》の絵となってしまったものの、私は滝の絵をとても気に入っていた。返却《へんきゃく》された絵を改めて美術室に運び入れ、イーゼルの上にのせる。水面に向かって茂《しげ》っている深緑色の木々。その闇《やみ》を分かつような白い滝。目を閉じれば音が聞こえてくるような水しぶき。その絵の上流から下流まで目で三度なぞり、二歩下がってもう一度眺めた。いい絵だ、と思った。どうしてこれがあの絵に負けてしまったのか、本当はまだ納得がいかなかった。

お手洗いから戻ると、下校確認の巡回《じゅんかい》をしていた世界史の、たしか榊《さかき》という名の教師がノックもせずに美術室に入ってきて、私の絵を見た。

「CGみてえな絵だな、これ、リアリティがよ。部員が描いたのか？」

私は自分の絵だというのが気《き》恥《は》ずかしくて「そうみたいです」と答えた。

「立派な絵だよな。ちょっと、今このご時世で水がドーンっと押し寄せてきて、おまけにタイトルが『怒濤』ってのは、ちょっときつすぎるけど、俺《おれ》は意外とこういう絵がすきなんだよ」

榊はキャンバスの下につけていた※⑮キャプションの紙の「怒濤」という文字を、人差し指でちろちろちろと弄《もてあそ》んでから、イオッシ！　早く帰れよな、と言って、次の見回りへ行った。

榊が出て行ったあと、私はしばらくこの絵に近づくことができなかった。五歩くらい離れた場所から絵を睨《にら》んでは、さっき榊が言っていた言葉を何度も頭の中で繰《く》り返した。右足が自然に浮《う》いて、地んで、がんばろうなんて、言えないです」

記者は「ンなるほど、」と言ってから、⑥しばらくペンを親指の腹と人差し指の腹でくにくに触《さわ》り、それから表紙の絵を掲《かか》げるようにして見て、言った。

「うーん。でも、この絵を見ると元気が湧《わ》いてきて、明るい気持ちになって、頑張ろうって思えると思うんですよ。この絵を見た人にどんな思いを届けたいですか？」

「そういうふうに、思ってもらえたら、うれしいですけど」

私は、早く終わってほしい、と、そればかり考えていた。描かなければよかったと、そう思った。そのあと、沿岸での思い出はあるか、将来は画家になりたいのかどうかなど聞かれて、私はそのほとんどを「いえ、とくに」と答えた。そばにいたみかちゃんは手元のファイルに目線を落として、私のほうを見ようとしなかった。記者が来週までには掲載《けいさい》されますので、と言いながら帰って行って、私は、みかちゃんとふたりになった。深く息を吐《は》き、吸い、「描かなければよかったです」と、まさに言おうとしたそのとき、

「このさ、見上げるような構図。木のてっぺんから地面まで平等に、花が降っているところがすごい迫力《はくりょく》なんだよね。光の線も、やりすぎじゃないのにちゃんと光として見える、控《ひか》えめなのに力強くてさ。伊智花の絵はすごいよ。すごい」

と、みかちゃんはしみじみ言った。

「そう、なんですよ。がんばりました」

と答えて、それが涙声《なみだごえ》になっているのが分かって、お手洗いへ駆け込んで泣いた。悔《くや》しいよりも、うれしいが来た。⑦私はこの絵を見た人に、そう言われたかったのだ。

それからの一ヵ月間、私は不動の滝の絵を力いっぱい描いた。同級生や親戚《しんせき》から「新聞見たよ」と連絡が来て、そのたびに私は滝の絵に没頭《ぼっとう》した。

〈この絵を見て元気が湧いたり、明るい気持ちになって、頑張ろうって思ってもらえたらうれしいです。と、加藤伊智花(いちか)さん(盛岡大鵬高等学校三年)は笑顔を見せた。〉

と、その記事には書かれていた。⑧ニセアカシアの絵のことを考えるとからだも頭も重くなるから、私は滝の絵に没頭した。光をはらんだ水しぶきに筆を重ねるごとに、それはほとばしる怒《いか》りであるような心地がした。流れろ。流れろ。流れろ。念じるように水の動きを描き加える。この心につかえる黒い靄《もや》をすべて押し流すように、真っ白な光を、水を、描き足した。亡くなった祖母のことや賞のことは、もはや頭になかった。私は気持ちを真っ白に塗《ぬ》りなおすように、絵の前に向かった。

描き終えて、キャンバスの前に仁王《におう》立ちする。深緑の森を真っ二つに割るように、強く美しい不動の滝が、目の前に現れていた。滝だった。私が今までに描いたすべての絵の中でいちばん力強い絵だった。「※⑩怒濤《どとう》」と名付けて、出展した。

高校生活最後のコンクールは昨年の優秀賞よりもワンランク下がって、優良賞だった。私よりもどう見ても画力のある他校の一年生の描いた校舎の窓の絵や、着実に技術を伸ばした同学年の猫の絵が、上位に食い込んでいた。最優秀賞は、私と同じ岩手県の沿岸、大船《おおふな》渡《と》市の女子生徒のものだった。ごみごみとしてどす黒いがれきの下で、双葉が朝露《あさつゆ》を湛えて芽吹く絵だった。あまりにも※⑪作為《さくい》的《てき》で、Ｃ**シャジツ**的とは言いにくい※⑫モチーフだった。色使いも、陰影《いんえい》と角材の黒の塗り分けが曖昧《あいまい》で、朝露の水滴《すいてき》の光り方もかなり不自然。これが最優秀賞。そんなの可笑《おか》しいだろうと思った。最優秀賞

「やる気、ある？」
　みかちゃんは、懇願《こんがん》のようなbシャザイのような何とも複雑な表情をしていた。そのプリントには〈♧絵画で被災地《ひさいち》に届けよう、絆《きずな》のメッセージ♧　～がんばろう岩手～〉と書いてある。
「これは」
「教育委員会がらみの連盟のほうでそういう取り組みがあるみたいで、高校生や中学生の油絵描く子たちに声かけてるんだって。伊智花、中学の時に賞獲ってるでしょう。その時審査員《しんさいん》だった連盟の人が、伊智花に名指しでぜひ描かないかって学校に連絡があって」
「はあ」
「県民会館で飾《かざ》って貰《もら》えるらしいし、画集にして被災地にも送るんだって」
「被災地に、絵を？」
「そう」
「絆って、なんなんですかね。テレビもそればっかりじゃないですか」
「支え合うってこと、っていうか」
「本当に大変な思いをした人に、ちょっと電気が止まったくらいのわたしが『応援《おうえん》』なんて、なにをすればいいのかわかんないですよ」
「そうだね、むずかしい。でも絵を描ける伊智花だからこそ、絵の力を信じている伊智花だからこそできることでもあるんじゃないか、って、わたしは思ったりもするのよ」
「じゃあ、何を描けば」
「鳥とか、空とか、花とか、心が安らぐような、夢を抱《いだ》けるような、希望や絆があって前向きなもの、って、連盟の人は言ってた」
「④……描いた方がいいですか」
「描いた方が、いろいろと、いいと思う、かな」
　それから私は不動の滝の絵を描きながら、〈心が安らぐような、夢を抱けるような、希望や絆があって前向きなもの〉のことを考えた。虹《にじ》や、双葉《ふたば》が芽吹くようなものは、いくらなんでも「希望っぽすぎる」と思ってやめた。そもそも、内陸でほとんど被害《ひがい》を受けていない私が何を描くのもとても失礼な気がした。考えて、考えて、結局締切《しめきり》ぎりぎりになって、通学の道中にあるニセアカシアの白い花が降る絵を描いた。その大樹のニセアカシアは、毎年本当に雪のように降る。あまりの花の多さに、花が降るたびに顔をあげてしまう。顔をあげるから前向きな絵、と思ったが、花が散るのは※⑦不《ふ》謹慎《きんしん》だろうか、と描きながら思って、まぶしい光の線を描き足し、タイトルを「顔をあげて」とした。みかちゃんは「これは、すごいわ」と言ってその絵を出展した。私の絵は集められた絵画の作品集の表紙になった。その作品集が被災地に届けられ、県民会館で作品展が開かれるとなったら新聞社が学校まで取材に来た。
「〈顔をあげて〉このタイトルに込めた思いはなんですか？」
　と、若い女性の記者はまぶしい笑顔《えがお》で言う。あ。絵じゃないんだ。と思った。枝葉の※⑧ディテールや、影の描き方や、見上げるような構図のことじゃないんだ。時間がない中で、結構頑張《がんば》って描いたのにな。取材に緊張《きんちょう》してこわばるからだから、力がすいっと抜《ぬ》けていく感覚がした。この人たちは、絵ではなくて、被災地に向けてメッセージを届けようとする高校生によろこんでいるんだ。そう思ったら胃の底がぐっと低くなって、からだにずっしりとした重力がかかっているような気がしてきた。記者は⑤いますぐ走り書きができるようにペンを構えて、期待を湛《たた》えてこちらを見ている。
「申し訳ない、というきもちです。わたしはすこし※⑨ライフラインが止まったくらいで、たくさんのものを失った人に対して、絆なだっけ。停電か、それともブレーカーが落ちたのか？　うちだけが停電なのだろうか。もしかしたらご近所さんと話ができるかもしれないと思う。また揺れたらどうしようと思いつつ外へ出ると、お隣《となり》の家のおじいさんとおばあさんが二人で薄着《うすぎ》のまま玄関の階段に並んで座って空を眺《なが》めていた。駆《か》け寄って「すごかったですね、揺れ」と、思わず話しかける。「めったにあることでねえよ」と、おじいさんが言って、また二人で空を見上げた。私もつられて見上げると、風もないのに電線がまだゆあんゆあんと揺れている。携帯を開くと震度五以上と表示されたので「震度、五以上だそうです」と伝えると、「んだべねえ」とおばあさんがしみじみと言った。家の中に戻ったら、母から電話がきた。

「伊智花、怪我《けが》はなかった？　そう。大丈夫だからね、大丈夫。しっかりしないとね。家に伊智花がいて助かったよ。頼《たよ》りにしてる。もし行けそうなら買い物に行ってくれる？」

　母の大丈夫、は私に言っているのではなく、自分に言い聞かせているようだった。水道と電気が止まった。結局停電だったのだ。ガスはプロパンのところはいつも通りだったらしいけれど、我《わ》が家はオール電化だったので、あらゆる家電や暖房が使えなくなった。病院勤めの母はなかなか職場から帰ってこず、水道会社に勤めていた父もてんやわんやのようだった。

（中略）

　水道は二日止まって復旧し、電気は三日目のお昼前には復旧した。すぐにテレビをつけると、そこに流れたのは真っ黒い波がいくつもの家を飲み込《こ》む映像だった。②うそじゃん。と声が出た。※②CGか、映画かと思った。波があまりに大きくて、遠近感がよくわからない映像だった。切り替《か》わって、避難所からの映像。たくさんの避難者が画用紙を持って、座り、中腰になり、立ち、つまさき立ちをし、集合写真を撮《と》るように並んで画用紙をカメラに向けていた。そこには名前が書かれていた。「〇〇一家、全員無事です」「お父さんと長男は無事です、長女の〇〇、もしどこかの避難所にいるなら、連絡《れんらく》をください」「〇〇さん、どこですか、必ず、会いましょう」。みな、妙に力強い顔をしていた。絶対に大丈夫だ、と、そう思わないと居られないような気迫《きはく》があった。（中略）

　学校は、しばらく休校になった。（中略）予想外に延長された春休みは妙な居心地《いごこち》の悪さがあった。※③テレビはACの同じCMばかりで、ニュースは毎日のように犠牲者《ぎせいしゃ》の人数や、救助活動の様子を伝えた。

　四月末、新学期がようやく始まった。制服の学年章を三年生のものに付け替えて、新しい教室に足を踏《ふ》み入れた。新しいクラスのうち、ふたりが欠席していた。実家が沿岸で、片付けなどの手伝いをしていると担任は言った。私は美術室に通う毎日を再開した。美術部は※④幽霊《ゆうれい》部員がほとんどで、コンクール四ヵ月前の部室でキャンバスに向かう部員は私だけだ。木の匂いと、すこしだけニスの匂いがする美術室にいると、気持ちが研《と》ぎ澄《す》まされていくのがわかった。使い古された※⑤イーゼルを立たせて、両腕をいっぱい伸《の》ばしてキャンバスを置く。私は改めて、集大成の滝を描こうと思った。不動の滝の写真を携帯に表示して、じっと眺めて、閉じる。大きく息を吸って、※⑥アタリの線を描き始める。③自分のからだのなかに一本の太い滝を流すような、絵のなかの音を描きだすような、豪《ごう》快《かい》で、繊細《せんさい》な不動の滝で、必ず賞を獲《と》りたい。獲る。描きたすほどに、今までの中でいちばん立体的な滝になっていく。

　七月のある日、顧問のみかちゃんが一枚のプリントを持ってきた。

二〇二二年度 麻布中学校

【国語】（六〇分）〈満点：六〇点〉

次の文章を読み、設問に答えなさい。

白い絵の具の上にさらに白を重ねながら息を、す、と止めて筆を走らせる。二〇一一年、二月のおわりのことだった。岩手県立盛岡《もりおか》大鵬《たいほう》高等学校の木の匂《にお》いのする美術室に一人で籠《こも》り、黙々《もくもく》と白に白を重ねる。私《わたし》は高校二年生で、学年が上がった次の夏には最後の絵画コンクールが迫《せま》っていた。キャンバスには大きな滝《たき》の絵を描《か》いていた。不動の滝という八幡平《はちまんたい》市の祖母の家の近くにある滝の絵を、どうしても描き残したいと思ったのだった。キャンバスの横に並べば自分の腰《こし》より太い水しぶきは描き足すほどに愛着がわく。一時間くらいして下校のチャイムが鳴ると、かたたたた。乾《かわ》いた音を立てて美術室の扉《とびら》が開いた。

「また太くなったなあ」

入ってきた顧問《こもん》のみかちゃんは絵を見て腕《うで》を組みながら言う。みかちゃんはビビッドピンクのフリースを着ていて、今日は巻き髪《がみ》をきれいにハーフアップにしている。

「だって太いんですよ、ほんものは、ほら」

携帯《けいたい》の画面を開いて不動の滝の写真を表示して見せようとすると、もう百回見たっちゅうの、と言いみかちゃんは見ようとしなかった。

「伊智花《いちか》の絵って、とにかく勢いがあるよ。見てるだけでつめたい滝の水がこっちに飛んでくるっていうかさ。その勢いで炎《ほのお》とかも描いてみたら。いま寒いからさ。暖をとれるような絵っちゅうか」

「描きませんよ。滝。納得《なっとく》いくように描けるまでは滝です」

おーこわ。暖房《だんぼう》とまるし風邪《かぜ》ひくからもう帰んな。と言い、チョコレートをひとつ机に置いてみかちゃんは職員室に戻《もど》って行った。納得いくように、と、とっさに言ってしまった。納得いくように描きたいんだな、私は。と思う。不動の滝が好きだった祖母が、夏に亡くなった。両親が共働きで、小学校のころは放課後をほとんど一《いっ》緒《しょ》に過ごしていたからとてもショックだった。不動の滝の大好きな祖母に捧《ささ》げるような気持ちで、祖母と対話をしているような気持ちで、私は夢中で滝を描いていた。去年の全国コンクールは北上川《きたかみがわ》の絵を描いて優秀賞。上位の三人は私よりも一学年上だったから、実質、同学年の中では一番最優秀賞に近いところにいるａジフがあった。

納得がいく滝を描けるようになるまで、半年かかった。その間に、※①震災《しんさい》が起きて岩手県はめちゃくちゃになった。

二〇一一年三月十一日。私は課外学習がちょうど休みで、盛岡にある自宅にいた。遅《おそ》く起きて、午後一時頃《ごろ》に袋《ふくろ》ラーメンを作って食べ、どんぶりも片づけずそのままテレビを見ていた。ごごご、と音がして、それからすぐに揺《ゆ》れた。つかんだ肩《かた》を揺らされているような、ぐわり、ぐわりと円を描くような揺れだった。とっさに居間に飾《かざ》ってあった大皿が割れてしまうと思い、寝《ね》かせる。ぷちん、とテレビが消える音がした。それから食器棚《しょっきだな》を押《お》さえていたけれど、あまりにも普通ではない揺れだったので、食卓《しょくたく》の下に潜《もぐ》った。避難《ひなん》訓練《くんれん》って意味あるんだ、と、妙《みょう》に冷静に思う。頭では必死に冷静なことを思っても、鼓動《こどう》が耳のそばでばくばくと聞こえた。揺れが収まった後もしばらくどきどきして、①「大丈夫《だいじょうぶ》大丈夫」と独り言を繰《く》り返した。テレビもつかないし、部屋のラジオは有線のものだが、スイッチを入れてもつかなかった。無線のラジオ、どこにあったん

2022年度
麻布中学校 ▶解説と解答

算数 (60分) <満点：60点>

解答

1 9回，260個　**2** (1) 2時5分$13\frac{1}{23}$秒　(2) 1時23分$4\frac{8}{13}$秒　**3** (1) 288個　(2) 324個　(3) 126個　**4** (1) 秒速$4\frac{2}{7}$m　(2) 秒速7.5m　**5** (1) $\frac{2}{3}$cm^2　(2) $\frac{2}{21}$cm^2　(3) $1\frac{2}{7}$cm^2　**6** (1) 7個の数は2，6，10，14，18，22，26／最初に手札を捨てるときに引いたのは18のカード　(2) 29のカード　(3) Cさんが39のカードを引いたとき　(4) 99回

解説

1 差集め算

それぞれのトラックの運び方をまとめると，右の図のようになる。この図で，太線部分の右側は小型の方が多く，大型との差は，20×5－10＝90(個)以上，20×5－1＝99(個)以下である。よって，太線部分の左側は大型の方が多く，小型との差は90個以上99個以下になる。また，太線部分の左側で1回あたりの差は，32－20＝12(個)だから，90÷12＝7.5，99÷12＝8.25より，この部分の回数は8回とわかる。したがって，大型が運んだ回数は，8＋1＝9(回)であり，ひとつの倉庫に入っていた個数は，20×(9＋4)＝260(個)と求められる。

小型	20個，…，20個	20個，20個，20個，20個，20個
大型	32個，…，32個	□個
		↑ 1～10

2 時計算

(1) 長針は1分間に，360÷60＝6(度)動き，短針は1分間に，360÷12÷60＝0.5(度)動く。2時ちょうどから$\boxed{1}$分後に右の図1でア＝イになったとすると，2時ちょうどから長針が動いた角度(ア)は$\boxed{6}$度となる。また，2時ちょうどから短針が動いた角度(ウ)は$\boxed{0.5}$度だから，イの角度は，30×2＋$\boxed{0.5}$－$\boxed{6}$＝60－$\boxed{5.5}$(度)と表すことができる。よって，$\boxed{6}$＝60－$\boxed{5.5}$より，$\boxed{1}$＝60÷(6＋5.5)＝$5\frac{5}{23}$(分)と求められる。これは，60×$\frac{5}{23}$＝$13\frac{1}{23}$(秒)より，2時5分$13\frac{1}{23}$秒となる。

図1

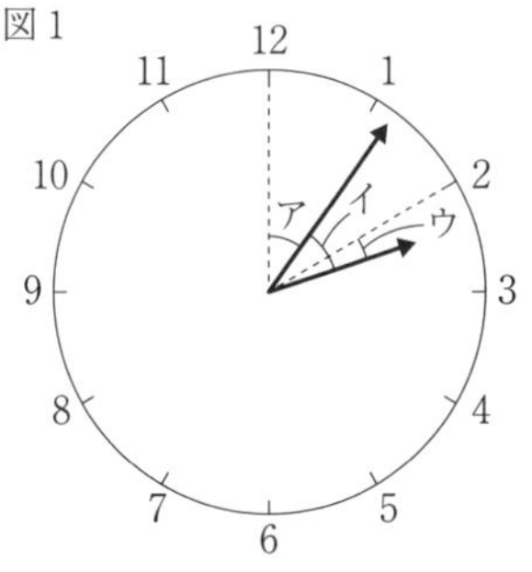

図2

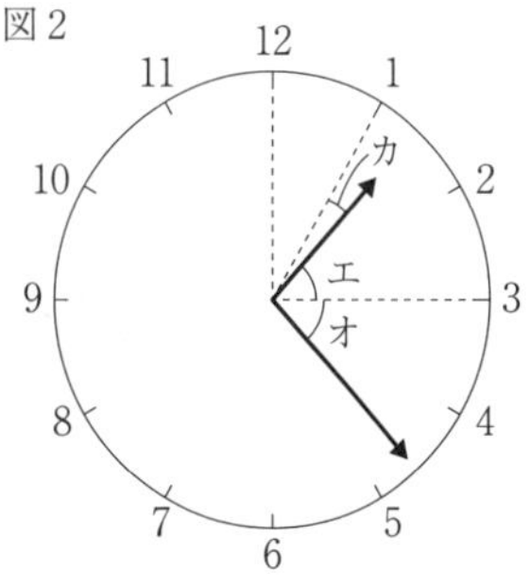

(2) 1時ちょうどから$\boxed{1}$分後に右上の図2でエ＝オになったとすると，1時ちょうどから長針が動いた角度は$\boxed{6}$度だから，オの角度は，$\boxed{6}$－30×3＝$\boxed{6}$－90(度)と表すことができる。また，1時ちょうどから短針が動いた角度(カ)は$\boxed{0.5}$度なので，エの角度は，30×2－$\boxed{0.5}$＝60－$\boxed{0.5}$(度)と表せる。

よって，$\boxed{6}-90=60-\boxed{0.5}$より，$\boxed{1}=(60+90)\div(6+0.5)=23\frac{1}{13}$(分)と求められる。これは，$60\times\frac{1}{13}=4\frac{8}{13}$(秒)より，1時23分$4\frac{8}{13}$秒となる。

3 場合の数

⑴　条件に当てはまる整数は，{$AAAB$，$AABA$，$ABAA$，$BAAA$}の4通り(…ア)で表すことができる(ただし，AとBは0以外の異なる数字)。Aとして考えられる数字は9通りあり，Bとして考えられる数字は残りの8通りあるから，全部で，$9\times8\times4=288$(個)と求められる。

⑵　0を含《ふく》む場合を考える。0を1個含む整数は{$AAA0$，$AA0A$，$A0AA$}の3通り(…イ)，0を3個含む整数は{$A000$}の1通り(…ウ)で表すことができる。どの場合もAとして考えられる数字は9通りあるので，0を含む場合は，$9\times(3+1)=36$(個)となる。よって，⑴と合わせると，$288+36=324$(個)とわかる。

⑶　アの場合，$A+A+A+B=A\times3+B$の値が3の倍数になればよい。ここで，$A\times3$の値はいつでも3の倍数だから，Bとして考えられるのは{3，6，9}の3通りである。ただし，AとBは異なる数字であることに注意すると，AとBの組は，$3\times9-3=24$(通り)とわかる(右上の表を参照)。これらを並べてできる整数が4通りずつあるので，この場合は，$24\times4=96$(個)となる。次に，イの場合，$A+A+A+0=A\times3$の値はいつでも3の倍数になるから，Aの値は9通り考えられる。これらを並べてできる整数が3通りずつあるので，この場合は，$9\times3=27$(個)と求められる。さらに，ウの場合，Aの値は{3，6，9}の3通りだから，この場合は3個である。よって，全部で，$96+27+3=126$(個)とわかる。

A	1	2	3	4	5	6	7	8	9
	3	3	~~3~~	3	3	3	3	3	3
B	6	6	6	6	6	~~6~~	6	6	6
	9	9	9	9	9	9	9	9	~~9~~

4 速さ

⑴　2回の競走のようすをグラフに表すと，下の図1のようになる。図1で，弟を表す2本のグラフは平行だから，アの距離《きょり》は24mである。よって，弟は24mを走るのに，$1+4.6=5.6$(秒)かかることがわかるので，弟の速さは秒速，$24\div5.6=\frac{30}{7}=4\frac{2}{7}$(m)と求められる。

図1

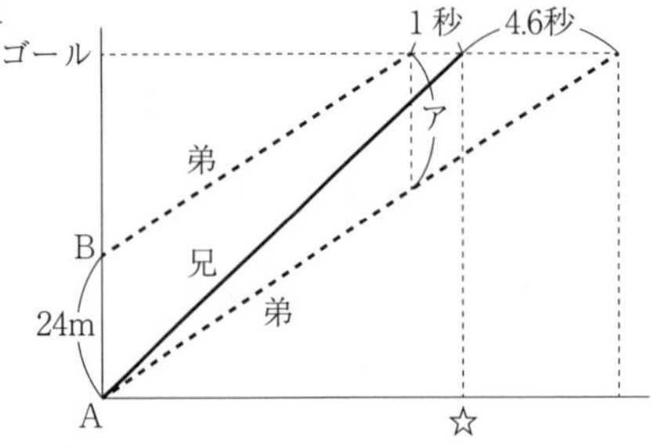

図2

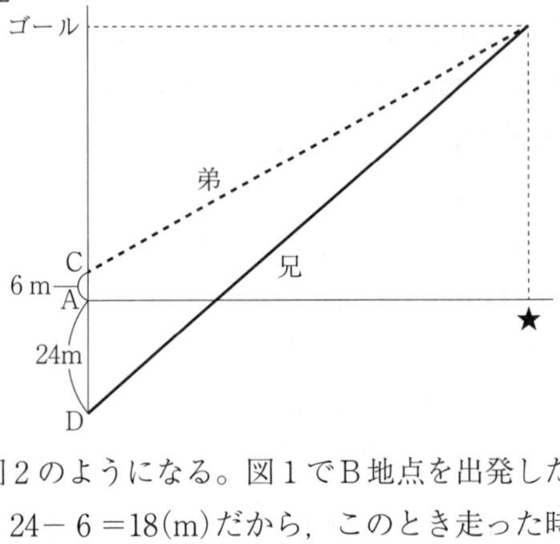

⑵　3回目の競走のようすをグラフに表すと，上の図2のようになる。図1でB地点を出発した弟と，図2でC地点を出発した弟が走った距離の差は，$24-6=18$(m)だから，このとき走った時間の差は，$18\div\frac{30}{7}=4.2$(秒)である。よって，図2で兄と弟がゴール地点に着いた時間(★)は，図1で兄がゴール地点に着いた時間(☆)よりも，$4.2-1=3.2$(秒)おそいことがわかる。また，図1と図2で兄が走った距離の差は24mなので，兄は3.2秒で24m走ることになる。したがって，兄の速さ

は秒速，$24 \div 3.2 = 7.5$(m)と求められる。

5 平面図形─辺の比と面積の比，相似

(1)　正六角形の1辺の長さを3とすると，右の図1のようになる。三角形ACFの面積は正六角形の面積の，$\frac{2}{6}=\frac{1}{3}$だから，$6 \times \frac{1}{3} = 2$ (cm²)である。また，三角形ACGと三角形GCFの面積の比は1：2なので，三角形ACGの面積は，$2 \times \frac{1}{1+2} = \frac{2}{3}$(cm²)とわかる。

図1

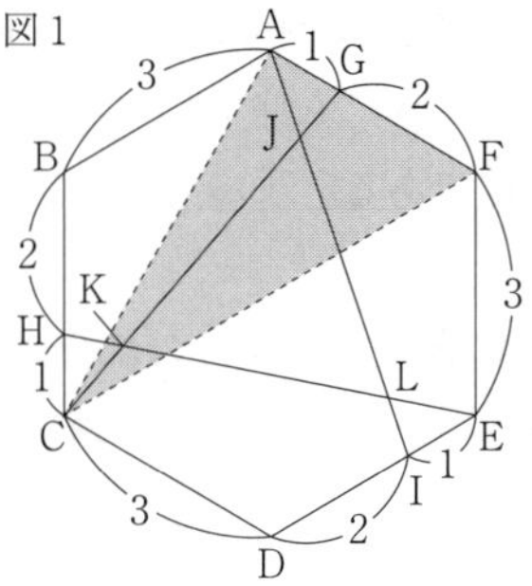

図2

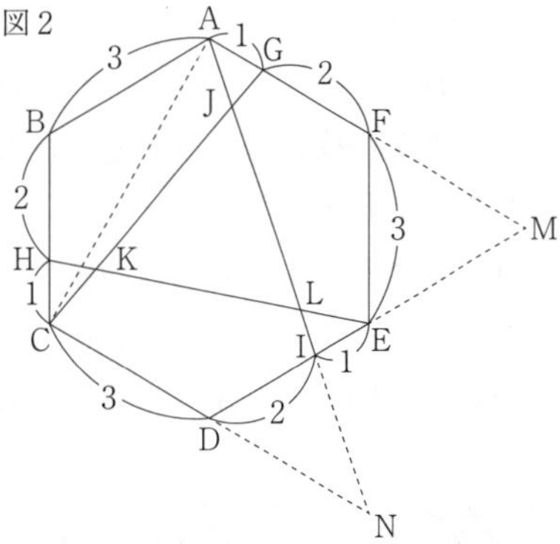

(2)　右上の図2のように，AFとDEをそれぞれ延長して交わる点をMとすると，三角形MFEは1辺の長さが3の正三角形になる。また，AIとCDをそれぞれ延長して交わる点をNとすると，三角形AIMと三角形NIDは相似になる。このとき，相似比は，MI：DI＝(3＋1)：2＝2：1だから，$DN = (3+3) \times \frac{1}{2} = 3$とわかる。さらに，三角形AJGと三角形NJCも相似であり，相似比は，AG：NC＝1：(3＋3)＝1：6なので，GJ：JC＝1：6となる。よって，三角形AJGと三角形ACJの面積の比も1：6だから，三角形AJGの面積は，$\frac{2}{3} \times \frac{1}{1+6} = \frac{2}{21}$(cm²)と求められる。

(3)　図2で，3つの四角形ABCJ，CDEK，EFALは合同である。(2)から三角形ACJの面積は，$\frac{2}{21} \times \frac{6}{1} = \frac{4}{7}$(cm²)と求められる。また，三角形ABCの面積は，$6 \times \frac{1}{6} = 1$ (cm²)なので，四角形ABCJの面積は，$\frac{4}{7} + 1 = \frac{11}{7}$(cm²)とわかる。よって，三角形JKLの面積は，$6 - \frac{11}{7} \times 3 = \frac{9}{7} = 1\frac{2}{7}$(cm²)となる。

6 整数の性質，周期算

(1)　Bさんは4で割ると2余る数が書かれたカードを引くから，小さい方から順に，2，6，10，14，18，22，26となる。また，引いたカードを小さい方から順に合計していくと，2＋6＝8，8＋10＝18，18＋14＝32，32＋18＝50となるので，最初に捨てるのは18のカードを引いたときである。

(2)　Aさんは4で割ると1余る数が書かれたカードを引くから，小さい方から順に合計していくと，1＋5＝6，6＋9＝15，15＋13＝28，28＋17＝45，45＋21＝66，66＋25＝91，91＋29＝120となる。よって，Aさんが最初に捨てるのは29のカードを引いたときとわかる。なお，(1)，(2)は一の位だけを計算して求めることもできる。

A	4で割ると1余る数の一の位	1	5	9	3	7	1	5	9	3	7	1
	順に合計した数の一の位	1	6	5	8	5	6	1	0	3	0	1
B	4で割ると2余る数の一の位	2	6	0	4	8	2	6	0	4	8	2
	順に合計した数の一の位	2	8	8	2	0	2	8	8	2	0	2
C	4で割ると3余る数の一の位	3	7	1	5	9	3	7	1	5	9	3
	順に合計した数の一の位	3	0	1	6	5	8	5	6	1	0	3
D	4で割りきれる数の一の位	4	8	2	6	0	4	8	2	6	0	4
	順に合計した数の一の位	4	2	4	0	0	4	2	4	0	0	4

(3)　4で割ると1余る数の一の位は，1，5，9，3，7の5個の数字がくり返され，これを順に合計した数の一の位は，1，6，5，8，5，

6，1，0，3，0の10個の数字がくり返される。ほかの数についても同様に調べると上の表のようになるので，全体では10個を周期として同じことがくり返されることがわかる。つまり，Dさんが10枚目のカードを引いた直後は全員が手札を捨てていて，最初の状態にもどることになる。ただし，Dさんは9枚目のカードを引いたときにも捨てているから，初めて全員の手札がなくなるのは，Cさんが10枚目のカードを引いた直後である。よって，Cさんが，3＋4×(10－1)＝39のカードを引いたときとなる。

(4) 表より，1つの周期の中で条件に合うのはかげの部分の16回あることがわかる。また，250÷40＝6余り10より，これが6回くり返され，さらに余りの10回の中にも3回あることがわかるから，全部で，16×6＋3＝99(回)と求められる。

社 会 (50分) ＜満点：40点＞

解 答

問1 **あ** 台湾 **い** サンフランシスコ **う** アフガニスタン **問2** **イラン**…う **ブラジル**…お **問3** あ，い，う **問4** (1) (例) キリスト教を広めるおそれがなかったから。 (2) (例) 貿易による利益を幕府が独占するため。 **問5** (例) 朝鮮から日本に移住した人にも選挙権が認められていたから。 **問6** (1) う (2) (例) 特別永住者の高齢化が進み，亡くなる人が増えた。 **問7** (例) 集団就職などで地方から都会に働きに来る若者が多かったから。 **問8** (1) え (2) あ **問9** (例) 3／実際に迫害を受けないと保護されないと受け取れるところ。(4／迫害を受ける理由が自分にある場合は保護されないと受け取れるところ。)(5／難民の定義には経済状況について定められていないのに質問しているところ。) **問10** ① 愛知県 ② 東京都 **問11** (例) 知識や実務経験を必要とする職業だから。(新たに技能を習得させるのに時間がかかるから。) **問12** (例) 支援に必要な資金の調達が難しくなる。／外国人が公的な行政サービスを受けられなくなる。 **問13** (例) 外国人と日本人の理解が深まり，社会の中で平等に暮らせることが重要なので，法律や条例で外国人労働者への差別的な待遇を禁じるとともに，地域や個人で外国人との積極的な交流の機会を持つことが必要である。

解 説

日本に居住する外国人を題材とした総合問題

問1 **あ** 日清戦争(1894～95年)に勝利した日本は，下関条約で清(中国)から台湾などの領土や多額の賠償《ばいしょう》金を得た。これ以降，台湾は，第二次世界大戦で日本が敗北する1945年までの約50年間，日本の植民地支配を受けた。 **い** 1951年，アメリカ(合衆国)西部の都市サンフランシスコで，第二次世界大戦の講和会議が行われた。日本代表としてこの会議に出席した吉田茂《しげる》は，48か国との間でサンフランシスコ平和条約を結び，この条約が翌52年に発効したことで，日本は独立を回復した。 **う** 2001年9月11日，アメリカで同時多発テロ事件が起こると，アメリカとその同盟国は事件の首謀《しゅぼう》者を保護したとしてアフガニスタンを空爆《くうばく》し，当時の政権を崩壊《ほうかい》に追いこんだ(アフガニスタン戦争)。

問2　イランは西アジアのイスラム教国で，ペルシャ湾北東部に位置する。ブラジルは南アメリカ大陸の北東部を占《し》める国で，国土の大部分が南半球に位置する。なお，「あ」はトルコ，「い」はサウジアラビア，「え」はコロンビア，「か」はアルゼンチン。

問3　日本では国籍登録において，「日本人から生まれたこと」が重視される。一方，アメリカでは「自国で生まれたこと」が重視される。よって，両親の両方とも，あるいはどちらかが日本国籍であれば，生まれた国が日本以外でも，日本国籍を取得できる。また，アメリカ国内で生まれれば，両親の国籍にかかわらず，子どもはアメリカ国籍を得られる。

問4　(1)　江戸幕府はキリスト教禁止を徹底《てってい》するため，貿易が布教活動と結びついていたスペイン・ポルトガルとの貿易を停止し，キリスト教の布教を行わないオランダと清(中国)に限り，幕府と貿易することを認めた。　(2)　江戸幕府は，大名が外国と貿易することで経済力をつけることをおそれた。そこで，貿易による利益を幕府が独占するため，長崎を直接支配し，ここを唯一《ゆいいつ》の貿易港とした。

問5　「ハングル」は朝鮮で用いられている文字で，図1では「舛添《ますぞえ》弥《や》次郎《じろう》」という文字の左側に書かれている。日本は1910年に韓国併合を行い，1945年まで朝鮮を植民地として支配した。1925年に公布された普通選挙法では，日本に住む満25歳以上の朝鮮人男性にも選挙権が認められたが，「ハングル」による投票は認められなかった。1930年に「ハングル」による投票が認められたが，立候補者名を朝鮮語読みすると「ハングル」での表記が何十通りもできてしまうため，日本語読みを「ハングル」で表した基準表記がつくられた。基準表記に合った表記でないと投票が無効となってしまうので，政見演説会の案内にも「ハングル」を書いたと考えられる。

問6　(1)　2008年，アメリカで大手投資銀行のリーマンブラザーズが経営破綻《はたん》したことをきっかけとして，リーマンショックとよばれる世界的な金融《きんゆう》危機が起こった。図2で2008年から2012年にかけて在留資格外国人の総数が減っているのは，このリーマンショックの影響によるものと考えられる。なお，バブル経済の崩壊は1990年代初め，阪神・淡路大震災は1995年，東日本大震災は2011年のできごと。　(2)　「特別永住者」は，表1と本文から，植民地時代の朝鮮や戦後の朝鮮戦争(1950～53年)などの混乱期に日本に定住した人びとで，在日韓国・朝鮮人が中心であるとわかる。朝鮮戦争の休戦からおよそ70年がたとうとする中，特別永住者も高齢化し，亡くなる人も増えたため，図2のように，その数がじょじょに減っているのだと推測できる。

問7　1950年代後半～1960年代は高度成長の時代にあたり，産業がめざましく発達して都市部を中心に労働力が不足するようになった。この時期には，地方の中学・高校の卒業生が就職のために集団で都市部へやってくる集団就職が行われ，特に低い賃金で雇える中学卒業者は「金の卵」としてもてはやされた。集団就職は進学率の向上とともに見られなくなっていったが，都市部の過密と農村の過疎化など，新たな社会問題を生み出した。

問8　(1)　1868年は明治時代の始まった年で，このときにはアメリカ，オランダ，フランス，イギリス，ロシアとの修好通商条約が結ばれていた。よって，この時期の移民がない②にブラジルがあてはまる。日本からブラジルへの移民は，1908年に始まった。①と③のうち，合計の移民の数が多い①がアメリカで，③がロシアである。アメリカでは1900年代初めに，急増する日本人移民への警《けい》戒《かい》感から，これを制限する協約が結ばれ，1924年には完全に日本からの移民が禁止された。　(2)　1905年，日露戦争の講和条約として結ばれたポーツマス条約で，日本は南満州鉄道の経営権をロシアからゆずり受けた。1931年には日本軍がみずから南満州鉄道の線路を爆破し（柳条《りゅうじょう》湖《こ》事件），これを中国のしわざとして軍事行動を起こした。これによって満州事変が始まり，満州の広い地域を占領した日本は，1932年に満州国を建国してこれを植民地化した。

問９　難民条約では「迫害を受けるおそれがある」人を難民と定義しているが，３では迫害されたかを質問しており，実際に迫害を受けないと難民として保護されないと受け取れる。また，難民条約では「政治的な意見を理由」として迫害を受けるおそれがある人を難民と定義しているが，４では政治的な立場を持つことで迫害を受ける原因を自分からつくった場合は難民として保護されないように受け取れる。５については，難民条約の定義でふれていない生活費用などの経済状況について質問していることが問題だといえる。

問10　①，②　愛知県は自動車産業を中心とする機械工業がさかんで，これにたずさわる外国人就労者が多い。また，東京都は日本の政治や文化の中心で，多くの情報が集まることから情報通信業がさかんで，これにたずさわる外国人就労者が多い。高知県は農林漁業が東京都・愛知県に比べてさかんなので，これにたずさわる外国人労働者の割合が多くなっている。

問11　資料２にあるような仕事は，特別な知識や実務経験が求められる職種で，特に高齢者介護《かいご》では日本語のコミュニケーション能力も必要となる。企業としては，新しい外国人労働者に時間と手間をかけてその技能を習得させるよりも，すでに就労している外国人の滞在《たいざい》期間を延長し，そのまま就労させたほうが，利点が多いと考えられる。

問12　行政が外国人の支援を行わないと，外国人の支援は企業やボランティアが担うことになる。企業に支援を頼んだ場合は費用を負担せねばならず，ボランティアに支援を頼んだ場合にも継続的な支援に必要な資金の調達が難しくなる可能性もある。また，支援を公的な行政サービスとして受けられないと，生活においてさまざまな不便が生じるおそれもある。

問13　グローバル化の進展にともなって，日本で働く外国人労働者数は増加傾向《けいこう》にある。少子高齢化と人口減少が進む日本において，今後さらに深刻になると予想される労働力不足を補う意味でも，外国人労働者を受け入れ，彼ら彼女らに活躍《かつやく》してもらうことは，社会の維持のために必要となってくる。しかし，日本で働く外国人労働者の中には，本国で待つ家族のため，あるいは本国よりは多い賃金を得られるといった理由から，劣悪《れつあく》な労働環境や低賃金に耐《た》えつつ働く人もいる。こうしたことは，相手への理解の欠如や思いやりのなさから生まれるものともいえる。お互いの理解を深め，共生していくためには，外国人にも積極的に地域の行事に参加してもらうなど，交流と相互理解の場を増やすことが大切である。希望する人には，地域で日本語教育の場を提供することも，外国人の助けになるだろう。また，企業は，外国人労働者を安価な労働力として差別的にあつかうのではなく，その家族もふくめ，会社を支える大切な人材として大切にあつかうことが必要である。国や地方公共団体は，法律や条例で差別的な待遇を禁じ，必要ならば罰則《ばっそく》を科す，あるいは積極的に外国人労働者を受け入れ，適切な待遇をする企業に補助金を出すといったことで，外国人を支えることができる。

理 科 (50分) ＜満点：40点＞

解 答

1 **問1** ① ウ ② ア ③ ウ ④ ア ⑤ ウ ⑥ ア **問2** ⑦ 傘の上側の表面 ⑧ 傘の内部 ⑨ 傘の上側の表面 ⑩ 大きくなる **問3** ⑪ ウ ⑫ ア ⑬ オ **問4** 右側 **問5** 右の図 **問6** ⑭ (例) 帆の右側の向き ⑮ (例) 水の抵抗で横方向に動けない **問7** (例) **役立つこと**…ヨットがたおれにくくなる。 **理由**…Ｊが重いとヨットの重心が下がるから。

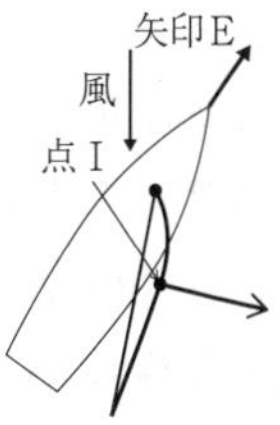

2 **問1** ビタミン **問2** **甘味**…炭水化物 **旨味**…たんぱく質 **問3** (例) 微生物によって，炭水化物やたんぱく質が分解されているから。 **問4** (例) 腐敗を起こす微生物が死滅する濃度の塩が加えられているから。 **問5** **X** 1 **Y** 0 **Z** 2 **Bの名前**…二酸化炭素 **問6** 90：23：22 **問7** **ブドウ糖の重さ**…110g **エタノールの濃度**…4.8%

3 **問1** カ **問2** 180度 **問3** **X** C **Y** D **問4** イ **問5** 新月 **問6** イ **問7** **あ** 30度 **い** 27.7度 **う** 2.3度 **え** 157 **お** 13

4 **問1** エ **問2** イ，エ **問3** **A** 表面たんぱく質 **B** 遺伝物質 **問4** ウ **問5** (7) **問6** (例) 抗体は細胞内のウイルスをやっつけることができないから。 **問7** (例) 病原体の増え方が大きいこと。 **問8** (例) ウイルスが付着した手指で，口や鼻などにふれると，ウイルスが生きた細胞にくっつくおそれがあるから。 **問9** イ，エ，キ

解 説

1 **風の力のはたらき方についての問題**

問1 図２のⓑでは，Ｂ側に吹《ふ》いている風は旗にじゃまされるので，その速さは元の風の速さよりも遅《おそ》い。一方，Ａ側に吹いている風は旗にじゃまされないので，その速さはＢ側に吹いている風の速さよりも速くなる。ⓒではⓑと旗が曲がっている向きが逆なので，Ａ側とＢ側の風の吹き方もⓑと逆になる。つまり，Ａ側に吹いている風は旗にじゃまされて元の風の速さよりも遅く，Ｂ側に吹いている風はＡ側に吹いている風の速さよりも速い。また，ⓑのＢ側からＡ側に力がはたらくとⓒになり，ⓒのＡ側からＢ側に力がはたらくとⓑになる。したがって，Ａ側とＢ側に吹いている風の速さに差があるとき，旗にはたらく力の向きは，風の速さが遅い方の側から速い方の側であるとわかる。

問2 空気の流れの速さが遅い方の側から速い方の側に力がはたらくため，傘《かさ》の上側の表面の方が傘の内部よりも空気の流れが速いときには，傘の内部から傘の上側の表面に向かって力がはたらく。この力の大きさが大きくなると，図３のⓓからⓔの状態になる。

問3 翼《つばさ》のすぐ下側を進む風は翼にじゃまされるので，元の風の速さより遅くなる。この風と比べると，翼のすぐ上側を進もうとする風の速さは速い。そのため，翼には翼の下側から上側の向きに力がはたらく。

問4，問5 図５と同じように考えると，図８のヨットでは帆《ほ》の右側の方が左側よりも風の速さが速く，帆の左側から右側の向きに力がはたらくことになる。

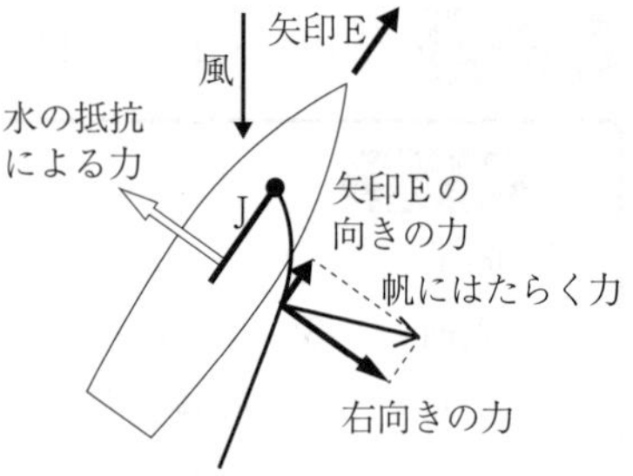

問6　問5より，図9のJがなければヨットは帆の右側の向きに進もうとする。Jがあると，Jが水の抵抗《ていこう》により進行方向に向かって左向きの力を受けることになる。帆にはたらく力は，右の図のように進行方向である矢印Eの向きの力と進行方向に向かって右向きの力に分けて考えることができる。後者の力と水の抵抗により受ける力が打ち消し合い，ヨットは矢印Eの向きに進むことができる。

問7　Jをある程度重いものにすると，ヨットの重心(重さが集中していると考えることができる点)の位置が下がり，ヨットがたおれにくくなると考えられる。

2 発酵《はっこう》についての問題

問1　三大栄養素と呼ばれる炭水化物(糖質)，たんぱく質，脂質《ししつ》に，無機質(ミネラル)とビタミンを加えたものを五大栄養素という。

問2　でんぷんはブドウ糖という砂糖の仲間がたくさん結びついた物質と述べられている。そのため，炭水化物(でんぷんや砂糖の仲間)が分解されるとブドウ糖になるので，甘味として炭水化物を感知していると考えられる。また，たんぱく質はいろいろなアミノ酸がたくさん結びついた物質であることや，アミノ酸の一種であるグルタミン酸の仲間を食べたときに感じる味から旨味《うまみ》が発見されたいきさつが説明されている。このことから，旨味としてたんぱく質を感知しているといえる。

問3　発酵は，微生物《びせいぶつ》が酵素《こうそ》という物質をつくって炭水化物やたんぱく質を分解することで，私たちにとって役に立つものができると述べられているように，発酵食品は炭水化物やたんぱく質が微生物によって一部が分解されているため，消化や吸収されやすいといわれる。

問4　米味噌《みそ》のつくり方の(4)で，大豆に塩を加え，麹菌《こうじきん》を含《ふく》む多くの微生物が死滅《しめつ》する濃度《のうど》にしている。このようにすることで，腐敗《ふはい》を起こす微生物もほとんど生存できなくなり，味噌が腐敗しにくくなると考えられる。

問5　原子は増えたり減ったりしないため，Bの分子1つには，炭素原子が，$(6-2\times2)\div2=1$(個)，水素原子が，$(12-6\times2)\div2=0$(個)，酸素原子が，$(6-1\times2)\div2=2$(個)含まれている。この炭素原子1個と酸素原子2個からなるBは，二酸化炭素である。

問6　炭素原子と水素原子と酸素原子の1個あたりの重さの比は12：1：16なので，ブドウ糖1分子とエタノール1分子と二酸化炭素1分子の重さの比は，$(12\times6+1\times12+16\times6):(12\times2+1\times6+16\times1):(12\times1+1\times0+16\times2)=180:46:44=90:23:22$と求められる。

問7　問5の図より，ブドウ糖1分子を発酵させると，エタノールと二酸化炭素は2分子ずつできる。このことから，ブドウ糖の発酵によって44gの二酸化炭素ができた場合，ブドウ糖が，$44\times\frac{90}{22\times2}=90$(g)発酵に使われて，エタノールが，$44\times\frac{23\times2}{22\times2}=46$(g)出てくる。発酵させる前は，水溶液《すいようえき》中にブドウ糖が，$1\times1000\times0.2=200$(g)あるので，発酵後に残っているブドウ糖の重さは，$200-(46+44)=110$(g)である。また，発酵後は水溶液全体の重さが，$1\times1000-44=956$(g)になるため，このときのエタノールの濃度は，$46\div956\times100=4.81\cdots$より，4.8%になる。

3 天体の見え方についての問題

問1　図1は上弦《じょうげん》の月で，夕方に南中する。また，9月半ばは秋分の日に近いので，太陽は真西に近いところに沈《しず》む。よって，夕方には太陽は西の地平線近くにある。

問2　満ち欠けで最もふくらんだ形の月は，満月である。図2で，満月を地球の位置から見た向きは，地球の位置から見た太陽の向きと，180度離《はな》れている。

問3　図3で，地球から見た金星の光って見える部分は，地球—太陽—金星の順に結んだときにできる角の大きさが小さいほど細く，大きいほど太くなる。地球からXの位置の金星を観測すると，向かってちょうど右側から太陽の光があたり，Cのように右半分だけが光って見える。また，地球からYの位置の金星を観測した場合には，Xの位置の金星に比べて，地球—太陽—金星の順に結んだときにできる角の大きさが少し大きいので，光って見える部分がCよりも少し太いDのようになる。

問4　地球から見た金星が太陽からあまり離れることがないため，金星が明るく輝《かがや》く姿が見られる時間が限られると述べられているように，イは地球から見ると金星が太陽からあまり離れることがないので，条件1を満たす。また，イは，地球と金星の距離《きょり》が変化するので，条件2も満たしている。したがって，イが選べる。なお，イ以外は，太陽—地球—金星の順に結んだときにできる角の大きさが180度になることがあり，そのときに，真夜中に満月のような形に輝く金星を見ることができるので，条件1を満たさない。エについては，地球と金星の距離が変化しないので，条件2も満たしていない。

問5　図3で，金星が地球に最も近づくとき，太陽—金星—地球の順に結んだときにできる角の大きさが180度になる。これは月でいうと新月のときと同じような位置関係で，金星が反射している太陽の光を地球からは見ることができないので，金星の明るさが暗くなる。

問6　図5で，木星の明るさが最も明るくなる(木星が地球に最も近づく)のは，2017年4月頃《ごろ》，2018年5月頃，2019年6月頃，2020年7月頃，2021年8月頃なので，地球と木星の会合周期はおよそ1年1か月，つまり，12＋1＝13(か月)とわかる。

問7　**あ**　地球の公転は12か月で360度なので，1か月で地球が動く角度は，$360\div12=\frac{360}{12}=30$(度)である。　**い，う**　360度を地球と木星の会合周期で割ると，$360\div13=\frac{360}{13}=27.69\cdots$より，地球と木星が動く角度の1か月での差は27.7度となる。また，図6より，1か月に公転する角度は木星の方が地球よりも小さいから，木星が1か月に公転する角度は，30－27.7＝2.3(度)とわかる。　**え，お**　木星が360度公転するのにかかる時間は，360÷2.3＝156.5…より，157か月と求められる。これは，157÷12＝13.0…より，13年である。なお，木星が360度公転するのにかかる時間は，木星が1か月に公転する角度を，$\frac{360}{12}-\frac{360}{13}=\frac{360}{12\times13}$(度)として求めた場合には，$360\div\frac{360}{12\times13}=156$(か月)となる。

4 感染症《かんせんしょう》についての問題

問1　(1)～(3)は生きている細胞《さいぼう》でみられるはたらきで，これらは(2)でつくったたんぱく質によって行われ，(2)は(1)で得たエネルギーを利用するので，生きている細胞のすべてで(1)と(2)は必ず行われていると考えられる。なお，(3)は生きている細胞の一部でのみ行われると述べられている。

問2　ア，ウ　体内の損傷が少なく，病原体をすみやかにやっつけることができた場合，症状がみられないこともあると述べられている。つまり，感染すれば必ず症状があらわれるわけではない。また，症状がみられない人の中にも感染している人がいる可能性があるため，そのような人と一緒《いっしょ》にいれば感染する可能性がある。　イ　病原体が体内に侵入《しんにゅう》し，増えることを感染というのだから，感染しなければその病原体による症状はあらわれない。　エ　症状がある人に近づいても，病原体が体内に侵入して増えることがなければ，感染しない。

問3　**A**　ウイルスが細胞にくっつくためには，ウイルスの表面たんぱく質と細胞の表面の構造が合うことが必要だと考えられる。　**B**　ウイルスは単独では増えませんと述べられているように，細胞が自身の遺伝物質などを増やすときに，細胞内に侵入したウイルスの遺伝物質なども一緒に増やしてしまうことで，ウイルスは増えていく。

問4　ア　ウイルスに侵入された細胞がすぐに死んでしまうと，ウイルスは自身の遺伝物質の複製などをしてもらえなくなるので，ふさわしくない。　イ，エ　死んだ細胞(呼吸をしない細胞)はウイルスの遺伝物質を複製できないので，あてはまらない。　ウ　ウイルスがいっぱいになると感染細胞は壊《こわ》れて大量のウイルスを細胞の外に放出すると述べられているため，正しい。

問5　症状を起こす病原体を体内からとりのぞこうとするはたらきにあたるのは(4)～(6)なので，症状がやわらいでくるのは(7)が始まったころと考えられる。

問6　抗体は細胞内には入れませんと述べられていることから，抗体は細胞内のウイルスをやっつけることができないとわかる。そのため，抗体が細胞の外にある病原体をすべてやっつけても，細胞内にウイルスが残っていると，ウイルス感染症は治ったとはいえない。

問7　問2の前の説明で，病原体が増えれば増えるほど，体内の細胞が壊されてしまうと述べられている。このことから，体内の損傷を大きくするような病原体の性質として，病原体の増え方が大きいことがあげられる。

問8　手指にウイルスがついていると，口や鼻に手指がふれたさいに，ウイルスが生きた細胞にくっつくことがある。そのため，手洗いや手指のアルコール消毒をする必要がある。

問9　免疫《めんえき》の細胞は，使わせずに休ませすぎると弱り，激しく使いすぎると壊れてしまうと述べられている。アとカは免疫の細胞を使わずに休ませすぎること，ウとオは免疫の細胞を激しく使いすぎることにあたる。免疫のはたらきを高めるのによいとされるものとして，イ，エ，キが選べる。

国　語　(60分)＜満点：60点＞

解　答

問1　下記を参照のこと。　**問2**　(例)　大丈夫と自分に言い聞かせることで，一人きりのときに起きた大地震への激しい動揺をおさえたかったから。　**問3**　(例)　テレビで流れた，次々と家を飲み込んでいく津波の映像が現実のものとはにわかに信じられず，あぜんとしている。　**問4**　イ　**問5**　ウ　**問6**　(例)　伊智花の答えは，記者が期待していた，被災地に届けるのにふさわしい希望に満ちた応援メッセージではなかったから。　**問7**　(例)　工夫をこらしながらも作為的でなく，強く気持ちがこめられている点。　**問8**　(1)　(例)　描いた絵自体の評価はされず，絵にこめられた被災地へのメッセージ性ばかり求められていたことが不本意で，うんざりしたから。　(2)　(例)　自分が納得できる絵を描くための姿勢をととのえる意味。　**問9**　(例)　理不尽な現実に直面したことで感じたやり場のない思いを，絵を描くという行為に向けていた点。　**問10**　(例)　水が激しく押し寄せてくるさまがリアルに描かれていることや，「怒濤」というタイトルが震災を想起させるから。　**問11**　ア　**問12**　(1)

（例） 震災直後は，これまでの集大成となる絵を描き，必ず賞を獲るという強い意志をもって取り組んでいたが，ニセアカシアの絵で不本意な思いをした後は，祖母のことも賞のことも忘れて，自分の中にある怒りやわだかまりを絵にぶつけるかたちで描くようになった。　⑵（例） 描いた絵が，震災や復興などと結びつけられて評価されたことにいきどおりを感じたものの，どうしても自分が納得できるものを表現したいという思いを，あきらめられずにいるということ。

●漢字の書き取り

a　自負　b　謝罪　c　写実　d　金管

解　説

出典はくどうれいんの『氷柱《つらら》の声』による。岩手県に住む高校生の伊智花《いちか》は，美術部で最後のコンクールに出すための絵を描《か》いていた時に大震災《しんさい》に見舞《みま》われる。さまざまな体験をしながらも半年かけて仕上げた不動の滝《たき》の絵は納得《なっとく》のいく作品となったが，最優秀《ゆうしゅう》賞を逃《のが》してしまう。

問1　a　自分の才能や実績などに自信を持ち，ほこりに思うこと。　b　罪やまちがいをわびること。　c　ものごとを現実そのままに表現すること。　d　「金管楽器」は，トランペットやトロンボーンなど，金属製の吹奏《すいそう》楽器のこと。

問2　二〇一一年三月十一日，一人きりの自宅で突然《とつぜん》大きな揺《ゆ》れに遭遇《そうぐう》した伊智花は，激しい胸の鼓動《こどう》を覚えながらも「大丈夫《だいじょうぶ》大丈夫」と繰《く》り返している。少し後，電話の中で「大丈夫だからね，大丈夫」と話す母親のようすがまるで「自分に言い聞かせているようだ」と思えたことから，伊智花も母親同様，何度も口に出すことで，動揺《どうよう》する自分の気持ちをどうにか落ち着かせようとしたものと考えられる。

問3　大震災から三日目，テレビから流れてきたのは「真《ま》っ黒い波がいくつもの家を飲み込《こ》む」，CGや映画と見まがうような映像だった。あまりに現実離《ばな》れしたその状況《じょうきょう》に頭がついていかず，無意識に「うそじゃん」とつぶやいたのだから，伊智花は目に入ってきた映像を，ただただ信じられない思いで呆然《ぼうぜん》と見ていたものとわかる。

問4　未曾有《みぞう》の大震災に突然見舞われ，激しい動揺をかくせなかった自分に気づいたことや，大した被害《ひがい》のなかった自分に対し，ずっと悲惨《ひさん》な目にあっている人々がたくさんいるという事実に「妙《みょう》な居心地の悪さ」を感じていたことから，伊智花は改めて「集大成の滝」に取り組むことで，強固な自己の支えを求めたものと想像できる。よって，イがふさわしい。なお，伊智花は「豪快《ごうかい》で，繊細《せんさい》な不動の滝」を描きたいと思っていることや，絵そのものに対する評価を求めているのであって，絵にメッセージを込めようとはしていないので，ア，ウ，エは合わない。

問5　気がすすまないながらも「絆《きずな》のメッセージ」として被災《ひさい》地に絵を届けないかと提案してきた「みかちゃん」に対し，伊智花は「内陸でほとんど被害を受けていない」自分が，「本当に大変な思いをした人」への応援《おうえん》など，何をしたらよいかわからないと返したり，そもそも絵を届けること自体がとても失礼なことではないかと考えたりしている。大きな被害に苦しむ人々に思いを寄せられないまま，「希望」を届けようとする安易《あんい》な行為《こうい》に伊智花は抵抗《ていこう》を覚えたのだから，ウが選べる。なお，自信がなかったのではなく，そうした絵を描くことに違和《いわ》感を覚えているので，アは合わない。また，新たな絵を描き始めることに対し特にためらいを感じているわけではないので，イも正しくない。さらに，伊智花の「みかちゃん」に対する「怒《いか》り」は読み取れないので，エもふさわしくない。

問6　ニセアカシアの絵について，記者から「〈顔をあげて〉」というタイトルに込められた思いをたずねられた伊智花は，彼女《かのじょ》が自分の描いた絵へのこだわりには興味がなく，「被災地に向けてメッセージを届けようとする高校生」を求めているのだろうと感じ取っている。つまり記者は，「希望」を思わせるわかりやすい応援の言葉を伊智花に期待していたにもかかわらず，返ってきたのは被災者に対して申し訳なく思う気持ちの表明や，安易に「絆」「がんばろう」と伝えることなどできないといった期待はずれの答えだったため，それを記事に使うことができず，どうしたら望む答えに誘導《ゆうどう》できるか考えあぐねたのである。

問7　取材の後，自分の絵の迫力《はくりょく》ある「構図」やわざとらしくないのにちゃんと光として見える「光の線」の素晴《すば》らしさを「みかちゃん」から指摘《してき》された伊智花は，「がんばりました」ともらし，あふれ出る涙《なみだ》をこらえられずにいる。被災地への応援メッセージばかりを期待し，絵自体にちりばめられた工夫《くふう》には一切《いっさい》関心を寄せなかった記者に悔《くや》しさを感じていたさなか，「みかちゃん」だけが自分の絵と真剣《しんけん》に向き合ってくれていたことに気づき，伊智花はこみあげる喜びと彼女への感謝の気持ちをひしひしと感じたのである。

問8　(1)　ニセアカシアの絵は，「内陸でほとんど被害を受けていない」伊智花が「本当に大変な思いをした人」に向けて「失礼」ではないかと悩《なや》みながら描いたものであるにもかかわらず，取材では絵自体への評価はなく，被災地に向けたメッセージばかりが求められていた。「ニセアカシアの絵のこと」は，不本意な結果にうんざりさせられたできごとを，伊智花に思い起こさせるものだったのである。　　(2)　直後に，「ニセアカシアの絵」の件で抱《いだ》いた「心につかえる黒い靄《もや》」を，「ほとばしる怒り」ですべて押《お》し流すかのごとく「滝の絵に没頭《ぼっとう》」する伊智花のようすが描かれている。「流れろ。流れろ。流れろ」と念じるように筆を重ねた伊智花は，結果的に，自分が「今までに描いた」中で「一番力強い絵」を描き上げたのだから，「滝の絵に没頭」することには，納得のいく絵を描くための姿勢をととのえる意味があったのだと考えられる。

問9　「不動の滝を描いていた時」の伊智花は，あまりにも不本意な「ニセアカシアの絵」の一件で心にあった「黒い靄」を，どうにか押し流そうとキャンバスに向かっている。一方，高校最後のコンクールで最優秀賞を受賞した，大震災で「家と母」を失った女子生徒は絵に臨む間，自分の「内側にあるきもち」との対話を通じ，気づけば「希望」の象徴《しょうちょう》である「双葉《ふたば》」を描いていたと語っている。つまり，伊智花も女子高生も，理不尽《りふじん》な現実の中で「どこに向かえばよいかわからなくなっていた」自らの思いを，ひたすら絵にぶつけていた点で，「重なるもの」があったのだといえる。

問10　伊智花は「滝の絵」を見た榊《さかき》から，「CG」みたいにリアルで「立派」だが，「今このご時世」で激しく水が押し寄せてくるうえ，『怒濤《どとう》』というタイトルはかなり時流に反するのではないかと指摘されている。「なるほどね」と合点がいっているとおり，震災直後のご時世，津波を連想させるような，力強く水が流れるさまがリアルに描かれたものや「怒濤(激しく荒《あ》れる大波)」というタイトルは，あまりにもふさわしくないから最優秀賞には選ばれなかったのだと伊智花は気づいたのである。

問11　「この絵を見て元気が湧《わ》いたり，明るい気持ちになって，頑張《がんば》ろうって思ってもらえたらうれしい」とは，伊智花の本心ではなく，記者の誘導によるものだったことをおさえる。震災や復興と結びつけられて絵が評価されるような，自分にとってあまりに不本意なことが今回のコンクールでも起こったのを理解し，「心が安らぐ」ような，「夢を抱ける」ような，鳥，花，空などの「希望や絆があって前向きなもの」を描けばよかったのかと思ってこの言葉を小さくつぶやいたが，「作品と作者の不遇《ふぐう》を紐《ひも》づけて」評価したり，絵自体ではなく絵に込められたメッセージ性が評価の対象となったりする理不尽さに強い抵抗感を抱いていた伊智花は，どうしても自分を偽《いつわ》ることが受け入れられなかったのだろうと想像できる。よって，アがふさわしい。なお，伊智花はただ自分が納得する絵が描きたかったのであり，誰《だれ》かを元気づけるために絵を描きたいわけではないのだから，イは合わない。また，自分を偽ってまで賞を獲《と》りたいとは思っていないので，ウも正しくない。さらに，伊智花は絵を絵そのものとして評価されないことにいきどおりを覚えているので，エもふさわしくない。

問12 (1) 震災に見舞われた直後，伊智花は「改めて，集大成の滝」を描き，「必ず賞を獲りたい」と強く思っていた。しかし，絵自体でなく，絵に込められたメッセージ性が求められていた「ニセアカシアの絵のこと」を通じて理不尽な現実を味わった伊智花は，自分の中にうずまく「黒い靄」を「怒り」で押し流すように，「亡くなった祖母」や賞のことさえ忘れ，ただひたすらにキャンバスに向き合うようになっている。 (2) 完成した滝の絵は伊智花にとって「納得がいく」ものだったが，最優秀賞が獲れなかったのは，絵自体ではなく震災や復興と紐づけられて評価がなされたからである。理不尽とも思える評価の仕方にいきどおりを覚えた伊智花は自分の描いた絵を蹴《け》飛《と》ばそうとしたが，自分の内にあるものを納得のいくように表現したいという思いをどうしてもあきらめられなかったし，全力で描かれた作品に深い愛情を感じていたので，やりきれない思いをつのらせながら滝の絵を「抱《だ》きしめ」たものと想像できる。

Dr.福井の
入試に勝つ！ 脳とからだのウルトラ科学

入試当日の朝食で，脳力をアップ！

朝食を食べない学生は，朝食をきちんと食べる学生に比べて成績が悪かった――という研究発表がある。まあ，ちょっと考えればわかると思うけど，朝食を食べないということは，車にガソリンを入れないで走らせようとするようなものだ。体がガス欠になった状態では，頭が十分に働くわけがない。入試当日の朝食はちゃんと食べよう！　朝食を食べた効果があらわれるように，試験開始の２時間以上前に食べるようにするとよい。

では，入試当日の朝食にふさわしいものは何か？

まず，脳の直接のエネルギー源はブドウ糖だけであるから，それを補給するためのご飯やパン，これは絶対に必要だ。また，砂糖や果物の糖分は吸収されやすく，効果が速くあらわれやすいので，パンにジャムをぬったり果物を食べたりするのもよいだろう。

次に，タンパク質。これは脳の温度を上げる作用がある。温度が低いままでは十分に働かないからね。タンパク質を多くふくむのは肉や魚，牛乳，卵，大豆などだが，ここでは大豆でできたとうふのみそ汁や納豆をオススメする。そして，記憶力がアップするDHAを多くふくんでいる青魚，つまりサバやイワシなども食べておきたい。

生野菜も忘れてはならない。その中にふくまれるビタミンBは，ブドウ糖を脳に吸収しやすくする働きを持つので，結果的に脳力アップにつながるんだ。

コーヒーや紅茶，緑茶は，カフェインという成分の作用で目覚めをうながすが，トイレが近くなってしまうので，飲みすぎに注意！　試験当日はひかえたほうがよいだろう。眠気を覚ましたいときはガムをかむといい。脳が刺激《しげき》されて活性化し，目が覚めるんだ。

Dr.福井（福井《ふくい》一成《かずしげ》）…医学博士。開成中・高から東大・文Ⅱに入学後，再受験して翌年東大・理Ⅲに合格。同大医学部卒。さまざまな勉強法や脳科学に関する著書多数。

Memo

Memo

2021年度　麻布中学校

〔電　話〕(03) 3446－6541
〔所在地〕〒106－0046　東京都港区元麻布2－3－29
〔交　通〕東京メトロ日比谷線－「広尾駅」より徒歩10分
都営大江戸線・東京メトロ南北線－「麻布十番駅」より徒歩15分

【算　数】（60分）〈満点：60点〉

《注意》 円周率の値《あたい》を用いるときは，3.14として計算しなさい。

1　下の図のような直角二等辺三角形①と台形②があります。

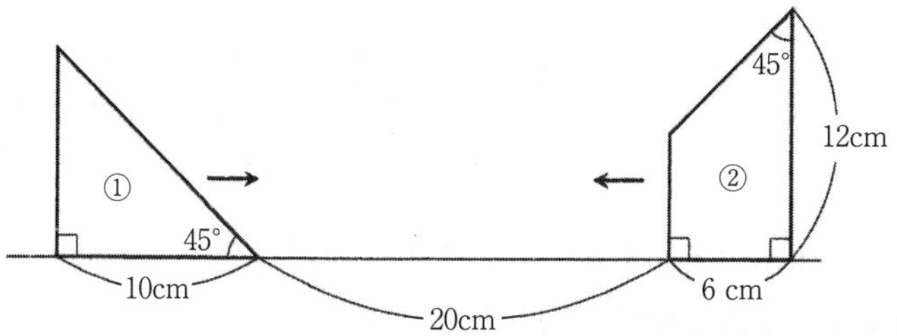

図の位置から①を毎秒1cmで右へ，②を毎秒2cmで左へ，同時に動かします。9秒後に①と②が重なっている部分の面積は何cm^{2}ですか。

2　たかし君とまこと君が全長6kmのマラソンコースを同時にスタートし，それぞれ一定の速さで走り始めました。たかし君はスタートして3.6kmの地点Pから，それまでの半分の速さで走りました。たかし君が地点Pを通り過ぎた15分後から，まこと君はそれまでの2.5倍の速さで走りました。まこと君はゴールまで残り600mの地点でたかし君を追い抜《ぬ》いて先にゴールしました。また，たかし君はスタートしてから40分後にゴールしました。

(1)　たかし君がスタートしたときの速さは分速何mですか。

(2)　まこと君がスタートしたときの速さは分速何mですか。

3　同じ形と大きさのひし形の紙がたくさんあります。これらの紙を，縦横何列かずつはり合わせます。このとき，となりのひし形と重なり合う部分はひし形で，その1辺の長さは元のひし形の$\frac{1}{4}$倍となるようにします。最後にこの図形の一番外側を太線で囲みます。

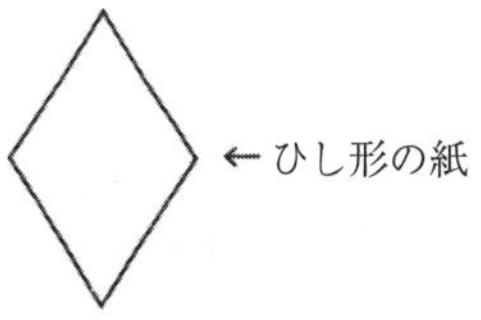

例えば，縦2列，横3列の計6枚のひし形の紙をはり合わせてこの図形の一番外側を太線で囲んだ場合は，右図のようになります。太線の内側には，紙が重なり合う部分が7か所あり，紙のない所が2か所できます。

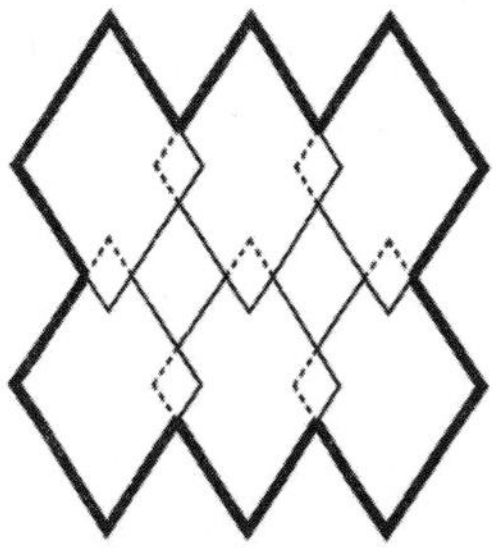

この方法で，縦10列，横20列の計200枚のひし形の紙をはり合わせて，この図形の一番外側を太線で囲みました。以下の問いに答えなさい。

(1)　太線の内側に，紙が重なり合う部分は何か所ありますか。

(2)　太線の内側の面積は，ひし形の紙1枚の面積の何倍ですか。ただし，太線の内側の面積には，紙のない所の面積も含《ふく》むものとします。

4　1.07と書かれたカードＡと，2.13と書かれたカードＢがそれぞれたくさんあり，この中から何枚かずつを取り出して，書かれた数の合計を考えます。

例えば，カードＡを10枚，カードＢを１枚取り出したとき，書かれた数の合計は12.83です。このとき，12をこの合計の整数部分，0.83をこの合計の小数部分と呼びます。

⑴　カードＡとカードＢを合わせて32枚取り出したとき，書かれた数の合計の小数部分は0.78でした。この合計の整数部分を答えなさい。

⑵　カードＡとカードＢを合わせて160枚取り出したとき，書かれた数の合計の小数部分は0.36でした。この合計の整数部分として考えられる数をすべて答えなさい。ただし，解答らんはすべて使うとは限りません。

答　＿＿，＿＿，＿＿，
　　＿＿，＿＿，＿＿

5　１から７までの数字が書かれた正六角形のライトが右図のように並んでいて，各ライトを押《お》すと，以下のように点灯と消灯が切りかわります。

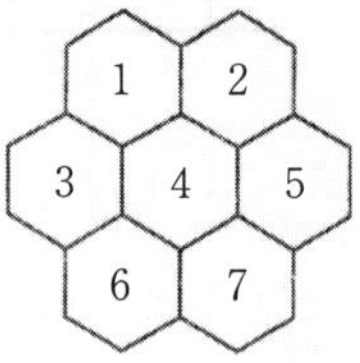

- 押されたライトの点灯と消灯が切りかわる。
- 押されたライトに接するライトのうち，押されたライトより大きい数字が書かれたライトの点灯と消灯が切りかわる。

例えば，下の図のように，１，７のライトだけが点灯しているとき，３→２の順でライトを押すと，１，２，３，５，６，７のライトだけが点灯します。

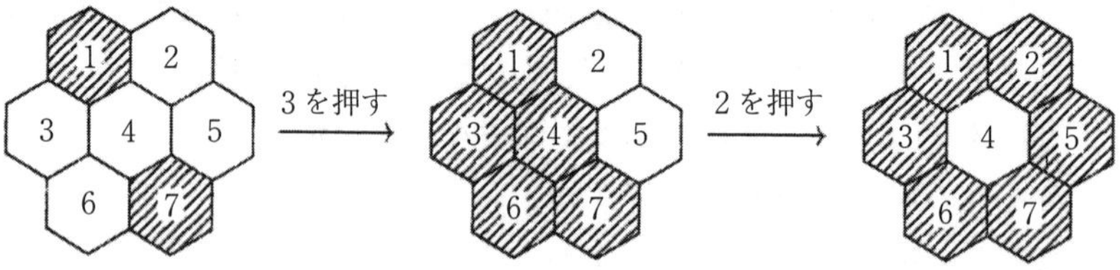

このとき，以下の問いに答えなさい。

⑴　すべてのライトが消灯しているとします。そこから１→５→６の順でライトを押したとき，点灯しているライトの数字をすべて答えなさい。

⑵　２のライトだけが点灯しているとします。そこからすべてのライトを消灯させるには，少なくとも３回ライトを押す必要があります。３回で消灯させる押し方を一つ答えなさい。

⑶　１，４，６のライトだけが点灯しているとします。そこからすべてのライトを消灯させるには，少なくとも５回ライトを押す必要があります。５回で消灯させる押し方を一つ答えなさい。

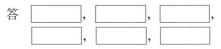

6　赤色と緑色の２つのサイコロをこの順に振《ふ》り，出た目をそれぞれA，Bとします。ただし，サイコロには１から６までの目が一つずつあります。このとき，$A\times B$が決まった数になるような目の出方が何通りあるか数えます。例えば，$A\times B=8$となるような目の出方は$A=2$，$B=4$と$A=4$，$B=2$の２通りあります。

(1)　$A\times B=$［　ア　］となるような目の出方は全部で４通りありました。［ア］に当てはまる数をすべて答えなさい。ただし，解答らんはすべて使うとは限りません。

答　［　　　］，［　　　］，［　　　］，［　　　］

(2)　$A\times B=$［　イ　］となるような目の出方は全部で２通りありました。［イ］に当てはまる数はいくつあるか答えなさい。

赤色，緑色，青色，黄色の４つのサイコロをこの順に振り，出た目をそれぞれA，B，C，Dとします。

(3)　$A\times B=C\times D$となるような目の出方は全部で何通りあるか答えなさい。

【社　会】（50分）〈満点：40点〉

1　次の文章をよく読んで，問１～問９に答えなさい。

　ぼくは今日，麻布《あざぶ》中学校の入試を受けている。今はちょうど昼休みだ。苦手な算数が思ったよりもよくできたので，少しほっとしながらお弁当を食べている。お母さんが作ってくれたお弁当の中身は，**ア**シャケと昆布《こんぶ》のおにぎりが２つ。卵焼きにウインナー，**イ**キュウリとワカメの酢《す》の物《もの》，そして自家製の**ウ**ぬか漬《づ》け。どれもぼくの大好きなメニューばかりだ。本当は鶏《とり》の唐揚《からあ》げも食べたかったけれど，あぶらっこいものを食べ過ぎると午後の社会の時間に眠《ねむ》くなってしまいそうなので，今日はあえて入れてもらわなかった。唐揚げは家に帰ってから夕食に家族といっしょに食べることになっている。今から楽しみで仕方がない。まったく食べもののことを考えている場合ではないというのに。

　ぼくの家は都内の私鉄沿線の商店街にある。昭和《しょうわ》30年代から続く商店街の一角にある魚屋で，お父さんとお母さんがお店を切り盛りしている。向かいにあるのは唐揚げ専門店で，ぼくはそこの特製唐揚げが大好物だ。その店は５年ほど前に開店した新しい店で，大分《おおいた》県の名物「中津《なかつ》唐揚げ」が食べられるという人気店だ。テレビの**エ**「ご当地グルメ」の特集でも取り上げられたことがあり，夕食前の時間には行列ができていることもある。商店街にはうちの店と同じく昭和からやっているお店が少なくないけれど，にぎわっているのはこの唐揚げ屋さんくらいで，それ以外のお店はお客さんが減ってきて困っている。最近，近所にとても大きなスーパーができた。日本中で郊外《こうがい》に大型店ができて**オ**昔ながらの商店街はどんどん衰退《すいたい》し，「シャッター通り」になってしまったところもあると，学校の授業でも習った。魚屋を営むぼくの家にとって，それは教科書の中だけの絵空事ではない。

　と言いつつ，ぼくの家もよくその大型スーパーを利用している。今日のお弁当のおかずのほとんどはそこで買ったものだ。商店街で買うより少し安いのだとお母さんが言っていた。聞けば**カ**「プライベートブランド」といって，スーパーが独自に契約《けいやく》して販売《はんばい》しているものも多く，そのぶん安く買えるのだという。

　実は魚も，全国展開しているスーパーはけっこう安くておいしいらしい。うちは毎朝お父さんが**キ**豊洲《とよす》市場まで行って魚を仲卸《なかおろし》業者から仕入れているけれど，近所の大型スーパーは，契約した漁港から直接各地の店舗《てんぽ》に運んでいる。だから朝にとれた魚を，その日の午後にはお店に並べることができるということだ。

　全国展開のスーパーでは，電話やインターネットで注文すると家まで商品を届けてくれるサービスも行っているそうだ。長年うちの店に魚を買いに来てくれていたご老人が最近それを利用するようになったと聞いて，お父さんも魚の宅配を始めようと考えているらしい。超高齢《ちょうこうれい》社会という言葉をよく聞く。商店街のお客さんだけではなく，お店をやっている人にも高齢化がすすんでいる。商店街では世代交代も大きな課題だという。ぼくはお父さんから，「おまえはこの店を無理に継《つ》がなくても良いからな」と言われているけれど，将来どうしようか迷っているところだ。

　ぼくは生まれた時から身近に魚があったから，魚や海がとても好きだ。麻布には生物部があって，珍《めずら》しい生き物を採集したり，飼育したりすることがさかんだと，インターネットで読んだことがある。できればぼくは魚を研究する生物学者になりたいとも思っている。世界の人口はますます増加し続けているけれど，魚介類《ぎょかいるい》の消費量はそれを上回る勢いで増加しているという。日本は昔から多くの魚をとってきた国だけど，最近は魚を世界中から輸入している国でもある。このまま世界中で魚をとり続けたら，アジやイワシといった庶民的《しょみんてき》な魚も，将来手に入らなくなる可能性があるらしい。逆にそういう魚の漁獲量《ぎょかくりょう》を安定させていくことが，世界の飢餓《きが》や貧困《ひんこん》の問題を解決する可能性があるという報道も見たことがある。今後はとる漁業より**ク**育てる漁業の重要性が増していくに違いない。最近では近畿《きんき》大学が不可能とされてきたクロマグロの完全養殖《ようしょく》に成功して，「近大マグロ」というブランドで売られるようになっているし，ニホンウナギの完全養殖にも成功したらしい。マグロのお寿司《すし》やウナギの蒲焼《かばや》きは**ケ**日本の食文化だと思うし，これからもみんながおいしく魚を食べられるように，将来ぼくも何か貢献《こうけん》したいと思っている。

おっと，昼休みの終わりを告げるチャイムが鳴った。麻布の生物部に入るためにも，今はこの入試をがんばるしかない。

問１　下線部**ア**について。下の地図Ａ～Ｃは，サケ類，カツオ類，アジ類の漁獲量が多い都道府県５位までを示したものです。それぞれの地図が示す魚の組み合わせとして正しいものを，下の**あ**～**か**から１つ選び，記号で答えなさい。

A　B　C

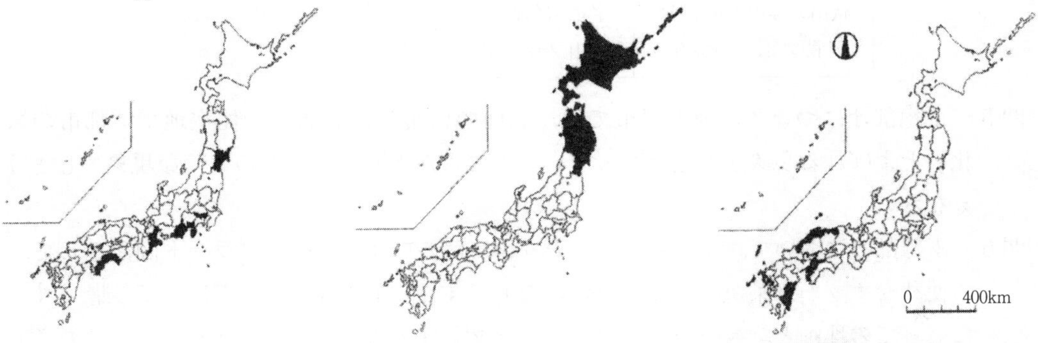

2017年漁業・養殖業生産統計より作成

あ　A—カツオ類　B—サケ類　C—アジ類
い　A—カツオ類　B—アジ類　C—サケ類
う　A—サケ類　B—カツオ類　C—アジ類
え　A—サケ類　B—アジ類　C—カツオ類
お　A—アジ類　B—カツオ類　C—サケ類
か　A—アジ類　B—サケ類　C—カツオ類

問２　下線部**イ**について。右の図は東京の市場に届くキュウリの月別・産地別の入荷《にゅうか》実績を示したものです。図中のＡ～Ｃにあてはまる県名の組み合わせとして正しいものを，下の**あ**～**か**から１つ選び，記号で答えなさい。

あ　A—埼玉《さいたま》　B—宮崎《みやざき》　C—福島
い　A—埼玉　B—福島　C—宮崎
う　A—福島　B—宮崎　C—埼玉
え　A—福島　B—埼玉　C—宮崎

キュウリの月別・産地別入荷実績（東京都中央卸売《おろしうり》市場）

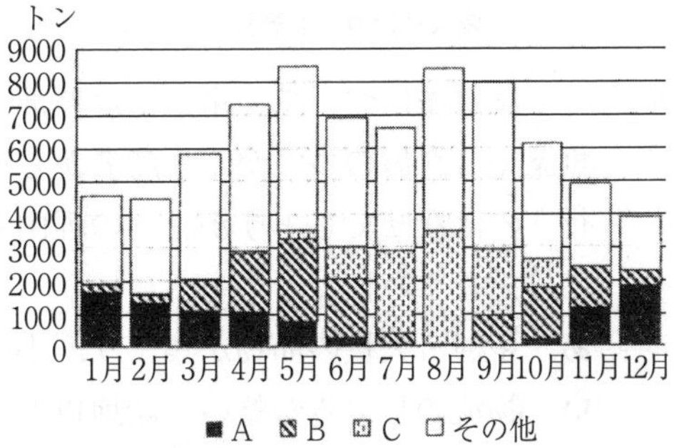

2019年東京都中央卸売市場年報より作成

お　A—宮崎　B—埼玉　C—福島

か　A—宮崎　B—福島　C—埼玉

問3　下線部**ウ**について。ぬか漬けとは，精米する時に出る「ぬか」を利用した日本の伝統的な発酵《はっこう》食品です。おもに米を利用した発酵食品**ではないもの**を，下の**あ**～**お**から1つ選び，記号で答えなさい。

あ　みりん　　**い**　日本酒　　**う**　酢《す》　　**え**　しょうゆ　　**お**　甘酒《あまざけ》

問4　下線部**エ**について。最近では，「ご当地グルメ」とよばれる地域の料理が数多くみられます。下の説明文は，「郷土料理」と「ご当地グルメ」の違《ちが》いについて述べています。表を参考にして，説明文の□をうめて文を完成させなさい。

説明文　郷土料理がその地域で伝統的に食べられてきたものであるのに対し，ご当地グルメは□を目的として，地域で料理を新しく開発したり，昔からある料理を再発見したものである。

表

郷土料理の例	ご当地グルメの例
山形のいも煮《に》 秋田のきりたんぽ鍋《なべ》 下関《しものせき》のふぐの刺身《さしみ》	富士宮《ふじのみや》焼きそば 宇都宮《うつのみや》の餃子《ぎょうざ》 富山ブラックラーメン

問5　下線部**オ**について。地方都市では，駅前の密集した商店街や住宅地で「都市のスポンジ化」とよばれる現象が問題となっているところがあります。どのような現象でしょうか。答えなさい。

問6　下線部**カ**について。大型スーパーやコンビニのプライベートブランド商品として，袋《ふくろ》入りの便利なカット野菜が増えてきたのはなぜですか。下の写真を参考にして，購入《こうにゅう》する消費者にとっての理由と，スーパーやコンビニと契約する農家にとっての理由を，それぞれ答えなさい。

袋入りのカット野菜

加工用のニンジン

問7　下線部**キ**について。東京には豊洲市場や大田市場といった大きな中央卸売市場があります。魚屋や八百屋の多くが，生産者から直接仕入れるのではなく，こうした卸売市場で仕入れを行うのはなぜでしょうか。その理由として**誤っているもの**を下の**あ**～**お**から1つ選び，記号で答えなさい。

あ　多種・大量の品物が集まり，小売店の必要な量で品物を購入できるため。

い　物流のしくみが整い，産地以外でも新鮮《しんせん》な品物を手に入れやすいため。

う　品物の質と価値を見極《みきわ》める仲卸業者の「目利《めき》き」を信頼《しんらい》しているため。

え　競《せ》りで仲卸業者が交渉《こうしょう》するので，生産者から仕入れるより値段が安くなるため。

お　デジタル化は遅《おく》れているものの，支払《しはら》いや取引《とりひき》のしくみが整っているため。

問8　下線部**ク**について。右の認証《にんしょう》ラベルは，環境《かんきょう》に配慮《はいりょ》した「責任ある養殖により生産された水産物」に付けられています。海で行われる「責任ある養殖」とはどのようなものですか。具体的に答えなさい。

※ ASCは水産養殖管理協議会という国際的な非営利団体のことです。

問9　下線部**ケ**について。2011年に日本政府は「和食　日本人の伝統的な食文化」をユネスコ世界無形文化遺産として推薦《すいせん》し，その後登録されました。政府はどのような効果をねらっていたのでしょうか。国内向けのねらいと海外向けのねらいを，それぞれ答えなさい。

農林水産省のホームページより

2　**次の文章をよく読んで，問10〜問16に答えなさい。**

食べるとは，食べものとは何か

私たちにとって「食」とは何でしょうか。「食」という言葉には，「食べるもの」や「食べる行為《こうい》」といった意味があります。君たちも，家庭では食事を家族と食べ，学校では給食をクラスの友達と食べることを繰《く》り返《かえ》しています。その時に，これはおいしい，まずい，あるいは好きだ，嫌《きら》いだ，と感じながら毎回食べていると思います。

「食」を考える時，おいしさの要因が目の前にある料理そのものにあるのか，仲間と楽しく食《しょく》卓《たく》を囲んで料理を食べることにあるのかは人それぞれでしょう。食べることには，その人特有の思いがともないます。

食べることが不安定だった時代

人類は手で道具を作り，動物や木の実を狩猟《しゅりょう》・採集していた時代から，麦や米などを栽培《さいばい》する農耕や，家畜《かちく》を飼う牧畜《ぼくちく》が広まった時代まで，たびたび飢《う》えに悩《なや》まされてきました。望む食べものが手に入らない場合には，「代替《だいたい》食」を食べて，飢えをしのいで生活せざるをえませんでした。たとえば，オランダではチューリップの球根が食料となりましたし，日本ではアワやヒエといった雑穀だけでなく，雑草を食べたりもしていました。食べものが豊かでなかった時代には，人間は食べられるものなら何でもア工夫《くふう》して食べてきたはずです。

ヨーロッパの人びとは，古くから料理に香辛料《こうしんりょう》を使っていました。しかし胡椒《こしょう》などの香辛料はインドや東南アジアのごく限られた土地でしか生育していませんでした。イ大航海時代にヨーロッパの人びとが海外に進出したのは，この香辛料を手に入れるためでした。香辛料は当時「万能《ばんのう》の薬」として，ヨーロッパの人びとの生活には大切なものでした。香辛料は今でもさまざまな料理に使われ続けています。

このように人類は長い時間をかけ，さまざまな味を試みたうえで，食べものを選び続けてきました。さらには調理をすることで，安全においしく食べられるような努力もしてきました。人類の長い歴史を考えれば，たくさんの食べものの中から自分の食べたいものを食べられるようになったのは，つい最近のことなのです。

同じ釜《かま》の飯を食《く》う文化

家族や家族以外の人と一緒《いっしょ》に食べることを「共食」といいますが，共食は昔から行われていました。

縄文《じょうもん》・弥生《やよい》時代に，ウ竪穴《たてあな》住居で暮らしていた人びとは，家族単位で食事をしていたと考えられています。原始時代から現代に至るまで，私たちの社会は家族というまとまりで食事をしてきた歴史があります。

これに対して，家族以外の人と一緒に食べることにも長い歴史があります。「同じ釜の飯を食う」という言葉がそのことを示しています。この表現は，家族以外の特に親しい関係にある人との食事に使われます。平安《へいあん》時代には，藤原《ふじわら》氏がお祝いの宴会《えんかい》に皇族や貴族を招待して，料理をみんなで食べていましたし，武士が支配するようになってからも，「椀飯《おうばん》」（今日《こんにち》の「大盤《おおばん》ぶるまい」の元となった言葉です）とよばれる，将軍が武士に食事をふるまう宴会が開かれました。将軍と武士が酒や食べものを共食することで，主従関係や武士同士の結びつきを確認《かくにん》していました。また，自然とかかわり田畑を耕すことが中心であった農村では，神様に食べものを捧《ささ》げて，神と村人が共食する儀式《ぎしき》を行い，村人たちは結びつきを強めました。このように家族以外との共食は，人間相互《そうご》の関係や仲間の団結を強くするために，非常に大きな役割を果たしてきました。

ところで，食べものの好みや食事のしかたは，場所や地域，エ時代によっても変わってくることがあります。普段《ふだん》私たちが食事をする時は，あまりそのことを気にしません。「食」を意識するのは，いつもと違った場所で食事をしたり，初めて出会った人とテーブルを囲む時です。旅行で行った外国での食事や，友だちの家でごちそうになる食事，あるいは入院した病院での食事では，いつもと違う何かに気づくことがあるでしょう。

食べものによっては，「食べる」か「食べない」かが，地域によって違っていたりします。日本国内でも，納豆《なっとう》は「食べる」地域と「食べない」地域に分かれる食べものです。また梅干しは，外国の人は食べないかもしれません。正月に食べるオ雑煮《ぞうに》も，地域によって違いが見られる料理です。こうした「食」による境は，私たちに仲間とそうでない人との区別をもたらす場合があります。時には，同じものを食べる人たちが仲間としてまとまる一方で，そうでない人たちに違和感《いわかん》を持ってしまうこともあるのです。

昔は地域として結びつきを深めるために，祭りや行事の時だけでなく，普段から隣近所《となりきんじょ》の住民同士が料理を分けあっていました。同じ料理を食べることで，さらに結びつきが強まりました。現在では，転勤による引《ひ》っ越《こ》しが増えたり，祭りや行事が少なくなったりして，自分が住む地域の人びとと関わることも少なくなり，地域で共食する機会も減りました。また職場などでも，親睦《しんぼく》を深めるための忘年会《ぼうねんかい》や新年会に参加するのを嫌《いや》がる人が多くなってきました。

食べることの未来

祭りや行事，あるいは仲間や親戚《しんせき》との宴会など，人びとが結びつきを強めるために続けられてきた共食文化は，これからどのように変化していくのでしょうか。今は，ひとり暮らし世帯が増えています。また，一緒に暮らしている家族でも，食卓を囲んで一緒に食べることをしない，あるいはできない生活が増えています。このような社会の変化の中で，共食の重要性は問われ続けています。夕食を満足にとれない子どもたちに食事を提供する**カ**「子ども食堂」が各地に見られるようになってきています。そこは，子どもたちに共食の体験をしてもらう場にもなっています。

少子高齢化がすすみ，人びとのつながりが弱まっている地域では，交流できる場所をNPO団体や市区町村の役所が支援《しえん》することでしか，人びとのつながりが維持《いじ》できなくなってきています。**キ**同じ場所で，同じものを一緒に食べる共食文化の未来は，どのようになっていくのでしょうか。みなさんも考えてみてください。

問10　下線部**ア**について。下の表は2012年にイギリスの王立協会が発表した「食の歴史において最も重要な発明トップ20」のうち，おもな発明を3つに分類したものです。それぞれどのようなことに役立った発明でしょうか。表の①と②にあてはまる文を答えなさい。

分類	発明
加熱して食べやすくする	オーブン，食材《しょくざい》を焼くこと，電子レンジ
①	冷蔵，殺菌《さっきん》・滅菌，缶詰《かんづめ》
②	用水路などの設備，脱穀機《だっこくき》・コンバイン（自動収穫機），品種改良，鋤《すき》

問11　下線部**イ**について。カステラ・こんぺいとう・天ぷらは，このころある国から日本に伝来した食べものです。どこの国から伝来したのでしょうか。国名を答えなさい。

問12　下線部**ウ**について。弥生時代後期の近畿地方の一軒《いっけん》の住居跡《じゅうきょあと》から，下の絵にあるような約40個の土器が発掘《はっくつ》されました。出土した高坏《たかつき》の様子から，ここに住んでいたのは4～5人の家族と推定されています。この時代の人たちは，大きさの違う高坏をどのように使い，食事をしていたのでしょうか。右の高坏の絵を参考にして，答えなさい。

【大阪府高槻市《おおさかふたかつきし》のある遺跡《いせき》から出土した弥生土器】

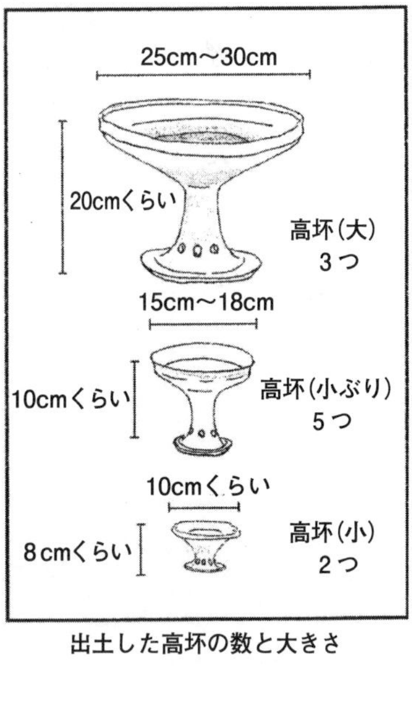

出土した高坏の数と大きさ

問13　下線部**エ**について。鎌倉《かまくら》時代から江戸《えど》時代のあいだに，人びとは，四つ足の動物の肉に下の表にあるような別名をつけて食べるようになりました。このような別名をつけて食べていたのはなぜでしょうか。理由を答えなさい。

動物	別名
猪《いのしし》	ぼたん
鹿《しか》	もみじ
馬	さくら

問14　下線部**オ**について。雑煮は，丸餅《まるもち》を食べる地域と角餅《かくもち》を食べる地域に分かれる料理です。東日本は角餅を食べる地域にもかかわらず，山形県酒田《さかた》市は丸餅を食べる地域となっています。酒田の雑煮が丸餅になったことについて説明した下の**あ**～**お**の文から，最も適切なものを１つ選び，記号で答えなさい。

あ　室町《むろまち》時代に京都から将軍がたびたび訪《おとず》れた酒田では，その影響《えいきょう》により京都文化が根付いたため。

い　江戸時代に開発された西廻《にしまわ》り航路により，京都・大坂《おおさか》との物資のやりとりが活発に行われ，その地域の文化の影響が大きかったため。

う　天然の良港があったこの地は，江戸時代まで日本海交易の中心地だった。その影響で，中国から伝来した餅の形である丸餅を今でも受《う》け継《つ》いでいるため。

え　江戸時代に幕府の命令で長州藩《はん》が酒田に配置換《が》えされたことにより，西国《さいごく》の食文化が根付いたため。

お　この地方は稲作《いなさく》の盛《さか》んな地域で，豪雪《ごうせつ》地帯でもある。このため餅は保存食として用いられており，一口大《ひとくちだい》に丸めて蓄《たくわ》えることが広まっていたため。

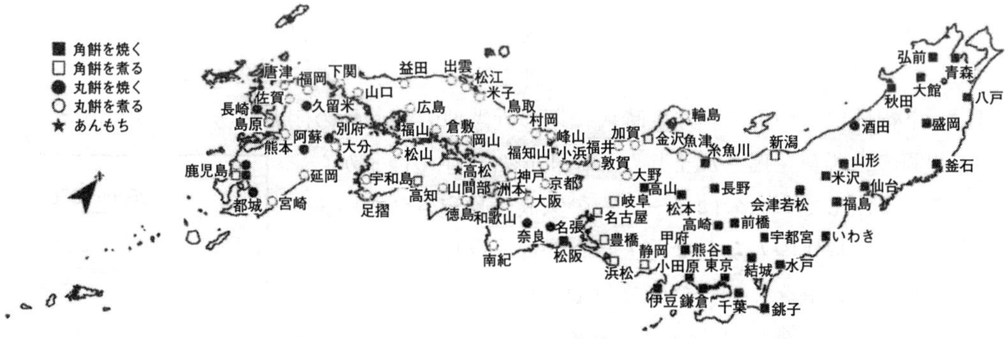

※北海道と沖縄《おきなわ》県は，古来よりの伝統的な雑煮文化がないため掲載《けいさい》していない。
農林水産省のホームページを参考にして作成

問15　下線部**カ**について。子ども食堂の一日は，下の表のようになっています。子ども食堂でこのような時間割が組まれているのは，子どもの成長にどのようなことが必要だと考えられているためでしょうか。お腹《なか》を満たすこと以外に２つ答えなさい。

ある子ども食堂の時間割	
14:00	開店(子どもたちが集まる)
14:00〜15:00	宿題
15:00〜15:30	おやつ
15:30〜17:00	大学生ボランティアとの外遊び
17:00〜18:00	夕食の調理と準備
18:00〜19:00	夕食
19:00〜19:30	後片付け
19:30〜20:30	将棋《しょうぎ》教室，英語教室，紙芝居《かみしばい》
21:00	閉店(子どもたちが帰る)

問16　下線部**キ**について。現代は共食が行われにくい社会になっていますが，多くの小学校では給食という共食が行われています。君は，学校給食にかかわる問題点にはどのようなものがあると考えますか。また，給食をどのように改善すれば，より意味のある共食となるのでしょうか。君が考える問題点とその改善策を80字以上120字以内で書きなさい。ただし句読点も１字分とします。

【理　科】（50分）〈満点：40点〉

1　植物の種はいろいろな方法で運ばれて，生えている地域を広げようとします。タンポポの種(図1左)は，風に乗って飛んでいるのをよく見かけます。センダングサの種(図1右)はタヌキなどの動物の毛にたくさんついていることがあります。タンポポの種とセンダングサの種は同じくらいの大きさです。

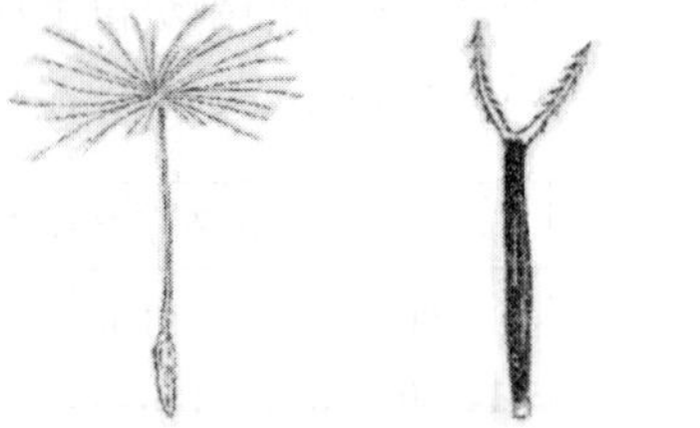

タンポポの種　センダングサの種

図1

問1　タンポポやセンダングサの種が運ばれやすいようにもっている特徴《とくちょう》として適当なものを次のア～カからそれぞれ2つずつ選び，記号で答えなさい。ただし，同じ記号を何度使ってもかまいません。

ア．種にしっかりと重みがあること。　　イ．種が小さくて軽いこと。

ウ．種が茶色で目立たないこと。　　エ．種に細かいトゲがついていること。

オ．種に翼《つばさ》のような部分がついていること。

カ．種にたくさんわた毛がついていること。

オオバコ(図2)は道のはしやグラウンドなど，人にふまれやすい所によく生えています。オオバコは漢字で「大葉子」と書き，大きな葉はしなやかで，ふまれても簡単にちぎれたりしません。種は小さいのですが，吸水すると表面にゼリー質ができてねばつきます。人にふまれた種は靴底《くつぞこ》などについて移動して，生えていたところから遠い場所に運ばれて芽を出します。オオバコは他の草に比べて成長が特に速いことはなく，あまり大きく育ちません。他の大きな草たちが生えやすいところでは，オオバコがたくさん生えていることはありません。

図2

問2　人にふまれやすい所に生えているオオバコがもつ，他の草より有利な点を次のア～キからすべて選び，記号で答えなさい。

ア．他の草と場所を争うことが少ない。

イ．他の草と場所を争うときに背が高くなる。

ウ．他の草と場所を争うときに速く育つ。

エ．人にふまれても葉がちぎれにくい。

オ．人にふまれると葉がちぎれやすい。

カ．種がちぎれた葉に包まれやすい。

キ．種がねばねばしていろいろなところにつきやすい。

植物の一部は動物が食べられる大きな実をつけ，動物に食べてもらって，消化されない種を運んでもらいます。移動したその動物のふんに種がふくまれていることがあります。

トウガラシは辛《から》いことで有名ですが，トウガラシの仲間がつくる辛さの成分はカプサイシンというものです。これが多く実でつくられると，人が食べたときに辛く感じます。

トウガラシの仲間でシシトウという種類があります。ほとんどのシシトウの実(図3)は辛くないのですが，辛い実やとても辛い実もあります。実の辛さと

シシトウの実
(断面)

図3

種の数の関係を224個の実で調べて表にしてみました。

	辛くない	辛い	とても辛い
実の数	206	17	1
種の数の平均	127 (最大　210 最小　75)	76 (最大　139 最小　25)	21

問3　この表から正しいと考えられるものを次のア～クからすべて選び，記号で答えなさい。

ア．調べた中では，種の数が76以下なら必ず辛い。

イ．調べた中では，種の数が75以上なら必ず辛くない。

ウ．調べた中では，種の数が140以上なら必ず辛くない。

エ．調べた中では，種の数が一番少ないものが一番辛い。

オ．調べた中では，種の数が一番多いものは辛くない。

カ．種が少ないほど辛い傾《けい》向がある。

キ．種が多いほど辛い傾向がある。

ク．実の辛さと種の数に関係は見られない。

ネズミやタヌキなどの動物は人と同じで，トウガラシの実にふくまれるカプサイシンを辛いと感じることができるので，カプサイシンをふくむものを積極的には食べません。一方，鳥の仲間はカプサイシンによる辛さをほとんど感じません。ネズミのふんを調べてみると，植物の種はかみくだかれているなどして，消化はされていませんが芽を出せないものが多くなります。鳥はくちばしの中に歯がないので，ふんの中にふくまれる植物の種は消化されず芽を出すものが多くなります。

問4　トウガラシの実は，a <u>ネズミやタヌキなどの動物</u>と b <u>鳥の仲間</u>のどちらに食べられやすいですか。a，bの記号を理由とともに答えなさい。

問5　トウガラシが生える場所を広げるにあたり，**問4**で答えた生き物に食べられる方がもう一方の生き物に食べられるより有利であると考えられる理由となる文を次のア～クからすべて選び，記号で答えなさい。

ア．ネズミやタヌキなどの動物は鳥より遠くに移動できるから。

イ．鳥はネズミやタヌキなどの動物より遠くに移動できるから。

ウ．ネズミやタヌキなどの動物には歯があるから。

エ．鳥のくちばしの中に歯がないから。

オ．ネズミやタヌキなどの動物は辛いものを好むのでトウガラシをよく食べるから。

カ．鳥は辛いものを好むのでトウガラシをよく食べるから。

キ．ネズミやタヌキなどの動物はトウガラシの種も消化するから。

ク．鳥はトウガラシの種も消化するから。

2　図1は過去35万年の気温変化を表したグラフです。この図からは，およそ10万年ごとに気温の変化がくり返されていることがわかります。この間，気温が現在より5度以上も低く，陸地が氷で広くおおわれる「氷期」がくり返されていました。

今からおよそ100年前，セルビアの地球科学者ミランコビッチは，日射が気候にあたえる効果

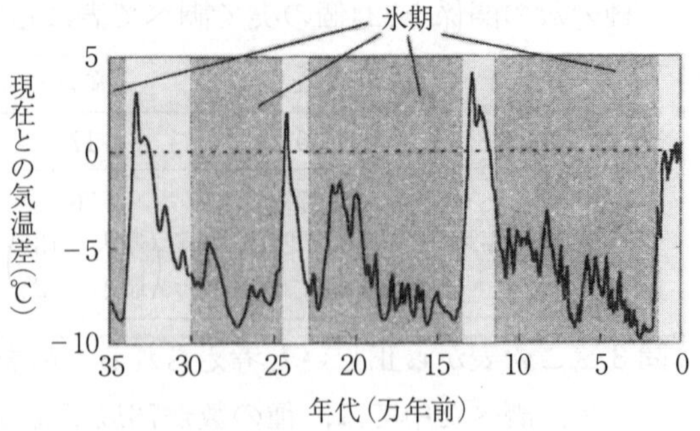

図1

を精密に計算し，1920年にこれを発表しました。ミランコビッチの計算は，氷期のくり返しをよく説明するものでした。

問1　氷期は始まると数万年間も続きます。そのしくみを説明する次の文中のa～cについて，それぞれ〔　〕内の語句から適当なものを1つずつ選び，記号で答えなさい。

日射が弱くなり，陸をおおう氷が一度 a〔ア．増える　　イ．減る〕と，氷によって太陽光が b〔ウ．吸収　　エ．反射〕されるため，気温が c〔オ．上がる　　カ．下がる〕。

問2　氷期の終わりからは気温が急に上がります。そのしくみを説明する次の文中のd，eについて，それぞれ〔　〕内の語句から適当なものを1つずつ選び，記号で答えなさい。また，空欄《らん》Xに入る気体の名前を，漢字で答えなさい。

日射が強くなり，気温や海水温が d〔ア．上がる　　イ．下がる〕と，海にとけきれなくなって出てきた(X)の効果によって，気温が e〔ウ．上がる　　エ．下がる〕。

約15000年前に終わった最後の氷期では，ヨーロッパや北アメリカの大半，地球の陸地の2割から3割が氷でおおわれていました。そのため，当時は海水面の高さが現在より約120m低く，日本列島は大陸と地続きになっていました。①<u>この氷期の終わりごろに，人々は陸地をつたって大陸から現在の日本列島にわたり，日本列島に広く定住しました</u>。

問3　氷期が終わって陸の2割をおおう氷がとけることで，海水面が120m高くなったとします。とけた氷の厚さの平均は何mですか。同じ重さの水と氷の体積比を10：11，海と陸の面積比を7：3として計算し，十の位を四捨五入して答えなさい。ただし，海と陸の面積比は，海水面の高さが変化しても変わらないものとします。

問4　現在より海水面の高さが120m低かった氷期には，多くの大陸や島が地続きになっていました。この当時の海岸線を，解答欄の地図に太線で示しなさい。地図には現在の等高線が示されており，海底の形状はこの当時も変わらないものとします。

問5　下線部①について，最後の氷期に日本列島にわたってきた人々による文化として最も適当なものを次のア～エから選び，記号で答えなさい。

ア．仏教　　イ．土器　　ウ．鉄砲《てっぽう》　　エ．通貨

生物は，子孫を残すときに親と子の特徴《とくちょう》がわずかに変化します。近くの集団同士は，いっしょになって子孫を残すことで似た特徴をもつようになります。いっぽう，遠くはなれた生物の集団同士は，子孫を残すごとにその特徴のちがいを大きくします。

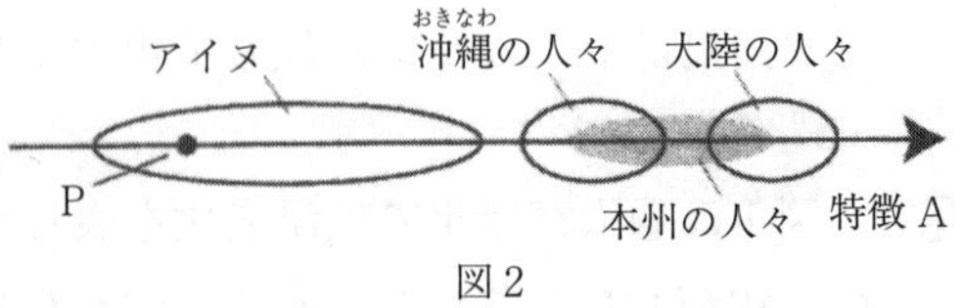

図2

日本列島の島々は，北から北海道，(あ)，(い)の順に並びます。この並びから，北海道に住むアイヌは(う)の人々と近縁《えん》であり，似た特徴をもつと予想できます。これを確かめるため，日本列島と大陸(中国)にいま住む人々のある特徴Aを調べました。その結果を示したものが図2です。予想に反し，アイヌは(え)の人々と似ていることがわかります。

本州の貝塚《づか》から発掘《はっくつ》された約3000年前の人骨を調べると，図２の点Ｐに位置することがわかりました。この人骨はアイヌの祖先のものだと考えられます。アイヌの祖先は本州にも定住していたのです。そして，別の特徴も調べると，アイヌは沖縄の人々と共通の祖先をもっていることがわかります。

図２からは，いま本州に住む人々は（ お ）や大陸の人々と近縁だともわかります。いま本州に住む人々は，最後の氷期に大陸からやってきた人々の子孫であると同時に，最近になって，海をわたって大陸からやってきた人々の子孫でもあるのです。

問６　本文中の空欄(あ)～(お)に入る語句として最も適当なものを次のア～エからそれぞれ１つずつ選び，記号で答えなさい。ただし，同じ記号を何度使ってもかまいません。

ア．北海道　　イ．本州　　ウ．沖縄　　エ．大陸(中国)

問７　いま日本列島やその周辺に住む人々の由来を示した図として，最も適当なものを次のア～エから選び，記号で答えなさい。

ア.

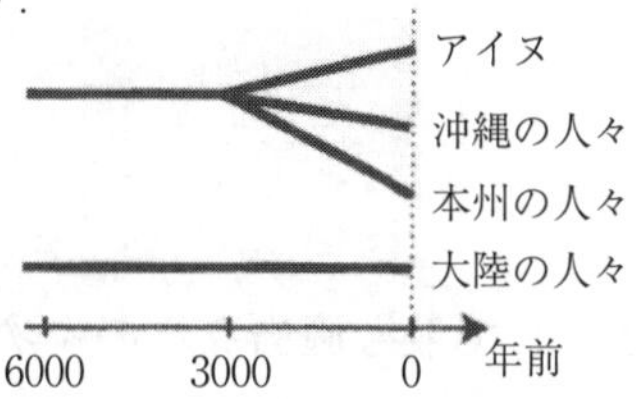

イ.

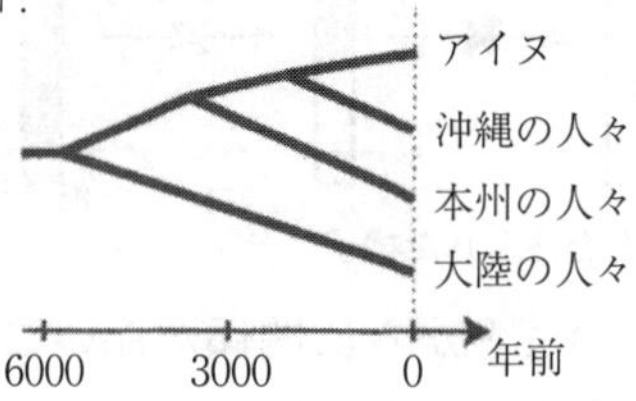

ウ.

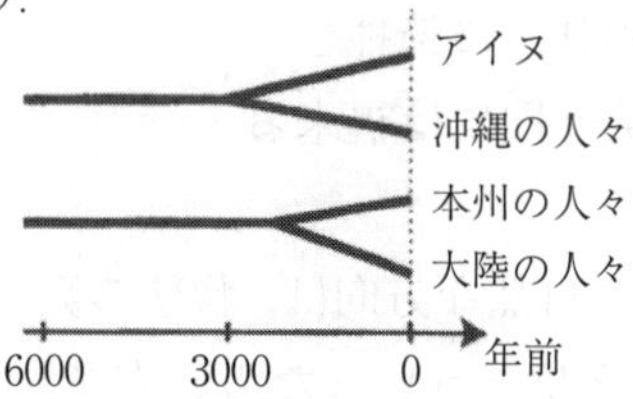

エ.

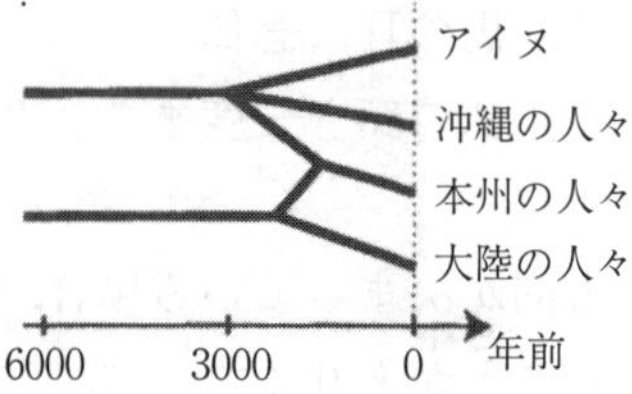

いわゆる「日本人」には様々な祖先をもつ人々がいます。さらに，世界にはより様々な特徴をもつ人々がいます。地球という限られた場所の中で，はだの色など様々な個性を尊重して共生したいものです。

3　みなさんは，食塩やミョウバンなど様々な物が水にとけた水溶液《すいようえき》について，小学校で学習しました。水に物がとける様子について考えてみましょう。

問１　食塩を10％ふくむ食塩水をつくる方法として最も適当なものを次のア～エから選び，記号で答えなさい。

ア．10ｇの食塩を100ｇの水にとかした。

イ．100ｇの食塩を１Ｌの水にとかした。

ウ．10ｇの食塩を水にとかして全量を100ｇとした。

エ．100ｇの食塩を水にとかして全量を１Ｌとした。

問２　水溶液について書かれた文として，誤りをふくむものを次のア～カから２つ選び，記号で答えなさい。

ア．水溶液には，電気を通さないものがある。

イ．水溶液には，加熱して蒸発させたときに何も残らないものがある。

ウ．水溶液の重さは，とけている物の重さと水の重さの合計に等しくなる。

エ．水溶液の体積は，とけている物の体積と水の体積の合計に等しくなる。

オ．水溶液は無色でも，加熱すると水が蒸発し，黒い固体が生じる場合がある。

カ．とけ残りのある水溶液をろ過すると，とけている物と水を分けられる。

水に物がとける様子について，図1のように管に入れた水の中にインクを落とすことを考えます。水に落ちたインクは時間とともに水全体に徐々《じょじょ》に広がり，最終的に水全体が均質でうすく色づいた状態になります。この現象を「拡散」といいます。一度(e)の状態になると，どんなに待っても(b)の状態になることはありません。①管の中の水に広がったインクは自動的に元の位置に集まって1滴《てき》のインクにもどることはありません。

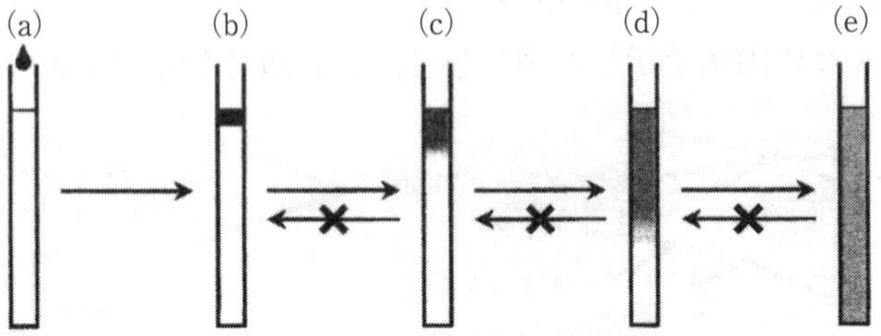

図1　水にインクを落とした様子

問3　下線部①について，このことがらに関係が深いことわざとして最も適当なものを次のア～キから選び，記号で答えなさい。

ア．急がば回れ　　イ．馬の耳に念仏　　ウ．のれんに腕《うで》押《お》し

エ．覆水盆《ふくすいぼん》に返らず　　オ．仏の顔も三度まで　　カ．笑う門《かど》には福来《きた》る

キ．犬も歩けば棒に当たる

下線部①のように変化の方向が決まっている場合，「変化の自然な方向は，状態の数が増える方向である」などと表現することがあります。「状態の数」とはどういった考え方でしょうか。

1滴のインクを管に入れた水に落とす場合を簡単なモデルにして考えてみましょう。図2のようにたくさんの箱を考えます。これらの箱には水の「つぶ」を表す○やインクの色素の「つぶ」を表す●が入るとします。また，これらの箱には位置以外のちがいはなく，どの箱にも○や●のどちらか一方が1個ずつ入ることができるとします。インクを落とした直後を表すために，図3のように●を上の2個の箱に入れます。残りの箱には○が入ります。このように1層目のみに●が入っている状態は1通りしかありません。これを「状態の数が1である」と表現することにしましょう。

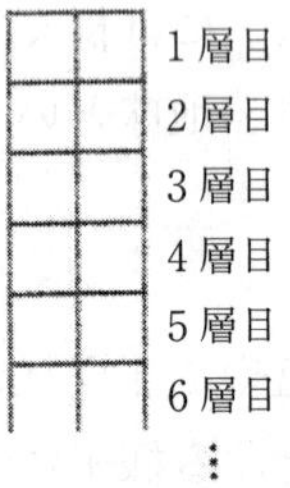

図2

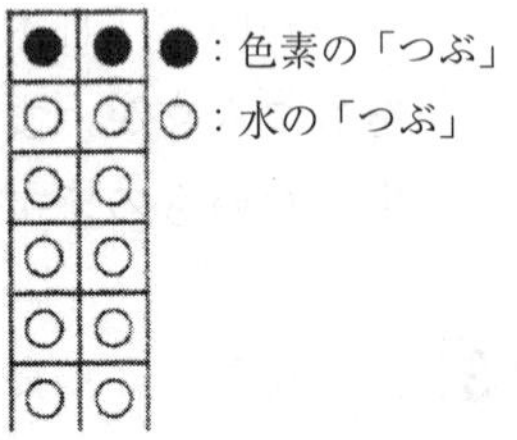

図3

続いて●と○を動かし，管の中で水とインクが混ざるように，上から2層目まで●が拡散することを考えます。このとき，図4のように位置が異なる4つの箱のうち，2か所に●が入ることになるので，2層目に●が入っていない状態もふくめて，全部で6通りの異なる状態が考えられます。これは「状態の数が6である」と表現すればよいでしょう。同じように，上から3層目まで2個の●が拡散するときは，図5のように全部で15通りの異なる状態が考えられます。これは「状態の数が15である」と表現されます。

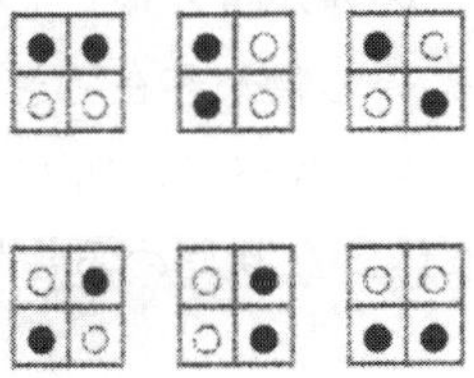

図4

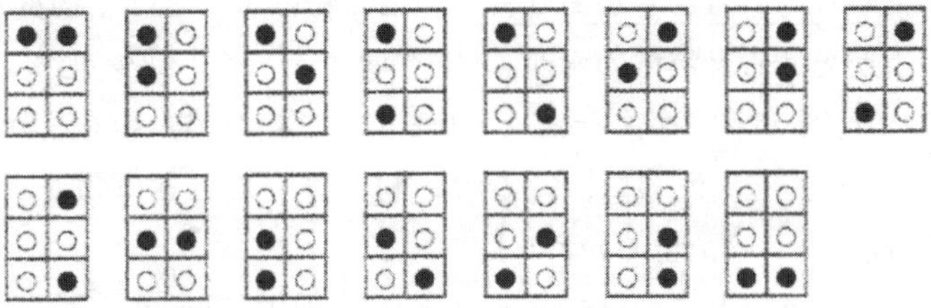

図5

問4　このモデルで上から4層目まで2個の●が拡散するときは，4層目に●が入っていない状態もふくめて，全部で何通りの異なる状態が考えられますか。

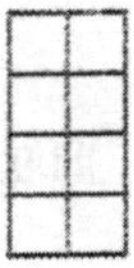

同じように，5層目まで，6層目まで，7層目までと，徐々に●が拡散していくと，状態の数も45，66，91と増えていきます。仮に30層目まで●が拡散できるとすると，状態の数は1770になります。●が拡散する層の数が増えるにつれ，状態の数が急激《きゅうげき》に増えることがわかります(図6)。このモデルから，実際の色素が水の中に広がるときも，状態の数が増えることがうかがえます。インクの拡散の例は「変化の自然な方向は，状態の数が増える方向である」という法則で説明できます。

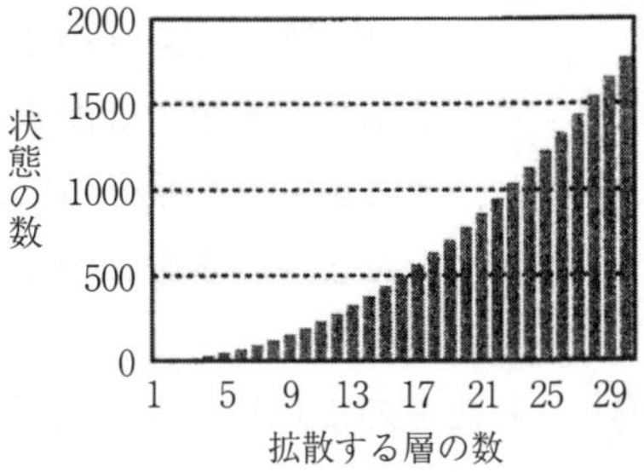

図6

この法則は，物が拡散する現象とは異なるように見える他の現象を理解するときもヒントになります。「青菜に塩」ということわざがあるように，野菜に食塩をかけて塩もみすると，しおれてやわらかくなります。これは野菜の表面が，②特別な膜《まく》でできているために起こる現象です。野菜に食塩をかけると，膜を通して野菜の内部にある水分が食塩のある外部に移動します。これは食塩が水にとけると，食塩の存在できる空間が a〔ア．広がり　イ．せばまり〕，水分が移動する直前と比べて状態の数が b〔ウ．増える　エ．減る〕ために起こります。また，③千切りキャベツは水にひたすと，シャキシャキとした食感に変化します。この変化も野菜の表面の特別な膜を，水が通ることから理解できます。

問5　下線部②について，この膜の性質として正しいものを次のア～エから1つ選び，記号で答えなさい。

ア．水も食塩も通しやすい

イ．水も食塩も通しにくい

ウ．水は通しやすく，食塩は通しにくい

エ．水は通しにくく，食塩は通しやすい

問6　本文中のa，bについて，それぞれ〔　〕内の語句から適当なものを1つずつ選び，記号で答えなさい。

問7　下線部③について，この変化を説明する次の文中のc，dについて，それぞれ〔　〕内の語句から適当なものを1つずつ選び，記号で答えなさい。

キャベツの内部の方が外部より濃《のう》度《ど》がc〔ア．高い　イ．低い〕ために，キャベツの d〔ウ．内部から外部に　エ．外部から内部に〕水が移動している。

これまでとは別の現象を同じ法則をヒントにして考えてみましょう。④冬になると道路に白い粉がまかれていることがあります。この粉は水にとける物質です。この粉が雪と接している場合，雪がとけると液体の水が e〔ア．増加　　イ．減少〕して，とけている物が存在できる空間が f〔ウ．広が　　エ．せばま〕ります。このため，粉をまかないときと比べて，雪がとけ g〔オ．やすく　　カ．にくく〕なり，粉をまいたときは雪がとけて液体になり始める温度が h〔キ．高く　　ク．低く〕なります。

問8　本文中のe～hについて，それぞれ〔　〕内の語句から適当なものを1つずつ選び，記号で答えなさい。

問9　下線部④について，このときに起こる現象と最も関係が深いことがらを次のア～オから選び，記号で答えなさい。

ア．消毒液の成分にふくまれるエタノールは，水よりもはるかに低い温度でこおる。

イ．湖は表面がこおりやすく，中深くの湖水はこおりにくい。

ウ．北極の海水中では海水がこおりにくく，水温が0℃を下回る。

エ．氷におもりを乗せると，氷はとけやすくなる。

オ．かたまりの氷を細かくくだくと，とけやすくなる。

4　私たちのまわりには，電気製品が多くあります。これらを電気の供給源に注目すると，電池から供給する製品と，コンセントから供給する製品に分けることができます。電池は，用途《ようと》に合わせて様々な特徴《とくちょう》や形状のものがつくられており，みなさんにとっても身近なものだと思います。一方で，コンセントから供給される電気は，電線の元をたどっていくと発電所へたどり着きます。そして，そのほとんどは，様々な方法で発電機を回転させることで発電しています。発電所の発電機は，小学校の理科の時間に学習した手回し発電機を大型にしたものであると考えるとよいでしょう。

問1　身のまわりの電気製品のうち，電子レンジは電気の供給源がコンセントです。電池ではなく，コンセントを供給源として採用した理由を簡単に説明しなさい。

問2　家庭のコンセントから供給される電気は，近年では発電所以外でも作られていることがあります。どこで作られていることがありますか。場所を1つ答えなさい。

問3　電池で豆電球を光らせるとき，電池を2つ使うと，豆電球の明るさを変えることができます。そこで，同じ電池2つを次の(1)～(3)のように接続しました。このときの豆電球の明るさは，電池が1個のときと比べると，どのようになりますか。(1)～(3)について最も適当なものを下のア～エからそれぞれ1つずつ選び，記号で答えなさい。

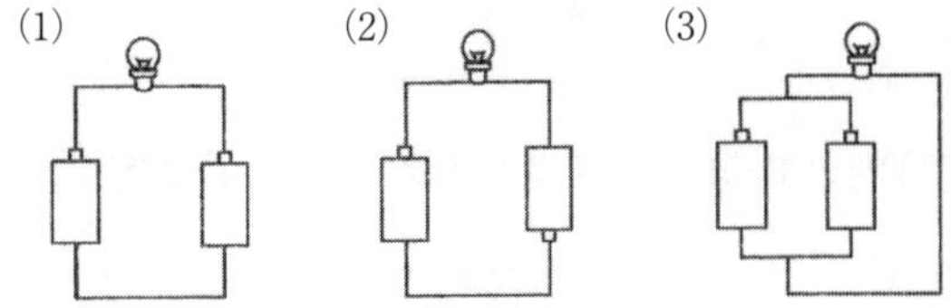

ア．光らない　　　　　　イ．より暗く光る

ウ．同じ明るさで光る　　エ．より明るく光る

手回し発電機と豆電球を接続し豆電球を様々な明るさで光らせました。手回し発電機をゆっくり回してみると，①豆電球は光りませんでした。徐々《じょじょ》に速く回していくと，ある速さになっ

たとき②豆電球が光り始め，さらに速くするほど③豆電球はより明るくなりました。

問４　下線部①～③のとき，回路を流れる電流はどのようになっていると考えられますか。組み合わせとして最も適当なものを次のア～オから選び，記号で答えなさい。

ア．①　0mA　②　15mA　③　30mA　　イ．①　5mA　②　15mA　③　30mA

ウ．①　0mA　②　30mA　③　30mA　　エ．①　5mA　②　30mA　③　30mA

オ．①　5mA　②　5mA　③　30mA

電池では複数個をうまく接続することで，発電機では速く回転することで，豆電球はより明るくなりました。どちらにも同様のはたらきがあり，そのはたらきの強弱を調整することができるといえます。

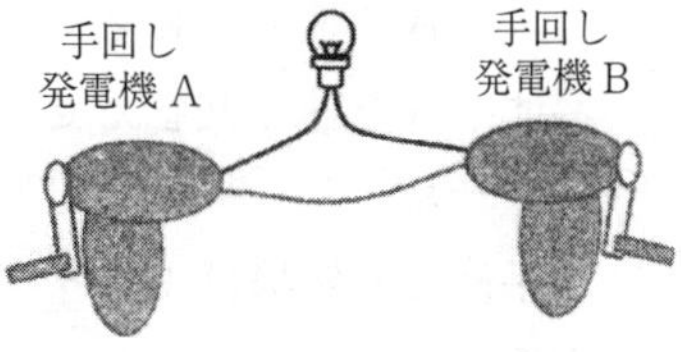

図１

では，発電機を複数台接続するとどのようになるでしょうか。手回し発電機ＡとＢの２つ，および豆電球１つを，図１のように１つの輪のように接続し，次の実験を行いました。

実験・結果Ⅰ　手回し発電機Ａだけを回転させたところ，手回し発電機Ｂは勝手にＡよりもおそく回転を始め，豆電球は暗く光った。

実験・結果Ⅱ　実験Ⅰに続いて，Ａを回転させたまま，Ｂが勝手に回転している向きに，ＢをＡと同じ速さで回転させたところ，豆電球が完全に消えた。

以上の実験から，回転している手回し発電機は，④手で回転させていても，電流によって回転していても，いずれの場合でも回転の速さに応じて強くなる電池としてのはたらきをしていると考えてよいのです。ちなみに，複数の発電機のうち，１つを作動させたところ，他の発電機が勝手に回転を始める現象は，1873年のウィーン万博《ばんぱく》で初めて確認されました。これがきっかけとなり，電気を利用して回転するモーターが一気に広まったそうです。

問５　実験Ⅱのように，２つの発電機を同じ速さで回転させているとき，発電機を両方とも電池に置きかえたと考えると，どのように接続していたことになりますか。解答欄《らん》の豆電球と２つの電池を線で結んで示しなさい。

問６　実験Ⅰに続いて実験Ⅱを行ったとき，電流や手回し発電機Ｂのはたらきは，それぞれどのように変化したと考えられますか。次の(1)，(2)について最も適当なものを下のア～オから選び，記号で答えなさい。

(1)　実験Ⅰと比べたときの，実験Ⅱの電流

ア．増えた

イ．減った

(2)　発電機Ｂの電池としてのはたらき

ウ．より強い電池としてのはたらきをするようになった。

エ．より弱い電池としてのはたらきをするようになった。

オ．電池としてのはたらきをしなくなった。

問７　実験Ⅰに続いて，Ａを回転させたまま，Ｂを回転しないように手で止めたとすると，豆電球の明るさはどのように変化しますか。下線部④を参考にして，最も適当なものを次のア～エから選び，記号で答えなさい。

ア．消える　　イ．暗くなる　　ウ．同じ明るさのまま　　エ．明るくなる

問8　実験Ⅰや実験Ⅱのときと同様に接続した2つの手回し発電機を利用し，豆電球をより明るく光らせます。次の操作の中で，豆電球が一番明るく光るのはどれですか。最も適当なものを次のア～オから選び，記号で答えなさい。

ア．Aを速く回転させ，Bを手でとめる。

イ．Aをゆっくり回転させ，Bが回転を始めた向きに，Bをゆっくり回転させる。

ウ．Aを手でとめた状態で，Bをゆっくり回転させる。

エ．Aを速く回転させ，Bが回転を始めた向きに，Bを速く回転させる。

オ．Aを速く回転させ，Bが回転を始めた向きと逆向きに，Bを速く回転させる。

手回し発電機はモーターにもなることがわかりました。そこで，手回し発電機のハンドルの部分を取り外し，その部分の軸《じく》に糸を取りつけ，モーターとして使用します。図2のように糸の先におもりを取りつけ，手回し発電機を電池に接続すると，軸に糸が巻きつきおもりが持ち上がりました。何度か行った実験の結果は次の通りです。

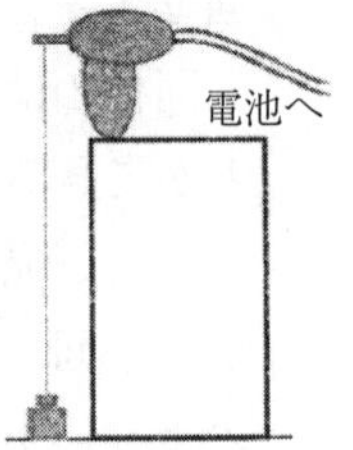

図2

実験・結果Ⅲ　150gのおもりを30cm持ち上げるのに10秒かかった。

実験・結果Ⅳ　180gのおもりを30cm持ち上げるのに12秒かかった。

問9　実験Ⅲと実験Ⅳの結果から次の文のようなことが考えられます。文中の空欄(あ)～(う)に入る語句を下のア～ウからそれぞれ1つずつ選び，記号で答えなさい。ただし，同じ記号を何度使ってもかまいません。

150gのおもり6個を30cmの高さまで1個ずつ6回持ち上げたときと，180gのおもり5個を30cmの高さまで1個ずつ5回持ち上げたときを比べよう。どちらも900g分のおもりを30cmの高さまで持ち上げることになる。持ち上げているときの回転の速さは，150gのときの方が速いので，流れる電流は(　あ　)。また，すべてを持ち上げるのにかかる時間は(　い　)。つまり，このときの電池の消耗《しょうもう》度合いは(　う　)。

ア．150gの方が大きい　　イ．180gの方が大きい　　ウ．どちらも同じになる

問10　モーターを利用している家電製品である洗濯《せんたく》機は，洗濯物の量を容量の8割程度にしたとき，最も省エネで，電気を効率的に使用できるといわれています。その理由を説明する次の文中のa～cについて，それぞれ〔　〕内の語句から適当なものを1つずつ選び，答えなさい。

容量の8割程度での洗濯を基準にして考えます。8割より少なくすると，2回洗濯することになり，効率的ではありません。一方で，10割程度に増やすと，洗濯機が回転する速さが a〔増加・減少〕します。そのため，回転させる時間を b〔増加・減少〕させる必要があります。また，電流は c〔増加する・減少する・変化しない〕ので，結果としてこの場合も省エネにならないのです。

うになった。

ウ　ガゼルが本来いるべきではない河川敷に閉じ込められていることをかわいそうに思うとともに、自分にもどこか遠くに帰る場所があるのではないかと思い、ガゼルにその場所を教えてもらおうとした。

エ　河川敷に現れたガゼルを心配するあまり、他のことが考えられなくなってしまったが、どうしたらよいのかを考え続けた結果、ガゼルは逃げるべきだと思い、その気持ちがあるのかをたずねようとした。

問六　——線⑦「彼の叫びが自分の叫びであるような気もした」（122行目）とありますが、どういうことですか。具体的に説明しなさい。（2行）

問七　——線⑧「ガゼルを他県の動物園に引き取ってもらう」（141行目）とありますが、「Q町」がガゼルを手放すことにしたのはなぜですか。説明しなさい。（2行）

問八　——線⑨「女性の～焦りが見えた」（189～191行目）とありますが、ここで「私」は、ガゼルを河川敷に残そうという「女性」の主張にどのような思いを感じとっているのですか。説明しなさい。（2行）

問九　——線⑩「走りたかったのか！」（212行目）とありますが、かけ出したガゼルを見て、「少年」がこのように言ったのはなぜですか。説明しなさい。（2行）

問十　——線⑫「行きたければ行ってくれ！」（313～314行目）とありますが、ここでの「少年」のガゼルに対する思いは、——線⑪「自分はガゼルをよそへ行かせないために活動している」（235～236行目）という「女性」の思いとどのように違いますか。説明しなさい。（2行）

問十一　——線⑬「行け、と少年が～ただ幸運を祈った」（328～329行目）とありますが、

(1)　「私」は、ガゼルが柵の外に出た理由をどのように考えていますか。説明しなさい。（2行）

(2)　柵の外に出て、かけていくガゼルに対する「少年」の言葉を、「私」が受け入れたのはなぜですか。本文全体をふまえ、【　】（286～293行目）の部分に注目して説明しなさい。（5行）

ごませるキャラクターのこと。

※⑲　固唾をのんで…ことのなりゆきが気になって緊張《きんちょう》して。

※⑳　エポック…話題性のある、みんなが注目しそうな。

※㉑　陳情…公的機関に実情を訴《うった》え、対応を求めること。

※㉒　サバンナ…雨の少ない熱帯地方の、まばらにしか木の生えていない草原のこと。

※㉓　捻出…無理やりに金銭を用意すること。

〔設問〕**解答はすべて、解答らん**（編集部注＝横10ミリメートル・たて153ミリメートルの行数で示した）**におさまるように書きなさい。句読点なども一字分とします。**

問一　＝＝線a「**チャクジツ**」（8行目）、b「**シアン**」（70行目）、c「**ユウコウ**」（147行目）、d「**ハ**」（318行目）のカタカナを、漢字で書きなさい。

問二　――線①「それ以上に～終わることだった」（35～37行目）とありますが、

(1)　「そのこと」とは何を指していますか。本文中から二十字で抜《ぬ》き出して答えなさい。

(2)　「少年」が「いつも何も言わずじまいに終わる」のはなぜだと「私」は考えていますか。説明しなさい。（2行）

問三　――線②「Q町は～利用する気でいた」（52～54行目）、――線③「ファンというよりは～話していた」（59～63行目）とありますが、ここで「Q町」と「女性」は、ガゼルに対してどのように向き合っていますか。次の中からふさわしいものを一つ選んで記号で答えなさい。

ア　Q町はガゼルの生存を気にかけており、お金を集めることで保護しようとしているが、「女性」はガゼルが純粋《じゅんすい》に好きで、その野生の姿を全国に届けてみんなを勇気づけようとしている。

イ　Q町はガゼルのかわいらしさを発信して世の中を明るくしようとしているが、「女性」はガゼルが持つ生命の直線的なエネルギーを発信することで、Q町を有名にしようとしている。

ウ　Q町はガゼルを有名にして、観光客を呼び寄せようとしているが、「女性」はネットを活用して、ガゼルについて、実際にQ町を訪れるよりも多くのことが分かるようにしようとしている。

エ　Q町はガゼルが見物人を集めていることに注目しており、それを利用して町を盛り上げようとしているが、「女性」はガゼルの存在に強くひかれ、その姿を記録し発信しようとしている。

問四　――線④「町のウェブサイトに～じっと眺めていた」（82～85行目）とありますが、ここからは、「少年」がガゼルに対してどのように向き合っていることが読みとれますか。説明しなさい。（2行）

問五　――線⑤「少年は、逡巡を見せたあげく、右手をゆっくりと挙げて、ガゼルに向かってふった」（110～112行目）、――線⑥「少年は、やっとガゼルに対して言いたいことがまとまったようで、そう口にした」（116～117行目）とありますが、このような「少年」のあり方から、どのようなことが読みとれますか。次の中からふさわしいものを一つ選んで記号で答えなさい。

ア　ガゼルを見ているうちに親近感が増し、心が通じ合ったように思い、自分の望みをガゼルの望みとしてとらえるようになったので、ガゼルも自分と同じ場所に行きたいのだと考え、確かめようとした。

イ　ガゼルが何をしたいのかを考えることを通して、自分自身が何をしたいのかを考えるようになり、それがはっきり言えるようになったことで、ガゼルの望みについても問いかけられるよはっきりと見えた。

「行け！」少年の叫び声が聞こえた。「⑫行きたければ行ってくれ！」

ガゼルが地面をけって飛び上がり、柵を飛び越《こ》え、そのまま上流の方へとかけていく様子を、柵の傍らに備え付けられた工事用のライトが照らしていた。

少年は、柵のdハてまで走って、やがて膝《ひざ》に手を突いて息を切らせた。ガゼルの姿は、もう見えなくなっていた。この話が職員さんに報告されて、上流での捜索《そうさく》がなされるとして、ガゼルはその前に山へ逃《に》げ込めるだろうか、と私は思った。そもそもサバンナに山はなさそうだから、ガゼルにとって良い環境でもないだろうけれども、サバンナにだって木はあるだろう、と私は上流の方を見つめながら、ぼんやりと考えに身を任せていた。河川敷であろうと、動物園であろうと、上流の山の自然であろうと、そもそもどこもガゼルにとっては場違いなのだ。どこもかしこも居心地が悪いのだとしたら、それは柵や檻《おり》の外を選ぶだろう。

⑬行け、と少年がまた言うのが聞こえた。私はうなずいた。ただ幸運を祈《いの》った。

（津村記久子「河川敷のガゼル」（『サキの忘れ物』所収）より）

〈語注〉

※① ガゼル…アフリカなどの乾燥《かんそう》地帯に広く分布するウシ科ガゼル属等のほ乳類の総称《そうしょう》。イラスト参照。

※② 一眼…一眼レフカメラの略称。きれいな写真が撮《と》れる高級なカメラのこと。

※③ SNS…ソーシャル・ネットワーキング・サービスの略称。インターネット上で、人々が交流するためのサービスのこと。あとで本文に出てくる、ツイッターやフェイスブックなども、その代表例。

※④ フォロワー…自分の気に入ったSNSの投稿《とうこう》を閲覧《えつらん》しやすくするために登録をしている人のこと。

※⑤ フリーランス…会社などに所属せず、自由に仕事ができる人のこと。

※⑥ レクチャー…分かりやすく教えること。

※⑦ 歩哨…警戒《けいかい》や見張りを仕事とすること。

※⑧ 朝番…午前中を中心として任務につくこと。

※⑨ 逡巡…決心がつかず、ためらうこと。

※⑩ ウェブサイト…ホームページのこと。

※⑪ ブログ…日記形式で作られるホームページのこと。

※⑫ テレビカメラ…51行目の中略部分に、テレビ局が取材に来たことが書かれている。

※⑬ そつがなかった…不自然でぎこちないところがないこと。

※⑭ アドレス…インターネット上の連絡先《れんらくさき》のこと。

※⑮ アクセス…主にインターネット上で、自分の求める情報に接すること。

※⑯ 休学…許可を得て、長い間学校を休むこと。

※⑰ くだんの…前に話題にした、例の。

※⑱ ゆるキャラ…「ゆるいキャラクター」の略称。見る者をな

ったね」で、※㉒サバンナ出身のガゼルにとっては過酷《かこく》な気候になりつつあるようだった。確かに、広い領地を提供できるのはQ町だけれども、ガゼルを寒さから守る方法を考えるのはなかなか難しいように思えた。ある一帯に屋根をかけて、暖房《だんぼう》を置いたりすればいいのだろうか。それにしたって費用がかかりそうだ。

その話を、べつに聞いていなくていいやと思いながらも少年にすると、珍《めずら》しく彼は、川を温泉にするとかどうですかね、とガゼル本体以外についての考えを示した。それは屋根をかけるよりもお金がかかりそうで、私は笑ってしまった。少年は、温泉に入っているサルをテレビで見て、ガゼルが寒くなってきたらこういうことができればいいな、と思ったのだ、と説明した。川べりの一部を囲って、ほかの水と混ざらないようにして、毎日お湯を注ぎに行けばそれらしいことはできるかもしれない、と私たちは話し合った。

夕方になると、朝「寒くなったね」と話し合っていた時分と同じぐらい気温が下がってきたので、ガゼルを見物する人たちは、早々にいなくなってしまった。少年以外は。帰らないの？　とはきけなかった。大きなお世話だったから。

夜の二十時になっても少年は帰らずに、工事用のライトに照らされたガゼルを目で追っていた。私は、まかないの晩ご飯を持って来てくれる職員さんに、少年の分の温かい飲み物や食べ物も持ってきてくれるように頼《たの》んだ。費用は、私のアルバイト代から引いてくれていい、と言うと、それはべつにいいよ、と職員さんは言ってくれた。

役所の方では、町長と女性と自然保護課の課長の三者で、ずっと話し合いが行われていると職員さんは言った。そりゃ、一万も署名が集まっちゃったら、無視もできないんじゃないのかな、と職員さんは言った。この町の人口のおよそ四分の一が一万人らしい。私は、自分の住む町の人口が四万人であることを、その時に初めて知った。

【柵の傍らに座り込んで食事をしながら、少年は少し話をしてくれた。他県に住んでいるのだが、月の小遣《こづか》いをやりくりして交通費を※㉓捻出《ねんしゅつ》し、ガゼルを見に来ていること、今日はどうしても昼休みにたえられなくなり、そのままこっそり学校を出てきてしまったこと、北海道へ行きたいということ。特に、釧路《くしろ》と紋別《もんべつ》に行きたいと彼は言っていた。彼と比べて、私が話すことはほとんどなかったけれども、とりあえず、大学を休学中であることと、この仕事をずっとしていたいのだがそれは叶《かな》いそうにない、ということを話した。】

ガゼルがよその動物園に引き取られる方向で進んでいる、ということについては、少年は、仕方ない、と言った。そりゃずっと姿を見ていられたらうれしいけれども、仕方ない、と少年はうつむいて、呟くように言った。ガゼルを見続けることは自分の喜びだけれども、それは自分の喜びであってガゼルの喜びではない。かといって、動物園で世話をされることがガゼルにとっての幸せかどうかもわからないのだが、ここに居続けることもまた、ガゼルにとって幸せかどうかはわからない。

柵の向こうで大きな動きがあったのは、私たちが食事を終えて、またガゼルの様子を見ようと立ち上がってからすぐのことだった。柵に背を向けておとなしく座っていたガゼルが、突如《とつじょ》として走り出したのだった。上流の側へと、見たこともないような速さで向かっていた。上流には山がある。柵の中にいた、ガゼルを観察するためのカメラやライトの調整にやってきていた自然保護課の職員さんたちは、どうしたんだ！　とまっしぐらに上流へと走っていくガゼルを追いかけようとしたが、もちろん人間の脚《あし》では追いつかなかった。

少年もまた、柵に沿って上流の側へと走り出していた。私もそうした。ガゼルが、ほんの一瞬だけ少年の方をふり返るのが、私にはい顔でうなずいた。

「君も名前を書きたいだろうから、明日ここへその人が来たら、用紙を預かっておくよ」

私がそう言うと、少年は、ああ、ああ、と状況を理解しているのかしていないのか、という様子で何度か首を縦にふった。

それよりも彼は、ガゼルが突然かけ出したことに気を取られたようだった。おお！　と少年は柵から身を乗り出して叫び、大きく手をふった。ガゼルは見向きもしなかった。

「⑩走りたかったのか！」

少年は言った。見たままのことを。私は、ガゼルが柵の端《はし》まで移動した後、また反対側にダッシュしていく様子をじっと見守った。

「走りたければ走ってくれ！」

少年は、ガゼルに向かって右手を掲《かか》げた。自分に与えられた領地の端まで走ったガゼルは、柵に沿ってゆっくりとこちらへやってきた。ついにガゼルは、少年がふれられるほどの距離に近付いてくる気になったのだろうか、と※⑲固唾《かたず》をのんで見守っていると、突然ガゼルは右向け右をして、また川べりへと歩いていった。

少年はさぞ落胆《らくたん》しているだろう、と私は隣《となり》にいる彼の顔を軽く見下ろしてみたのだが、そうでもなかった。走りたいんだな、と少年は呟《つぶや》いた。私は、走りたいんだよ、と彼に聞こえていてもいなくてもいいと思いながら、同じことを言った。ガゼルは悠然《ゆうぜん》と草を食んでいた。

署名は最終的に一万名をこえたという。女性は、Q町の人々のおかげでもあるが、やはりSNSでも募ったのが大きかった、と私に説明した。その日は集まった署名を、Q町の町長に渡しに行くという日だった。私の一日の仕事の最初の一時間、つまり、十三時から十四時まで、女性は河川敷にいて、やはりガゼルの画像と動画を撮影していた。本当に、水ももらすまい、一秒も落とすまいという勢いで。ガゼルのことがものすごく好きなんだな、と私は平たく思った。

女性は、柵の周囲に集まってきていた見物人たちに、⑪自分はガゼルをよそへ行かせないために活動している、と説明して回って、最後の署名をかき集め、それでは行ってきます、と役所へ出かけていった。結局あの少年は、ガゼルを行かせないために名前を書くことはなかったな、と私は思い出して、彼もものすごくガゼルを好きだと認識していたので、不思議に思った。

テレビの取材があった日と同じで、少年は河川敷での※⑳エポックな出来事と常にすれ違《ちが》うように、その日も遅《おく》れて現れた。やはり平日の昼間だったので、まだ学校に行きたくないという気持ちは続いているようだった。学校に行った方がよいのではないか、ということは、私が学校に行っていない分、まったく説得力もなく、告げる権利もない内容だったので、少年がランドセルを背負った状態でやってきても、何も言わなかった。

ガゼルをよそに行かせないで、この河川敷で世話をし続けてくれっていう※㉑陳情《ちんじょう》の署名集めさ、今日で終わりだったんだよ、と私は彼に説明した。彼は、そうなんですね、とちゃんと内容を理解しているのかどうかわからないような口調で答えた。とにかく彼にとって大事なことは、ガゼルのいる方向に頭を向けて視界に入れることで、私の話やその他のことに対してはすべて上の空を貫《つらぬ》いている様子だった。私は、彼が署名にどういう反応を見せなかったことに、なぜか少し安心した。

季節の変わり目で、前日と比べて突然気温が下がった日だった。少年以外の人々は、私も含《ふく》めて、顔を合わせると第一声が「寒くな事を失うことになるのでとても困るのだが、ガゼルが河川敷にいるのは一時的なことだとはじめから考えているところもあったし、諦《あきら》めは意外に早くついた。もともと、こんなにらくな、自分に向いている仕事を永遠に続けられるはずもないのだ。人生はそんなにむしの良いものではない。私は知っているはずだ。一生でもっとも楽しい時期だと言われる大学生活で打ちのめされたのだから。一緒にときどき話している職員さんも、まあこれから寒くなるから、ガゼルのためにずっと外で仕事するっていうのもきついし、それでいいのかもね、と言っていた。

　ガゼルの引き取り先については、じっくり検討する、ということで、ガゼルが河川敷から離れると決まってからも当分、ガゼルは河川敷で暮らしていて、私も柵のそばで歩哨を続けていた。ガゼルのいなくなる日、私がこの自分にあった仕事から離れなければいけなくなる日に、ぼんやりと思いをはせながら。

　ある日、いつもガゼルの撮影をしているあの女性が、険しい顔つきで私の所にやってきて、クリップボードにはさんだ用紙を見せて、ボールペンを渡してきた。

「警備員さんの考えを聞かせてほしいの」

　用紙には、びっしりと人の名前が書かれていた。私は署名を求められているのだった。まだ開始して三週間だったが、ウェブで募《つの》ったものも併《あわ》せて、すでに二千名に達しているという。

「ガゼルのためっていうけれども、動物園に行ってしまうと、ここよりはずいぶん狭《せま》いところで世話をされることになるわけでしょう？」

　それは確かにそうだった。ガゼルのための河川敷の柵は、約300メートルにわたっているとのことで、それほどまでに大きなスペースを、ガゼルが動物園で与《あた》えられるとは考えにくかった。

「端的《たんてき》にそれはかわいそうよね？　それに、ガゼルがここを選んでやってきたということ自体に注目してほしいの。単純に、ガゼルはここを気に入ってるんじゃないかしら？　私はずっとガゼルの様子を見ているけど、何かすごくストレスをためているような所は見かけたことがないのね。だから、ガゼルはここにいたいんじゃないかと思うのよ」

　女性は、有無《うむ》を言わせない口調で話した。言っていることは筋が通っているように思う。「急激な環境の変化を与えるよりは、ここをガゼルにとって住みやすい場所にすべきじゃないかしら。それにガゼルはこの町の宝よ。ずっと住民の手の届くところにいるべきよ」

　私はうなずきながら、女性の話を聞き終わり、すすめられるまま、名前のリストの最後に自分の名前を書き足した。ありがとう、と女性は言った。⑨女性の「住民の」という言葉は、「私の」とも言いかえられるんじゃないかと私はぼんやり思った。女性の落ち着きは、堅《かた》く隙《すき》のないものだったが、その表皮の下には焦《あせ》りが見えた。知り合いであるという自然保護課の課長とは、この件が元で決裂《けつれつ》したという。ガゼルの行き先は、比較的《ひかくてき》暖かい九州の南部の動物園や、もっと言うと沖縄《おきなわ》になるという可能性もあるとのことだった。Q町からはとても遠い。

　女性の話を聞き、自分の名前を書き足すというだけの出来事だったが、私は彼女が去った後、自分がどっと疲《つか》れていることに気がついた。女性の必死さが、背中の側からのしかかってくるようだった。

　北海道に行きたいが学校に行きたくない少年が現れたのは、それから一時間ほどが過ぎてのことだった。彼だってガゼルには行ってほしくないだろう、と私は考えたので、ガゼルが動物園に引き取られようとしているのだが、それに反対するために、ここで署名を集めている人がいて、と説明すると、少年は、そうですか、とうかなでは、第一人者といっていい存在だった。全国ネットのニュースショーに出演したのち、他の局の取材も受けるようになり、ガゼルのことはその女性がいちばんよく知っていると認識《にんしき》されている状況《じょうきょう》になりつつあった。

それから、また平日の昼間に、※⑰くだんの少年がやってきたので、これからガゼルを※⑱ゆるキャラにしようという計画があるそうだよ、と告げると、少年は、そうですか、とまったく興味がなさそうに軽くうなずいて、柵に両手をかけて身を乗り出し、ガゼルを上半身全体で追い始めた。彼は不登校か何かなのだろうか、と私は少しだけ詮索《せんさく》し、いやだから自分自身も不登校みたいなものじゃないかと思い直してやめた。

その日は、運が良かったのか、ガゼルはずっと少年の方に頭を向けていた。見ていたのかどうかはよくわからない。ガゼルの考えていることなど、私たちにはわからない。ただガゼルは、少年か、もしくは少年の背後の風景を、真っ黒な目でじっと見ていた。⑤少年は、逡巡を見せたあげく、右手をゆっくりと挙げて、ガゼルに向かってふった。私は、そんな大きな動作をしたらガゼルはこちらを見てくれなくなるかもしれないよ、と言いそうになったのだが、ガゼルは彼の方を見つめていた。

「きみは行きたいところはないのか？」

⑥少年は、やっとガゼルに対して言いたいことがまとまったようで、そう口にした。

「おれは北海道に行きたい。学校には行きたくない」

そうか、と私は思いながら、地面に座り込み、柵にもたれて三時のおやつの菓子《かし》パンの袋《ふくろ》を開けた。私は特別に北海道に行きたいというわけでもなかったけれども、決して行きたくないということもないので、⑦彼の叫《さけ》びが自分の叫びであるような気もした。北海道はともかく、とにかく学校には行きたくなかった。私も、学校と北海道なら、圧倒的《あっとうてき》に北海道に行きたかった。

少年の声に驚《おどろ》いたのか、不快なものでも感じたのか、ガゼルはすぐに回れ右をして川べりへと向かい、周囲の草を食み始めた。少年はガゼルをじっと見つめていた。そして、ここへ来てくれてありがとう、と大声で言った。ガゼルは彼に一瞥《いちべつ》もくれず、より遠い所へと走り去っていった。

Q町が本当にガゼルのことを思うのであれば、いつまでもガゼルを河川敷にいさせるべきではない、という意見の噴出《ふんしゅつ》は、遅かれ早かれ予想されていたものだった。少し考えたらわかることだ。ガゼルが現れるということがこれだけ特別視されるというのは、当のガゼルにとって現在の環境は異例中の異例であるということで、それは要するに、居心地《いごこち》のよい環境であるとは決して言えないということを意味していた。

ガゼルの来訪で活気づいていたQ町が、簡単にガゼルを手放すとは思えなかったのだが、そこはみんな大人であるし、ガゼルをいつまでも囲い込もうという姿勢でいるほうが町の評判を下げるという判断のもと、⑧ガゼルを他県の動物園に引き取ってもらうという案が浮上《ふじょう》し始めた。ガゼルはすでに、動物のことを気にしている日本人の間ではかなり評判になっていたので、引き取って大切に世話をしたい、という動物園はすぐにいくつも現れた。Q町は、ガゼルの将来のためにもっとも良い環境を誠心誠意探す、と宣言し、ガゼルを引き取ることになった動物園とは緊密《きんみつ》に連携《れんけい》し、その動物園のある市町村とも、ガゼルを通して c**ユウコウ**関係を結ぶ、というとても優等生的な態度を選択《せんたく》することになった。

私は、ガゼルが河川敷からいなくなると、アルバイトとはいえ仕彼が写真を撮ったりしてガゼルについての何かを記録しているところを、私は一度も見かけなかった。朝の時間帯に働いている同僚にたずねてみても、彼はただ、柵のそばで静かに過ごしているだけだという。時折、図鑑《ずかん》のようなものや本を読んでいる。一度職員さんが、町の※⑩ウェブサイトの※⑪ブログ欄《らん》に掲載《けいさい》するために、ガゼルと同じフレームに入った写真を撮影しないか、と打診《だしん》したのだが、彼は頑《かたく》なに、はい、とは言わなかった。彼は、ガゼルを見つめながら、どこかでガゼルにその存在を知られたくないと考えているように思えた。

（中略）

②Q町は、ガゼルが河川敷に来たことで、この数か月まい上がりっぱなしと言《こ》ってよかった。ガゼルを町で保護し続けて、その見物人を呼び込み、町のキャラクターとして利用する気でいた。ガゼルを河川敷で養う費用を考えると、それも当然といえる話ではある。しばらくしたら、ガゼルが苦手と思われる日本の冬が来るのだが、その処遇《しょぐう》については不透明《ふとうめい》なままだった。

　連日ガゼルの写真や動画を撮影している女性の※⑫テレビカメラの前の態度は、※⑬そつがなかったと思う。③ファンというよりは記録者ですね、と自称《じしょう》する女性は、ガゼルを眺《なが》めていると、生命の直線的なエネルギーにふれているようで気分が良くなる、ということと、日本のQ町の河川敷にガゼルがいるという奇跡《きせき》を、できるだけの質量で残したい、と話していた。その後、ガゼルの写真や動画を見たい人はここまで、と女性のSNSの※⑭アドレスが全国ネットのニュースショーで流れたので、放送の直後は※⑮アクセスが殺到したものと思われる。

　少年が息せききって現れたのは、テレビの取材班が撤収《てっしゅう》した後のことだった。午後三時を回ったところで、彼が来る時間としては遅《おそ》い方だった。その日は平日で、学校などはないのだろうかと私はｂ**シアン**したのだけれども、自分自身※⑯休学中の身なので、うるさいことは問わないことにした。

　けっこうな距離《きょり》をずっと走ってきたのか、いつまでも柵につかまってガゼルを目と頭で追っている少年を見かねて、私は自分用の水《すい》筒《とう》を差し出して、べつに口を付けて飲んでくれていいから、と言うと、少年は何度も礼をして、水筒の中身を飲み干してしまった。

　さっきまでテレビの取材が来てたんだよ、と言うと、少年は、そうですか、と肩《かた》で息をしながら、川べりで草を食《は》んでいるガゼルを見つめていた。町の自然保護課の課長さんと、ツイッターとフェイスブックにたくさん写真や動画をあげている女の人が取材を受けてた、とそのままのことを報告すると、少年はやはり、そうですか、と言っただけだった。

　手持ち無沙汰《ぶさた》になった私は、④町のウェブサイトに、放映日と取材されていた女の人のSNSのアドレスがのると思う、と報告したけれども、少年はほとんど何も聞いていないというような上の空の顔つきでガゼルをじっと眺めていた。そして、何か言いたげに右手を挙げるのだけれども、やはり何を言ったらよいのかはわからないという様子で手を下ろし、ガゼルにひたすら見入った。

　私はその時、彼には大量の情報も記録もいらないのだ、ということをなんとなく悟《さと》った。ガゼルと過ごす、さして多くもない時間こそが、彼には大事なものなのだ。私はそれを邪魔《じゃま》しないようにその場を離《はな》れた。彼はやはりガゼルを見つめていた。時間を止めてやれないものか、と私は本当に一瞬《いっしゅん》だけ、そんなくだらないことを考えた。

（中略）

　女性は今や、Q町のガゼルをウェブを通して眺めている人々の間

二〇二一年度 麻布中学校

【国語】（六〇分）〈満点：六〇点〉

次の文章を読み、設問に答えなさい。

「私《わたし》」の住んでいるQ町の河川敷《かせんしき》にガゼルが現れた。そのことがインターネットで紹介《しょうかい》されて以降、多くの人がガゼルを見に河川敷に集まるようになった。ガゼルの生活領域は柵《さく》で囲われ、大学生の「私」は、その周囲を見張る警備員のアルバイトに応募《おうぼ》し、働き始める。

その女性は、河川敷に※①ガゼルが現れたという記事が出た当初から、週に三度ほどの頻度《ひんど》で柵の周辺にやってきていた。いつも携《けい》帯《たい》か※②一眼を構えていて、ガゼルの写真や動画を常に撮影《さつえい》していた。彼女《かのじょ》が来るようになって十日ほどが経過したのち、私は一緒《いっしょ》に柵の補強の作業をしていた職員さんから、彼女は自然保護課の課長の知り合いで、趣味《しゅみ》で※③SNSにガゼルの写真や動画をさかんにアップロードしている人なのだと聞かされた。河川敷のガゼルの様子が気になる人々は、日本全国にa**チャクジツ**に増え始めていて、彼女のSNSの※④フォロワーや閲覧者《えつらんしゃ》も日に日に倍増しているという話だった。職業は、※⑤フリーランスのデザイナーなのだという。だから昼間でもガゼルを見にやってきて、撮影していけるのだった。自分より年上の女性の年齢《ねんれい》は、あまりよくわからないのだが、三十代後半から四十代のどこかというぐらいに見えた。いつもきちんと化粧《けしょう》をしていて、服装も立ち居ふるまいもさっそうとしていた。ガゼルの日々の様子について、べつの訪問者に写真の撮《と》り方やら何やら※⑥レクチャーしていることもあったし、私と職員さんの柵の補強作業を手伝ってくれようとすることもあった。

働き始めてしばらくが経過した私はというと、とにかくこの仕事のぼんやりした感じは自分に向いているから、もう大学には戻《もど》らず、ずっとこの仕事をしていたい、だからガゼルにはどこにも行ってほしくない、と思い始めていた。もはや、授業も論文も就職活動も自分の人生から排除《はいじょ》してしまって、ただガゼルを囲う柵の傍《かたわ》らで一生働く、ということを夢想しながら、私は日々柵の周りを※⑦歩哨《ほしょう》していた。

（中略）

ガゼルを見に来る人々は、彼女のほかにもたくさんいたけれども、私が顔や背格好を覚えているのは、彼女とほかにもう一人、小学校高学年かせいぜい中学一年というぐらいの年齢の少年だけだった。彼《かれ》は、足しげくというわけではないのだが、三週間に一度ぐらいの頻度でやってきては、長いこと、それこそ私の勤務時間の最初から最後まで、※⑧朝番の同僚《どうりょう》によると早朝から、柵に寄り添《そ》って一日中過ごすのだった。

彼がガゼルを「ものすごく好き」であることは、ガゼルをじっと見つめる、夢見るようなまなざしを一目見ればわかることだったが、①それ以上に私がそのことを実感したのは、彼がガゼルに何らかの呼びかけをしようと柵から身を乗り出し、口元に手を当てて、しかしいつも何も言わずじまいに終わることだった。

何かを言いたい、でも、何を言ったらいいかわからないし、ガゼルが呼びかけを望んでいるかどうかは、ガゼルの姿を見れば見るほど不確かになる。彼の様子からは、そういった※⑨逡巡《しゅんじゅん》が伝わってきた。

2021年度

麻布中学校　▶解説と解答

算　数　(60分)＜満点：60点＞

解　答

1　23.75cm^2　　2 (1)　分速210m　(2)　分速144m　　3 (1)　370か所　(2)　$219\frac{5}{8}$倍　　4 (1)　43　(2)　209，262，315　　5 (1)　1，2，3，4，5，6　(2)（例）　2→4→6　(3)（例）　1→2→3→5→7　　6 (1)　6，12　(2)　10個　(3)　86通り

解　説

1　平面図形─図形の移動，面積

②が止まっていたとすると，①だけが毎秒，1＋2＝3(cm)の速さで右へ動くことになる。よって，9秒間では，3×9＝27(cm)動くから，9秒後には右の図のようになる。この図で，重なっている部分の面積を求めるには，②の面積から三角形ABCの面積をひけばよい。ここで，三角形ADEは直角二等辺三角形なので，AEの長さは6cmであり，DFの長さは，12−6＝6(cm)とわかる。したがって，②の面積は，(6＋12)×6÷2＝54(cm^2)と求められる。また，黒くぬられた三角形も直角二等辺三角形であり，直角をはさむ2辺の長さは，27−(20＋6)＝1(cm)だから，ACの長さは，12−1＝11(cm)となる。すると，三角形ABCは対角線の長さが11cmの正方形を半分にしたものになるので，面積は，(11×11÷2)÷2＝30.25(cm^2)とわかる。以上より，重なっている部分の面積は，54−30.25＝23.75(cm^2)と求められる。

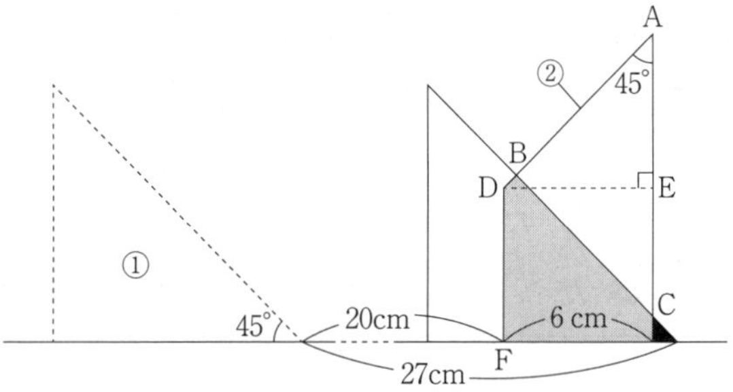

2　速さと比

(1)　たかし君について，速さを変える前を前半，速さを変えた後を後半と呼ぶことにすると，前半と後半で走った距離《きょり》の比は，3.6：(6−3.6)＝3：2であり，前半と後半の速さの比は2：1だから，前半と後半の時間の比は，$\frac{3}{2}:\frac{2}{1}=3:4$となる。この合計が40分なので，前半の時間は，$40\times\frac{3}{3+4}=\frac{120}{7}$(分)とわかる。よって，たかし君は前半の$\frac{120}{7}$分で3.6km走ったから，たかし君の前半の速さは分速，$(3.6\times1000)\div\frac{120}{7}=210$(m)と求められる。

(2)　(1)より，まこと君が速さを変えたのはスタートしてから，$\frac{120}{7}+15=\frac{225}{7}$(分後)とわかるので，2人の進行のようすをグラフに表すと，下のようになる。たかし君の後半の速さは分速，210÷2＝105(m)だから，たかし君が最後の600mを走るのにかかった時間(グラフのア)は，$600\div105=\frac{40}{7}$(分)となり，グラフのイの時間は，$\left(40-\frac{225}{7}\right)-\frac{40}{7}=\frac{15}{7}$(分)と求められる。よって，まこと君

について，速さを変える前を前半，速さを変えてからたかし君を追い抜《ぬ》くまでを後半と呼ぶことにすると，前半と後半の時間の比は，$\frac{225}{7}:\frac{15}{7}=15:1$となる。また，前半と後半の速さの比は，$1:2.5=2:5$なので，前半と後半の距離の比は，$(2\times15):(5\times1)=6:1$と求められる。この合計が，$6-0.6=5.4$(km)だから，前半の距離は，$5.4\times\frac{6}{6+1}=\frac{162}{35}$(km)とわかる。したがって，

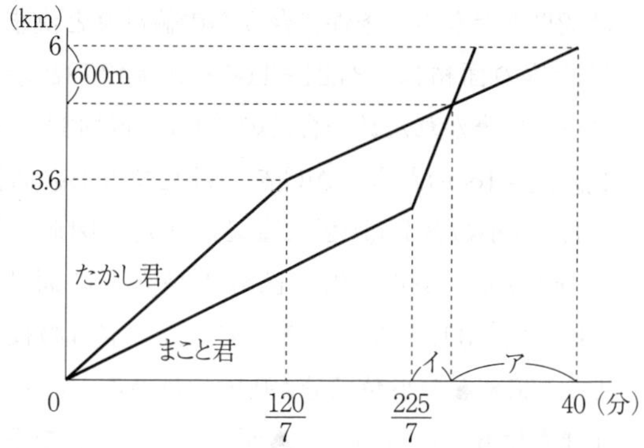

まこと君は前半の$\frac{225}{7}$分で$\frac{162}{35}$km走ったので，まこと君の前半の速さは分速，$\left(\frac{162}{35}\times1000\right)\div\frac{225}{7}=144$(m)である。

3 図形と規則

(1) 右の図(縦3列，横4列)の場合，斜線《しゃせん》をつけた部分が，縦方向に3か所，横方向に，$4-1=3$(か所)ある。また，かげをつけた部分が，縦方向に，$3-1=2$(か所)，横方向に4か所あるから，紙が重なり合う部分は，$3\times3+2\times4=17$(か所)と求めることができる。同様に考えると，縦10列，横20列の場合，斜線をつけた部分が，縦方向に10か所，横方向に，$20-1=19$(か所)ある。また，かげをつけた部分が，縦方向に，$10-1=9$(か所)，横方向に20か所あるので，紙が重なり合う部分は，$10\times19+9\times20=370$(か所)と求められる。

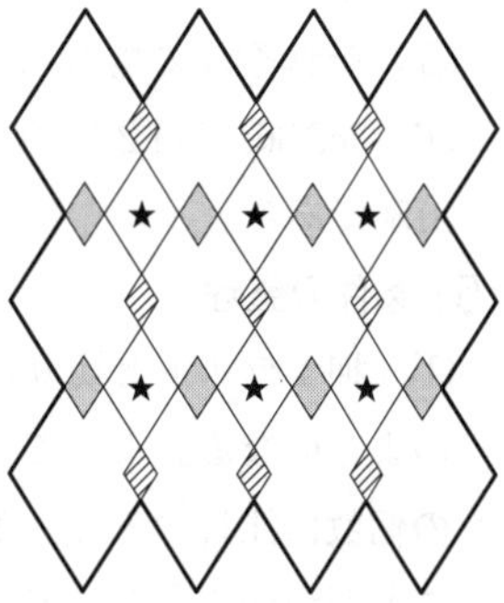

(2) 太線の内側の面積は，㋐(紙の面積の合計)－㋑(重なりの部分の面積の合計)＋㋒(★の部分の面積の合計)で求めることができる。ここで，紙1枚の面積を1とすると，縦10列，横20列の場合の紙の枚数は，$10\times20=200$(枚)だから，㋐$=1\times200=200$となる。また，重なりの部分は，紙を1辺の長さが$\frac{1}{4}$倍になるように縮小したものなので，重なりの部分1か所の面積は紙の面積の，$\frac{1}{4}\times\frac{1}{4}=\frac{1}{16}$(倍)であり，$1\times\frac{1}{16}=\frac{1}{16}$となる。よって，㋑$=\frac{1}{16}\times370=\frac{185}{8}$と求められる。次に，★の部分は，紙を1辺の長さが，$1-\frac{1}{4}\times2=\frac{1}{2}$(倍)になるように縮小したものだから，★の部分1か所の面積は紙の面積の，$\frac{1}{2}\times\frac{1}{2}=\frac{1}{4}$(倍)であり，$1\times\frac{1}{4}=\frac{1}{4}$とわかる。さらに，★の部分は，縦方向に，$10-1=9$(か所)，横方向に，$20-1=19$(か所)あるので，全部で，$9\times19=171$(か所)ある。したがって，㋒$=\frac{1}{4}\times171=\frac{171}{4}$だから，太線の内側の面積は，㋐－㋑＋㋒$=200-\frac{185}{8}+\frac{171}{4}=\frac{1757}{8}$と求められる。これは紙1枚の面積の，$\frac{1757}{8}\div1=\frac{1757}{8}=219\frac{5}{8}$(倍)である。

4 条件の整理

(1) 下の図1のような長方形の面積で考える。□＝32のとき，かげをつけた長方形の面積は，$1.07\times32=34.24$(小数部分は0.24)になる。また，図形全体の面積の小数部分が0.78だから，斜線部分の長方形の小数部分は，$0.78-0.24=0.54$となる。また，斜線部分の長方形の縦の長さは，$2.13-1.07=1.06$なので，カードBの枚数を△枚とすると，$1.06\times$△の小数部分が0.54とわかる。ここで，△

は32以下だから，条件に合う△の値は９と決まる。よって，図形全体の面積は，34.24＋1.06×９＝43.78と求められるので，カードに書かれた数の合計の整数部分は43となる。

図１

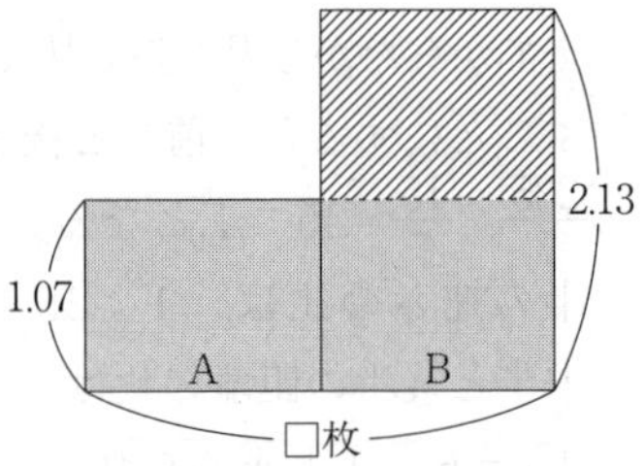

(2)　□＝160のとき，かげをつけた長方形の面積は，1.07×160＝171.2(小数部分は0.2)になる。また，図形全体の面積の小数部分が0.36だから，斜線部分の長方形の面積の小数部分は，0.36－0.2＝0.16となる。よって，カードＢの枚数を▲枚とすると，1.06×▲の小数部分が0.16とわかる。このことから，▲の一の位は１または６になるので，▲が２けたの場合を筆算の形で表すと，右の図２，図３のようになる。図２で，イ＝１－０＝１となるが，ア×６の一の位が１になることはない。また，図３で，エ＝11－３＝８だから，ウ×６の一の位が８となり，ウは３または８とわかる。さらに，▲を３けたにしても小数部分は変わらないので，160以下で考えられる▲の値は{36，86，136}の３通りである。それぞれの場合について図形全体の面積を求めると，171.2＋1.06×36＝209.36，171.2＋1.06×86＝262.36，171.2＋1.06×136＝315.36となるから，整数部分として考えられる数は{209，262，315}である。

図２	図３
1.0 6	1.0 6
×　ア１	×　ウ６
１０６	６３６
□□イ	□□エ
□□.１６	□□.１６

5　条件の整理

(1)　押《お》すライトと切りかわるライトの関係をまとめると，右の図１のようになる。よって，１と５と６(かげの部分)を押したときの○の個数に注目すると，１～６は１回ずつ，７だけは２回切りかわることがわかる。ここで，切りかわる回数が奇数《きすう》回の場合は点灯と消灯の状態が逆になり，切りかわる回数が偶数《ぐうすう》回の場合は点灯と消灯の状態は変わらないから，点灯しているのは{1，2，3，4，5，6}である。

図１

	切りかわるライト						
押すライト	1	2	3	4	5	6	7
1	○	○	○	○			
2		○		○	○		
3			○	○		○	
4				○	○	○	○
5					○		○
6						○	○
7							○

(2)　２を消灯するためには，２を少なくとも１回は切りかえる必要がある。そのためには１または２を押せばよいが，１を押したとすると１が点灯してしまい，それを消灯するために再び１を押す必要がある。そこで，２を押す場合を考える。このとき，４と５が点灯してしまうから，これを同時に消灯するために，４を押せばよい。すると，４と５は消灯するが６と７が点灯してしまうので，これを同時に消灯するために，６を押せばよい。よって，考えられる押し方は，たとえば，２→４→６になる。

(3)　{1，4，6}が奇数回，{2，3，5，7}が偶数回切りかわるように押せばよい。１を切りかえることができるのは１だけなので，１は必ず押す必要がある。すると，２が切りかわる回数が奇数回になってしまうから，２を切りかえる必要がある。ここで，同じライトを２回押すのは何も押さないのと同じことだから，２を切りかえるためには２を押す必要があり，下の図２のようになる。次に，３を偶数回にするためには３を押す必要があるので，下の図３のようになる。さらに，５を偶数回にするために５を押すと，７が奇数回になるので，最後に７を押すと下の図４のようになり，すべてのライトを消灯することができる。よって，考えられる押し方は，たとえば，１→２→３→５→７になる。

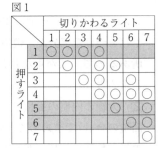

図2

押すライト＼切りかわるライト	1	2	3	4	5	6	7
1	○	○	○	○			
2		○		○	○		
3			○	○		○	
4				○	○	○	○
5					○		○
6						○	○
7							○
	奇数回OK	偶数回OK	偶数回NG	奇数回NG	偶数回NG	奇数回NG	偶数回OK

図3

押すライト＼切りかわるライト	1	2	3	4	5	6	7
1	○	○	○	○			
2		○		○	○		
3			○	○		○	
4				○	○	○	○
5					○		○
6						○	○
7							○
	奇数回OK	偶数回OK	偶数回OK	奇数回OK	偶数回NG	奇数回OK	偶数回OK

図4

押すライト＼切りかわるライト	1	2	3	4	5	6	7
1	○	○	○	○			
2		○		○	○		
3			○	○		○	
4				○	○	○	○
5					○		○
6						○	○
7							○
	奇数回OK	偶数回OK	偶数回OK	奇数回OK	偶数回OK	奇数回OK	偶数回OK

6 場合の数

A＼B	1	2	3	4	5	6
1	1	[2]	[3]	4	[5]	⑥
2	[2]	4	⑥	[8]	[10]	⑫
3	[3]	⑥	9	⑫	[15]	[18]
4	4	[8]	⑫	16	[20]	[24]
5	[5]	[10]	[15]	[20]	25	[30]
6	⑥	⑫	[18]	[24]	[30]	36

(1) $A\times B$の計算を表にすると，右のようになる。この表で，2つのかげをつけた部分には同じ数があらわれるから，一方に2回あらわれる数を探すと，○をつけた6と12が見つかる。また，6と12は太線で囲んだ部分にあらわれないので，表全体にあらわれる回数は4回である。よって，アに当てはまる数は6と12とわかる。

(2) かげをつけた部分の一方に1回だけあらわれ，太線で囲んだ部分にはあらわれない数を探せばよい。すると，□をつけた10個見つかるから，イに当てはまる数は10である。

(3) たとえば，$A\times B=C\times D=6$の場合，(1)より，$A\times B=6$となるAとBの目の出方は4通りあることがわかる。同様に，$C\times D=6$となるCとDの目の出方も4通りあるので，A，B，C，Dの目の出方は，$4\times4=16$(通り)とわかる。$A\times B=C\times D=12$の場合も同様に16通りあるから，表の中に同じ数が4回あらわれる場合の目の出方は，$16\times2=32$(通り)と求められる。また，表の中に同じ数が2回あらわれる場合，AとB，CとDの目の出方が2通りずつあるので，A，B，C，Dの目の出方は，$2\times2=4$(通り)となる。このような場合が10通りあるから，全部で，$4\times10=40$(通り)とわかる。次に，表の中に同じ数が1回しかあらわれない数は，{1，9，16，25，36}の5個ある。これらについて，AとB，CとDの目の出方が1通りずつあるので，A，B，C，Dの目の出方は，$1\times1=1$(通り)となり，全部で，$1\times5=5$(通り)とわかる。さらに，表の中に同じ数が3回あらわれる数は{4}だけである。この場合，AとB，CとDの目の出方が3通りずつあるから，A，B，C，Dの目の出方は，$3\times3=9$(通り)となり，全部で，$9\times1=9$(通り)と求められる。よって，全部で，$32+40+5+9=86$(通り)となる。

社会 (50分) ＜満点：40点＞

解答

1 **問1** あ　**問2** お　**問3** え　**問4** (例) (ご当地グルメは)その地域の活性化(を目的として)　**問5** (例) 空き地や空き家が点在する現象。　**問6** **消費者**…(例) カットされているので，調理に手間がかからないから。　**農家**…(例) 本来出荷できない形の悪い野菜でも出荷できるから。　**問7**　え　**問8**　(例)　エサの種類や量を適正に管理して環境への負荷を小さくする養殖。　**問9**　**国内**…(例)　日本の伝統のよさを再認識すること。**海外**…(例)　和食を通じて国際交流の機会を増やすこと。　**2**　**問10**　①　(例)　長期間保存できるようにする　②　(例)　生産量を増やす　**問11**　ポルトガル　**問12**　(例)　調理したものを大きな高坏に盛り，小ぶりな高坏に取り分けた。(成人男性は大きな高坏，女性や子どもは小さな高坏と使い分けた。)　**問13**　(例)　仏教の教えで肉食が禁じられ，公然と食べることができなかったから。　**問14**　い　**問15**　(例)　規則正しい生活習慣を身につけること。／他人との関わり方や協調性を学ぶこと。　**問16**　(例)　食物アレルギーがある子や宗教上の制約を持つ子は，みんなと同じ給食が食べられないという問題がある。そこで，こうした子に対応した調理を取り入れ，なぜこういう調理が必要なのかを理解するように心がければ，相互の人間関係を強くする共食になると思う。

解　説

1　日本の食文化についての問題

問1　サケは寒流の勢力が強い海域に生息する回遊魚で，日本近海では千島海流(親潮)などに乗って南下するので，北海道や東北の各県で多く漁獲《ぎょかく》される。一方，カツオは暖流の勢力が強い海域に生息する回遊魚で，日本近海では日本海流(黒潮)に乗って太平洋を北上する。漁獲量は，一本釣《づ》りで知られる高知県や，焼津《やいづ》港のある静岡県などで多い。東京都では，伊豆諸島や小笠原《おがさわら》諸島でカツオが漁獲される。また，アジも暖流の勢力が強い海域に生息し，日本近海では東シナ海がおもな漁場となっているため，これに面する長崎県の漁獲量が多い。なお，2017年のサケ類の漁獲量は北海道・岩手県・青森県・宮城県・秋田県，カツオ類の漁獲量は静岡県・東京都・宮城県・三重県・高知県，アジ類の漁獲量は長崎県・島根県・宮崎県・愛媛県・鳥取県の順に多い。統計資料は『データでみる県勢』2020年版による(以下同じ)。

問2　キュウリは夏野菜だが，宮崎県では温暖な気候とビニールハウスなどの施設を利用し，冬から春にかけて栽培・出荷しているため，東京都卸売《おろしうり》市場でもこの時期の入荷量が増える。よって，Aに宮崎県があてはまる。一方，冬の気温が低い福島県では夏の間の露地栽培が中心となるため，東京都卸売市場の入荷もこの時期に集中する。よって，Cに福島県があてはまる。残ったBが埼玉県で，近郊農業がさかんな埼玉県では，露地栽培と施設栽培を組み合わせているので，1年を通じて東京都卸売市場に入荷される。なお，キュウリの収穫量は宮崎県が全国第1位で，以下，群馬・埼玉・福島・千葉の各県が続く。

問3　一般的なしょうゆは大豆，小麦，塩を主原料とし，麹菌《こうじきん》や酵母《こうぼ》による複雑な発酵《はっこう》過程を経て醸造《じょうぞう》される。なお，関西地方を中心に使われているうすくちしょうゆには，米が用いられることもある。

問4　ご当地グルメとして「地域で料理を新しく開発」することや，「昔からある料理を再発見」することは，地域の農水産物の消費を増やすことにつながる。また，ご当地グルメの知名度が上がり，地域外からこれを求めて人が集まるようになれば，飲食業や観光業も盛り上がる。このように，ご当地グルメは，町おこし・村おこしといった地域の活性化を目的として創作されるものといえる。

問5　都市の大きさが変わらないまま人口が減少し，都市内に使われない空間が増えると，都市の密度が下がる。これを地図などで表すと，小さい穴があちこちに点在し，まるでいくつも穴のあいたスポンジのように見えることから，この現象を「都市のスポンジ化」という。都市のスポンジ化は空き地や空き家が増えることで起き，その原因としては，売り上げが落ちたり，店を続けていくのが年齢的に難しくなったりして空き店舗《てんぽ》が増えることや，相続がうまくいかずに家が空き家になることなどがあげられる。また，空き家となった建物が取り壊《こわ》されれば，空き地が増える。こうしたことは，郊外型の大型店に昔ながらの駅前商店街がおされるといったことに加え，少子高齢化とも密接に関係していると考えられる。

問6 写真から，加工用のニンジンは形が悪かったり，大きさが不ぞろいだったりすることがわかる。このような，そのままでは商品として出荷できない野菜でも，味は変わらないので，カットするなどして加工すれば，商品として出荷できる。こうした野菜を集めてカット野菜として売ることは，農家にとっては売り上げの増加につながる。また，消費者にとっては，調理の手間が省ける，一度で使い切れるのでむだが出ず，ごみも減らせるといった利点がある。

問7 卸売市場で仲卸業者が競り落とした食材を仕入れる場合，その業者の利益や必要経費などが加算されるので，値段はそのぶん高くなる。よって，「え」が正しくない。

問8 水産物の養殖は資源保護の観点から重要であるが，食べ残されたエサがくさったり海底にたまったりすると，海が汚染される。また，魚の健康管理のために用いられる薬品が環境に影響《えいきょう》をおよぼすおそれもある。これらの問題を解決するため，エサや薬品の量・種類を適正に管理して水質を保全し，環境への負荷をなくす取り組みが進められている。こうしたことをふくむ厳しい基準を満たした養殖物がASC(水産養殖管理協議会)によって「責任ある養殖により生産された水産物」と認められた場合，認証ラベルをつけることができる。

問9 「年中行事との関わり」には門松とおせち料理が描かれている。正月には家族で集まっておせち料理を食べることが伝統的に続けられており，食材にもそれぞれ意味がある。和食を通してこうした機会を持つことは，自分が日本人であることを再認識するとともに，伝統について学ぶ，家族のきずなを強めるといったことにつながり，こうしたことが国内向けのねらいとして考えられる。また，「優《すぐ》れた栄養バランス」である和食を食べる機会を増やすことで，国民の健康増進をはかろうというねらいもうかがえる。「新鮮な食材と調理」「美しさ・季節の表現」には，和食ならではの調理法や盛りつけなどを日本の魅力《みりょく》として伝えることで外国人観光客を増やし，国内経済を活性化させたり，国際交流の機会につなげたりしようという海外向けのねらいもあると考えられる。

2 「食」を題材とした問題

問10 ① 冷蔵，殺菌・滅菌，缶詰《かんづめ》は，いずれも食材に菌などが繁殖するのを防ぎ，保存期間を長くするための発明である。 ② 用水路などを整備する，脱穀機・コンバインなどを導入して農業を機械化する，品種改良を行う，鋤《すき》のような農具を用いるといったことは，いずれも生産力の向上につながる。

問11 15世紀になると，スペイン・ポルトガルを中心とするヨーロッパの国が世界中に船で進出する大航海時代が始まった。16世紀後半にはポルトガル人やスペイン人が日本に到達し，彼らとの間で南蛮《なんばん》貿易が行われるようになった。南蛮貿易は特にポルトガルとの間でさかんになり，カステラ・こんぺいとう・天ぷらなどが伝えられた。

問12 弥生時代には，使い道に応じた形の土器がつくられるようになった。左の絵の左奥に見えるようなつぼ型のものは貯蔵用，奥の列の中央に並んでいるかめ型のものは煮炊《にた》き用で，手前にあるような高坏《たかつき》や鉢《はち》は盛りつけ用だったと考えられている。4～5人の家族で，高坏が大小合わせて10個あるのだから，大きな高坏に種類の異なる料理を盛りつけ，小さな高坏でそれぞれが取り分けたり，大きい高坏は成人男性，小ぶりのものは女性，小さなものは子どもというように，性別や年齢で使い分けたりしていたと推測できる。

問13　鎌倉時代になって人びとの間に仏教の教えが広がると，殺生《せっしょう》につながるなどの理由から肉食，特に四つ足の動物の肉を食べることがさけられるようになったが，鹿や猪《いのしし》の肉は「薬食い」などといって食べ続けられた。しかし，これらを表立って取りあつかうのがためらわれたため，「もみじ」「ぼたん」「さくら」のような別名をつけたのだと考えられる。

問14　江戸時代初め，酒田(山形県)を出て日本海沿岸各地に寄港したのち，関門海峡を回って瀬戸内海に入り，大坂(大阪)にいたる西廻《にしまわ》り航路が開かれた。酒田は米や特産物の紅花の積出港として栄え，大坂との物資のやり取りがさかんに行われた。そのため食文化においても，上方とよばれた京都・大坂の影響を強く受けたと考えられる。よって，「い」が正しい。

問15　時間割を組み，それに合わせて集団で行動することは，規則正しい生活習慣や社会性を身につけることにつながる。また，調理と準備，後片付けをし，食事に関わる作業を体験することで，つくってくれる人への感謝の気持ちや自立心が芽生える。さらに，大学生ボランティアや将棋《しょうぎ》教室の先生など，地域のはば広い世代と交流することで，協調性を育むこともできる。

問16　共食が人びとの「結びつきを強めるために続けられてきた」のだとすれば，給食という共食の機会が，人びとの結びつきをさまたげるようなものになってはならない。給食では基本的に，全員に同じメニューが配られるが，食物アレルギーや宗教上の理由から，特定の食材を食べられない子どももいる。また，食事を残さず食べるのがいいことだという風潮があるが，全員が同じ量を食べられるわけではないため，給食を全部食べきれなかった子どもへの印象が悪くなったり，食品ロスが起こったりするという問題もある。こうしたことを改善するためには，周りの人がそれぞれを思いやって事情を理解することや，メニューを一律ではなく，ある程度選べるようにすることなどが必要になる。これ以外でも，全員が給食を楽しくとれるような工夫をあげればよいだろう。なお，本文の内容から，ここでは財政面や衛生面の問題は取り上げないものとした。

理　科　(50分)＜満点：40点＞

解　答

1　**問1**　**タンポポ**…イ，カ　**センダングサ**…イ，エ　**問2**　ア，エ，キ　**問3**　ウ，エ，オ，カ　**問4**　**記号**…b　**理由**…(例)　鳥の仲間はカプサイシンによる辛さをほとんど感じないから。　**問5**　イ，ウ，エ　2　**問1**　**a**　ア　**b**　エ　**c**　カ　**問2**　**d**　ア　**e**　ウ　**X**　二酸化炭素　**問3**　1500m　**問4**　解説の図を参照のこと。　**問5**　イ　**問6**　**あ**　イ　**い**　ウ　**う**　イ　**え**　ウ　**お**　ウ　**問7**　エ　3　**問1**　ウ　**問2**　エ，カ　**問3**　エ　**問4**　28通り　**問5**　ウ　**問6**　**a**　ア　**b**　ウ　**問7**　**c**　ア　**d**　エ　**問8**　**e**　ア　**f**　ウ　**g**　オ　**h**　ク　**問9**　ウ

4　**問1**　(例)　定位置で使い，高い電圧を必要とするから。　**問2**　(例)　住宅の屋根

問3 (1) ア (2) エ (3) ウ **問4** イ **問5** 右の図
問6 (1) イ (2) ウ **問7** エ **問8** オ **問9** **あ** イ
い ウ **う** イ **問10** **a** 減少 **b** 増加 **c** 増加する

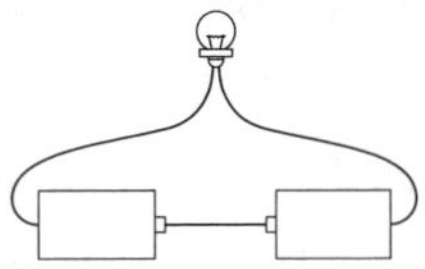

解説

1 植物の種の広げ方についての問題

問1 タンポポの種は，がくが変化してできた冠毛《かんもう》(わた毛ともよばれる)によって風に乗り，飛ばされることで種の散布範囲《はんい》を広げている。また，センダングサの種は先端《せんたん》の突起《とっき》部分に細かいトゲがたくさんついていて，このトゲで動物のからだにつくなどして運ばれる。どちらの種もそう果とよばれる果実で，大部分を種子がしめており，そのまわりをかたくてうすい果皮が表面をおおっていて，小さくて軽い。

問2 ア 「他の大きな草たちが生えやすいところでは，オオバコがたくさん生えていることはありません」とあるので，正しい。 イ，ウ 「オオバコは他の草に比べて成長が特に速いことはなく，あまり大きく育ちません」とあるため，まちがっている。 エ〜カ 「大きな葉はしなやかで，ふまれても簡単にちぎれたりしません」とあるので，エは正しく，オとカはまちがっている。 キ 「種は小さいのですが，吸水すると表面にゼリー質ができてねばつきます」とあり，靴底《くつぞこ》などにつくと述べられていることから，正しい。

問3 種の数は，「とても辛《から》い」が21，「辛い」が25以上139以下，「辛くない」が75以上210以下なので，ウ，エ，オ，カが正しく，ア，イ，キ，クはまちがっている。

問4 説明文に，カプサイシンによる辛さを，ネズミやタヌキなどの動物は感じるが，鳥の仲間はほとんど感じないとある。また，ネズミやタヌキなどの動物は，カプサイシンをふくむものを積極的には食べないと述べられている。したがって，カプサイシンをふくむトウガラシの実は，辛さをほとんど感じない鳥の仲間に食べられやすいと考えられる。

問5 ア，イ 鳥は空を飛べるので，空を飛べないネズミやタヌキなどの動物よりも遠くに移動できると考えられる。 ウ，エ 歯のあるネズミのふんを調べると，かみくだかれた植物の種は「消化はされていませんが芽を出せないものが多くなります」と述べられている。一方，歯のない鳥のふんの中にふくまれる植物の種は「芽を出すものが多くなります」とある。よって，トウガラシが生える場所を広げるには，歯のある動物よりも歯のない鳥の仲間に食べられる方が有利といえる。 オ ネズミやタヌキなどの動物は，辛いものを「積極的には食べません」と述べられている。 カ 鳥の仲間はカプサイシンによる辛さをほとんど感じないが，「辛いものを好む」とは述べられていない。 キ ネズミのふんの調査で，かみくだかれた植物の種は「消化はされていません」と説明がある。 ク 鳥のふんの中にふくまれる植物の種は「消化されず」と述べられている。

2 氷期と日本人の祖先についての問題

問1 日射が弱くなると，地表をあたためる熱の量が減るため，陸をおおう氷が増える。そして，この氷が白っぽい色をしていて，太陽光を反射する。すると，気温は下がると推測できる。

問2 気体は，水温が上がると水にとけにくくなる。日射が強くなると，地表をあたためる熱の量が増えるため，気温や海水温が上がり，海にとけている二酸化炭素の一部がとけきれなくなって大気中に出てくる。この二酸化炭素の温室効果によって，気温がさらに上がる。

問3　海の面積と陸の２割にあたる面積の比は，７：(３×0.2)＝35：３である。海の面積を35m^2，陸をおおっていた氷の面積を３m^{2}とすると，氷期が終わって陸から海に流れこんだ水の体積は，35×120＝4200(m^3)となる。よって，とけた氷の体積は，$4200\times\frac{11}{10}=4620$(m^3)なので，その厚さの平均は，4620÷３＝1540より，1500mと求められる。

問4　右の図を見ると，「－100」と「－200」の間に等高線が４本あることから，この地図の等高線は20m間隔《かんかく》で引かれていることがわかる。したがって，現在より海水面の高さが120m低かった氷期の海岸線は，右の図の太線で示した「－100」から１本分だけ低い(陸地から離《はな》れている)等高線の位置となる。

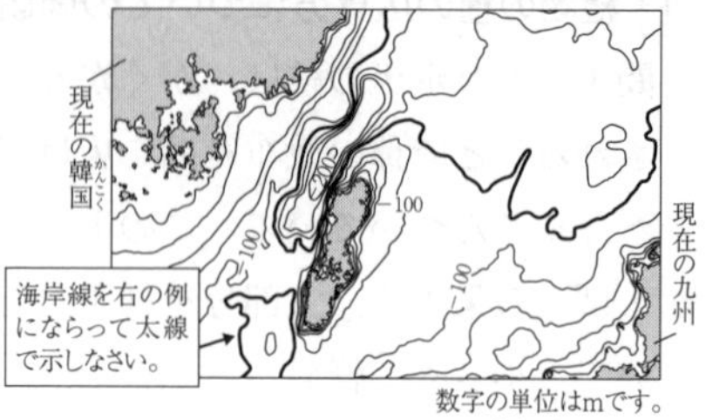

数字の単位はmです。

問5　「約15000年前に終わった最後の氷期」の後の時代は，縄文時代で，この時代には縄目《なわめ》の文様がついた縄文土器が作られるようになった。

問6　**あ，い**　北海道，本州，沖縄は，北からこの順に並んでいる。　**う，え**　北海道に住むアイヌは，地理的に近い本州の人々と近縁で似た特徴《とくちょう》をもつと予想される。しかし，図２では左からアイヌ，沖縄の人々，本州の人々，大陸の人々の順に並んでいるので，予想に反し，アイヌは沖縄の人々と似ていることがわかる。　**お**　図２で，本州の人々は沖縄の人々と大陸の人々とそれぞれ少しずつ重なっていることから，本州の人々は沖縄の人々や大陸の人々と近縁といえる。

問7　図２より，本州の人々は，沖縄の人々と大陸の人々のどちらにも同じ程度に近縁だと考えられる。また，いま本州に住む人々は「最近になって，海をわたって大陸からやってきた人々の子孫でもある」と述べられている。これらのことより，エが選べる。

3　拡散についての問題

問1　一般に，水溶液《すいようえき》の濃度《のうど》(％)は，(とけている物の重さ)÷(水溶液の重さ)×100で求めるので，ウがふさわしい。

問2　ア　砂糖水やアルコール水などの水溶液は電気を通さない。　イ　塩酸やアルコール水のように気体や液体のとけている水溶液は，加熱して蒸発させたときに何も残らない。　ウ　水溶液の重さは，とけている物の重さと水の重さの和になる。　エ　水溶液の体積は，とけている物の体積と水の体積の合計よりも少なくなる。これは，物を水にとかすときには，物のつぶが水のつぶの間に入りこむためである。　オ　砂糖水は無色の水溶液で，加熱してしばらくすると砂糖がこげ始めるため，ねばりけのある茶色っぽい液体になり，さらに加熱して水を蒸発させると，砂糖がこげてできた黒い固体が残る。　カ　とけ残りのある水溶液をろ過すると，とけ残りはろ紙の上に残るが，とけている物は水といっしょにろ液に入る。

問3　下線部①は，二度と元の状態にもどらないということがらである。よって，エが選べる。

問4　上から４層目までには８個の箱があることになるため，１つ目の●が入るところは８か所あり，２つ目の●が入るところは残りの７か所となる。たとえば，１つ目の●を１層目の左，２つ目の●を１層目の右に入れたときと，１つ目の●を１層目の右，２つ目の●を１層目の左に入れたときは同じであるように，１つ目の●と２つ目の●を入れかえた状態も同じ状態となる。したがって，異なる状態は全部で，８×７÷２＝28(通り)と求められる。

問５　「野菜に食塩をかけると，膜《まく》を通して野菜の内部にある水分が食塩のある外部に移動します」と述べられていることから，この膜は，水は通しやすく，食塩は通しにくいと考えられる。

問６　食塩が水にとけると，図１でインクが水に拡散するのと同様に，食塩の存在できる空間が広がり，水分が移動する直前と比べて状態の数が増える。

問７　千切りキャベツを水にひたすと，キャベツの内部の方が外部より濃度が高いため，外部から内部に水が移動する。すると，細胞《さいぼう》が水をふくんでふくらみ，シャキシャキとした食感に変化する。

問８　粉が雪と接している場合は，問６の食塩が水にとけるときと同様に，液体の水が増加して，とけている物が存在できる空間が広がる。そのため，粉をまかないときと比べて，雪がとけやすくなり，０℃でなくても雪がとけ始める。つまり，雪がとけて液体になり始める温度が低くなる。

問９　下線部④で，水にとける白い粉をまくと，雪がとける温度が下がる。これは，水にとけている物があると固体になる温度が０℃より低くなるということも意味している。海水には食塩などがとけているために，こおる温度は０℃を下回る。

4　電気についての問題

問１　スマートフォンなど，持ち運ぶ必要があり，あまり高い電圧を必要としない製品には，電気の供給源として電池が用いられる。一方，電子レンジなど，持ち運ぶ必要がなく，高い電圧を必要とする製品には，電気の供給源としてコンセントが用いられる。

問２　家庭のコンセントから供給される電気は，近年では一般家庭に設置されたソーラーパネルや燃料電池(エネファーム)などでも作られている。

問３　⑴　２つの電池のマイナス極どうしが導線でつながり，豆電球をはさんで２つの電池のプラス極どうしも導線でつながっているため，電流が流れず，豆電球は光らない。　⑵　２個の電池が直列つなぎになっているので，電池が１個のときと比べて豆電球は明るくなる。　⑶　２個の電池を並列つなぎにした場合，豆電球は電池が１個のときと同じ明るさで光る。

問４　豆電球の明るさから，回路を流れる電流の大きさは小さいものから順に，①<②<③となる。また，①では，手回し発電機をゆっくり回しているので，電流がわずかに流れている。

問５　実験Ⅱでは，豆電球が完全に消えているので，問３の⑴のように，電池の同じ極どうしが導線でつながる接続のしかたになっていると考えられる。

問６　⑴　実験Ⅰでは豆電球が暗く光っていたが，実験Ⅱでは豆電球が完全に消えたため，実験Ⅰよりも実験Ⅱの方が電流は減っている。　⑵　Ｂの回転の速さは，実験ⅠではＡよりもおそく，実験ⅡではＡと同じ速さなので，実験Ⅰよりも実験Ⅱの方がＢの電池としてのはたらきが強いといえる。

問７　下線部④で，手回し発電機は「回転の速さに応じて強くなる電池」と述べられていることから，Ｂを回転しないように手で止めたとすると，Ｂは電池のはたらきをしなくなる(導線と同じになる)。よって，このときの豆電球の明るさは，実験Ⅰのときよりも明るくなる。

問８　問５～問７より，Ａを回転させているときには，Ｂが回転を始めた向きと同じ向きにＢを回転させるほど，豆電球の明るさが暗くなる。したがって，Ｂが回転を始めた向きと逆向きにＢを回転させるほど，豆電球の明るさが明るくなると考えられる。

問９　**あ**　180ｇのおもりを持ち上げているときの方が，回転の速さがおそく，モーターにかかる負荷が大きいので，流れる電流が大きい。　**い**　150gのおもり6個を持ち上げるのにかかる時間は，10×6＝60(秒)，180gのおもり5個を持ち上げるのにかかる時間は，12×5＝60(秒)と求められ，どちらも同じ時間である。　**う**　電池の消耗《しょうもう》度合いは，流れる電流が大きくなったり，おもりをすべて持ち上げるのにかかる時間が大きくなったりすると，大きくなる。ここでは，かかる時間が等しいため，流れる電流が大きい180gのおもりを持ち上げるときの方が，電池の消耗度合いが大きい。

問10　洗濯《せんたく》物の量を10割程度に増やすと，洗濯機が回転する速さが減少するので，回転させる時間を増加させる必要がある。また，モーターにかかる負荷が大きくなるので，電流は増加する。

国　語　(60分)＜満点：60点＞

解　答

問1　下記を参照のこと。　**問2**　⑴　彼がガゼルを「ものすごく好き」であること　⑵（例）　呼びかけを望んでいるか不確かなガゼルに対し，声をかけず自分に気づかせないよう思いやっていたから。　**問3**　エ　**問4**（例）　ガゼルに関する情報や記録には興味がなく，ガゼルの望みを知ろうとして向き合っている。　**問5**　イ　**問6**（例）「学校には行きたくない」という少年の叫びが，大学には戻りたくないと考える自分の思いと重なったということ。

問7（例）　ガゼルの河川敷への囲い込みを批判する意見が噴出したことで，これ以上の囲い込みは町の評判を下げると判断したから。　**問8**（例）　ガゼルが動物園に引き取られてしまうと，SNSでの発信ができなくなるため，何とかそれをやめさせたいという自分勝手な思い。

問9（例）　ガゼルの望みを知り，ガゼルが自分と同じように不自由さから解放されるのを望んでいると確信できたことがうれしかったから。　**問10**（例）　少年はガゼルの望むようにすべきだと考えているが，女性はガゼルを自分の手の届くところに置いておきたいと考えている。

問11　⑴（例）　どこもかしこも場違いで居心地が悪いと感じたガゼルが，自由な世界を望んだからだろうと考えている。　⑵（例）　居心地の悪い学校をはなれて北海道に行きたいと考えている少年にとって，ガゼルが柵を飛び越えて外の世界に行ったことは，自己の望みを現実化する行動だったということを理解し，それは少年と同じ境遇にある自分自身にもあてはまるものだとあらためて実感したから。

●漢字の書き取り

問1　a　着実　b　思案　c　友好　d　果

解　説

出典は津村記久子《つむらきくこ》の『サキの忘れ物』所収の「河川敷《かせんしき》のガゼル」による。「私」は大学を休学し，Q町の河川敷に現れたガゼルを囲い込《こ》む柵《さく》の周囲を見張る警備《けいび》員のアルバイトをしている。ガゼルを見物にくる人々の中には，ガゼルの写真や動画などをSNSで発信している女性と，三週間に一度ぐらいの頻度《ひんど》で河川敷にやってきて，一日中ガゼルを見つめている少年の姿があった。

問1　a　落ち着いていて，危なげなく何かをするようす。　b　あれこれと考えをめぐらすこと。　c　仲のよいつきあい。　d　音読みは「カ」で，「果実」などの熟語がある。

問2　(1)「それ」「そのこと」とあるので，前の部分に注目する。ガゼルに向けられた，少年の夢見るようなまなざし以上に，「彼《かれ》がガゼルを『ものすごく好き』であること」は，「何らかの呼びかけをしようと柵から身を乗り出し～何も言わずじまいに終わる」ようすから実感できたと書かれている。
(2)　ガゼルに呼びかけることを逡巡《しゅんじゅん》して，ただ柵のそばで静かに過ごすばかりの少年の姿を見た「私」が，「どこかでガゼルにその存在を知られたくないと考えている」ように感じたことをおさえる。ガゼルの意思を尊重しようとしている少年は，その望みが不確かである以上，声をかけることでガゼルの邪魔《じゃま》になってしまわないように，あえて柵に寄り添《そ》っているだけで自分の存在を知らせないのだろう，と「私」は考えたのである。

問3　ア　Q町がガゼルを河川敷に囲い込んだのは，「ガゼルの生存を気にかけて」いたからではないので正しくない。もうじき「ガゼルが苦手と思われる日本の冬が来る」ものの，「その処遇《しょぐう》については不透明《とうめい》なままだった」とあることからも，単に利用しようとしているようすがうかがえる。
イ　Q町が「世の中を明るくしようとしている」という点や，女性が「Q町を有名にしよう」と考えて情報を発信しているという点がふさわしくない。Q町はガゼルを保護し続けることで「見物人を呼び込み，町のキャラクターとして利用する気でいた」とあるとおり，「世の中」ではなく町のためというねらいがあったものとわかる。また，女性はガゼルの姿にひかれてはいるが，「Q町を有名にしようとしている」ようすは描《えが》かれていない。　ウ　女性が「実際にQ町を訪《おとず》れるよりも多くのことが分かるように」したいと考えているという部分が合わない。女性は自分のことを，「記録者」だと位置づけ，「日本のQ町の河川敷にガゼルがいるという奇跡《きせき》を，できるだけの質量で残したい」と語っている。

問4　「上の空」は，ほかのことに気を取られ，人の話などが耳に入らないようす。次の段落で，ガゼルをじっと眺《なが》めている少年の姿を見た「私」が，「彼には大量の情報も記録もいら」ず，「ガゼルと過ごす，さして多くもない時間こそ」が「大事」なのだろうと悟《さと》っていることをおさえる。問2でみたように，ガゼルのことが「ものすごく好き」な少年は，ガゼルの情報や記録には興味などなく，その内面にある望みをどうにか知ろうと，ひたすらガゼルに見入っているものと考えられる。

問5　問2，問4で検討したように，少年はガゼルの望みを知ろうとして河川敷に通い，声をかけるでもなくじっとそのようすを観察していた。しかし，ついに少年はガゼルに対し「きみは行きたいところはないのか？」と問いかけ，続けて「おれは北海道に行きたい。学校には行きたくない」と自分の望みを語るようになっている。つまり，ガゼルが何を望んでいるかを考える中で，その姿に自己を投影《とうえい》し，やがて自分の望みを明確に意識するようになった少年は，ガゼルの望みについても確かめたくなったのだろうと推測できるので，イがふさわしい。

問6　「おれは北海道に行きたい。学校には行きたくない」という少年の叫《さけ》びを聞いた「私」は，「別に北海道に行きたいというわけでもなかった」が，「とにかく学校には行きたくなかった」のである。その点で少年に共感を覚えたので，「私」は「彼の叫びが自分の叫びであるよう」に感じたのだと言っている。

問7　Q町はもともと，町を活性化するために「見物人を呼び込み，町のキャラクターとして利用する」つもりでいた。しかし，「本当にガゼルのことを思うのであれば，いつまでもガゼルを河川敷にいさせるべきではない，という意見の噴出《ふんしゅつ》」を受け，Q町は「ガゼルをいつまでも囲い込もうという姿勢でいるほうが町の評判を下げるという判断」のもと，ガゼルを手放すことに決めたのである。

問８　女性は，SNS でさかんに情報を発信することにより「Q町のガゼルをウェブを通して眺めている人々の間では，第一人者といっていい存在」となり，「ガゼルのことはその女性がいちばんよく知っていると認識《にんしき》され」，テレビ局の取材などを受けるまでに至った。しかし，ガゼルが「Q町からはとても遠い」，「九州の南部の動物園」や「沖縄」に引き取られてしまうと情報を発信できなくなるので，それをおしみ，ガゼルを「ずっと住民の手の届くところ」に置いておくべきだと主張しているのだろうと「私」は考えている。そのような女性の自分勝手な思いを感じ取ったからこそ，女性が話す「『住民の』という言葉は，『私の』とも言いかえられるんじゃないか」というのである。

問９　問５で検討した内容に加え，続く部分で「走りたければ走ってくれ！」と思いをたくすように叫んでいること，「走りたいんだな」と自分に言い聞かせるように呟《つぶや》いていることから，少年はガゼルに自己を投影しているものと考えられる。また，柵で囲われた河川敷の中できゅうくつな思いをしているであろうガゼルと「学校には行きたくない」少年との境遇が似ていることもふまえて考える。つまり，「走りたかったのか！」という言葉には，ガゼルの望みがはっきりと理解できたことと，自分同様に，不自由な境遇から逃《のが》れようとしていると感じられたことに対する少年のよろこびが込められているものと想像できる。

問10　少年が，「動物園で世話をされることがガゼルにとっての幸せかどうかもわからないのだが，ここに居続けることもまた，ガゼルにとって幸せかどうかはわからない」と話していることや，ガゼルの望みをいちばんに考えていることをおさえる。だからこそ，ガゼルが河川敷の柵から逃《に》げ出したときに，それがガゼルにとっては「幸せ」なのだと感じ取り，「行きたければ行ってくれ！」と，ガゼルが望んでいるとおりの行動をすることを肯定《こうてい》している。一方，女性は「動物園に行ってしまうと，ここよりはずいぶん狭《せま》いところで世話をされることになる」から「かわいそう」だと話し，「ガゼルはここにいたいんじゃないかと思う」と決めつけている。女性はQ町の河川敷にいるほうがガゼルにとって幸せなのだと話しているが，その背景には自分がSNS でガゼルの情報を配信したいと，都合よくガゼルの「幸せ」を考えているのである。

問11　(1)　ガゼルが逃げ出した後，「私」が「河川敷であろうと，動物園であろうと，上流の山の自然であろうと，そもそもどこもガゼルにとっては場違《ばちが》いなのだ。どこもかしこも居心地が悪いのだとしたら，それは柵や檻《おり》の外を選ぶだろう」と考えていることに着目してまとめる。　(2)【　】の部分で，少年が「どうしても昼休みにたえられなくなり，そのままこっそり学校を出てきてしまった」と話しているように，彼にとっての学校は「居心地が悪い」場所であり，それは「とにかく学校には行きたくなかった」と思う「私」と重なる。一方，少年は「北海道に行きたい」と明確な望みがあるのに対し，「私」は「叶《かな》いそうにない」とわかっていながら，「ただガゼルを囲う柵の傍《かたわ》らで一生働く，ということを夢想」するだけで，自分の方向性を意識できていない点で異なることも考慮《こうりょ》する。これらをふまえると，少年が逃げ出したガゼルに「行きたければ行ってくれ！」と叫んだのは，居心地の悪い学校から北海道という「柵や檻の外」へ行きたいと望む自分の思いをたくしたからであり，そのようすを見た「私」もまた，自分の居場所を求め，同様の選択《せんたく》が必要なのだとあらためて実感したため，少年の叫びを肯定するように「うなずいた」のだろうと想像できる。

Dr.福井の

入試に勝つ！脳とからだのウルトラ科学

寝る直前の30分が勝負！

みんなは，寝る前の30分間をどうやって過ごしているかな？　おそらく，その日の勉強が終わって，くつろいでいることだろう。たとえばテレビを見たりゲームをしたり――。ところが，脳の働きから見ると，それは効率的な勉強方法ではないんだ！

実は，キミたちが眠っている間に，脳は強力な接着剤を使って海馬《かいば》(脳の，知識をためる倉庫みたいな部分)に知識をくっつけているんだ。忘れないようにするためにね。もちろん，昼間に覚えたことも少しくっつけるが，やはり夜――それも“寝る前”に覚えたことを海馬にたくさんくっつける。寝ている間は外からの情報が入ってこないので，それだけ覚えたことが定着しやすい。

もうわかるね。寝る前の30分間は，とにかく勉強しまくること！　そうすれば，効率よく覚えられて，知識量がグーンと増えるってわけ。

では，その30分間に何を勉強すべきか？　気をつけたいのは，初めて取り組む問題はダメだし，予習もダメ。そんなことをしても，たった30分間ではたいした量は覚えられない。

寝る前の30分間は，とにかく「復習」だ。ベストなのは，少し忘れかかったところを復習すること。たとえば，前日の勉強でなかなか解けなかった問題や，1週間前に勉強したところとかね。一度勉強したところだから，短い時間で多くのことをスムーズに覚えられる。そして，30分間の勉強が終わったら，さっさとふとんに入ろう！

ちなみに，寝る前に覚えると忘れにくいことを初めて発表したのは，アメリカのジェンキンスとダレンバッハという2人の学者だ。

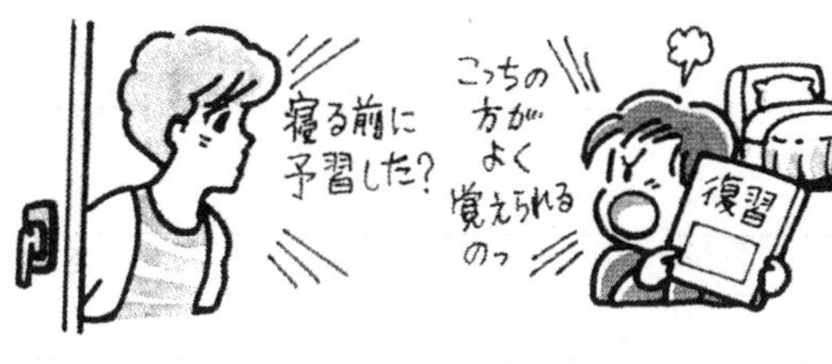

Dr.福井(福《ふく》井《い》一成《かずしげ》)…医学博士。開成中・高から東大・文Ⅱに入学後，再受験して翌年東大・理Ⅲに合格。同大医学部卒。さまざまな勉強法や脳科学に関する著書多数。

Memo

2020年度　麻布中学校

〔電　話〕 (03) 3446－6541
〔所在地〕 〒106-0046　東京都港区元麻布2－3－29
〔交　通〕 東京メトロ日比谷線―「広尾駅」より徒歩10分
都営大江戸線・東京メトロ南北線―「麻布十番駅」より徒歩15分

【算　数】 (60分) 〈満点：60点〉

《注意》 円周率の値《あたい》を用いるときは，3.14として計算しなさい。

1 次の式の□には同じ数が当てはまります。

$$\left(4\frac{1}{4}-\square\right):\left(3\frac{5}{6}-\square\right)=31:21$$

□に当てはまる数を答えなさい。

2 右の図のように，半径5 cmの半円を，4つの直線によって**ア**，**イ**，**ウ**，**エ**，**オ**の5つの部分に分けます。ここで，図の点C，D，Eは直径ABを4等分する点です。また，○の印がついた4つの角の大きさはすべて45°です。

このとき，以下の問いに答えなさい。

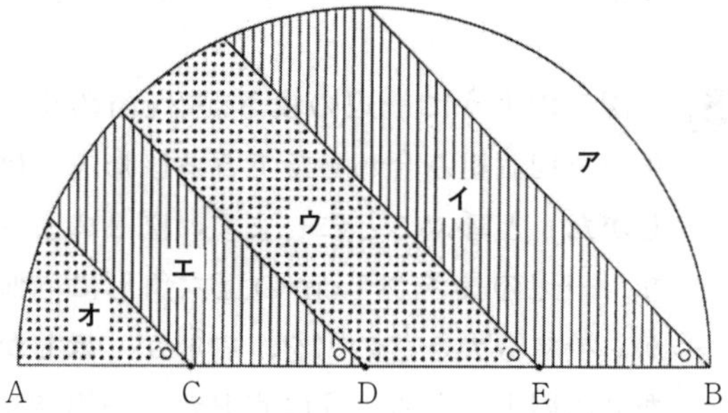

(1) **ア**の面積は何cm^2ですか。

(2) **イ**と**エ**の面積の和から**ウ**と**オ**の面積の和を引くと，何cm^2になりますか。

必要ならば，下の図は自由に用いてかまいません。

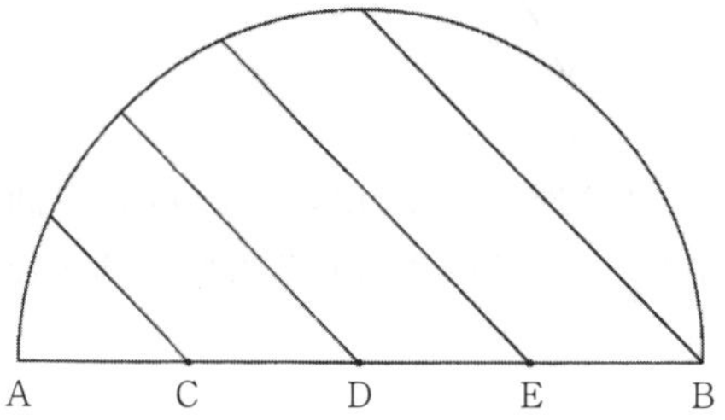

3 1から6までの6つの数字を1度ずつ使って，6桁《けた》の整数を作ります。このとき，以下の問いに答えなさい。

(1) 各位の数字を2で割った余りを考えると，同じ余りがとなり合うことはありませんでした。このような整数は全部で何個作れますか。ただし，割り切れるときには余りは0と考えます。

(2) 各位の数字を2で割った余りを考えると，同じ余りがとなり合うことはありませんでした。また，各位の数字を3で割った余りを考えても，同じ余りがとなり合うことはありませんでした。このような整数は全部で何個作れますか。ただし，割り切れるときには余りは0と考えます。

4 　空の容器Xと，食塩水の入った容器A，Bがあり，容器A，Bにはそれぞれの食塩水の濃《こ》さが表示されたラベルが貼《は》られています。ただし，食塩水の濃さとは，食塩水の重さに対する食塩の重さの割合のことです。

たかしさんは，次の**作業1**を行いました。

作業1　容器Aから120g，容器Bから180gの食塩水を取り出して，容器Xに入れて混ぜる。

このとき，ラベルの表示をもとに考えると，濃さが7％の食塩水ができるはずでした。しかし，容器Aに入っている食塩水の濃さは，ラベルの表示よりも3％低いことがわかりました。容器Bに入っている食塩水の濃さはラベルの表示通りだったので，たかしさんは，次の**作業2**を行いました。

作業2　容器Aからさらに200gの食塩水を取り出して，容器Xに入れて混ぜる。

この結果，容器Xには濃さが7％の食塩水ができました。容器A，Bに入っている食塩水と，**作業1**のあとで容器Xにできた食塩水の濃さはそれぞれ何％ですか。

5 　図1のように一辺の長さが2cmの正三角形を12個組み合わせてできる図形を「**ほしがた**」と呼ぶことにします。図2のような，一辺の長さが1cmの正六角形に内側から接する大きさの円を，中心が「**ほしがた**」の周上にあるように点Pから一周させます。

円が通った部分のうち，「**ほしがた**」の外側を青く塗《ぬ》ります。また，円が通った部分のうち，「**ほしがた**」の内側を赤く塗ります。以下の問いに答えなさい。

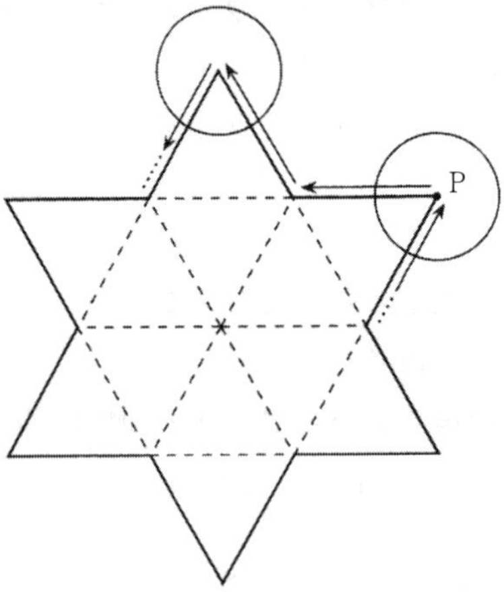

図1

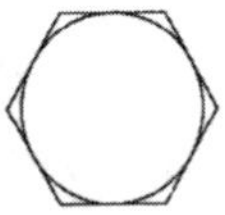

図2

(1)　青く塗られた部分の面積を求めなさい。ただし，一辺の長さが1cmの正三角形の面積をⒶcm^2，図2の円の面積をⒷcm^2として，［　　　］×Ⓐ＋［　　　］×Ⓑ(cm^2)の形で答えなさい。

必要ならば，下の図は自由に用いてかまいません。

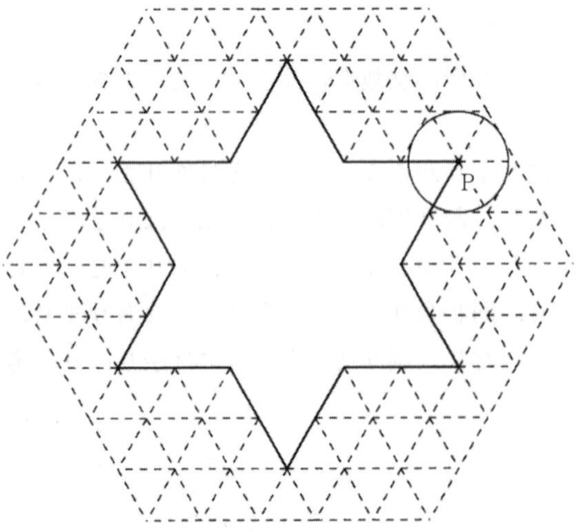

(2)　赤く塗られた部分の面積を求めなさい。ただし，一辺の長さが１cmの正三角形の面積をⒶcm^2，図２の円の面積をⒷcm^2として，□×Ⓐ＋□×Ⓑ(cm^2)の形で答えなさい。

必要ならば，下の図は自由に用いてかまいません。

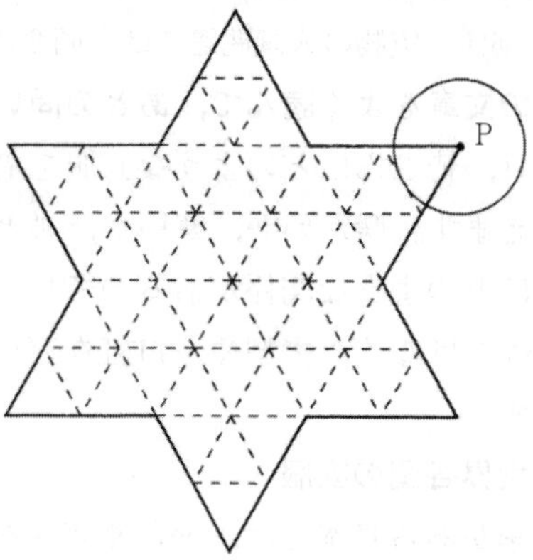

6　周の長さが１mの円があります。図１のように，この円の周上を点Ａは反時計回りに，点Ｂは時計回りにそれぞれ一定の速さで動きます。点Ａと点Ｂは地点Ｐから同時に動き始め，２点が同時に地点Ｐに戻《もど》ったとき止まります。以下の問いに答えなさい。

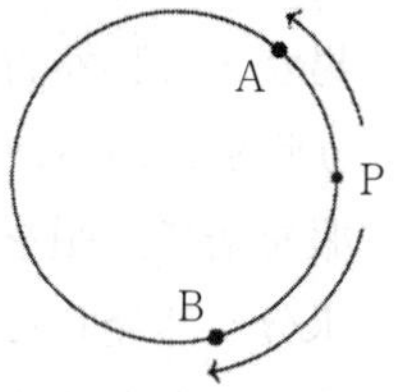

図１

(1)　点Ａの動く速さと点Ｂの動く速さの比が３：５のとき，点Ａと点Ｂが同時に地点Ｐに戻って止まるまでに，２点は地点Ｐ以外で何回すれ違《ちが》いますか。

(2)　点Ａの動く速さと点Ｂの動く速さの比が**ア**：**イ**のとき，点Ａと点Ｂが同時に地点Ｐに戻って止まるまでに，２点は地点Ｐ以外で14回すれ違いました。このとき，**ア**：**イ**として考えられるものをすべて，できるだけ簡単な整数の比で答えなさい。ただし，点Ａよりも点Ｂの方が速く動くものとします。また，解答らんはすべて使うとは限りません。

答　**ア**：**イ**＝［　：　］，［　：　］，［　：　］，
［　：　］，［　：　］，［　：　］

次に，周の長さが１mの円を図２のように２つ組み合わせます。これらの円の周上を，点Ａと点Ｂはそれぞれ一定の速さで次のように動きます。

- 点Ａは５つの地点Ｐ，Ｑ，Ｒ，Ｓ，Ｔを，Ｐ→Ｑ→Ｒ→Ｐ→Ｓ→Ｔ→Ｐの順に通りながら，繰《く》り返し８の字を描《えが》くように動く。
- 点Ｂは５つの地点Ｐ，Ｑ，Ｒ，Ｓ，Ｔを，Ｐ→Ｔ→Ｓ→Ｐ→Ｒ→Ｑ→Ｐの順に通りながら，繰り返し８の字を描くように動く。

点Ａと点Ｂは地点Ｐから同時に動き始め，２点が同時に地点Ｐに戻ったとき止まります。以下の問いに答えなさい。

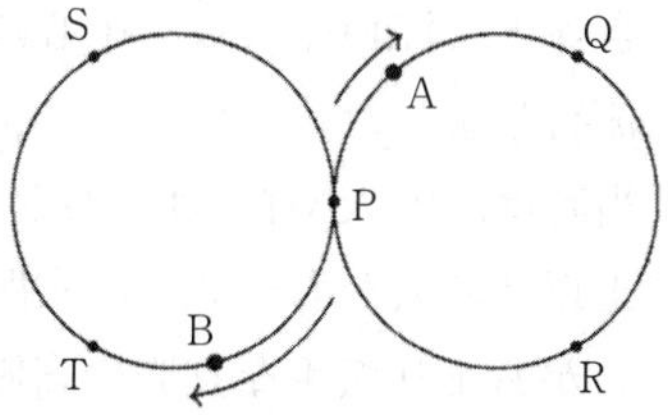

図２

(3)　点Ａの動く速さと点Ｂの動く速さの比が３：８のとき，点Ａと点Ｂが同時に地点Ｐに戻って止まるまでに，２点Ａ，Ｂが動いた道のりは合計何mですか。また，２点は地点Ｐ以外で何回すれ違いますか。

(4)　点Ａの動く速さと点Ｂの動く速さの比が**ウ**：**エ**のとき，点Ａと点Ｂが同時に地点Ｐに戻って止まるまでに，２点は地点Ｐ以外で６回すれ違いました。点Ａよりも点Ｂの方が速く動くものとすると，**ウ**：**エ**として考えられるものは９通りあります。これらをすべて，できるだけ簡単な整数の比で答えなさい。

【社　会】（50分）〈満点：40点〉

〈編集部注：実物の入試問題では，問2の写真，問3の図，問4の浮世絵はカラー印刷です。〉

次の文章をよく読んで，あとの問いに答えなさい。

今日，皆《みな》さんはどのような衣服を着てきましたか。私たちは毎朝，どのような衣服を着ようかと考えます。暖かいか，寒いか，誰《だれ》と会うのかなどによって衣服は変わります。衣服と社会との間にはどのような関係があるのでしょうか。ここではシャツやセーター，ズボン，靴《くつ》といったものだけではなく，髪型《かみがた》や，口紅などの化粧《けしょう》，ピアスのような装飾品《そうしょくひん》も含《ふく》めて考えていくことにします。

1．世界各国の衣服

四季がある日本では，暑さや寒さをしのぐために季節にあった衣服を着ます。同様に**ア**世界各国でも自然環境《かんきょう》に応じてさまざまな衣服が見られます。たとえば，気温や湿度《しつど》が高い地域には男女とも腰巻《こしまき》布を身につける国があります。ズボンよりも風通しがよく，熱を逃《に》がしやすいという性質があるからです。また，日差しが強く乾燥《かんそう》している地域では，あえて全身を覆《おお》うような衣服を着て，頭を布で覆うことがよく見られます。これは日差しから肌《はだ》を守るとともに，身体から水分が蒸発しないようにするための工夫《くふう》です。さらに，寒い地域では動物の毛皮を衣服に利用することもありますし，ポンチョのような，穴の開いた布をかぶるように着ることで熱を逃がしにくくしている衣服も見られます。

一方で，特定の文化のなかで発展した衣服もあります。（ **あ** ）を信仰《しんこう》する国ぐにのなかには，女性が頭や顔を布で覆っている国もあります。これは（ **あ** ）の教えに「女性は他人に肌や髪を見せてはならない」というものがあるからだといわれています。このように世界では自然環境や文化にあわせてさまざまな衣服が生まれてきたのです。それでは，日本ではどのように衣服が変化してきたのか，歴史を追って見ていきましょう。

2．日本における衣服の歴史

昔から日本で着用されていた衣服といえば，まずは着物が想像されるでしょう。たしかに着物は日本の伝統的な衣服といえます。ですがひとくちに着物といっても，平安《へいあん》時代の貴族の女性が着ていた十二単《じゅうにひとえ》のようなものから，私たちが夏祭りのときに着る浴衣《ゆかた》のようなものまで，さまざまな種類があります。現在の私たちが目にする着物は，おもに「小袖《こそで》」とよばれる種類のものです。もともと公家《くげ》や武家が儀礼《ぎれい》の際に着ていた着物を「大袖《おおそで》」というのに対し，「小袖」は江戸《えど》時代以降に定着した普段着《ふだんぎ》であり，身分を問わず広く着られていました。江戸時代もなかばをすぎると，江戸や大坂《おおさか》を中心に町人文化が花開くなかで，**イ**さまざまな素材や模様の入った小袖が流行しました。このことは**ウ**評判の美人や歌舞伎《かぶき》役者を描《えが》いた浮世絵《うきよえ》からも分かります。ただし当時は，町人や百姓《ひゃくしょう》たちが自由に衣服を楽しもうとしても，さまざまな制約がありました。武士以外の人たちが武士の衣服をまねることはできませんでした。また江戸幕府は，町人や百姓たちがあまり派手な衣服や高価な素材を使った衣服を着ないよう，たびたびぜいたくを禁止する命令を出しました。

エ明治《めいじ》時代になると政府が洋服を普及《ふきゅう》させようとしました。まず軍隊に西洋式の軍服が，さらに警察官や鉄道員，郵便局員にも洋風の制服が採用されていきました。また政府は武士の帯刀を禁止し，政治家や役人が率先《そっせん》して洋服を着るようになりました。着物のことを「和服」とよぶようになったのも，洋服が日本に入ってきてからのことです。男性には職業などを通じて洋服が広まりましたが，女性にはなかなか広まりませんでした。

1929（昭和《しょうわ》4）年にアメリカ合衆国《がっしゅうこく》から（ **い** ）が始まると，日本も経済が行きづまり，土地や資源を求めて対外進出をすすめていきました。戦争が本格化すると生活物資が不足し，衣服も足りなくなりました。1940（昭和15）年になると政府は国民服令を出して，軍服に似たデザインの衣服を国民服とし，男性に着用を義務付けました。やがて洋服店は国民服一色になり，ほとんどすべての成人男性が国民服を着用するようになりました。女性についてはぜいたくやおしゃれが悪いものとされ，戦争が始まるまでは大流行していたパーマが好ましくないものとされました。やがてほとんどの女性が，江戸時代から各地の農村で使用されてきたもんぺというズボンのようなものを着用するようになりました。戦争が長期化し，ますます物資が不足すると，1942（昭和17）年には布地は食料などとともに（ **う** ）制となり，切符《きっぷ》との交換《こうかん》で割り当てられるようになりました。物資が乏《とぼ》しかったために，これは戦後もしばらく続きました。

図1　国民服を着た男性

図2　もんぺを着用した女性

終戦直後は布地を買う余裕《よゆう》などありませんでしたが，**オ**戦後の復興期から高度経済成長期を通じて洋服が広まっていき，和服を着ることがふつうだった女性たちの間でも洋服が定着しました。

戦後しばらくの間は，洋服は家庭でミシンを使って自分たちで作るか，仕立て屋で自分にあわせて作ってもらうことがほとんどでした。しかし1960年代後半になると，サイズや年齢《ねんれい》などに応じて，すでにできあがった洋服が販売《はんばい》されるようになりました。こうして，洋服を製造・販売する産業が大規模化していきました。**カ**このようにあらかじめサイズなどが決まっている衣服を既《き》製服《せいふく》とよびますが，現在では工場で大量生産された既製服を着ることが主流になっているのです。

3．衣服と産業

では，皆さんが着ている衣服はいったいどこの工場で作られたものでしょうか。衣服の内側に付いているタグを見ると書いてありますが，普段着のほとんどは中国《ちゅうごく》（中華《ちゅうか》人民共和《じんみんきょうわ》国《こく》）やベトナム，バングラデシュなどで作られていることが分かります。

しかし，かつては私たちが着ている衣服はおもに日本国内で作られていました。東京《とうきょう》や大阪《おおさか》などの大都市に衣服工場が集中し，多くの人びとが働いていました。高度経済成長期になると，衣服工場は大都市ではなく東北《とうほく》地方や中国《ちゅうごく》地方などの地方の農村部に多く立地するようになります。人手に余裕があり大都市に比べると賃金が安かったことが理由でした。

1980年代になると，地方の賃金も上がってきたため，日本よりも賃金の安い外国，なかでも日本から近く，労働者も多くいる中国に進出する企業《きぎょう》が現れました。その後，中国も経済が発展して賃金が上がったため，賃金のより安いベトナムやバングラデシュなどに工場を移す企業が多く見られるようになりました。キそれでも日本企業の工場が中国からなくなってしまったわけではありません。

ク近年，人件費の安いこれらの国ぐにで，衣服がこれまでになかったような規模で大量生産され，世界中で低価格で販売されるようになっています。このような衣服はファスト・フードのように安くて手軽なためにファスト・ファッションとよばれています。ファスト・ファッションを販売する店舗《てんぽ》では毎日のように売れ行きがチェックされ，つねに流行にあわせた売れ筋の衣服が並べられています。以前よりも人びとは格段に多くの店舗で，多くの衣服を低価格で買うことができるようになっています。

衣服を製造する企業は，流行を追って新たな商品を作っています。しかし企業自身が流行をつくりだしてもいます。人びとは流行を自分から追いかけているように思っていますが，実は広告などの力により，企業が生みだした流行を追いかけるように仕向けられてもいるのです。企業にとって流行をつくりだすことは簡単ではありません。しかし，ケ企業は，ある流行をつくりだすことに成功したとしても，流行している衣服の製造を意図的にやめることもあります。

4．衣服と「らしさ」

ところで，学校や会社などでは流行を追った衣服ではなく，制服のように皆が同じ衣服を着ることが好まれます。このようなところでは，生徒らしさや会社員らしさのような「らしさ」が求められます。そして，制服が「らしさ」を表す役割を担《にな》っているのです。

この「らしさ」について考えてみましょう。体型に違《ちが》いのない生まれたばかりの赤《あか》ん坊《ぼう》でさえも，男の子は男の子らしい衣服を着せられ，女の子は女の子らしい衣服を着せられます。こうしているうちに，男性はズボンを履《は》きネクタイを締《し》めることが男性らしいと思い，女性は化粧をしたりスカートを履いたりすることが女性らしいと考えるようになります。しかし，世界を見ると男性がスカートのような衣服を着るところもありますので，コ私たちが当然と思っている衣服についての考え方は，かならずしも当たり前のものではなさそうです。

ここまで，衣服が場所や時代によってさまざまに変化してきたことを見てきました。サ衣服はその社会を映し出す鏡といえるかもしれません。そして，衣服は暑さや寒さを防ぐといった実用的な目的以外にもさまざまな目的や意味をもっていることも分かったでしょう。たとえば男性のネクタイは実用的とはいえませんが，おしゃれをして自分の趣味《しゅみ》や好みを表現するという役割ももっています。しかし，ときにシ衣服に対する考え方の違いから，問題が起きることがあります。衣服は「第二の皮膚《ひふ》」といわれるように，私たちにとってあまりにも身近すぎるので，それについてあまり深く考えることがありません。衣服との付き合い方を考えることは，社会そのものを考えることにつながるかもしれません。

問1　文中の空らん（**あ**）～（**う**）にあてはまる語句を答えなさい。

問2　下線部**ア**について。下のグラフ①～③は，それぞれある都市の気温と降水量を示したものです。これらの都市で着用されている衣服として適当なものを下の写真**あ**～**え**のなかから選び記号で答えなさい。

①
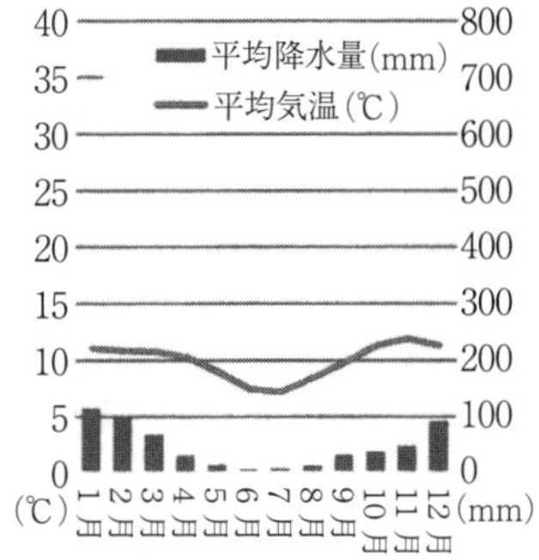

②
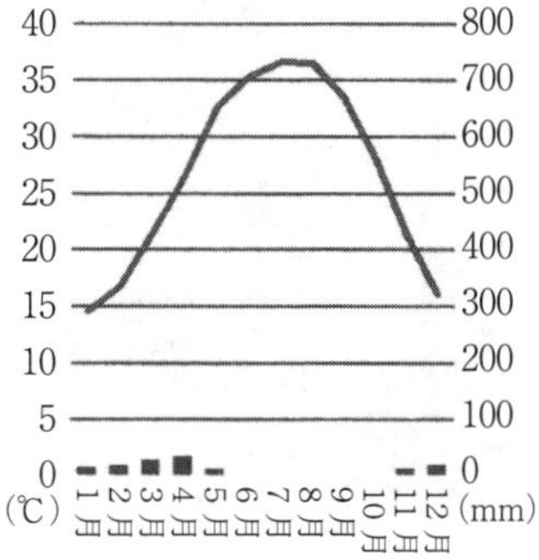

③
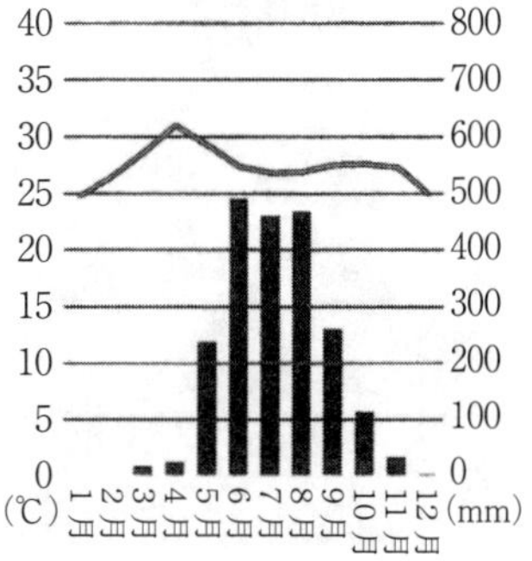

あ

い

う

え

問3　下線部**イ**について。現在でも地域ごとに独自に発展した織物が伝統産業として残っています。下の①～③の織物の産地として適当なものをそれぞれ地図中の**あ**～**お**のなかから選び記号で答えなさい。

①　小千谷《おぢや》ちぢみ
…麻《あさ》を織って作られる布を雪にさらし，白さを際立《きわだ》たせる技法が用いられてきた。

②　結城《ゆうき》 紬《つむぎ》
…かつては汚《よご》れなどで売り物にならなかった繭《まゆ》からつむいだ糸で作られていた。

③　西陣織《にしじんおり》
…高級織物として知られ，明治時代にいち早く外国製の自動織機《しょっき》が導入された。

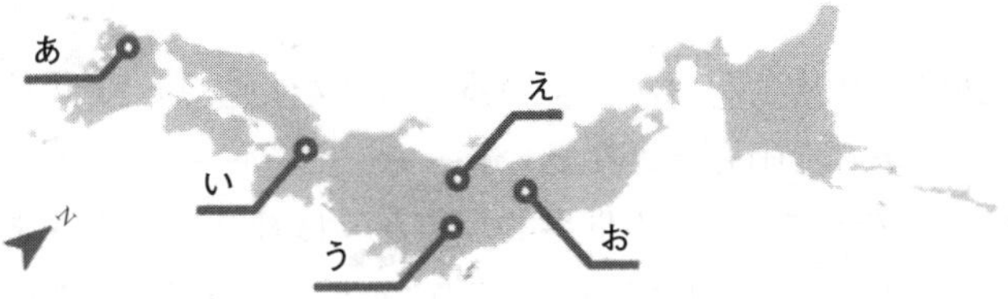

問4　下線部**ウ**について。評判の美人や歌舞伎役者を描いたさまざまな浮世絵を，江戸の人びとは買い求めました。それはなぜでしょうか。以下の浮世絵を参考にしながら答えなさい。

問5　下線部**エ**について。下の二つの絵は，当時日本に住んでいたフランス人画家が，鹿鳴館《ろくめいかん》の様子を描いて，洋服を着た日本人を風刺《ふうし》したものです。どのような点を風刺したのでしょうか。二つの絵に共通することを答えなさい。

鏡を見る夫婦《ふうふ》

舞台裏《ぶたいうら》の女性たち

問6　下線部**オ**について。戦後の復興期から高度経済成長期にかけて，都市部を中心に洋服が広まりました。なぜ洋服が人びとに支持されたのでしょうか。時代の様子を考えて二つ答えなさい。

問7　下線部**カ**について。衣服を自分たちで作るか仕立ててもらう時代から，既製服を買う時代に変化したことで，衣服に対する考え方も変化しました。どのように変化したでしょうか。答えなさい。

問8　下線部**キ**について。経済発展により賃金が上がっているにもかかわらず，なぜ日本の企業は中国に工場を残したのでしょうか。理由を答えなさい。

問9　下線部**ク**について。ファスト・ファッションの世界的な広がりは社会にさまざまな問題を生みだしています。どのような問題を生みだしているでしょうか。二つ答えなさい。

問10　下線部**ケ**について。なぜ企業は流行している衣服の製造を意図的にやめてしまうのでしょうか。企業のねらいを答えなさい。

問11　下線部**コ**について。これまで衣服や身につけるものについて当然だと考えられてきたことでも，近年疑問をもたれるようになっているものがあります。どのようなものがありますか。具体例をあげて説明しなさい。

問12　下線部**サ**について。本文では衣服はその社会を映し出す鏡といえるとありますが，衣服によって日本の社会のどのような特徴《とくちょう》が分かりますか。具体例をあげて答えなさい。

問13　下線部**シ**について。本文では衣服に対する考え方の違いによって人びとの間に問題が起きると述べられています。

⑴　そうした問題の具体例を下から一つ選び，対立する一方の言い分と，他方の言い分を80字～120字で述べなさい。ただし，句読点も１字分とします。

⑵　下の二つの具体例では，なぜ双方《そうほう》が歩み寄って問題を解決することが難しいのでしょうか。二つの例に共通する理由を述べなさい。

【例１】　レストランや温泉などで，入《い》れ墨《ずみ》が見えることを理由に入店や入浴を拒否《きょひ》されたことに，外国人観光客から抗議《こうぎ》の声があがっている。

【例２】　髪《かみ》を染めることを禁止する学校の校則に，生徒から反対の声があがっている。

【理　科】（50分）〈満点：40点〉

1　最近，ウナギの漁獲《ぎょかく》量が年々減少しており，絶滅《ぜつめつ》も心配されています。減少の理由を考えるために，まずはウナギがどのように成長するかみてみましょう。

日本で一般《いっぱん》的に見られるウナギ(ニホンウナギ)は，日本から2000 km離《はな》れたマリアナ諸島西側の深い海で産卵《さんらん》することがわかっています。生まれたばかりのウナギは①レプトセファルスと呼ばれ，海流に乗って西に移動します。そして東アジアの沿岸にたどり着くころには，体長6 cmほどの②シラスウナギと呼ばれる稚魚《ちぎょ》に姿を変え，③たまたま流れ着いた川をさかのぼります。そして川や湖などでクロコ，黄ウナギと呼ばれる姿に順を追って成長し，淡水《たんすい》で約10年を過ごします。黄ウナギは十分成長すると色が変わり銀ウナギになり，川を下り海に出て自分が生まれた場所を目指します。旅の途中《とちゅう》で卵や精子を体内で成熟させ，生まれ故郷で卵を産んだり精子を出したりした後，一生を終えるのです。川や湖に住むウナギを捕《つか》まえるときは，水中の細長い穴をかくれ場所とするウナギの習性を利用します。④ウナギ筒《づつ》と呼ばれる，ウナギが入りやすく出にくい形の細長い筒《つつ》を水底にしずめておくと，そのしかけにウナギがかかるのです。このようにして捕《と》らえたウナギは天然ウナギと呼ばれ，貴重なため非常に高価です。

一方，ウナギの養殖《ようしょく》はどのように行われているのでしょうか。実はまだ，ウナギを人工的にふ化させ成体まで育てる大量養殖の技術は確立されていません。そのためウナギの養殖では，河口にやってきたシラスウナギを捕まえて，これを水質の管理された「いけす」に入れて育てます。成長を早めるために，えさを豊富にあたえ高めの温度で育てた養殖ウナギは，半年から１年半ほどで成熟し出荷《しゅっか》されます。天然ウナギではオスとメスがほぼ半数ずつなのに対し，「いけす」で育てたウナギでは，ほとんどすべてがオスになります。

2014年に，ニホンウナギは絶滅危惧《きぐ》種に指定されました。今後のウナギの減少を止めるために，⑤ウナギを卵から数世代にわたって大量に養殖するための研究が日々進められています。研究の成果を期待するのと同時に，⑥私たちは自然のウナギを増やす努力もしていかなくてはなりません。

問１　魚には，一生を海で過ごすもの，一生を淡水の川や湖で過ごすもの，川と海を行き来するものなどさまざまな種類があります。次のア～キから，一生を海で過ごす魚をすべて選び，記号で答えなさい。

ア．ドジョウ　　イ．タイ　　ウ．コイ　　エ．メダカ
オ．アユ　　カ．マグロ　　キ．ニジマス

問２　下線部①，②について，次の写真の一方はレプトセファルス，もう一方はシラスウナギです。レプトセファルスはア，イのうちどちらだと考えられますか。記号で答えなさい。また，その形がどのような点で役立つのか説明しなさい。

ア．
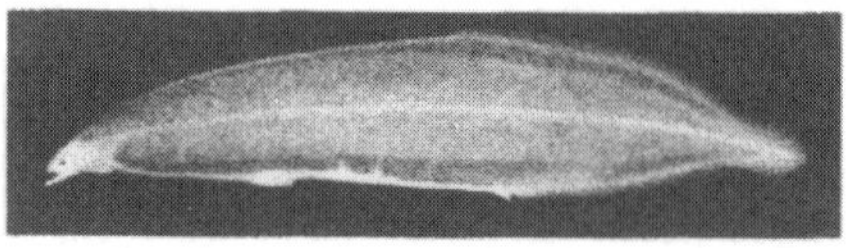

イ．
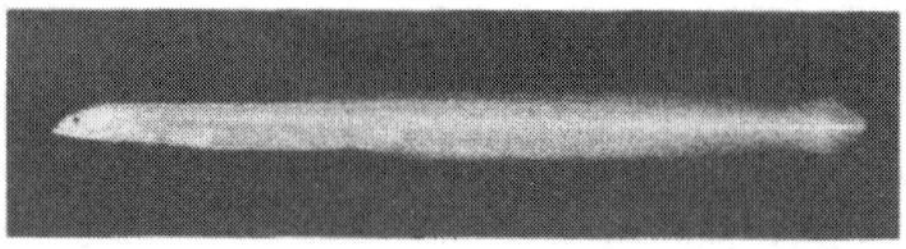

問３　下線部③について，シラスウナギが流れ着いた川の底が，コンクリートですべて固められてしまっていると，ウナギは生活しにくくなってしまいます。その理由を文章中から読み取って答えなさい。

問4　下線部④のウナギ筒の断面図として最も適当なものを，次のア～エから選び，記号で答えなさい。

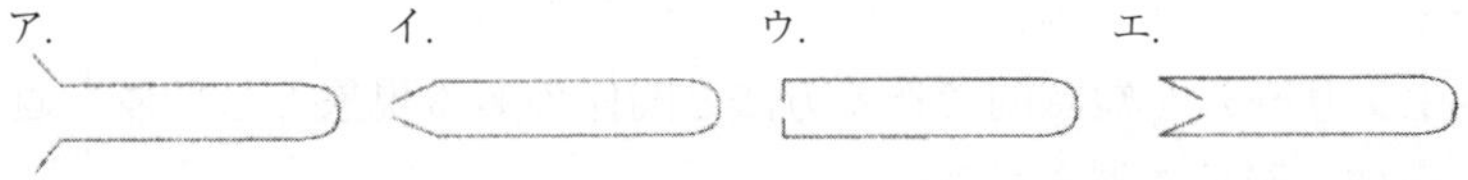

問5　ウナギの性別が決まる時期を，次のア～エから1つ選び，記号で答えなさい。

ア．卵のとき。

イ．レプトセファルスのとき。

ウ．シラスウナギになったとき。

エ．川をさかのぼり始めた後。

問6　下線部⑤について，卵から成体までの大量養殖が難しい理由の一つは卵を手に入れにくいことです。卵を手に入れることが難しい理由として適当でないものを，次のア～エから1つ選び，記号で答えなさい。

ア．ウナギは日本から遠く離れた深い海で産卵するから。

イ．天然のウナギが減ってしまっているから。

ウ．養殖のウナギの卵と天然ウナギの卵を見分けることができないから。

エ．養殖でウナギを成熟させても卵を産むウナギはほとんどできないから。

問7　2018年の漁獲量を調べると，天然ウナギが68トン，養殖ウナギが15104トンでした。養殖ウナギに比べ天然ウナギが非常に少ないことの説明として適当なものを，次のア～オからすべて選び，記号で答えなさい。

ア．養殖ウナギは，いけすの中で産卵させて数を増やしていくことができるから。

イ．天然ウナギは，一度に大量に捕まえることができないから。

ウ．養殖ウナギと比べ，天然ウナギに育つシラスウナギを探すのは難しいから。

エ．天然ウナギは養殖ウナギよりも成長するのに長い期間がかかるから。

オ．養殖ウナギを育てるためのシラスウナギをたくさん捕まえているから。

問8　下線部⑥について，天然ウナギの数を再び増やすために，今後するべき努力として適当でないものを，次のア～オから1つ選び，記号で答えなさい。

ア．シラスウナギを大量にいけすで育て，成熟させた後に海に放流する。

イ．ウナギのえさになる生物が住みやすい川や湖を維持《いじ》する。

ウ．河川《かせん》の工事の際に，ウナギが川をさかのぼる通り道の部分を残す。

エ．シラスウナギを捕まえる量の上限を決めて，養殖する量を減らす。

オ．ウナギが健康に育つように，河川や湖にゴミや排水《はいすい》を捨てないようにする。

2　あまいお菓子《かし》(スイーツ)には，砂糖以外の材料や作り方によって，いろいろな種類があります。たとえば，バターを使ったパイやパウンドケーキ，クッキーなどです。

みなさんは生クリームの作り方を知っていますか。もともとは，しぼりたての牛乳を放置し，表面に浮《う》かび上がってきた層を生クリームとして利用していましたが，今は①別の方法を用いて，短時間で作っています。生クリームには，製品によって異なりますが20～45%の油が含《ふく》まれています。生クリームをペットボトルに入れて強く振《ふ》ると，さらに大量の水分が離《はな》れて固体の油が現れます。これがバターです。バターの中には約15%の水分が含まれています。牛乳の中の油やバターの中の水分は，それぞれ小さな粒《つぶ》になっています。

問１　生クリーム・バター・牛乳を，油の割合の多い順に並べなさい。

問２　下線部①について，生クリームを短時間で作る方法と関係のある現象として最も適当なものを，次のア～エから選び，記号で答えなさい。

ア．海水を天日にさらして塩を取り出す。

イ．コーヒーの粉に湯を注いでコーヒーを作る。

ウ．ゴマを押《お》しつぶして油をしぼり出す。

エ．泥水《どろみず》を入れたバケツを振り回して泥と水を分ける。

小麦粉には主にデンプンとタンパク質が含まれています。小麦粉と水を混ぜてパイ生地《きじ》を作ると，タンパク質どうしはつながってグルテンと呼ばれるやわらかく弾力《だんりょく》のあるものに変わります。グルテンはそのまま焼くとかたくなります。このグルテンを含んだパイ生地にバターをはさむと，図１のようにパイ生地が２層になります。これを二つ折りにすると，図２のように内側の生地どうしはくっついてしまうので，パイ生地は３層になり，図３のように三つ折りにするとパイ生地は４層になります。このようにバターをはさんだパイ生地を，平らに伸《の》ばしてから再び折りこむことを何度かくり返して，200℃～220℃の高温で素早《すばや》く焼き上げると，たくさんのうすい層を持つパイができあがります。

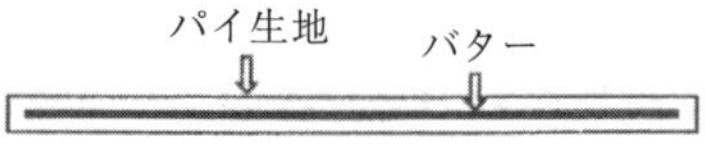

図１

図２

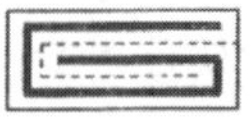
図３

問３　(1)　図１のパイ生地を２回三つ折りするとパイ生地の層は何層になりますか。

(2)　図１のパイ生地を５回三つ折りするとパイ生地の層は何層になりますか。

問４　パイ生地にバターをはさんでオーブンで熱を加えて焼くと，ふくらんでパイになります。その理由として最も適当なものを，次のア～エから選び，記号で答えなさい。

ア．バターが熱で融《と》けてやわらかくなるから。

イ．バターの中の水分が水蒸気になるから。

ウ．パイ生地が焼けて層が多くなるから。

エ．タンパク質がつながりやすくなるから。

問５　パイを焼き上げる時には100℃ではなく，200℃～220℃の高温で素早く焼き上げます。その理由として最も適当なものを，次のア～エから選び，記号で答えなさい。

ア．バターが短い時間で融けて，パイ生地全体にしみこむから。

イ．バターが短い時間で燃えて，パイ生地が焼けるから。

ウ．パイ生地が短い時間で焼けて，水蒸気をとじこめるから。

エ．パイ生地が短い時間で焼けて，水蒸気が外に出やすくなるから。

小麦粉，バター，卵，砂糖を同じ重さずつ混ぜて作るケーキは，パウンドケーキと呼ばれています。パウンドケーキを作るときには，まず，砂糖を加えたバターをあわ立て器で混ぜ，②白っぽくなるまで空気を含ませます。そこに溶《と》き卵と小麦粉を軽く混ぜ合わせて，四角い型に入れて180℃で焼いて作ります。また，③クッキーの生地は最初から，小麦粉，バター，卵，砂糖を短時間で混ぜて作ります。

問6　下線部②でバターに空気を含ませたのはなぜですか。次の文中のa～dについて，それぞれ〔　〕内の語句から適当なものを1つずつ選び，記号で答えなさい。

きめ細かいパウンドケーキを作るために，多くのa〔ア．大きい　　イ．小さい〕空気のあわを作り，加熱された生地の中で発生したb〔ウ．二酸化炭素　　エ．水蒸気〕が，そのあわのc〔オ．体積　　カ．数〕を増加させて，生地をd〔キ．均一　　ク．不均一〕にふくらませる。

問7　180℃より高い温度や低い温度で焼いたときには，完成したパウンドケーキの大きさはどうなりますか。次の文中のa～dについて，それぞれ〔　〕内の語句から適当なものを1つずつ選び，記号で答えなさい。

180℃より高いと早く焼けすぎて，上部がa〔ア．かたく　　イ．やわらかく〕なるので，180℃で焼いたときよりもふくらみb〔ウ．やすく　　エ．にくく〕なる。180℃より低いと上部が焼けるまで時間がかかり，気体がとじこめられc〔オ．やすく　　カ．にくく〕なるので，180℃で焼くよりふくらみd〔キ．やすく　　ク．にくく〕なる。

問8　下線部③について，クッキーはサクサクとした食感が特徴《とくちょう》ですが，バターが少ないとかたくなってしまいます。クッキーの生地に含まれるバターの役割として，最も適当なものを，次のア～エから選び，記号で答えなさい。

ア．バターの中の水分が，タンパク質どうしをつながりやすくする。

イ．バターの中の水分が，タンパク質どうしをつながりにくくする。

ウ．バターの中の油が，タンパク質どうしをつながりやすくする。

エ．バターの中の油が，タンパク質どうしをつながりにくくする。

3　光にはさまざまなおもしろい性質がありますが，そのうちのいくつかを光の進み方とともにみてみましょう。現在では，光は空気中をおよそ秒速30万kmの速さで進むことが知られていますが，光に速さがあると考えられるようになったのは，17世紀になってからであるといわれています。当時，このような考えをもったガリレオは，遠く離《はな》れた二つの山の頂上に光源(光を出すもの)を持った人がそれぞれ立ち，片方の人が光を送って，それを確認《かくにん》したもう一方の人がすぐに光を送り返すことによって，光の速さを求めようとしました。しかし，この方法はうまくいきませんでした。その後も，科学者たちは光の速さを求めるのに苦労しました。

問1　ガリレオの方法で光の速さを求めるためには，何と何を測定する必要がありますか。それぞれ適当な語を答えなさい。また，それらのうち，測定がより困難なのはどちらか答えなさい。

ところで，17世紀後半にフェルマーは，光の進み方に「二点間を進む光は，考えられる経路のうち，進むのにかかる時間が最も短い経路を通る」という決まりがあるのではないかと考えました。たとえば，①光源から出た光は真っすぐに進むという性質がありますが，フェルマーの考え方を用いれば，光がこのような性質をもつのは，真っすぐ進む方が遠回りして進むよりも，かかる時間が短いからであると説明できるのです。

問2　下線部①とは関係がない現象を，次のア～エから1つ選び，記号で答えなさい。

ア．点灯させた懐中《かいちゅう》電灯を壁《かべ》に向けると，壁に円形の明るい領域ができた。

イ．晴れた日に運動場の地面に棒を立てると，棒の影《かげ》が地面に映った。

ウ．遠くにある星でも，近くにある星よりも明るく見えるものがあった。

エ．カーテンのすき間から，太陽の光が差しこんでいる様子が見えた。

また，②光は鏡で反射します(はね返ります)が，このときの光の進み方もフェルマーの考え方で説明できます。図1において，光源Pから出て鏡で反射し，点Qを通る光について考えましょう。鏡に対して点Qと対称《たいしょう》な点をRとし，鏡上のある点をSとします。SQとSRの長さは等しいため，PSとSQを足した長さが最も短いのは，PSとSRを足した長さが最も短くなる，P，S，Rが一直線上に並ぶときだとわかります。光はかかる時間が最も短い経路に沿って進むため，図1で実際に光が反射する点は，直線PRと鏡が交わる点となるのです。

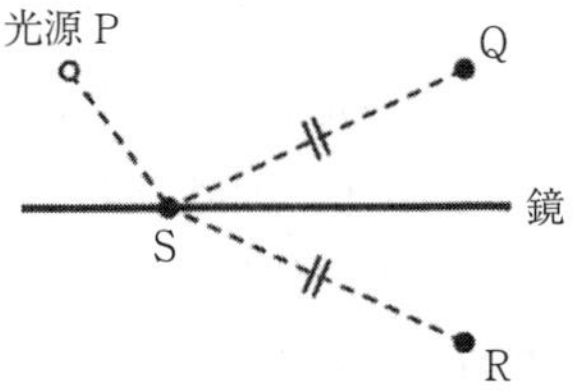

図1

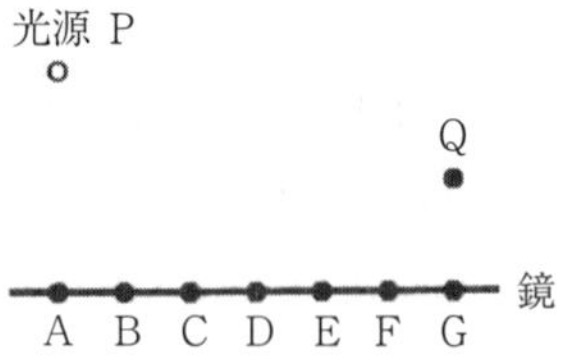

図2

問3　図2において，光源Pから出て鏡で反射し，点Qを通った光は，鏡のどの点で反射しましたか。図2のA～Gから1つ選び，記号で答えなさい。

問4　下線部②について，現在では図3のように，発光ダイオード(LED)を用いた信号機が数多く見られるようになりました。一方，図4のように，電球を用いた信号機もあり，この信号機には電球の後方に光を反射する鏡が取り付けられています。図4の信号機に関して，次の(1)と(2)に答えなさい。

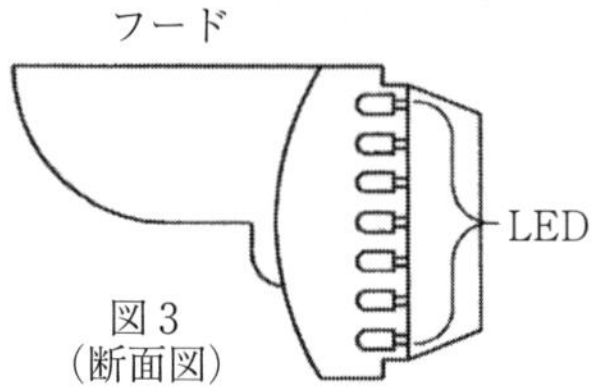

図3
(断面図)

(1)　図4の信号機では，どのような目的で鏡を取り付けていると考えられますか。

(2)　LEDを用いた信号機にはフードがないタイプのものもありますが，交通安全上の観点から，電球を用いた図4の信号機には，フードが必ず取り付けられています。図4の信号機にフードを取り付けなかった場合，どのようなことが起こって，交通安全が確保されなくなる可能性がありますか。

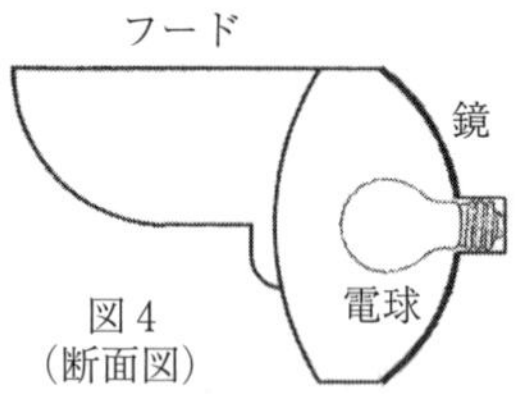

図4
(断面図)

空気中に置かれた光源から水に向かって光が出されると，光は水面で曲がって進むことがあります。また，水中での光の速さは，空気中よりも遅《おそ》く(約$\frac{3}{4}$倍に)なります。フェルマーの考え方を用いれば，これらの関係についても説明できます。たとえば，図5の光源Pから出て点Qに到達《とうたつ》する光について考えると，P→R→Qと真っすぐに進むよりも，水面上の点Sで曲がってP→S→Qと進む方が，点Qに到達するまでの時間が短くなります。よって，遠回りになっても，光は途中《とちゅう》で曲がって進むことになるのです。

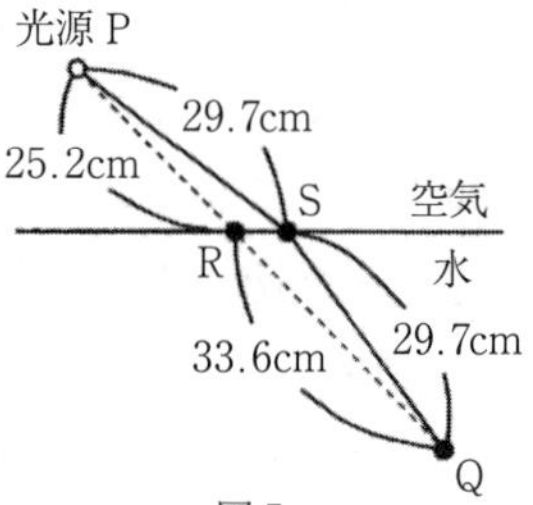

図5

問5　図5において，光源Pから出た光が，仮にP→R→Qと進む場合に点Qに到達するまでにかかる時間と，P→S→Qと進む場合にかかる時間の比を，最も簡単な整数比で答えなさい。ただし，水中での光の速さは空気中の$\frac{3}{4}$倍であるとします。

問6　図6のように，水中に置かれた光源Pから出た光が水面上の点A，Bで曲がって進み，それぞれ空気中にいる観測者の左目と右目に入りました。観測者が片目で見たとき，観測者には目に入ってきた光が進む向きの反対側に光源があり，そこから光が真っすぐ進んで目に入ってきたように見えます。観測者が両目で見たとき，光源Pはどの位置にあるように見えますか。解答欄《らん》の図に，位置を求めるために必要な線をすべて描《か》いた上で，その位置を小さな丸で示しなさい。

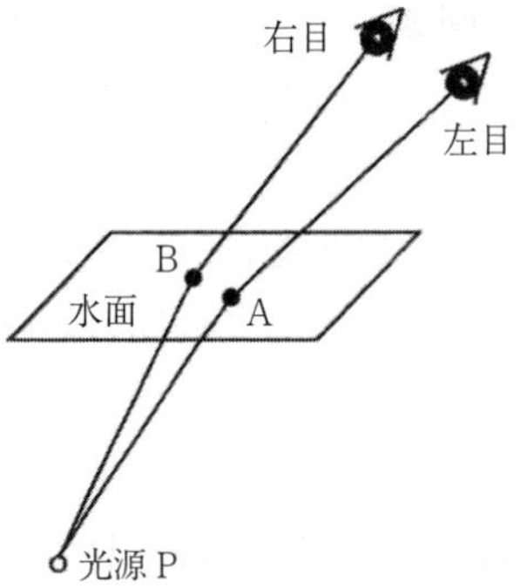

図6

光はガラス中を進むときにも，空気中より速さが遅くなります。このため，空気中にガラスを置くと，光が途中で曲がって進むことがあります。図7において，点線部分にある形のガラスが置かれており，点A～Cから同時に平行な光を出すと，これらの光は交わることなく，それぞれ点a～cに到達しました。このとき，フェルマーの考え方を用いれば，ガラスの表面での光の曲がり方をくわしく考えなくても，点線部分に置かれたガラスの形の特徴《とくちょう》がわかります。なぜなら，「光が点Aから点aまで進むのにかかる時間は，実際の経路(図7)を通る方が，それ以外の経路(たとえば，点Aと点aを結ぶ直線)を通るときよりも短くなる」と考えればよいからです。

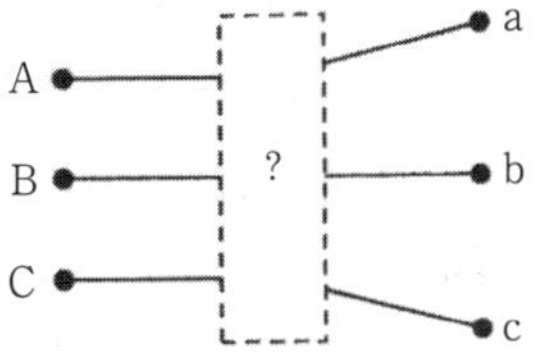

図7

問7　図7の点線部分に置かれたガラスの形や向きとして考えられるものを，次のア～カからすべて選び，記号で答えなさい。

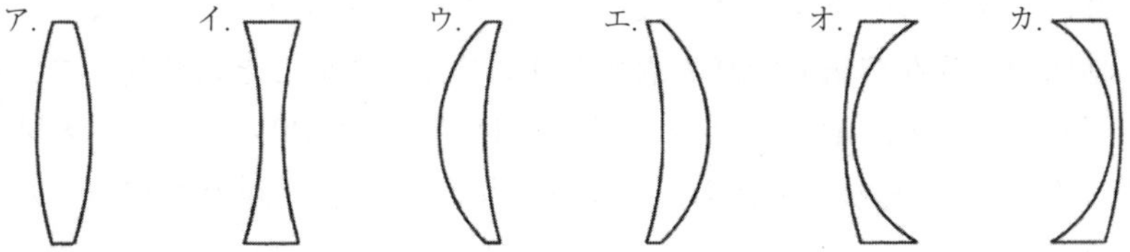

光が曲がって進む現象は，宇宙でも観測されることがあり，太陽などの重い星の近くを通過するときは，光が曲がることが知られています。この原因を，次のように単純化して考えてみましょう。図8は，四隅《よすみ》が固定された軽いテーブルクロスが空中に張られた様子を真上から見たものです。このテーブルクロスの上に球を静かに置くと，図9のように，球の周辺部分のテーブルクロスが伸《の》びてたわみました。ここで，置く球をさらに重いものに交換《こうかん》した後，アリがテーブルクロスの上を，図8の点Pから点Qに向かって，途中で速くなったり遅くなったりせずに，決まった速さで進む場合について考えます。

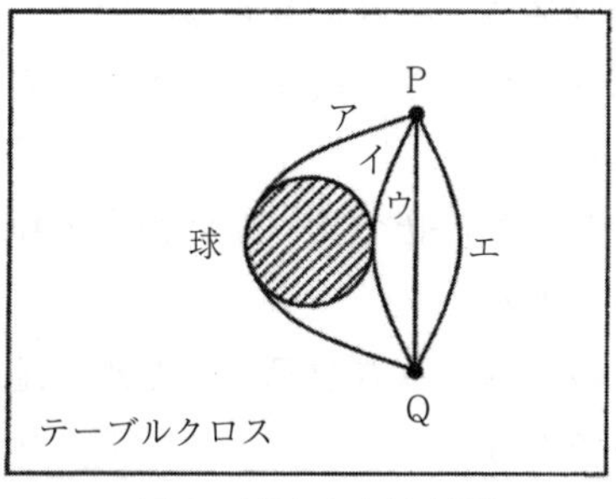

図8 (真上から見た図)

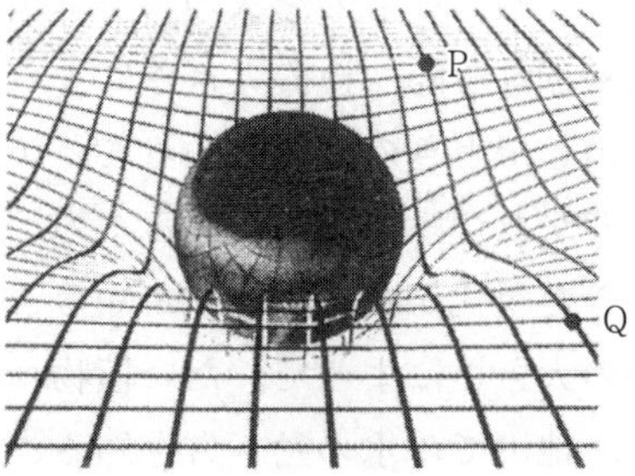

図9

問8　テーブルクロスの上に置かれた球がとても重いとき，点Pを出発したアリは，図8に示した経路のうちのどれを通ったときに，点Qまで到達する時間が最も短くなると考えられますか。ア～エから1つ選び，記号で答えなさい。

20世紀にアインシュタインは，テーブルクロスが重い球によって伸びてたわむように，重い星によって周囲の「時空」がゆがむのではないかと考えました。そして，重い星の近くで光の経路が曲がるのは，そのゆがみが原因であると説明したのです。

4　月を望遠鏡で見ると，円形のくぼみがたくさん見られます。このくぼみはクレーターといって，いん石の衝突《しょうとつ》などによって形成されます。月が生まれてから，いん石の衝突がくり返されてきた証拠《しょうこ》です。ところで，月は主に岩石でできていますが，その表面は，レゴリスとよばれる砂のようなものでおおわれています。レゴリスは，いん石の衝突によって飛び散った細かい破片《はへん》などが積もったものです。昨年は人類初の月面着陸から50周年でしたが，アポロ11号の宇宙飛行士が月面のレゴリスにつけた足跡《あしあと》の写真は有名です。

問1　クレーターに関連して述べた文として最も適当なものを，次のア～エから選び，記号で答えなさい。

ア．月では，古い時代に作られた表面ほど，クレーターの数が少ない。

イ．地球を宇宙から見ると，月に見られるよりも多くのクレーターがある。

ウ．地球では，形成されたクレーターが消えてなくなってしまうことはない。

エ．人類は地球以外の天体にものをぶつけて人工クレーターを作ったことがある。

問2　月の表面には，地球のような空気も流れる水もありません。このことに関連して，月のレゴリスに含《ふく》まれる岩石の破片と，地球の川砂(川底などに積もった砂)などに見られる粒《つぶ》とでは，外形にどのような特徴《とくちょう》があると考えられますか。レゴリスと川砂のちがいがわかるように，それぞれ答えなさい。

地球の表面の多くの場所も砂などの粒でおおわれていますが，その主なでき方は，かたい岩石が「風化」によってボロボロになることです。岩石はさまざまな種類の「鉱物」という粒がたくさんくっついてできていますが，風化によって，岩石が破片になったり，鉱物の粒にバラバラにほぐれたりするのです。こうしてできた破片や粒を「さいせつ物」といいます。さいせつ物が積もったものを，たい積物といい，それが固まってできた岩石を，たい積岩といいます。

問3　さいせつ物は，粒の大きさによって，れき・砂・泥《どろ》に区分されています。この区分が粒の大きさによって行われていることは，たい積物やたい積岩を調べる際に，どのような点で役立っているでしょうか。適当なものを次のア～エから2つ選び，記号で答えなさい。

ア．さいせつ物が運搬《うんぱん》される際，粒の大きさによって流されやすさが異なるため，粒の大きさによって，たい積したときの様子を知ることができる。

イ．さいせつ物は時間がたつほど細かくなるため，地球上のさいせつ物やたい積岩の粒の細かさによって，できた年代が古いかどうか知ることができる。

ウ．さいせつ物の粒の大きさによって，たい積物への水のしみこみ方が異なるため，地表での水はけの様子や，地下での水の動き方を知ることができる。

エ．さいせつ物は粒の大きさによって色が決まっているため，たい積物やたい積岩の見た目の色で，それを作っているさいせつ物を特定することができる。

岩石にしみこんだ水の凍結《とうけつ》や，鉱物の体積変化によって岩石がバラバラにほぐれることを，物理的風化といいます。また，岩石中の鉱物が水や空気中の二酸化炭素と結びついて，もろく細かい鉱物に変化したり，岩石の成分(たとえば，カルシウムやナトリウムなど)が水に溶《と》けこんだりすることを，化学的風化といいます。岩石や鉱物の種類によって風化しやすいかどうかは異なり，風化によって生成されたさいせつ物は，多くの場合，もとの岩石とは含まれる成分や鉱物の割合が変化します。一般《いっぱん》に，物理的風化は寒冷な環境《かんきょう》で，化学的風化は温暖な環境や湿《しめ》った環境で進みやすく，①物理的風化が進むと，表面積が増えることで，化学的風化も進みやすくなります。

問4　物理的風化や化学的風化に関連することがらとして適当でないものを，次のア～エから1つ選び，記号で答えなさい。

ア．海水の塩分には，岩石から溶けこんだ成分が含まれている。

イ．岩石の割れ目にしみこんだ水が凍結すると，岩石の割れ目を広げる。

ウ．川の水や地下水は真水なので，岩石から溶けこんだ成分は含まれない。

エ．鉱物は温度の高いところでは体積が増加し，低いところでは体積が減少する。

問5　下線部①に関連して，表面積が24m^2の立方体の岩石ブロックが，全て同じ大きさの立方体のブロック8個に分かれるとすると，それらの表面積の合計は何m^2になりますか。整数で答えなさい。

石材としてよく利用される花《か》こう岩《がん》を知っていますか。地表に見られる花こう岩には，多くの場合，右の写真のような割れ目ができています。花こう岩は，風化に強い石英《せきえい》という鉱物を含むかたい岩石ですが，長い時間をかけて風化すると真砂《まさ》とよばれるさいせつ物になります。真砂の中にはコアストーンとよばれる巨大《きょだい》な花こう岩のかたまりが残っていることがあります。右図は真砂とその中のコアストーンの様子を示す断面図です。この真砂が大雨などで流されると，土石流となることがあります。さらに，ときには直径数mにもなるコアストーンが動くことによって，被害《ひがい》が拡大してしまうこともあるのです。

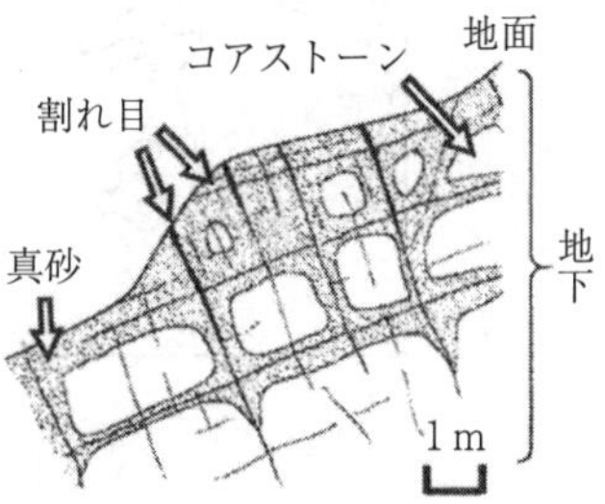

問6　花こう岩の割れ目や風化に関して述べた文として適当でないものを，次のア～エから1つ選び，記号で答えなさい。

ア．花こう岩には，おたがいに垂直《すいちょく》に交わる割れ目ができやすい。

イ．コアストーンと真砂では含まれる鉱物や成分の割合が同じである。

ウ．風化は花こう岩の割れ目に沿って進みやすい。

エ．風化の影響《えいきょう》は地表に近いほど強い。

問7　1辺が2mの立方体のコアストーンは何kgになりますか。花こう岩が1cm^3あたり2.7gであるとして，計算して答えなさい。

真砂が分布する地域には，花こう岩の風化によって生成された粘土《ねんど》を利用した焼き物が有名な地域もあります。風化によって生成されたものは，私たちの生活で便利に利用されていることもあるのです。また，岩石の成分が水に溶け出すことは，生物が必要な栄養を得るためにも重要な役割をになっています。さらに，岩石の風化は，②地球の環境に影響をあたえることもあります。

土地の成り立ちは場所によってさまざまですが，地形の変化には風化が大きく関係しています。今みなさんがいる麻布中学校の周辺は，さいせつ物がたい積してできた大地がけずられて形成された土地です。ここに来るまでに，地形を感じたでしょうか。

問８　下線部②について述べた次の文中のａ～ｃについて，それぞれ〔　〕内の語句から適当なものを１つずつ選び，記号で答えなさい。

気候が温暖化すると，風化によって大気中から取り除かれる二酸化炭素の割合が$_a$〔ア．増加　　イ．減少〕し，温室効果が$_b$〔ウ．強まる　　エ．弱まる〕。このように，風化には$_c$〔オ．違う気候への変化を進める　　カ．気候を一定に保とうとする〕はたらきがある。

問９　次のア～エは，麻布中学校周辺の地形について，５ｍごとに標高の等しい地点を結んだ線（等高線）を示すものです。標高の高い順に記号を並べて答えなさい。なお，アの図中の地点は学校と最寄《もよ》り駅の位置を示し，各図は約２km四方の同じ範囲《はんい》です。

ア．

イ．

ウ．
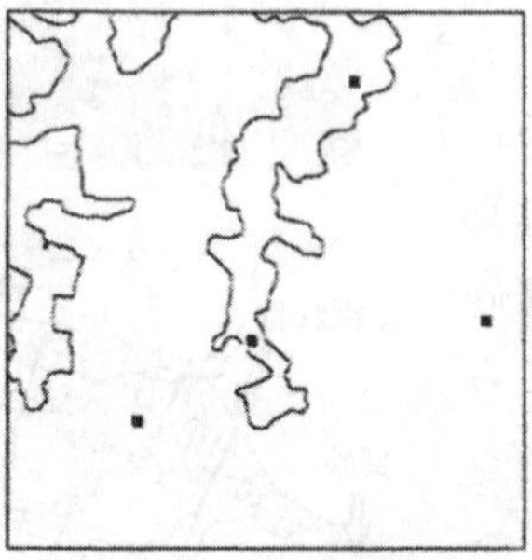

エ．

えなさい。

ア　いままで無理をしておさえこんできた、「ひとが思う私らしさ」とは異なる「私」の姿が、華道部が活けた花に対する皮肉な言動として現れた、ということ。

イ　いままで無理をしておさえこんできた、「ひとが思う私らしさ」とは異なる「私」の姿が、華道部への勧誘に対するあからさまな拒否《きょひ》として現れた、ということ。

ウ　知らないうちに自分の中で育っていた、「ひとが思う私らしさ」とは異なる「私」の姿が、先生が指導した花に対する否定的な感想として現れた、ということ。

エ　知らないうちに自分の中で育っていた、「ひとが思う私らしさ」とは異なる「私」の姿が、先生のふるまいに対する反抗的《はんこうてき》な表情として現れた、ということ。

問七　――線⑦「型を自分のものにしたい」(303行目)とありますが、「型を自分のものに」するとはどういうことですか。「型」がどのようなものかを明らかにしながら、説明しなさい。(2行)

問八　――線⑧「さえこじゃなくて、紗英の花」(332行目)とありますが、ここで「私」は、「さえこ」をどのような自分だととらえていることがわかりますか。**A【　】**の部分(161～172行目)と**B【　】**の部分(226～230行目)に注目して、説明しなさい。(2行)

問九　――線⑨「紗英の花は～勢いがある」(335～336行目)とありますが、ここで「朝倉くん」は、「私」の活け花についてどのように思っていますか。次の中からふさわしいものを一つ選んで記号で答えなさい。

ア　「私」の花を活ける才能を初めて理解し、その作品のすばらしさに恐《おそ》れをいだいている。

イ　「私」の花を活ける技術が向上したことを理解し、その作品のできばえに満足している。

ウ　「私」の活け花に対する熱意の高まりを理解し、その作品の完成度にあせりを感じている。

エ　「私」の活け花に対する姿勢の変化を理解し、その作品の持つ可能性に魅力《みりょく》を感じている。

問十　――線⑩「私もまだまだ。～私の花を見つめてくれたらいい」(379～381行目)について、本文全体をふまえて、以下の問いに答えなさい。

(1)　〰〰部「まだまだお豆さんでいられる」(100行目)の「まだまだ」と、「私もまだまだ」の「まだまだ」の使い方のちがいから、自分に対する「私」の考え方がどのように変化していることがわかりますか。説明しなさい。(2行)

(2)　「私だけの花を活けて、朝倉くんをはっとさせたい」とありますが、どういうことですか。242～340行目をよく読んで、「私だけの花」がどのようなものを表しているかを明らかにしながら、説明しなさい。(4行)

(3)　「姉のことなんか目にも入らないくらい私の花を見つめてくれたらいい」とありますが、ここで「私」は、姉たちとの関係をどのように変えていきたいと思っていることがわかりますか。説明しなさい。(2行)

「大食いだし」

「うん」

「それに」

「まだあるの」

「まだまだ、まだまだ」

他に何があったか、姉の弱点を私は必死に思い出そうとしている。

まだまだ、⑩私もまだまだだ。いつか私だけの花を活けて、朝倉くんをはっとさせたい。姉のことなんか目にも入らないくらい私の花を見つめてくれたらいい。そっと盗《ぬす》み見たら、朝倉くんはまだ困っているみたいな横顔で籠の中の花を見ていた。

(宮下奈都《みやしたなつ》「まだまだ、」(『つぼみ』所収)より)

〈語注〉

※① 剣山…活《い》け花《ばな》で使う、花をさして根元を固定する道具。

※② 漆喰…石灰《せっかい》などから作る、壁を塗《ぬ》る材料。

※③ 逸脱…外れること。それること。

※④ 水切り…花を長持ちさせるために、茎を水の中で切ること。

※⑤ フェイク…にせもの。代わりのもの。

※⑥ こそばゆい…照れくさい。

※⑦ 確信犯…問題を引き起こすことがわかっていながら、それを行う人。

※⑧ 屈託のない…なやみがない。

※⑨ 踵を返す…来た方向へ引き返す。

※⑩ 定跡…将棋で、昔からの研究により、もっとも有利とされている駒《こま》の動かし方。

※⑪ 定石…囲碁で、昔からの研究により、もっとも有利とされている石の打ち方。

※⑫ 切磋琢磨…学問や芸などにはげみ、向上させること。

※⑬ 棋譜…将棋や囲碁の対局の手順を表した記録。

※⑭ 一朝一夕…わずかな月日のたとえ。

※⑮ 判で押したように…いつも同じようなさま。

※⑯ 耳朶…耳。

※⑰ 茴香…セリ科の花の一種。

※⑱ ぽんぽん…毛糸などで作った丸い玉。

〈設問〉**解答はすべて、解答らん**(編集部注＝横10ミリメートル・たて154ミリメートルの行数で示した)**におさまるように書きなさい。句読点なども一字分とします。**

問一 ＝線a「**ツ**」(46行目)、b「**テキトウ**」(218～219行目)、c「**フシギ**」(286行目)のカタカナを、漢字で書きなさい。

問二 ――線①「最初に見たときに気づかなかった」(29～30行目)とありますが、「私」はどのようなことに「気づかなかった」のですか。説明しなさい。(1行)

問三 ――線②「紗英はお豆さんだからね、と笑う姉たちの声」(79～80行目)とありますが、ここから「私」と姉たちとの関係がどのようなものであったことがわかりますか。説明しなさい。(2行)

問四 ――線③「基本形を逸脱しためちゃくちゃな花」(134～135行目)、――線④「真剣に考えたらこうなった」(141～142行目)とありますが、「私」がこのような花を活けたのはなぜですか。説明しなさい。(3行)

問五 ――線⑤「活け花はどうしても私がやらなきゃならないことじゃないのかもしれない」(151～152行目)とありますが、「私」がこのように考えたのはなぜですか。説明しなさい。(2行)

問六 ――線⑥「ひとが思う私らしさとは～地面から顔を覗かせたんだろう」(223～225行目)とありますが、これはどのようなことを表していますか。次の中からふさわしいものを一つ選んで記号で答後ろからそろそろと下りる。自転車のハンドルを握《にぎ》って、勢いがつかないよう力を込《こ》める。一歩一歩踏《ふ》みしめて、それでも最後は駆《か》け足《あし》になる。自転車が跳《は》ね、籠から茴香が飛び上がった。

　下りきったところに朝倉くんはスタンドを立てる。私が隣《となり》に自転車を停《と》めるのを待って、川縁《かわべり》のほうへ歩き出す。

「さえこが本気になるなんて」

「さえこ、って呼ばないで。ほんとうの名前はさえこじゃないの」

　朝倉くんがゆっくりとこちらを向くのがわかる。私は川面《かわも》が新しくなったり古くなったりしながら流れていくのを眺《なが》めている。

「知ってるよ」

「じゃあ、ちゃんと名前で呼んで。これがあたし、っていえるような花を活けたいと思ってるの。さえこじゃないの」

「うん」

「⑧さえこじゃなくて、紗英の花。まだまだ、遠いけど」

　さえこの花は、といいかけた朝倉くんが、小さく咳払《せきばら》いをして、いい直す。

「⑨紗英の花は、じっとしていない。今は型を守って動かないけど、これからどこかに向かおうとする勢いがある」

「型通りに活けたのに？」聞くと、大きくうなずいた。

「俺《おれ》、ちょっとどきどきした」

　どきどきした、と朝倉くんがいう、その声だけでどきどきした。朝倉くんがまた川のほうを見る。太陽が水面に反射してまぶしい。

　なんとなく別れがたくて自転車を押したまま桜並木の下を歩く。土手は紫陽花《あじさい》の盛《さか》りだ。水色や淡《あわ》い紫の※⑱ぽんぽんみたいに大きな花が、午前中の雨を残していきいきと咲《さ》き誇《ほこ》っている。

　そろそろ引き返さなくては、家に着いてしまう。朝倉くんの家からは遠ざかるばかりだ。でも、ここから、どこへ行こう。どこへも行く宛《あ》てはない。じゃあ、ここで、といわれるのが惜《お》しくて、立ち止まることもできない。朝倉くんも何もいわない。ただずっと歩いている。

　紗英、と呼ばれて振《ふ》り向《む》くと、通りの向こうに姉がいた。買い物帰りらしく、紙袋《かみぶくろ》を提《さ》げてこちらに手を振っている。隣の朝倉くんがにわかに緊張《きんちょう》するのが伝わってくる。そんなことはおかまいなしに、姉が近づく。妹がお世話になりまして、とにこにこしている。

「朝倉くん、姉の七葉《なのは》」

　振り向いてびっくりした。朝倉くんが顔を真っ赤にしている。ああ。こういうことは何度もあった。まったく、なのちゃんはこれだからだめだ。いや、だめなのは朝倉くんだ。

「お花の帰りだから。もうすぐ帰るから」それだけいって、強引《ごういん》に朝倉くんを回れ右させた。自転車を押してずんずん歩く。何もいわずにずんずん歩く。少し遅《おく》れて朝倉くんがついてくる。ずいぶん歩いて商店街の角まで戻ってから、ようやく思いついたことを口にした。

「自慢《じまん》じゃないけど」私が口を開いて、朝倉くんはほっとした顔になる。

「なに」

「なのちゃんは何かに夢中になると三日ぐらい平気でお風呂《ふろ》に入らないよ」

　朝倉くんが声を落とす。「それはほんとに自慢じゃないね」そうして、はは、という。笑ったんじゃない。困って、笑ったふりをしている。

「出かけない日は顔だって洗わないよ」

「そう」

「ラジオ体操、いまだにぜんぶは覚えてないし」
「将棋《しょうぎ》だってぜんぜん※⑩定跡《じょうせき》通りに指さないし」
「囲碁《いご》でもおんなじ。※⑪定石無視してるから強くなれないのよ。いっつもあっという間に負かされてるじゃない。長い歴史の中で※⑫切磋琢磨《せっさたくま》してきてるわけだからね、定石を覚えるのがいちばん早いの」
「早くなくてもいい」ただ楽しく打てればいい。そう思って、※⑬棋譜《きふ》を覚えてこなかった。数え切れないほどの先人たちの間で考え尽《つ》くされた定石がある。それを無視して※⑭一朝一夕《いっちょういっせき》に上手になれるはずもなかった。
「それがいちばん近いの」
「近くなくてもいい」
　姉は根気よく言葉を探す。「いちばん美しいの」
　美しくなくてもいい、とはいえなかった。美しくない囲碁なら打たないほうがいい。美しくないなら花を活ける意味がない。
「紗英はなんにもわかってないね」祖母が呆《あき》れたようにため息をつく。「型があるから自由になれるんだ」自分の言葉に一度自分でうなずいて、もう一度繰り返した。「型があんたを助けてくれるんだよ」
　はっとした。型が助けてくれる。そうか、と思う。そうだったのか。毎朝毎朝、※⑮判で押《お》したように祖母がラジオ体操から一日を始めることに、飽《あ》きることはないのかとC**フシギ**に思っていた。そうじゃなかったんだ。毎朝のラジオ体操が祖母を助ける。つらい朝も、苦しい朝も、決まった体操から型通りに始めることで、一日をなんとかまわしていくことができたのかもしれない。楽しいことばかりじゃなかった祖母の人生が型によって救われる。そういうことだろうか。
「いちばんを突《つ》き詰《つ》めていくと、これしかない、というところに行きあたる。それが型というものだと私は思ってるよ」
　今、何か、ぞくぞくした。新しくて、古い、とても大事なことを聞いた気がした。それはしばらく※⑯耳朶《じだ》の辺りをぐるぐるまわり、ようやく私の中に滑《すべ》り込《こ》んでくる。
　型って、もしかするとすごいものなんじゃないか。たくさんの知《ち》恵《え》に育まれてきた果実みたいなもの。齧《かじ》ってもみないなんて、あまりにももったいないもの。今は型を身につけるときなのかもしれない。いつか、私自身の花を活けるために。
　今は修業《しゅぎょう》のときだ。そう思ったら楽しくなった。型を意識して、集中して活ける。型を身体に叩《たた》き込《こ》むよう、何度も練習する。さえこも紗英も今はいらない。⑦型を自分のものにしたい。いつかその型を破るときのために。
「本気になったんだ」私の花を見て、朝倉くんがつぶやいた。
　桜並木の土手の上を、自転車を押していく。朝倉くんが川のほうを見ながら前輪ひとつ分だけ前を行く。※⑰茴香《ういきょう》が無造作に新聞紙に包まれて籠にある。車輪からの振動《しんどう》で黄色い花が上下に細かく揺れている。
「それで今日の花なんだね。さえこが本気になると、ああいう花になるんだ」ちょっと振り返るように私を見て、朝倉くんがいう。
「なんだか、意外だ」
　意外だなんてよくいう。私のことなんか知らないくせに。ふわふわのところしか見てなかったくせに。
　でもさ、といって朝倉くんは自転車と一緒《いっしょ》に足を止める。川原のほうを指さして、下りる？　と目で訊く。
「意外だったけど、面白くなりそうだ」
　土手から斜《なな》めに続く細い土の道を、勢いよく下りはじめる。私は

「それでしたら、けっこうです」
「どういうこと」
「その花、面白くありません」
細谷先生は胸の前で腕《うで》を組んだ。
「それはまた津川さんらしくない感想ね」
「あたしらしくない感想、ですか。もしも普段のあたしらしかったら」いいながら、なぜか笑い出したくなった。
「わあ、このお花、上手ですねぇ、きれいですねぇ、なんてbテキトウに誉《ほ》めて逃げるだろうってことですか」
「あらま」細谷先生は私の目の前まで一足に踏《ふ》み込《こ》んできた。
「自分でよくわかってるんじゃない」
「あたしらしくない、ですよね」
そうなのだ、私らしくないのだ。たぶん、⑥ひとが思う私らしさとは違うところでぐんぐんと根を張っていたものが、今、ひょいと地面から顔を覗かせたんだろう。
B【「あなたの普段の姿は演技ってわけ」細谷先生の眉間《みけん》にくっきりと皺《しわ》が刻まれている。私はできる限りにこやかに笑う。いいなあ、さえこのその※⑧屈託《くったく》のない笑顔《えがお》、つられて笑いたくなっちゃうよ。いつもみんなにそういわれる。その笑顔で、今、笑えているだろうか。】
「演じてなんかいないんですよ」さえこの笑顔のままで、私はいった。「面白くない花は面白くない、それくらい、あたしだっていうんです」
「……ねえ、調子に乗ってるんじゃないわよね」
「ぜんぜん乗ってませんよ、普段通りです」私は平気な顔で※⑨踵《きびす》を返す。先生がまだあの光る目で私を見ている。背中に痛いほど視線を感じる。なんでこんなことになっちゃったんだろ、と思いながら私は階段を下りた。

（中略）

「あたしの花ってどんな花なんだろう」濡《ぬ》れた髪を拭《ふ》き、ほうじ茶を飲みながら漏《も》らした言葉を、祖母も母も姉も聞き逃《のが》さなかった。
「紗英の花？」
私らしい、といういい方は避《さ》けようと思う。自分でも何が私らしいのか、今はよくわからないから。
「あたしが活ける花」
「紗英が活ければぜんぶ紗英の花じゃないの」母がいう。私は首を振《ふ》る。
「型ばかり教わってるでしょう、誰が活けても同じ型。あたしはもっとあたしの好きなように」といいかけて、私の「好き」なんて曖《あい》昧《まい》で、形がなくて、天気や気分にも左右される、実体のないものだと思う。そのときそのときの「好き」をどうやって表せばいいんだろう。
母は察したように穏やかな声になる。「そうねえ、決まりきったことをきちんときちんとこなすっていうのは紗英に向いてないかもしれないわねえ」
そうかな、と返しながら、そうだった、と思っている。すぐに面倒になってしまう。みんながやることなら自分がやらなくてもいいと思ってしまう。
「でもね、そこであきらめちゃだめなのよ。そこはすごく大事なところなの。しっかり身につけておかなきゃならない基礎《きそ》って、あるのよ」
「根気がないからね、紗英は」即座《そくざ》に姉が指摘《してき》する。

「どうして私を待ってたの、とか訊かないか普通《ふつう》」朝倉くんがいうので初めて気がついた。

「そっか、朝倉くん、あたしのこと待っててくれたんだ」

「……いいよなあ、さえこは」

A【さえこ。懐《なつ》かしい呼び名だ。久しぶりに聞いた。さえこ、さえこ、と中学のクラスメイトは呼んだ。ほんとうの名前は紗英なのに、そこになぜか子をつけて、紗英子、それが私の愛称《あいしょう》だった。紗英、と呼び捨てにするほど親しくない同級生たちにとって、子をつけるだけで※⑤フェイクになる。紗英子なら呼べる。そういうことらしい。彼らは私を呼びたかったのだ。さえこ、さえこ、と気軽に愛称で呼べて、さえこはいいよなあ、なんていえる存在が欲《ほ》しかったんだと思う。事実、私は一日に何度も名前を呼ばれ、さえこ、さえこ、と手招きされる。さえこはいいね、さえこはいいよなあ。何がいいのかよくわからないけど、みんなにそういわれるのが※⑥こそばゆくて、うふふ、と笑う。そうすると彼らはいよいよもって、いいよなあ、と繰《く》り返《かえ》す。】

「さっきの、先生に注意されてた花、見たよ。びっくりした。あれ、遊んでたんじゃないよな、※⑦確信犯だよな」

うーん、と私は言葉を濁《にご》す。

「自分でもどうしたいんだかわからなくなっちゃった」

「それもわかった、あの花見たら」朝倉くんはそういって笑う。

「やりたいことはなんとなく伝わってきた。面白《おもしろ》いと思ったよ。でも、何百年もかけて磨かれてきた技《わざ》に立ち向かおうと思ったら、足場が必要だろ。いきなり自己流じゃ太刀《たち》打ちできない」

市民センターを出ると陽射しが強い。自転車置き場まで並んで歩く。

（中略）

後ろから肩を叩《たた》かれて、ひゃっと飛び上がる。古典の細谷《ほそや》先生だった。

「そんなにびっくりしないでよ」彼女《かのじょ》は笑って、私が見ていたものに視線を戻《もど》す。図書室の前の廊下に飾《かざ》られた花だ。華道部《かどうぶ》の作品らしく、生徒のクラスと名前の書かれた紙が置いてある。

「お花に興味ある？」

いえ、と私はいう。

「あなた心得《こころえ》があるでしょ。華道部はどう。今、部員募集《ぼしゅう》中なのよ」

いえ、いえ、と私はさらに後ずさる。

「あなたみたいなひとが入部してくれたら、さぞかしひとが集まるんじゃないかと思うの」先生は、ふ、と笑った。笑っているのに口《くち》の端《はし》が下がって見えた。

「わかるでしょう、そんなに真剣にならなくていいの。その代わり、楽しく笑って過ごしてくれればそれでいいの。部活の間、男子なんかも勧誘《かんゆう》してくれるとうれしいんだけどな。そういうの、得意よね」

ああ、こういうことをいおうとする直前にひとの目はいきいきするんだな、と私は先生の光を帯びた目を見て思う。光って、べたべたしている。

「どうかな。考えてみてくれるかな」

いつものあなたみたいに、ふわふわと、気持ちのいいところだけ掬《すく》って。そういわれた気がした。私は壁に凭《もた》れていた背を起こす。

「その花、顧問《こもん》の先生のご指導ですか」

「そうだけど――顧問は私よ」

活け花教室で次に朝倉くんと会ったときに私は訊いた。

「まだまだ、って、どうしてわかるの」

え、と朝倉くんが顔を上げる。

「こないだ、まだまだだっていったよね。どうしてそう思うの。どうしてわかるの。どうしたらまだまだじゃなくなるの」

まだまだ届かない、思うようには活けられない。朝倉くんは自分の花をそう評した。

「ちょっと、紗英」千尋《ちひろ》が私の左肘《ひだりひじ》をつついて止めようとしている。千尋は親切だから私が突《つ》っ走《ぱし》り気味になると上手に制御《せいぎょ》してくれる。この活け花教室を紹介《しょうかい》してくれたのも千尋だった。

「わかるときはわかるんじゃないかな」真面目な声で朝倉くんはいった。それからちょっと笑った。

「謙遜《けんそん》だとは考えなかったんだね」

「え、謙遜だったの？」私が驚くと、冗談《じょうだん》だよ、という。

「花を活けてると気持ちがいいだろ。思った通りに活けられると、気持ちのよさが持続する。そのやり方をここに習いに来てるんだ。みんなもそうなんじゃないの」

「なるほど」私は感心して何度もうなずいた。「気持ちのよさが持続する。なるほどね」

朝倉くんは、やめて、恥《は》ずかしいから、といった。

「なるほど。気持ちのよさを持続するために」うなずきながらもう一度私がいうと、朝倉くんはしっしっと追《お》い払《はら》う真似《まね》をした。

思った通りに活ける、と朝倉くんはいったけれど、私の「思った通り」じゃだめなんだと思う。私なんかの思ったところを超えてあるのが花だ。そう朝倉くんの花が教えてくれている。

じゃあ、なるべくなんにも考えないようにして活けてみよう。

その考えは、しかし間違《まちが》いだったらしい。

「津川《つがわ》さん、真面目におやりなさい」先生は巡回《じゅんかい》してきて私の花を見るなりそういった。「しょうがないわねえ」

いつもなら、注意されることはあっても先生の目はあたたかい。しょうがないわねえ、と笑っている。でも、今日は違《ちが》った。③基本形を※③逸脱《いつだつ》しためちゃくちゃな花がよほど腹に据《す》えかねたらしく、剣山から私の花をぐさぐさ抜《ぬ》いた。

「どういうつもりなの」声は怒《いか》りを抑《おさ》えている。周囲の目がこちらに集まっている。

「いつもの津川さんじゃないわね。遊び半分で活けるのは、花を裏切ったことになるの」

すみません、と私は謝《あやま》った。遊び半分なんかじゃなく、④真剣《しんけん》に考えたらこうなったんだけど、普段《ふだん》は穏《おだ》やかな先生の剣幕《けんまく》を見たらやっぱりそれはいえなかった。先生は花を全部抜くと大きくため息をついて、ふいと立ち去ってしまった。

千尋と目が合う。どんまい、と目だけで笑ってくれる。もう一度※④水切りをしなおして、少し茎の短くなってしまった花を見る。またいつもみたいに、習った型の通り順番に差していくんだろうか。型通りなら誰が活けても同じじゃないか。私はこっそり辺りを見まわす。みんな、おとなしく従っているのはなぜなんだろう。――そんなふうに思うなんて不遜《ふそん》だし傲慢《ごうまん》だ。だけど急に、目の前の花が色褪《いろあ》せて見える。もしかしたら⑤活け花はどうしても私がやらなきゃならないことじゃないのかもしれない。

このまま塾《じゅく》に行くという千尋と別れて帰ろうとしたら、市民センターの出口のところに朝倉くんがいた。自然にふたり並んで歩き出す。

朝倉くんが振《ふ》り返《かえ》る。

「朝倉くんの花、すごくよかった」

はにかんだような目が、まぶしい。こんな表情もできるひとだったんだ。

「いや、まだまだだよ」日に焼けた顔でそういって片手を挙げると、朝倉くんは自転車で走っていってしまった。

陽射《ひざ》しの中を自転車で走る。今年は春の勢いがいい。汗《あせ》ばむような陽気だ。大きな川のカーブする外側の小さな町の、役場や公民館や商店街のある一角から自転車で十五分。古くからの住宅地に、ぽつんぽつんと店が混じる。そこに、うちがある。通りに面して骨董《こっとう》品《ひん》店。その奥《おく》が住居になっている。

家に入ると、急いで瞬《まばた》きをしなくちゃならないくらい薄暗《うすぐら》い。窓が高くて小さいせいだ。ぼんやりした光に、※②漆喰《しっくい》の壁《かべ》と黒光りする廊下《ろうか》が白黒写真みたいに浮《う》かびあがる。裸足《はだし》で上がると廊下は磨《みが》き込《こ》まれてひんやりしている。

「あら、帰ってたの」台所で母が振り返る。「やだ、また裸足」

肩《かた》をすくめて通り過ぎると、奥の部屋から出てきた祖母に呼びとめられた。「今日の花、さっそく活けてごらんよ」

「待って、あとでね」そそくさと自分の部屋に逃《に》げる。

「あとで、はないよ、あとになったらチャンスはもうないんだよ」

祖母の声が追いかけてくる。何をいわれても同じだ。今はぜんぜん活けたくない。朝倉くんのあんな花を見ちゃった後に、自分で活ける気にはなれない。

二階の部屋は庭を挟《はさ》んで土手に面している。部屋の窓を開けて、外を見る。庭に雛芥子《ひなげし》が咲《さ》いている。その向こうに土手の緑が続く。土手の上は桜並木で、向こう側は川原だ。広場や散歩道があって、大きな川がゆるやかに流れる。

幼い頃《ころ》、よく姉妹《しまい》三人でこの土手にすわってお弁当を食べた。そのときの、姉たちの蝶々《ちょうちょう》みたいにひらひら飛びまわる笑い声と、おひさまの光と、川の流れる音とが、今でもこの土手のどこかに残っている感じがする。紗英《さえ》、紗英、と呼んでいた。②紗英はお豆さんだからね、と笑う姉たちの声。

晴れた日の午後には土手の白詰草《しろつめくさ》を編んで冠《かんむり》をこしらえた。花の冠をお互《たが》いの頭に載《の》せあってうっとりする姉たちを覚えている。やがて姉たちは私の頭にも冠を重ねてくれた。お姫《ひめ》さまみたいだよ、紗英、可愛《かわい》いね。冠はやわらかな土と若草の匂《にお》いがした。可愛いね、と姉たちに微笑《ほほえ》まれると、夢見心地《ゆめみごこち》になった。自分はお姫さまなのだと信じて疑いもしなかったあの頃を思うと、つい口許《くちもと》がほころぶ。いずれ現実に直面するときは来る。幼いひととき、自分を可愛いと思《おも》い込《こ》むことができて私はしあわせだった。

昔たしかにあったものは、消えてなくならない、だろうか。上の姉は遠くの大学へ通うために家を出てしまい、下の姉ももう土手にすわってお弁当を広げたりはしない。私だけが土手を見ている。それでも、そのあたりにまだあの頃の光や風がさざめいている気がする。

「紗英はお豆さんだからね」

窓から外に向かっていってみる。お豆さんというのは、お豆みたいに小さい子、という意味らしい。小さくて、面倒《めんどう》を見てあげなきゃいけない子。それは単に三姉妹の一番下だからということだけでなく、いつまでも下の立場に喜んでいる子だったということだろう。姉たちがふたりでなんでも引き受けてくれて、私はのほほんと楽しかった。まだまだお豆さんでいられる、と意識していたわけではないけれど、少なくとも、「まだまだ」を厳しい意味で使ったことはなかった。朝倉くんの花を見るまでは、たぶん一度も。

二〇二〇年度 麻布中学校

【国語】（六〇分）〈満点：六〇点〉

次の文章を読み、設問に答えなさい。

まだまだ、と思う。まだまだ、この花はほんとうの姿を見せていない。葉の向きを考え、茎《くき》を大きく切って※①剣山《けんざん》の上で角度を確かめる。花菖蒲《はなしょうぶ》のやわらかな紫《むらさき》がふっと霞《かす》む。花びらの向こう、ずっと前の列で一心に花を活《い》けている朝倉くんの背中が目に入る。

朝倉くんが花を活けているとき、まわりの空気がぴんと張る。冷たいような、澄《す》んだような空気の層ができて、そこに触《ふ》れるのが畏《おそ》れ多《おお》い感じがする。遠くから見つめているだけでじゅうぶんだと思う。

朝倉くんは中学の同級生だった。勉強ができて、野球部では一塁《いちるい》手《しゅ》だった。友達も多そうだったし、女子にもわりと人気があったはずだ。この辺でいちばんの進学校に進んだことも知っている。でも、特に親しかったわけではなく、知っているのはそれくらいだった。野球部らしく丸刈《まるが》りだった髪《かみ》が伸《の》びかけていた。野球は辞《や》めたのかなと思った。

最初に見かけたときは驚《おどろ》きもしなかった。誰《だれ》か、たとえばガールフレンドだとか妹だとかの付《つ》き添《そ》いに来てるんだろうと思った。教室の後、花材を一式持ち帰るのがいつもけっこう大変だったからだ。

朝倉くん、と声をかけると、朝倉くんのほうはちょっとびっくりしたみたいだった。久しぶり、と笑った顔は野草がほころぶときみたいな青さを漂《ただよ》わせた。

「誰を待ってるの？」私は辺りを窺《うかが》いながら訊《き》いた。

「待ってないよ」

誰かを送ってきただけで待っているわけではないということだろうか。それ以上詮索《せんさく》するつもりはなかった。

だから、時間になっても朝倉くんが教室にいて、帰るどころか用具を揃《そろ》えはじめるのを見てようやく驚いた。男子が活け花を習いに来ること自体はめずらしいことじゃない。この教室にも何人かは男の子がいるし、朝倉くんが活け花にふさわしくないということでもない。そうではなくて、どうして①最初に見たときに気づかなかったのか、自分は朝倉くんを全然見ていなかったのか、ということを今さらながら知らされたのだ。朝倉くんは、クラスで勉強していた姿より、校庭でボールを追いかけていた姿より、ここで花を活けている背中がいちばん凜々《りり》しい。

視界の隅《すみ》で朝倉くんが動くたびに、私も揺《ゆ》れた。朝倉くんは今、どの花を見て、どの花に触れているだろう、と思いながら手元の花を活ける。うまくはいかなかった。いつもと変わらず、思うようには活けられない。

教室が終わりに近づいて、生徒の作品を鑑賞《かんしょう》しあう時間になると、私は前のほうへ移動し、朝倉くんの席に近づいて彼《かれ》の花を覗《のぞ》いた。

美しかった。私はその花に釘付《くぎづ》けになった。私だけではない。みんな朝倉くんの花を遠巻きにして息をひそめていた。思うように活けられない、と私がいつも思っている、その「思うように」をはるかに超《こ》えた花だった。私が思うことなんか、たかが知れている、と思った。

教室の帰りに朝倉くんを追った。花材と華道具《かどうぐ》を籠《かご》にａツんで自転車に跨《またが》ろうとしているところに駆《か》けていき、後ろから声をかけた。

「待って」

2020年度

麻布中学校　▶解説と解答

算数　(60分)＜満点：60点＞

解答

1　$2\frac{23}{24}$　　2　(1)　7.125cm²　　(2)　6.25cm²　　3　(1)　72個　　(2)　12個

4　A　8.8%　　B　3.8%　　X　5.8%　　5　(1)　42×Ⓐ＋2×Ⓑ(cm²)　　(2)　30×Ⓐ＋1×Ⓑ(cm²)　　6　(1)　7回　　(2)　1：14，2：13，4：11，7：8　　(3)　11m，5回

(4)　1：12，2：11，3：10，4：9，5：8，6：7，1：13，3：11，5：9

解説

1　比の性質

$4\frac{1}{4}$と$3\frac{5}{6}$から同じ数をひいた結果が31：21となるから，右の図のように表すことができる。この図で，㉛－㉑＝⑩にあたる大きさが，$4\frac{1}{4}-3\frac{5}{6}=\frac{5}{12}$なので，①にあたる大きさは，$\frac{5}{12}\div10=\frac{1}{24}$とわかる。よって，㉑にあたる大きさは，$\frac{1}{24}\times21=\frac{7}{8}$だから，□に当てはまる数は，$3\frac{5}{6}-\frac{7}{8}=2\frac{23}{24}$と求められる。

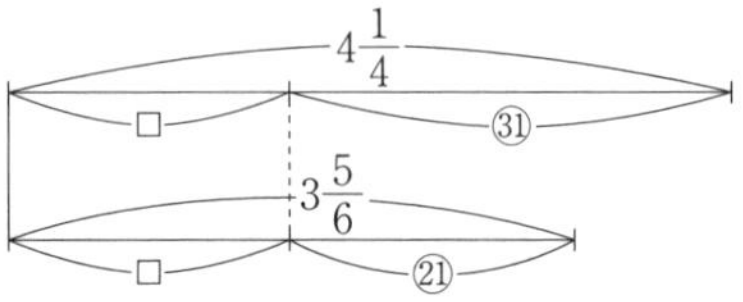

2　平面図形―面積

(1)　右の図1のようにDとFを結ぶと，アの部分は四分円DBFから三角形FDBを除いたものになる。四分円DBFの面積は，$5\times5\times3.14\times\frac{1}{4}=19.625(\text{cm}^2)$，三角形FDBの面積は，$5\times5\div2=12.5(\text{cm}^2)$だから，アの面積は，$19.625-12.5=7.125(\text{cm}^2)$と求められる。

図1

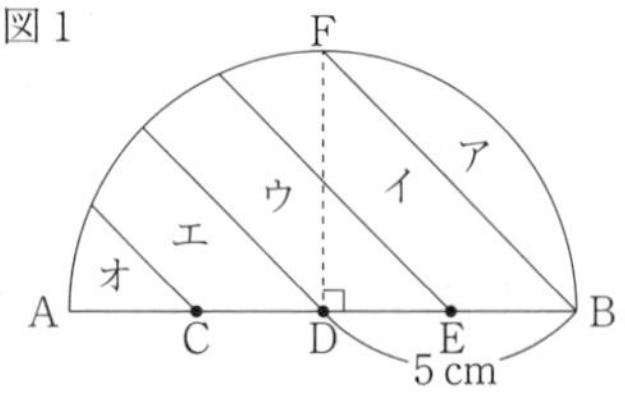

図2

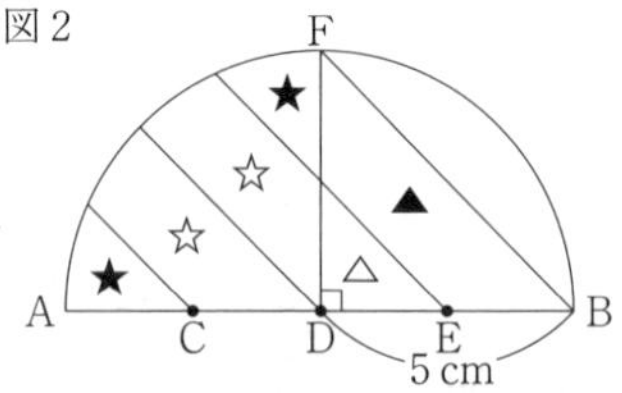

(2)　(イ＋エ)－(ウ＋オ)＝イ＋エ－ウ－オ＝イ－オ－ウ＋エ＝(イ－オ)－(ウ－エ)となる。上の図2で，★と☆をつけた部分はそれぞれ合同なので，面積は等しい。よって，(イ－オ)は▲の部分の面積と等しくなる。同様に，(ウ－エ)は△の部分の面積と等しくなるから，求める面積は，▲の部分の面積から△の部分の面積をひいたものになる。(1)より，三角形FDBの面積は12.5cm²とわかる。また，DEの長さは，$5\div2=2.5(\text{cm})$なので，△の部分の面積は，$2.5\times2.5\div2=3.125(\text{cm}^2)$となる。よって，▲の部分の面積は，$12.5-3.125=9.375(\text{cm}^2)$だから，▲の部分と△の部分の面積の差は，$9.375-3.125=6.25(\text{cm}^2)$と求められる。

3　場合の数

(1)　2で割った余りは0か1であり，同じ余りがとなり合わないのは，下の図1のように，奇数《きすう》と偶数《ぐうすう》が交互《こうご》に並ぶ場合である。どちらの場合も，奇数だけ，偶数だけの並び方はそれぞれ，3×2

×1＝6（通り）ずつあるから，それぞれの並べ方は，6×6＝36（通り）ずつある。したがって，このような整数は全部で，36×2＝72（個）作れる。

(2)　2で割ったときに同じ余りがとなり合うことはないので，(1)と同様に奇数と偶数が交互に並ぶ。そこで，右の図2のように，奇数だけを見たときに1，3，5の順で並んでいる場合について考える。このとき，3で割った余りは1，0，2となるから，イには3で割った余りが2である偶数の2が入り，ウには3で割った余りが1である偶数の4が入る。このとき，残りの偶数である6は3で割った余りが0なので，アにもエにも入れることができる。よって，この場合の並べ方は2通りになる。奇数の並べ方を変えても同様だから，このような整数は全部で，2×6＝12（個）作れる。

図1

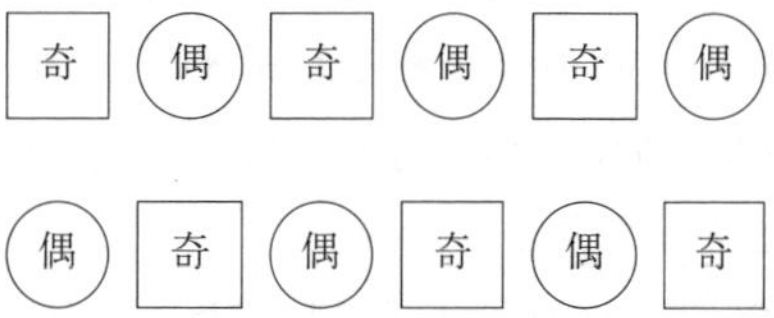

図2

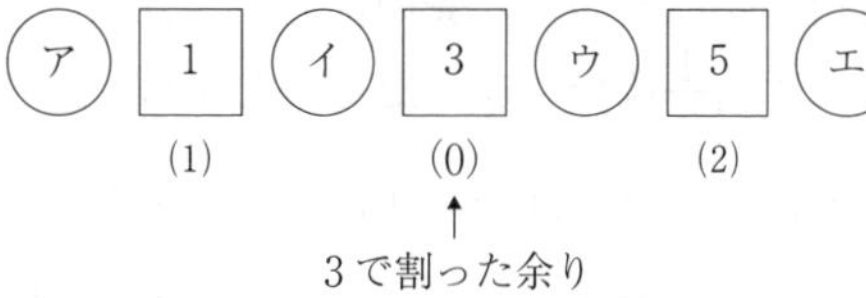

4　濃度《のうど》

Aのラベルに表示されている濃《こ》さを□%，Bのラベルに表示されている濃さを△%とすると，予定の作業1は右の図1のように表すことができる。また，作業2ではAから，120＋200＝320（g）取り出しているから，作業2は右の図2のように表せる。図1で，AとBの食塩水の重さの比は，120：180＝2：3なので，ア：イ＝$\frac{1}{2}$：$\frac{1}{3}$＝3：2となる。また，図2で，AとBの食塩水の重さの比は，320：180＝16：9だから，ウ：エ＝$\frac{1}{16}$：$\frac{1}{9}$＝9：16とわかる。ここで，図1のイと図2のエの値は同じなので，この比をそろえると，図1の場合は，ア：イ＝3：2＝24：16，図2の場合は，ウ：エ＝9：16となる。よって，この比の，24－9＝15にあたる濃さが3%だから，1にあたる濃さは，3÷15＝0.2（%）であり，ア＝0.2×24＝4.8（%），イ＝0.2×16＝3.2（%）と求められる。すると，アよりもウの方が短いから，図1，2は左にいくほど濃くなり，□＝7＋4.8＝11.8（%），△＝7－3.2＝3.8（%）とわかる。したがって，実際にAに入っている濃さは，11.8－3＝8.8（%），Bに入っている濃さは3.8%である。また，実際の作業1では，濃さが8.8%の食塩水を120gと濃さが3.8%の食塩水を180g混ぜたことになるので，食塩の重さは，120×0.088＋180×0.038＝17.4（g），食塩水の重さは，120＋180＝300（g）となり，濃さは，17.4÷300×100＝5.8（%）と求められる。

図1

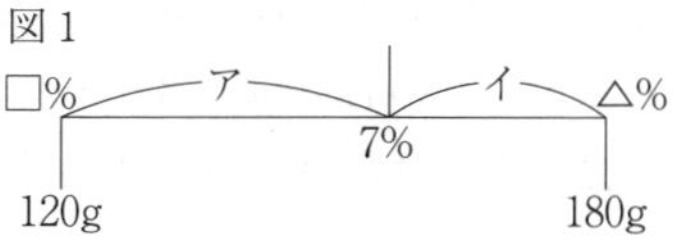

図2

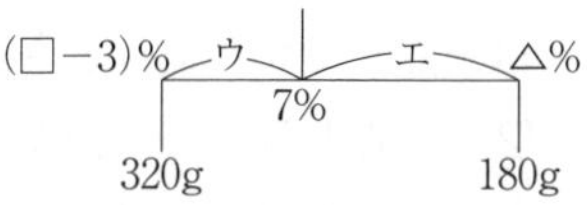

5　平面図形―図形の移動，面積

(1)　「ほしがた」のとがった頂点6か所のうち，1か所について考えると，青く塗《ぬ》るのは，右の図①のかげをつけた部分である。図①で，うすいかげをつけた部分1か所には一辺の長さが1cmの正三角形が3.5個分あるから，6か所の頂点では，3.5×2×6＝42（個

図①

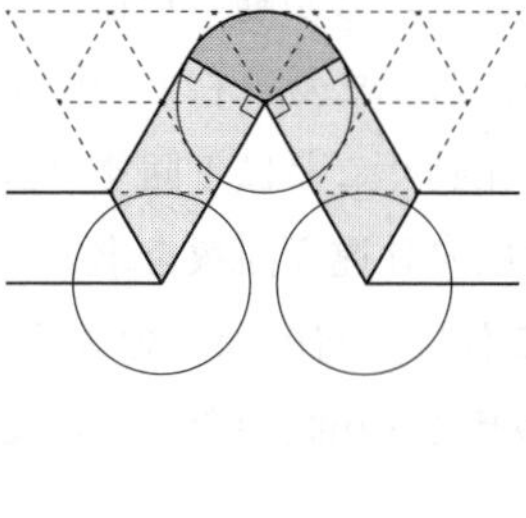

図②

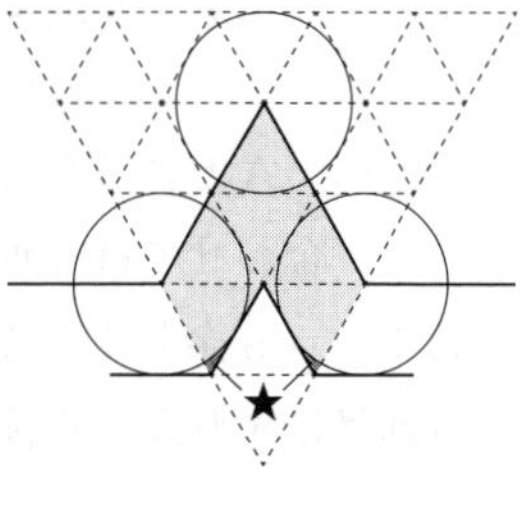

分)となる。また，濃いかげをつけたおうぎ形の中心角は，360−(60＋90＋90)＝120(度)なので，6か所の頂点にあるおうぎ形の中心角の合計は，120×6＝720(度)となり，1つの円の面積の，720÷360＝2(個分)とわかる。よって，青く塗られた部分の面積は，42×Ⓐ＋2×Ⓑ(cm^2)と表すことができる。

(2) (1)と同様に，「ほしがた」のとがった頂点1か所について考えると，赤く塗るのは，上の図②のうすいかげをつけた部分である(濃いかげをつけた★の部分は塗らないことに注意する)。また，濃いかげをつけた★の部分を2か所合わせた面積は，一辺の長さが1cmの正三角形の面積から円の面積$\frac{1}{6}$個分をひいたものだから，Ⓐ$-\frac{1}{6}\times$Ⓑ(cm^2)と表すことができる。よって，図②のうすいかげをつけた部分の面積は，$6\times$Ⓐ$-\left(\text{Ⓐ}-\frac{1}{6}\times\text{Ⓑ}\right)=6\times$Ⓐ$-$Ⓐ$+\frac{1}{6}\times$Ⓑ$=5\times$Ⓐ$+\frac{1}{6}\times$Ⓑ($cm^2$)なので，赤く塗られた部分の面積は，$\left(5\times\text{Ⓐ}+\frac{1}{6}\times\text{Ⓑ}\right)\times6=30\times$Ⓐ$+1\times$Ⓑ($cm^2$)と求められる。

6 速さと比，旅人算

(1) AとBの速さの比が3：5だから，Aが3周，Bが5周したときに同時に地点Pに戻《もど》る。また，1周の長さは1mなので，地点Pに戻るまでにAは3m，Bは5m動く。よって，地点Pに戻るまでにAとBが動く道のりの合計は，3＋5＝8(m)とわかる。さらに，右の図①のように，AとBは合わせて1m動くごとに1回すれ違《ちが》うので，地点Pに戻るまでにすれ違う回数は，8÷1＝8(回)と求められる。ただし，8回目は地点Pですれ違うときだから，地点P以外ですれ違う回数は，8−1＝7(回)となる。

図①

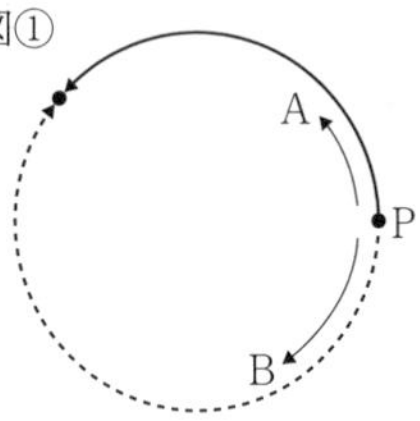

(2) 地点P以外で14回すれ違うので，最後に地点Pですれ違うのは，14＋1＝15(回目)である。また，AとBは合わせて1m動くごとに1回すれ違うから，15回目にすれ違うまでにAとBが動いた道のりの合計は，1×15＝15(m)とわかる。このとき，AもBもちょうど何周かしているので，AとBが動いた道のりはどちらも1mの整数倍になる。さらに，AよりもBの方が速いから，たとえば，Aが1m，Bが14m動いた場合が考えられ，このときAとBの速さの比は，ア：イ＝1：14になる。また，たとえば，Aが3m，Bが12m動いた場合は，AとBの速さの比が，ア：イ＝3：12＝1：4となる。ところが，この場合はAが1周，Bが4周したときに地点Pですれ違うことになるので，条件に合わない。つまり，条件に合うのは，ア＋イ＝15，ア＜イで，ア：イがそれ以上簡単な整数の比にできない場合とわかる。よって，1：14，2：13，4：11，7：8の4通りとなる。

(3) AもBも1m動くごとに地点Pを通るから，AとBが同時に地点Pに戻るのは，Aが3m，Bが8m動いたときである(このときまでに，Aは右側の円を2周と左側の円を1周し，Bは左右の円を4周ずつしている)。よって，地点Pで止まるまでにAとBが動いた道のりの合計は，3＋8＝11(m)とわかる。また，右上の図②のように，AとBは合わせて2m動くごとに1回すれ違うので，合わせて11m動くまでにすれ違う回数を求めると，11÷2＝5余り1となる。これは，右の図③のように，5回目にすれ違った後，合わせて1m動いたところです

図②

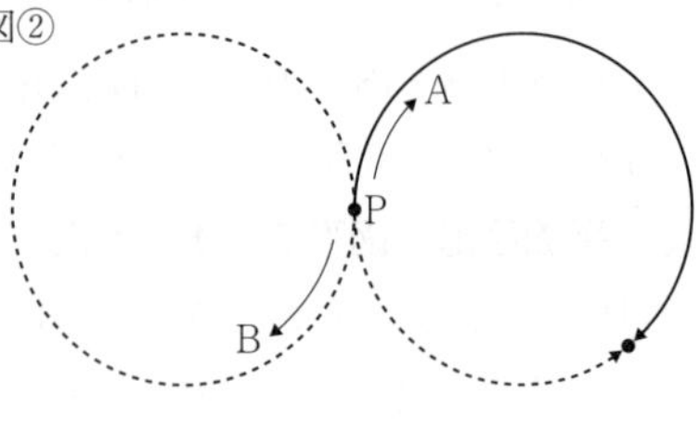

図③

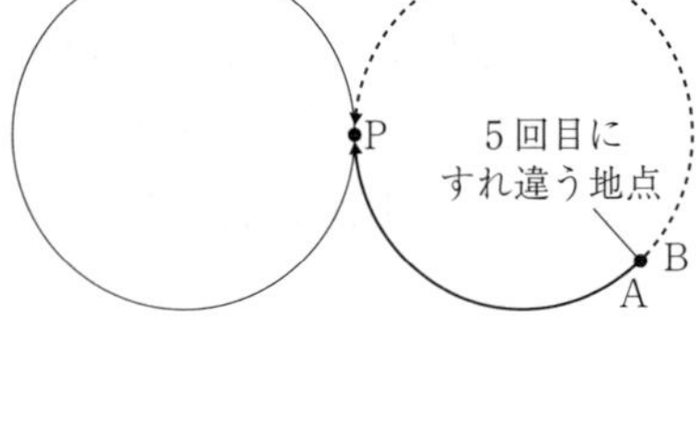

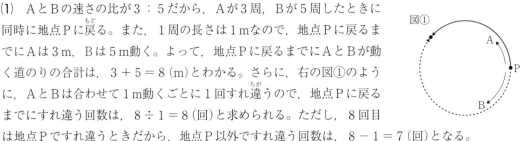

れ違うことを表している。したがって，地点P以外ですれ違う回数は5回である。

(4) (3)の場合，Aは2つの円を合わせて3周し，Bは2つの円を合わせて8周している。このように，一方が奇数周，もう一方が偶数周だけ動く場合は，最後に合わせて1m動いたときにすれ違うから，地点P以外で6回すれ違うとき，AとBが動いた道のりの合計は，$2 \times 6 + 1 = 13$(m)になる。よって，(2)と同様に考えると，ウ：エは和が13になる最も簡単な整数の比(ただしウ＜エ)なので，1：12，2：11，3：10，4：9，5：8，6：7とわかる。次に，AもBも奇数周だけ動く場合は，最後も合わせて2m動くから，AとBが動いた道のりの合計は，$2 \times (6 + 1) = 14$(m)になる。したがって，ウ：エは和が14になる最も簡単な整数の比(ただしウ＜エ)なので，1：13，3：11，5：9とわかる。なお，たとえばAが2周，Bが12周のように，AもBも偶数周だけ動く場合は，2：12＝1：6となり，Aが1周，Bが6周したときに止まってしまうから，条件に合わない。

社　会　(50分)＜満点：40点＞

解　答

問1　あ　イスラム教　**い**　世界恐慌　**う**　配給　**問2**　①　あ　②　え　③　う　**問3**　①　え　②　う　③　い　**問4**　(例)　浮世絵から，どんな衣服や髪型が流行しているかがわかるため。　**問5**　(例)　外見だけは欧米のまねをしているが，内面がともなっていない点。　**問6**　(例)　洋服が大量生産されて価格が下がり，買いやすくなったから。／脱ぎ着や取りあつかいが楽で，作業もしやすかったから。　**問7**　(例)　修理したり仕立て直したりして長く着るものという考え方から，着られなくなったら新しいものを買えばいいという考え方に変化した。　**問8**　(例)　中国は人口が多く，衣服販売の利益が見こめるため。　**問9**　(例)　大量消費と大量廃棄による，資源のむだづかい。／低賃金を実現するための，労働環境の悪化。　**問10**　(例)　別の流行を生み出すことで新たな衣服を売り，利益を上げること。　**問11**　(例)　学校の制服が，男子はズボン，女子はスカートと決まっていること。　**問12**　(例)　就職活動を行う学生が皆，同じような黒いスーツを着ていることから，個性や独創性よりも協調性を重視するという特徴がわかる。　**問13**　(1)　(例)　**選んだ例の番号…【例1】**　日本では，入れ墨は犯罪者を想像させ，ほかの人に不安や恐怖心をあたえるおそれがあるので，入店や入浴を拒否する理由になる。一方，外国では入れ墨は宗教や文化，ファッションとして根付いているので，これを理由に入店や入浴を拒否されるのは納得できない。(**選んだ例の番号…【例2】**　学校側は，学生に規律ある集団生活を営ませ，集団の秩序を守りたいなどの理由から，一律に髪を染めるのを禁止している。一方，髪を染めることを自己表現や自己主張の手段だと考える生徒にとっては，これを一律に禁止し，個性をおさえることに納得できない。)

(2)　(例)　双方とも，自己の言い分の理由となる考えが間違っているわけではなく，それを曲げるのは難しいため，相手が折れるべきだと考えてしまいがちだから。

解　説

「衣服と社会との関係」を題材にした問題

問1　あ　イスラム教は，メッカ(サウジアラビア)で生まれたムハンマドが７世紀初めに開いた宗教で，アッラーを唯一《ゆいいつ》神とし，『コーラン』を聖典とする。『コーラン』に「女性は美しい部分を隠《かく》すように」という教えがあるため，これにもとづいてイスラム教徒の女性は，近親者以外の他人に肌《はだ》や髪を見せないよう布などで覆《おお》うことを習慣としている。　**い**　1929年，アメリカ合衆国のニューヨークで株価が大暴落し，これをきっかけとして世界的に不景気が広がった。これが世界恐慌《きょうこう》で，日本も恐慌の影響《えいきょう》を受けて経済が低迷したことから，これを打開するための手段として対外進出をすすめていった。　**う**　1937年に日中戦争が始まると，政府は軍需《ぐんじゅ》物資の生産・調達のため国民生活の統制を強めていった。また，戦争が長期化して生活必需品が不足するようになると，1940年には砂糖やマッチなどが切符による配給制に，1941年には米が配給制となったのに続き，1942年からは衣料が点数切符による配給制となった。この制度は，国民に点数切符を配布し，衣料ごとに決められた点数分の切符と衣料を交換することで，衣料を配給するというものであった。

問2　①　７月の平均気温が最も低くなっていることから，南半球の都市の雨温図だと判断できる。南アメリカ大陸のアンデス山脈では，「あ」に見られるように，ポンチョとよばれる上着をはおり，アルパカを飼育する生活が伝統的に続いてきた。　②　平均気温が高いことや，一年を通じて降水量が少ないことから，砂漠気候に属する都市の雨温図だとわかる。本文にもあるように，「日差しが強く乾燥している」砂漠では，直射日光を避《さ》けて肌を守るため，ゆったりとした白い布で身体全体を覆う服装が適している。よって，「え」があてはまる。雨温図はサウジアラビアの首都リヤドのもの。　③　一年中気温が高く，雨季と乾季がはっきりしている。こうした気候はサバナ気候とよばれ，人びとは「ズボンよりも風通しがよく，熱を逃《に》がしやすいという性質がある」腰巻布を身につける習慣がある。よって，「う」があてはまる。雨温図はミャンマーの都市ヤンゴンのもの。　なお，「い」はアメリカ合衆国北部のアラスカやカナダ北部，グリーンランドなどに暮らす先住民イヌイットの伝統的な衣服で，氷点下を下回る厳しい寒さに対応できるようになっている。

問3　①　小千谷《おぢや》市は新潟県中部に位置するので，「え」があてはまる。この地域では，苧麻《ちょま》という上質の麻からつくられる「小千谷ちぢみ」が江戸時代から受け継《つ》がれ，布を白くするさいに「雪ざらし」という雪国独特の方法が用いられる。　②　結城《ゆうき》市は「う」の茨城県西部に位置し，「結城紬《つむぎ》」の産地として知られる。「紬」はもともと，生糸には不向きの繭《まゆ》などからつむいだ絹糸(紬糸)からつくられる織物で，結城紬の生産は江戸時代に農業の副業として栄え，茨城県結城市や栃木県小山市周辺で受け継がれてきた。　③　室町時代には，全国各地で手工業が発達した。応仁の乱(1467～77年)が終わると，戦乱を逃《のが》れていた職人が再び「い」の京都に戻って織物づくりを始めた。ここでつくられた織物は，応仁の乱で西軍の陣地が置かれた場所を中心として生産されたことから「西陣織」とよばれるようになり，西陣織は高級絹織物として重宝されている。

問4　浮世絵《うきよえ》は庶民《しょみん》のようすや景色などを描いた風俗画で，江戸時代に大成した。人物画では，当時人気のあった歌舞伎《かぶき》役者や評判の美人などが題材とされることが多く，江戸時代後半の化政文化のころには，多色刷り版画によって色鮮《いろあざ》やかな作品が大量に刷られるようになった。浮世絵はその当時の流行を映す鏡として，また，それを広める広告としての役割をはたしていたため，多くの人がこれを買い求めたのだと考えられる。

問5　明治時代初期，外務卿《きょう》・外務大臣を務めた井上馨《かおる》は，不平等条約改正のため，日本の近代化・西洋化をすすめ，これを欧米にアピールしようという欧化政策をとった。鹿鳴館《ろくめいかん》は1883年に完成した洋館で，欧化政策の１つとして連日ここに日本人や外国人が招かれ，舞踏会《ぶとうかい》が開かれた。２つの風刺《ふうし》画はフランス人画家ビゴーが描いたもので，「鏡を見る夫婦」の左上と，「舞台裏の女性たち」の右上には「名磨行」，つまり「生意気」と書かれており，日本が欧米の仲間入りをするには早いという気持ちが読み取れる。また，「鏡を見る夫婦」の鏡に猿が映っているのは，日本人の洋装が「猿まね」にすぎないということを意味している。「舞台裏の女性たち」では，床に座りこむ女性が描かれており，西洋文化がなじんでいないことがうかがえる。このように，ビゴーは，内面がともなわず，外見だけをまねた欧化政策を風刺してこれらの絵を描いたのだと推測できる。

問６　「戦後の復興期から高度経済成長期」は，1945年から1970年代前半までの期間にあたる。本文にあるように，「1960年代後半になると～すでにできあがった洋服が販売されるように」なって，「洋服を製造・販売する産業が大規模化」していった。このように機械で大量生産されることで，洋服の価格が下がり，手に入りやすくなったので，人びとに支持されるようになったのだと考えられる。また，この時代には大量生産・大量消費とともに効率化が追求されるようになったため，着物に比べて取りあつかいが簡単で，作業がしやすい点も，洋服が支持された理由として考えられる。さらに，アメリカ合衆国だけでなく，海外の情報が多く入ってくるようになったことで，海外の先端のファッションにあこがれ，これを取り入れようという動きがあったとも推測できる。

問７　自分でつくったり，わざわざ自分のために仕立ててもらった衣服であれば，修理したり仕立て直したりして，長い間使おうという考え方になる。しかし，既製《きせい》品が大量生産されるようになり，簡単に買えるようになると，わざわざ修理して使うよりも新しいものを買おうという気持ちになる，あるいは，買ったもののほとんど着ないまま流行おくれになる服が出るといったことが起こる。こうして，衣服も大量生産・大量消費の流れに乗ったのである。

問８　中国経済が発展し，賃金が上がったということは，中国人の生活が豊かになったということでもある。中国には10億人を超《こ》える人口があり，その需要にこたえることで，企業としては大きな利益が見こめる。そのため，賃金が上がったとしても，すでにある工場を稼働《かどう》させ続けるメリットは大いにあるといえる。

問９　問６や問７で見たように，安価な衣服を大量生産すると，衣服を大事にする気持ちがうすれ，これが大量消費，そして大量廃棄につながっていく。これは，衣服やその材料だけでなく，生産にかかるエネルギー，つまり資源をむだづかいすることでもある。また，安価な商品をつくるためには労働者の賃金をおさえる必要が生じるが，工場のある発展途上国では，そのために労働者が環境の悪い状態で働かされるおそれもある。さらに，ファスト・ファッションのように，国際的な規模で衣服を販売する企業があると，国際競争力のない小さな企業は経営が成り立たなくなる。あるいは，世界的に同じような衣服が流通することで，衣服における伝統的な文化や習慣が追いやられ，これを保つのを難しくするおそれもあるだろう。

問10　本文に，企業が流行をつくる側面もあると書かれている。流行の衣服をつくり，これをたくさん売ることに成功したとしても，その流行が続いていれば，売れ行きには限りが見えてくる。そのため，企業は衣服の製造を意図的にやめ，その衣服が出回らないようにして流行を止める。そして，新たな流行をつくり出すことで新たな衣服を売り，さらなる利益を得ようと考えるのである。

問11　本文には，「らしさ」の例として男女の違いによる服装の違いがあげられている。日本の学校の制服でも，男の子はズボン，女の子はスカートしか選べなかったが，近年，これに疑問を投げかける意見が増え，女の子がスカートもズボンも選べるようになってきた。あるいは，男の子用は黒，女の子用は赤というのが一般的だった小学生のランドセルの色も，かなり多様化してきた。大人でも，日本の暑い夏にネクタイと上着は適さない，冷房によぶんな電力がかかるなどの理由から，楽な衣服で仕事をする「クールビズ」が普《ふ》及《きゅう》した。社会の国際化や多様化がすすむことで，「らしさ」のような固定観念が疑問視されることは増えていくと考えられる。

問12　本文から，江戸時代には身分で衣服やその素材が制限されていたこと，明治時代には政府が制服を普及させたこと，戦時中の1940年には衣服が法制化されたことなどが読み取れる。このように，権力者は身分や職業による違い，あるいは連帯意識を植えつけるために，衣服という目に見えるものを利用してきたととらえることもできる。これは，多くの学校が制服を採用していることや，就職活動をする学生が一様に黒いスーツを着ていることにも表れており，着ている側は，ほかの人と違う格好をしていることで仲間外れと思われたくないと考え，上の立場の側は，集団に合わせられない人物をすぐに判別するということもできる。日本の社会はこのように，個性や独創性よりも調和や協調性を重んじる傾向《けいこう》があり，統制・画一化されてきた衣服に，こうした日本社会の特徴が表れているといえる。

問13　(1)【例１】は，入れ墨《ずみ》に対するイメージの違いが意見の対立の原因となっている。日本では，入れ墨は悪い人がするものというイメージが根強い。一方，外国人にとって入れ墨は文化や宗教と結びついていたり，ファッションとして定着したりしていることもあり，日本人がいだくようなイメージを理解できない人もいるだろう。日本人は，入れ墨をしている人がほかの人にあたえる影響を考えて公共施設の利用を制限するのも仕方ないと考えているが，外国人の立場に立てば，これに納得がいかないのも理解できる。【例２】は，集団を統率する側と，個人の意見との対立が原因と考えられる。個人の立場に立てば，髪を染めるかどうかは自由であり，自分をよく見せたい，自分を主張したいと思うのも当然で，これを他者にとがめられるのに納得がいかない。また，大人は髪を染めているのに，という気持ちもあるだろう。一方で，学校は集団生活の場であり，集団のなかで規則を守りながら生活することを教える役割も担っている。髪を染めるのを許可した場合，生徒の外見における秩序《ちつじょ》がどれほど保てるかは計算できず，地域社会が自校の生徒にいだくイメージがどうなるかもわからない。こうした観点に立てば，学校が校則で髪を染めるのを一律に禁止することにも，それなりの理由と正当性があるといえる。　(2)【例１】,【例２】いずれの場合においても，双方《そうほう》が自分の考えを正しいと思っており，その考えには正当な理由があると考えている。つまり，「自分は正しく，そちらが間違っているのだから，そちらが合わせるべきだ」という考えにおちいりやすい。双方がこうした主張をした場合，「歩み寄って問題を解決すること」は難しくなる。

理　科　(50分)＜満点：40点＞

解　答

1　**問１**　イ，カ　**問２**　ア／(例)　海流に乗って運ばれやすい点。　**問３**　(例)　かくれ場所となる水中の細長い穴がないから。　**問４**　エ　**問５**　エ　**問６**　ウ　**問７**　イ，エ，オ　**問８**　ア　**2**　**問１**　バター，生クリーム，牛乳　**問２**　エ　**問３**　(1)　10層　(2)　244層　**問４**　イ　**問５**　ウ　**問６**　**a**　イ　**b**　エ　**c**　オ　**d**　キ

問7　**a**　ア　**b**　エ　**c**　カ　**d**　ク　**問8**　エ　3　**問1**　距離(と)時間／(測定が困難なのは)時間　**問2**　ウ　**問3**　E　**問4**　(1)　(例)　電球の後方に出た光を反射して前方に向かわせることで，信号の光をより明るくするため。　(2)　(例)　太陽光が信号機の鏡などで反射して，信号が見えにくくなる。　**問5**　100：99
問6　右の図　**問7**　イ，オ，カ　**問8**　エ　4　**問1**　エ
問2　(例)　(レゴリスは)粒が角ばっている。／(川砂は)粒が丸みを帯びている。　**問3**　ア，ウ　**問4**　ウ　**問5**　$48m^2$　**問6**　イ
問7　21600kg　**問8**　**a**　ア　**b**　エ　**c**　カ　**問9**　ウ，イ，ア，エ

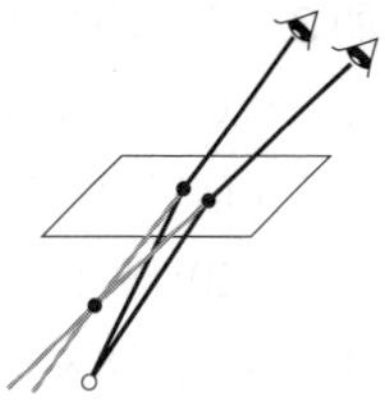

解　説

1　ウナギについての問題

問1　生息する場所で分類するとき，タイとマグロは一生を海で過ごし，ドジョウ，コイ，メダカ，ニジマスは一生を淡水《たんすい》の川や湖などで過ごし，アユは川と海を行き来すると考えてよい。

問2　アはレプトセファルス，イはシラスウナギである。レプトセファルスはからだが平たい形をしているので，海流に乗って運ばれやすい。

問3　川の底がコンクリートですべて固められてしまっていると，水中の細長い穴ができにくくなる。そのため，ウナギはかくれ場所がなく，生活しにくくなってしまう。

問4　ウナギ筒《づつ》がエのようになっていると，ウナギが入ろうとするときには，進むにつれてじょじょにせまくなるので入りやすいが，出ようとするときには，穴が小さすぎるので出にくい。

問5　はじめの文章で，シラスウナギのときに捕《つか》まえられて養殖《ようしょく》されたウナギはほとんどすべてがオスになるが，天然ウナギはオスとメスがほぼ半数ずつになると述べられている。よって，ウナギの性別が決まるのはシラスウナギの時期の後，つまり，川をさかのぼり始めた後と考えられる。

問6　はじめの文章では，養殖ウナギの卵と天然ウナギの卵のちがいについては述べられていない。

問7　ア　はじめの文章で，「ウナギを人工的にふ化させ成体まで育てる大量養殖の技術は確立されていません」と述べられているので，正しくない。なお，現段階では，レプトセファルスからシラスウナギまでの期間を育てる技術が難しいとされている。　イ　天然ウナギはウナギ筒で捕まえるので，一度に大量に捕まえることができない。　ウ　養殖ウナギも天然ウナギも，シラスウナギの時点ではちがいが存在しない。　エ　はじめの文章で，天然ウナギは淡水で約10年を過ごしてから川を下るが，養殖ウナギはいけすに入れて半年から１年半ほどで成熟すると述べられている。　オ　養殖ウナギを育てるためのシラスウナギを河口でたくさん捕まえると，川をさかのぼって成長する天然ウナギの量が減る。

問8　いけすで育てたシラスウナギはほとんどすべてがオスになる(つまり，メスがほぼいない)のだから，それらを成熟させた後に海に放流しても，ウナギの数を増やすことにはつながらない。

2　バターを使ったお菓子《かし》についての問題

問1　油は水よりも密度《みつど》($1\,cm^3$あたりの重さ)が小さいので，牛乳の「表面に浮《う》かび上が」る生クリームは牛乳よりも油の割合が多い。また，生クリームから「さらに大量の水分が離《はな》れ」たバターはさらに油の割合が多い。

問2　問1で述べたように，生クリームを牛乳から作るときには密度のちがいを利用しているので，密度の大きい泥《どろ》と密度の小さい水を分離《ぶんり》しているエが選べる。なお，牛乳工場ではエと同じ原理の遠心分離器と呼ばれる装置が使われている。

問3　(1)　図3より，図1のパイ生地を1回三つ折りにする場合，平らに伸《の》ばす前(点線の部分がくっついてしまう前)は，2×3＝6(層)になり，平らに伸ばした後は，6－2＝4(層)になる。もう1回三つ折りにすると，平らに伸ばす前は，4×3＝12(層)になり，平らに伸ばした後は，12－2＝10(層)になる。　(2)　(1)と同様に考えると，三つ折りの3回目は，10×3－2＝28(層)，4回目は，28×3－2＝82(層)，5回目は，82×3－2＝244(層)と求められる。

問4，問5　バターの中には約15%の水分が含《ふく》まれていて，これが熱せられて水蒸気に変化して体積が大きくなることでパイ生地がふくらむ。このとき，パイ生地を高温で素早く焼くことで外側にかたい層ができ，水蒸気をとじこめることで，よりふくらみやすくなる。

問6　バターに空気のあわを含ませることで，加熱されたバターから発生する水蒸気によってその空気のあわの体積が大きくなり，ケーキがふくらむ。このとき，空気のあわが大きいと均一にふくらまないので，砂糖を加えたバターを十分にあわ立てて，多くの小さい空気の粒《つぶ》にしておく必要がある。

問7　180℃より高いと，早く焼けすぎて上部がかたくなるのでふくらみにくく，大きくならない。180℃より低い場合も，上部が焼けてかたくなる前に水蒸気が出ていってしまうためふくらみにくく，やはり大きくならない。

問8　クッキーはバターが少ないとかたくなってしまうのだから，このときにはタンパク質どうしがつながってできたグルテンが多くなっていると考えられる。よって，クッキーの生地に含まれるバターは，その中の油により，タンパク質どうしをつながりにくくするはたらきをしているといえる。

3　光の性質についての問題

問1　(速さ)＝(距離《きょり》)÷(時間)なので，距離と時間を測定する必要がある。このさい，二つの山の山頂の間を光は一瞬《いっしゅん》で進むので，距離よりも時間を測定する方がはるかに難しい。

問2　遠くにある星が近くにある星よりも明るく見える場合があるのは，その遠くにある星が大きかったり表面温度が高かったりするからである。

問3　図1と同様に図2でも，鏡に対して点Qと対称《たいしょう》な点Rをとり，PとRを直線で結ぶ。すると，P，E，Rが一直線上に並ぶので，光が反射した点はEとわかる。

問4　(1)　電球の光はフィラメントから出て，さまざまな方向に広がる。よって，図4のように電球の後方に反射鏡をつけ，電球から後方に出た光を前方へ反射することで，より強い光が信号機から出るようにしている。　(2)　太陽光が信号機に差しこむと，レンズ(電球の前にある，色のついたガラス)や中の反射鏡で反射して，どの色の信号が点灯しているのか見分けにくくなる。そうなると信号機の役目を果たせなくなり危険なので，太陽光が差しこまないようにフードがついている。なお，LEDを用いた信号機の場合は，LED自体がそれぞれの色の光を放ち，太陽光が差しこんでも発色せず黒っぽいままなので，太陽光をさえぎるためのフードは必要ないといえる。

問5　空気中での光の速さを4とすると，水中での光の速さは3となる。したがって，光がP→R→Qと進む場合にかかる時間と，光がP→S→Qと進む場合にかかる時間の比は，(25.2÷4＋33.6

÷３)：(29.7÷４＋29.7÷３)＝100：99と求められる。

問６　図６で，左目からＡまでの直線を延長した先に光源Ｐがあるように見え，右目からＢまでの直線を延長した先に光源Ｐがあるように見えるのだから，光源Ｐはその２本の延長線の交点にあるように見える。

問７　図７では，光が点Ａから点ａに進み，点Ｃから点ｃに進んでいるので，点線部分に置かれたガラスを通った光は広がって進む。よって，このガラスは凹《おう》レンズなので，イ，オ，カがふさわしい。なお，ア，ウ，エは凸《とつ》レンズで，レンズを通った光が１点(焦点《しょうてん》)に集まる。

問８　図８で，テーブルクロスがたわんでいないならば，ウが最短距離になる。しかし，テーブルクロスがたわんでいるため，ウよりも球から遠くにあるエが最短距離になり，この経路を通ったときに到達《とうたつ》する時間が最も短くなる。

4 風化についての問題

問１　2019年，小惑星《わくせい》探査機「はやぶさ２」は小惑星リュウグウの表面に人工クレーターを作る実験を行い，さまざまなデータを得た。

問２　地球の川砂は，流水に運ばれる途中《とちゅう》で角が取れるので粒が丸みを帯びている。一方，レゴリスは，流水のはたらきを受けていないので粒が角ばっている。

問３　イについて，さいせつ物がいったんたい積すると，再び風化を受けなければ，さらに細かくなることはない。そのため，粒の細かさを調べても，さいせつ物やたい積岩ができた年代を知ることはできない。また，エについて，さいせつ物の粒の大きさと色には関係がない。

問４　川の水や地下水には岩石から溶《と》けこんだミネラル(カルシウムやマグネシウムなど)が含まれるので，ウが適当でない。

問５　表面積が$24\mathrm{m}^2$の立方体において，１面の面積は，24÷６＝４(m^2)，１辺の長さは２ｍとわかる。体積は，２×２×２＝８(m^3)なので，これが８個に分かれると，体積が，８÷８＝１(m^3)の立方体となる。この立方体の１辺の長さは１ｍなので，８個に分かれた立方体の表面積の合計は，１×１×６×８＝48(m^2)と求められる。

問６　花こう岩が真砂《まさ》になるまで風化するさいには，物理的風化だけでなく化学的風化も受けていると考えられるので，コアストーン(花こう岩)と真砂では含まれる鉱物や成分の割合が異なるといえる。よって，イが適当でない。

問７　１辺が，100×２＝200(cm)の立方体のコアストーンの体積は，200×200×200＝8000000(cm^3)である。したがって，このコアストーンの重さは，2.7×8000000÷1000＝21600(kg)となる。

問８　問４の前の文章中に，温暖な環境《かんきょう》では化学的風化が進みやすく，そのさいに岩石中の鉱物が空気中の二酸化炭素と結びつくことが述べられている。よって，気候が温暖化すると，風化によって大気中から取り除かれる二酸化炭素の割合が増加し，温室効果が弱まると考えられる。また，このことから，風化には気候を一定に保とうとするはたらきがあるといえる。

問９　本校は港区元麻布の高台に位置しており，広尾駅や麻布十番駅から登校するさいは登り坂が続く。ア～エの図をすべて重ね合わせたときにできる等高線のようすをイメージしながら考えるとよい。

国　語　（60分）<満点：60点>

解　答

問１　下記を参照のこと。　**問２**　（例）　朝倉くんは，花を活けているときの姿がいちばん凛々しいということ。　**問３**　（例）　姉たちは「私」を可愛がり，なんでも面倒を見てくれ，「私」は姉たちの下でのほほんと楽しく過ごしていられたという関係。　**問４**　（例）　朝倉くんが活ける花を見て，「私」なんかの思ったところを超えてあるのが花なのだと感じ，なるべく何にも考えないようにすれば，うまく活けることができるのではないかと思ったから。　**問５**　（例）「私」は決まりきったことをきちんとこなすのが苦手なので，誰が活けても同じになる「型」を学ぶことに意味を見出せなかったから。　**問６**　ウ　**問７**　（例）　先人たちの知恵から生まれ，磨きぬかれた技を，いつか自分自身の花を活けるため，くり返し学んで身につけるということ。　**問８**　（例）　本心を見せず，周囲が期待する反応を演じながら，ものごとを人に引き受けてもらうなどして，その場を適当にやりすごそうとする自分。　**問９**　エ　**問10**　(1)　（例）　ずっと姉に守られる存在としてあった自分から，一人の人間として成長していけるようになりたいと考え始めている。　(2)　（例）　型をしっかりと身体に叩き込んだうえで，いつかその型を破り，「さえこ」ではなく「これが，あたしっていえるような花」を活けることで，朝倉くんに本当の自分がどんな人間かを知ってもらい，認めてもらいたいということ。
(3)　（例）　三姉妹の一番下の立場で喜んでいるのではなく，姉たちと対等に競い合っていける関係に変えていきたいと思っている。

●漢字の書き取り

問１　a　積　　b　適当　　c　不思議

解　説

出典は宮下奈都《みやしたなつ》の『つぼみ』所収の「まだまだ,」による。活《い》け花教室で中学時代の同級生である朝倉くんと再会した「私」（紗英《さえ》）は，「型」や「私らしい花」について思いをめぐらし，自分自身を見つめながら心の成長をとげていく。

問１　a　音読みは「セキ」で，「積雪」などの熟語がある。　b　ここでは，いいかげんなようすを表す。　c　ふつうでは考えられないこと。

問２　「私」は中学の同級生である朝倉くんについて，「勉強ができて，野球部では一塁《いちるい》手」で，「友達も多そうだったし，女子にもわりと人気があった」ことを知っていた。しかし，活け花教室で「花を活けている」彼《かれ》の「背中がいちばん凛々《りり》しい」ということに改めて気がついた「私」は，これまで「朝倉くんを全然見ていなかったのか」と思ったのだから，「自分の知る朝倉くんの中で，花を活ける姿がいちばん凛々しいということ」のようにまとめる。

問３　続く部分で，二人の姉は「小さくて，面倒《めんどう》を見て」あげなければならない，「いつまでも下の立場に喜んでいる子」という意味で，自分を「お豆さん」と呼んでいたのだろうと「私」は推測している。つまり，姉たちが妹である「私」を可愛《かわい》がり，なんでも引き受けて面倒を見てくれた一方で，自分は彼女《かのじょ》たちのもとで「のほほんと楽し」く過ごしていればよいという関係だったことが読み取れる。

問4　「私」は，どうしたら「思った通り」に花を活けられるのか悩《なや》んでいたものの，朝倉くんの見事な活け花が自分の「『思うように』をはるかに超《こ》えた」ものだったことに気づき，「真剣《しんけん》に考えた」すえ，むしろ「なんにも考えないようにして活けてみよう」と思い至っている。しかし，結局のところ「基本形を逸脱《いつだつ》しためちゃくちゃな花」になってしまったというのである。

問5　紗英の人物像もふまえて考える。「私」は「決まりきったことをきちんきちんとこなす」ことが苦手で「すぐに面倒に」なり，「みんながやることなら自分がやらなくてもいいと思ってしまう」性格なので，将棋《しょうぎ》や囲碁《いご》でも「定跡《じょうせき》(定石)」を無視して，「楽しく打てればいい」とだけ考えてしまうと書かれている。よって，活け花も「型通りなら誰《だれ》が活けても同じじゃないか」と思い，「型」を学ぶことに意味を見出せないのだろうと想像できる。

問6　細谷《ほそや》先生が指導した活け花を「面白《おもしろ》くありません」と言った「私」の内面について，「ひとが思う私らしさとは違《ちが》うところでぐんぐんと根を張っていたものが，今，ひょいと地面から顔を覗《のぞ》かせたんだろう」と表現されていることをおさえる。「ひとが思う私らしさ」とは，「さえこ」に象徴《しょうちょう》される「ふわふわと，気持ちのいいところだけを掬《すく》って」過ごしているような姿を指し，そうだとすれば，「わあ，このお花，上手ですねぇ，きれいですねぇ，なんて適当に誉《ほ》めて逃《に》げる」はずだが，はっきりと「面白くない花は面白くない」と言い切ったのは，「紗英」としての「私らしさ」が芽生えてきたことの表れなので，ウがふさわしい。

問7　「型」については，さまざまな言い回しで表現されていることをおさえる。朝倉くんは「何百年もかけて磨《みが》かれてきた技《わざ》」だと言い，家族との会話の場面では，将棋や囲碁の「定跡(定石)」が「数え切れないほどの先人たちの間で考え尽《つ》くされた」ものだと語られている。また，祖母は「いちばんを突《つ》き詰《つ》めていくと」行きあたるものだと話している。このようなやりとりを通じて，「私」は「たくさんの知恵《ちえ》に育まれてきた果実みたいなもの」が「型」であると実感し，今はそれを「身体に叩《たた》き込《こ》む」ために「何度も練習」しようと決意している。

問8　Aの部分にある「さえこはいいよなあ」とは，問3で検討した，「下の立場に喜んで」いた幼いころの「私」のようすとも結びつけて考えると，姉たちに「何でも引き受けて」もらっていたときのように，悩みがなさそうで「いいよなあ」ということを意味しているものと推測できる。また，Bの部分で，みんなに「屈託《くったく》のない笑顔《えがお》」を見せるような「私」の「普段《ふだん》の姿は演技」だろうと細谷先生に指摘《してき》されていることから，本当の「私」とは異なる姿を「さえこ」と表現していることが読み取れる。Bの少し前で，細谷先生から「いつものあなたみたいに，ふわふわと，気持ちのいいところだけ掬って」と言われたこともふまえると，「さえこ」とは，周囲が期待する反応を演じ，適当にその場をやり過ごそうとする「フェイク」としての自分だといえる。

問9　「型」を身につけようと「本気」になった「私」の活け花を見て，朝倉くんが「意外だったけど，面白くなりそうだ」と言ったことに注目する。周囲の求める姿を演じ，ただ笑ってその場をやり過ごし，自分を取り巻く現実に向き合おうとしていなかった昔の「さえこ」ではなく，これから先，「紗英」自身の花が見られると思った朝倉くんは，「私」に新しい可能性を感じて「勢いがある」と評したのだから，エが選べる。

問10　⑴「まだまだお豆さんでいられる」の「まだまだ」は，“もうしばらくの間は”という意味。三姉妹の一番下として姉たちから守られて，下の立場にいることに甘《あま》えていた幼いころの「私」は，現状に満足し，自分自身を変えることなど考えていなかったものとわかる。それに対して，「私もまだまだだ」の「まだまだ」は，“いまだ十分ではなく，未熟である”という意味を表す。異性として意識している朝倉くんが，姉の七《なの》葉《は》を見て「顔を真《ま》っ赤《か》」にしたことを不満に思った「私」は，朝倉くんに向けて，姉の弱点を並べ立ててしまっている。そんな自分自身を見つめ，「私」は人間として「まだまだだ」と感じ，もっと成長していきたいと思ったのである。　⑵「私だけの花」については，朝倉くんとの会話の中で「これがあたし，っていえるような花」や「さえこじゃなくて，紗英の花」と言っていることをおさえる。「私」らしい花を活けるにはまず「型」を身につけたうえで，それを「破る」ことが必要だが，いつか朝倉くんにありのままの自分を見せ，認めてもらうために本気で取り組もうと決意しているのである。

⑶　姉の七葉を見て「顔を真っ赤に」させた朝倉くんのようすから，彼が姉を異性として意識していることに「私」は気づいたが，自分もまた彼に対して好意を抱《いだ》いている。姉は，幼いころの「私」にとっては可愛がってくれ，守ってもくれた存在であり，自分自身もその立場に甘えていたのだが，今は「姉のことなんか目にも入らないくらい私の花を見つめてくれたらいい」と考えている。つまり，ありのままの自分を朝倉くんに見つめてもらいたいと強く思うとともに，一人の女性として姉たちと競《きそ》い合って成長していく関係になりたいと「私」が思っていることが読み取れる。

2019年度　麻 布 中 学 校

〔電　話〕（03）3446－６５４１
〔所在地〕〒106-0046　東京都港区元麻布２－３－29
〔交　通〕東京メトロ日比谷線－「広尾駅」より徒歩10分
都営大江戸線・東京メトロ南北線－「麻布十番駅」より徒歩15分

【算　数】（60分）〈満点：60点〉

《注意》円周率の値《あたい》を用いるときは，3.14として計算しなさい。

１　３つの教室Ａ，Ｂ，Ｃがあり，41人の生徒が，それぞれ教室を選んで入っていきます。３つの教室について，次のことがわかっています。

・教室Ａの室温は，生徒が１人も入っていないとき７度で，生徒が１人入るごとに0.3度上がる。

・教室Ｂの室温は，生徒が１人も入っていないとき８度で，生徒が１人入るごとに0.2度上がる。

・教室Ｃの室温は，生徒が１人も入っていないとき９度で，生徒が１人入るごとに0.1度上がる。

生徒が１人も入らない教室ができてもよいものとして，以下の問いに答えなさい。

(1)　41人全員が教室に入ったところ，２つの教室ＡとＣの室温が同じになりました。このとき考えられる生徒の入り方のうち，Ｂの室温が最も高くなるのは，ＡとＣに何人ずつ生徒が入ったときですか。

(2)　41人全員が教室に入ったところ，３つの教室Ａ，Ｂ，Ｃの室温が同じになりました。このときの室温を求めなさい。

２　太朗君は，バスが走る道路沿いの道を通り学校へ通っています。ふだん，太朗君は７時50分に家を出発し，歩いて学校へ向かいます。すると，８時ちょうどに途中《とちゅう》のＡ地点でバスに追い抜《ぬ》かれます。

ある日，太朗君がふだんより３分遅《おそ》く家を出発し，歩いて学校へ向かったところ，７時59分40秒にバスに追い抜かれました。

太朗君の歩く速さとバスの速さはそれぞれ一定であり，バスは毎日同じ時刻にＡ地点を通過するものとします。以下の問いに答えなさい。

(1)　太朗君の歩く速さとバスの速さの比を，最も簡単な整数の比で答えなさい。

別の日，太朗君がふだんより３分遅く家を出発し，歩く速さの$\frac{5}{2}$倍の速さで走って学校へ向かったところ，Ａ地点より720ｍ学校に近い地点でバスに追い抜かれました。

(2)　ふだん太朗君が歩く速さは秒速何ｍですか。

3　同じ高さの直方体の形をした白いもちと赤いもちがあります。右図のように赤いもちの上に白いもちを重ねて立方体を作ります。

2点P，Qはそれぞれ2辺AB，CD上の点で，

AP：PB＝4：3，CQ＝QD

です。3点P，Q，Rを通る平面で立方体を切断したとき，切り口の図形の白い部分と赤い部分の面積の比を，最も簡単な整数の比で答えなさい。

ただし，白いもちはどのように切っても切り口の色は必ず白になり，赤いもちはどのように切っても切り口の色は必ず赤になります。

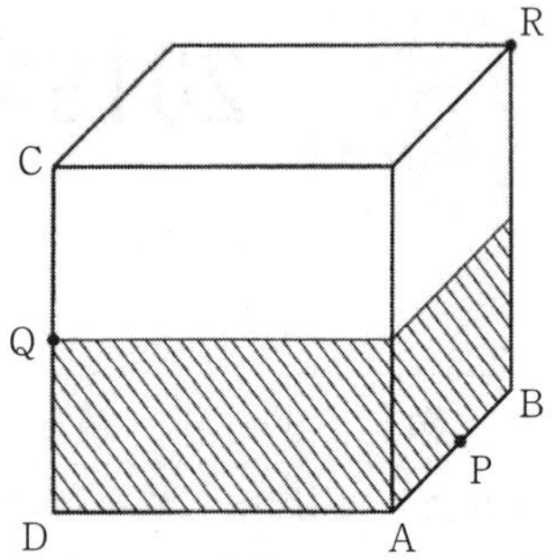

必要ならば，下の図は自由に用いてかまいません。

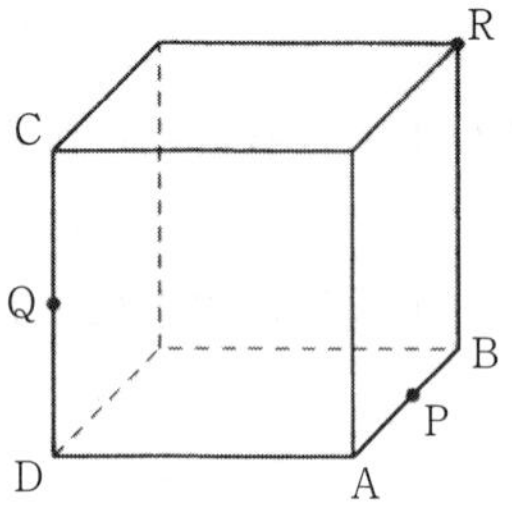

4　整数の中から，3の倍数と7の倍数だけをすべて取り出して小さい順に並べると，次のようになります。

3，6，7，9，12，14，15，18，21，24，27，…

この数の列について，以下の問いに答えなさい。

(1)　1番目から9番目までの数の和を求めなさい。

(2)　77番目から85番目までの数の和を求めなさい。

(3)　1番目から99番目までの数の和を求めなさい。

(4)　この数の列の中で連続して並ぶ99個の数を取り出し，その和を計算すると128205になりました。取り出した99個の数の中で最も小さい数は，数の列全体の中で何番目にありますか。

5　中心に回転できる矢印が2本取り付けられた円盤《えんばん》があります。まず，この円盤の円周を7等分する位置に目盛りを振《ふ》ります。さらに，図1のように，1から7までの数字が書かれた7枚のコインを各目盛りの位置に1枚ずつ置き，2本の矢印を1と2の数字が書かれたコインの方へ向けます。

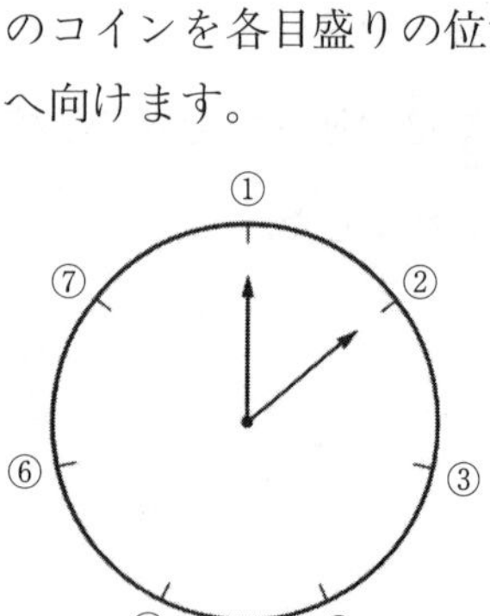

図1

ここで，次の**【操作】**を考えます。

【操作】　矢印が向いている目盛りの位置にある２枚のコインを入れ替《か》え，その後２本の矢印をそれぞれ２目盛り分だけ時計回りに回す。

図１の状態から１回**【操作】**を行うと図２のようになり，さらに１回**【操作】**を行うと図３のようになります。

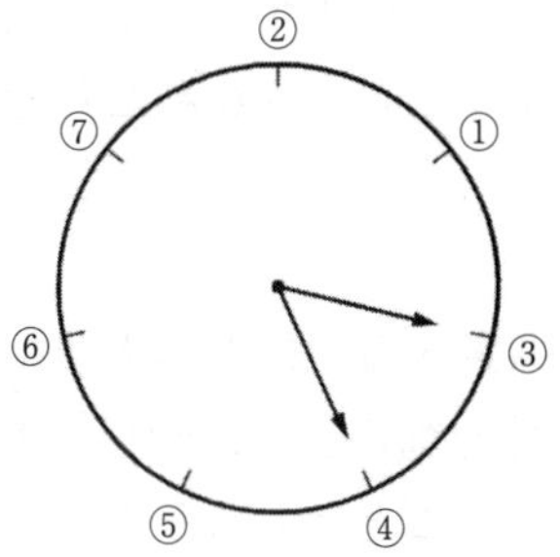

図２

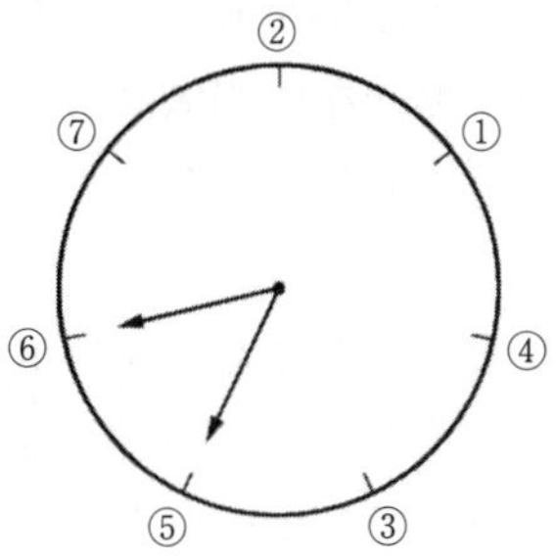

図３

この操作について，以下の問いに答えなさい。

(1)　図１の状態から７回**【操作】**を行うと，７枚のコインの位置と２本の矢印の向きはどうなりますか。下の図に１から７までの数字と２本の矢印をかき入れなさい。

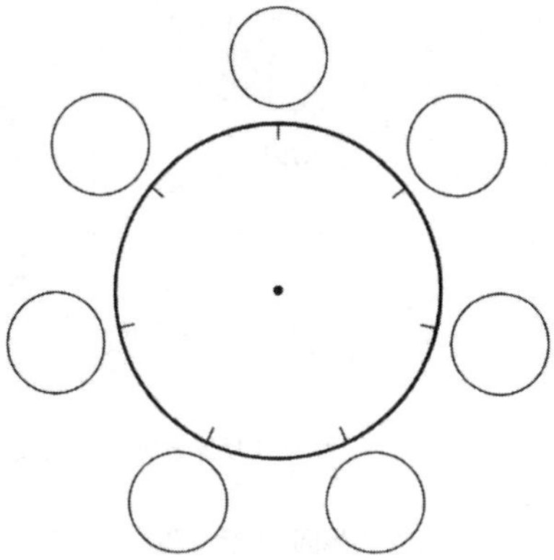

(2)　図１の状態から何回**【操作】**を行うと，１の数字が書かれたコインの位置と２本の矢印の向きが図１と同じになりますか。最も少ない回数を答えなさい。ただし，**【操作】**は１回以上行うものとします。

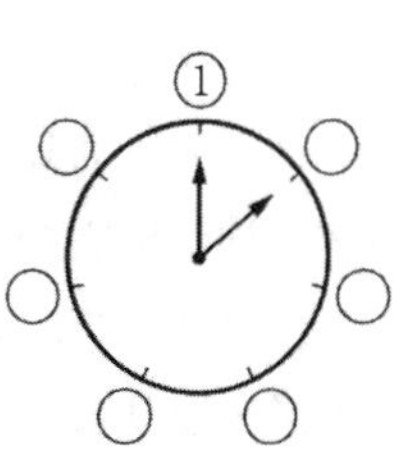

(3)　図１の状態から何回**【操作】**を行うと，全てのコインの位置と２本の矢印の向きが図１と同じになりますか。最も少ない回数を答えなさい。ただし，**【操作】**は１回以上行うものとします。

次に，円盤の円周を99等分する位置に目盛りを振り直します。さらに，図４のように，１から99までの数字が書かれた99枚のコインを各目盛りの位置に１枚ずつ，１から順に時計回りに置き，２本の矢印を１と２の数字が書かれたコインの方へ向けます。

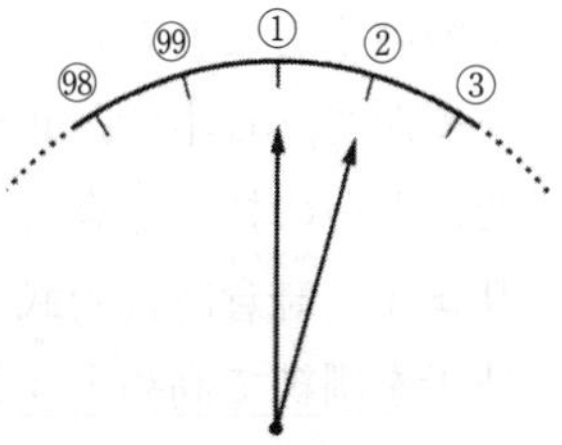

図４

(4)　図４の状態から何回**【操作】**を行うと，全てのコインの位置と２本の矢印の向きが図４と同じになりますか。最も少ない回数を答えなさい。ただし，**【操作】**は１回以上行うものとします。

【社　会】（50分）〈満点：40点〉

次の文章をよく読んで，あとの問いに答えなさい。

身体《からだ》を動かすことは勉強と並んで重要なことだといわれています。自分で身体を動かすことは苦手でも，スポーツ観戦を楽しみにしているひとは多いのではないでしょうか。テレビでは毎日のように野球やサッカー，そして2020年の東京オリンピック・パラリンピックの話題で盛り上がっています。新聞に目をやればスポーツの記事が何ページも埋《う》め尽《つ》くしています。いまや私たちの生活や社会とスポーツは切っても切り離《はな》せない関係にあるようです。このような私たちとスポーツとの関《かか》わりは，どのように始まったのでしょうか。

スポーツはどこから来たのか

スポーツにはさまざまな競技があります。さまざまなスポーツに共通するのはどのようなことでしょうか。ここでは，「娯楽《ごらく》として遊び（プレー）の要素を含《ふく》み，身体を動かして活動し，競《きそ》い合いの要素を含むもの」としましょう。自分でスポーツをするのが楽しいことはもちろん，試合を観戦することもおもしろく，スポーツは私たちの生活を豊かにしてくれるものです。2015（平成《へいせい》27）年に（ **あ** ）省の下にスポーツ庁が設置されたこともスポーツの影響《えいきょう》の大きさのあらわれといえるでしょう。

スポーツの原型（元になるもの）になった「身体を使う遊びや競技」は，昔から世界各地で行われてきました。現在のオリンピックのモデルになったのは，紀元前の（ **い** ）で生まれ，1000年以上も続いた「オリンピアの祭典」でした。４年に１度，オリンピアという場所で，裸《はだか》で走る，投げる，格闘《かくとう》する男性だけの競技が行われていました。これは神に捧《ささ》げる宗教行事でもありました。

ヨーロッパの地図（国境は現在のもの）

（ **い** ）の西にある（ **う** ）のローマでは，剣闘士《けんとうし》競技や戦車競争を見せ物として開催《かいさい》していました。ひとびとをたくさん集めるために，巨大《きょだい》な競技場が建設されました。大勢の観客に見せるスポーツの始まりといえるかもしれません。

日本では力比べが相撲《すもう》に発展しました。『古事記《こじき》』には**ア**鹿島神宮《かしまじんぐう》にまつられているタケミカヅチ神が出雲《いずも》のタケミナカタ神とたたかったことが記されています。奈良《なら》時代には宮中の宗教的な行事として，天皇《てんのう》の前で力に自信のある者たちが相撲を取りました。このように，世界各地で宗教的な儀式《ぎしき》として身体を動かす競い合いが行われ，それを観戦することも娯楽になっていったのです。

カルチョの様子

やがて，日本では武士が，ヨーロッパでは騎士《きし》がたたかいの技術を高めるために訓練を行うようになります。鎌倉《かまくら》時代の武士たちは**イ**馬上から矢を放つ技術を訓練で高めようとしました。ヨーロッパでも，馬上で槍《やり》などを振《ふ》るって競い合いました。これを「トーナメント」といいますが，この言葉は「勝ち抜《ぬ》き戦」としていまでもさまざまなスポーツの大会で用いられています。

国王や貴族たちは乗馬，水泳，登山，そしてテニスの原型となる球技も行いはじめました。ヨーロッパではやがて都市に住むひとびとや農民のあいだでも娯楽として，現在のスポーツの原型となる遊びが広がりました。たとえばサッカーの原型とされるフットボールやカルチョは，無数のひとびとが参加してゴールとされた場所までボールを運ぶ競い合いでした。これらは厳格なルールがないためたいへん危険で，たびたび禁止令が出されましたが，おさまる気配はありませんでした。

同じころ日本は江戸《えど》時代でしたが，剣術《けんじゅつ》，柔術《じゅうじゅつ》，弓術《きゅうじゅつ》，槍術《そうじゅつ》などが武士にとって身につけておかなくてはならないものとされました。ウしかしこれらの武術が実戦で使われることはなくなりました。そうしたなかで剣術の稽古《けいこ》に竹刀《しない》が使われるようになるなど大きな変化がみられました。

世界のあらゆる地域で，昔からスポーツの原型となるものが行われていました。しかし世界全体に広がっていく近代的なスポーツは，ほとんどがヨーロッパで生まれたものでした。ヨーロッパが世界に進出するなかでスポーツも世界中に広がっていったのです。その様子をみてみましょう。

世界に広がるスポーツ

現在世界中で親しまれている近代的なスポーツの多くはヨーロッパ，とくにイギリスで生まれたものです。イギリスで行われていたサッカーやラグビーの原型であるフットボールは村や町同士で行うものでしたが，やがて裕福《ゆうふく》な家庭の子どもたちが通う学校でも好んで行われるようになり，しだいに学校同士でも試合が行われるようになっていきました。さらに工場で働くようになったひとびともクラブをつくるようになり，試合を通じての交流が盛《さか》んになりました。こうして自由参加のクラブを土台とした共通のスポーツの文化がイギリス全土に広がり，現在の競技のかたちができていきました。19世紀の後半から20世紀にかけて陸上競技，水泳，テニスなどでも同じようなことがおこりました。このような動きは，エスポーツの原型が近代的なスポーツへと変化するなかでもたらされたのです。

そうした背景のひとつとして，工業が発展していくヨーロッパ社会とスポーツの性格が似ていたことがありました。すなわちスポーツでは工業と同じく，発展や向上がよいものとされ，結果を求めて努力を重ねることが重視されたのです。

近代的なスポーツはヨーロッパから，南北アメリカやアジアなど世界中に広がっていきました。アメリカ合衆国では，ヨーロッパから伝わったスポーツをもとに野球やアメリカンフットボールなどが生まれ，人気を集めました。冬の室内でも行える競技として，新しくバスケットボールやバレーボールなどもつくりだされました。こうしたなかで1896（明治《めいじ》29）年には第１回の近代オリンピックが開催されました。やがてアメリカ合衆国で生まれた競技の一部はオリンピックの競技にも加えられていきました。オリンピックの競技は大会が重ねられるごとに増えていき，スポーツも世界に広がったために参加国も増え，大規模なスポーツの祭典になっていったのです。しかし，最初からすべてのひとにスポーツが開かれていたわけではありません。女性や身体に障がいを持ったひとが本格的にスポーツに関われるようになるのは，20世紀の後半になってからのことです。

近代的なスポーツが日本に伝わったのは明治時代の初めでした。外国人教師や牧師，海外留学からの帰国者によって紹介《しょうかい》され，政府がつくった学校に取り入れられました。

政治と関わるスポーツ

スポーツは国の考えや都合にあわせて，学校や軍隊で行われるようになりました。日本でも明治時代に新たにつくられた学校で，全員で一斉《いっせい》に行う体操が取り入れられ，それまでスポーツに親しんだことのなかったひとびとに課されたのはよい例でしょう。ォスポーツは政府の政策に役立つものと考えられたのです。

全員で一斉に行った体操

現在ではプロチーム同士の対戦が当たり前となっている野球も，日本に伝わったころは課外活動のひとつとして学校のなかだけで行われるものでした。やがてさまざまな学校でチームがつくられるようになると，学校同士での対抗《たいこう》戦が組まれるようになっていきます。初めは大学同士の対抗戦が人気を集め，行き過ぎた応援《おうえん》がみられるなど過熱気味になっていきました。そのため，明治時代の終わりころには「試合に熱中するあまり勉学がおろそかになる」，「勝つために盗塁《とうるい》や敬遠をするなど，ずるさを身につけさせる」といった批判が新聞に掲載《けいさい》されたこともありました。そのような批判があっても，学生の野球はひとびとに受け入れられていきました。1915（大正《たいしょう》4）年には大手新聞社が中学野球の全国大会を開催し，これが現在まで続く高校野球の「夏の甲子《こうし》園《えん》」となっていきます。カこのような国民の熱狂《ねっきょう》を政府も歓迎《かんげい》し，1926（大正15）年には大学野球の優勝校に皇太子（後の昭和《しょうわ》天皇）の名前を冠《かん》した優勝カップを授与《じゅよ》するなど，盛り上がりを後押《あとお》ししました。日本に職業野球（プロ野球）が生まれるのは，1934（昭和9）年になってからのことです。しかし太平洋戦争が始まり戦時体制に移ると，政府は敵国のスポーツである野球への制限を強めていきました。学校でも体育の授業は武道と軍事教練ばかりになり，子どもたちは家に帰っても三角ベース（二塁ベースのない簡略化された野球）を楽しむことすらできなくなってしまいました。

第二次世界大戦が終わると，1945（昭和20）年11月には職業野球の試合が再開されました。日本中が食糧《しょくりょう》不足に苦しみ，戦地から戻《もど》ってこない選手たちも大勢いるなかで行われた，わずか4試合の対抗戦でしたが，球場には何千人もの観客が押し寄せ，ラジオ中継《ちゅうけい》も行われました。ひとびとはスポーツの再開を待ち望んでいたのです。連合国軍総司令部（GHQ）もスポーツを平和で民主的な社会にふさわしいものとして奨励《しょうれい》しました。スポーツは国の都合で制限されたり，一転して奨励されたり，時代に振《ふ》り回されたのです。

ベルリン大会記録映画のポスター

多くの選手たちが国を代表して競うオリンピックも，各国の都合にもてあそばれた歴史を持っています。1936（昭和11）年，ドイツのベルリンでオリンピックが開かれました。ベルリン大会は，その後のオリンピックのあり方に大きな影響を与《あた》えました。ドイツを率いていたヒトラーはオリンピックを利用し，スタジアムや選手村，ホテルの建設，道路や鉄道の整備を行いました。初めて行われた聖火リレーが大会を演出し，キ記録映画も制作されました。

戦後のオリンピックでは，ク1980(昭和55)年のモスクワ大会(ソ連)と，1984(昭和59)年のロサンゼルス大会(アメリカ)で各国の政治的な都合により参加，不参加が分かれ，日本もモスクワ大会には参加しませんでした。

商業化するスポーツ

20世紀になって，とくにアメリカではスポーツがお金を稼《かせ》ぐ手段になっていきました。これをスポーツの商業化といいます。ひとびとが新聞，ラジオ，テレビなどを通じてスポーツを観戦して楽しめるようになると，スポーツでお金を稼ぐプロ選手やプロチームだけでなく，スポーツに関わる企業《きぎょう》もあらわれました。

スポーツ自体のあり方も新聞，ラジオ，テレビ，インターネットなどの登場や計測技術の進歩によって変わっていきました。ケたとえばサッカーのペナルティーキック戦や柔道《じゅうどう》でのポイント制といった制度の導入がありました。また陸上や水泳など記録を争う競技では，機械の導入により記録の測定が精密になり，人間が感じ取れない差を競うようになりました。球技でも映像による検証やデータをもとにした分析《ぶんせき》が行われるようになり，選手はどうすれば好成績をおさめられるかを考え，ファンはそうしたデータをもとに新たなスポーツの楽しみ方を覚えていきました。このようにスポーツのあり方も変わっていき，多様な楽しみ方が可能となりました。しかしそうした変化の一方で，スポーツの商業化にともなう勝利至上主義の広がりや，選手のプロ化にともなう成績への重圧，記録更新《こうしん》のための競争の激化などから問題も起こっています。

第二次世界大戦後の日本の状況《じょうきょう》をみると，学生のスポーツは学校での部活動を中心に，社会人のスポーツはコ企業が社内に結成したチームを中心に発展していきました。日本の仕組みは世界的にみてもめずらしいものですが，企業スポーツは会社の宣伝に利用でき，同時に従業員たちの一体感を高めることにも役立ち，サ選手にとっても利点がありました。

ところが，1990年代初めに景気が悪化してくると，企業スポーツがさまざまな行きづまりをみせはじめました。こうしたなかで，サッカーのＪリーグやバスケットボールのＢリーグなど，企業スポーツの枠組《わくぐ》みを超《こ》えたプロ化の動きがみられるようになりました。同時にそれは，地域とスポーツとのつながりを生むことを目指したものにもなっています。

このようにスポーツはさまざまな形で広がりをみせ，ひとびとは見たり参加したりして楽しめるようになってきました。世界中でスポーツが愛されてきたのは，スポーツそのものが持つ楽しさだけでなく，そこで育《はぐく》まれるフェアプレーや友情の精神を大切にしてきたからでしょう。

ここまで，シ私たちは，スポーツが時代ごとにさまざまな影響を受け，ときに振り回されたことをみてきました。この意味でスポーツは社会を映し出す鏡であるといえるのです。日本では今秋にはラグビーワールドカップ，そして2020年には東京オリンピック・パラリンピックと，世界的なスポーツイベントが立て続けに開催されますが，ときにスポーツと社会の関係について考えてみることも必要かもしれません。

問1　文章中の空らん(**あ**)にふさわしい語句を答えなさい。

問2　文章中の空らん(**い**)と(**う**)に入る現在の国名を答えなさい。

問3　下線部**ア**について。鹿島神宮のある鹿嶋《かしま》市の場所を次の地図にある**ア**～**オ**から選び記号で答えなさい。また，そこにある工業地帯の説明としてもっともふさわしいものを下の説明文**1**～**5**から選び数字で答えなさい。

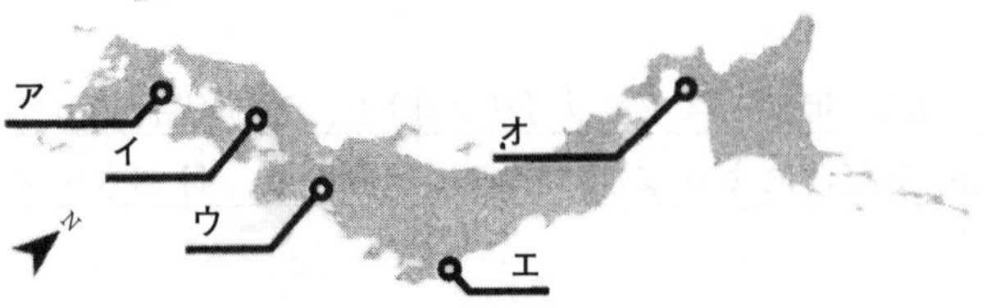

1　砂丘《さきゅう》地帯に大規模な港がつくられ，製鉄所や石油化学コンビナートが立地する。

2　付近で採れる石炭や鉄鉱石を利用した製鉄所が明治時代から立地する。

3　大規模な石油化学コンビナートが立地するが，四大公害病のひとつが発生した。

4　埋《う》め立《た》てや大規模な干拓《かんたく》によってつくられた工業用地に多くの工場が立地する。

5　高度経済成長期につくられた埋立地《うめたてち》に最新鋭《さいしんえい》の製鉄所などが立地する。

問４　下線部**イ**について。右の絵で描《えが》かれている武士の技術を高める訓練は何とよばれましたか。答えなさい。

問５　下線部**ウ**について。竹刀が登場することで剣術のあり方はどのように変化したのでしょうか。答えなさい。

問６　下線部**エ**について。近代的なスポーツにはそれぞれの原型となるものがありました。全体として，近代的なスポーツはスポーツの原型とどのように違《ちが》うのでしょうか。答えなさい。

問７　下線部**オ**について。学校にスポーツを取り入れることで，政府は当時おしすすめていたどのような政策に役立て，どのような行動ができるひとを育てようとしましたか。答えなさい。

問８　下線部**カ**について。スポーツの盛り上がりは政府にとっても都合のよいことでした。どのような点で都合がよかったのでしょうか。下の年表を参考にして答えなさい。

1917（大正６）年	ロシア革命
1918（大正７）年	米騒動《こめそうどう》
1920（大正９）年	第一次世界大戦後の不景気
1924（大正13）年	第二次護憲運動
1925（大正14）年	日本とソ連の国交樹立，普通《ふつう》選挙法成立，治安維持《いじ》法成立

問９　下線部**キ**について。この映画は単なる映像記録にとどまりませんでした。どのような効果を持ったと考えられますか。答えなさい。

問10　下線部**ク**について。日本がモスクワ大会に参加しなかったのはなぜですか。答えなさい。

問11　下線部**ケ**について。下の表は，サッカーのペナルティーキック戦と柔道のポイント制のルールをそれぞれ説明したものです。このような制度はテレビやラジオで中継するうえでどのような利点があるでしょうか。表を参考にして答えなさい。

サッカーのペナルティーキック（PK）戦 　同点のまま試合時間が終わった場合，両チームそれぞれ５人の選手が交互《こうご》にペナルティーキックを蹴《け》り，得点の多い方を勝者とする方式。
柔道のポイント制 　試合時間４分のなかで，技を決めきる「一本」勝ちが出ない場合，「一本」に近い有効な技に与えられる，「技あり」の判定を多く取った方を優勢勝ちとする方式。

問12　下線部**コ**について。企業が社内につくった野球チームの日本一を決める大会として，1927(昭和2)年から「都市対抗野球大会」が開催されています。下の表は1950年代，1970年代，2000年代の優勝チームをまとめたものです。優勝チームの移り変わりは，戦後日本の産業の移り変わりとどのように関係していると考えられますか。この表にある具体的な業種に注意しながら説明しなさい。

	年	都市	企業名	業種
1950年代	1950年	大阪市	全鐘紡	せんい
	1951年	大阪市	全鐘紡	せんい
	1952年	大阪市	全鐘紡	せんい
	1953年	吉原市	大昭和製紙	製紙
	1954年	八幡市	八幡製鐵	鉄鋼
	1955年	大阪市	全鐘紡	せんい
	1956年	横浜市	日本石油	石油
	1957年	東京都	熊谷組	建設
	1958年	横浜市	日本石油	石油
	1959年	松山市	丸善石油	石油
1970年代	1970年	富士市	大昭和製紙	製紙
	1971年	姫路市	新日本製鐵広畑	鉄鋼
	1972年	浜松市	日本楽器	その他
	1973年	川崎市	日本鋼管	鉄鋼
	1974年	白老町	大昭和製紙北海道	製紙
	1975年	千葉市	電電関東	通信
	1976年	川崎市	日本鋼管	鉄鋼
	1977年	神戸市	神戸製鋼	鉄鋼
	1978年	川崎市	東芝	電気機械
	1979年	広島市	三菱重工広島	機械
2000年代	2000年	川崎市	三菱自動車川崎	自動車
	2001年	浜松市	河合楽器	その他
	2002年	藤沢市	いすゞ自動車	自動車
	2003年	川崎市	三菱ふそう川崎	自動車
	2004年	春日井市	王子製紙	製紙
	2005年	川崎市	三菱ふそう川崎	自動車
	2006年	にかほ市	ＴＤＫ	電気機械
	2007年	川崎市	東芝	電気機械
	2008年	横浜市	新日本石油ENEOS	石油
	2009年	狭山市	Honda	自動車

問13　下線部**サ**について。企業内のチームに所属した選手は，会社での仕事をしながら練習や試合をこなします。プロ選手のように独立せず企業内のチームに属することは，選手にとってどのような利点がありますか。答えなさい。

問14　下線部**シ**について。スポーツは社会のなかで時代ごとにさまざまな役割を期待されてきました。今後予想される社会の変化が生み出す問題を，スポーツで解決していくとすれば，どのような役割がスポーツに求められますか。具体例をあげて100字以上140字以内で述べなさい。句読点も1字分とします。

【理　科】（50分）〈満点：40点〉

1　地球にはたくさんの種類の生物がいます。見た目や生活の仕方などはさまざまですが，どの生物も生きるために栄養をたくわえ，子をつくる点は共通しています。

私たち人を含《ふく》めた動物は自分自身で栄養を作れません。そのため，自分以外の（ あ ）を食べています。また，（ あ ）どうしで栄養をうばいあい，たくわえた栄養はさまざまな生命活動の結果，分解されて最終的に（ い ）と水などになります。この（ い ）と水から新たに栄養を作り出す（ あ ）がいます。それは（ う ）です。この（ う ）のはたらきは日光を使っているので，私たち人が得ている栄養のほとんどは，日光の恩恵《おんけい》であるといえます。

問1　文中の(あ)～(う)に入る適当な語をそれぞれ漢字で答えなさい。

生物が子をつくる一連の活動を生殖《せいしょく》といいます。この生殖において，子は自身の体をつくるための情報(遺伝情報)を親から必ずもらいます。私たち人を含めた動物の生殖方法は，細かな部分では違《ちが》いがありますが，次の2つに大きく区別できます。

Ａ：自分自身の体の一部から分かれたものが成長して，新たな子となる。

Ｂ：①2つの個体の体の一部からそれぞれ分かれたものが合体し，新たな子となる。

※個体とは，1体の生物のことです。

Ａの生殖を行う動物たちは，自分自身の栄養状態や環境《かんきょう》条件が整うと，いつでも子をつくることが可能です。そして，親の体の一部からできた子は，親と同じ情報を受け継《つ》ぐので，外見や体の性質がすべて親と同じになります。たとえば，動物ではありませんが，私たちのお腹《なか》の中(腸内)に寄生している大腸菌《だいちょうきん》という生物は，②20分に一度の割合で1個体から新たな1個体を切り離《はな》し，2個体になります。私たちの腸内環境がよいと活発に生殖を行い，あっという間に腸内をうめつくしてしまいます。しかし，短時間に無数に増えたこれらの大腸菌はすべて同じ性質のため，腸内の環境が変化すると全滅《ぜんめつ》してしまう可能性があります。

それに対して，Ｂの生殖を行う動物たちは，簡単に生殖を行うことができません。なぜなら，1個体の栄養状態が整うだけでは不十分で，自分以外の相手を必要とするからです。相手を探す苦労があっても，Ｂの生殖を行う動物たちは，他の個体と出会い，お互《たが》いの体の一部を複数出し合えば，一度に2個体以上の子を生み出すこともできます。Ｂの生殖で生まれた子の元になるものが受精卵《じゅせいらん》で，これは，2つの親から遺伝情報をもらうため，親と子が完全に同じ性質になることはありません。この③受精卵の大きさや一度に産む数は，動物の種類によってさまざまです。このように多様であるのは，体の成長の速さや生活の仕方などが異なるからです。

このようにしてみると，Ａの生殖を行う動物たちの方が，Ｂの生殖を行う動物たちよりも，圧倒的《あっとうてき》に子を増やしやすいと思われます。しかし，動物が繁栄《はんえい》していくには，子を増やすことと同様にさまざまな環境の変化に対応して生き残っていくことも必要です。つまり，④Ｂの生殖を行う動物たちは，Ａの生殖を行う動物たちよりも環境の変化への対応が優《すぐ》れているため，繁栄しやすいと考えられます。私たち人からみると非常に効率の悪そうな生活や生殖をしているさまざまな動物たちが，滅《ほろ》ぶことなく繁栄し続けている事実は，私たち人とは異なる自然環境や他の生物との関《かか》わりのなかで，それぞれが最良の選択《せんたく》をしているということなのかもしれません。

問2　下線部①で合体するものは何ですか。2つ答えなさい。

問3　**問2**で答えたものをそれぞれ出す個体どうしの違いが（　　）別です。（ ）に入る適当な語を漢字１文字で答えなさい。

問４　植物の生殖方法も，動物の生殖方法ＡやＢと同じように区別できます。チューリップやひまわりを新たに育てるときに，みなさんが土の中にうめるものは何ですか。それぞれ答えなさい。また，それらは生殖方法ＡとＢのいずれによってできたものかも答えなさい。

問５　食中毒の原因となる病原菌《びょうげんきん》が，下線部②と同様の速さで増えていくとします。この病原菌を一度の食事で10万個体まで食べても，健康な人であれば消化において殺菌《さっきん》できるため食中毒にはなりません。お弁当が作られたときに，この病原菌が１個体のみ付着していたとすると，作られてから何時間後までにお弁当を食べれば，食中毒にならないと考えられますか。条件を満たす最大の整数を答えなさい。

問６　下線部③について，動物の産む卵が大きいと，どのような利点がありますか。また，一度に産む卵が多いと，どのような利点がありますか。それぞれ答えなさい。

問７　**問６**のそれぞれの利点があるにも関わらず，ほとんどの動物は，小さい卵を数千個以上も産むものか，大きな卵を数個のみ産むもののいずれかです。なぜ大きな卵を数千個以上も産む動物があまりみられないのでしょうか。考えられる理由を答えなさい。

問８　下線部④の理由として最も適当なものを，次のア～エから選び，記号で答えなさい。

ア．Ｂの生殖を行う動物は，つねに大きな卵を産むから。

イ．Ｂの生殖を行う動物は，親と子で持っている遺伝情報が異なるから。

ウ．Ｂの生殖を行う動物は，一度にたくさんの子をつくれるから。

エ．Ｂの生殖を行う動物は，脳が発達しているから。

2　みなさんはコーヒーを飲んだことがありますか。ほろ苦い大人の味ですから，まだ苦手だという人も多いでしょう。とはいえ，コーヒー飲料やコーヒーゼリーまで含《ふく》めれば口にしたことがある人は多いと思います。今日は，コーヒーに関するさまざまなことを科学的に考えてみましょう。

図１

　コーヒーを淹《い》れる際に必要なコーヒー豆は，コーヒーノキにできるコーヒーチェリーという実から，皮を取り除き，その中心にある生豆《きまめ》を取り出したものです。生豆は緑色をしており，苦味も酸味もほとんどありません(図１)。

図２

　まず，この生豆を焙煎《ばいせん》(ロースト)します。焙煎とは，コーヒー豆をフライパンや金網《かなあみ》の上に乗せて加熱する作業のことです。これにより，コーヒー豆の酸化(空気中の酸素と結びつく反応)がはやまります。焙煎の度合いに応じて，浅《あさ》煎《い》りの茶色，中煎《なかい》りのこげ茶色，深煎《ふかい》りの黒色などのコーヒー豆になります(図２)。

　コーヒーの味は苦味や酸味などが複雑にからみあっており，焙煎度合いに応じて大きく変化します。苦味の原因の一つはカフェインという物質です。他の苦味成分の量は，焙煎が進み，コーヒー豆が酸化するにつれて増加していくといわれています。また，酸味の原因はコーヒー豆に含まれる糖類などの有機物が酸化されることによって生じる有機酸であるといわれています。有機酸は長時間の加熱にともなって，徐々《じょじょ》に気体になったり分解したりする性質を持っています。そのため，深煎りのコーヒー豆には有機酸は少量しか含まれていません。

問１　焙煎は回転式穴あきドラム(図３)を使って行うことがあります。このとき，豆はドラム内に入れ，下部のヒーターで加熱します。金網(図４)とコンロを用いる場合に比べて，コーヒ一豆の仕上がりにどのような利点があるか答えなさい。

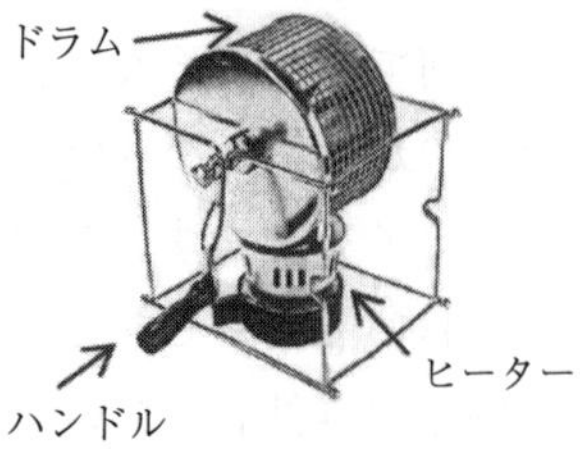

図3

図4

問2　焙煎の度合いに応じて，コーヒーの苦味，酸味はどのように変化すると考えられますか。正しい組み合わせを，次のア～エから1つ選び，記号で答えなさい。

ア．

焙煎度	苦味	酸味
浅煎り	弱い	少し強い
中煎り	少し強い	強い
深煎り	強い	弱い

イ．

焙煎度	苦味	酸味
浅煎り	強い	弱い
中煎り	少し強い	少し強い
深煎り	弱い	強い

ウ．

焙煎度	苦味	酸味
浅煎り	強い	少し強い
中煎り	少し強い	強い
深煎り	弱い	弱い

エ．

焙煎度	苦味	酸味
浅煎り	弱い	弱い
中煎り	少し強い	少し強い
深煎り	強い	強い

次に，コーヒー豆を図5のミルという装置で細かくすりつぶし，粉状にしていきます。この動作を「挽《ひ》く」といいます。お店で売られているコーヒー豆の粉は，この作業が終わった状態なのです。一般《いっぱん》に，コーヒー豆を保存するときは，豆の方が長持ちし，①粉にすると味が変化しやすくなります。そのため，家庭で豆を挽ける場合は，使う分だけそのつど挽く方がよいのです。残りのコーヒー豆は冷蔵庫で保存すると長持ちしますが，おいしいコーヒーを淹れるためには，焙煎してから3週間以内に使い切るのがよいといわれています。

図5

豆を挽くときは，図5のハンドルをなるべく②ゆっくりと回して挽く方がよいといわれています。また，その挽き方には，粗挽《あらび》き，中挽《なかび》き，細挽《ほそび》き，極細挽《ごくぼそび》きなどがあり，粗挽きの粉の粒《つぶ》は大きく，細挽きや，極細挽きの粒は非常に小さいです。これらの挽き方は，図5右側のすりつぶす装置どうしの間の距離《きょり》を変えることによって調節できます。

問3　下線部①について，理由を答えなさい。

問4　下線部②について，高速でハンドルを回して挽くと，コーヒーの味に変化があるおそれがあります。ゆっくりハンドルを回して挽いたときと比べて，味にどのような変化があると考えられますか。どちらも中煎りのコーヒー豆を中挽きにしたものとします。

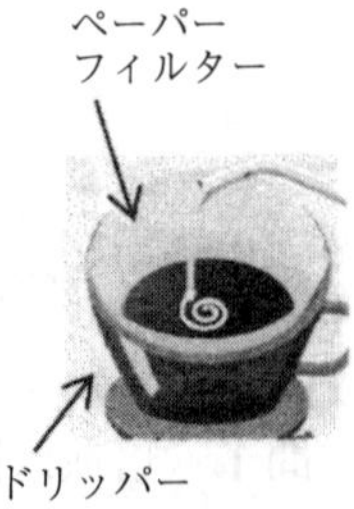

図6

最後に，コーヒーを淹れましょう。ドリッパーにペーパーフィルター(ろ紙)をセットし，そこに粉状のコーヒー豆を入れます。ここに熱湯を注ぐと，ドリッパーの底にある穴を通ったコーヒーが，下にある容器にたまります。

コーヒーをおいしく淹れるには，コツがいくつかあります。まず，コーヒーの粉の中心に少しくぼみを作っておき，そこに90℃程度の熱湯を「の」の字を描《えが》くように少量注いで20秒ほど待ちます(図6)。この作業を「蒸《む》らし」といいます。蒸らしをすると，コーヒーの粉が水を吸って膨《ふく》らみ，中から気泡《きほう》が出てきます。これは，焙煎したてのコーヒー豆が気泡になる成分を含んでいるためです。その後も「の」の字を描くように，中心のくぼみから外側に向けて少しずつ熱湯を注いでいきます。③注ぎ始めからしばらくは，注いだ熱湯がくぼみからあふれて，直接ペーパーフィルターに触《ふ》れてしまわないように気を付けます。さらに，熱湯を少量ずつゆっくりと注いでいき，くぼみの周辺を少しずつくずしながら淹れれば，おいしいコーヒーの出来上がりです。

問5　下線部③について，熱湯が直接ペーパーフィルターに触れてしまうと，コーヒーの味にどのような影響《えいきょう》がでますか。理由とともに答えなさい。

コーヒーを淹れる作業のように，物質の成分を，溶《と》けやすい液体に溶かして取り出す作業を「抽出《ちゅうしゅつ》」といいます。抽出は多量の液体で一度に行うのではなく，少量の液体を数回に分けて行う方が，抽出される成分が多くなります。そのため，コーヒーを淹れるときは，熱湯を少しずつ注ぐのです。

このことをコーヒーに溶けている味の成分を『粒』として単純に考えてみましょう。ここでは，コーヒーの粉と熱湯が十分な時間で触れたとき，コーヒーの粉1gあたりに残っている『粒』の数と，触れていた熱湯1gあたりに溶けた『粒』の数の比は9：1になるものとします。たとえば，コーヒーの粉1gに，熱湯2gが十分な時間で触れていた場合を考えます。最初にコーヒーの粉1gに『粒』が11粒含まれていたとする(実際には十分に多数の粒が含まれています)と，抽出後にこのコーヒーの粉1gに十分な時間で触れていた熱湯2gには『粒』が2粒溶け，9粒がコーヒーの粉1gに残っていると考えられます。

問6　コーヒーの粉1gに対して9gの熱湯を1回だけ用いて抽出したとき，コーヒーの粉に残っている『粒』の数と，熱湯9gに溶けている『粒』の数の比を，最も簡単な整数比で表しなさい。抽出の際は，コーヒーの粉と熱湯は十分な時間で触れていたものとします。

問7　コーヒーの粉1gに対して，27gの熱湯を1回だけ用いて抽出した場合に熱湯に溶けている『粒』の数と，別々の9gの熱湯を計3回用いて抽出した場合に得られた熱湯27gに溶けている『粒』の数の比を，最も簡単な整数比で表しなさい。それぞれの抽出の際は，コーヒーの粉と熱湯は十分な時間で触れていたものとします。

コーヒーの淹れ方には熱湯を少しずつ注ぐ以外の方法もあります。たとえば，エスプレッソは少量の熱湯に少し高い圧力をかけて1回の抽出で淹れた，非常に濃厚《のうこう》なコーヒーのことです。コーヒーは好みに合わせた楽しみ方がまだまだあるので，みなさんも大人の味覚がわかるようになったら，楽しんでみてください。

問8　エスプレッソを淹れる際の豆の挽き方は，粗挽き，中挽き，細挽き，極細挽きのどれがふさわしいか答えなさい。

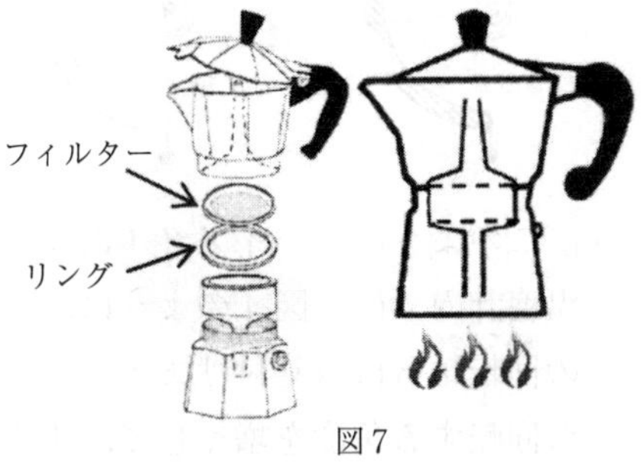

図7

問9　エスプレッソは図7のような器具を使って淹れることがあります。「水」，コーヒーの「粉」をどこに入れ，「コーヒー」がどこにできるかを解答欄《らん》の図にそれぞれ書きこみなさい。ただし，図7右の破線部分(-----)は固形物が通らず，水や水溶液《すいようえき》は通過できるものとします。

3 みなさんが学校などで使用する温度計の多くは，温度によって体積が変化する液体を利用した液体温度計です。一方，金属の体積変化を利用した温度計もあり，この温度計ではバイメタルという金属が使われています。

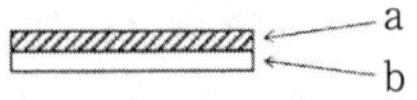

図1

バイメタルとは，図1のように体積が変化しやすい金属aと体積が変化しにくい金属bをくっつけたもののことをいいます。金属aのみ，または金属bのみをあたためると，それ自体が曲がるなどの変形はほとんどせず，長さだけが伸《の》びます。しかし，図1のバイメタルをあたためると，金属どうしは離《はな》れずに，バイメタル全体が曲がります。このようなバイメタルは図2のような回路で，ドライヤーやこたつなどにも使用されています。ただし，図2のバイメタルPと金属Qは，通常は接点で触《ふ》れていますが，離れることもできます。また，バイメタルPと金属Qの上部は電気を通さない物体によって固定されています。

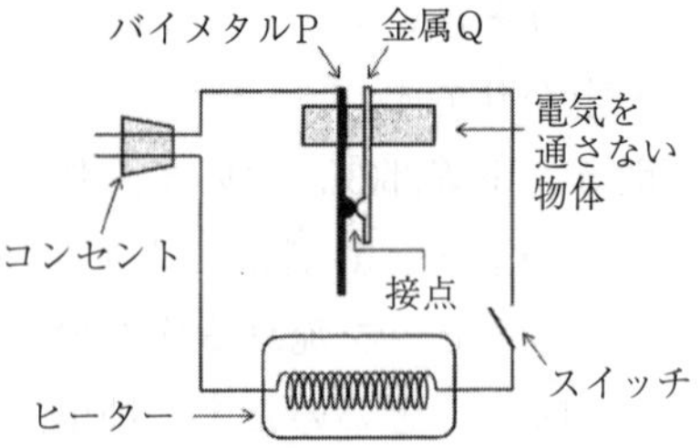

図2

問1 図1のバイメタルの端《はし》を固定してあたためます。このときのバイメタルの曲がり方として正しいものを，右のア，イから選び，記号で答えなさい。

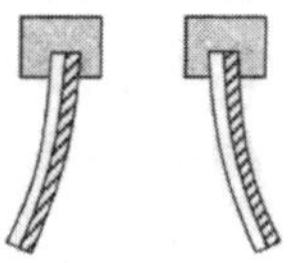

問2 ドライヤーやこたつで，図2の回路を使うとき，バイメタルPはどのような役割を果たすか答えなさい。

続いて，図3のような形のバイメタルを使用する場合を考えます。図3ではバイメタルの一端《いったん》がAに固定され，もう一方の端は糸に接続し，その糸は回転することのできるBに取り付けられています。このバイメタル部分の温度が変わると，バイメタルは糸を引き，Bが回転します。

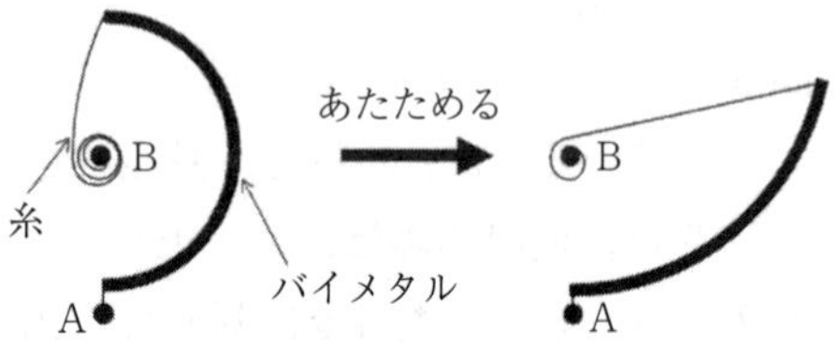

図3

問3 バイメタルをあたためて図3のように変形させるためには，どの部分を金属a，bにすればよいですか。最も適当なものを，次のア～エから選び，記号で答えなさい。

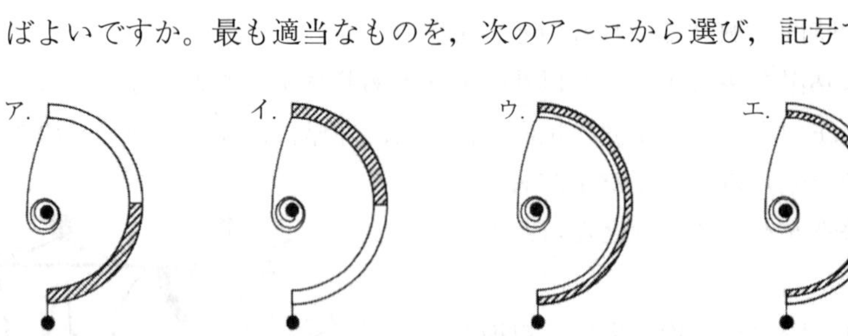

このように，バイメタルによる回転を利用すると，温度計をつくることができます。実際の温度計内では，図4のように，バイメタルの一端をAでケースに固定し，もう一方の端を指針の回転軸《かいてんじく》Bに取り付けます。バイメタルをたくさん巻いているのは，小さな温度変化でも指針の回転する角度を増やして，より精度よく温度を測るためです。ただし，①Xの部分の長さは

図4の左側のように短くし，右側のように長くしません。また，熱した油の温度を調べるときは，図5のように先端《せんたん》を入れて温度を測ります。

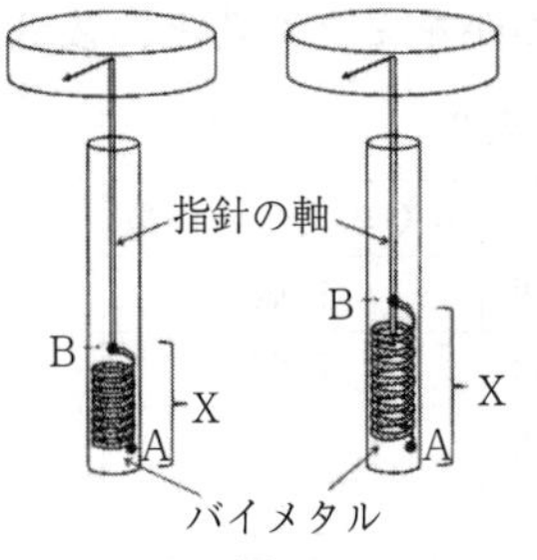

図4

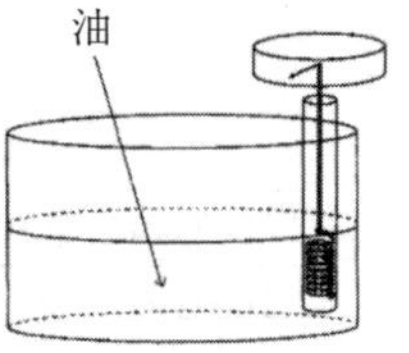

図5

問4　下線部①について，Xの部分を長くしすぎた場合，熱した油の温度を測定すると，どのような問題が生じると考えられるか説明しなさい。

次に，物体の体積変化とは違《ちが》った現象を利用した，白金抵抗《はっきんていこう》温度計について考えます。白金抵抗温度計は，金属の一種である白金(プラチナ)に電気を流すことで温度を調べる温度計です。その仕組みを調べるために，次のような実験を行いました。以下の実験で用いる，mAという単位は，ミリアンペアと読み，1000mAは1Aと等しいです。

実験1　図6のような回路を組み，温度0℃の白金1個をあたためていったときの温度と電流の関係を調べた。その結果の一部は，表1のようになった。

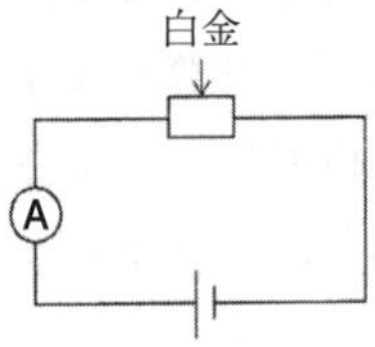

図6

表1

白金の温度〔℃〕	電流〔mA〕
0	120
50	100
125	80
150	75

実験2　同じ形，同じ体積の白金をたくさん用意した。まず，図7のように2個の白金を直列につないだときの電流を調べた。次に，白金の個数を3個，4個と直列に増やしていったときの電流も調べた。このような実験を，すべての白金を0℃にして行った場合と50℃にして行った場合の結果の一部は，表2のようになった。

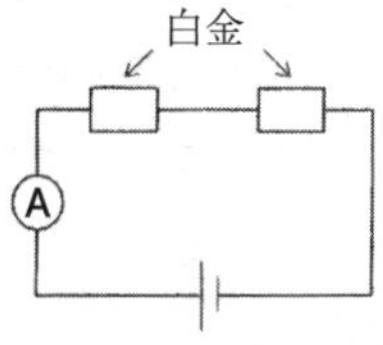

図7

表2

白金の個数	電流〔mA〕	
	0℃	50℃
1	120	100
2	60	50
3	40	33
4	30	25
5	24	20

実験1から白金の温度を高くすると電流は小さくなることがわかります。また，実験2からそれぞれの温度で白金の個数を増やすほどに電流が小さくなっていくことがわかります。これらのことから②温度0℃の白金を（ あ ）個直列につないだときと，温度125℃の白金を（ い ）個直列につないだときの電流が等しくなることがわかります。

問5　下線部②について，(あ)(い)に入る整数の組み合わせを1つ答えなさい。

さらに，白金の温度を高くしたときの電流の減り方を調べるために，次の実験を行いました。

実験3　白金を10個直列につなぎ，この白金10個をあたためていったときの電流を調べた。この結果と，実験2の結果を見比べると，電流の大きさが等しくなる組み合わせがみつかった。そのうちのいくつかをまとめると，表3のようになった。

表3

	0℃の白金の個数
50℃の白金10個	12個
100℃の白金10個	14個
175℃の白金10個	17個
350℃の白金10個	24個

問6　温度350℃の白金1個で電流を調べたときは何mAになるか答えなさい。

実験3より，あたためた白金と同じ電流になるような，0℃の白金の個数は，規則的に変化することがわかります。また，温度を0℃より下げた場合も，同じ規則で0℃の白金の個数は変化しました。

問7　温度0℃のときの電流と比べ，同じ白金の個数で，電流の大きさが半分になるような温度は何℃か答えなさい。

この実験からわかるように，白金の温度を調べれば白金に流れる電流が計算できます。白金抵抗温度計では逆に，白金を流れる電流の大きさを調べることで白金の温度を計算します。このように，「温度とともに何かが規則的に変化する」という物体の性質を利用してさまざまな温度計がつくられています。それぞれの種類の温度計には長所，短所があり，それぞれに適した場面で使用されています。

問8　白金抵抗温度計は－200℃程の非常に低い温度でもよく利用されます。一方で液体温度計はそのような温度では使用されません。その理由を答えなさい。

問9　実験1～3で使った白金1個を白金抵抗温度計として用いた場合を考えます。この白金に流れる電流が300mAだった場合，白金抵抗温度計は何℃を示すか答えなさい。

4　平成もあと少しで終わりです。「平成31年」のように，元号と数字を組み合わせて年を表す方法を和暦《われき》と呼びます。一方，太陽などの天体の運動をもとに，日付や季節を定める方法を暦《れき》法《ほう》と呼びます。たとえば，一年の長さは地球から見た太陽の運動で定められ，正月や節分などの季節の節目となる日は太陽の位置で決まります。これらを予測する方法が暦法なのです。和暦と暦法はともに暦《こよみ》と呼ばれますが，和暦の元号が変わっても，暦法は変わりません。

問1　暦法で定めていないものを，次のア～エから1つ選び，記号で答えなさい。

ア．立春　　イ．梅雨《つゆ》　　ウ．春分　　エ．冬至

暦法には，1年の長さや日付を定めるだけでなく，月の満ち欠けや日食など，空の様子を予測する役割もあります。ここで，日食とは，太陽と地球の間を新月が通過することで，図1のように太陽が欠けて見える現象です。特に，太陽が全く見えなくなる日食は皆既《かいき》日食と呼ばれます。

図1

問2　日食と似た現象に，満月が欠けて見える月食があります。月食の説明として最も適当なものを，次のア～エから選び，記号で答えなさい。

ア．太陽と地球の間を月が通過して，太陽のかげが満月をかくす現象。

イ．太陽と地球の間を月が通過して，地球のかげが満月をかくす現象。

ウ．地球と月の間を太陽が通過して，太陽のかげが満月をかくす現象。

エ．太陽と月の間を地球が通過して，地球のかげが満月をかくす現象。

月は地球の周りを回り，地球は太陽の周りを回ります。このように，ある天体の周りを別の天体が回る現象を公転と呼びます。地球と月が公転する面どうしには，図2のように約5°のかたむきがあります。このかたむきは，地球や月の位置によらず一定です。ここで，公転する地球と月の位置を，図3に示すA～Dとe～hの記号でそれぞれ表すことにします。

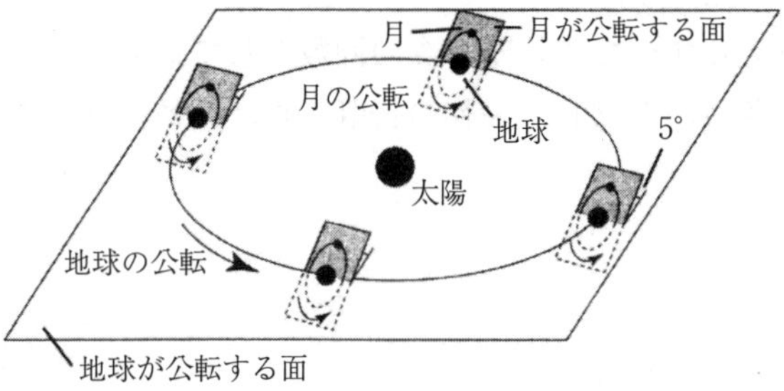

図2

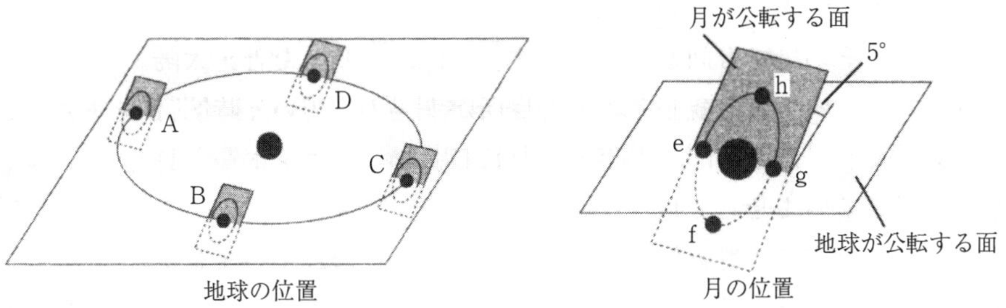

図3

問3　地球と月が公転する面どうしにかたむきがあるとわかるのはなぜですか。その理由として最も適当なものを，次のア～エから選び，記号で答えなさい。

ア．新月のたびに日食が必ず観測されるから。

イ．満月のたびに月食が必ず観測されるから。

ウ．日食をともなわない新月が観測されるから。

エ．半円状に光る月が観測できるから。

問4　次の①，②のとき，地球から月はどのように見えますか。最も近いものを，以下のア～エから選び，記号で答えなさい。

①　地球がAにあり，月がhにあるとき

②　地球がDにあり，月がｆにあるとき

ア．満月　　イ．三日月　　ウ．半月　　エ．新月

問5　太陽と地球の中心を結ぶ直線を新月が通過して，皆既日食が生じるとき，地球と月はどこにありますか。地球と月の位置の組み合わせを，Ａ～Ｄとｅ～ｈの記号ですべて答えなさい。

ただし，解答欄《らん》をすべて使うとは限りません。

問6　**問5**で答えた組み合わせのうちの１つで皆既日食が生じてから，再び同じ組み合わせで皆既日食が生じるまでに約18年11日かかります。皆既日食が生じたあとの最初の新月を１回目とすると，約18年11日後の皆既日食は何回目の新月で生じるか答えなさい。ただし，１年を365日，月の満ち欠けの周期を29日12時間(29.5日)とします。

太陽と地球を結ぶ直線を新月が通過すると，皆既日食が生じます。このとき，３つの天体の中心が正確に一列に並ぶとは限りません。図４のように，大きな地球の上に立つ観測者は，太陽と地球の中心を結んだ直線上に立つとは限らないからです。そのため，地球と月が**問5**で答えた位置から少しずれていても，地球のどこかでは皆既日食が見えます。

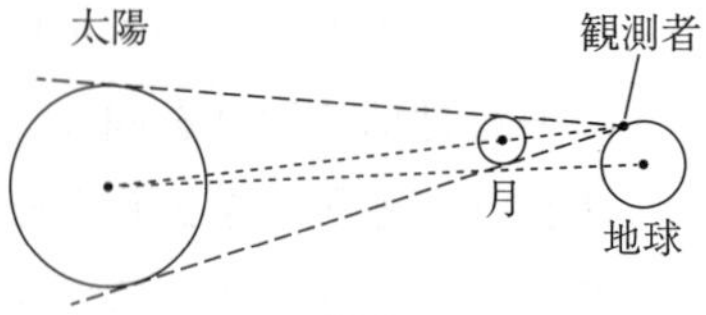

図４

問7　**問6**の約18年11日の間に，地球から見えるすべての皆既日食の回数として最も適当なものを，次のア～オから選び，記号で答えなさい。ただし，最初の皆既日食は回数に含《ふく》まないものとします。

ア．１回

イ．２回

ウ．２回より大きく，**問6**で答えた数より小さい

エ．**問6**で答えた数に等しい

オ．**問6**で答えた数より大きい

地球は，図５のようにその場でも回転しています。これにより，たとえ太陽・月・観測者が一列に並んでいても，観測者の立つ場所が太陽の出ている時間帯でなければ日食は見えません。たとえば，去年の８月11日にフィンランドから見えた日食は，東京では見えていませんでした。

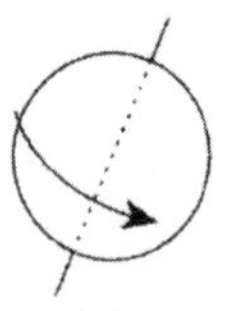
図５

江戸《えど》時代の初めまで，日本では遣唐使《けんとうし》のもたらした暦法が使われていました。この暦法は800年以上前の古い観測にもとづいたものです。そのため，この暦法で予測した太陽などの天体の運動は，実際のものと１日以上もずれていました。そこで江戸幕府は，元《げん》が定めた新しい暦法を使おうとしました。この暦法では，中国での日食を正確に予測できていました。しかし，<u>この予測と日本で日食を観測できた日は一致《いっち》しませんでした</u>。

問8　下線部の理由として最も適当なものを，次のア～エから選び，記号で答えなさい。

ア．中国と日本の経度の差が，無視できないほどに大きいから。

イ．中国ではさらに新しい暦法が，すでに作られていたから。

ウ．地球と月の公転する面どうしにかたむきがあるから。

エ．太陽と月の動く速さが，中国と日本では異なるように見えるから。

幕府は，中国で作られた暦法のかわりに日本独自の暦法を作らせました。これにより，日食をはじめとした日本の空の様子が正確に予測されるようになりました。この成功を機に，幕府は「天文方《てんもんがた》」という役職をおき，天体の観測や暦法の計算にあたらせました。

天文方の仕事は，暦法を作るだけではありませんでした。たとえば，江戸時代の中ごろに，天文方に弟子《でし》入りして，日本全国の精密な地図を初めて作った人物に（　あ　）がいます。（　あ　）は各地を訪ね，緯度《いど》によって異なる太陽の南中高度を測ることで南北の位置を，経度によって

異なる日食・月食の時刻を測ることで東西の位置を決めました。こうして得られた緯度と経度を，自分の足で測った距離《きょり》とあわせて地図を完成させました。

問9　(あ)に入る人物名を漢字で答えなさい。

問10　(あ)の作った地図では，南北に比べて東西の正確さがおとっていました。その理由として最も適当なものを，次のア～エから選び，記号で答えなさい。

ア．日本列島の東西の移動は，南北の移動よりも難しかったから。

イ．ただでさえ少ない経度を測れる回数が，悪天候でさらに減ったから。

ウ．大きさのある太陽の南中高度を，正確に測れなかったから。

エ．当時の暦法が日食や月食の日付を正しく予測できず，観測をのがしたから。

このように，日本の地図作りの発展には天文方が大きな役割を果たしました。また，一部のカレンダーには今でも，大安や仏滅《ぶつめつ》など，曜日の一種である六曜がのっています。この六曜は，天文方が最後に作った暦法によって計算されています。平成が終わろうとする今ですが，地図やカレンダーを通して江戸時代に思いをはせてみるのも良いでしょう。

たのはなぜですか。説明しなさい。(3行)

問九　――線⑧「あの言葉の意味にヒナコははじめて気がついた」(323～324行目)とありますが、

(1)　ここで「はじめて」気がついたきっかけは何ですか。答えなさい。(1行)

(2)　ヒナコは、「あの言葉」に多恵さんのどのような思いがこめられていることに気がついたのですか。説明しなさい。(2行)

問十　――線⑨「中をさぐり、招待券を～バッグに入れ直した」(330～332行目)とありますが、ヒナコがこのようなことをしたのはなぜですか。説明しなさい。(2行)

問十一　【　】の部分(334～343行目)には、前の街から帰ってくるヒナコに対する、ヒナコの家族のどのような姿がえがかれていますか。説明しなさい。(2行)

問十二　――線⑩「とにかく騎馬戦、多恵さんといっしょにがんばれ」(364行目)とありますが、ミオは騎馬戦の応援《おうえん》をすることで、ヒナコに対してどのようなことを伝えようとしているのですか。〰〰線A「郷に入れば郷にしたがえ」(59～60行目)、〰〰線B「馬には乗ってみよ、人には添うてみよ」(359～360行目)というミオの言葉にも注目して説明しなさい。(2行)

問十三　――線⑪「ヒナコは、身体を～妹をひき寄せた」(370～371行目)とありますが、

(1)　166行目までの場面とこの場面では、この町で暮らすことについて、ヒナコの思いはどのように変化していると考えられますか。答えなさい。(1行)

(2)　ヒナコがそのように変化したのはなぜですか。この作品の中にえがかれている、さまざまな「家族」に注目して説明しなさい。(5行)

〈語注〉

※① 転校を余儀なくされた…転校しなければならなかった

※② 郷に入れば郷にしたがえ…その土地に住もうとする人は、その土地の文化に従うべきである、という意味のことわざ

※③ ヒップホップ…アメリカの若者たちの間で生まれた、新しいダンス音楽

※④ まがいもの…にせもの

※⑤ ハローワーク…仕事の紹介《しょうかい》などをする役所

※⑥ おめだち…お前たち

※⑦ めんこい…かわいい

※⑧ さんぶいで風邪ひかねんでの…寒いから風邪ひかないでね

※⑨ ムーンウォーク…ダンスで用いられる特殊《とくしゅ》な歩き方

※⑩ 馬には乗ってみよ、人には添うてみよ…馬が良いか悪いかは乗ってみなければわからないし、人柄《ひとがら》が良いか悪いかは付き合ってみなければわからないので、何事も経験してみないとわからない、という意味のことわざ

〈設問〉 **解答はすべて、解答らん**（編集部注＝横10ミリメートル・たて153ミリメートルの行数で示した）**におさまるように書きなさい。句読点なども一字分とします。**

問一 ═線ａ「**ヒリョウ**」（41行目）、ｂ「**コナ**」（67行目）、ｃ「**ホゾン**」（96行目）、ｄ「**クチョウ**」（229行目）のカタカナを、漢字で書きなさい。

問二 ――線①「引っ越してきてから」（19行目）とありますが、

(1) ヒナコの一家が引っ越すことになった原因は何ですか。十字以内で答えなさい。

(2) ヒナコと母は、引っ越し先の町で暮らすことについて、それぞれどのように思っていますか。答えなさい。（2行）

問三 ――線②「なんで照れるの。～言っていたところだったのに」（100～101行目）とありますが、この時のヒナコの気持ちはどのようなものですか。次の中からふさわしいものを一つ選んで記号で答えなさい。

ア 自分とちがって父親を自慢する多恵さんに反発を覚えながらも、うしろめたさを感じている。

イ 自分とちがって父親を自慢する多恵さんにいらだちを覚えながらも、うらやましく思っている。

ウ 自分とちがって父親を自慢する多恵さんに疑問を感じながらも、それをかくそうとしている。

エ 自分とちがって父親を自慢する多恵さんに不満を感じながらも、深く反省させられている。

問四 ――線③「いや、まちがえた」（116行目）とありますが、ヒナコが「行く」と言うべきところを「帰る」と言ってしまったのはなぜですか。説明しなさい。（1行）

問五 ――線④「見もしないでふたつに折るとポケットにつっこんだ」（154～155行目）とありますが、ヒナコがこのようなことをしたのはなぜですか。説明しなさい。（2行）

問六 ――線⑤「おじさんは、三人の顔を順番に楽しそうにながめる」（238行目）とありますが、「おじさん」が「三人の顔」を「楽しそうにながめる」のはなぜですか。説明しなさい。（1行）

問七 ――線⑥「おじさんは～帰ることもできない」（296～297行目）とありますが、この内容を「おじさん」が言っているのは何行目ですか。数字で答えなさい。

問八 ――線⑦「寒くていい。痛くていい。自分にはそれがちょうどいいのだ」（304～305行目）とありますが、ヒナコがこのように思っ

ひとりひとりをにらみつけるように見るまなざしが真剣《しんけん》で、ヒナコは思わずほほえんだ。ふっと、多恵さんの言葉が耳によみがえった。

――あのね、無人駅だったら、お金がなくなっちゃっても、ちゃんとうちに帰って来られるんだよ。ね、いいでしょ。

多恵さんがひみつみたいに教えてくれたこと、⑧あの言葉の意味にヒナコははじめて気がついた。あれはヒナコにではなく、父親に伝えたい言葉だったのだ。たとえ仕事がうまくいかなくても、電車の運賃さえも稼げなかったとしても、この駅ならば帰ってこられるから。この駅が好きだと多恵さんは言っていた。だからよく来るのだと。好きなのは、きっとここがお父さんの帰ってくる駅だからだ。父親を待つ女の子に、多恵さんの小柄な姿が重なった。ヒナコは立ちどまった。ポケットに手をつっこんだ。⑨中をさぐり、招待券をとりだすと日にちをたしかめた。それからそっと折りたたんでバッグに入れ直した。

【駅の階段を降りると、ロータリーにはミオがいた。どこに行っても電車に乗る前には、必ず家に連絡《れんらく》しておくのがヒナコの家の決まりごとだった。傘を持たずに出た妹のために、ミオは迎《むか》えに来ていたのだ。ミオは傘をパンと広げた。水滴《すいてき》が飛んで明かりにきらめく。

「おかえり」

「ただいま」

ヒナコはミオの持つ傘の下に飛び込んだ。紺色《こんいろ》の大きいパパの傘。余分な傘を持つのをきらうミオは、誰かを迎えに行くときには必ずこの傘を一本だけ持って出た。】

「楽しかった？」

「うん」

「ふたりとも元気だった」

「うん」

肩を寄せて歩き出すと、

「おねえちゃん、あのね」と、ヒナコはぼそぼそと話しはじめた。

「あのね、今朝来てくれた人……体育で同じ班だって言った人」

「ああ、騎馬戦の？」

「騎馬戦の馬に乗る人。おねえちゃんに聞かれたとき、名前、知らないって言ったけど」

ミオはだまって妹の話に耳をかたむけた。

「あれ、うそだった。あの人、多恵さんって言うの」

「そう」

「それに、友だちじゃないって言ったけど」ヒナコはちょっと言葉を切って、「それもうそかもしれない」

それを聞いてミオは笑った。「B※⑩馬には乗ってみよ、人には添《そ》うてみよ、だね」

「なに、それ」

「ああ、ヒナコが馬だったっけ。だったら、乗られてみよ、か」

「意味、わかんないよ」

「⑩とにかく騎馬戦、多恵さんといっしょにがんばれ。ぜったい負けるな。帽子《ぼうし》は死んでも敵に渡すな」

駅前の交差点を横切るとき、ヒナコは駅をふり返って見た。雨の下、暗く沈《しず》んだ町の中で、駅舎だけが灯りをともしていた。白いとんがり屋根は明るく輝《かがや》き、お城みたいにきれいだと思った。また雨足が強くなった。

⑪ヒナコは、身体をちぢめるようにしてミオにくっつき、ミオはせまいと文句を言いながら妹をひき寄せた。

（安東《あんどう》みきえ『天のシーソー』（ポプラ文庫版）より）

「遅すぎるもんね。どうせ自販機のそばを通るから、わかるよ」サトちゃんはヒナコの背中を押《お》した。

公園の出口のところに自販機はあったが、おじさんの姿はなかった。自販機のココアの下には売り切れの赤いランプがついていた。

「やっぱりいないよ。ほら、もう行こうよ」

ヒナコは後ろをふり返って見た。反対側の出口、うす暗い木立の向こうに小さくおじさんの姿が見えた。あわてて足をとめ、ふたりに声をかけた。

「ちょっと待って。ほら、おじさん、戻ってきたよ」

コンビニの小さい袋をふたつ下げて、おじさんはベンチに向かって歩いている。自販機が売り切れだったので、コンビニまでわざわざ買いに行ってくれたのだろう。

戻ろうとするヒナコを杏はひきとめる。「いいから、行こうよ」

サトちゃんもヒナコの腕をひっぱった。

「袋、ふたつ持ってるじゃん。片方は肉まんかなんかじゃないの」

杏も肩をすくめた。「たしかに。それはやばいかも」

「おじさんのくれる肉まんとかは、ちょっと、ね」

気味悪そうに顔をしかめるサトちゃんの手を、ヒナコはつかんだ。

「だって、せっかく買ってきてくれたんだよ」

いいから。めんどうだから。と、ふたりはかけだした。置いていかれそうで、ヒナコもあわててふたりのあとを追った。ベンチが木立にかくれて見えなくなる前に、もう一度ふり返ってみた。おじさんは来たときと同じように後ろを向いて座っていた。ベンチの一部みたいにしんとして。街灯の照らす光の中に雨がきらきら光っていた。

電車の中、ドアの横に立ってヒナコは雨粒《あまつぶ》の走るガラス窓をながめていた。やっぱり戻ればよかったかな。おじさんにココアをもらえばよかったかな。とりとめもなく、そんなことを考えていた。

杏もサトちゃんもおじさんの言葉がわからないと言っていたっけ。ふたりには本当に通じなかったのかな。

⑥おじさんは稼がなければ帰れないと言ったのだ。電車賃さえもなければ帰ることもできない、と。

遠く離《はな》れて暮らすうちには、いつかあたしの言葉もふたりに通じなくなるのだろうか。

ううん、ちがう。ヒナコは首をふった。そして下を向いてくちびるをかんだ。痛くなるまでかまなければいけなかった。だって一緒に笑っていたのだから、あたしは。

途中の駅でドアが開くたび、見知らぬ人が冷たい風を連れてきた。うすうすと寒かった。⑦寒くていい。痛くていい。自分にはそれがちょうどいいのだとヒナコはくちびるをかみ続けた。

窓の外はすっかり暗くなった。好きだった街が遠ざかり、灯《あか》りがまばらになっていく。

――さんぶいで風邪ひかねんでの

ぽつんぽつんとともる灯りの中に、おじさんの笑顔が浮《う》かんだ。

電車が駅についた。雨はまだやまない。六時を過ぎた窓口にはもうシャッターがおりていて、駅員のいるようすはなかった。無人の改札を乗客たちは通りすぎる。カードを機械にタッチする人、切符《きっぷ》を放るように投げていく人、中に、どちらもしないで素通《すどお》りする人もいる。みな押し黙《だま》って歩いていく。ヒナコは、切符を台の上に置いて改札を通りすぎた。顔を上げたとき、見知らぬふたり連れが目にとまった。母親らしき人が、女の子の手をひいて改札の前に立っている。女の子はとじた長い傘《かさ》をささげるように持ち、背伸びをして乗客の顔を見定めている。きっとお父さんを待っているのだろう。

いた、とベンチに座っている人の背中に声をかけた。

「おじさん、こんちは」

「わいはー。いぎなりくっからびっくりしたべ」たばこを吸いながらこちらをふり向いた人は、おじさんというよりおじいさんのように見えた。よれよれのワイシャツの上に古ぼけた上着。どちらもぶかぶかで肩からするりと全部が落っこちてしまいそう。えりから伸びてる細い首や薄《うす》くなった頭の感じはコンドルに似ているとヒナコは思った。

「どしてらー。元気でらが」

ちがう国の言葉みたいだとおかしくなった。杏とサトちゃんはもう笑いだしたいのをがまんして目くばせしている。杏がおじさんの前に身をかがめた。「もう秋なのにおじさん、まだ同じ服だね。寒くないんですかぁ」

おじさんは、指が焼けそうに短くなったたばこを地面でもみ消し、缶に入れてふたをした。「んだきゃ。さぶくてどぉすべの。※⑥おめだぢもさぶいべ」

ふたりはくすくすと笑いながら、「寒いですよ。寒くなったから、おじさんもそろそろ青森とかに帰るんじゃないですか？」

サトちゃんのなまいきなd**クチョウ**にも、おじさんは気を悪くするでもなく笑っている。

「んだなあ。稼《かせ》がねばなあ。家さ帰《け》えるじぇんこがねえと電車も乗れねえ、帰えるに帰えれねえだでなあ」

杏とサトちゃんは、顔の前で手をふった。

「わかんない。おじさん、何言ってるのかわかんないよ」

「じぇんこ、ってなんですかあ？　イタリア人の名前？」

「ちげえ。じぇんこはじぇんこ。お金のことだがな」

絶対わかんないって、とふたりはげらげらと笑いころげた。

⑤おじさんは、三人の顔を順番に楽しそうにながめる。「おらちにも娘《むすめ》っ子がいだんだ。もう今じゃうちさ出て町で働いてるだがなあ」顔をぷるりとなで、「ほんでもおめだぢ見てると、家さ帰《け》えりたくなるだ。まだ※⑦めんこい娘っ子のまんま、家でおらのこと待っててくれる気がしてならねえでなあ」それからおじさんはヒナコを見つめた。「はじめて見るねっちゃだが。これがらどこさいぐの」

ヒナコがどぎまぎしていると、杏がかわりに答えてくれた。「この子、うちらに会いに来てくれて、今から帰るとこ」

「せば、※⑧さんぶいで風邪《かぜ》ひかねんでの」おじさんの目がやさしく細くなって、折り紙をたたんだようなしわの中に埋《う》もれた。

そうだ、とサトちゃんが手をたたいた。「ねえおじさん、この子、これから遠くまで帰るから、あったかいココアでも飲ませてやってほしいんですけど」自販機《じはんき》のある方を指さした。

「えっ？　そんなの悪いよ。いらないよ」ヒナコはあわてて顔の前で手をふった。

すると、おじさんは笑顔《えがお》で何か言って立ち上がり、ゆっくりと歩き出した。下がり気味の肩がゆれて木立の陰《かげ》に消えていった。

「おじさん、歩くの遅《おそ》すぎでしょ」と、杏が言い、「実は※⑨ムーンウォークで移動、とか？」と、サトちゃんがふざける。ふたりのやりとりにヒナコも笑った。

しばらくすると、ぽつぽつと雨がふってきた。サトちゃんがバッグを頭の上にかざして木の下に向かい、ヒナコたちも続いた。杏が腕時計《うでどけい》を見た。「ヒナコ、もう行かなきゃ、じゃん」

「そうだ。ヒナコ、あんま時間なかったよね？」

自分のことを気づかってくれる言葉はうれしかったけれど、「でもおじさんは？」とそちらの方が気になった。

「いいんじゃない。そのまま、帰っちゃったかもしれないし」

「体育班が同じの子」
「友だち？」
「ちがう。騎馬戦の騎手《きしゅ》」
「騎馬戦？……ってことは、ヒナコが乗せるってこと？　スポーツ大会の？　それの打ち合わせ？」
「そんなとこ」
「なんて名前の子？」
「知らない」
　とまどうミオを尻目《しりめ》に、パン皿とカップを乱暴に重ねると、ヒナコはキッチンにどしどしと足音をたてて向かった。

　ヒナコは駅に向かった。都心から二時間ほどの駅は、新しい住宅が増えた何年か前に畑をつぶして建て替《か》えられたという、まだ新しい駅舎だった。
　急勾配《きゅうこうばい》の屋根の中心に時計がはめこまれた、どこにでもありそうな建物だった。この駅を好きだと多恵さんは言っていた。しかし新建材だけで造られた建物はぺかぺかと安っぽく、とんがり屋根も何かの※④まがいものめいて見え、ヒナコにはどこがいいのかまるでわからなかった。

　待ち合わせた駅では杏とサトちゃんが先にヒナコを待っていてくれた。混雑した改札で人混みをすり抜《ぬ》けると、ふたりはかけ寄ってきた。「あいたかったよぉ」と、ヒナコの手をとってぴょんぴょんとはねた。
　元気だった？　また背がでかくなった？　そっちの町はどう？イノシシ出る？　ふたりは同時に喋《しゃべ》り、同時に笑った。
　ふたりともちっとも変わっていないと、ヒナコはほっとした。

（中略）

　午後のひざしがかげってきた頃《ころ》に、もう帰らなければならないとヒナコはやっと重い腰《こし》を上げた。少し早めにマンションを出て、三人で駅まで歩くことになった。駅に続く道の途中《とちゅう》に大きな公園がある。三人でダンスの練習をしたこともある場所だった。
「そうだ」と杏がサトちゃんの肩をたたいた。「ハローおじさん、ちょうど来てる時間じゃない？」
「そうか。ヒナコは知らなかったよね」
「ハローおじさん？」
「うん。ちょっとした有名人」
　最近、公園に来るようになったおじさんだという。子どもが好きらしく、気安く話しかけてくるのだそうだ。最初の頃こそみんな警《けい》戒《かい》していたけれど、話してみると別にあぶない人でもないようで、ふたりは缶《かん》ジュースをおごってもらったこともあると言う。
「近くにある※⑤ハローワークに通ってるっていう話でさ、それからはみんな、ハローおじさんって呼んでるんだよ」サトちゃんがガムをかみながら教えてくれる。
　三人で並ぶには道はせますぎる。いつの間にかヒナコはふたりの後ろをついて歩く。公園の入り口で杏があたりを見回した。
「いるかなあ。だいたいいつもこの時間には、ベンチでたばこ吸ってんだけど」
　少し不安になっていたヒナコは、ふたりの袖《そで》をひっぱった。「だいじょうぶ？　その人、こわくないの？」
「だいじょうぶだよ。むしろヒナコの方がデカイからこわがらせるかも」尻込《しりご》みするヒナコにかまわず、ふたりは公園に入ると、いた心に働きに出ていると彼女《かのじょ》自身から聞かされていた。いつ帰って来られるのかわからないとも。どこかでホームレスになっているらしい、そんな噂《うわさ》を耳にしたことさえもある。噂はともかくとしても、家族の元にも帰らずにいて、自慢できる父親と言えるのだろうか。

ヒナコは目をふせたままで言った。「あのさ、ごめん。これから出かけるんだ」

「出かけるってもしかして、まるはちショッピングセンター？」

「……どこ？　それ」

「まるはち、知らない？　丸の中に八の字でまるはち。今日、売りつくしセールやるんだよ。すごく安いんだから」

「ちがう。前の街の友だちに会うの。こっちに引っ越してからはじめて帰るの」

「帰る？」

「③いや、まちがえた。行く。行くのは三か月ぶりなの」

多恵さんはさらに電車で行くのかと聞き、そうだと言うと帰りは何時だと聞いてきた。

「どうして？」

そこまで聞くかな。

首をかしげるヒナコにかまわず、多恵さんは声をひそめた。まるでだれも知らないひみつを教えてくれるとでも言うように。「帰りは六時過ぎにしたらいいよ。そしたら駅員さんが改札からいなくなるから、お金、足りなくてもだいじょうぶだから」

転校手続きをしたのは夏休みに入ってからで、新学期からは二か月。友だちを選ぶ余裕《よゆう》はヒナコになかった。近づいてきてくれたクラスメイトが妙《みょう》になれなれしく、おまけに不正行為《こうい》をけしかけるような人だったとしても仕方がない。昼休みにひとりでぽつんと座っているよりはマシだった。

多恵さんはひそひそとささやく。「あのね、無人駅だったら、お金がなくなっちゃっても、ちゃんとうちに帰って来られるんだよ。ね、いいでしょ。ふとっぱらな駅でしょ」

それはやってはいけないことなんだよ。見つかったら逮捕《たいほ》されちゃうかもしれないんだよ。ヒナコは胸のうちでつぶやく。

そんなヒナコの気持ちも知らずに、多恵さんはにこにこする。

「ほんと、いい駅だからね。あたし、ひとりでよく行くんだ」

「駅に？」ヒナコは首をかしげた。

「うん」

「……多恵さんって、鉄道マニアかなんか？」

「ちがうけど。なんで？」

「いや。駅によく行くっていうから」

「だって、あの駅、きれいで好きなんだもん」

「あ、そう」

かみあわない話を続けるよりも、これから出かけることを思い出してもらおうと、ヒナコは玄関の時計を見るそぶりをした。

多恵さんはやっと気づいたように、「じゃ、スポーツ大会、がんばろうね。騎馬戦《きばせん》よろしく」と、一歩後ろにしりぞいた。

「あ、そうだね。よろしく」

秋のスポーツ大会では女子も騎馬戦をおこない、体育班ではヒナコたち三人で彼女を背負うことが決まったばかりだった。へへと笑って多恵さんは手をふって帰っていった。

ヒナコはドアを閉めて鍵をかけた。手の汗《あせ》で湿《しめ》ったのか、招待券はじっとりと重いような気がした。④見もしないでふたつに折るとポケットにつっこんだ。

部屋に戻るとミオが声をかけてきた。「同じクラスの子？」

ためらわれて、ヒナコは口をつぐんだ。いきなり引っ越すのだと聞かされたとき、一番抵抗《ていこう》したのはこのヒナコだ。遠くなっても高校は変えずにすんだミオとはちがい、※①転校を余儀《よぎ》なくされたのだ。仕事の都合でやむを得ないとパパに説明されてもなかなか納得《なっとく》はできずにいた。ヒナコは、バターをぬりたくったトーストにシナモンを大量にふり、さらにメープルシロップをやけになったように盛大《せいだい》にかけた。

「太るわよ」と、ママがいすにどしんと座《すわ》った。「確かにね、新しいところに慣れるのって、簡単じゃないわよ。ま、お野菜をくれるのはうれしいけどね」

ミオがママの湯のみにお茶をついだ。「まあ、A※②郷《ごう》に入《い》れば郷にしたがえ、ってことわざもありますし」

「ありがと。ミオ、難しいことば、よく知ってるわね」

「こう見えて、もう高校二年生ですから」

「でもまあ、前はよかったとか、振《ふ》り返っててもはじまらないからね、ここでがんばるしかないってことよね」

ヒナコはだまっていた。うっかり反論して、パパの仕事の事情もわかってやりなさいなどと説教されるのはたまらないし、しゃべった息でシナモンのbコナが飛んでむせるのもかなわなかった。ヒナコはトーストをもくもくとほおばった。

インターホンが鳴り、三人がそろってモニターをながめた。

「ヒナコちゃん、いますか」

モニターの魚眼レンズの真ん中に、鼻ばかりが大きく見える女の子の顔が映った。

「だれ？」と聞くミオとママを無視して、ヒナコはティッシュで口をぬぐいながら、玄関に向かった。ドアを開けてみると、同じクラスの山脇《やまわき》多恵《たえ》さんが外に立っていた。

「多恵さん、どしたの？」

「ちょっと用事があって」

玄関に入り込まれる前にと、いそいでサンダルをつっかけてヒナコの方から外に出た。多恵さんは、冷えはじめてきた十月の空の下で寒そうに肩《かた》をすぼめていた。なぜかいつでもこの人は寒そうだ、とヒナコは小柄《こがら》な同級生を見おろした。

「渡《わた》したいものがあって」多恵さんは一枚のチケットをヒナコにさしだした。「ヒナコちゃん、音楽と踊《おど》りが好きだって言ってたから。今度いっしょに行かないかなと思って」

「え？　音楽と踊り？　だれかのコンサート？」ヒナコはうけとったチケットをあわてて見た。こちらに引っ越してきてからずっと、あやしげな店から流れてくる演歌ぐらいしか生の歌声は聞けなかったので胸がはずんだ。

「コンサートっつうのとはちょっとちがうかもしれないけど。……太鼓《たいこ》。宮前町《みやまえちょう》に伝わる宮前太鼓。今度、市民ホールでやるからその招待券。竜《りゅう》の舞《まい》もあって迫力《はくりょく》があるよ」

「は？」ヒナコは多恵さんに、チケットを返そうかと思った。この人に音楽や踊りの話なんかするんじゃなかった。※③ヒップホップのダンスが好きで、友だちと一緒《いっしょ》にスクールに通っていた、なんて熱く語ってしまった自分はばかみたいだ。多恵さんは続ける。

「前に父さんがcホゾン会に入ってて宮前太鼓たたいてたんだ」

「お父さん？」

「すごくうまかったんだよ、あたしの父さん」照れたように、多恵さんは短い髪《かみ》をかいた。

②なんで照れるの。お父さんが自慢《じまん》なわけ？　ヒナコは下を向いた。自分はたった今、父親の悪口を言っていたところだったのに。だいたい多恵さんはお父さんと暮らしてはいないはずだ。父親は都

二〇一九年度 麻布中学校

【国語】（六〇分）〈満点：六〇点〉

次の文章を読み、設問に答えなさい。

朝、あたたかいミルクの匂《にお》いを嗅《か》ぐとなぜかまた眠《ねむ》くなる。ヒナコはマグカップに口をつけたままで続けざまにあくびをした。

ミオがテーブルの正面からそんな妹をながめる。「ヒナコ、どっちかにしたら？　飲むのかあくびをするのか」パンをほおばりながら「口はひとつなんだからさ」

ヒナコは答えず、またひとつあくびをする。ママがカウンター越《ご》しに「ミオ」と声をあげる。「あんたも同じよ、ミオ。食べながら人をからかってると舌をかむわよ」

「ヒナコに言ってんのに」ミオはママの方に身体の向きを変える。

「そんなふうにママが割り込《こ》むからね、姉妹げんかも親子げんかになっちゃうんだよ……昔っからだけどさ」

そんな姉と母のやりとりにもヒナコは知らん顔で、ネコみたいに背を弓なりにそらせて大きく伸《の》びをした。五年生の終わりからヒナコの背は急に伸びはじめた。中学一年生になった今は、自分でも伸びをするたびに腕《うで》が遠くまで届くような気がしている。ヒナコはミルクを飲みながらミオを見る。「今日、会うんだ。前の友だちに」

「あ、今日だったんだ。仲良しの……誰《だれ》だっけ？」

「杏《あんず》とサトちゃん」

「①引っ越《こ》してきてからはじめてじゃないの。ヒナコがあのふたりに会うのって」

「そう」ミルクの白い膜《まく》をつけた口を、ヒナコはほころばせる。ミオもつられてほほえむ。

玄関《げんかん》から大きな声がした。

「おはよぉ。いるかなぁ」

あたふたと玄関にとんでいったママは、しばらくすると袋《ふくろ》をぶら下げて戻《もど》ってきた。「野菜をくれた」

ヒナコが袋とママを交互《こうご》に見ながら聞く。「だれ？」

「近所のおばさん」

「名前は？」

「知らない」

「こんな朝早くにふつうに入ってきちゃうの？　知らないおばさんが」

「顔は知ってる。犬の散歩でうちの前を通ってる」ミオも口をはさむ。

「だいたい玄関があいてるのが、おかしくない？」

ママは泥《どろ》だらけのだいこんや菜っぱの入った袋をのぞきこんで答える。「パパに言ってよ」ランニングに出かけたパパが鍵《かぎ》をかけ忘れたのだろうと言う。

「またランニング？」

「そう。前の家とちがって畑の空気がおいしいとか言って――」

「うそだね」ヒナコがさえぎる。「ぜったいうそだね。a**ヒリョウ**をまいたあとの畑ってすごいにおいだよ。空気がおいしいなんて、そんなのパパの負け惜《お》しみに決まってるよ」

「負け惜しみだなんて。勝ったとか負けたとかいう話じゃないでしょ」

「仕事は勝ち負けだって、いつかパパが言ってたよ。それがうまいこといかなかったんでしょ。だったら」

やっぱり負けたのではないか、しかしさすがにそこまで言うのも

2019年度

麻布中学校　▶解説と解答

算数　(60分)＜満点：60点＞

解答

1 (1)　教室Aに7人，教室Cに1人　(2)　10.6度　**2** (1)　1：10　(2)　秒速1.2m　**3** 22：19　**4** (1)　105　(2)　1701　(3)　11550　(4)　506番目　**5** (1)　解説の図アの7回目を参照のこと。　(2)　28回　(3)　84回　(4)　242550回

解説

1　差集め算

(1)　Bの室温が最も高くなる場合，つまりBに入る人数が最も多い場合を求めるから，AとCに入る人数の和が最も少ない場合を考える。AとCに1人も入っていないとき，AよりもCの方が，9－7＝2(度)高いので，2÷0.3＝6あまり0.2より，Aだけに6人入ると，AよりもCの方が0.2度高くなることがわかる。その後，AとCに1人ずつ入ると，AとCの差は，0.3－0.1＝0.2(度)縮まるから，Aに，6＋1＝7(人)，Cに1人入ればよい。

(2)　(1)のとき，Bの人数は，41－(7＋1)＝33(人)になる。また，AとCの室温を同じにするには，(1)の状態から，Aに1人，Cに3人ずつ増やせばよい。これにともなって，Bの人数は，1＋3＝4(人)減るので，AとCの室温が同じになるときの人数の組み合わせは右上の表のようになる。かげをつけた部分では，AとCの室温は，7＋0.3×7＝9.1(度)，Bの室温は，8＋0.2×33＝14.6(度)だから，その差は，14.6－9.1＝5.5(度)である。また，かげをつけた部分から1列右に移動すると，AとCの室温は，0.3×1＝0.3(度)上がり，Bの室温は，0.2×4＝0.8(度)下がるので，差は，0.3＋0.8＝1.1(度)縮まる。よって，A，B，Cの室温を同じにするには，かげをつけた部分から右へ，5.5÷1.1＝5(列)移動すればよいことになる。したがって，このときの室温は，9.1＋0.3×5＝10.6(度)と求められる。なお，このときの人数は，Aが12人，Bが13人，Cが16人である。

A	7	8	9	10	11	12	13	14	15
C	1	4	7	10	13	16	19	22	25
B	33	29	25	21	17	13	9	5	1

2　旅人算，速さと比

(1)　8時－7時50分＝10分，8時－7時59分40秒＝20秒＝$\frac{20}{60}$分＝$\frac{1}{3}$分より，条件をグラフに表すと右の図1のようになる。図1で，アの部分は太朗君が3分で進む距離《きょり》を表しているから，イの部分も太朗君が3分で進む距離を表している。また，イの部分はバスと太朗君が$\frac{1}{3}$分で進む距離の差も表しているので，太朗君の速さを$\boxed{太}$，バスの速さを$\boxed{バ}$とすると，$\boxed{太}\times 3=(\boxed{バ}-\boxed{太})\times\frac{1}{3}$より，$\boxed{太}:(\boxed{バ}-\boxed{太})$

図1

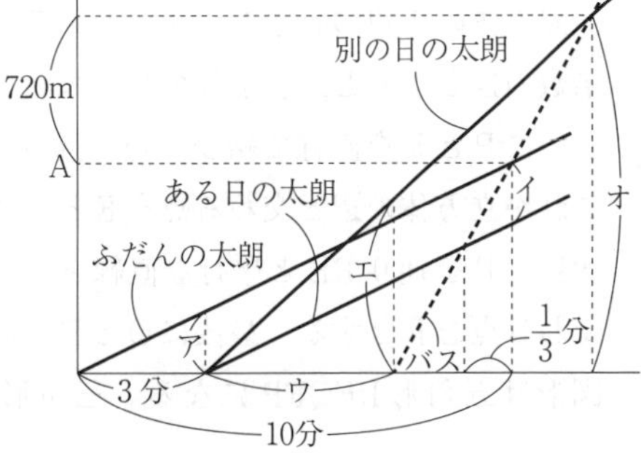

$=\dfrac{1}{3}$：3＝1：9とわかる。そこで，$\boxed{\text{太}}$＝1とすると，$\boxed{\text{バ}}$－$\boxed{\text{太}}$＝9，$\boxed{\text{バ}}$＝9＋1＝10となり，太朗君とバスの速さの比は1：10と求められる。

(2) 太朗君のふだんの速さを分速1とすると，家からA地点までの距離は，1×10＝10となる。また，バスの速さは分速10だから，バスが家からA地点まで進むのにかかった時間は，10÷10＝1（分）となり，ウの時間は，10－(3＋1)＝6（分）と求められる。さらに，別の日の太朗君の速さは分速$\dfrac{5}{2}$なので，エの距離は，$\dfrac{5}{2}$×6＝15とわかる。よって，別の日にバスが家の前を通過してから太朗君を追い抜《ぬ》くまでの時間は，15÷$\left(10-\dfrac{5}{2}\right)$＝2（分）だから，オの距離は，10×2＝20となり，20－10＝10にあたる距離が720mとわかる。したがって，1にあたる距離は，720÷10＝72(m)なので，ふだんの太朗君の速さは分速72mであり，これを秒速に直すと，72÷60＝1.2(m)となる。

〔ほかの解き方〕 (1) ある日の太朗君がバスに追い抜かれた地点をB，別の日の太朗君がバスに追い抜かれた地点をCとしてグラフに表すと，右の図2のようになる。図2で，カの時間（ふだんの太朗君とある日の太朗君がB地点を通過する時刻の差）は3分だから，B地点からA地点まで進むのに，太朗君は，3＋$\dfrac{1}{3}$＝$\dfrac{10}{3}$（分），バスは$\dfrac{1}{3}$分かかることがわかる。この比は，$\dfrac{10}{3}$：$\dfrac{1}{3}$＝10：1なので，太朗君とバスの速さの比は，$\dfrac{1}{10}$：$\dfrac{1}{1}$＝1：10と求めることもできる。

図2

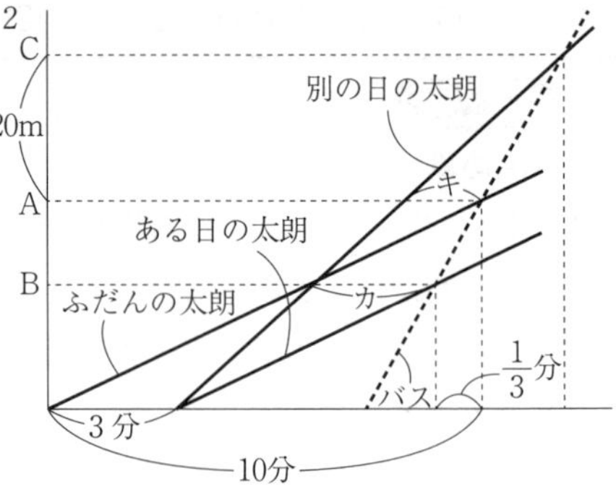

(2) 太朗君のふだんと別の日の速さの比は，1：$\dfrac{5}{2}$＝2：5だから，同じ距離を進むのにかかる時間の比は，$\dfrac{1}{2}$：$\dfrac{1}{5}$＝5：2となる。よって，別の日に太朗君が家からA地点まで進むのにかかった時間は，10×$\dfrac{2}{5}$＝4（分）なので，キの時間は，10－(3＋4)＝3（分）とわかる。また，別の日の太朗君とバスの速さの比は，$\dfrac{5}{2}$：10＝1：4だから，別の日の太朗君とバスがA地点からC地点まで進むのにかかった時間の比は，$\dfrac{1}{1}$：$\dfrac{1}{4}$＝4：1となる。この差が3分なので，バスがA地点からC地点まで進むのにかかった時間は，3÷(4－1)×1＝1（分）と求められる。したがって，バスの速さは秒速，720÷1÷60＝12(m)だから，ふだんの太朗君の速さは秒速，12×$\dfrac{1}{10}$＝1.2(m)と求めることもできる。

$\boxed{3}$ 立体図形―分割，相似

立方体の1辺の長さを，4＋3＝7と，1＋1＝2の最小公倍数の14とすると，各部分の長さは右の図1のようになる。はじめにPとRを直線で結び，Qを通りPRと平行な直線を引く。これが立方体の辺と交わる点をEとして，RとEを直線で結ぶ。次に，Pを通りREと平行な直線を引き，これが立方体の辺と交わる点をFとする。最後にQとFを直線で結ぶと，切り口の図形は五角形REQFPになる。三角形RPBと三角形QECは

図1

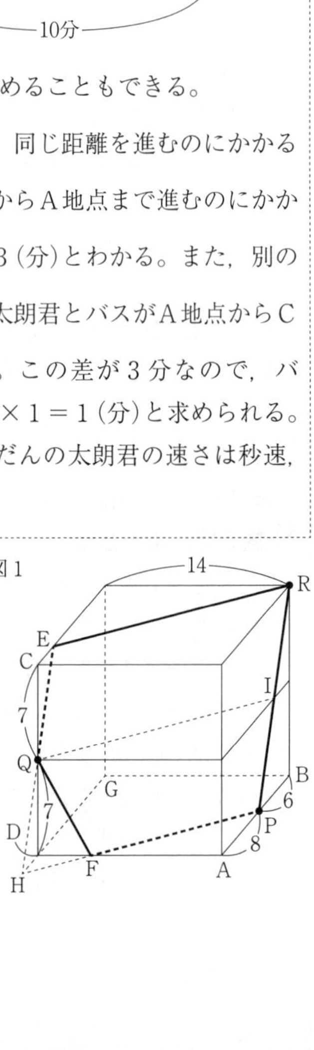

相似であり，直角をはさむ2辺の比が，6：14＝3：7だから，CEの長さは，7×$\frac{3}{7}$＝3となる。次に，図1のように，EQ，GD，PFを延長して交わる点をHとすると，三角形ECQと三角形HDQは合同なので，HDの長さは3とわかる。また，三角形DHFと三角形APFは相似であり，相似比は，DH：AP＝3：8だから，HF：FP＝3：8となる。よって，切り口は右の図2のように表せる。図2で，四角形EHPRは平行四辺形なので，ERの長さは，③＋⑧＝⑪とわかる。また，白い部分と赤い部分を高さが等しい台形と考えると，面積の比は(上底＋下底)の比に等しく，(11＋11)：(11＋8)＝22：19と求められる。

図2

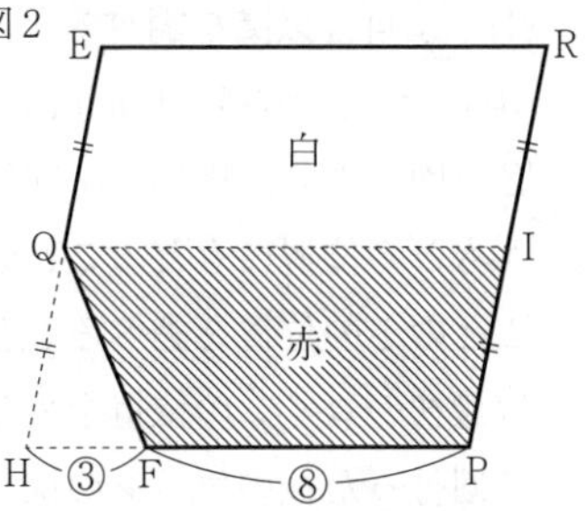

4 周期算

⑴　1番目から9番目までの数の和は，3＋6＋7＋9＋12＋14＋15＋18＋21＝105となる。

⑵　3と7の最小公倍数は21だから，⑴で加えた9個の数を1周期目とすると，となり合った周期の同じ部分にある数の差はすべて21になる(たとえば，右の図1で，3と24の差，6と27の差はどちらも21になる)。⑴より，図1の①の部分(3～21)の9個の数の和は105とわかるから，これを1つ右にずらした②の部分(6～24)の9個の数の和は，①の部分の和よりも21大きくなり，105＋21＝126となる。以下，これと同じことがくり返される。77番目から85番目までの，85−77＋1＝9(個)の数は，①の部分から右に，77−1＝76ずらしたものなので，⑴で求めた和よりも，21×76＝1596大きくなり，105＋1596＝1701と求められる。

図1

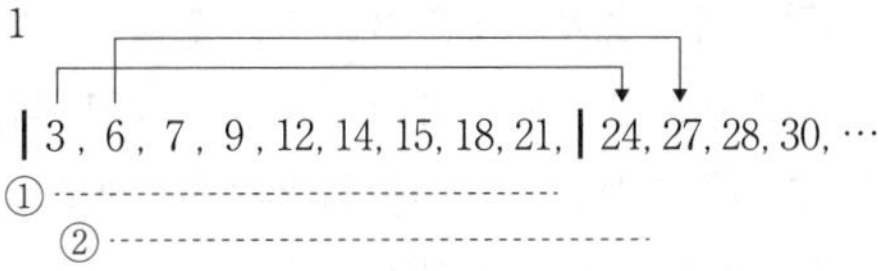

⑶　99÷9＝11より，1周期目から11周期目までの和を求めればよいことになる。ここで，各周期の和は，はじめの数が105であり，増える数が，21×9＝189の等差数列と考えることができるから，11周期目の和は，105＋189×(11−1)＝1995となる。よって，1周期目から11周期目までの和は，(105＋1995)×11÷2＝11550と求められる。

⑷　最初から順に99個の数を組にして考える。このとき，1つの組は，99÷9＝11(周期)分にあたるので，右の図2のように，となり合った組の同じ位置にある数の差はすべて，21×11＝231になる。よって，組を1つ右にずらすごとに，組の数の和は231ずつ大きくなる。⑶より，1組目の和は11550とわかるから，和を128205にするためには，128205−11550＝116655大きくすればよい。そのためには右に，116655÷231＝505ずらせばよいので，最も小さい数は，数の列全体の中では，1＋505＝506(番目)にある。

図2

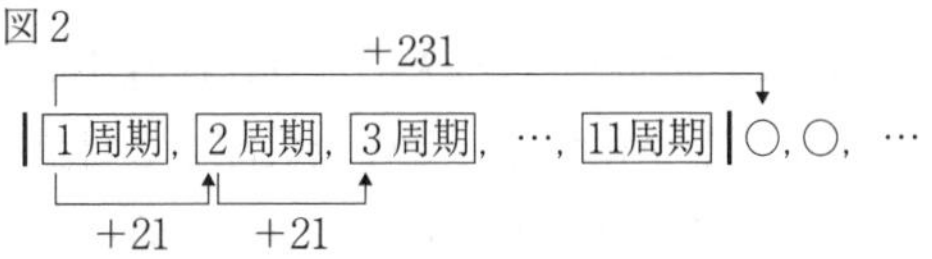

5 整数の性質

図ア

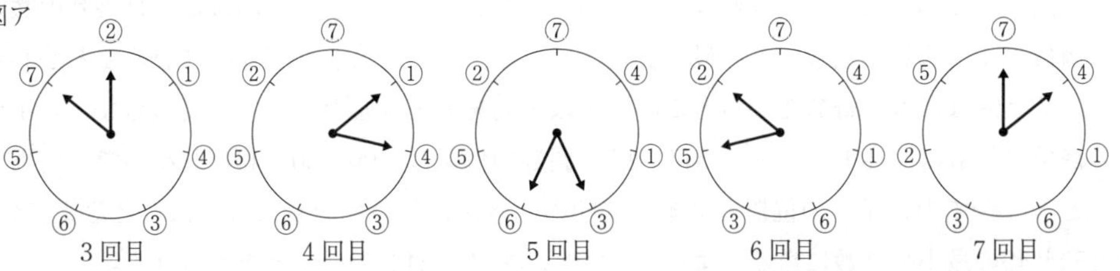

⑴　３回目以降を調べると，上の図アのようになる。よって，２本の矢印はもとの位置にもどり，コインは上から時計回りに，７，４，１，６，３，２，５となる。

⑵　図アより，操作を７回行うとはじめて矢印がもとの位置にもどることがわかるから，７回ごとの１の位置を調べる。右の図イで，●数字は最初のコインの位置を表し，○数字は操作を７回行った後のコインの位置を表している。図イより，最初の状態から操作を７回行うごとに，１は最初の３の位置，５の位置，７の位置，１の位置に移動することがわかる。よって，１の位置と２本の矢印の向きがはじめて同時にもとにもどるのは，７×４＝28(回)の操作を行ったときである。

図イ

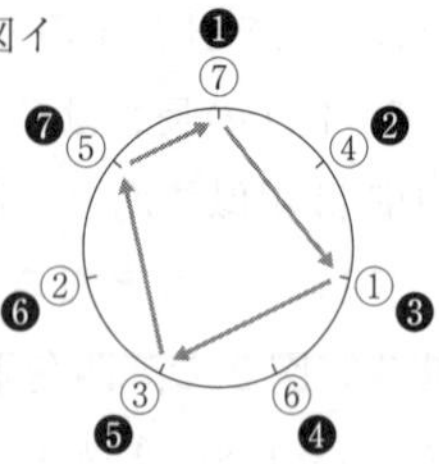

図ウ

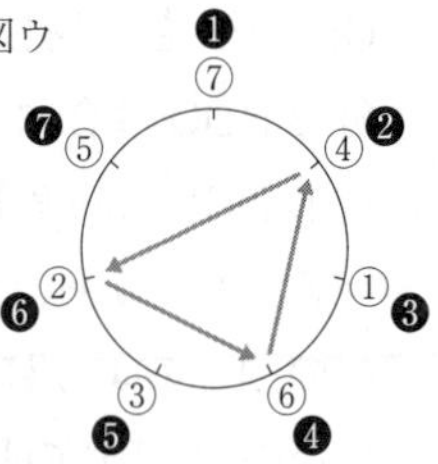

⑶　図イより，１，３，５，７は全て28回の操作でもとの位置にもどることになる。また，上の図ウより，２，４，６は，７×３＝21(回)の操作ではじめてもとの位置にもどることがわかる。よって，全てのコインの位置と２本の矢印の向きがはじめて同時にもとにもどるのは，28(７×４)と21(７×３)の最小公倍数である，７×４×３＝84(回)の操作をしたときである。

⑷　はじめに，円周を７等分した場合について考える。下の図エのように，奇数《きすう》のコインと，はじめに１へ向いている矢印だけに注目すると，矢印が向いている目盛りの位置にあるコインを時計回りに１つ移動し，その後矢印を２目盛り分だけ時計回りに回すという操作をすることになる。すると，矢印は全ての目盛りに１回ずつ向くことになるから，矢印がはじめの向きにもどるのは，目盛りの数と同じ７回ごとになる。また，７回の操作で，７以外のコインは２目盛り分だけ，７のコインは１目盛り分だけ時計回りに移動する。そこで，はじめの奇数のコインの位置を直線で結んだ多角形をつくると，７回の操作ごとに，奇数のコインは多角形のとなりの頂点に移動することになる。よって，この多角形の頂点の数は奇数の個数と同じだから，奇数のコインは７回の操作を，奇数の個数と同じ４周繰《く》り返せばもとの位置にもどる。次に，下の図オのように，偶数《ぐうすう》のコインと，はじめに２へ向いている矢印だけに注目すると，矢印が向いている目盛りの位置にあるコインを反時計回りに１つ移動し，その後矢印を２目盛り分だけ時計回りに回すという操作をすることになる。すると，矢印は図エと同様に全ての目盛りに１回ずつ向くことになるから，矢印がはじめの向きにもどるのは，目盛りの数と同じ７回ごとになる。また，７回の操作で，２以外のコインは２目盛り分だけ，２のコインは３目盛り分だけ反時計回りに移動する。そこで，はじめの偶数のコインの位置を直線で結んだ多角形をつくると，７回の操作ごとに，偶数のコインは多角形のとなりの頂点に移動することになる。よって，この多角形の頂点の数は偶数の個数と同じだから，偶数のコインは７回の操作を，偶数の個数と同じ３周繰り返せばもとの位置にもどる。これらのことから，全てのコインの位置と２本の矢印の向きがはじめて同時にもとにもどるまでの回数は，目盛りの数の７，奇数の個数の４，偶数の個数の３の最小公倍数である，７×４×３＝84(回)になることがわかる。ここで，７と99はともに奇数だから，この原理は円周を99等分した場合でも変わらない。１から99までの奇数の個数は，(99＋１)÷２＝50(個)，偶数の個数は，99－50＝49(個)なので，円周を99等分するとき，全てのコインの位置と２本の矢印の向きがはじめて同時にもとにもどるまでの回数は，99と50と49の最小公倍数になる。よって，99×50×49＝242550(回)と求められる。

図エ

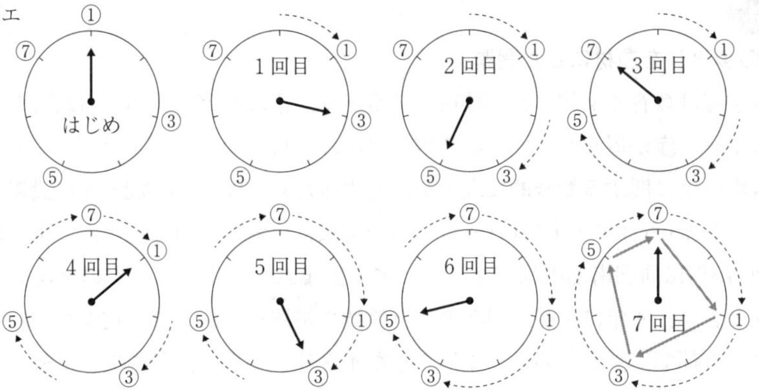

図オ

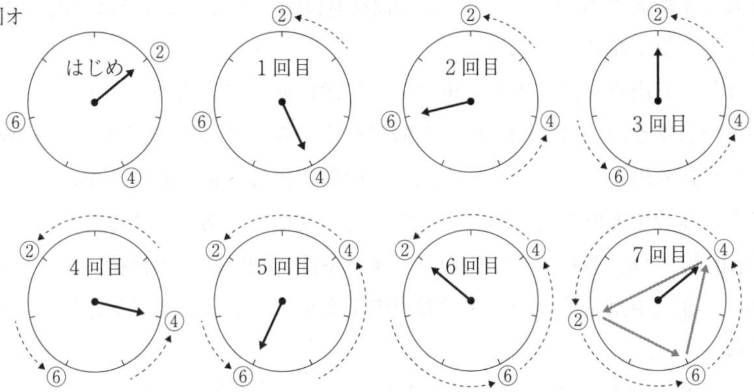

社 会 (50分) ＜満点：40点＞

解 答

問1 文部科学(省) **問2** **い** ギリシャ **う** イタリア **問3** エ，1 **問4** 流鏑馬 **問5** (例) 相手を倒す実戦的な剣術から，自らの心身をきたえ，技を競う剣道へと変わった。 **問6** (例) 特定の地域での儀式や武芸，娯楽としてではなく，文化として広く行われるようになった。 **問7** (例) 将来の軍人として富国強兵政策に役立つように，強い体を持ち，指揮に従って集団行動ができるひとを育てようとした。 **問8** (例) 不景気や社会不安によって政府への不満が高まるなかで，国民の関心をそらすことができるという点。 **問9** (例) ドイツ国民の愛国心と連帯感を高めるとともに，その優秀さを宣伝する効果。 **問10** (例) ソ連のアフガニスタン侵攻に抗議するため。 **問11** (例) 競技の中継を放送時間内におさめることができる。 **問12** (例) 優勝チームの業種は，せんいから鉄鋼業，機械工業というように，戦後日本の産業と同じように移り変わり，企業が上げた利益を資金として優勝できるチームをつくったのだと考えられる。 **問13** (例) 選手としての役割を終えても雇用関係が失われず，社員として働くことで収入を維持できる。 **問14** (例) 社会の高齢化は今後もすすむと予想されているが，高齢者がスポーツに親しむことで健康を維持できれば，労働力の確保や医療・介護費用の軽減などが期待できる。また，スポーツを通じた世代間交流は地域の活性化にもつながる。このように，スポーツには社会や経済を活性化する役割が求められる。

解　説

「スポーツの歩み」を題材にした問題

問１　文部科学省は教育や文化，科学技術，スポーツ，宗教などを担当する政府の機関で，外局として文化庁とスポーツ庁が置かれている。スポーツ庁は，複数の省庁にまたがっていたスポーツ行政を一元化し，スポーツに関する総合的な政策を実施するため，2015(平成27)年に設置された。

問２　**い**　ギリシャ(首都アテネ)はヨーロッパの南東に位置し，西は地中海，東はエーゲ海に面している。紀元前776年に同国南部の都市オリンピアで生まれた「オリンピアの祭典」が古代オリンピックのはじまりとされ，４年に１度，現在の陸上競技や格闘《かくとう》技にあたる競技が行われた。　**う**　ローマはイタリアの首都で，長ぐつのような形をしたイタリア半島の西部中央に位置している。紀元80年に完成し，５万人を収容できたローマ市内の円形闘技場(コロセウム)では剣闘士競技などが行われ，市民の娯楽《ごらく》として人気を集めた。

問３　鹿嶋市は茨城県南東部に位置し，東側で太平洋に面しているので，場所はエとなる。鹿嶋市と隣接《りんせつ》する神栖《かみす》市の沿岸地域では1960年代から開発がすすみ，砂丘地帯には大型船の着岸を可能にするためＹ字型の掘《ほ》り込《こ》み港がつくられた。また，その周辺には鉄鋼・石油化学のコンビナートが造成され，鹿島臨海工業地域を形成している。よって，説明文は１があてはまる。なお，地図中アは大分市，イは倉敷市(岡山県)，ウは四日市市(三重県)，オは室蘭《むろらん》市(北海道)の位置。また，説明文２は北九州工業地帯(地域)，３は中京工業地帯，４は瀬戸内工業地域，５は京葉工業地域などに，それぞれあてはまることがら。

問４　鎌倉時代の武士は館《やかた》を構えて領地を支配し，農作業の指導などをして暮らすのが日常であった。一方で武芸，とくに馬術と弓矢の訓練も重視された。示された絵は，直線の馬場に一定間隔《かんかく》で置かれた的を走る馬の上から射る「流鏑馬《やぶさめ》」で，頭にかぶる笠《かさ》をぶらさげて的とする「笠懸《かさがけ》」，傷つけないように工夫された矢で犬を追いかけて射る「犬追物《いぬおうもの》」とともに，「騎射三物《きしゃみつもの》」とよばれた。

問５　江戸時代になって世の中が平和になると，剣術の目的は相手を倒《たお》すことから，武士として心身をきたえることへと変化していった。こうしたなか，18世紀に竹刀と防具を使う稽古《けいこ》が行われるようになると，相手を傷つけることなく心技体をみがけるこの方法がまたたくまに広がり，さまざまな流派が生まれて現在の剣道の原形となった。このように，竹刀の登場によって剣術は実戦的な武術から競技としての剣道へと変わったのである。

問６　スポーツの原型については，「スポーツはどこから来たのか」という部分で述べられている。これによると，スポーツの原型は「昔から世界各地で」「宗教的な儀式《ぎしき》として」行われてきたものにはじまり，武芸や娯楽としても広がっていったことが読み取れる。一方，近代的なスポーツについては，「世界に広がるスポーツ」という部分で，その多くが「ヨーロッパ，とくにイギリスで生まれたもの」だとされている。ここでは，イギリスの「村や町同士」で行われていたフットボールが，「共通のスポーツの文化」として「イギリス全土」に広がっていったと説明されている。つまり，スポーツの原型は限定的な地域で行われる儀式や武芸，娯楽であったが，近代的なスポーツは文化として広く受け入れられたものだということができる。

問７　明治時代，政府は富国強兵政策をおしすすめ，近代的な軍制の整備や徴兵《ちょうへい》制の導入を行った。軍では上官の指揮のもと，統率の取れた集団行動をすることが求められる。そのため，学校に体操を取り入れ，教師の指導のもと一斉に行わせることで，強い体を持ち，指示に従って集団行動ができるひとを育てようとしたのだと考えられる。「全員で一斉に行った体操」の絵は，そうしたようすをうかがわせるものとなっている。

問8　年表に示されたとおり，大正時代はロシア革命や米騒動《そうどう》，不景気といった社会不安，そして護憲運動のような反政府運動があいついだ時期であった。また，普通選挙法を成立させた一方で，治安維持法によって思想や言論の自由をうばうことも，政府への不満につながるものだった。こういったなかでスポーツが盛り上がることは，民衆のエネルギーの高まりを不満として爆発させたくない政府にとって，国民の関心をそらすことができるという点で都合がよかったのだと考えられる。また，皇太子などの皇族がスポーツの盛り上がりを後押しすることで，国民の連帯感を高める効果もあったと推測できる。

問9　1936(昭和11)年にドイツのベルリンで開かれたオリンピック大会は，ヒトラーが率いるナチス政権のもとで行われた。文章にあるように，ヒトラーはオリンピックを利用して国家の整備を行い，派手に大会を演出してこれを映画に記録させた。これは，大々的な国家事業を記録し，広く国内外に発信することで，自国民の偉大さを共有し，愛国心を高めるとともに，ドイツ国民の優秀さを国外に宣伝する効果をねらったものだと考えられる。

問10　1979年，ソ連がアフガニスタンに侵攻《しんこう》して親ソ連政権を樹立すると，アメリカ(合衆国)や日本などの資本主義諸国は，これに抗議《こうぎ》して翌80年にモスクワで開かれたオリンピックへの参加を拒否《きょひ》した。

問11　テレビやラジオの番組はふつう，決まった時間内で編成される。スポーツの試合を中継していた場合，試合が延長されて終了時間がわからないと，試合の中継を途中で切ったり，あとの番組を中止したりしなければいけなくなる。サッカーのペナルティーキック戦や柔道《じゅうどう》のポイント制は，試合の終わる時間がある程度計算できるという点で，テレビやラジオの中継放送に好都合だといえる。

問12　表で優勝チームの業種に注目すると，1950年代はせんい，1970年代は鉄鋼，2000年代は自動車が最も多い。これは，戦後日本の産業の中心が，軽工業から重工業へ転換《てんかん》し，重工業のなかでも，産業用の原材料をつくる鉄鋼業から，自動車のような製品をつくる機械工業へと移り変わっていったことを反映している。つまり，それぞれの時期で産業の中心となり，大きな利益を上げていた企業が，豊富な資金力を背景にチームを強化し，優勝を勝ち取ってきたのだと推測できる。

問13　プロ選手の場合，けがや病気で長期間休んだり，体力の衰《おとろ》えなどで実力が発揮できなくなったりしたとき，所属チームやスポンサーから契約《けいやく》を解除され，生活基盤《きばん》を失うことがある。しかし，企業内のチームに所属していれば，競技ができなくなっても会社との雇用《こよう》関係は継続するので，社員として働き，給料を受け取ることで収入を維持できる。

問14　これからの日本は，少子高齢化がさらに進み，人口も減少する社会となる。現在でも，高齢者の年金や医療・介護などの費用が増大して財政を圧迫《あっぱく》している。このような社会において，高齢者の多くが積極的にスポーツに親しむことで，長く働ける体力を維持し，病気やけがのない健康寿命《じゅみょう》を保てるようにすれば，人口減少にともなう人手不足を解消することができる。また，医療・介護にかかる費用を軽減することもできる。さらに，スポーツを通じた地域間・世代間交流を深めることで，社会の活性化も期待できる。このように，スポーツには社会や経済の活性化をうながす役割があるといえる。また，おたがいに言葉が通じなくてもルールがわかっていれば楽しめるため，スポーツを通した国際交流によって，今後国内に増えると予想される外国人との社会生活をよりスムーズにする役割なども期待できるだろう。

理　科　(50分) ＜満点：40点＞

解　答

[1] **問1**　**あ**　生物　**い**　二酸化炭素　**う**　植物　**問2**　卵，精子　**問3**　性　**問4**　(うめるもの，生殖方法の順に) **チューリップ**…球根，A　**ひまわり**…種子，B　**問5**　5時間　**問6**　**卵が大きい**…(例) 栄養を多くたくわえられる。　**卵が多い**…(例) ふ化する数が多くなる。　**問7**　(例) メスが卵にあたえられる栄養に限りがあるから。　**問8**　イ
[2] **問1**　(例) コーヒー豆の仕上がりにむらが少なくなる。　**問2**　ア　**問3**　(例) 空気と触れる面積が大きくなり，酸化しやすくなるから。　**問4**　(例) 苦味が強くなり，酸味が弱くなる。　**問5**　(例) コーヒーの粉とあまり触れていない湯が入るため，味がうすくなる。　**問6**　1：1　**問7**　6：7　**問8**　極細挽き　**問9**　解説の図を参照のこと。
[3] **問1**　ア　**問2**　(例) ヒーターに流れる電流を制ぎょして，温度を一定のはん囲に保つ。　**問3**　エ　**問4**　(例) バイメタルが油につからない部分ができ，正確な油の温度が測れない。　**問5**　(例) **あ**　3　**い**　2　**問6**　50mA　**問7**　250℃　**問8**　(例) 液体が固体に変化するから。　**問9**　−150℃　**[4]** **問1**　イ　**問2**　エ　**問3**　ウ　**問4**　①　ウ　②　エ　**問5**　(地球・月の順に) A・g，C・e　**問6**　223回目　**問7**　ウ　**問8**　ア　**問9**　伊能忠敬　**問10**　イ

解　説

[1] **生殖《せいしょく》についての問題**

問1　植物は二酸化炭素と水を原料に日光のエネルギーを利用して光合成を行い，でんぷんなどの栄養を作り出す。一方，動物は光合成ができず，自分自身で栄養を作り出せないため，他の生物を食べて栄養を得ている。また，動物や植物は呼吸することによって，栄養を分解して生きるためのエネルギーを得ており，このときに二酸化炭素と水ができる。

問2，問3　一般に動物にはメスとオスの性別があり，メスの体内の卵巣《らんそう》では卵が作られ，オスの体内の精巣では精子が作られる。また，卵と精子が合体することを受精という。

問4　チューリップを新たに育てるときには，ふつう球根を土の中にうめる。チューリップの球根は，小さな茎《くき》のまわりに栄養をたくわえた葉が重なり合ったりん茎《けい》で，チューリップが成長すると，親球(最初に植えた球根)のまわりに子球がいくつかでき，子球は親球のように大きくなる。この子球を球根として新たにうめて育てることになる。一方，ひまわりを新たに育てるときには，ふつう種子を土の中にうめる。ひまわりの種子はふつう，別の花のおしべの花粉がめしべの柱頭について受粉したのち，子房《しぼう》の中にある胚珠《はいしゅ》が成長したものである。

問5　お弁当の病原菌《びょうげんきん》の個体数は20分ごとに，1×2＝2(個体)，2×2＝4(個体)，4×2＝8(個体)，…のように増えていく。つまり，(20×□)分後には病原菌は1に2を□回かけた個体数になる。同様に求めると，(20×16)分後には65536個体になり，(20×17)分後には131072個体になるとわかる。したがってお弁当の病原菌が10万個体になるのはお弁当が作られてから，20×16＝

320(分後)から，20×17＝340(分後)までの間なので，320÷60＝5.3…(時間)，340÷60＝5.6…(時間)より，条件を満たす最大の整数は５と求められる。

問６　卵が大きいと，栄養を多くたくわえられるので，子が大きく育ちやすいといえる。一方，卵が多いと，生き残ってふ化する子の数が多くなる。

問７　大きな卵には子が成長するための栄養を多くたくわえる必要があるが，メスが卵に栄養をたくわえられる量には限りがある。そして，そのような卵を作るのには時間がかかると考えられる。また，メスの体の大きさにも限りがあり，大きな卵を卵巣でたくわえておくにもその数には限りがある。そのため，大きな卵を数千個以上も産む動物はあまりみられない。

問８　Ｂの生殖を行う動物は，「２つの親から遺伝情報をもらうため，親と子が完全に同じ性質になることはありません」と述べられているように，親と子で持っている遺伝情報が異なる。そのため，Ａの生殖を行う動物たちよりも，環境の変化への対応が優《すぐ》れていると考えられる。

２　コーヒーについての問題

問１　ドラムを用いると，内部で豆が転がり，よくかきまぜられる。そのため，金網《かなあみ》を用いる場合に比べ，焙煎《ばいせん》がより均等に行われ，コーヒー豆の仕上がりにむらが少なくなると考えられる。

問２　焙煎が進むほど，コーヒー豆の酸化が進んでカフェイン以外の苦味成分が増えるため，コーヒーの苦味が強くなる。一方，コーヒーの酸味については，焙煎が進むと有機酸が増えるため酸味が増えるが，焙煎が長時間になると，焙煎によって発生した有機酸が気体になったり分解したりするため，酸味が減る。よって，アが選べる。

問３　コーヒー豆を挽《ひ》いて粉にすると，挽く前よりも空気に触《ふ》れる面積が増えて酸化しやすくなるため，味が変化しやすくなる。

問４　コーヒー豆を挽くときにミルのハンドルを高速で回すと，摩擦《まさつ》で熱が発生して豆の焙煎が進む。そのため，中煎《なかい》りのコーヒー豆の場合，問２で考えた変化のように，コーヒーの苦味が強くなり，酸味が弱くなると考えられる。

問５　熱湯が直接ペーパーフィルターに触れてしまうと，コーヒーの粉にあまり触れていない湯が下にある容器に流れ落ちるため，コーヒーの味がうすくなる。

問６　ここでは，コーヒーの粉と熱湯が十分な時間で触れたときの，コーヒーの粉１ｇあたりに残っている粒《つぶ》の数と，触れていた熱湯１ｇあたりに溶《と》けた粒の数の比を，「粒の数の比」と表すことにする。コーヒーの粉１ｇに対して，熱湯が１ｇのときの粒の数の比は９：１，熱湯が２ｇのときの粒の数の比は９：２なので，熱湯が９ｇのときの粒の数の比は，９：９＝１：１になる。

問７　問６と同様に考えると，コーヒーの粉１ｇに対して熱湯が27ｇの場合，粒の数の比は，９：27＝１：３になるため，コーヒーの粉１ｇあたりに残っている粒の数は抽出《ちゅうしゅつ》前の，１÷(１＋３)$=\frac{1}{4}$(倍)，触れていた熱湯１ｇあたりに溶けた粒の数は抽出前の，$1-\frac{1}{4}=\frac{3}{4}$(倍)となる。一方，問６より，コーヒーの粉１ｇに対して熱湯９ｇで１回抽出すると，コーヒーの粉１ｇあたりに残っている粒の数は抽出前の，$1\div(1+1)=\frac{1}{2}$(倍)になるので，熱湯９ｇで３回抽出すると，コーヒーの粉１ｇあたりに残っている粒の数は抽出前の，$\frac{1}{2}\times\frac{1}{2}\times\frac{1}{2}=\frac{1}{8}$(倍)，触れていた熱湯１ｇあたりに溶けた粒の数は抽出前の，$1-\frac{1}{8}=\frac{7}{8}$(倍)になると求められる。したがって，コーヒーの粉１ｇに対して熱湯27ｇで１回抽出するときと熱湯９ｇで３回抽出するときの，溶けている粒の数の比は，$\frac{3}{4}$：$\frac{7}{8}$＝6：7である。

問8　挽いた豆の粒が小さいほど，コーヒーを淹《い》れるときに湯が落ちにくくなる。エスプレッソは，淹れるときに少し高い圧力をかける必要があることから，極細挽きにしたものに圧力をかけて抽出していると考えられる。

問9　コーヒーの粉と水を右の図のように入れてから器具を火にかけると，水があたためられて湯になり，Aの空間に水蒸気がたまる。すると，Aの空間の圧力が高くなるので，水面がおし下げられ，Bから湯が上がっていく。このとき，コーヒーの成分が粉から湯に溶けこみ，Cからコーヒーとなって出てくる。

3 温度計についての問題

問1　金属aの方が金属bよりも体積が変化しやすいので，バイメタルをあたためたときには，金属aの方が金属bよりも伸《の》びやすい。よって，アのように曲がる。

問2　図2の回路を使うと，温度が上がりすぎたときにはバイメタルPが曲がって金属Qとの接点から離《はな》れ，ヒーターに電気が流れなくなる。すると，しだいに温度が下がり，再びバイメタルPがまっすぐになって接点で触れ，ヒーターに電気が流れるようになる。このような動作をくり返すことで，バイメタルPはヒーターに流れる電気を制ぎょし，温度を一定のはん囲に保つ役割をしている。

問3　金属aの方が金属bよりもあたためたときに伸びやすいので，バイメタルがエのようになっていると，あたためたときに図3のように変形する。

問4　Xの部分を長くしすぎると，Xの部分で油につからない部分ができ，その部分のバイメタルの伸びが減るので，正確な油の温度が測れなくなってしまう。

問5　表2より，白金が同じ温度の場合，直列につなぐ白金の個数と電流は反比例している。白金を直列に1個，2個，3個，4個，5個，6個，…とつないだ場合，温度0℃の白金では電流が120mA，60mA，40mA，30mA，24mA，120÷6＝20(mA)，…となり，温度125℃の白金では電流が80mA，80÷2＝40(mA)，80÷3＝26.6…(mA)，80÷4＝20(mA)，80÷5＝16(mA)，80÷6＝13.3…(mA)，…となる。したがって，電流が等しくなるものとして，「あ」を3，「い」を2とする組み合わせ，「あ」を6，「い」を4とする組み合わせなどが考えられる。

問6　表3より，温度350℃の白金1個は，温度0℃の白金，24÷10＝2.4(個)にあたる。よって，電流の大きさは，120÷2.4＝50(mA)と求められる。

問7　表3で，温度が25℃上がるごとに，等しい電流が流れる組み合わせの0℃の白金の個数が1個ずつ増える。また，温度0℃のときの電流と比べ，同じ白金の個数10個で，電流の大きさが半分になるような温度のとき，それと等しい電流が流れる0℃の白金の個数は，10×2＝20(個)になる。したがって，このような温度は，50＋25×(20－12)＝250(℃)とわかる。

問8　液体温度計は，細いガラス管の中に，着色された石油や水銀などを入れた温度計である。液体は，温度が低くなると体積が小さくなり，温度が高くなると体積が大きくなる。液体のこのような性質を液体温度計は利用しているので，液体が固体に変化してしまうと使用できない。つまり，液体温度計は中で使われている液体の凝《ぎょう》固《こ》点(液体が固体に変化する温度)より低い温度では使えない。

問9　白金１個に流れる電流が300mAのとき，この白金を10個直列につないだときに流れる電流は，300÷10＝30(mA)となる。また，表３で，50℃の白金10個に流れる電流は，120÷12＝10(mA)であり，白金10個に流れる電流が30mAのときと等しい電流が流れる０℃の白金の個数は，12÷$\frac{30}{10}$＝４(個)となる。よって，25×(12－４)＝200より，白金温度計は50℃より200℃低い－150℃を示す。

4　暦法《れきほう》についての問題

問1　暦法では，太陽などの天体の運動をもとに日付や季節を定めるので，冬至や春分，冬至と春分の中間の立春などは，暦法で定めることができる。これに対して，梅雨《つゆ》は，春の終わりごろから夏ごろにかけて雨やくもりの日が多く見られる現象とその期間をいい，太陽などの天体の運動をもとに決められるわけではない。

問2　日食は，太陽―月―地球がこの順に一直線上に並び，太陽が月にかくされて欠けて見える現象で，新月のときに起こる。一方，月食は，太陽―地球―月がこの順に一直線上に並び，月が地球のかげに入り欠けて見える現象で，満月のときに起こる。

問3　日食は月が新月の位置にあるとき，月食は月が満月の位置にあるときに起こるが，どちらも新月や満月のたびに起こるわけではない。これは，地球と月が公転する面どうしにかたむきがあるからであり，日食や月食は地球と月が公転する面が交わる直線上で新月や満月になったときに見られる。

問4　①　地球がAにあり，月がhにあるとき，地球の北半球にいる観測者が18時ごろに南中している月を正面から見ると，太陽は右側に位置している。そのため，観測者には，向かって右側半分が光っている半月(上弦《じょうげん》の月)が見える。　②　地球がDにあり，月がｆにあるとき，太陽―月―地球がこの順に並ぶので，地球上の観測者から月を見ると新月になる。

問5　太陽と地球の中心を結ぶ直線が新月を通過する，つまり，問３で述べたように地球と月が公転する面が交わる直線上に新月があるのは，地球・月の位置の組み合わせが，A・ｇとC・ｅのときである。

問6　18年11日後とは，365×18＋11＝6581(日後)にあたる。よって，6581÷29.5＝223.0…より，約18年11日後の皆既《かいき》日食は223回目の新月で生じる。

問7　図２で，地球がBで月がhにあるときや地球がDで月がｆにあるときに新月になっても日食が起こらないように，約18年11日の間に起こる223回の新月について，すべてが皆既日食とはならない。また，問５で考えたように，１年の間には，２回の皆既日食の可能性があると考えられる。そして，図４のように，太陽と地球を結ぶ直線から新月が少しずれていても，地球のどこかでは皆既日食が見えるときもあり得る。これらのことから，約18年11日の間に，地球から見えるすべての皆既日食の回数としてウが選べる。

問8　日食が見られるのは月のかげに入る地域だけであり，他の地域では太陽が欠けることなく見える。下線部のようになったのは，中国と日本の経度の差が無視できないほど大きく，中国が月のかげに入るとき(日食を予測したとき)に，日本がかげからはずれていたためと考えられる。

問9　江戸時代の中ごろ，伊能忠敬《いのうただたか》は幕府の命令により全国の沿岸を測量して回り，正確な日本地図を作製した。この業績は，彼の死後に「大日本沿海輿地《よち》全図」(通称「伊能図」)としてまとめられた。

問10 「経度によって異なる日食・月食の時刻を測ることで東西の位置を決めました」と述べられている。日食や月食が起こる日は限られており，天候によっては観測できないこともあるので，東西を正確に調べることができなかったと考えられる。

国　語　(60分)＜満点：60点＞

解　答

問１　下記を参照のこと。　**問２**　(1)　(例)　父親の仕事の都合。　(2)　(例)　ヒナコは引っ越しが不満で，この町の暮らしを受け入れようとしないが，母は割り切って，ここでがんばろうと思っている。　**問３**　ア　**問４**　(例)　前に住んでいた街の暮らしに未練が残っているから。　**問５**　(例)　宮前太鼓にまったく興味がなかったし，感性や考え方が合わない多恵さんの好意がわずらわしかったから。　**問６**　(例)　三人を見て，自分の娘が幼かったころの幸せな時間を思い出したから。　**問７**　231(行目)　**問８**　(例)　ハローおじさんの方言を笑ったり，善意をふみにじったりする杏やサトちゃんを不快に思いながら，結局は同じことをしてしまったことを後悔し，自分を責めているから。　**問９**　(1)　(例)　背伸びして乗客の顔を見定めている女の子の真剣なまなざし。　(2)　(例)　仕事がうまくいってなかったとしても，そんなことを気にかけずに，父親に家族のもとへ帰ってきてほしいという思い。　**問10**　(例)　多恵さんの好意をないがしろにあつかったことを反省し，一緒に宮前太鼓を見に行こうと思い直したから。　**問11**　(例)　ヒナコのことを思いやり，温かく見守りながら一緒に暮らしていこうとする家族の姿。　**問12**　(例)　いつまでも昔の暮らしを引きずらず，積極的にほかの人たちとふれあい，新しい暮らしになじむことが大切だということ。　**問13**　(1)　(例)　以前は不満だったが，この場面では前向きになじんでいこうとしている。　(2)　(例)　父親と離れて暮らさなければいけない多恵さんや，家族のもとに帰ることができないハローおじさん，父親の帰りを真剣なまなざしで待っている改札口の女の子など，さまざまな家族の姿を見ることで，家族そろって暮らすことができることの幸せを強く実感したから。

●漢字の書き取り

問１　a　肥料　b　粉　c　保存　d　口調

解　説

出典は安東《あんどう》みきえの『天のシーソー』による。父親の仕事の都合で都会から引っ越《こ》してきたヒナコが，友だちに会うため，以前住んでいた街へ行く場面である。

問１　a　農作物の生長をよくするために，畑などにまく栄養分。　b　音読みは「フン」で，「花粉」などの熟語がある。訓読みにはほかに「こ」がある。　c　そのままの状態で保っておくこと。　d　話し方の調子。口ぶり。

問２　(1)　少し後に，ヒナコは引っ越しをすることが不満で，「仕事の都合でやむを得ないとパパに説明されてもなかなか納得《なっとく》はできずにいた」とある。つまり，引っ越したのは父親の仕事の都合である。　(2)　ヒナコはこの引っ越しによって転校を余《よ》儀《ぎ》なくされ，仲のよかった友だちとも別れざるをえなかった。そのため，この町で暮らすことに不満をいだいているものとわかる。それに対し，母親は「新しいところに慣れるのって，簡単じゃないわよ」と言いながらも，「前はよかったとか，振《ふ》り返っててもはじまらないからね，ここでがんばるしかないってことよね」と，引っ越しのことを割り切って考え，前向きにこの町の暮らしを受け入れようとしていることが読み取れる。

問3　前後の内容から読み取る。自分の父を自慢《じまん》し，照れる多恵《たえ》さんのようすを見たヒナコは，「家族の元にも帰らずにいて，自慢できる父親と言えるのだろうか」と反発しながらも，「たった今，父親の悪口を言っていた」ことにうしろめたさを感じて，「下を向いた」のである。よって，アがふさわしい。

問4　前に住んでいた街へ「行く」ことを「帰る」と口にしたのを，ヒナコは「まちがえた」と言っている。問２でみたように，引っ越しをしたことが不満で，この町での暮らしになじもうとしないヒナコは，いまだに前に住んでいた街の暮らしに未練が残っているため，「帰る」と言ってしまったのである。

問5　多恵さんがくれたチケットは地元の宮前太鼓《みやまえだいこ》の招待券だったが，そもそもヒップホップのダンスが好きなヒナコにとっては別の世界のことのように思え，まったく興味が持てなかった。また，前の街の友だちに会う話をしても，駅の改札での「不正行為《こうい》をけしかけ」られ，自分とは合わないと感じたので，多恵さんの好意をわずらわしく感じ，チケットを乱暴にあつかってしまったのだと考えられる。

問6　直後で，ハローおじさんが「おらちにも娘《むすめ》っ子がいだんだ」，「おめだぢ見てると，家さ帰《け》えりたくなるだ。まだめんこい娘っ子のまんま，家でおらのこと待っててくれる気がしてならねえ」と話していることに注目する。お金を稼《かせ》ぐことに苦労し，故郷に帰ることができないハローおじさんにとって，ヒナコたちの姿は，まだ娘たちとともに幸せに過ごしていたころのことを思い出させるものであったので，「楽しそうにながめ」ていたのだと想像できる。

問7　「おじさんもそろそろ青森とかに帰るんじゃないですか」とサトちゃんがなまいきな口調でたずねた直後に，「家さ帰えるじぇんこがねえと電車も乗れねえ，帰えるに帰えれねえだでなあ」と，ハローおじさんは青森に帰ることができない事情を説明している。

問8　ヒナコたちとハローおじさんとのやりとりを整理する。サトちゃんにココアをねだられたハローおじさんが，わざわざコンビニまで買いに行ってくれたにもかかわらず，その善意を無視するようにヒナコは杏《あんず》とサトちゃんとともに公園からにげ出してしまった。そのことに対し，ヒナコは「やっぱり戻《もど》ればよかったかな。おじさんにココアをもらえばよかったかな」と思っている。また，おじさんの方言を笑いものにしていた二人と同様に自分も「一緒《いっしょ》に笑っていた」と，ハローおじさんのことをからかってしまったことも後悔《こうかい》している。そんな心ない自分を責めるためにも，寒さにさらされなければならないし，くちびるも「痛くなるまでかまなければいけなかった」のである。

問9　(1)　雨のため，母親とともに傘《かさ》を持って父親を迎《むか》えに来た女の子の「まなざしが真剣《しんけん》」であることに思わずほほえんだ直後に，ヒナコは「ふっと，多恵さんの言葉」を思い出している。　(2)　続く内容から読み取る。「無人駅だったら，お金がなくなっちゃっても，ちゃんとうちに帰って来られるんだよ」という多恵さんの言葉は，自分にではなく「父親に伝えたい言葉だったのだ」とヒナコはとらえている。そして，多恵さんがそう言った背景には，「たとえ仕事がうまくいかなくても，電車の運賃さえも稼げなかったとしても，この駅ならば帰ってこられるから」，父親に帰ってきてほしいと願う思いがあることにヒナコは気づいたのである。そのため，「父親を待つ女の子に，多恵さんの小柄《こがら》な姿が重なっ」て見えたのだといえる。

問10　問５でみたように，多恵さんからチケットをもらったときには，ヒナコは彼女《かのじょ》に対して悪い印象しかいだいていなかったため，自分に向けられた好意がわずらわしく，チケットを「見もしないでふたつに折」り，「ポケットにつっこ」むという乱雑なあつかいをしてしまった。しかし，多恵さんの本当の思いに気がつき，彼女の悲しみやつらさを思いやることができた今は，その好意をないがしろにしてはいけないと思い直し，「日にちをたしかめ」，「そっと折りたたんでバッグに入れ直した」。つまり，ヒナコは多恵さんと一緒に宮前太鼓を見に行こうと思い直したのである。

問11　ロータリーにいた姉のミオは，傘を持たずに出た妹のために迎えに来たのであり，傘も個別に持ってくるのではなく，「紺色《こんいろ》の大きいパパの傘」に二人で入って帰ろうとしている。ここからは，家族としてヒナコのことを思いやり，温かく見守ろうとする愛情が読み取れる。

問12　ヒナコは，自分の意に反して引っ越しをせざるを得なかったことが不満で，前に住んでいた街の暮らしに未練を残し，新しい町での暮らしになじもうとしていなかった。そんなヒナコに対して，姉のミオは“その土地に住もうとする人は，その土地の文化にしたがうべきである”という意味のことわざと，“何事も経験してみないとわからない”という意味のことわざを引き合いに出し，積極的にこの町の暮らしになじむことが大切であることを伝えようとした。それは，ヒナコの母親が，「前はよかったとか，振り返っててもはじまらないからね，ここでがんばるしかないってことよね」と言ったことにも通じている。

問13　(1)　これまで検討してきたように，以前は引っ越してきたことが不満で，何に対しても悪い印象しか持っていなかったため，姉のミオに多恵さんのことを聞かれても，友だちでもないし，名前も知らないと答えている。ここからは，ヒナコは町の暮らしにも，多恵さんに対しても積極的になじんでいこうとしていなかったようすが読み取れる。それに対して，最後の場面では多恵さんの名前を知らなかったというのはうそで，友だちじゃないって言ったのも「うそかもしれない」と告白している。つまり，ヒナコはここでの暮らしにしっかりとなじんでいこうと，前向きな気持ちになったのである。　　(2)　この作品にえがかれているのは，都心に働きに出たまま，いつ帰ってくるかもわからない父親の帰りをずっと待ち望んでいる多恵さんや，故郷に帰ることもできずにいるハローおじさん，母親とともに駅まで来て，父親を真剣なまなざしで待っている女の子などの「家族」である。さまざまな事情で，離《はな》れ離《ばな》れになって暮らさなければいけない人々の姿を見ることで，家族と一緒に暮らし，温かく見守られている自分を幸せだと実感できたので，ヒナコは引っ越しをしたことに対する不満が消え，この町の暮らしになじんでいこうと前向きな気持ちになったのだと考えられる。

Dr.福井の 入試に勝つ！脳とからだのウルトラ科学

記憶に残る“ウロ覚え勉強法”とは？

人間の脳には，ミスしたところが記憶に残りやすい性質がある。順調にいっているときの記憶はあまり残らないが，まちがえて「しまった！」と思うと，その部分がよく記憶されるんだ（これは，脳のヘントウタイという部分の働きによる）。その証拠に，おそらくキミたちも「あの問題を解けたから点数がよかった」ことよりも，「あの問題をまちがえたから点数が悪かった」ことのほうをよく覚えているんじゃないかな？

この脳のしくみを利用したのが“ウロ覚え勉強法”だ。もっと細かく紹介すると，テキストの内容を一生懸命覚え，知識を万全にしてから問題に取り組むのではなく，テキストにざっと目を通した程度（つまりウロ覚えの状態）で問題に取りかかる。もちろんかなりまちがえると思うが，それを気にすることはない。まちがえた部分はよく記憶に残るのだから……。言いかえると，まちがえながら知識量を増やしていくのが“ウロ覚え勉強法”なのである。

ここで，ポイントが２つある。１つは，ヘントウタイを働かせて記憶力を上げるために，まちがえたときは「あ～っ！」とわざとらしく驚くこと。オーバーすぎるかな……と思うぐらいでちょうどよい。

もう１つのポイントは，まちがえたところをそのままにせず，ここできちんと見直すこと（残念ながら，驚くだけでは覚えられない）。問題の解説を読んで理解するのはもちろんだが，必ずテキストから見直すようにする。そうすれば，記憶力が上がったところで足りない知識をしっかり身につけられるし，さらにその部分がどのように出題されるかもわかってくる。頭の中の知識を実戦で役立てられるようにするわけだ。

Dr.福井（福《ふく》井《い》一成《かずしげ》）…医学博士。開成中・高から東大・文Ⅱに入学後，再受験して翌年東大・理Ⅲに合格。同大医学部卒。さまざまな勉強法や脳科学に関する著書多数。

Memo

2018年度　麻布中学校

〔電　話〕 (03) 3446－6541
〔所在地〕 〒106-0046　東京都港区元麻布2－3－29
〔交　通〕 東京メトロ日比谷線—「広尾駅」より徒歩10分
都営大江戸線・東京メトロ南北線—「麻布十番駅」より徒歩15分

【算　数】（60分）〈満点：60点〉

《注意》 円周率の値《あたい》を用いるときは，3.14として計算しなさい。

1　太朗君と次朗君がコインを何枚か持っています。最初，太朗君の持っている枚数は次朗君の1.5倍でした。その後，次朗君が太朗君にコインを40枚わたしたところ，太朗君の持っている枚数は次朗君の3.5倍になりました。最初に太朗君が持っていたコインの枚数を答えなさい。

2　下の図の斜線《しゃせん》部分を，直線ABの周りに1回転させてできる立体の体積が2088.1cm^{3}となります。図の□に入る数を答えなさい。

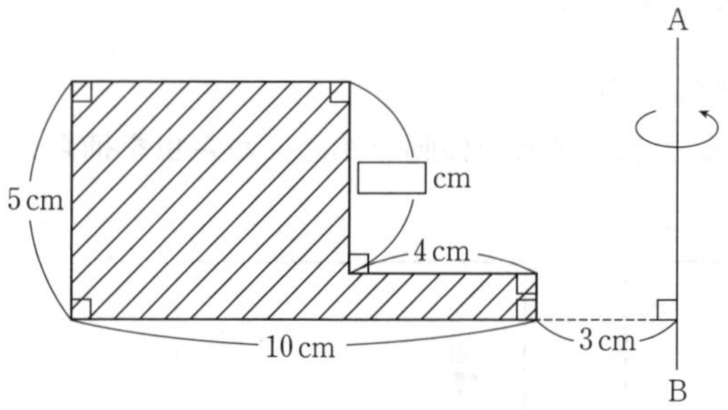

3　2つの記号○，×を並べてできる列のうち，次の条件にあてはまるものを考えます。

（条件）　○が3つ以上連続して並ぶことはない。

例えば，○○×○○はこの条件にあてはまりますが，○×○○○××は条件にあてはまりません。次の問いに答えなさい。

(1)　○，×を合わせて14個並べるとき，×の個数が最も少なくなる列を1つ書きなさい。

(2)　○，×を合わせて13個並べるとき，×の個数が最も少なくなる列は全部で何通り考えられますか。

(3)　○，×を合わせて12個並べるとき，×の個数が最も少なくなる列は全部で何通り考えられますか。

4　以下の(1)，(2)について，□に「＋」，「×」，「＝」の3種類の記号のいずれかを入れて，例のように正しい式を作る方法を，2通りずつ答えなさい。ただし「＝」は1か所のみに入れるものとします。

例　（問）　2□3□5□10□20

（答）　2[＋]3[＋]5[＋]10[＝]20，　2[×]3[×]5[＝]10[＋]20

(1)　1□4□5□6□7□8

(2)　2□3□5□7□11□13□17

5 ある長方形があり，頂点にいるクモが内部にいる虫を捕《と》らえようとしています。ただし，クモは一定の速さで移動し，虫は動かないものとします。

クモは，まず以下の規則で辺上を移動します。

- 虫に最も近い辺上の点(図1中の○で表されている点)が一つだけあるとき，その点まで辺上を最短経路で移動する。
- 虫に最も近い辺上の点(図2，図3中の○で表されている点)が複数あるとき，それらのなかで最も早く着ける点のいずれかまで辺上を最短経路で移動する。

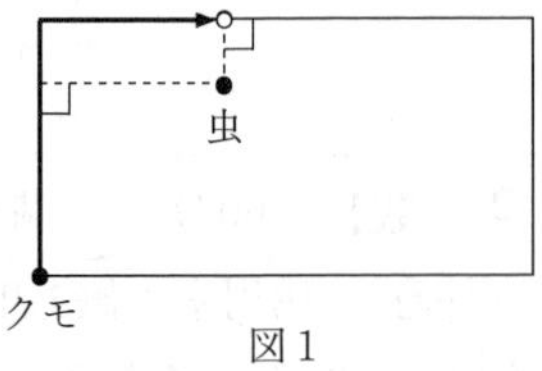

図1
(矢印に沿って移動)

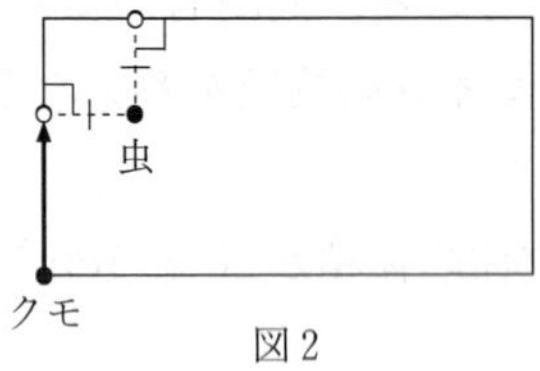

図2
(矢印に沿って移動)

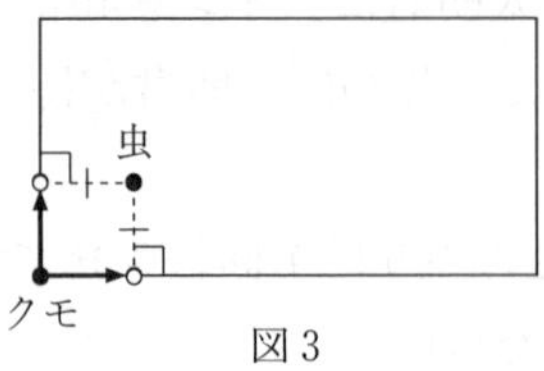

図3
(いずれかの矢印に沿って移動)

こののち，クモは虫に向かってまっすぐ移動します。

例えば，図1，図2，図3の位置に虫がいるとき，クモが移動を始めてから虫を捕らえるまでの動きはそれぞれ下図のようになります。

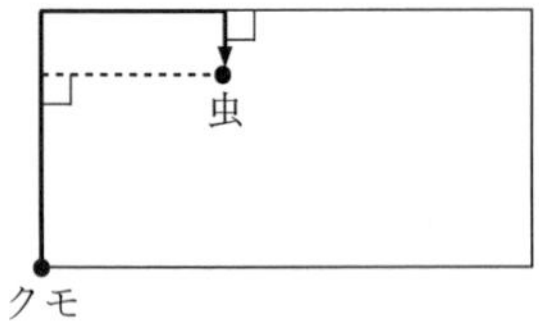

(矢印に沿って移動)

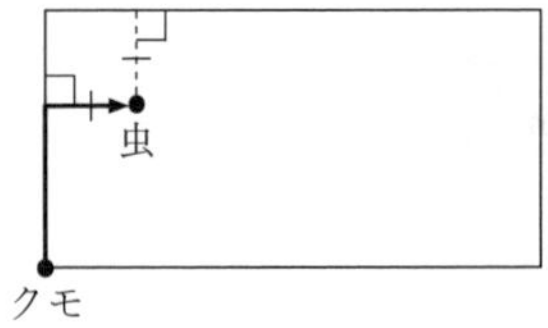

(矢印に沿って移動)

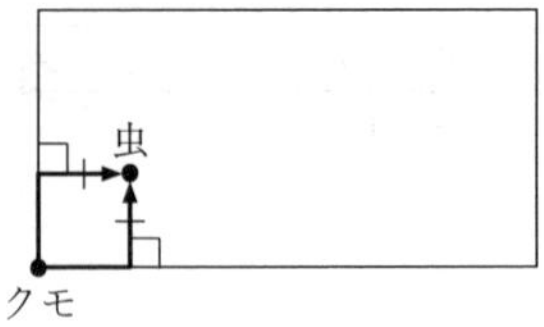

(いずれかの矢印に沿って移動)

クモの移動する速さは秒速10cmであるとして，以下の問いに答えなさい。

(1) 図4のように1辺の長さが10cmの正方形の頂点にクモがいるとします。クモが1.5秒以内で捕らえることができるのは，どのような範囲《はんい》にいる虫ですか。その範囲を斜線《しゃせん》で示しなさい。ただし，図中の点線は5cmごとに引いてあります。

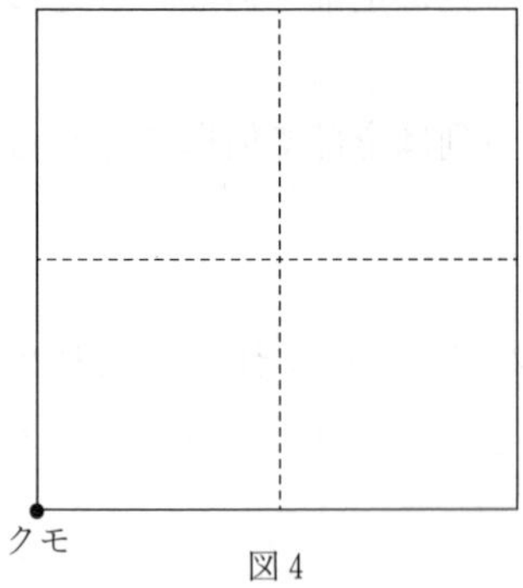

図4

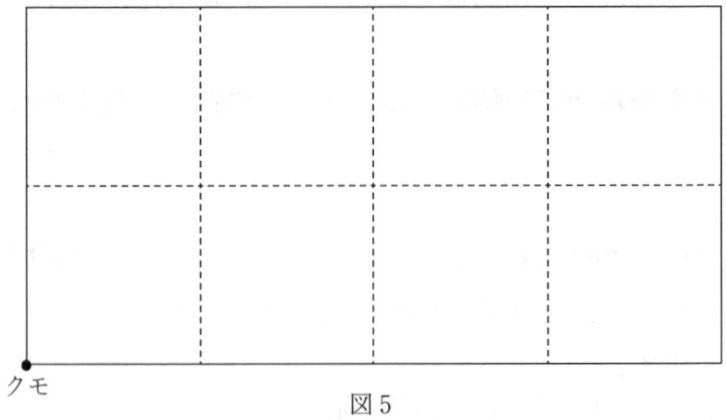

図5

(2) 図5のように，縦の長さが10cm，横の長さが20cmの長方形の頂点にクモがいるとします。クモが2.5秒以内で捕らえることができるのは，どのような範囲にいる虫ですか。その範囲を斜線で示しなさい。ただし，図中の点線は5cmごとに引いてあります。

(3) (2)で示した斜線部分の面積を求めなさい。

6 2をN個かけ合わせてできる数を〈N〉と表すことにします。例えば

〈3〉＝2×2×2＝8,　　〈5〉＝2×2×2×2×2＝32

となります。ただし，〈1〉＝2と約束します。

(1) 〈1895〉の一の位の数字は何ですか。

(2) 〈12〉＋〈2〉と〈13〉＋〈3〉を計算しなさい。

(3) 〈2018〉の下2桁《けた》を答えなさい。ここで，下2桁とは十の位と一の位の数字の並びのことです。例えば，1729の下2桁は29で，1903の下2桁は03です。

(4) 〈53〉の下3桁は992です。〈N〉の下3桁が872となるNを2つ求めなさい。ここで，下3桁とは百の位から一の位までの数字の並びのことです。

【社　会】（50分）〈満点：40点〉

次の文章をよく読んで，あとの問いに答えなさい。

みなさんはどんなときにドキドキしますか。大勢の人前で話すとき，試験が始まるとき，いろいろな場面で心臓の高鳴りを感じることがあると思います。人間にはいろいろな感情があり，感情が高ぶると鼓動《こどう》も速まります。すごくうれしくても，怒《おこ》っていても，不安でも，ドキドキします。ただ，心理学の研究によれば，人間はどちらかというと「いやだ」と思う感情の高ぶりの方が気になるようです。具体的には「怒《いか》り」「不安」「悲しみ」などがあげられます。

たまにドキドキすることは刺激《しげき》になりますが，毎日続くのは疲《つか》れます。とくに怒りにふるえることや，不安で気分が悪くなることはできれば避《さ》けたいものですし，あまり続くと生きていく力がわかなくなってしまいます。ですから，私たちは，日常の生活のあちこちでこういう感情をコントロールするくふうをしてきました。

困ったときの神頼《かみだの》み

感情をコントロールするくふうのひとつにお祈《いの》りがあります。「お祈りしても意味がないよ」と思うかもしれませんが，毎年の初詣《はつもうで》に多くの人びとが神社や寺院を訪《おとず》れることを考えると無意味とはいい切れない何かがあるのでしょう。

ア日本では，先祖の霊《れい》が子孫に影響《えいきょう》を与《あた》えると考えられ，先祖のお墓で一族を守ってもらうように祈りをささげてきました。これは中国や朝鮮《ちょうせん》半島でもみられることです。また，自然の中にさまざまな神が宿っていると考え，木や石などを祀《まつ》ってきました。仏教が伝わると，貴族などの支配者たちは先祖の霊や自然の神々《かみがみ》に祈るだけでなく，イ寺院でも，病気の流行や災害の発生をおそれ，そのようなことが起こらないように祈りました。人間の力ではどうにもならないわざわいは，ウ「神がお怒りになった」とか「祟《たた》りだ」とか「鬼《おに》や妖怪《ようかい》のせいだ」と説明され，人びとはそれらをしずめようと努めてきました。

例として雷《かみなり》があげられます。雷はしばしば神の怒りや祟りのあらわれだと語られてきました。これをしずめて，被害《ひがい》が起きないように神社などが建てられました。それは人びとがくらす村でも行われましたが，貴族なども同じようなことをしました。遣唐使《けんとうし》を中止することを決めた（**あ**）は，政治の争いに敗れて太宰府《だざいふ》に送られて亡《な》くなった後，怨霊《おんりょう》となって自分を失脚《しっきゃく》させた朝廷《ちょうてい》の人びとに雷を落としたといわれています。これを恐《おそ》れた人びとは，怨霊を天神《てんじん》として祀り祈ってきました。やがて怒りや祟りによるエ災害の記憶《きおく》が薄《うす》れると，天神はしだいに（**あ**）の優《すぐ》れた才能が強調され，学問の神になっていきました。

このほかにも，神々だけでなく，わざわいをもたらすものとして伝えられてきた「物の怪《もののけ》」や「妖怪」なども祀られてきました。とくに朝廷や貴族は，オ神話や伝承という形で，当時の言い伝えを記録し，各地のようすを把握《はあく》して，支配しやすくするためにも利用しました。

このように，人びとはわざわいが起きないように祈ってきました。祈ったり祀ったりすることは，ゆたかな実りを願うだけでなく，わざわいへの対応の仕方を過去から未来へ伝える役割もになっていたのです。

集団で感情を共有すること

つぎに，多くの人びとが感情を共有して怒りや不満，悲しみと向き合う方法についてみてみましょう。具体的に想像がつかない人もいると思うので，まずは祭りを例にあげてみます。

祭りは，村や町内会のような共同体の中で，日ごろの不満を解消し，日常を忘れて，喜びを高める効果があるといわれます。神輿《みこし》が町内を練り歩いている場面や，通りで縁日《えんにち》が開かれているような場面を見たことはありませんか。こうしたことは，いつでも行われているわけではありません。時期や場所を限定し，大勢で盛り上がります。限定された方がより気持ちを高ぶらせるのに効果があるといわれます。

さらにもうひとつ，葬式《そうしき》を例にあげてみたいと思います。葬式は「死」と向き合う儀式《ぎしき》です。身の回りの人がいなくなれば，いろいろな感情が生き残った人びとをおそうことでしょう。こうした感情と向き合うために葬式を行ってきました。みなさんの中にもお通《つ》夜《や》や葬式に参列したことがある人はいると思いますが，思い出話をしたり，一緒に泣いたりすることは単なる儀式以上の意味があると考えられます。

日本ではとくに**カ**仏教のやり方に従った葬式が多数を占《し》めています。かつては寺院で親せきや地域の人びとの手によって行われていましたが，しだいに葬祭業者(葬式を行う専門の業者)が関わるようになりました。葬祭業者が関わるようになっても，仏教や地域のやり方にそったものがほとんどでした。**キ**キリスト教やイスラーム(イスラム教)のようにあとから日本社会に入ってきた宗教を信仰《しんこう》する人が増えると，それぞれの宗教に従った葬式が営まれましたが，それほど多数ではありません。

現在の葬式は大きく変わりつつあります。たとえば「家族葬」のように，なるべく短く簡単に済ませようとする傾向《けいこう》があります。また最近では，葬祭業者に依頼《いらい》して，葬式とは別の日に「お別れの会」を開くということもみられるようになってきました。**ク**このように葬式にはいろいろな変化が起きていますが，それでも続けられているのは，「死」が人間にとって大きな課題であり，それをみんなで共有することが大切であるからなのでしょう。

また，私たちは，共有した不満や不安を権力者に訴《うった》えるという形でも解決してきました。平安《へいあん》時代，農民たちは集団で，都から派遣された地方役人である（ **い** ）に対する不満を訴え，（ **い** ）を交代させることがありました。室町《むろまち》時代から江戸《えど》時代にかけて起こった（ **う** ）も，一見暴動のようにみえますが，人びとが一定のやり方に従って支配者に不満を伝える手段として機能してきました。現代でも，不満や憤《いきどお》りをもった人びとが**ケ**「訴訟団《そしょうだん》」をつくって裁判を行うこともありますし，政府や大企業《だいきぎょう》に対して集団で抗議《こうぎ》活動を行うことがみられます。みんなで集まってどのように対応したらよいかを相談したり，相手と交渉《こうしょう》するためには，問題点や怒りを共有することが大事であることがわかります。

社会の変化にあわせて

私たちは，ともに生活する社会の中で，いろいろなくふうをしながら感情をコントロールしてきました。しかし，今まであげた祭りや葬式という例をみてもわかるように，**コ**私たちは社会の変化にあわせてくふうの仕方を変えてきました。

たとえば，長距離《ちょうきょり》を移動できる手段が生まれ，マスメディアや通信手段の発達で離《はな》れた場所の情報がすぐに手に入るような社会に変わると，どんなことが起きるでしょうか。人びとは地域を越《こ》え，さまざまな手段で多様な関係を築くことができるようになりました。とくに都市はさまざまな地域に生まれ育った人びとが生活をともにする場所になりました。都市で出会った人びとは新しい関係を築くこともできますが，とくに親しい関係を築かなくても生活していくことができます。当然，今までとはことなる方法で感情を共有することになりました。

見えない相手との関わりの中で

この20年の間で，社会を大きく変えたもののひとつがインターネットです。また，スマートフォンの普及《ふきゅう》にともなって，以前よりも速く，多くの人に自分の感情を伝えることができるようになりました。では，インターネットでできた関係は，それまでの関係と何がちがうのでしょうか。インターネットの問題点についてひとことではいえませんが，相手が見えていないことを問題視する声があります。

例としてＳＮＳ（ソーシャル・ネットワーキング・サービス）の「いいね！」という共感を示す評価基準をみてみましょう。ＳＮＳで発信した記事に多くの「いいね！」をもらうと自分が認められた気分になり，「いいね！」がもらえないと自分が否定されている気分になって落ちこんでしまうということがあるそうです。面と向かって意見や感想をもらうことよりも，単純な評価の数を気にする人が多くなったという問題がここにはみられます。

また，かなりひどいことを平気で言えてしまうこともあげられるでしょう。相手の発言や行動の一部分だけを切り取って，自分が直接には関係のないところから批判するといったことも可能になっています。これも一種の怒りや不満の解消方法といえるかもしれませんが，相手を目の前にしてそのようなことが言えるのでしょうか。

実際の人間関係は，「いいね！」とそれ以外で分けられるほど単純ではありませんし，傷つく人を目の前にして自分の不満を解消するために暴言をはくわけにはいきません。インターネットでは，そのことに気づかずに感情を発信し続けることで，人間関係がこじれることがあります。いったんこじれた関係を断《た》ち切ることもできますが，「通信」を切ってもなお残る怒りや不安という感情はなかなか解消されないのが現実です。そればかりか，断ち切った「通信」の外で何を言われているかを気にするなど，よけいに感情と関係を悪化させてしまうこともあります。

感情のゆくえ

もちろん，古くからの方法がすべてを解決してきたわけではありませんし，よい面ばかりでもありません。とくに，みんなで共有するなどということは，面倒《めんどう》で不自由なこともたくさんふくまれています。それでも嫌《きら》いな人もふくめて一緒に過ごすための努力をしてきたのです。

怒りや不安はいつでも私たちに降りかかってきます。これさえあれば絶対大丈夫《だいじょうぶ》という特効薬はありません。だからこそみんなでいろいろなくふうをし，それを大切にしてきました。現代の社会はそういうくふうをほどこしてもなかなか解決方法がみつかりにくい世の中なのかもしれません。

問１　文中の空らん（**あ**）～（**う**）にあてはまる語句を答えなさい。

問２　下線部**ア**について。これら３つの地域では，土を盛って丘《おか》のようにした墓がつくられ，日本のものはとくに古墳《こふん》とよばれています。

⑴　1972年に**図１**の壁画《へきが》がみつかった奈良《なら》県明日香《あすか》村にある古墳の名を答えなさい。

⑵　７世紀，遣唐使の情報をもとにして改革が進められました。この改革はどのような目的で行われましたか。**資料１**を参考にして答えなさい。

図１

> **資料１**　（改革の一部として出された命令）
> 多くの豪族《ごうぞく》が古墳をつくってきたが，これからは勝手につくってはならない。また，古墳の大きさや葬式の内容については身分によって差をつけなさい。

問３　下線部**イ**について。奈良《なら》時代，このようなことを目的とした事業が行われました。

(1)　事業のひとつに大仏をつくったことがあげられます。聖武《しょうむ》天皇が大仏づくりのために協力するよう命じた人物の名を答えなさい。

(2)　大仏づくりのほかに朝廷が行った事業を１つ答えなさい。

問５の地図

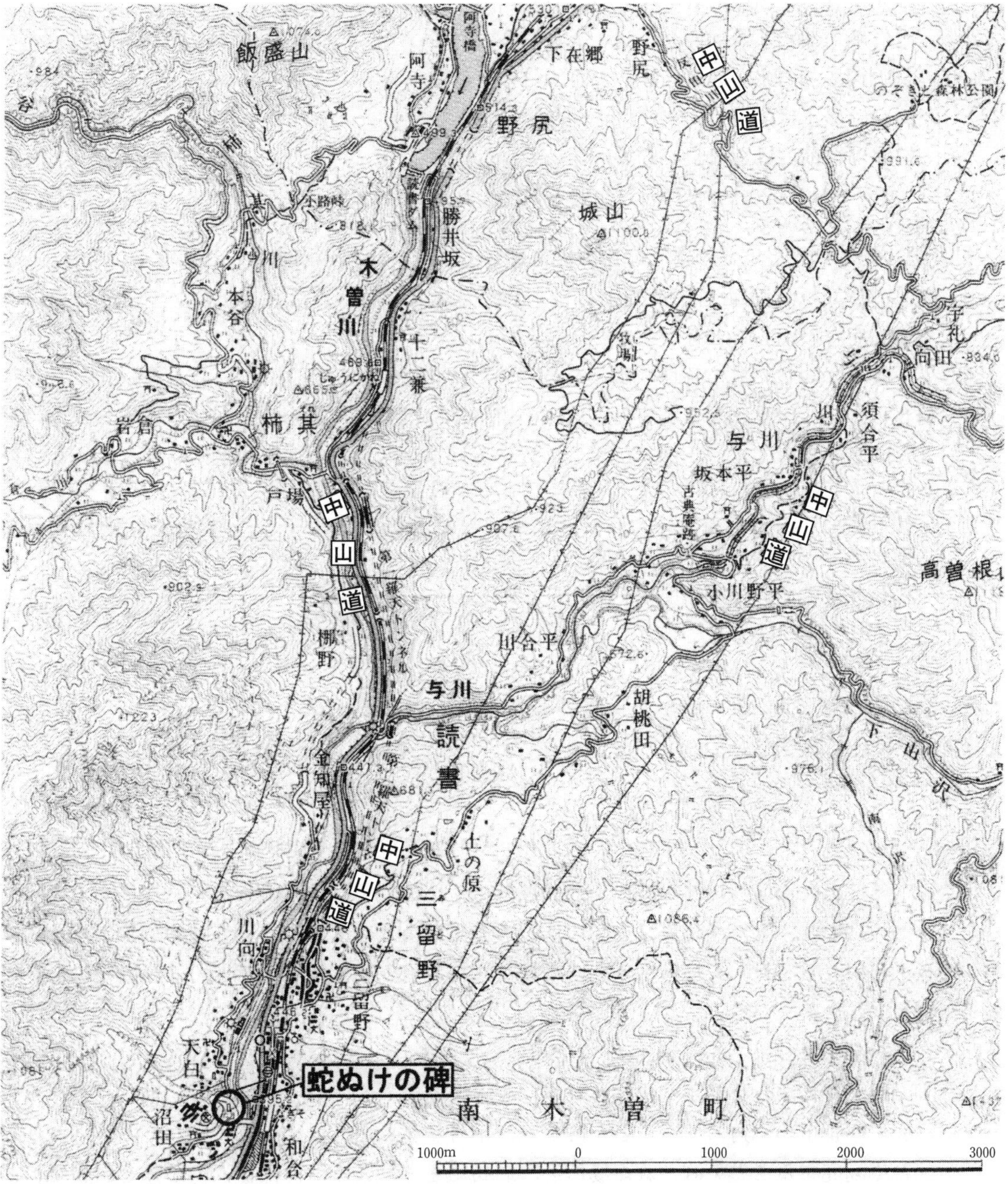

問4　下線部**ウ**について。町や家をつくるときに，北東方向からわざわいがやってくると信じられていました。この方角を「鬼門《きもん》」とよび，守り神を置いたりしました。平安京《へいあんきょう》の「鬼門」の方角にあり，山全体に広がる寺院の名を答えなさい。

問5　下線部**エ**について。長野《ながの》県南木曽《なぎそ》町は，古くから交通の重要な場所でした。しかしこの地域ではいくつもの場所で「蛇《じゃ》ぬけ」とよばれる災害がたびたび起きたため，**資料2**のような内容の碑《ひ》を残して災害のことを忘れないようにしてきました。

資料2

白い雨が降るとぬける
尾先《おさき》　谷口　宮の前(には家をたてるな)
雨に風が加わると危い
長雨後，谷の水が急に止まったらぬける
蛇ぬけの水は黒い
蛇ぬけの前にはきな臭《くさ》い匂《にお》いがする
　※(　)はわかりやすいように出題者がおぎなった部分です。

(1)「蛇ぬけ」とはどのような自然災害でしょうか。碑文の内容から答えなさい。

(2)「蛇ぬけ」対策として交通上どのようなくふうが行われてきましたか。7ページにある地図からわかることを答えなさい。

問6　下線部**オ**について。各地の伝承をまとめた書物はほとんどなくなってしまいましたが，**資料3**のような伝承が記されている地域の書物はほぼ全体を読むことができます。以下の**資料3**と**図2**を参考にして，伝承が記されている地域がわかるように書物の名前を答えなさい。

資料3

神がつくった国は最初細長い布きれのように狭《せま》かったので，神は4度綱《つな》を引いて土地を引き寄せ，縫《ぬ》い合わせて大きくした。

図2

※**図2**はこの地域の観光地図をもとに出題者が作成しました。

問7　下線部**カ**について。江戸時代，葬式以外でも，人びとは生活のさまざまな場面で寺院を頼《たよ》るようになりました。幕府は支配の仕組みを整えるため，人びとと寺院のこのような結びつきを利用しました。人びとと寺院の結びつきは幕府が支配する上でどのように役にたちましたか。2つ答えなさい。

問8　下線部**キ**について。

(1)　1850年代から1890年代まで，日本にやってきて貿易を行う西洋人は，横浜《よこはま》，神戸《こうべ》，長崎《ながさき》などの都市の一角に住むことを許され，治外法権なども認められました。西洋人が住むことや商売することを許された場所を，居留地といいますが，西洋人の活動を居留地に限定したことは，日本にとってどのような利点がありましたか。答えなさい。

(2) イスラームでは火葬《かそう》はせず，土葬《どそう》を行います。現在の日本では土葬は難しく，イスラームを信仰する国（多くの場合は母国）に遺体を運んで地中に埋葬《まいそう》する例がみられます。しかし，イスラームを信じる人の中には，それらの国で埋葬を行うことが難しい人びとや，それを望まない人びともいます。どのような場合が考えられますか。具体的な例をあげて答えなさい。

問９　下線部**ク**について。1990年代後半，葬祭業者の団体は，**資料４**のような心がまえを表明しました。葬祭業者の団体がこの心がまえを出したのは，人びとが葬式に対してどのようなことを大切だと考えるようになったからですか。２つ答えなさい。

資料４

事前相談を受け付けること
葬儀の価格を明確に表示すること
葬儀に関する情報を提供すること
利用者の決定や意思を尊重すること
利用者の疑問や不安にこたえること
葬儀後もていねいに対応すること

※葬祭業者団体のガイドラインをもとに出題者が作成しました。

問10　下線部**ケ**について。訴訟団をつくって訴えた例として「ハンセン病訴訟」があげられます。ハンセン病は以前「癩病《らいびょう》」とよばれ，患者《かんじゃ》たちは根強い差別をうけてきました。感染《かんせん》力は弱く，発症《はっしょう》しにくいことが今ではわかっています。元患者たちは1998年にそれまでの国の対応について訴えを起こし，2001年に裁判所の判決が出て，国は元患者たちに謝罪しました。元患者たちは国にどのような責任があるとして訴えを起こしたのでしょうか。以下の年表を参考にして説明しなさい。

年表

ハンセン病に関する日本の動き

●江戸時代以前
外見の特徴《とくちょう》などから偏見《へんけん》や差別の対象にされていた。

●1907年
「癩予防法」にもとづき，ハンセン病絶滅《ぜつめつ》政策が行われ，強制的に収容した患者を療養所《りょうようじょ》から一生出られなくした。

●1953年
「癩予防法」を改定した「らい予防法」にもとづき，患者保護の名目で隔離《かくり》政策が行われた。

●1996年
「らい予防法」が廃止《はいし》され，患者隔離政策が終わった。

●2008年
「ハンセン病問題の解決の促進《そくしん》に関する法律」が制定され，元患者の名誉《めいよ》回復や，生活保障などが定められた。

ハンセン病に関する世界の動き

●1943年
ハンセン病の治療《ちりょう》薬が開発された（日本での使用開始は1947年）。

●1963年
ハンセン病に関する国際会議で，隔離政策は時代に合わないとされた。

●1980年代
治療薬を組み合わせて使用する方法が開発された。

問11　下線部**コ**について。長野県の旧望月《もちづき》町(現在の佐久《さく》市の一部)に榊《さかき》祭りという祭りがあります。もともとは農家の若者を中心に，豊作と健康を祈って行われていたものでした。以前は**資料5**のAのような方式で運営されていましたが，しだいに続けることが難しくなり，1980年代にはBに示すような方式になりました。

> **資料5**
>
> A
>
> ・祭りは夜に行い，望月地区に住む18歳《さい》から28歳までの男性がになう。
>
> ・にない手の青年男性から代表者が選ばれ，世話人の家で共同生活をし，数か月かけて準備を行う。そのために仕事を休むことがある。
>
> ・代表者たちは，地区をまわって運営のための寄付金を集める。
>
> B
>
> ・小中高生も参加する昼の祭りと，従来どおりの夜の祭りを実施《じっし》する。祭りには望月地区以外の近隣《きんりん》の地区や市町村からも参加できる。
>
> (参考：望月町にあった小学校４校は，2008年以降１校に統合されている)
>
> ・祭りの運営は望月地区の青年だけでなく，地元の店や工場の代表者からなる商工会などと分担している。
>
> ・地区の青年は個人からの寄付を集め，商工会が企業や団体からの寄付(寄付金全体の３分の２くらい)を集める。

Aの方式が難しくなったことには，日本の地方社会に起きた変化が影響しています。Aの方式からBの方式に変えたのはなぜですか。日本の地方社会に起きた変化と結びつけて，その理由を２つ答えなさい。

問12　本文全体を読んだ上で考えてみましょう。以下に２つの事例をあげます。１つは問10にあるハンセン病訴訟後のできごと(事例１)，もう１つは最近のヨーロッパでのできごと(事例２)です。これらを読んで，下の(1)(2)の問いに答えなさい。

事例１　2003年，ハンセン病療養所を運営する熊本《くまもと》県が，元患者の旅行のためにホテルを予約しましたが，「他の客に迷惑《めいわく》がかかる」として拒否《きょひ》されました。当初，ホテルは謝罪しませんでしたが，元患者や県の抗議もあり，ホテルは謝罪しようとしました。元患者側はホテルのこうした姿勢を理由に，謝罪文の受け取りを拒否しました。そのことがテレビや新聞で報道されると，元患者たちへの非難や中傷が市民から多数寄せられました。「調子に乗るな」「私たちは温泉に行く暇《ひま》もなくお金もないのに，国の税金で生活してきたあなたたちが，権利だけ主張しないでください」といった声がありました。このできごとに関するニュースが報道されると，そのたびに非難の声が寄せられました。

事例２　アフリカや中東からの移民が増えているフランスでは，「移民などに仕事をうばわれる」と不安をいだく人びとがたくさんいるといわれています。2017年，病院で男性が女性看護師に暴力をふるうようすが映され，「これが今のフランスだ」という説明が加えられた動画がインターネットに投稿《とうこう》されました。このできごとは，本当はロシアで起きたことでしたが，動画をみたフランス人の中には，その男性をフランスにいる移民だと思いこみ，「移民は国へ帰れ」などの意見を書きこむ人も多くいました。

それがさらに話題を呼び，動画の再生回数が増えることになりました。

(1) 私たちの社会では，特定の人びとに対する感情がコントロールできなくなったときに，上の２つの事例のように世間を騒《さわ》がす「事件」に発展することがしばしばあります。なぜコントロールできなくなってしまうのでしょうか。特定の人びとに対する感情を説明した上で，どのようなきっかけで感情をコントロールできなくなるかについて120字以内で答えなさい。ただし，句読点も１字分とします。

(2) どちらの「事件」も，世間が注目してからより一層多くの人びとが関わり，収まりがつかなくなっていることがわかります。なぜつぎつぎに多くの人びとが関わっていったのですか。そうした人びとの気持ちに注目して，80字以内で答えなさい。ただし，句読点も１字分とします。

【理　科】（50分）〈満点：40点〉

1　沖縄《おきなわ》本島の北部には，ヤンバルクイナという飛べない鳥がすんでいます。つばさが小さくて飛べないかわりに森の中を活発に歩き回ります。水あびをすることはありますが，水中で食べ物をとることが得意なわけではありません。

ヤンバルクイナ

ヤンバルクイナの胃の中を調べてみると，いろいろなものを食べていることがわかりました。胃の中にはカタツムリ，ヤモリ，トカゲ，カエル，バッタ，アリなどの動物やクワズイモ，ヤマモモ，イヌビワなどの植物の実，そして小石が入っていました。その中でよく食べられているものがカタツムリです。胃の中のカタツムリを調べてみると，大きなカタツムリは殻《から》がなくやわらかい部分だけが胃に入っていて，小さなカタツムリは殻がついたまま胃に入っていました。

ヤンバルクイナの行動を観察していると，カタツムリの殻のあいている部分をくちばしではさんで，石にたたきつけて割っていることがわかりました。そのため，ヤンバルクイナのすんでいる地域には，たくさんのカタツムリの殻が落ちていて，その多くには殻のあいている部分の反対側に穴がありました。また，ヤンバルクイナが小石を積極的に食べているようすも観察することができました。

ヤンバルクイナのフンを調べてみると，消化できなかった植物の実の皮や種と，小石などが入っていましたが，カタツムリの体や殻はほとんど入っていませんでした。

ヤンバルクイナがすむ沖縄本島では，もともと島にいなかったマングースが外国から持ちこまれ，放されました。それは毒ヘビを駆除《くじょ》するためでした。ところがあまり毒ヘビを食べずに，飛べない鳥であるヤンバルクイナを食べてしまいました。沖縄本島北部にしかいないヤンバルクイナは，のらネコなどにも食べられて一時期700羽程度までに減ってしまいました。現在は1500羽程度まで数が増えてきましたが，道路で車にひかれてしまうヤンバルクイナもいるため，現在も数を増やすために様々な保護活動がなされています。

問１　飛べないヤンバルクイナが飛べる鳥と比べて発達しているところはどこですか。もっとも適当なものを，次のア～オから選び，記号で答えなさい。

ア．遠くを見渡《みわた》すことに適した目

イ．アリなどを食べることに適した長い舌

ウ．つばさを動かすことに適した胸の筋肉

エ．歩き回ることに適した足

オ．水の中を泳ぐことに適した足

問２　ヤンバルクイナが食べているものと，フンとして出ているものから考えられることとして正しいものを，次のア～ケから３つ選び，記号で答えなさい。

ア．カタツムリは殻も含《ふく》めて消化され栄養になる。

イ．植物の実はすべて消化されて栄養になる。

ウ．小石は消化されて栄養になる。

エ．小石は消化されないが栄養になる。

オ．小石は栄養にならないが，他の食べ物を消化しやすいようにしている。

カ．小石は栄養になり，他の食べ物を消化しやすいようにもしている。

キ．ヤンバルクイナは栄養になるものしか食べない。

ク．ヤンバルクイナは栄養にならないものも食べる。

ケ．ヤンバルクイナは栄養にならないものしか食べない。

問3　植物にとって実を食べられることにはどのような意味があると考えられますか。次の文章の(ａ)，(ｂ)にそれぞれ適当な10文字以内の語句をいれなさい。

植物はヤンバルクイナに実を食べられて，やわらかいところは消化されてしまう。しかし(　　ａ　　)ので，歩き回るヤンバルクイナのフンに含まれて芽を出す。その結果として，(　　ｂ　　)が広がることになる。

問4　現在地球にいる野生の飛べない鳥をヤンバルクイナ以外に２つ書きなさい。ただし，人が飼育していて飛べなくなったニワトリやアヒルは野生ではないと考えます。

問5　野生の飛べない鳥の種類は飛べる鳥の種類に比べると非常に少ないですが，今でもヤンバルクイナのように残っています。これはどのように考えればよいでしょうか。正しいものを，次のア～オから２つ選び，記号で答えなさい。

ア．鳥にとって飛べることは生きる上で重要なことではない。

イ．鳥にとって飛べなくても生きられる環境《かんきょう》もある。

ウ．鳥にとって飛べないことは多くの場合，有利である。

エ．鳥にとって飛べないことは多くの場合，不利である。

オ．鳥にとって飛べないことは有利とも不利とも言えない。

問6　一時減ってしまったヤンバルクイナはどうして増えてきたのですか。沖縄でヤンバルクイナを増やすために取り組まれてきたこととして正しくないと考えられるものを，次のア～オから２つ選び，記号で答えなさい。

ア．ヤンバルクイナを食べてしまう，のらネコを減らす。

イ．ヤンバルクイナを食べてしまう，マングースを減らす。

ウ．ヤンバルクイナの食べ物がかたよらないようにカタツムリを減らす。

エ．豊かな森を人があまり入らないで保つ。

オ．観光客がヤンバルクイナを見やすいように道路をつくる。

2　固形セッケンは同じ体積のとても小さな棒状のもの(以下，Ａ)が集まってできています。少量のセッケンを水にとかし，水の入った水そうにたらすと，Ａが図１，２のように水面に集まり，１層のセッケンまくをつくることが知られています。これはＡの一方のはしが水になじみやすい性質を持っていて，反対側のはしが水になじまない性質を持っているためです。

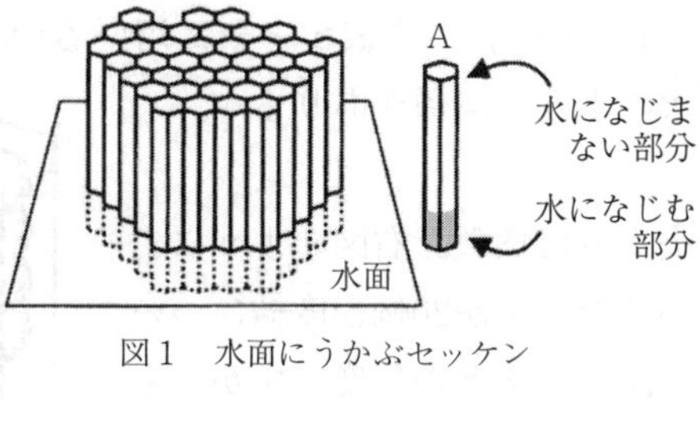

図１　水面にうかぶセッケン

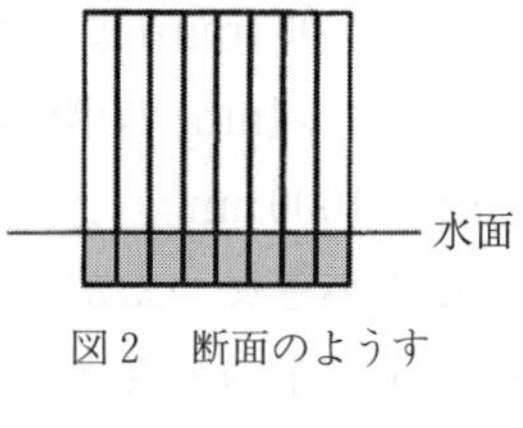

図２　断面のようす

問１　セッケン水でシャボン玉をつくったときの断面のようすを，解答らんの図に，図２のようにＡを書きこみ，完成させなさい。ただし，大きさは解答らんのＡの図を参考にしなさい。

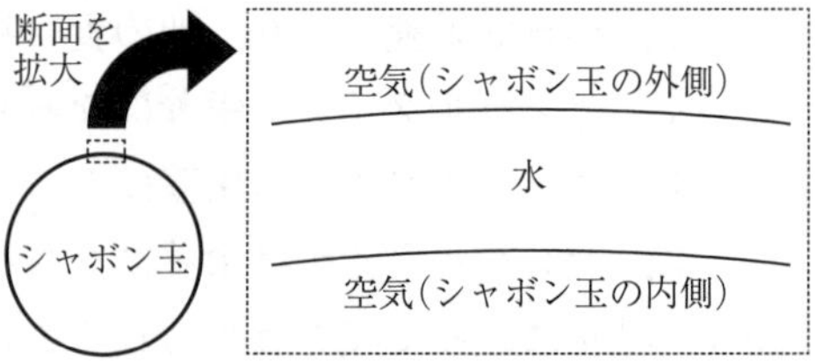

固形セッケン１cm³を水にとかして水よう液を1000cm³とし，よく混ぜて均一にしました。このセッケン水を図３のような目盛りの付いた細いガラス管で吸いとって，10てきで何cm³になるかを測定しました。測定の結果，セッケン水10てきの体積は0.2cm³でした。

図３

問２　セッケン水１てきにとけているセッケンの量を固形セッケンの体積として求めると，何cm³であったといえますか。計算して答えなさい。

セッケンが水面にまくをつくる性質を用いて，セッケンまくの体積と面積からＡの長さを調べてみましょう。まず水そうに水を入れ，水面にうすくチョークの粉をうかべました。次に，目盛りの付いた細いガラス管を用いてセッケン水を１てきたらしました。するとセッケン水の中のＡが集まってセッケンまくが図１のように１層になってうかび，チョークの粉をおしのけて図４のように広がりました。水面に上から方眼紙をかぶせ，しばらくしてから方眼紙を引き上げると，方眼紙にはチョークの粉がついた部分とついていない部分ができ，水面のセッケンまくと同じ形を写し取ることができました。写し取った方眼紙をかわかして，セッケンまくの面積を求めてみましょう。

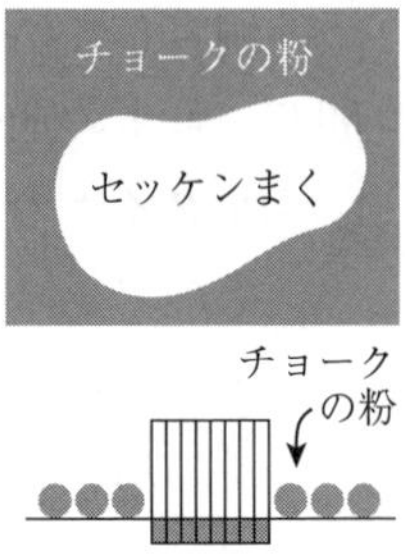

図４　水面のようす

問３　実験前に実験器具の水洗いをしたため，ガラス管の内側に水てきがついていました。この場合はセッケン水を吸い上げて捨て，ガラス管の内側をセッケン水でぬらすと，誤差の小さい，より正確な測定ができます。それはなぜですか。理由を答えなさい。

問４　１辺１cmの方眼紙を用いてセッケンまくの形を写し取ると，セッケンまくしかついていないマス目(右図の○)と，セッケンまくとチョークの粉がともについているマス目(右図の▲)がありました。マス目を数えて面積を求めるときに，実際の面積に近い値になると考えられる計算方法としてもっとも適当なものを，次のア～ウから選び，理由とともに記号で答えなさい。

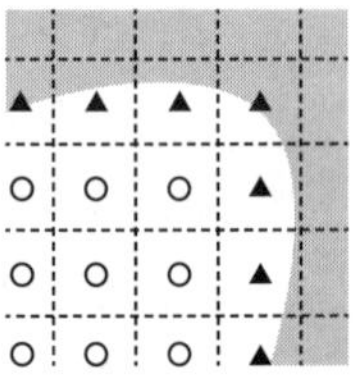

ア．(○のマスの数)×１cm²

イ．(○のマスの数)×１cm²＋(▲のマスの数)×１cm²

ウ．(○のマスの数)×１cm²＋(▲のマスの数)×0.5cm²

問５　チョークの粉がついていないセッケンまくの面積は，100cm²でした。セッケンまくの厚みは何ナノメートル(nm)ですか。ただし，セッケンまくの体積は問２で求めた体積と同じだとします。また，ミリメートル(mm)よりも小さなものの長さを表すときに用いるマイクロメートル(μm)とナノメートル(nm)の単位には次のような関係があります。

１mm＝1000μm　　１μm＝1000nm

問６　Ａはおもに炭のもととなる小さなつぶがおよそ決まった個数，右図のようにすき間なく並んでできています。１つのＡは，この小さなつぶが20個程度結びついてできているとすると，小さなつぶの１個の大きさはおよそどの程度ですか。も

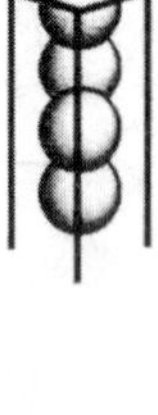

っとも近いものを，次のア～オから選び，記号で答えなさい。

ア．0.00001nm　　イ．0.001nm　　ウ．0.1nm　　エ．10nm　　オ．1000nm

最後に，セッケンまくをつくるために水面にたらすセッケン水の量を少しずつ多くしながら4回実験を行いました。これらの実験の結果は図5のようになりました。

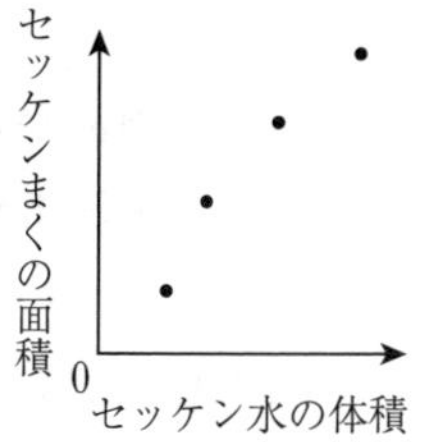

図5

問7　「セッケン水の体積」と「セッケンまくの面積」にはどのような関係があると考えればよいでしょうか。本来あるべき性質を示したグラフとしてもっとも適当なものを，次のア～オから選び，記号で答えなさい。

ア．
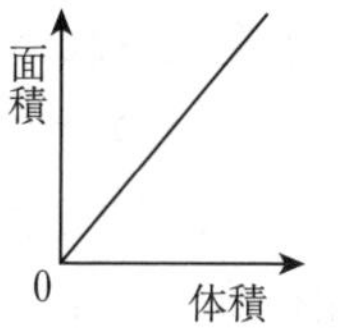

イ．
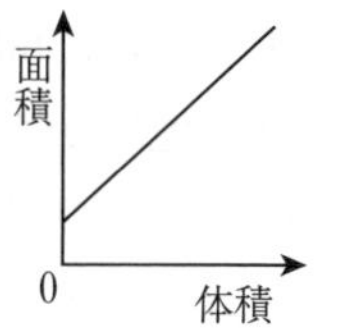

ウ．
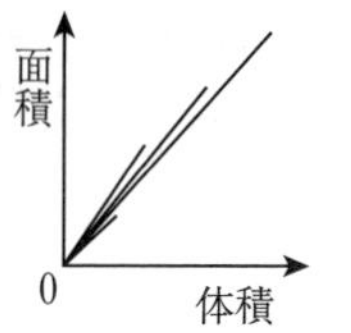

エ．
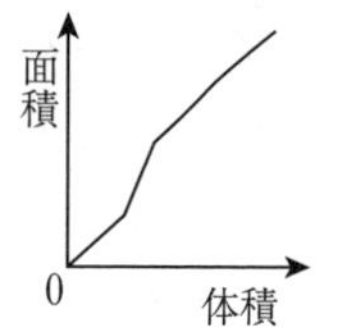

オ．
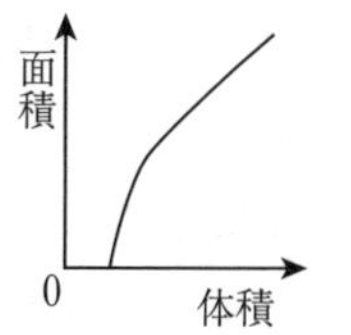

3　みなさんが生活の中で毎日気にしている自然現象は何でしょうか。「天気」，特に「雨が降るかどうか」と答える人が多いのではないかと思います。①水のつぶである雨が降ると，かさが必要だったり，外で遊べなかったりしますから，わたしたちは天気を気にするのでしょう。ところで，天気を変化させる空気の動きは，時速40km程度です。また，天気の変化をもたらす雲は，およそ上空10kmから地表までの間にできます。

問1　下線部①について，雨つぶは大きいものでも直径8mm程度ですが，直径5mm程度の雨つぶは秒速10mの速さで落下します。雨つぶが上空3kmの高さから地表までこの速さのままで落下した場合，何分かかりますか。計算して答えなさい。

問2　真上を見上げても雲がないのに雨が降る「天気雨」が起こる理由として，あてはまらないものを，次のア～エから1つ選び，記号で答えなさい。

ア．雨つぶが，強い風によってふきとばされてしまうから。

イ．雨つぶが落ちている間に，雲をつくる水のつぶが蒸発してしまうから。

ウ．雨つぶが風で持ち上がると雲ができるので，雨の降り始めは雲がないから。

エ．雨つぶが地表に着く前に，雨を降らせた雲が頭の上から移動してしまうから。

降った雨は地表を流れ，また蒸発して雨のもとになるというように，水は循環《じゅんかん》しています。②雨の量や降る場所は，時と場合によって様々で，集中ごう雨によって洪水《こうずい》などが起こり，私たちの生活に被害《ひがい》が出てしまうこともあります。川の多い日本では，昔から洪水対策が行われてきました。川の上流にダムを，中流に遊水地をつくり，それ以外に，ていぼうもつくられてきました。一方で，洪水が起こるしくみがあまり理解されていなかったころには，③人が川に手を加えたことで，洪水被害が増えてしまうこともありました。流域(雨の水が集まるはんいのこと)の面積が日本最大の利根川も，その一つです。

問3　下線部②について，雨の量の表し方である降水量は，平らな場所に降った雨が，どこにも流れずにたまったときの深さを示すものです。1時間の降水量が100mmだった地点では，1時間に1m^2あたり何L《リットル》(何kg)の雨が降ったことになりますか。計算して答えなさい。

問4　下線部③について，人が川に手を加えるときに，洪水を防ぐはたらきがあるものとしてもっとも適当なものを，次のア～エから選び，記号で答えなさい。

ア．下流の川はばを広げる。

イ．カーブを増やして川を長くする。

ウ．中流から下流の川底を埋《う》めて平らにする。

エ．上流で他の川をつなげて流域面積を広げる。

近年，強い雨の降る場所や降り方が変化してきたともいわれています。そのため，昔からの洪水対策が見直されたり，新たな対策が研究されたりしています。また，強い雨がいつ，どこに降るのかを予測するための研究も進められています。

ところで，雨は地球だけの特別な自然現象ではありません。土星の周りをまわる衛星であるタイタンでも，雨が降っていることがわかりました。タイタンは，60個以上発見されている土星の衛星の一つで，月よりも大きな天体です。惑星《わくせい》や衛星は地球からとても遠いのですが，実際にその天体の近くまで行く探査機によって調べられています。タイタンへは，2005年1月に，土星の探査機カッシーニから切り離《はな》されたホイヘンス・プローブという探査機が着陸に成功し，タイタンはこれまでに人工物が着陸したもっとも遠い天体となりました。それまで④タイタンは大気をもつ衛星として知られていたのですが，これらの探査機によって，⑤表面に液体が存在し，雨が降っていることが確認《かくにん》されました。ただし，⑥タイタンの表面はマイナス180℃(氷点下180度)なので，地球のように「水の雨」は降りません。

問5　左下の図は，探査機カッシーニが撮影《さつえい》した衛星の写真です。図中の右側がレア，左側がテチスという衛星で，写真はこれらを横から見たものです。レアはテチスよりも大きな衛星です。写真の衛星の形(光って見える部分)が，月の満ち欠けのように，見る向きと太陽光の向きによるものであるとすると，撮影したときの衛星に対するカッシーニの位置と，太陽光の向きは，それぞれどのようになっていたと考えられますか。右下の図の中で，もっとも適当なものを，カッシーニの位置はア～エから，太陽光の向きはａ～ｄからそれぞれ選び，記号で答えなさい。ただし，右下の図は，カッシーニ，レア，テチスを，写真の上方から見たもので，正しい大きさや距離《きょり》の関係を示すものではありません。また，太陽光はどちらの衛星にも平行に向かうものとします。

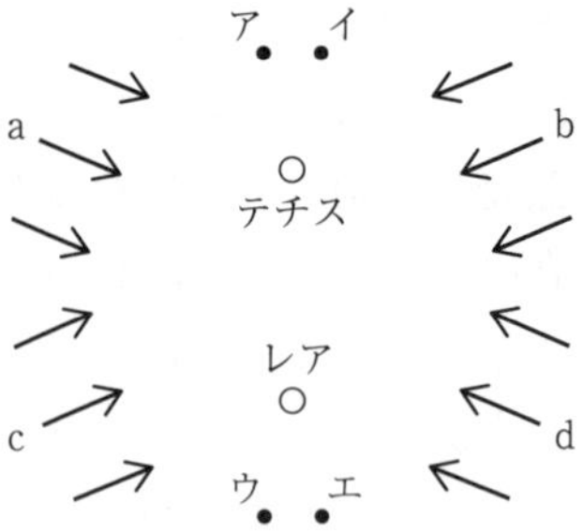

問6　下線部④について，タイタンの大気でもっとも多い成分は，地球の大気でもっとも多い成分と同じです。その成分としてもっとも適当なものを，次のア～オから選び，記号で答えなさい。

ア．二酸化炭素　　イ．酸素

ウ．水素　　エ．ちっ素

オ．アルゴン

問7　下線部⑤について，右の図は探査機カッシーニが撮影したタイタンの川の写真です。タイタンの地形が地球の地形と同じように形成されると考えて，図中の地点A，Bについて述べた次のⅠ～Ⅲの文が正しければ○を，間違《まちが》っていれば×を，それぞれ書きなさい。

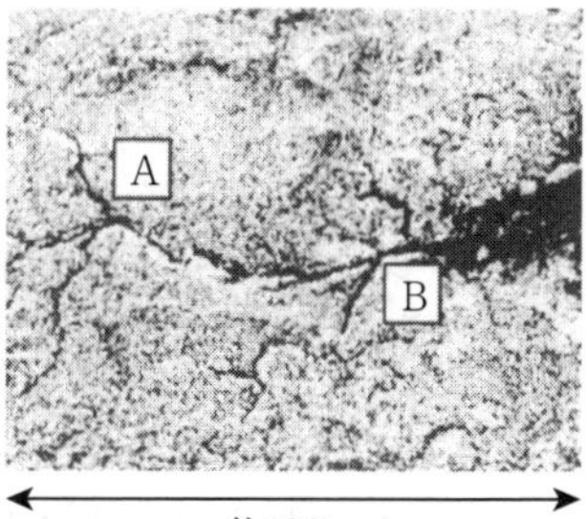

約100km

Ⅰ．AからBの向きに川が流れている。

Ⅱ．A付近の方がB付近よりも流れが速い。

Ⅲ．B付近の方がA付近よりも標高が高い。

問8　下線部⑥について，タイタンではメタンという物質が雨となって降り，川をつくっています。メタンは，こおる温度やふっとうする温度が，水とは異なります。メタンの特徴《とくちょう》としてもっとも適当なものを，次のア～エから選び，記号で答えなさい。

ア．水と比べて，こおる温度とふっとうする温度がとても高い。

イ．水と比べて，こおる温度とふっとうする温度がとても低い。

ウ．水と比べて，こおる温度はとても高く，ふっとうする温度はとても低い。

エ．水と比べて，こおる温度はとても低く，ふっとうする温度はとても高い。

探査機カッシーニは，昨年9月に土星に飛びこんで探査活動を終了《しゅうりょう》しました。探査機カッシーニが土星やその衛星を調べる中で，いくつもの新たな発見がありました。その中には，タイタンや，同じく土星の衛星であるエンケラドスに生命体が存在する可能性を示す発見もありました。その後，電池切れが近づいてきたので，コントロールが効かなくなる前に⑦土星に飛びこませることにしました。探査機カッシーニによる大発見は，今後の研究に引きつがれることになります。

問9　下線部⑦について，なぜそのようにしたと考えられますか。あてはまらないものを，次のア～エから1つ選び，記号で答えなさい。

ア．これまでにないほど近いところから，土星を観測するため。

イ．探査機がぶつかってしまうと，タイタンやエンケラドスは壊《こわ》れて無くなってしまうため。

ウ．土星は他の衛星よりも大きいので，探査機がぶつかることで受ける影響《えいきょう》がもっとも小さいため。

エ．生命体がいるかもしれない衛星に探査機がぶつかって，地球の物質でよごしてしまうことがないようにするため。

4　以下の文章は，熱や温度などについてのA君と先生の会話です。

A君：先生，テレビのコマーシャルで，空気の熱を利用してお湯をつくると言っていましたがどういうことかよくわかりませんでした。教えてください。

先生：まず，熱を加えて気体を温めたり，熱をうばって冷やしたりすると，気体の体積が変化することは知っているよね。

A君：はい。温めて熱が加わると，気体の温度が上がって体積は増え，冷やして熱がうばわれると，気体の温度が下がって体積は減ります。

先生：そうだね。でも，実は気体を温めたり冷やしたりしないで，つまり，熱を加えたりうばったりしなくても，気体の体積を変えると温度が変わるんだ。

A君：熱を加えたりうばったりしないで体積を変えるってどうするんですか。

先生：例えば，気体が入った容器を熱が伝わりにくい発泡《はっぽう》スチロールでおおうと，熱が外ににげたり外から入ってこなくなったりするんだ。これを，熱を加えたりうばったりしない，つまり，熱の出入りがないというんだ。この状態で体積を変えるということなんだ。

A君：なるほど。ところで，熱の出入りをなくす方法は，他にはないんですか。

先生：熱の出入りができないくらいすばやく体積を変化させても，熱の出入りがないといえるよ。どういうときに熱の出入りがないかわかったかな。

A君：はい。ところで，すばやく体積が変化するのはどんなときですか。

先生：空気でっぽうは知っているよね。中の空気を押《お》し縮めた後，玉が飛び出すと，空気が急に元の体積に戻《もど》るよ。このときにも，空気の温度は変わっているんだよ。

A君：なるほど。すばやく体積を変化させて熱の出入りをなくしても，温度が変わるんですね。手に「はぁ～」とゆっくり息をふきかけたときと，口をすぼめて「ふぅ～」と勢いよく息をふき出すときとでは温かさが違《ちが》いますが，これも関係していますか。

先生：正確にはこのこと以外の理由もふくまれているけれど，およそのイメージはあっているよ。両方とも口や肺の中の空気は同じように温まっているけれど，「はぁ～」とふくときには，体積も温度もあまり変わらずに出てくる場合だよね。しかし，「ふぅ～」とふき出すときは，口や肺の中で押し縮めてからふき出すので，口の外に出ると急に体積が増えて温度が下がるということなんだ。このように，熱の出入りがなく体積を増やすと温度が下がり，逆に，熱の出入りがなく体積を減らすと温度が上がるんだ。

問１　次の文章の(ａ)，(ｂ)にそれぞれ適当な語句をいれなさい。

先をふさいだ注射器の中で押し縮められていた空気を，勢いよくデジタル温度計にふきつける実験をしました。すると，空気の体積が急に(　ａ　)くなるため，温度が(　ｂ　)がりました。

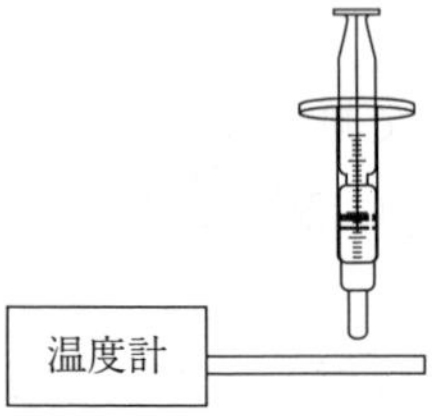

先生：ところで，A君の家にもエアコンがあるよね。ちゃんと見たことがあるかな。

A君：はい。冷風や温風が出てくる室内機と室外機がパイプでつながっています。室外機には，扇風《せんぷう》機《き》みたいなものが入っています。そういえば，①室外機に直射日光があたったり，②せまい場所に室外機を置いたりすると冷房《れいぼう》が効きにくいと聞いたことがあります。

先生：そうだね。エアコンの仕組みは図１のようになっていて，パイプの中には，今では代替《だいたい》フロンガス(＊この後はガスとする)が流れているんだ。冷房のときには冷たいガスが室内機を流れ，室内の暖かい空気が室内機のパイプに触《ふ》れて，室内の空気が冷やされて冷風が出てくるんだ。そのためには，図１の中のコンプレッサーという装置で熱の出入りができないくらいすばやくガスを十分に圧縮し，膨張弁《ぼうちょうべん》で熱の出入りができないくらいすばやくガスを十分に膨張させることが特に重要なんだ。この２つは，ガスの流れの向きによらず，ガスを圧縮したり膨張させたりするんだ。また，パイプに風があたるところには，図

2のような工夫《くふう》もしているよ。

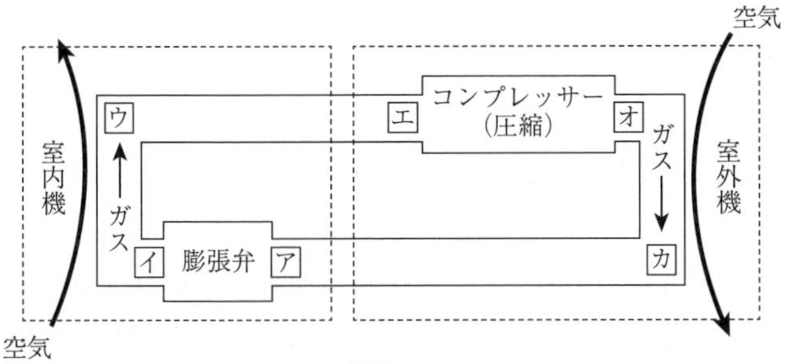

図1

図2

問2　下線部①と下線部②について，冷房が効きにくくなる理由をそれぞれ違いがわかるように説明しなさい。

問3　室外気温が37℃，室内温度が35℃のとき，図1のエアコンで冷房しています。室内機を通るガスの温度について，次のア～ウを，温度が高い順に答えなさい。

ア．膨張弁を通る直前

イ．膨張弁を通った直後

ウ．室内の空気がパイプにあたった場所のすぐ後

問4　問3と同様に，図1のエアコンで冷房しています。室外機を通るガスの温度について，次のエ～カを，温度が高い順に答えなさい。

エ．コンプレッサーを通る直前

オ．コンプレッサーを通った直後

カ．室外の空気がパイプにあたった場所のすぐ後

問5　室外気温が37℃，室内温度が35℃のときに冷房しようとしたところ，問3と問4の選択《せんたく》肢《し》のア～カの温度は，5℃，10℃，50℃，90℃のいずれかでした。それぞれ何℃か答えなさい。ただし，同じ温度を何度答えてもかまいません。

先生：暖房《だんぼう》の場合は，図1と逆方向にガスが流れているんだ。膨張弁を通過すると，ガスの温度は通過前に比べて（ a ）。次に，室外の空気がパイプにあてられると，ガスの温度は（ b ）。その次にコンプレッサーを通過すると，ガスの温度は通過前に比べて（ c ）。そして，室内の空気がパイプにあてられると，ガスの温度は（ d ）。こうして室内機を通った空気が温められて温風が出てくるんだ。

問6　暖房について先生が説明した上の文章の（a）～（d）にそれぞれ「上がる」か「下がる」のどちらかをいれなさい。

A君：よくわかりました。エアコンの暖房と同じ仕組みで水を温めてお湯にするのですね。

先生：そうだね。最初の「空気の熱を利用してお湯をわかす」という質問について基本を少しだけ説明したけれど，本当はもっと複雑なんだ。例えば，③ガスの体積を変化させるためにつかう電気を少しにして電気代を節約し，効率よく熱湯を得るためには，コンプレッサーや膨張弁の性能が大切なんだ。どんなガスを利用するかも大切で，二酸化炭素が利用されることもあるんだ。

A君：何となくわかった気がしていますが，まだまだ勉強が必要ということですね。

先生：そうだね。これからも色々なことに疑問をもって，考えていこうね。

問７　パイプの中のガスの性質として正しいものを，次のア～エからすべて選び，記号で答えなさい。

ア．水素のように燃える性質をもっていない。

イ．環境《かんきょう》を悪くしない。

ウ．酸素のようにものを燃やす助けをする性質をもっていない。

エ．液体から固体になりやすい。

問８　下線部③について，次の文章の（ａ）～（ｃ）にそれぞれ適当な語句をいれなさい。

電気代を節約して効率よくお湯を得るためには，膨張弁では，体積の変化ができるだけ（　ａ　）なるようにします。また，コンプレッサーでガスを圧縮するときには，体積の変化をできるだけ（　ｂ　）すればよいことになります。そして，パイプに空気があたる部分の表面積は，（　ｃ　）なるようにすればよいのです。

ますが、なぜ「あたし」は「この自転車」が好きなのですか。「あたし」の気持ちをふまえて、説明しなさい。（1行）

問十一　――線⑪「風に木々の梢が～美しい音楽になった」（287～290行目）とありますが、「あたし」は「美しい音楽になった」この時間を、どのようなものだと感じていますか。さまざまな音が重なって生まれた「美しい音楽」がどのようなことを表しているかをふまえて、説明しなさい。（3行）

問十二　――線⑫「チビが赤の肩に～漕いでいないから」（294～296行目）とありますが、なぜ「あたし」は「チビ」に「自転車を作ろう」と思ったのですか。268～301行目をよく読み、「自分でペダルを漕い」だ「あたし」がどのようなことを感じたかをふまえて、説明しなさい。（5行）

(1) ――線①「全員、使う言葉が違う」（5行目）とありますが、他の三人の言葉を聞くと「あたし」の気持ちはどうなりますか。それがわかる十字の表現をぬき出しなさい。

(2) 四人は家の中ではどのように暮らしていますか。簡潔に説明しなさい。（1行）

(3) 四人が住む家の外はどのような様子ですか。説明しなさい。（2行）

問三 ――線②「嵐が過ぎ去る」（90行目）とありますが、この場合、「嵐が過ぎ去る」とはどのようなことを表していますか。説明しなさい。（1行）

問四 ――線③「ピンク色の自転車」（94〜95行目）とありますが、四人にとって「ピンク色の自転車」はどのようなものだと「あたし」は考えていましたか。簡潔に説明しなさい。（1行）

問五 ――線④「最初から〜ましだった」（103〜104行目）とありますが、「無関心の方がまだましだった」と「あたし」が思うのはなぜですか。次の中からふさわしいものを一つ選んで記号で答えなさい。

ア 以前はおたがいに理解はしあえないものの、かかわらずにいられたので気が楽だったが、けんかをきっかけに三人の気配がどうしても気になりはじめ、息がつまるようになったから。

イ 以前はおたがいに嫌いあいながらも、言葉がわからなかったのでけんかにならなかったが、言葉の意味が伝わったことをきっかけに三人をののしりたくなり、気が立つようになったから。

ウ 以前はおたがいのことがよくわからなくても、相手を尊重していたのでおだやかに過ごせたが、けんかをきっかけに三人との好みの違いがはっきりし、目ざわりに思うようになったから。

エ 以前はおたがいに本当は好意を持ちながらも、無関心をよそおっていたので心が乱れなかったが、けんかをきっかけに三人の嫌な部分ばかりが目につきはじめ、気が重くなったから。

問六 ――線⑤「すぐそばには〜差し出してきた」（115〜118行目）、――線⑥「手招きされるまま〜見せてもらった」（130〜132行目）とありますが、これらの「チビ」の行動から、「あたし」に対するどのような思いが読み取れますか。「テリトリー」という言葉を使って、説明しなさい。（2行）

問七 ――線⑦「こうしてあたしたちは自転車作りに取りかかった」（174行目）とありますが、「あたしたち」が自転車作りに取りかかるまでに、「あたし」はどのようなことをしましたか。ていねいに説明しなさい。（3行）

問八 ――線⑧「そのうち〜教わったりした」（215〜218行目）とありますが、このことは四人がどのようになったことを表していますか。次の中からふさわしいものを一つ選んで記号で答えなさい。

ア それぞれが自分で自分の生活を支え、特技を生かして自転車作りをすることで、自立した生活を営めるようになった。

イ 生活を支えるため、苦手な作業にも積極的に参加するようになり、たがいに競争しながらはげましあう関係になった。

ウ おたがいの生活を支えあい、全員が自転車作りの作業に参加できるようになることで、協力関係がさらに強くなった。

エ 生活のすべてを全員が共同で行い、仕事を平等に分担することで、前よりも効率よく作業を進められるようになった。

問九 ――線⑨「床に引いた〜続いている」（230〜232行目）とありますが、「以前のテリトリーの間を行ったり来たりする大きさの違う足跡が、数え切れないほど続いて」、「チョークの線」が「消えていた」ことは、どのようなことを表していますか。説明しなさい。（2行）

問十 ――線⑩「あたしはこの自転車が好きだ」（239〜240行目）とあり

あたしはゆっくりと両足を踏《ふ》み、ペダルを漕《こ》いだ。車輪が軋《きし》みながら転がる。赤と銀があたしの体を支えたまま一緒《いっしょ》に進む。わかったのは、おそるおそるより思い切って漕いだ方が転ばないということだ。あたしは次第《しだい》に怖くなくなり、ぐんぐんペダルを漕いだ。気がつくと赤と銀の手が離れ、チビを追い抜き、あたしはひとりで自転車に乗っていた。

ものすごいスピードで風景が動く。足で走るよりも速く、足下の茂みが、石ころが、鬱蒼《うっそう》と茂る木々が、あっという間に通りすぎ、風が頬を撫《な》で、服や髪をあおってはばたばたと音が立った。サドルの座《すわ》り心地は悪く、全身ががたがたと揺さぶられるけど、まるで気にならなかった。こんなに速く動いているのに、息が切れていない。

あたしの体の奥底《おくそこ》から笑い声があふれ出て、茂みの前を横切ると、緑の小鳥が弾《はず》むように飛んできた。小さな翼《つばさ》であたしの頭の上を一周して、風に乗って遠くまで飛んでいく。つられて空を仰《あお》げば、朝のやわらかな青色に浮《う》かぶ、ピンク色をｄ**オ**びた細長い雲が、あたしのスピードに合わせてついてきた。

その時、後ろからみんなの叫び声がして、あっという間もなく転んでしまった。やっぱりちゃんとブレーキを作るべきだったのかもしれない。あたしはまともに横倒《よこだお》しになった。慌てて自転車を起こしてみると、自転車はほとんど無傷だった。不格好な自転車は平然として、誰よりもたくましく見えた。

今度は銀が自転車にまたがり、あたしと赤が支えて、銀は出発した。太陽の光で彼女《かのじょ》の体がきらきら光り、自転車とまるでひとつになったみたいだった。最後は赤がチビを背中に負《お》ぶって、自転車を漕いだ。

⑪風に木々の梢《こずえ》が揺れ、幹に絡《から》まったカイブの葉っぱがさらさらとこすれ合う。タイヤが川沿いのぬかるみに※⑥轍《わだち》を作り、泥をはね、きゅうきゅうとペダルが鳴き、チェーンが軋んで、みんなの笑い声が重なると、聞いたことがないほど美しい音楽になった。

あたしたちは緑の家よりもずっとずっと遠くまで行ける。行ったことのない場所へ行けるなんて、想像しただけで胸がどきどきした。だからこそあたしはやらなければならないことを思いついた。

⑫チビが赤の肩に乗って戻ってきた時、あたしは言った。今度はチビのサイズに合う自転車を作ろう、と。だってチビはまだ自分でペダルを漕いでいないから。言葉はまだ正確には伝わらないけど、ひとつふたつ手振りを加えれば、チビは大きな目をもっと見開いて、ちょっと不安げにあたしと自転車を交互《こうご》に見比べた。

本当に？　一台だけでこんなに大変だったのに、もう一台？

大丈夫、何台でもできるよ。あたしはそう言った。だってあたしたちはもう、本物の自転車を作ったことがあるんだから。

（深緑野《ふかみどりの》分《わき》『緑の子どもたち』より）

〈語注〉

※①　タンクトップ…肩がむきだしになる上半身用の服

※②　テリトリー…なわばり

※③　瓦礫…こわれたもののかけら

※④　鳩時計…柱やかべにかける時計の一種

※⑤　ホイール…自転車のタイヤをはめる円形の枠《わく》

※⑥　轍…車輪の通った跡

〈設問〉**解答はすべて、解答らん**（編集部注＝横10ミリメートル・たて152ミリメートルの行数で示した）**におさまるように書きなさい。句読点なども一字分とします。**

問一　‖線ａ「**サンサク**」（110行目）、ｂ「**バン**」（223行目）、ｃ「**ハンシャ**」（247行目）、ｄ「**オ**」（276行目）のカタカナを、漢字で書きなさい。

問二　1～38行目の部分を読んで、次の問いに答えなさい。

のゴミ箱の蓋《ふた》は、チビが数日がかりで転がして持ち帰ったものだ。あたしは物探しの才能がないらしく、拾ってくる部品はたいてい役に立たなかった。

他の三人が集中して作業している間に、あたしは水を汲《く》んで緑の家に運び、いつでもみんなが飲めるようにした。ついでに食料も調達したけど、あたしの好物であるハユの実や卵白虫はみんなの口に合わないとはじめて知り、うんざりするようなマムネの幼生やトゥクの葉、ヒョートンパウロの樹液をこそげ取ってきた。⑧そのうち、食料の調達は順番で全員がやるようになり、あたしが赤に代わってネジを回して留めたり、チビにいいものを見つけるコツを教わったりした。

どうしても構造がわからず、材料も見つからなかったのは、「ブレーキ」というものだった。けど、足で止めれば大丈夫《だいじょうぶ》だろう。

自転車をつくりはじめてからどれくらいの夜が訪《おとず》れただろうか。空気が少しだけ涼しくなり、ハユよりもドートの実が美味《おい》しくなる頃を過ぎ、また乾《かわ》いた熱風が吹いた。ある bバン、あたしはふいに目が覚めた。遠くでカラスが鳴き、カイブの壁から虫の声が聞こえてくる。横ではチビと赤が眠り、足下《あしもと》には見張り当番の銀がうつらうつらして、長い銀髪《ぎんぱつ》が揺《ゆ》れていた。あたしはそっと上半身を起こした。重なり合う葉っぱの隙間から月明かりが漏《も》れ、家の中とあたしたちをまるごと青く照らす。

あたしたちは緑の家の真ん中で、獣の家族みたいに固まって眠っている。⑨床に引いたチョークの線はいつのまにか、ほとんど消えていた。その代わりに以前のテリトリーの間を行ったり来たりする大きさの違う足跡が、数え切れないほど続いている。そしてその先には完成間近の自転車が、青白く輝いていた。

やがてその日が来た。

自転車はとても醜《みにく》かった。写真のかっこいい自転車とも、あの夜大人たちに奪《うば》われたピンクの自転車とも違って、すごく不格好だった。ハンドルの高さと長さは左右で違うし、サドルは大きすぎ、車輪はつぎはぎだらけだ。部品の色もぐちゃぐちゃで、ペダルを回すとチェーン代わりの紐が悲鳴を上げる。とてもひどい。でも⑩あたしはこの自転車が好きだ。

銀が細い手でハンドルに触《ふ》れ、ぎゅっと握る。そしておもむろに前へ押し出し、自転車はかたかたと音を立てながら、思ったよりもなめらかに進んだ。あたしたちはお互いの顔を見合ってから、銀と自転車の後に続いた。できるだけ瓦礫の少ない道を選んでいるうちに、あたしたちは川に出た。雨水は茶色く汚れ、虫やカエルがたくさん捕《と》れる。

川べりに立ったあたしたちの自転車は朝日に cハンシャして、何度まばたきしても眩《まばゆ》かった。すると、てっきりはじめに乗るんだろうと思っていた銀が振り返って、細い草を四本抜き、くじを作った。あたしが震える指でつまんだくじの先っぽには、丸い結び目があった。あたりだ。

うっかり自転車を壊さないように慎重《しんちょう》にまたがって、サドルに腰《こし》を下ろす。自転車の乗り方は写真で見たけれど、ペダルに両足を乗せようとすると、ぐらぐらして転びそうになった。こんなに難しいなんて！　何度も挑戦《ちょうせん》しては右に左に傾《かたむ》き、みんなの視線を感じた。どうしよう。早く乗れよと思っているかも、下手クソと思っているかも。

じわじわと溜《たま》る涙《なみだ》を堪《こら》えながら、もう一度右足をペダルに乗せる。そして地面から左足を離《はな》したその瞬間、急に体が安定した。赤があたしの肩《かた》を、銀がハンドルをしっかり支えてくれている。そして自転車の先にはチビが手を振って、こっちだよと招いている。

さい。

　すると赤は口をぎゅっとつぐんだまま立ち上がって、緑の家から出て行ってしまった。外はまだ雨が降り続いている。あたしはしばらくぼうっと、突《つ》き刺《さ》すように鋭《するど》く重い雨を眺めて、そして考えるよりも先に外へ駆《か》け出していた。

　小さな虫ほどもある巨大《きょだい》な雨粒が勢いよく肌に当たって、体中が痛い。まぶたの上に手をかざして目を守りながら、あたしは赤の姿を探した。自転車を作りたかったし、何よりも胸のあたりのもやもやを取り去れるのは、赤だけだとわかっていたから。

　幅《はば》の狭《せま》い道を歩き、盛り上がったコンクリートの塊《かたまり》を乗り越《こ》え、服の中までびしょ濡れで体が冷えてきた頃《ころ》、赤を見つけた。赤はよその家の茂みに手を突っ込んで、何かを掘《ほ》り返している。あたしが声をかけると赤はちらっとこっちを見て、また探しものに戻った。あたしは怒鳴《どな》られなかったことにほっとしつつ、近づいてその手元をのぞき込んだ。

　すると赤は泥《どろ》だらけになった何かを手のひらに載《の》せて、あたしに見せてくれた。四角いブロックがふたつ。そして間延びした発音で何か言う。意味は正確にわからないけれど、考えていることは雨が土にしみこむようにすんなりと理解できた――自転車のペダル。赤も自転車作りに加わってくれるみたいだ。

　⑦こうしてあたしたちは自転車作りに取りかかった。

　朝の収集の時間に、あたしたちはめいめい、自転車の部品になりそうなものを探した。銀が雑誌の字を読み、絵に描いて説明してくれた構造を参考にして、瓦礫の下をあさり、汚れた水の底をさらい、親切な人と物々交換《ぶつぶつこうかん》して、集めに集めた。とにかくたくさん必要だったのは太くて頑丈な筒《つつ》だ。銀の肌みたいに輝《かがや》く硬《かた》い筒、少しべたべたする黒い筒、軽いけど思い切り叩いてもひびすら入らない黄色の筒。これらを金属の板でつないでネジで留《と》め、まずは自転車らしい形を作った。

　こまごました部品や、部品をつなぐための道具は、チビが日頃《ひごろ》から収集していたがらくたがとても役に立った。これまでは、そんな小さな手じゃ使えないものばかり持ち込むなんてばかじゃないかと思っていたけれど、今はすべてが宝物だ。赤の大きくて力強い手に握《にぎ》られ、息を吹き返した道具たちに、チビは真っ黒い口を大きく開けて、ぼふんぼふんと不思議な笑い声を立てた。

　肝心《かんじん》の車輪や動力となるペダル、そしてチェーンを作るのは、かなり大変だった。チビが最初に拾った黒い紐は、一本はゴム製だったけれど、もう一本はただの布紐で、銀に代わりを見つけて来ないとダメだと言われた。しかし代わりはなく、結局ゴムの端切《はぎ》れを地道に集め、銀のペンキと交換《こうかん》で手に入れた接着剤《せっちゃくざい》を使って貼《は》り合わせ、タイヤにした。タイヤの空気は、赤が髪と同じくらいに顔を真っ赤にして息を吹き込み、ぱんぱんにした。

　ペダルと後ろの車輪に嚙《か》ませる歯車は、薄《うす》い金属の円盤《えんばん》の真ん中に穴を開け、二十四本のネジをぐるりと並べて作った。ネジを均等に並べるのには壊れた※④鳩時計《はとどけい》の円盤を使った。それから銀がネジとネジの間隔《かんかく》を棒を使って測り、そのとおりに頑丈で太い紐を等《とう》間隔《かんかく》に結んで連ね、ネジの歯車にうまく嚙《か》み合《あ》うようにして、チェーンにした。歯車の穴に太い銀色の筒を差し込み、赤が土から掘り返したブロックを両側に留めて、ペダルが完成した。

　あたし自身は何をしていたかって？　自転車の写真は役に立ったかもしれないけれど、字を読んで説明してくれたのは銀だ。あたしは赤がネジを回すのを手で支えたり、足りない部品を探し回ったり。だけどたいしたものは見つけられなかった。サドル代わりの薄汚《うすよご》れたクッションを見つけたのは銀だし、タイヤの※⑤ホイール代わりってきた。その拍子《ひょうし》にあたしは地面に倒《たお》され、したたかに背中を打った。銀とチビが止めに入ったけれど、今度は何が起きたのか、今度はそのふたりがけんかをはじめる。

④最初から無視し合ってたあたしたちは、自転車を失って、ますます仲が悪くなった。無関心の方がまだましだった。赤が筋肉を鍛える時の息づかいも、銀のペンキのにおいも、チビがうろちょろするのも我慢《がまん》できず、もう緑の家にはいられないと思うようになった。

明日には出て行こう。あてはないけど、日陰《ひかげ》くらいはどこかに見つかるはずだ。そう誓《ちか》った翌朝、ふいに空が暗くなり、大粒《おおつぶ》の雨が降ってきた。

ふくれて横になっていると、a**サンサク**に出ていたらしいチビがずぶ濡《ぬ》れで戻ってくるのが見えた。チビの歩いた後を、黒っぽい足《あし》跡《あと》と長い紐《ひも》を引きずった後がくっきりと残っている。毎日毎日がらくた集めをして、何が楽しいんだろう？　あたしはチビに背を向けて、雨粒が葉っぱを叩く音を聞きながら、目をつぶった。

すると、濡れた手で頬《ほお》を叩かれ、あたしは起き上がった。⑤すぐそばにはチビが立っている。おいお前、あたしのテリトリーに無断で入るな！　そう抗議《こうぎ》してもチビはひるまない。大きな黒々とした瞳《ひとみ》でこちらを見つめ、手の中の太いふたつの紐を差し出してきた。

ひとつは、妙《みょう》にぶよぶよとした黒い紐だ。意味がわからなくて首を傾《かし》げると、チビはだらんと垂れた紐の端と端をつけ、輪っかにした。あっ、と思わず声が出た。あたしは慌《あわ》てて写真入れの箱を開けて、大切に仕舞《しま》っていた写真を取り出す。そこにはこの黒い輪っかとよく似たものが写っている。

タイヤだ。自転車のタイヤ。チビはあたしに、自転車を作ろうと言っているに違いない。

震《ふる》える指で写真を差すと、チビは歯のない真っ黒な空っぽの口でにっかと笑った。

あたしは写真を持っているだけで、自転車の仕組みなんかまるで知らない。でもこうして、部品になりそうなものがふたつ目の前にあると、自分でも作れそうな気がしてくる。⑥手招きされるまま、あたしはチビのテリトリーに入り、チビが集めに集めた道具を見せてもらった。のこぎりはあたしも知っているけど、ただの尖《とが》った細い棒や、はさみによく似た道具など、使い方のわからないものばかりだった。あたしとチビは自転車の写真を眺《なが》め、必要な部品を集めることにした。

とりあえず雨が止《や》んでからだね。あたしがそう言うと、チビはふっと視線を逸《そ》らし、あたしの後ろを見た。銀と赤がこっちを見ていて、目が合うとすぐに顔を背《そむ》けてしまった。チビはまた大きな瞳であたしに何か言おうとしている。わかってるよ、あのふたりにも協力してもらおうってんでしょ？

あたしはまず銀に頼《たの》むことにした。箱に入れた大切な写真と雑誌の切れ端を全部と、チビの黒い紐を見せて、身振《みぶ》り手振《てぶ》りで説明する。自転車に乗りたくない？　作ろう、きっと作れるよ。すると銀は、毛の生えてないつるっとした顔の眉間《みけん》のあたりにしわを寄せ、記事の字を指でとんとんと叩いた。そして妙にぽこぽことした発音で何か言った。もしかして銀には読めるの？　銀は青い唇《くちびる》の端だけで笑うと、赤のところへ向かった。

赤は腕を組んでむっつりしている。外見だけは一番あたしと似ているのに、話しかけるのは一番難しい。あたしは謝《あやま》らなければならない。でもどうやって？　あたしが知ってるのは頭を下げるやり方だけど、もしかすると赤にとっては意味が違うかもしれない。まごついていると銀に背中を押《お》され、あたしはそのままの勢いで頭を下げた。ごめん、とあたしは言った。ひどいことを言ってごめんなだ。運がいいと、写真の上下や横のところに小さな字が書かれている「雑誌」の切れ端《はし》を見つけることもある。字は読めないけれど、「自転車」の写真つきの雑誌だともっと嬉《うれ》しい。あたしは自転車に憧《あこが》れてるから。

緑の家の外に本物の自転車がある。たった一台だけ、すぐ手の届くところに。色はピンク、夜が来る前のほんのわずかな瞬間《しゅんかん》、空の端を染めるあの美しい色と同じピンクだ。あたしはこの自転車に乗りたいと思っている。たぶん他の三人も同じだ。赤も銀もチビも、そわそわした視線の行方《ゆくえ》をたどればすぐにわかる。

だけどあたしたちの誰《だれ》も、この自転車には乗れない。理由は乗ったことがないからじゃなくて、家にそって生《お》い茂るカイブの太い枝がぎゅうぎゅうとからみつき、自転車を外せないからだ。あたしがこの家にたどり着いた時にはもうこの状態だった。きっとずっと昔に誰かがここに置きっぱなしにして、カイブが壁の一部と間違《まちが》えてからみついたんだろう。大きな葉が日避《よ》けになって、自転車のピンク色は色あせずに、きれいなままだ。

もし頑丈《がんじょう》な道具があれば、自転車を外せるかもしれない。だけどあたしはそんな道具持ってないし、正直、調達しようとはしなかった。本当のところ、あたしだけが自転車を手に入れたところを想像すると、抜け駆《が》けしたみたいな、後ろめたい気持ちになるからだ。自分でも変だと思う。だってあたしは赤も銀もチビも嫌《きら》いだ。あいつらが誰なのか知らないし、知りたい気にもならないし、近づきたくない。それなのに、自分の心がもやもやするのはとても嫌《いや》だった。なんだか卑怯者《ひきょうもの》になったみたいで。

あいつらの方は何を考えているだろう？　道具さえあればさっさと自転車をひとりじめしたかも。特に赤なんてあんなに筋肉を鍛えているんだから、本気を出せばカイブくらいどうってことないように思える。ただ、今のところ――少なくともあたしが緑の家に住んでから四九五回分の夜明けを見た今のところは――誰も、自転車に手を出さなかった。

いいんだ、自転車が自分だけのものじゃなくても。本物が近くにあるだけでわくわくするし、あたしには自転車の写真もある。拾ってきた切れ端は丁寧《ていねい》にしわをのばして箱にしまった。それで満足だった。

だけどある夜のこと、事件が起きた。

あたしのような子どもにとって、夜や暗い場所は危険だ。大人たちがあちこちをうろつき、物を壊《こわ》したり、盗《と》ったりするからだ。もちろん怖《こわ》くない大人もいるけど、そういう人は朝に会う人たちであって、夜にうろつくやつらじゃない。

その夜、大人たちは緑の家の前まで来て、大騒《おおさわ》ぎをした。こんなことめったにないくらい激しく叫《さけ》び、笑い、壁を叩《たた》いた。タララ、トララ、という銃声《じゅうせい》がすぐそばで聞こえる。あたしはできるだけ体を小さくして両手で耳をふさぎ、大人たちが早くどこかへ行ってしまうように願った。他の三人も同じように黙《だま》ってうずくまり、②嵐《あらし》が過ぎ去るのを待った。

やがて朝が来た。あたしたちは次々に外へ出て、真夜中に大人たちが何をしたのか、確かめた。テリトリーなんかすっかり頭から抜けていた。目に飛び込んできたのは、無残にちぎれたカイブの枝と、むしられて瓦礫の上にちらばった緑の葉っぱだけ。③ピンク色の自転車はどこにも見当たらなかった。

あたしは猛烈《もうれつ》に腹が立って、隣《となり》にいただけの赤に怒《いか》りをぶつけた。どうしてそんなに鍛えているのに大人たちをぶちのめさなかったんだ？　役立たず！　あたしははっきり口にした。赤に言葉は通じない、けれど意味はしっかり伝わったらしく、赤はあたしに摑《つか》みかか

二〇一八年度 麻布中学校

【国　語】（六〇分）〈満点：六〇点〉

次の文章を読み、設問に答えなさい。なお、この物語の舞台《ぶたい》は、私たちの住む世界とは大きく異なっていて、登場する植物や食べ物も私たちの世界とは異なります。

植物で覆《おお》われたこの家は、熱い風が吹《ふ》くたび葉っぱがいっせいにこすれ合って、ざわざわ、さらさらという音でいっぱいになる。壁《かべ》も天井《てんじょう》も穴だらけだけど、カイブの葉っぱが雨粒《あまつぶ》や強い日差しをふせいでくれて、住み心地《ごこち》はいい。あたしはここを「緑の家」と呼ぶ――だけど、他の連中はそう呼ばない。①全員、使う言葉が違《ちが》うから。

緑の家にはあたし以外に三人の子どもが住みついている。ひとりはあたしよりも背が高い男子で、真っ赤な髪《かみ》を短く刈《か》り、汚《よご》れた※①タンクトップを着て、腕《うで》を曲げると力こぶがにゅっと盛り上がる。ひとりは女子で、やっぱりあたしより背が高い。肌色《はだいろ》はあたしと違って銀色で、太陽の光がまともにあたるときらきらして眩《まぶ》しかった。最後のひとりは男か女かわからない。こいつだけあたしよりもうんと背が低く、上下がつながった服のせいでまるで赤《あか》ん坊《ぼう》に見える。あたしは心の中でそれぞれを「赤」「銀」「チビ」と呼んでいた。

あたしたちは口をきかない。きいたところで意味がわからないし、知らない言葉が耳に入ると不安で、イライラする。それは他の三人も同じらしい。ひとつの部屋にいながら、全員が互《たが》いに存在を無視して、関《かか》わらないようにしている。コンクリートの床《ゆか》にチョークで線を引いて部屋を四つに分けたところが、めいめいの※②テリトリーだ。やつらを見なくてすむように、できるだけ壁の方を向いて、葉っぱがこすれる心地よい音だけを聞いて過ごす。もしこの家に二階があれば部屋が増えるのに、はじめから二階の床が抜《ぬ》けていて、顔を上げてみるともう、天井代わりの葉っぱの茂《しげ》みだ。失われた二階への階段は途中《とちゅう》で崩《くず》れ、どこへもつながらずに、部屋の真ん中に生えたきのこみたいだった。

自分のテリトリーの中ではそれぞれが好きなように過ごしている。赤は毎日筋肉を鍛《きた》えていて、物といえば食べ物くらいしか置かない。銀は色とりどりのペンキの缶《かん》を並べて、壁にたくさん絵を描《か》いている。チビはさまざまな種類の道具を持ち込《こ》んで、小さな手で磨《みが》いている。でも使っているところは見たことがない。

道具や食べ物は外で調達する。太陽が昇《のぼ》りきらない朝のうちに。やがて昼になり、肉をあぶる火みたいに強い日差しが照りつけると、風通しのいい緑の家に戻《もど》って眠《ねむ》り、日が沈《しず》むのを待つ。夜は一日で一番涼《すず》しいから、できれば外に行きたい。けれど夜は大人たちがうろついているし、獣《けもの》が襲《おそ》ってくるかもしれない。そもそも持ち運べる明かりがないので、道にちらばった※③瓦礫《がれき》につまずいて転んでしまう。傷口からばい菌《きん》が入って死ぬのはいやだ。

居眠《いねむ》りしつつ暗い夜を乗り切って空が白みはじめると、獣の遠吠《とおぼ》えが小さくなる。立ち上がってもつま先が見えるようになったら、活動開始だ。あたしはひとりで外に出て、まず木陰《こかげ》でうんちとおしっこをする。それから井戸《いど》の冷たい地下水で体を洗い、青黒く熟《う》れた酸《す》っぱいハユの実や太った卵白《らんぱく》虫なんかを探して朝ご飯に食べ、瓦礫の隙間《すきま》を覗《のぞ》いて他の人が住んでいる家の前をあさり、めぼしい物を探した。あたしのお気に入りは「写真」と呼ばれるもの

2018年度

麻布中学校　▶解説と解答

算数　(60分)＜満点：60点＞

解答

1 135枚　2 $3\frac{3}{8}$cm　3 (1) 解説の図1を参照のこと。 (2) 5通り (3) 15通り　4 (1) 1×4＋5＋6＝7＋8，1＋4×5＝6＋7＋8 (2) 2×3×5×7＋11＝13×17，2×3＋5×7＝11＋13＋17　5 (1) 解説の図④を参照のこと。 (2) 解説の図⑥を参照のこと。 (3) $156\frac{1}{4}$cm^2　6 (1) 8 (2) 〈12〉＋〈2〉＝4100，〈13〉＋〈3〉＝8200 (3) 44 (4) (例) 57，157

解説

1 倍数算

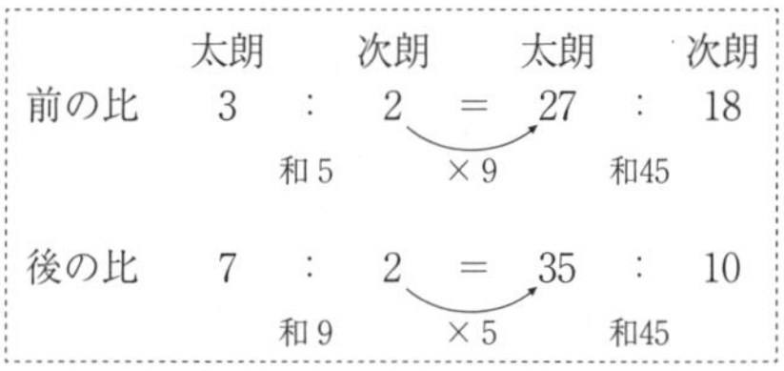

最初の太朗君と次朗君のコインの枚数の比は，1.5：1＝3：2であり，次朗君が太朗君に40枚わたした後の太朗君と次朗君の比は，3.5：1＝7：2である。また，2人の枚数の和は変わらないから，比の和をそろえると右の図のようになる。すると，そろえた比の，18－10＝8にあたる枚数が40枚なので，比の1にあたる枚数は，40÷8＝5(枚)となり，最初の太朗君の枚数は，5×27＝135(枚)とわかる。

2 立体図形─体積

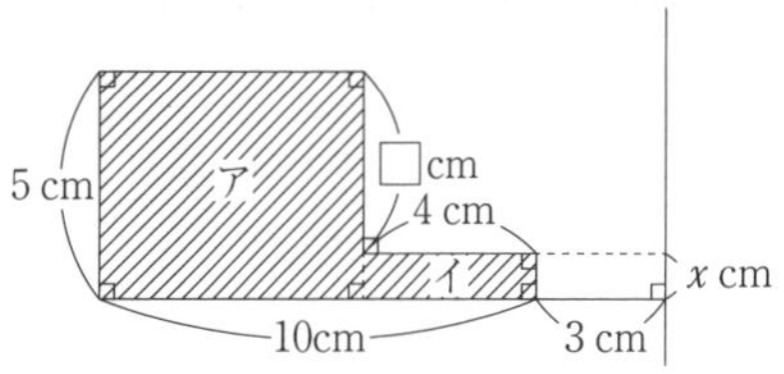

右の図で，アの部分を回転してできる立体は，底面の円の半径が，10＋3＝13(cm)で高さが5cmの円柱から，底面の円の半径が，4＋3＝7(cm)で高さが5cmの円柱をのぞいたものだから，体積は，13×13×3.14×5－7×7×3.14×5＝(169－49)×3.14×5＝600×3.14(cm^3)となる。また，2088.1÷3.14＝665より，全体の体積は(665×3.14)cm^{3}なので，イの部分を回転してできる立体の体積は，665×3.14－600×3.14＝(665－600)×3.14＝65×3.14(cm^3)とわかる。よって，イの部分の高さを$x$cmとすると，イの部分を回転してできる立体の体積は，7×7×3.14×x－3×3×3.14×x＝(49－9)×3.14×x＝40×x×3.14(cm^3)と表すことができる。したがって，40×x×3.14＝65×3.14より，40×x＝65，x＝65÷40＝$\frac{13}{8}$(cm)と求められるから，□＝5－$\frac{13}{8}$＝$3\frac{3}{8}$となる。

3 場合の数

(1) ○の個数ができるだけ多くなるように，○○×○○×…の順に並べると，右の図1のようになる。

図1

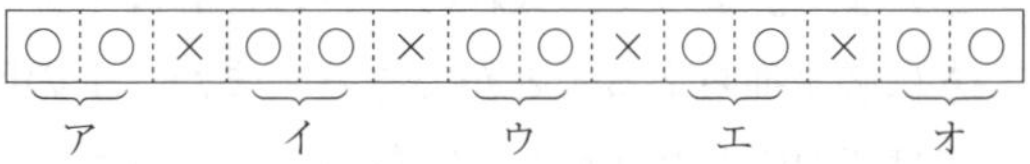

(2) (1)の場合の×の個数は４個である。×の個数を１個減らして３個にすると(図１のオの○２個とそのとなりの×を取ると)，右の図２のア～エの４か所に○を入れることになる。すると，○の個数は最も多くて，２×４＝８(個)だから，○と×の合計を13個にすることはできない。よって，×の個数は４個，○の個数は，13－４＝９(個)なので，９個の○を右上の図３のア～オの５か所に入れることになる。このとき，入れる個数の組み合わせは(１，２，２，２，２)だけだから，１を入れる場所を選ぶことにより，全部で５通りとわかる。

図２
ア × イ × ウ × エ

図３
ア × イ × ウ × エ × オ

〔ほかの解き方〕 図１のア～オのいずれかから○を１個取る，と考えることもできる。

(3) (2)と同様に考えると，×の個数は４個，○の個数は，12－４＝８(個)になるので，８個の○を図３のア～オの５か所に入れることになる。このとき，入れる個数の組み合わせは，(０，２，２，２，２)，(１，１，２，２，２)の２通りある。前の入れ方は，０を入れる場所を選ぶことにより５通りとわかる。また，後の入れ方は，５か所から１を入れる２か所を選ぶことにより，$\frac{5\times4}{2\times1}$＝10(通り)と求められる。よって，全部で，５＋10＝15(通り)となる。

4 推理

(1) 右から１番目の□に「＝」を入れると，１□４□５□６□７＝８となるが，{１，４，５，６，７}をたしたりかけたりして，答えを８にすることはできない。また，右から２番目の□に「＝」を入れると，１□４□５□６＝７□８となるから，{１，４，５，６}をたしたりかけたりして，７＋８＝15，または，７×８＝56を作ればよい。すると，１×４＋５＋６＝７＋８という式を作ることができる。同様にして調べると，１＋４×５＝６＋７＋８という式も見つかる。

(2) (1)と同様にして調べると，２×３×５×７＋11＝13×17，２×３＋５×７＝11＋13＋17という式が見つかる。

5 平面図形―図形上の点の移動，面積

図①
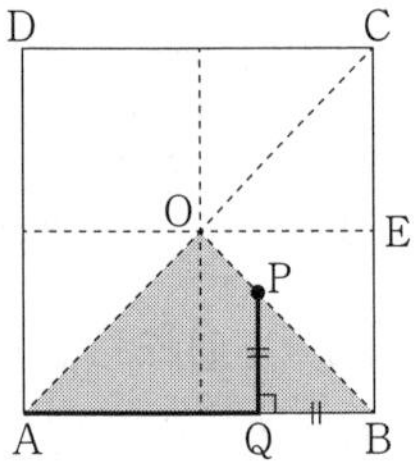

図②
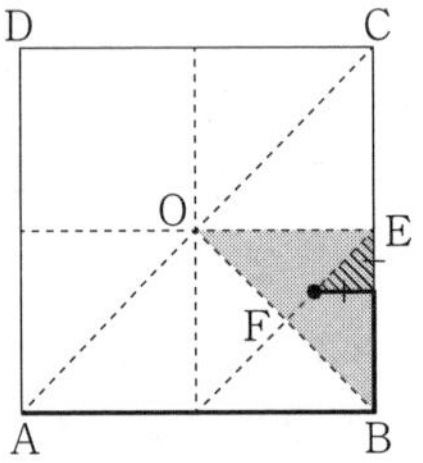

図③
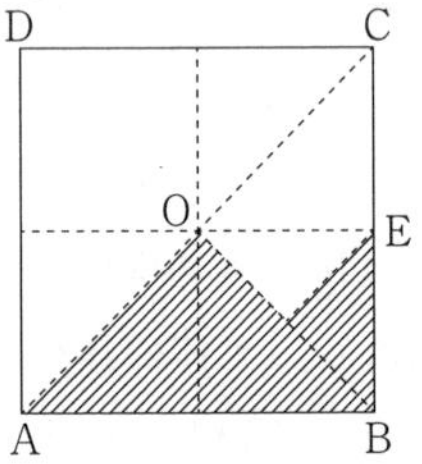

図④
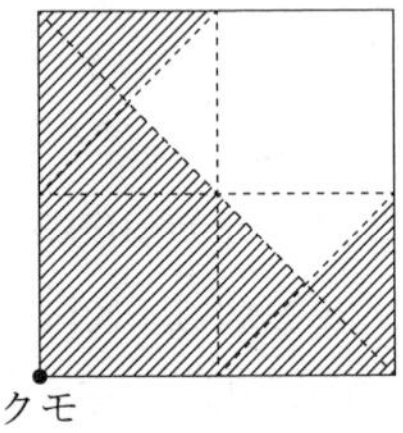

(1) この図形は，上の図①の直線ACを軸《じく》として線対称な形をしているから，直線ACの右側の部分だけを調べればよい。ここで，クモが移動できるのは，10×1.5＝15(cm)以内，つまり５cmの辺を３辺以内である。図①のように虫が三角形OABの内部にいるとき，クモは辺AB上の点から虫に向かって移動することになる。ここで，対角線OB上の点をP，PからADと平行に引いた直線とABとの交点をQとすると，三角形PQBは直角二等辺三角形なので，QBとQPの長さは同じになる。よって，太線の長さの合計はちょうど２辺分だから，虫が三角形OABの内部にいるときは必ず捕《と》らえることができる。また，上の図②のように虫が三角形OBEの内部にいるとき，クモは辺BE上の点から虫に向かって移動することになる。このとき，斜線《しゃせん》をつけた三角形は直角二

等辺三角形なので，太線の長さの合計はちょうど3辺分になる。したがって，虫が三角形FBEの内部にいるときは捕らえることができるが，三角形FEOの内部にいるときは捕らえることができない。以上より，捕らえることができるのは上の図③の斜線部分であり，これを直線ACを軸にして線対称な形にすると，上の図④のようになる。

(2)　下の図⑤のように，図①の左側に正方形GHADを加えて考える。クモが移動できるのは，10×2.5＝25(cm)以内，つまり5cmの辺を5辺以内だから，虫が正方形GHADの内部にいるときは必ず捕らえることができる。また，はじめに2辺分移動してAまでくると，残りは3辺分なので，三角形ABCの内部は図③と同じになる。次に，はじめに4辺分移動してDまでくると，残りは1辺分となる。すると，図⑤で斜線をつけた三角形は直角二等辺三角形だから，DIとIJの長さの合計はちょうど1辺分となり，かげをつけた部分にいる虫を捕らえることができる。よって，捕らえることができるのは下の図⑥の斜線部分である。

図⑤

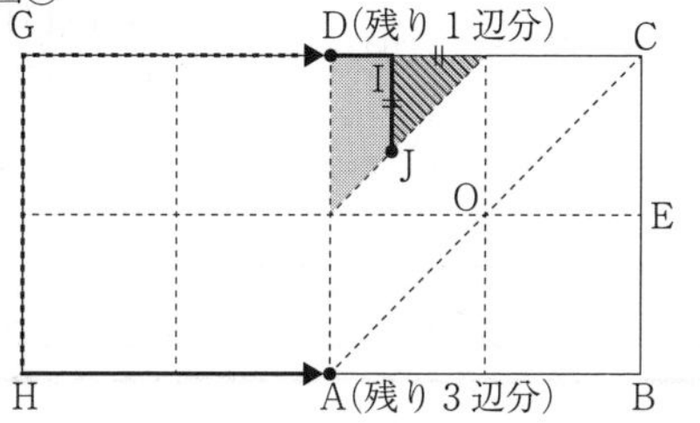

図⑥

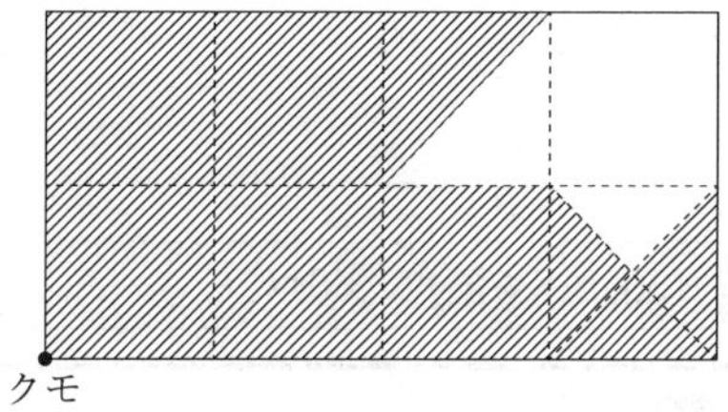

(3)　1辺の長さが5cmの正方形の面積は，5×5＝25(cm^2)である。(2)より，これが，$5+\frac{1}{2}+\frac{3}{4}=\frac{25}{4}$(個分)あるから，全部で，$25\times\frac{25}{4}=\frac{625}{4}=156\frac{1}{4}$($cm^2$)と求められる。

6 周期算，整数の性質

(1)　2，2×2＝4，2×2×2＝8，2×2×2×2＝16，2×2×2×2×2＝32，…のように，2を何個かかけ合わせてできる数の一の位の数字は，{2，4，8，6}の4個がくり返される。よって，2を1895個かけ合わせた数の一の位の数字は，1895÷4＝473あまり3より，8とわかる。

(2)　〈12〉＝(2×2×2)×(2×2×2)×(2×2×2)×(2×2×2)＝8×8×8×8＝4096，〈2〉＝2×2＝4だから，〈12〉＋〈2〉＝4096＋4＝4100となる。また，〈13〉＝〈12〉×2，〈3〉＝〈2〉×2なので，〈13〉＋〈3〉＝〈12〉×2＋〈2〉×2＝(〈12〉＋〈2〉)×2＝4100×2＝8200と求められる。

(3)　(2)より，〈14〉＋〈4〉は，〈13〉＋〈3〉を2倍したものだから，8200×2＝16400となり，〈15〉＋〈5〉は，〈14〉＋〈4〉を2倍したものなので，16400×2＝32800となる。このことから，〈N〉＋〈N−10〉の下2桁《けた》は00になることがわかる。よって，下の図1のア～エのような式を作ると，答えの下2桁はすべて00になる。これらの式で，〈2018〉の下2桁をX，〈2008〉の下2桁をY，〈1998〉の下2桁をZとすると，アの式から，$X+Y=100$となり，イの式から，$Y+Z=100$になる。このとき，Yは両方に共通しているので，$X=Z$となり，〈2018〉と〈1998〉の下2桁は等しいことがわかる。さらに，これと同じことをくり返すと，〈N〉と〈N−20〉の下2桁は等しくなる。したがって，2018÷20＝100あまり18より，〈2018〉と〈18〉の下2桁は等しい。次に，〈N〉＋〈N−10〉の下2桁は00になるので，〈18〉＋〈8〉の下2桁も00となる。ここで，〈8〉＝2×2×2×2×2×2×2×2＝16×16＝256だから，〈8〉の下2桁は56であり，〈18〉の下2桁は，100−56＝44と求められる。以上より，〈2018〉の下2桁も44とわかる。

(4)　下の図２の㋐のように，〈53〉との和の下３桁が000になるような数を〈A〉とする。〈A〉の下３桁は，1000－992＝８であり，８＝２×２×２なので，A＝３のとき，〈53〉＋〈３〉の下３桁が000になる。また，(3)と同様に，〈54〉＋〈４〉は，〈53〉＋〈３〉を２倍したものだから，下３桁は000となり，〈55〉＋〈５〉は，〈54〉＋〈４〉を２倍したものなので，下３桁は000である。このことから，〈N〉＋〈N－50〉の下３桁は000になることがわかる。よって，〈N〉の下３桁を872にするには，図２の㋑のように，〈N－50〉の下３桁を，1000－872＝128にすればよい。ここで，128＝２×２×２×２×２×２×２より，〈７〉＝128になるので，最も小さいNの値は，７＋50＝57と求められる。次に，(3)と同様に下の図３のような式を作ると，〈N〉と〈N＋100〉の下３桁は等しくなることがわかる。したがって，考えられるNの値は，57，157，257，…となる。

図１

〈2018〉＋〈2008〉＝＿＿00…ア
〈2008〉＋〈1998〉＝＿＿00…イ
〈1998〉＋〈1988〉＝＿＿00…ウ
〈1988〉＋〈1978〉＝＿＿00…エ

図２

㋐　〈53〉＋〈A〉＝＿＿000
　　↓
　＿＿992

㋑　〈N〉＋〈N－50〉＝＿＿000
　　↑　　　　↑
　＿＿872　＿＿128

図３

〈53〉＋〈３〉＝＿＿000
〈103〉＋〈53〉＝＿＿000
〈153〉＋〈103〉＝＿＿000
〈203〉＋〈153〉＝＿＿000

社　会　(50分)＜満点：40点＞

解　答

問１　**あ**　菅原道真　**い**　国司　**う**　一揆　**問２**　(1)　高松塚(古墳)　(2)　(例)　天皇中心の国家づくりを進めるため。(豪族の勢力が拡大するのを防ぐため。)　**問３**　(1)　行基　(2)　(例)　国分寺や国分尼寺の建立　**問４**　延暦寺　**問５**　(1)　土石流　(2)　(例)　谷に沿った街道とは別に，高いところを通る街道を通した。　**問６**　出雲国風土記　**問７**　(例)　キリスト教の禁教政策を徹底することができた。また，村びとの人口や家族構成を知ることができた。　**問８**　(1)　(例)　日本人と西洋人の間でもめごとが起きるのを防ぐことができたという点。　(2)　(例)　やむを得ず母国を離れ，難民となった場合。(内戦や紛争で母国の治安が悪くなっている場合。)　**問９**　(例)　葬式の費用や内容が納得できるものであることと，安心して葬式を行えること。　**問10**　(例)　感染力が弱いうえに治療薬も開発され，隔離政策が不要だと国際的に結論づけられたにも関わらず，隔離政策をとり続けた国が，基本的人権を侵害したという責任。　**問11**　(例)　過疎化が進み，望月地区だけでは祭りの実施が難しくなったから。また，少子高齢化によって，青年男性だけで祭りを運営するのが困難になったから。
問12　(1)　(例)　本来，社会的弱者には思いやりを持って接するべきだと理解できているが，あるできごとによってそうした人びととの間に不公平感が生まれたり，自分たちの持っている何かをうばわれるおそれが生じたりしたとき，怒りや不満の感情がコントロールできなくなる。
(2)　(例)　ニュースやインターネットによって広がった批判や非難の声に共感し，それを発信する人が増えるとともに，その意見が多数派であるという安心感や正義感が生まれたから。

解　説

「感情のコントロール」を題材とした問題

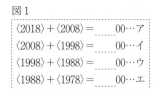

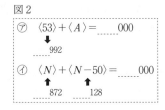

問１　**あ**　894年，菅原道真は唐(中国)がおとろえていることや航海上の危険を理由に，遣唐使の中止を朝廷に進言して受け入れられた。道真は宇多《うだ》天皇の信任も厚く，その後，右大臣にまでなったが，左大臣の藤原時平《ときひら》のはかりごとにあって北九州の大宰府《だざいふ》に左遷《させん》され，２年後にその地で亡《な》くなった。道真の死後，京都の平安京ではわざわいがあいついだため，人びとはこれを道真の怨念《おんねん》だと考え，道真の霊《れい》をしずめるために北野天満宮をつくり，その霊を祀《まつ》った。道真は生前，詩文にすぐれたことからやがて「学問の神」として信仰を集め，全国に道真を祀った天満宮がつくられるようになった。

い　律令制度が確立すると，任期６年(のち４年)で都(中央)から国ごとに役人が派遣された。これが国司で，派遣された国で政治や裁判などを行った。平安時代には，中央の管理が行きとどかなくなったことなどから横暴をはたらくようになるものもあらわれ，尾張《おわり》国(愛知県西部)の国司であった藤原元命《もとなが》のように，郡司や百姓《ひゃくしょう》の訴《うった》えによって解任される国司もいた。　**う**　一揆《いっき》は武士や農民らが特定の目的を達成するために地域集団を結ぶことで，集団行動そのものをさすことも多い。室町時代には荘園領主や大名に対して年貢《ねんぐ》や労役を減らすよう求めたり，土倉・酒屋といった高利貸しや幕府に対して借金の帳消し(徳政)を求めたりする土一揆(徳政一揆)が多くみられた。江戸時代には，とくに飢饉《ききん》が起きたあとに農村で百姓一揆が多発したほか，幕末には世直しを求める一揆も起こった。

問２　⑴　高松塚古墳は奈良盆地南部にある７世紀末ごろの古墳で，1972年の調査によって石室内部に極彩色《ごくさいしき》の壁画があることがわかった。図１は石室の西壁に描かれた「女子群像」で，しぐさや衣服には中国や朝鮮半島の影響がみられる。国宝に指定されたが，カビが大量発生するなど壁画が劣化《れっか》していたため2007年に石室は解体され，修復作業が進められた。　⑵　古墳時代中期にあたる５世紀ごろ，古墳は巨大化し，その大きさは権力や地位を象徴《しょうちょう》するようになった。また，豪族のものと推測される古墳も多い。資料１は646年に出された「薄葬《はくそう》令」の内容で，豪族が勝手に古墳をつくることを禁じ，古墳の大きさも身分によって差をつけるように命令している。これは天皇とならぶような古墳を豪族がつくってその地位や権力をみせつけるようなことを禁じ，天皇と豪族の身分のちがいを明確にしようという意図があったためと考えられる。646年に出された改新の詔《みことのり》では公地公民が原則とされるなど，天皇中心の中央集権国家づくりが進められており，薄葬令もその一貫として出されたものだといえる。

問３　⑴　渡来系の僧であった行基《ぎょうき》は近畿地方を中心に各地をめぐって民衆に仏の教えを説くとともに，弟子や信者を指導して橋や道，用水池をつくるなどの社会活動を行い，人びとから「行基菩《ぼ》薩《さつ》」として信望を集めた。朝廷は初め「僧尼令《そうにりょう》」に違反するとして行基の活動に弾圧を加えたがのちに許され，東大寺の大仏づくりのさいには弟子たちを率いて協力し，最高僧位の大僧正《だいそうじょう》に任じられた。　⑵　聖武天皇の時代には，貴族間の争いや疫病《えきびょう》の流行，飢饉などの社会不安があいついだため，天皇は仏教の力で国を安らかに治めようと願い，地方の国ごとに国分寺と国分尼《に》寺を建てさせた。また，聖武天皇の皇后であった光明子《こうみょうし》は，慈善《じぜん》施設として悲田院《ひでんいん》や施薬院《せやくいん》をもうけ，人びとの救済に力をつくした。

問４　平安京からみて北東に位置し，京都府と滋賀県にまたがる比叡山《ひえいざん》には，全山にわたって諸堂が建てられ，それらが延暦寺《えんりゃくじ》を形成している。延暦寺は遣唐使船で学問僧として唐に渡り，帰国して天台宗を開いた最澄が創建した寺で，以後，仏教教学の中心となった。

問５　⑴　資料２に「雨が降る」「雨に風が加わると危い」「長雨後〜ぬける」などとあること，「蛇《じゃ》ぬけの碑《ひ》」がある長野県南木曽《なぎそ》町が谷間に位置していることなどから，土石流だと判断できる。「蛇ぬけ」は蛇《へび》が山をはって落ちてくる姿をたとえた言葉で,「蛇ぬけの碑」は,1953年に発生した土石流の被害者をしのんでつくられたものである。　⑵　地図には,木曽川沿いを通る中山道とは別に,山間《やまあい》をぬけるようにして中山道が整備されていることがわかる。川に沿った街道が本道で,本道が蛇ぬけや洪水《こうずい》の被害にあったときに備え,山の高いところにわき道をつくって通れるようにしておいたのだと推測できる。

問6　『風土記《ふどき》』は元明天皇が713年,諸国に命じて編さんさせた地理書である。地名の由来や郷土の産物・伝承などを記したものであるが,現在残っているのは５か国の『風土記』で,完全に近いのは出雲《いずも》国(島根県東部)のものだけである。資料３は『出雲国風土記』のなかの「国引き神話」の内容で,図２で地面となっている場所をつなげると島根半島の形になり,中に宍道《しんじ》湖・中海ができることからも,出雲地域を描いたものと判断できる。

問7　江戸時代,幕府はキリスト教禁教を徹底《てってい》するため,一般庶民《しょみん》に寺院の檀家《だんか》となるよう義務づけ,キリスト教徒でないことを証明させた。これは寺請《てらうけ》制度とよばれ,寺院ではその人物が檀家であることを証明し,家族の名前や年齢なども記した「宗門改《しゅうもんあらため》帳(宗門人別改帳)」という帳簿《ちょうぼ》が作成された。宗門改帳はキリスト教禁止という目的のほか,戸籍の役割もはたすようになった。

問8　⑴　江戸時代末の開国以来,西洋人が日本を訪れるようになったが,西洋人と日本人では生活習慣や文化,価値観などが異なるため,おたがいが出会ったさいにはもめごとも多かったと考えられる。そのため,西洋人の活動範囲《はんい》を居留地に限ることで,もめごとを減らして治安を維持しようとしたのである。　⑵　イスラームを信じる人が母国以外で亡くなっても,亡くなった国の法にしたがわなくてはならないため,土葬が困難なことが多い。母国での土葬が可能であればよいが,紛争《ふんそう》や災害などで仕方なく母国をはなれた場合には帰国が難しく,それを望まない人びとも多いと推測される。

問9　資料４には,「事前相談を受け付ける」「葬儀の価格を明確に表示する」「葬儀に関する情報を提供する」など,どのような葬儀を,どれくらいの値段でやれるのかを,利用者にきちんと伝えることの重要性が書かれている。一般の人にとって,葬儀のマナーや,それにかかる費用などは慣れ親しんだものではないためわかりづらい。また,近年では「生き方」だけでなく「死に方」も選ぼうという「自己決定権」も主張されるようになった。そのため,葬祭業者の例でも,利用者の「決定や意思を尊重」し,「疑問や不安にこたえる」ことを表明したのだと考えられる。つまり,葬祭業者を利用するにあたり,故人や家族が納得したうえで,安心して葬式が行えることが大切だという考えが広がってきたのだといえる。

問10　年表からは,1963年にすでに世界ではハンセン病患者の隔離《かくり》を「時代に合わない」としていたにも関わらず,日本では1996年まで,法律にもとづいてハンセン病患者の隔離政策が行われていたことが読み取れる。治療《ちりょう》薬が開発され,世界的にも隔離の必要がないとされながら隔離政策を続けたことは,日本国憲法が定める自由権や平等権に反する。つまり,元患者たちは,政策として隔離を続けた国に対し,基本的人権を侵害《しんがい》されたことに対する責任を求め,訴えを起こしたのである。

問11　Ａの方式が可能だったのは,青年男性だけで祭りの準備や運営ができたからだと推測できる。当時,地区には十分な数の青年男性がおり,だれかが祭りの準備のために仕事を休んだとしても,地区の人びとが代わりに農作業を行えたのである。いっぽう,Ｂの方式では,望月地区だけでは祭りの運営や資金ぐりが難しくなり,さまざまな援助《えんじょ》に頼《たよ》っていること,青年男性以外も祭りの運営や実施《じっし》に関わるようになったことがわかる。これは,少子高齢化によって青年男性が減ったことや,過疎化によって農村の人口全体が減ったことが，地域の共同体に与えた影響のひとつといえる。

問12 ⑴ 事例1，事例2に共通しているのは，「特定の人びと」が，移民やハンセン病の元患者といった社会的弱者だという点である。母国を追われた，あるいは差別の対象だったという点で配慮《はいりょ》されるべきであるが，そうした人たちがそのために優遇《ゆうぐう》されたり，当然の権利を主張したりしたとき，人びとの間に「私たちだっていろいろ我慢《がまん》しているのに」という気持ちが生まれてしまうことをこれらの事例は物語っている。人びとが不公平感をいだいたときや，今まで自分たちが持っていたものをおびやかされるといったおそれを感じたとき，こうした怒《いか》りや不満が生まれ，それがコントロールできなくなったために，事例で示されたようなできごとが起きてしまったのだと考えられる。 ⑵ いずれのできごとも，ニュースやインターネットによって世間の注目を集めたことで，多くの人びとが関わるようになった。こうした事例は多くの人びととの目にふれることで共感をよび，そうした人が多数いるとわかることで，意見もいいやすくなる。また，インターネットは匿名《とくめい》性が高く，個人の意見を発信しやすいことも，多くの人を巻きこむことになった要因のひとつであるといえる。自分が多数派であるという安心感や，そこから生まれる正義感によって，非難や批判の声は増大していったのである。

理 科 (50分)＜満点：40点＞

解 答

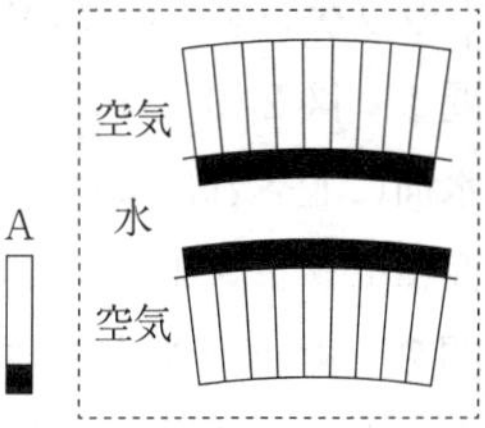

1 **問1** エ **問2** ア，オ，ク **問3** **a** (例) 種は消化されない **b** (例) 植物が生息できる範囲 **問4** (例) ダチョウ，ペンギン **問5** イ，エ **問6** ウ，オ 2 **問1** 右の図 **問2** $0.00002cm^3$ **問3** (例) 実験に使うセッケン水がうすまらなくなるから。 **問4** **記号**…ウ **理由**…(例) ▲のマス目では，セッケンまくの多い少ないの違いがあるので，平均すると1マス$0.5cm^2$と考えることができるから。 **問5** 2nm **問6** ウ **問7** ア 3 **問1** 5分 **問2** ウ **問3** 100L **問4** ア **問5** **位置**…ア **向き**…c **問6** エ **問7** Ⅰ ○ Ⅱ ○ Ⅲ × **問8** イ **問9** イ 4 **問1** **a** 大き **b** 下 **問2** ① (例) 室外機が熱せられて温度が上がり，ガスの温度が下がりにくくなるから。 ② (例) 室外機のまわりの空気が入れかわりにくく，室外機に熱がたまり，ガスの温度が下がりにくくなるから。 **問3** ア→ウ→イ **問4** オ→カ→エ **問5** **ア** 50℃ **イ** 5℃ **ウ** 10℃ **エ** 10℃ **オ** 90℃ **カ** 50℃ **問6** **a** 下がる **b** 上がる **c** 上がる **d** 下がる **問7** ア，イ，ウ **問8** **a** 大きく **b** 大きく **c** 大きく

解 説

1 ヤンバルクイナについての問題

問1 説明文中に「つばさが小さくて飛べないかわりに森の中を活発に歩き回ります」とあるので，ヤンバルクイナは飛べる鳥と比べて歩き回ることに適した足が発達していると考えられる。

問2　ア　胃の中には大きなカタツムリのやわらかい部分や小さなカタツムリの殻《から》などが入っていたのに，これらはフンの中にはほとんど入っていなかったのだから，カタツムリは殻も含《ふく》めて消化されて栄養になっている。　イ　フンの中には「消化できなかった植物の実の皮や種」が入っていたと述べられている。　ウ～ケ　フンの中に小石が入っていたことから，小石は消化されず栄養にもならないとわかる。消化できないのに小石を積極的に食べるのは，消化管の中で小石を使って他の食べ物をくだいて消化しやすいようにするためと考えられる。なお，このような機能をもつ胃を砂のうという。ヤンバルクイナなどの鳥類は歯をもたないため，食べ物を丸飲みしたのちに砂のうでくだいている。

問3　植物の実のやわらかいところは消化されるが，種は消化されない。そのため，実を食べたヤンバルクイナが歩き回ってフンをすると，フンをした場所で種が芽を出すので，植物の生息範囲《はんい》が広がることになる。

問4　飛べない鳥としては，ダチョウやペンギン，エミュー，ヒクイドリ，キーウィなどが知られている。

問5　ヤンバルクイナのような飛べない鳥が残っていることから，飛べない鳥であっても環境によっては生き残れることがわかる。また，飛べない鳥の種類が非常に少ないことから，鳥にとって飛べないことは多くの場合，不利なことと考えられる。

問6　ヤンバルクイナはカタツムリをよく食べているので，ウはふさわしくない。また，「道路で車にひかれてしまうヤンバルクイナもいる」と述べられているので，オも正しくない。

2 セッケンまくについての問題

問1　図2のように，Aを，水になじむ部分が水の中，水になじまない部分が空気中になるように水面に並べればよい。このシャボン玉の断面の拡大図では，水面が上下にあるので，それぞれの水面にセッケンまくができることになる。

問2　セッケン水の体積に対して含まれている固形セッケンの体積の割合は，$1\div1000=\frac{1}{1000}$，セッケン水1てきの体積は，$0.2\div10=0.02(cm^3)$である。したがって，セッケン水1てきにとけている固形セッケンの体積は，$0.02\times\frac{1}{1000}=0.00002(cm^3)$と求められる。

問3　細いガラス管の内側に水てきがついている場合，そのまま液体を測りとるとセッケン水のこさがうすくなってしまう。そのため，いったん実験で使うものと同じ液体を吸い上げ，水てきを吸収させて捨ててから，液体を測りとる。すると，実験の誤差を小さくすることができる。

問4　▲のマス目は，セッケンまくとチョークの粉のつき方に違いがあるものの，全体で平均すればセッケンまくとチョークの粉が半分ずつついていると考えることができる。したがって，セッケンのまくしかついていない○の1マスは，$1\times1=1(cm^2)$，▲の1マスは，$1\div2=0.5(cm^2)$として計算しているウがもっとも適当なものとして選べる。

問5　セッケンが図1のようにういていると考えると，セッケンまくの厚みは，$0.00002\div100=0.0000002(cm)$とわかる。これは，$1cm=10mm$より，$0.0000002\times10=0.000002(mm)$となり，1mm＝1000μm《マイクロメートル》より，$0.000002\times1000=0.002(\mu m)$となるから，1μm＝1000nm《ナノメートル》より，$0.002\times1000=2(nm)$となる。

問6　小さなつぶ20個程度が結びついてその長さが2nmになっていることから，小さなつぶの1個の大きさはおよそ，$2\div20=0.1(nm)$と求められる。

問7　セッケンまくは図1のように1層でできるので，セッケン水の体積とセッケンまくの面積は比例すると考えられる。したがって，アがふさわしい。

3 地球と土星の衛星の雨や川についての問題

問1　雨つぶが秒速10mの速さで上空3kmの高さから地表まで落下すると，3×1000÷10＝300(秒)，つまり，300÷60＝5(分)かかる。

問2　雲は，上空で空気中の水蒸気が水てきや氷のつぶに変わってうかんでいるものである。よって，ウがあてはまらない。

問3　1 m^{2}は10000cm^2，100mmは，100÷10＝10(cm)である。したがって，この地点で1時間に1 m^{2}あたりに降った雨の量は，10000×10＝100000(cm^3)と求められる。これは，1 L＝1000cm^{3}より，100000÷1000＝100(L)である。

問4　下流では，支流などから水が集まるため水量が多く，また，流れがゆるやかなためおもにたい積作用がはたらく。下流の川はばを広げることは，水の流れる断面を大きくでき，水位を下げることなどにつながるので，洪水《こうずい》の対策として適切である。

問5　「レアはテチスよりも大きな衛星」であるのに，写真ではテチスの方が大きく写っているので，このときカッシーニはテチスの近くに位置している。また，カッシーニから見て，レアはテチスの右にある。よって，カッシーニの位置はアである。さらに，写真ではテチスとレアの右側が光っているので，太陽光の向きはｃとわかる。

問6　地球の大気の約78%はちっ素，約21%は酸素がしめており，残りの約1%にはアルゴン(約0.93%)，二酸化炭素(約0.04%)などさまざまな気体が含まれている。大気中でもっとも多い成分は，タイタンと地球で同じとあることから，タイタンの場合もちっ素となる。

問7　ＡからＢの向きに川がしだいに太くなっていることや，支流が本流に右向きに合流していることから，ＡからＢの向きに川が流れているとわかる。すると，Ａが上流，Ｂが下流となり，Ａ付近の方がＢ付近よりも標高が高く，流れが速いと考えられる。

問8　水がこおる温度は0℃，ふっとうする温度は100℃で，液体であるのは0～100℃の範囲である。メタンは，マイナス180℃のタイタンの表面で液体(雨)になり循環《じゅんかん》しているのだから，水と比べてこおる温度とふっとうする温度がとても低いと考えられる。

問9　タイタンは月よりも大きな天体と述べられていることから，タイタンやエンケラドスなどの衛星は，探査機がぶつかる程度の衝撃《しょうげき》では壊《こわ》れないと考えられる。

4 熱や温度についての問題

問1　この実験は，口をすぼめて「ふぅ～」と勢いよく息をふき出すときのようすに似ている。このように息をふき出すときには，「口や肺の中で押《お》し縮めてからふき出すので，口の外に出ると急に体積が増えて温度が下がる」と述べられていることから，この実験でも，空気の体積が急に大きくなるため，温度が下がる。

問2　エアコンは室内の空気と室外の大気の間で熱を移動させる機械で，冷房《れいぼう》のときには，室内機で室内の空気からうばった熱を，室外機で大気中に捨てる(つまり，室外機のパイプではガスが大気で冷やされる)。室外機に直射日光があたると，室外機が熱せられてガスの温度が下がりにくくなるため，冷房が効きにくくなる。また，せまい場所に室外機を置くと，室外機のまわりの空気が入れかわりにくくなって熱い空気がたまり，ガスを冷やしにくくなるため，同様に冷房が効きにくくなる。

問3　膨張《ぼうちょう》弁では，問1と同じように，ガスが膨張した後のイは，膨張する前のアよりも温度が低い。また，イにあったガスが室内の空気から熱をもらうため，ウはイよりも温度が高い。そして，室内の35℃の空気から熱をもらうウよりも，37℃の空気に熱をわたした後のアの方が温度が高いと考えられる。したがって，温度が高いものから順にア→ウ→イとなる。

問4　ガスが圧縮された後のオとカは，圧縮される前のエよりも温度が高い。また，大気に熱をわたした後のカは，わたす前のオよりも温度が低い。よって，温度が高いものから順にオ→カ→エとなる。

問5　ウとエ，アとカはそれぞれ，熱の出入りや体積の増減がないので，同じ温度になる。したがって，問3と問4より，ア～カの中でもっとも温度が高いオが90℃，その次に温度が高いものから順に，アとカが50℃，ウとエは10℃，イは5℃とわかる。

問6　**a，c**　膨張弁とコンプレッサーは「ガスの流れの向きによらず，ガスを圧縮したり膨張させたりする」のだから，膨張弁を通過するとガスの温度が下がり，コンプレッサーを通過するとガスの温度が上がる。　**b，d**　暖房のときには冷房のときとは逆に，室外機で大気中からとりこんだ熱を，室内機で室内の空気にあたえると考えられる(つまり，室外機のパイプではガスが大気で温められる)。よって，室外機のパイプを通過するとガスの温度が上がり，室内機のパイプを通過するとガスの温度が下がる。

問7　ア，ウ　パイプの中のガスには，燃える性質やものを燃やす助けをする性質をもっていないものを用いる。もし，これらの性質をもっていると，パイプが破れるなどしてガスがもれ出したときに火災の原因となり得る。　イ　環境破壊《はかい》を防ぐためには，環境に対する負荷が少ないガスを用いる必要がある。代替《だいたい》フロンガスが使われるようになったのは，以前に使われていたフロンガスにオゾン層を破壊するはたらきがあったためである。　エ　液体から固体になりやすいガスを用いると，パイプがつまってしまうので，ふさわしくない。

問8　「電気代を節約し，効率よく熱湯を得るためには，コンプレッサーや膨張弁の性能が大切」と述べられていることからもわかるように，コンプレッサーや膨張弁で体積変化をできるだけ大きくした方が，効率よくガスの温度を上げることができ，水を温めることができる。また，パイプに空気があたる部分の表面積が大きくなると，熱が交換《こうかん》しやすくなって効率がよくなる。

国　語　(60分)＜満点：60点＞

解　答

問1　下記を参照のこと。　**問2**　⑴　不安で，イライラする　⑵　(例)　互いの存在を無視して，自分のテリトリーの中で好きなように暮らしている。　⑶　(例)　昼間は非常に暑くなる一方，夜は危険な大人や獣がうろついている。道には瓦礫が散らばり，周辺の環境は荒れ果てている。　**問3**　(例)　怖い大人たちの大騒ぎが収まり，家の前から去っていくこと。

問4　(例)　憧れの対象でありながら，ひとりじめしてはいけないもの。　**問5**　ア　**問6**　(例)　お互いのテリトリーを気にかけることなしに，一緒に自転車を作ろうとさそいかける思い。

問7　(例)　まず，銀に自転車作りに協力してくれるように頼み，次に，赤に対してひどいことを言ったことを謝罪し，外へ出て行った赤を追いかけ，気持ちを伝えようとした。　**問8**　ウ　**問9**　（例）自転車作りで協力し合ううちに，互いの心のへだたりがなくなり，心が通い合うようになっていったこと。　**問10**　（例）四人が心を合わせて作りあげたことがうれしかったから。　**問11**　（例）他の三人と心が通い合うことで，世界そのものが希望にあふれたものへと変化したことを「美しい音楽」と表現し，前向きに力強く生きていくための転機であると感じている。　**問12**　（例）自分で自転車を漕ぐことで，「あたし」はこの世界のすばらしさ，美しさを実感し，希望を持って前向きに生きていこうという気持ちになった。その気持ちをチビにも実感してもらいたいという思いから，自分で自転車を漕ぐ体験を味わってほしいと考えたから。

●漢字の書き取り

問1　a　散策　b　晩　c　反射　d　帯

解　説

出典は「飛ぶ教室」第50号(2017年夏)所収の「緑の子どもたち(深緑《ふかみどり》野分《のわき》作)」による。荒《あ》れ果てた世界の一角で，「あたし」は言葉も生活習慣も異なる「赤」「銀」「チビ」とよんでいる三人の子どもたちと，植物で覆《おお》われた家で暮らしていた。全員で協力して自転車作りを始めたことをきっかけに，「あたし」は三人と心を通い合わせるようになる。

問1　a　特に目的もなく，ぶらぶら歩くこと。　b　音読みしかない漢字で，「毎晩」などの熟語がある。　c　光などが何かに当たってはね返ること。　d　音読みは「タイ」で，「熱帯」などの熟語がある。訓読みには他に「おび」がある。

問2　1～24行目という範囲《はんい》指定があることに注意する。　⑴「全員，使う言葉が違《ちが》う」というのは，言葉によるコミュニケーションができないということ。他の三人が使うような「知らない言葉」を聞くと，「あたし」は「不安で，イライラする」と少し後に書かれている。　⑵ 11～17行目に「ひとつの部屋にいながら，全員が互《たが》いに存在を無視して，関わらないようにしている」「床《ゆか》にチョークで線を引いて部屋を四つに分けたところが，めいめいのテリトリー」「自分のテリトリーの中ではそれぞれが好きなように過ごしている」とあるので，これらをまとめればよい。　⑶ 家の外のようすについては，「昼になり，肉をあぶる火みたいに強い日差しが照りつけると，風通しのいい緑の家に戻《もど》って眠《ねむ》り」とあることから，昼間は外で活動できないほど暑くなる気候であることがわかる。また，「夜は大人たちがうろついているし，獣《けもの》が襲《おそ》ってくるかもしれない」「道にちらばった瓦礫《がれき》」とあることからは，街並みも人の心も荒れていて，治安が悪く，危険な状況《じょうきょう》であることが読み取れる。

問3「嵐《あらし》」とは，「緑の家」の前で「大騒《さわ》ぎ」をする大人たちのようすをたとえた表現。「激しく叫《さけ》び，笑い，壁《かべ》を叩《たた》いた」ばかりでなく，「銃声《じゅうせい》」まで響《ひび》かせた「大騒ぎ」を前に，「あたし」は「できるだけ体を小さくして両手で耳をふさぎ，大人たちが早くどこかへ行ってしまうように願った」とある。

問4「あたし」は「自転車に憧《あこが》れて」おり，「空の端《はし》を染めるあの美しい色と同じピンク」の自転車に「乗りたい」と思っている。他の三人もピンクの自転車に「そわそわした視線」を向けていることから，「たぶん他の三人も同じ」気持ちでいるのだろうと「あたし」は想像している。そうした気持ちを持ちながら，誰《だれ》も自転車には手を出さなかったのだから，憧れの対象ではあるが，ひとりじめしてはいけないものととらえていたことになる。

問5　これまでは「全員が互いに存在を無視して，関わらないように」しながら，それぞれが好きなように過ごしていたが，全員の憧れであった「自転車」を失って「けんか」をしてしまったことで，互いに無関心ではいられなくなり，他の三人の気配が気にさわるようになったのだから，アが選べる。

問6　「チビ」は「あたし」の「テリトリー」に無断で入ってきて，「太いふたつの紐《ひも》を差し出してきた」。「チビ」がその紐で「黒い輪っか」を作るのを見て，「あたし」は「チビ」が「自転車を作ろうと言っているに違いない」と気がつく。その後，「チビ」が「あたし」を自分の「テリトリー」に招き入れていることからも，「チビ」が「テリトリー」のことを気にかけていないこと，そして，とにかく自転車を作ろうと「あたし」にさそいかけていることがわかる。

問7　「チビ」と一緒《いっしょ》に自転車を作ろうという気持ちになった「あたし」に対して，「チビ」は「赤」と「銀」にも「協力してもらおう」という気持ちを伝えている。その気持ちに応えるように，「あたし」はまず，「銀」に協力を頼《たの》んでいる。次に「赤」に対しては，ピンクの「自転車」が失われた時に「ひどいことを言って」しまったことを謝罪し，協力を頼もうとするが，「赤」は「緑の家」から出て行ってしまう。「あたし」は雨の中を駆《か》け出し，「赤」の姿を探したが，それは「自転車を作りたかったし，何よりも胸のあたりのもやもやを取り去れるのは，赤だけだとわかっていたから」であり，その気持ちを「赤」に伝えようとしたためだと考えられる。

問8　「自転車作り」をはじめるにあたって，あまり役に立てなかった「あたし」は，「他の三人が集中して作業している間」は，「いつでもみんなが飲めるように」水汲《く》みをしたり，食料の調達をしたりしていた。しかし，「自転車作り」が進むうちに，「食料の調達は順番で全員がやるように」変わり，「あたし」も作業に加わったり，「チビ」から材料探しのコツを教わったりするようになったのである。みんなで協力することで，関係が深まっていくようすが伝わってくるので，ウがあてはまる。

問9　直前の一文に，「あたしたちは緑の家の真ん中で，獣の家族みたいに固まって眠っている」とあることに注目する。以前はそれぞれの「テリトリー」を守り，「全員が互いに存在を無視して，関わらないようにして」いたが，今では「家族みたい」な結びつきが生まれているのである。「床に引いたチョークの線」が消え，「以前のテリトリーの間を行ったり来たりする大きさの違う足跡《あしあと》が，数え切れないほど続いている」ことは，すでに四人にとって「テリトリー」の存在は失われ，「テリトリー」が象徴《しょうちょう》していた心のへだたりがなくなったことを表している。

問10　完成した自転車は「とても醜《みにく》」く，「写真のかっこいい自転車」や「あたし」たちの憧れの対象であった「ピンクの自転車」と比べて「すごく不格好」なものであったが，「あたし」は「この自転車が好きだ」と思っている。それは，仲間と協力し，助け合って作った，自分たちの自転車であるという気持ちがあったからだと考えられる。

問11　「あたし」が自転車を漕《こ》いでいる時の情景描写《びょうしゃ》にも注目するとよい。「体の奥底《おくそこ》から笑い声があふれ出て」「緑の小鳥が弾《はず》むように飛んで」「朝のやわらかな青色に浮《う》かぶ，ピンク色を帯びた細長い雲」などから，明るく美しい印象が伝わってくる。これは，本文の前半の，暗く荒れ果て，希望が感じられない情景描写と異なり，世界の美しさ，すばらしさを感じさせる情景描写だと言える。また，設問にある「さまざまな音」とは，具体的には，木々の葉がこすれ合う音，ペダルの鳴る音，チェーンが軋《きし》む音，「みんなの笑い声」であり，それらが重なり合って「美しい音楽」になるのは，「あたし」にとってこれらの音がすべて心地よく感じられるからである。孤《こ》独《どく》で希望もなく生きていた世界が，希望にあふれた世界へと生まれ変わった象徴と考えることができる。前向きに力強く生きていこうとする，明るい気持ちが芽生えているのである。

問12 「あたし」は自分で自転車を漕ぐことで，新しい世界や生きる希望を実感した。孤独で希望のない日々から，仲間と助け合って生きていくことの喜びや楽しさを知ったのである。同じく自転車を漕いだ「銀」も「赤」も，同じような思いを感じ取ったであろうと想像できる。だからこそ「あたし」は，ただ一人自転車を漕げなかった「チビ」にもこの感動を味わってもらいたいと思い，「チビのサイズに合う自転車」を作ることを「やらなければならないこと」として「思いついた」のだと考えられる。

Dr.福井の入試に勝つ！ 脳とからだのウルトラ科学

勉強が楽しいと，記憶力も成績もアップする！

みんなは勉強が好き？　それとも嫌い？——たぶん「好きだ」と答える人はあまりいないだろうね。「好きじゃないけど，やらなければいけないから，いちおう勉強してます」という人が多いんじゃないかな。

だけど，これじゃダメなんだ。ウソでもいいから「勉強は楽しい」と思いながらやった方がいい。なぜなら，そう考えることによって記憶力がアップするのだから。

脳の中にはいろいろな種類のホルモンが出されているが，どのホルモンが出されるかによって脳の働きや気持ちが変わってしまうんだ。たとえば，楽しいことをやっているときは，ベーターエンドルフィンという物質が出され，記憶力がアップする。逆に，イヤだと思っているときには，ノルアドレナリンという物質が出され，記憶力がダウンしてしまう。

要するに，イヤイヤ勉強するよりも，楽しんで勉強したほうが，より多くの知識を身につけることができて，結果，成績も上がるというわけだ。そうすれば，さらに勉強が楽しくなっていって，もっと成績も上がっていくようになる。

でも，そうは言うものの，「勉強が楽しい」と思うのは難しいかもしれない。楽しいと思える部分は人それぞれだから，一筋縄に言うことはできないけど，たとえば，楽しいと思える教科・単元をつくることから始めてみてはどうだろう。初めは覚えることも多くて苦しいときもあると思うが，テストで成果が少しでも現れたら，楽しいと思えるきっかけになる。また，「勉強は楽しい」と思いこむのも一策。勉強が楽しくて仕方ない自分をイメージするだけでもちがうはずだ。

Dr.福井（福《ふく》井《い》一成《かずしげ》）…医学博士。開成中・高から東大・文Ⅱに入学後，再受験して翌年東大・理Ⅲに合格。同大医学部卒。さまざまな勉強法や脳科学に関する著書多数。

Memo

Memo

平成29年度　麻 布 中 学 校

〔電　話〕(03) 3446－6 5 4 1
〔所在地〕〒106-0046　東京都港区元麻布2－3－29
〔交　通〕東京メトロ日比谷線－「広尾駅」より徒歩10分
都営大江戸線・東京メトロ南北線－「麻布十番駅」より徒歩15分

【算　数】（60分）〈満点：60点〉

《注意》円周率の値《あたい》を用いるときは，3.14として計算しなさい。

1　次の計算をし，分数で答えなさい。

$$\left\{1.68\div\left(1\frac{1}{5}-0.36\right)-\left(\frac{1}{3}+\frac{1}{4}\right)\right\}\div\left(5.5-3\frac{5}{6}\right)$$

2　以下の問いに答えなさい。

(1)　1時から2時までの1時間で，時計の長針と短針の作る角の大きさが120°になる時刻を2つ求めなさい。ただし，秒の値《あたい》のみ帯分数を用いて答えること。

(2)　今，時計が1時ちょうどを示しています。この後，長針と短針の作る角の大きさが120°となるのが8回目の時刻を求めなさい。ただし，秒の値のみ帯分数を用いて答えること。

3　角Aと角Bが直角である台形ABCDがあり，ADの長さは6cm，BCの長さは10cm，面積は48cm²です。点Pが辺AB上にあるとして，三角形PADと三角形PBCの面積の和を考えます。次の［ア］から［ウ］に入る数を答えなさい。

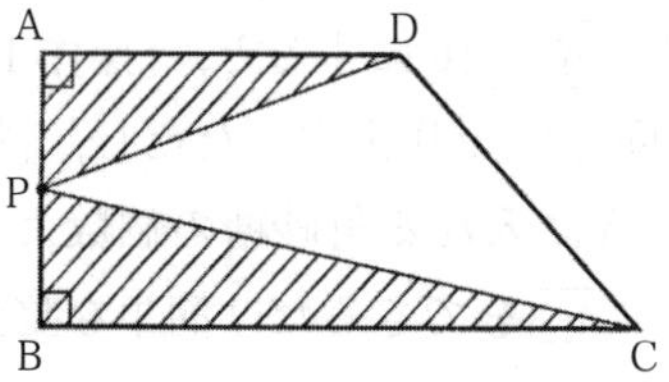

(1)　BPの長さが［ア］cmのとき，2つの三角形の面積の和は21cm²です。

(2)　BPの長さが［イ］cmのとき，下図のように点Dを動かしてADの長さをもとの2倍にのばすと，2つの三角形の面積の和はもとの$\frac{10}{7}$倍になります。

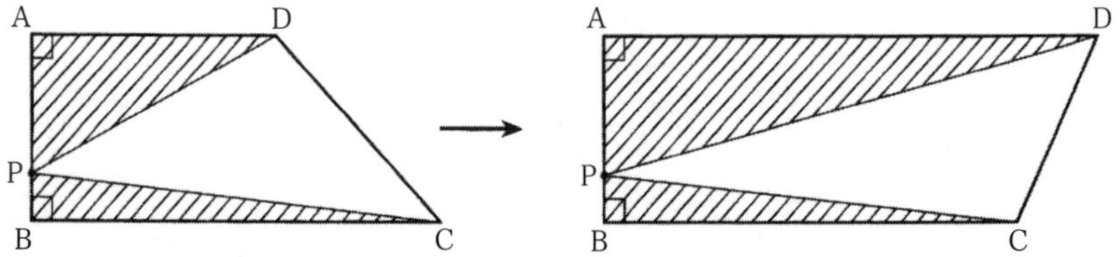

(3)　BPの長さが［ウ］cmのとき，点Dを動かしてADの長さをもとの5倍にのばし，点Cを動かしてBCの長さをもとの2倍にのばすと，2つの三角形の面積の和はもとの$\frac{10}{3}$倍になります。

4 ふだん，太一君は自宅から学校まで歩いて通っています。今週，太一君は自宅からある地点までは走り，残りは歩いて学校まで行くことにしました。月曜日は，自宅から99mだけ走ったところ，ふだんより1分早く学校に着きました。火曜日は，自宅から3分間だけ走ったところ，ふだんより8分早く学校に着きました。太一君は毎日同じ時刻に出発し，走る速さと歩く速さはそれぞれ一定とします。このとき，以下の問いに答えなさい。

(1) 太一君の歩く速さは分速何mですか。

(2) 水曜日は，走った時間と歩いた時間が同じでした。木曜日は，自宅と学校のちょうど中間の地点まで走ったところ，水曜日よりも4分遅《おそ》く学校に着きました。太一君の自宅から学校までの距離《きょり》は何mですか。

5 2つの空の容器AとBに，1800gの水を分けて入れ，以下の操作を行って同じ濃《こ》さの砂糖水を作ります。ただし，砂糖水の濃さとは，砂糖水の重さに対する砂糖の重さの割合のことです。

[操作1]：Aに4gの角砂糖を1個，Bに3gの角砂糖を1個，それぞれ入れて溶《と》かす。

[操作2]：AとBの砂糖水の濃さを比べて，Aの方が濃いときはBに3gの角砂糖を1個入れて溶かし，Bの方が濃いときはAに4gの角砂糖を1個入れて溶かす。

まず[操作1]を行い，その後はAとBの砂糖水の濃さが同じになるまで[操作2]をくり返し行います。砂糖水の濃さが同じになったら操作を終えるものとして，以下の問いに答えなさい。

(1) Aに入れる水の重さを1200gにすると，AとBの砂糖水の濃さが同じになるまでに，AとBに角砂糖をそれぞれ何個入れることになりますか。[操作1]で入れるものも合わせて答えなさい。

(2) Aに入れる水の重さを［ア］g，Bに入れる水の重さを［イ］gにすると，[操作1]の後[操作2]がちょうど10回行われ，AとBの砂糖水の濃さが同じになります。ただし，[操作1]で入れるものも合わせて，Aには角砂糖が2個以上入り，Aに入れる角砂糖の個数よりBに入れる角砂糖の個数の方が多くなります。このとき，［ア］：［イ］をできるだけ簡単な整数の比で表しなさい。

(3) Aに入れる水の重さを［ウ］g，Bに入れる水の重さを［エ］gにすると，[操作1]の後[操作2]が30回以上行われ，AとBの砂糖水の濃さがどちらも6.25%になります。このとき，［ウ］：［エ］をできるだけ簡単な整数の比で表しなさい。

6　111，1121のように，1，2の2種類の数字だけからなる整数を考えます。このような整数Aに対し，以下の規則で定まる整数を$[A]$と表します。

（規則1）　Aが1桁《けた》の整数1，2の場合，$[1]=2$，$[2]=1$とします。

（規則2）　Aが2桁以上の整数で一番大きな位の数字が1の場合，つまり，Aが$1B$と表せるときは，$[A]=B$とします。例えば，

$$[112]=12,$$
$$[12112]=2112$$

です。

（規則3）　Aが2桁以上の整数で一番大きな位の数字が2の場合，つまり，Aが$2B$と表せるときは，$[A]=[B][B]$とします。ただし，$[B][B]$は$[B]$を2つ並べてできる整数を表します。例えば，

$$[22]=[2][2]=11,$$
$$[21121]=[1121][1121]=121121,$$
$$[2211]=[211][211]=[11][11][11][11]=1111$$

です。

このとき，以下の問いに答えなさい。

(1)　$[2112]$，$[2212]$を求めなさい。

(2)　$[A]=22$となる整数Aは3つあります。このようなAをすべて求めなさい。

(3)　$[A]=A$となる整数Aは1つだけあります。このようなAを求めなさい。

(4)　次の条件をともにみたす整数Aをすべて求めなさい。ただし答の欄《らん》はすべて使うとは限りません。

- Aは6桁以下の整数です。
- $[A]$は292で割り切れる8桁の整数です。

【社　会】（50分）〈満点：40点〉

次の文章をよく読んで，あとの問いに答えなさい。

僕《ぼく》の家は東京《とうきょう》の田園調布《でんえんちょうふ》という住宅地の一角にある。おとうさんが生まれる数年前におじいちゃんが建て替《か》えた家だそうだ。50年くらい前にできた家だが，洋風建築で映画とかに出てきそうだ。僕はこの家が気に入っているが，今年になっておとうさんが建て替えをしないか，と言い出した。おかあさんは古くなったところを直すだけでいい，と言っていたけれども，おとうさんはせっかくだからいろいろ考えてみたい，と言っていた。

父「二世帯住宅にしたいと思うんだ」

僕「1階におじいちゃんとおばあちゃんが住むの？」

父「そのつもりだけど，おじいちゃんたちにも意見を聞かなければいけないね。もともと，この家はおじいちゃんが建てた家だからね」

僕「この家って昔から変わっていないの？」

父「基本的には変わっていないよ。建てた当時としては，新しいデザインだったんじゃないかな。もちろん，ア便利な生活のほうがいいからね，いくつかは変えている部分もあるよ。でも，大きく見た目が変化するほどの建て替えはしていないんだ」

僕「おとうさんは，なんで建て替えたいと思ったの？　この家のデザインが気に入らないから？」

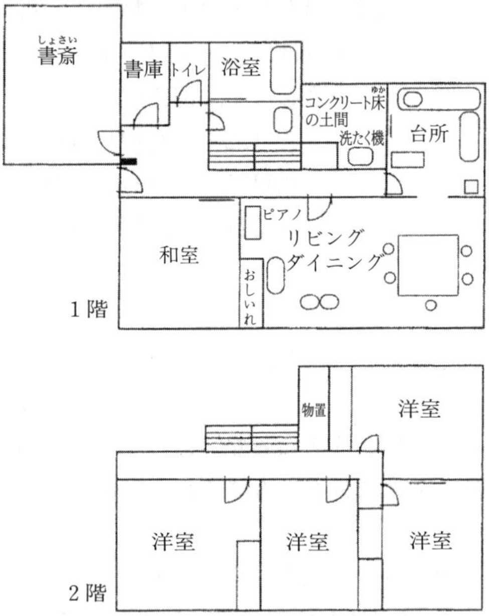

50年くらい前に建てられた僕の家の間取り図

父「そういうわけじゃないよ。家族がもっと暮らしやすくなるためにはどうしたらいいかなって考えたからなんだ。おとうさんもこの洋風のデザインは気に入っているよ」

僕「洋風建築にしようと思ったのはおじいちゃんなの？」

父「おとうさんも直接見たわけではないけれども，建て替える前の家も洋風だったそうだよ」

僕「へえ。でもそのころの日本だと，畳《たたみ》や瓦《かわら》を使った和風の建築物の方が多かったんじゃないの？」

父「確かに，イ瓦屋根は多かっただろうね」

僕「瓦って日本でうまれたものなんでしょう？」

父「いや，実はちがうんだ。瓦づくりは中国や朝鮮《ちょうせん》半島から伝わった技術で，瓦を使った建築物は，奈良《なら》時代に一度広まったけれども，平安《へいあん》時代はそれほど多くないんだよ」

僕「瓦は日本で発明されたと思っていたよ。そういえば，ウ平安時代は日本風の建築物が建てられたと学校で習ったよ。でも，じゃあ，その後瓦が広まったのはいつなの？」

父「そうだね，エ鎌倉《かまくら》時代や室町《むろまち》時代も瓦は少ないね。瓦屋根が一般《いっぱん》的になったのは江戸《えど》時代だよ。建築物は，社会の変化や建築技術の開発など，いろいろなものに影響《えいきょう》されて変わっていくものなんだ」

明治《めいじ》時代になると西洋の建築技術が入ってきて，建て方とか素材とかにも大きな変化があったという。特に，関東大震災《かんとうだいしんさい》の後は，災害に強い鉄筋コンクリートの建築物が増えたらしい。そんなことを話しながらおとうさんが何枚か写真を見せてくれた。

麻布《あざぶ》中学校校舎

同潤会アパート

父「関東大震災後，東京では学校の校舎も木造から鉄筋コンクリートに変わっていったんだ。これ(右の写真)は1930年代につくられた校舎だけれども，頑丈《がんじょう》そうだろう？」

僕「そんなに古い校舎なんだ。じゃあ，こっちの写真(右下)は何？」

父「これはオ同潤会《どうじゅんかい》アパートとよばれる集合住宅だよ。同潤会は，関東大震災の後に，被災《ひさい》者の生活を再建することと，住宅を確保することを目的に結成された団体で，あちこちにこのような住宅をつくったんだ」

僕「同潤会アパートも，まだ使われているの？」

父「いや。数年ほど前までは使われていたけれどね。最後のアパートが解体されたのは2013年だよ」

僕「それでも80年くらい使っていたんだ！　住み続けたいという声とか，文化財にするという話はなかったの？」

父「もちろんあったよ。ただ，見た目をそのままにして改修するには住民の負担も大きいし，文化財として整備するのも費用がかかるらしいよ。だから，今の建築基準に合わせて改修することを考えると，解体して新しいマンションにした方が安かったんじゃないかな」

僕「住んでいた人はいっぱい思い出があっただろうね。自分が住まなくても残したかったんじゃないかな」

父「そうだね。ただ，建築物に対する人びとの思いはそれぞれだから，みんなが残すことに賛成したわけではないんだ」

僕「建築物を残すって大変なんだね」

父「うん。カ役割を終えた建築物を残すことは難しいんだ」

うちの場合は，家族で話し合って決めればいいから，まだ意見はまとまりやすい。でも，アパートやマンションの場合は住民の多くが賛成しなければならないから，建て替えを決めるのも大変なんだそうだ。「マンションの住民同士で話し合うのは大変なのよ」と，以前，多摩《たま》ニュータウンに住んでいる「多摩のおばちゃん」(おじいちゃんの妹)が言っていた。

僕「そういえば，多摩のおばちゃんはなぜ多摩ニュータウンに住もうと思ったのかな？」

父「結婚《けっこん》して子どもが生まれた時に，夫婦《ふうふ》で話し合って決めたそうだよ」

僕「どういうところに注目して決めたのかな？」

父「キ1970年代，多摩ニュータウンは新しくつくられたばかりの住宅地で，まだ土地の値段も安かったんだよ。都心の混雑したところより広くて，当時は子育て世代に人気があったんだって」

僕「おじいちゃんがこの家を建て替えた少し後だね。じゃあ，田園調布っていつぐらいにつくられた住宅地なの？」

父「田園調布は，大正《たいしょう》時代につくられた住宅地だよ」

僕「けっこう歴史があるんだね。住宅地になる前はどんなところだったの？」

父「雑木林や原っぱが広がっていたんだよ」

僕「なぜここに住宅地をつくることになったの？」

父「いろいろな理由があるけれど，都市問題を解決しようとしたことが大きいかな。当時，都心から東側に集中した職場や住宅を，どうやって郊外《こうがい》に分散していくかが課題でね，イギリスの田園都市計画を参考にしたんだ」

僕「でも，田園調布には大きな会社や工場はないよね。昔はあったの？」

父「田園調布は鉄道を敷《し》くことで，ベッドタウンとして整備されたから，職場は都心から移されなかったんだ」

僕「ベッドタウンって何？」

父「都心に通勤する人のための郊外の住宅地だよ。田園調布の場合は，広い空間や豊かな自然，衛生環境《かんきょう》が整っていることが特徴《とくちょう》だったんだ」

僕「田園調布って，今は自然豊か，というイメージじゃないけれど……」

父「でも，公園があったりするだろう。比較《ひかく》的緑の多い住宅地だと思うよ。それに大きなマンションとかは少ないだろう？　こういうのも田園調布の特徴なんだ。この街には田園調布会という会があって，街並みを保護する活動をしているんだ」

僕「保護する活動がないと街並みは崩《くず》れてしまうの？」

父「そうだね。広くて緑が多い住宅街を維持《いじ》していくのは難しいんだ。この地図を見てごらん」

そう言っておとうさんは，田園調布会が活動している地域を調査した地図（次のページの**地図1**）を見せてくれた。

父「田園調布は，おとうさんが小さいころから少しずつ土地の値段が上がっていってね。それにともなって土地に関係した税金がすごく高くなった住宅地なんだ」

僕「土地に関係した税金って大変なの？」

父「固定資産税《こていしさんぜい》とか，相続税《そうぞくぜい》とか，いくつかあるんだよ。こういう税金を払《はら》うのが大変だったこともあって，田園調布に住み続けたくても出て行くしかない人もいたんだ」

僕「地図には『1985年から2005年に細分化された敷地《しきち》』ってあるけれど，なぜこの調査は細分化に注目したの？」

父「この調査は，広い敷地を維持できなくなって，田園調布の特徴が失われていく様子をまとめたものなんだ。土地が広いとお金がかかるから，細かく分けて売り出そうという人が増えたんだよ。そういうこともあって，ク田園調布会がいろいろなルールを決めて，街並みを保護する活動をするようになったんだ」

僕「うちもそのルールを大事にしなければいけないんだね」

父「そうだね。どうやったら，家族みんながなるべく長くここに住むことができるかを考えたいと思っている。外見を大きく変えないようにしながら，二世帯住宅にしておいたら，いいんじゃないかな。将来，お前が家族を持った時にも一緒《いっしょ》に住みやすいだろう？」

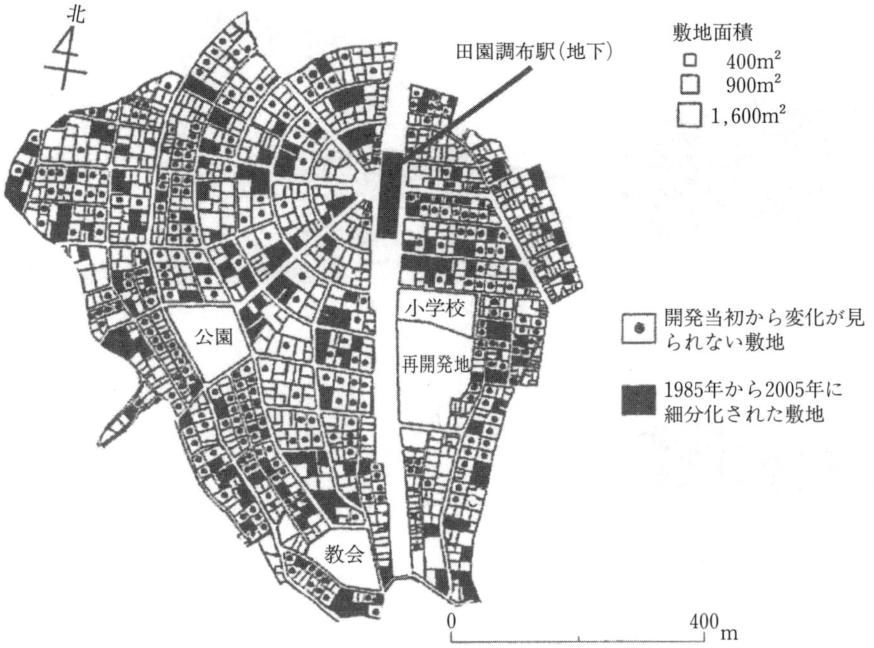

地図1　1985年から2005年にかけての敷地の変化

正直なところ，おとうさんが，僕がおとなになった時のことまで考えているとは思わなかったので，とまどった。僕はここにずっと住みたいと思っているけれども，結婚して新しい家族と一緒に住み始めるなんて，全く想像できない。それに僕たちがおとなになった時は，今よりも，もっと高齢《こうれい》社会とか，人口減少とか，そういう問題が深刻になっているだろう。**ケ**そういう時代に向けて，どういうふうに建築物を工夫《くふう》したらいいのだろうか。とても難しい問題だ。このことは，僕の家族や街のことだけではなく，もっと広い視野で考えなければならないと思った。

問１　下線部**ア**について。**グラフ１**は東京都の１日当たりの水使用量と人口の移り変わりを表したものです。

(1)　1965年から1970年にかけて，人口に比べて水の使用量が大きく増加しているのはなぜでしょうか。**僕の家の間取り図**を参考にして答えなさい。

(2)　1995年以降，人口が増加しているにもかかわらず，水の使用量が減少しているのはなぜでしょうか。答えなさい。

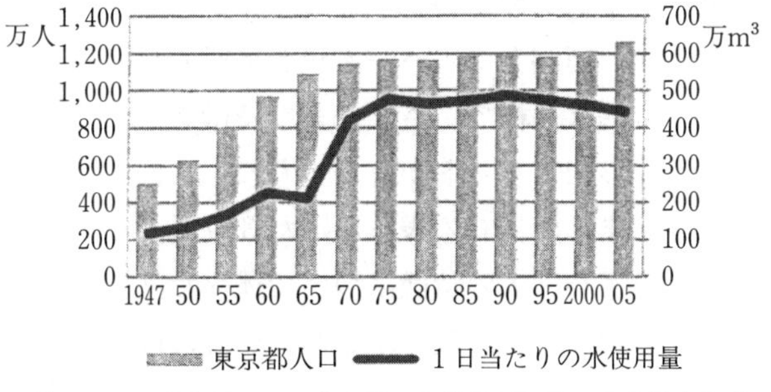

グラフ１　東京都の１日当たりの水使用量と人口の移り変わり

問２　下線部**イ**について。瓦を使った以下の**あ**～**う**の建築物の名前と建てられた場所(現在の都道府県名)を答えなさい。

あ

い

う

問3　下線部**ウ**について。平安時代に中国の影響をあまり受けず，独自に発展した文化を国風《こくふう》文化といいます。

(1)　この時代の有力な貴族の邸宅《ていたく》の建築様式を何といいますか。答えなさい。

(2)　(1)の様式の邸宅で開かれた宴会《えんかい》で「この世をば　わが世とぞ思う　もちづきの　欠けたることも　なしと思えば」という歌を詠《よ》んだ人物の名前を答えなさい。

(3)　国風文化の例を，(1)の建築様式以外に一つ答えなさい。

問4　下線部**エ**について。江戸の町では武家屋敷《やしき》や寺院以外にも，次第《しだい》に瓦屋根の建築物が増えていきました。なぜ江戸の町で瓦屋根が必要とされたのでしょうか。答えなさい。

問5　下線部**オ**について。

(1)　同潤会のアパート建設事業の目的は多様で，さまざまな特徴をもったアパートがいくつもつくられました。右の**表**にあげた3カ所のアパートの特徴について述べた文章として，最も ふさわしいものは下の**あ**～**お**のうちどれでしょうか。**地図2**も参考にしながら，それぞれ記号で答えなさい。

あ　貧しい人びとの住む地域の整備と，仕事を中心とした被災者の生活再建を目的に建てられた。

い　アパート建設事業の完成形で，家族向けから独身向けまで，多くの人びとが暮らせる工夫をこ

表　3つの同潤会アパート

所在地	青山《あおやま》	猿江《さるえ》	大塚《おおつか》
土地買収年	1925	1926	1928
完成年	1926	1927	1930
家族向け	137	251	
独身向け			149
店舗《てんぽ》※1		43	5
その他	1		4
合計戸数	138	294	158
付属施設	児童遊園	児童遊園 善隣館《ぜんりんかん》※2	食堂 浴室 日光室 音楽室 応接室

※1　アパートの建物の1階にある店

※2　住民に職業紹介《しょうかい》などをする総合福祉《ふくし》施設

らして建てられた。

う　職業婦人とよばれた働く独身女性を対象につくられ，女性の過ごしやすい付属施設《しせつ》があることで注目された。

え　被災地域では土地買収が進まなかったので，市街地から離《はな》れた土地に中流家庭向けの住宅としてつくられた。

お　震災からの復興が進むなか，被災地域への新たな移住者を対象としてつくられ，都心の静かな地域の住宅として注目された。

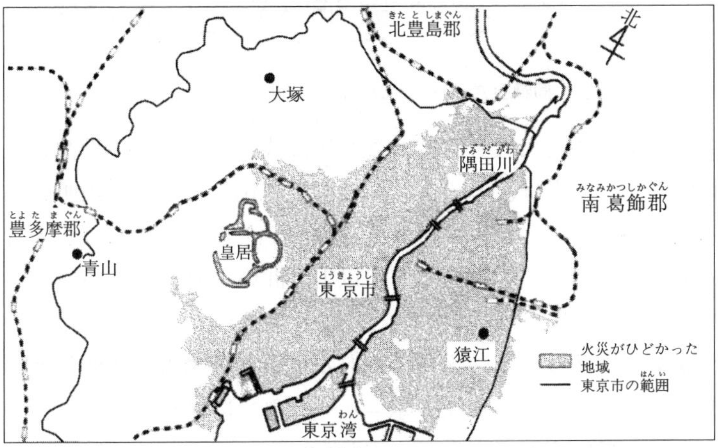

地図２　関東大震災の被害状況《じょうきょう》と３つの同潤会アパートの所在地

(2)　同潤会はアパートに入居する人に向けて，入居規定（**資料１**）を示しています。80年以上前のものですが，現代のアパートやマンションで暮らす時に参考になる部分もあります。これをよく読み，**図**も参考にして次の①と②に答えなさい。

①　管理組合の役割は何ですか。

②　同潤会が，管理組合とは別に町内会への加入を勧《すす》めているのはなぜだと考えられますか。

資料１　同潤会アパートの入居規定（1930年ごろに発行されたもの）より

アパートご入居についてのご注意

ご入居になる時には，次のことをお守りください。また，アパートの同じ入り口をご利用になっている各戸にはそれぞれ管理組合を組織していただいておりますので，必ずご加入ください。

○階段，廊下《ろうか》，下水について

㈠　各戸の玄関《げんかん》先や，廊下，階段のおどり場には，牛乳ビンや掃除《そうじ》道具などの品物を置かないこと。

㈡　管理組合で相談して階段や下水道などの掃除をすること。

㈢　共同で利用する場所の電球の取りかえなどは当番を定めていますので，くわしくは隣《となり》の方などにご確認《かくにん》ください。

○その他

このアパートでは町内会が組織されています。これは同潤会が組織したものではありませんが，会費も少しですので，ご入会をお勧めいたします。

※文章は出題者がわかりやすく書き直しています。

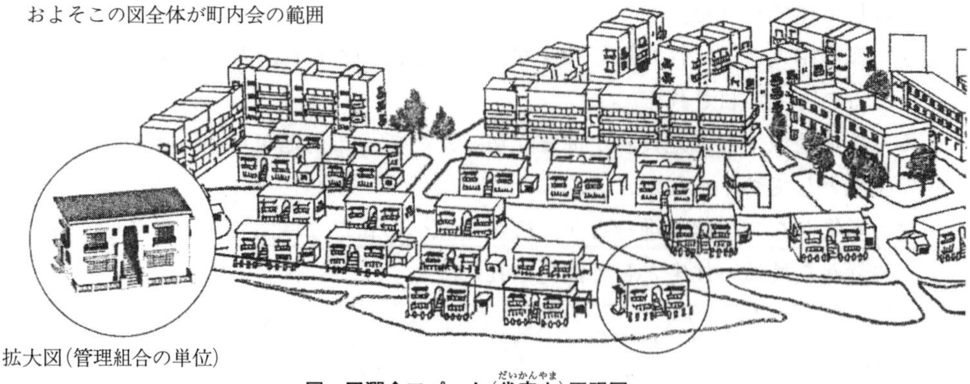

図　同潤会アパート(代官山《だいかんやま》)再現図

問６　下線部**カ**について。役割を終えた後も，こわされずに残され，新しい役割を担《にな》っている建築物があります。具体例を一つあげ，どのように役割が変化したのかを説明しなさい。

問７　下線部**キ**について。下の地図は，多摩ニュータウンができる前(**地図３**)と入居が進んだころ(**地図４**)のものです。この２枚の地図を比べて以下の問いに答えなさい。

(1)　多摩ニュータウンではどのような地形のところに住宅がつくられましたか。

(2)　次のページの**グラフ２**は多摩ニュータウンのある東京都多摩市の1980年と2015年の５歳《さい》ごとの人口構成を表したものです。現在多摩ニュータウンに住む人びとは，(1)との関係で，どのような問題をかかえていると考えられますか。

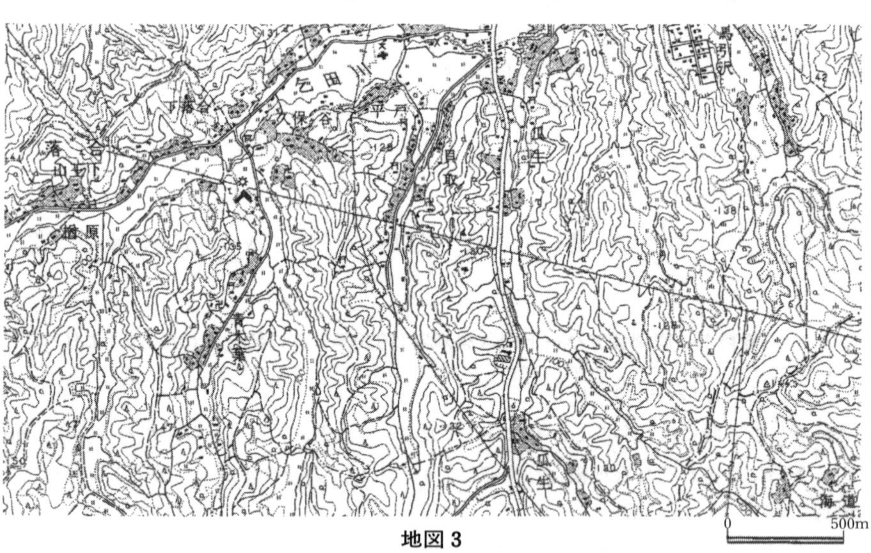

地図３

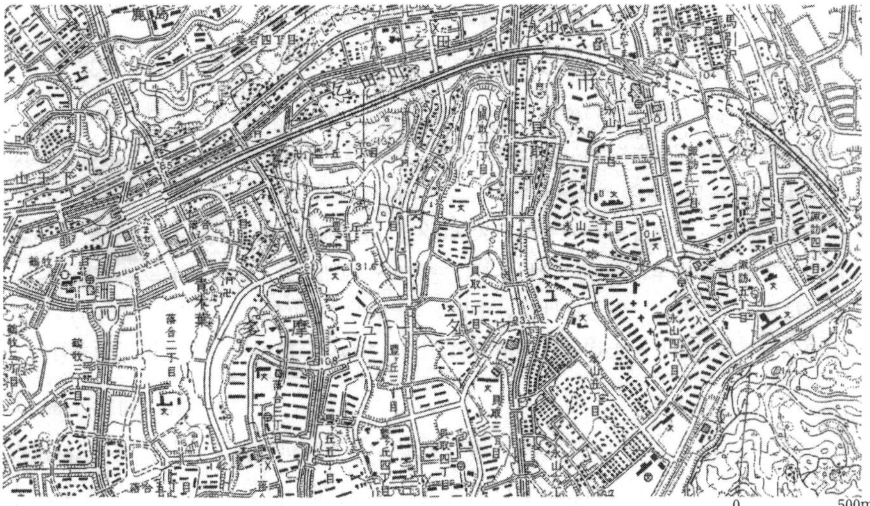

地図４

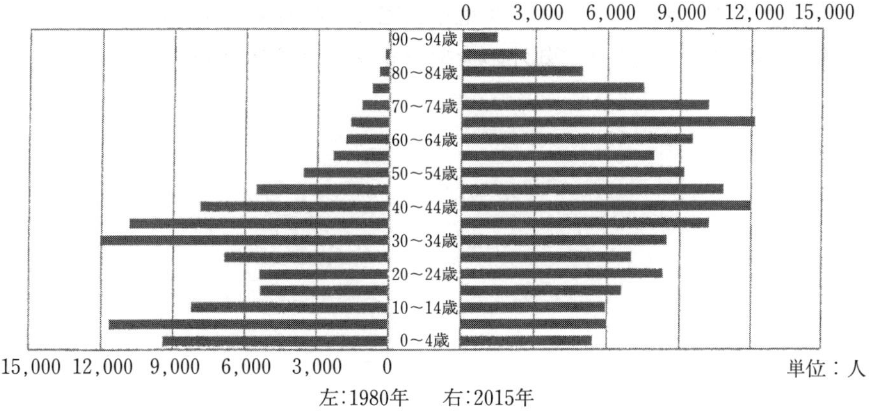

グラフ２　多摩市の人口構成

問８　下線部**ク**について。田園調布は，**資料２**にあるような憲章が定められ，つくられた当時の街の環境が維持されてきたこともあって，高く評価されてきました。しかし，人びとのものの見方が変わり，憲章の受けとめ方も多様化したため，憲章にあるような街の環境の維持は難しくなっているといわれています。街の環境の維持が難しくなったのは，憲章がどのように受けとめられるようになったからでしょうか。**資料２**を参考にし，人びとのものの見方の変化と関連づけて説明しなさい。

資料2　田園調布憲章(1982年制定)の一部

1　この由緒《ゆいしょ》ある田園調布を，わが街として愛し，大切にしましょう。
2　創設者渋沢翁《しぶさわおう》※の掲《かか》げた街作《まちづく》りの精神と理想を知り，自治協同の伝統を受け継《つ》ぎましょう。
3　私たちの家や庭園，垣根《かきね》，塀《へい》などが，この公園的な街を構成していることを考え，新築や改造に際しては，これにふさわしいものとし，常に緑化，美化に努めましょう。
4　この街の公園や並木，道路等公共のものを大切にし，清潔にしましょう。
5　互《たが》いに協力して環境の保全に努め，平和と静けさのある地域社会を維持しましょう。
6　不慮《ふりょ》の災害に備え，常《つね》日ごろから助け合いましょう。
7　隣人《りんじん》や街の人々《ひとびと》との交わりを大切にし，田園都市にふさわしい内容豊かな文化活動を行いましょう。

※　創設に関わった渋沢栄一《えいいち》のこと。

問9　下線部**ケ**について。わたしたちは社会の変化に応じて建築物を工夫し，さまざまな問題を解決してきました。しかし，広い視野で見直すと，また別の問題が見えてきます。下の例から一つ選び，こうした工夫がどのような社会の問題を解決してきたかということと，見えてきた別の問題を，100字～120字で説明しなさい。ただし，句読点も1字分とします。

例　防犯カメラ付き住宅　　オール電化住宅　　高層マンション
　　震災復興住宅　　　　　郊外の大型ショッピングセンター

【理　科】（50分）〈満点：40点〉

1　わたしたちの身の回りにあるものは，すべて原子という，とても小さな粒《つぶ》からできており，原子には様々な種類があります。①日本の理化学研究所が合成した新しい種類の原子の名前が，昨年の12月に国際的に認められました。新しい種類の原子の合成や命名はアジアで初めてのことです。この新しい原子の合成方法のしくみについて考えてみます。

問１　下線部①について，その名前を答えなさい。

原子の中心には，２種類の粒がくっついてできたかたまりがあり，このかたまりを「核《かく》」と呼ぶことにします。１種類目の粒（○とあらわす）は磁石のＳ極とＳ極のようにおたがいに反発します。そして原子の種類はこの○の数によって決まります。２種類目の粒（●とあらわす）はおたがいに反発もひきあいもしませんが，核の中では○どうしの反発をおさえ，ひとつのかたまりにすることに役立ちます。しかし，○の性質によって核どうしはおたがいに反発します。

○を２個以上くっつけようとした場合，●がいくつか必要になります。例えば○を３個くっつけようとしたとき，●が４個あると反発がおさえられ，○３個と●４個を右の図１のようにくっつけることができます。この核を右の図２のようにあらわすことにします。

図１

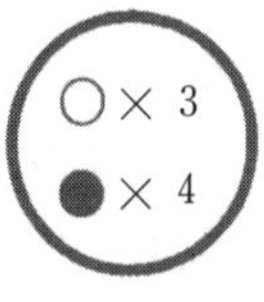

図２

原子の中には，時間がたつと核から②○２個と●２個のかたまりが飛び出し，○が２個少ない，別の原子になってしまうものがあります。この現象を「核がこわれる」といい，飛び出した○２個と●２個のかたまりを「粒子《りゅうし》Ｘ」と呼ぶことにします。

問２　下線部②について，右の図のように核Ａが粒子Ｘを１つ放出して核Ｂになったとします。右の図のアとイに入る適当な数を答えなさい。

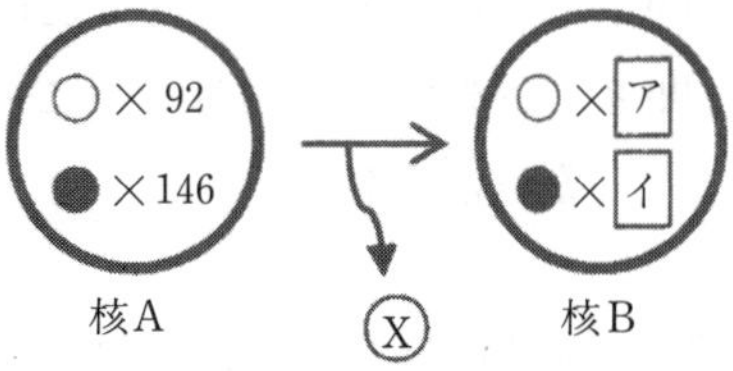

こわれやすい性質を持つ核Ｃがたくさんあると，核Ｃは次々にこわれ核Ｄになります。③こわれずに残った核Ｃの数を時間がたつごとに調べると，100秒後には最初の50％になっていました。さらに100秒後，つまり最初から200秒がたったときには，核Ｃはさらに半分の25％になっていました。このように100秒がたつごとに核Ｃの数は半分になっていきました（図３）。

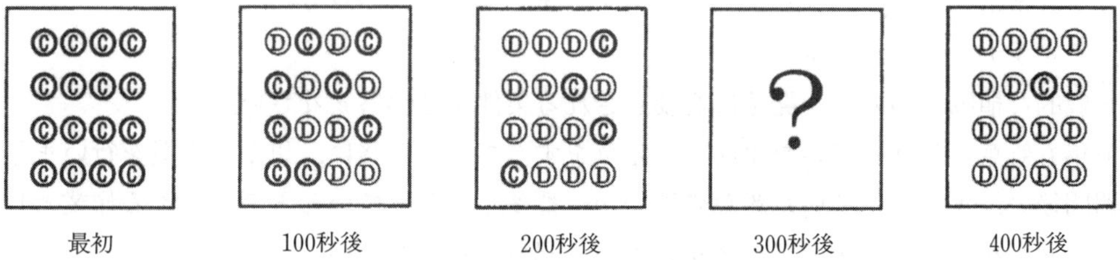

図３

問３　下線部③について，300秒後には，核Ｃは最初の何％が残っていますか。割り切れない場合は小数第２位を四捨五入して答えなさい。

問４　下線部③について，次の文の（ａ）に入る数としてもっとも近いものを，下のア～クから選び，記号で答えなさい。

こわれずに残った核Ｃの数を50秒ごとに調べると，50秒後には最初の（　ａ　）％，100秒後には50秒後の（　ａ　）％になっていました。

ア　90　　イ　85　　ウ　80　　エ　75　　オ　70　　カ　65　　キ　60　　ク　55

次に，新しい核を合成する方法を考えてみます。このとき，ある核を別の核にぶつけてひとつの核にするのですが，④一方の核を高速(光速の10分の１程度)で発射しないと他方の核にぶつかりません。また，小さいものどうしなので非常にぶつかりにくい上に，ぶつかったとしても，非常に低い確率でしかひとつのかたまりになりません。

理化学研究所は，右の図４に示した核Eを核Fにぶつけ，○を113個持つ核を合成しました。しかし，○を113個持つ核は1000分の１～２秒という非常に短い時間でこわれてしまうので直接確認《かくにん》されたわけではありません。⑤●が１つ放出された後に，粒子Xがいくつか連続して放出され，○を105個持つ核が１つだけ確認できたことから逆算した結果，○を113個持つ核を合成したことがわかりました。そしてこれが新しい種類の原子として認められたのです。

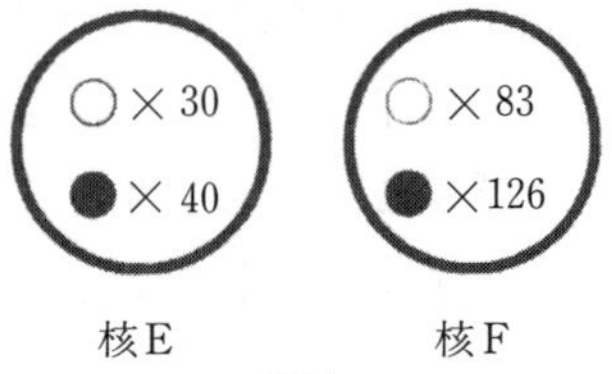

図４

問５　下線部④について，核と核をぶつけるために，高速で発射しなければならないのはなぜですか。その理由を答えなさい。

問６　核Fを集めたところに36万個の核Eを発射すると，そのうちの１個が核Fにぶつかるとし，80兆回ぶつかると，そのうちの１回がひとつのかたまりになるとします。核Fを集めたところに，１秒あたり２兆個の核Eを1000日間発射し続けると，新しい核はいくつできますか。答えが整数にならない場合は，小数第１位を四捨五入して整数で答えなさい。

問７　下線部⑤について，このとき粒子Xがいくつ放出されたか答えなさい。

問８　下線部⑤について，このとき実際に確認できた○を105個持つ核は，●をいくつ持っているか答えなさい。

2　植物には，日なたを好む植物と日かげを好む植物があります。雑草には日なたを好む植物が多く，約70%の雑草は，日あたりの悪いときは種子のまま休眠《きゅうみん》し，光があたるようになるとそれを感じ取り，発芽しはじめます。

問１　日かげに多くみられるものを，次のア～カからすべて選び，記号で答えなさい。

ア．タンポポ　　イ．シメジ　　ウ．スギゴケ　　エ．ヒマワリ

オ．アブラナ　　カ．イネ

問２　一般的《いっぱんてき》な植物について，発芽に必要とされる条件を３つ答えなさい。

問３　何年も雑草がしげっていた場所で，雑草をすべてぬいた後に，以下の作業を行いました。数週間後に，土に残っていた雑草の種子が一番多く発芽していると考えられる作業としてもっとも適当なものを，次のア～オから選び，記号で答えなさい。

ア．土の表面をバーナーで焼いた。

イ．土をていねいにほり起こした。

ウ．葉をよくしげらせている１mほどの観葉植物を植えた。

エ．砂利《じゃり》を３～５cmの厚さになるように土の上にかぶせた。

オ．黒いビニールシートを土の上にかぶせた。

問４　次のうち，光の刺激《しげき》を直接感じる以外の方法で，周囲が日なたとなったことを感じ取って発芽していると考えられるのは，どの特徴《とくちょう》を持った種子ですか。次のア～カから２つ選び，

記号で答えなさい。

ア．空気中の二酸化炭素の割合が多いと，発芽しやすくなる。

イ．空気中の酸素の割合が多いと，発芽しやすくなる。

ウ．水分を一定以上吸収すると，発芽しやすくなる。

エ．一定以上の高温にさらされると，発芽しやすくなる。

オ．低温に一定期間さらされると，発芽しやすくなる。

カ．昼夜の温度差が一定以上に大きくなると，発芽しやすくなる。

日光には，紫《むらさき》色，青色，緑色，赤色，などさまざまな色の光がふくまれます。また人間の目には見えませんが，赤外線《せきがいせん》，紫外線《しがいせん》もまた日光の中にふくまれています。雑草Xを用い，以下のように植物の発芽と光の種類に関する実験を行いました。ただし，実験AとBであてた光の強さは同じ強さとします。なお，植物は赤色光《せきしょくこう》をあてるとさかんに光合成(光を受けて，吸収した二酸化炭素と水を使って体の中で養分をつくること)を行いますが，遠赤色光《えんせきしょくこう》(赤外線の一種)をあてても光合成をほとんど行いません。

実験A　赤色光を1時間あてた種子をプランターにまき，27℃の暗黒下に1週間置き，発芽率を調べたところ，約50%の種子が発芽していた。

実験B　遠赤色光を1時間あてた種子をプランターにまき，27℃の暗黒下に1週間置き，発芽率を調べたところ，1つも発芽しなかった。

実験C　空き地の日なたと他の植物がおいしげる木かげで，赤色光と遠赤色光の強さを調べたところ右の表のようになった。

表　日なたと木かげにおける光の強さ

	赤色光	遠赤色光
日なた	24	16
木かげ	2	10

問5　実験A～Cの結果から考えられることとして適当なものを，次のア～カからすべて選び，記号で答えなさい。

ア．赤色光をあてると，雑草Xの種子は必ず発芽する。

イ．遠赤色光のみをあてても，雑草Xの種子は発芽しない。

ウ．木かげでは，赤色光に比べ遠赤色光の方が強い。

エ．日なたでは，赤色光に比べ遠赤色光の方が強い。

オ．赤色光は光合成によく利用されるので，木かげに届きやすい。

カ．赤色光は光合成によく利用されるので，木かげに届きにくい。

実験D　実験Cと同じ日なたと木かげのそれぞれに，雑草Xの種子をまいて1週間後に観察したところ，日なたでは種子が発芽していたのに対し，木かげでは全く発芽していなかった。

実験A～Dの結果から，雑草Xの種子について仮説(仮定される考え)1，2を考えました。

仮説1　木かげでは，赤色光が遠赤色光より弱いため，雑草Xは発芽しない。

仮説2　木かげでは，遠赤色光の有無《うむ》にかかわらず，赤色光が一定量より弱いため，雑草Xは発芽しない。

問6　赤色光と遠赤色光の2種の光を同時にあてた種子について，実験A，Bのような方法で発芽率を調べました。このとき，木かげと同じ強さの赤色光と，さまざまな強さの遠赤色光をあてました。どのような結果が得られれば，仮説1が正しいと言えますか。次の文の(a)～(c)に赤色光，遠赤色光のどちらかを入れなさい。

実験Dで発芽しなかった(a)の強さで,(b)より(c)が弱いときに,雑草Xの種子が発芽することを確かめられれば,仮説1が正しいと言える。

問7　遠赤色光を,①あてない,②木かげと同じにする,③日なたと同じにする,という3つの条件で赤色光を少しずつ減らし,発芽しなくなる赤色光の量を調べました。その赤色光の量を①～③で比べたとき,仮説2が正しいと言える結果としてもっとも適当なものを,次のア～キから選び,記号で答えなさい。

ア.①<②<③　　イ.①<②=③　　ウ.①=②<③　　エ.①=②=③

オ.①>②>③　　カ.①>②=③　　キ.①=②>③

問8　実際に,雑草Xは光の種類を感じることにより,他の植物におおわれていない場所を選んで発芽しています。このような場所で発芽することで,雑草Xは,成長に必要な条件のうち何をより多く得られるようになりますか。2つ答えなさい。

3　ものには,止まっているときにはそのまま止まり続けようとし,動いているときには同じ向き,同じ速さで動き続けようとする性質があります。これを慣性《かんせい》といいます。例えば,机の上に置かれたえんぴつが勝手に動き出すことはありません。また,走り出した自転車は,こぐのをやめてもしばらく同じ速さで動き続けます。これらは,慣性という性質のためです。

問1　自転車のかごにボールと水とうを入れて出かけました。交差点の手前で強くブレーキをかけたところ,かごに入れたボールが転がり,水とうがたおれてしまいました。ブレーキをかけた直後の水とうとボールの様子としてもっとも適当なものを,次のア～エから選び,記号で答えなさい。

ブレーキをかける前の様子

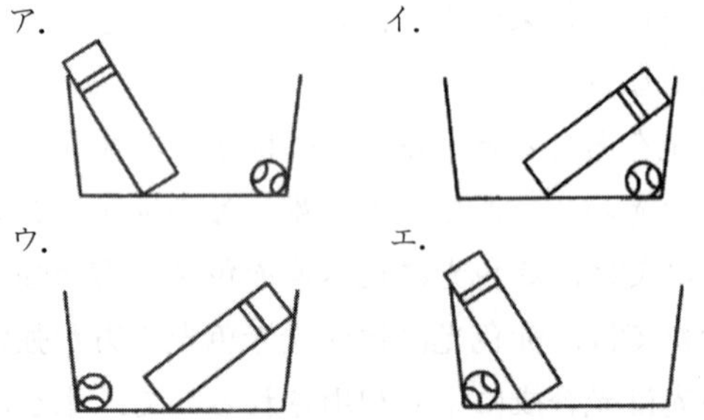

問2　ボールや水とうには触《ふ》れていないのに,それらがたおれたり,転がったりしたのは慣性のどのような性質のためか答えなさい。

慣性についての実験をしてみました。まず,2つの人形AとBを,荷物を運ぶときにつかう台車の上や地面にたおれないように固定しました。次に,図1のように台車の上にボールをのせて,台車をすばやく前後に動かしてみました。すると,人形Aとボールとの距離《きょり》は変わりませんでしたが,人形Bとボールの距離は,台車を前にすばやく動かすと近づき,後ろにすばやく動かすとはなれました。つまり,はじめ止まっているボールは,止まり続けようとする性質があるので,人形Aから見たらボールは止まっているように見えますが,人形Bから見るとボールは勝手に動いているように見えたのです。

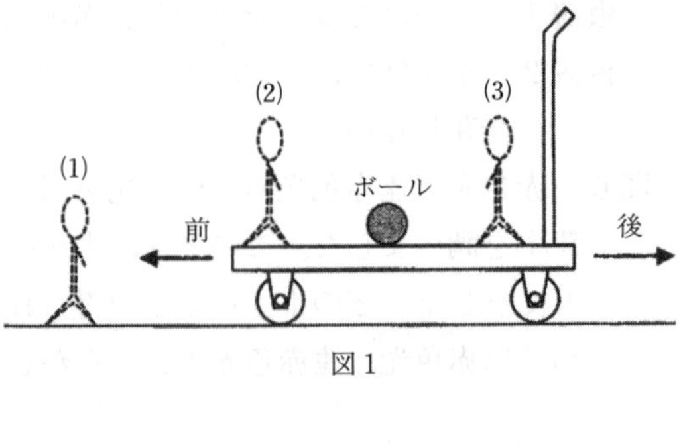

図1

同じボールを見る場合でも，見る人の立場によって異なって見えることがわかりました。

問3　人形A，Bはそれぞれ図1の(1)～(3)のどこに置いたと考えられますか。正しい組み合わせとしてもっとも適当なものを，次のア～カから選び，記号で答えなさい。

ア．人形Aが(1)で人形Bが(2)
イ．人形Aが(1)で人形Bが(3)
ウ．人形Aが(2)で人形Bが(1)
エ．人形Aが(2)で人形Bが(3)
オ．人形Aが(3)で人形Bが(1)
カ．人形Aが(3)で人形Bが(2)

問4　台車を動かしても，ボールの位置が動かないという性質は，家やビルなどの建物を建てるときのある技術に利用されています。その技術は何に備えたものか答えなさい。

電車に乗って車内の様子を観察していると，電車が走り出すときや，電車が止まろうとするとき，つり革《かわ》が少しだけかたむいていることに気づきました。また，何もつかまらずに立っている人のことも注意深く観察しました。すると，①電車が走り出すとき，速くなっている間は，転ばないようにバランスをとって，片方の足に体重をかけていることがわかりました。人にも慣性があるので，自然にこのような動きをするのです。

問5　下線部①について，電車が走り出しているときの車内の様子を表している絵としてもっとも適当なものを，次のア～エから選び，記号で答えなさい。ただし，電車は図の矢印の向きに進んでいるとします。

ア．
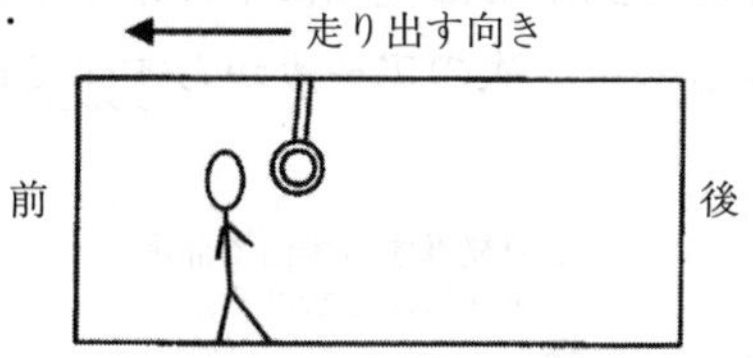

イ．
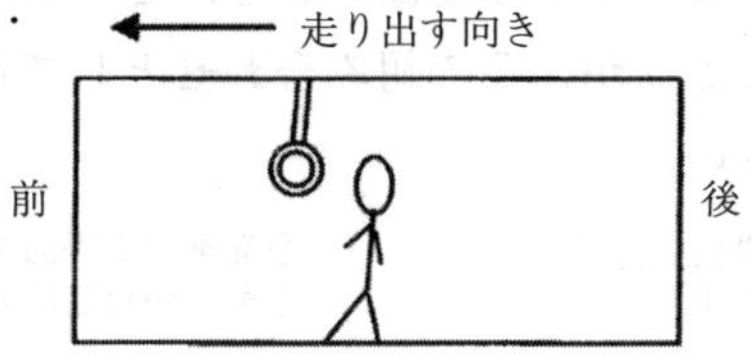

ウ．
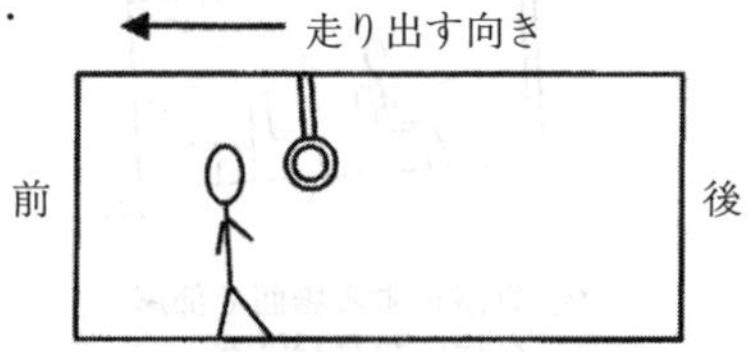

エ．
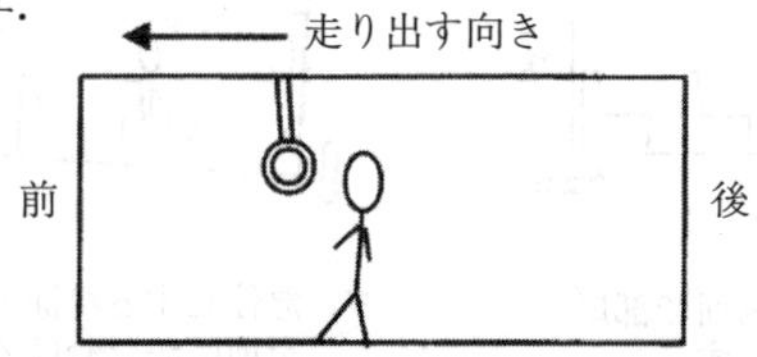

問6　バスの車内を観察していると，車内の様子が問5のときと同じになることがありました。それはバスがどのような状態になったときですか。その説明としてもっとも適当なものを，次のア～オから選び，記号で答えなさい。ただし，バスの進む向きは，すべて問5と同じとします。

ア．バス停で出発する時間を待っているバス。
イ．ブレーキをかけて止まろうとしているバス。
ウ．一定の速さで進んでいるバス。
エ．下り坂の途中《とちゅう》で信号待ちをしているバス。
オ．上り坂の途中で信号待ちをしているバス。

さらに，実験を行いました。どんぶりと水そうをたおれないように台車に固定し，どんぶりにはピンポン球を，水そうには水を7分目程度入れました。次に，図2の状態から，矢印の向きに台車を動かします。しばらく一定の速さで台車を動かし続けると，どんぶりの中の球と水そうの水面は，台車が止まっているときと同じで，再び図2のようになりました。次に，②ブレーキをかけ続けると，しばらくして台車は止まりました。

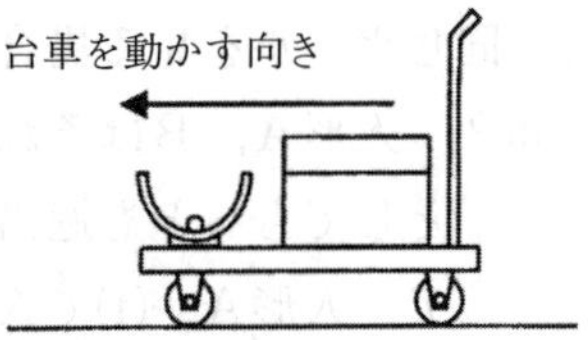

図2

問7　下線部②のように，ブレーキをかけている間のどんぶりの中のピンポン球と，水そうの水面のおおよその様子を，解答らんの図中にかきなさい。

問8　糸の一方にピンポン球をつけ，もう一方を水そうの底に固定しました。さらに，水そうに水を入れると右の図のように水の中で球が止まりました。この水そうを台車に固定し，同じ実験を行ったとき，下線部②のように，ブレーキをかけている間の水そうの様子はどうなりますか。水面と糸，球を，解答らんの図中にかきなさい。

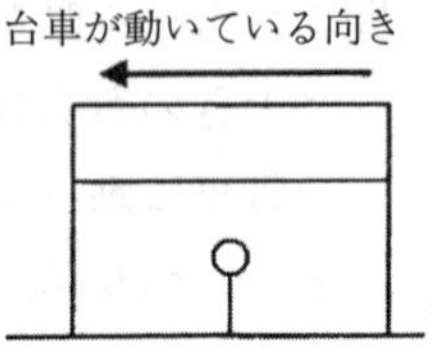

映画館のようにイスに座って映像を見ているだけなのに，急発進をしたり，急ブレーキがかかったりする乗り物に乗っているような気分になれる遊園地のアトラクションがあります。このアトラクションは映像を見ている部屋が実際に動きまわ回るのではなく，映像の内容に合わせてその場で部屋全体を少しだけ動かしています。

問9　このアトラクションで，カーレースをしている車の運転席から見た映像が流れているとします。映像がどのような場面のとき，どのように部屋を動かせば実際に車に乗っているように感じるでしょうか。その組み合わせとして適当なものを，次のア～カからすべて選び，記号で答えなさい。

ア．急発進する場面で部屋を前後にゆらす。

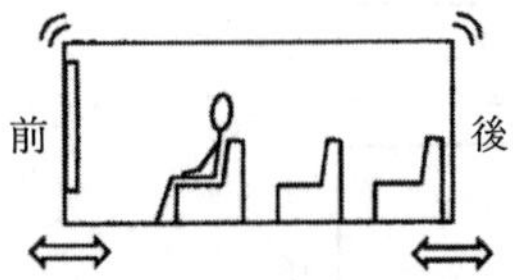

イ．急発進する場面で部屋を前にかたむける。

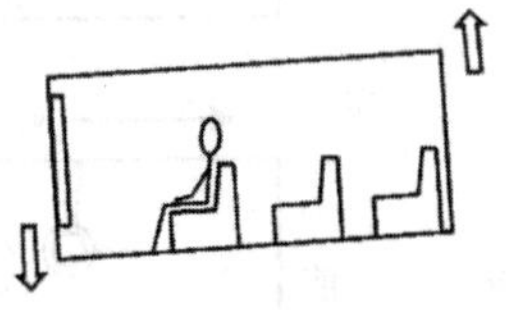

ウ．急発進する場面で部屋を後にかたむける。

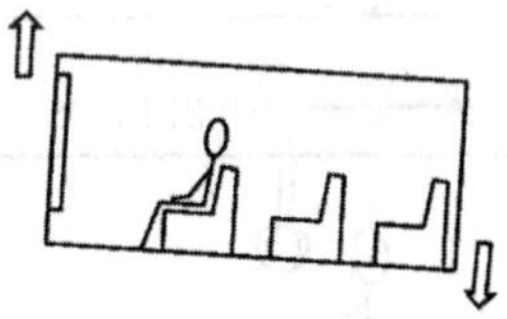

エ．急停止する場面で部屋を前後にゆらす。

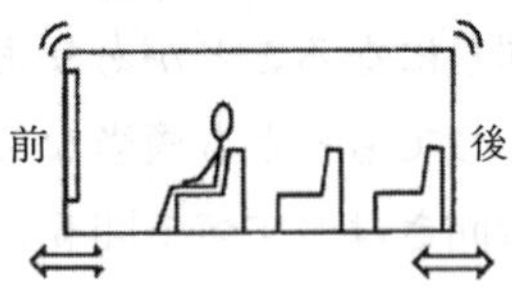

オ．急停止する場面で部屋を前にかたむける。

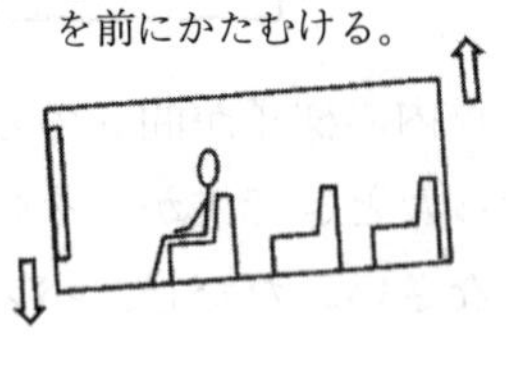

カ．急停止する場面で部屋を後にかたむける。

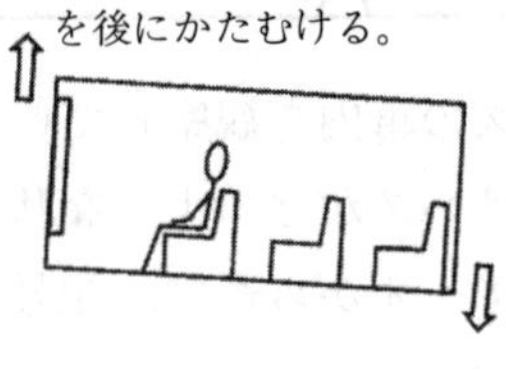

4 今の地球には，私たちヒトをふくめて様々な生物が住んでいます。しかし，生物が地球に初めて誕生したとされる約38億年前には，ヒトよりもずっと小さく単純な生物しかいませんでした。今の地球で見られる生物はどれも，子孫を残すときに少しずつ姿を変える「進化」をくり返して登場したものです。

問1　次の図のように昆虫《こんちゅう》が姿を変える現象を進化とは呼びません。その理由を答えなさい。

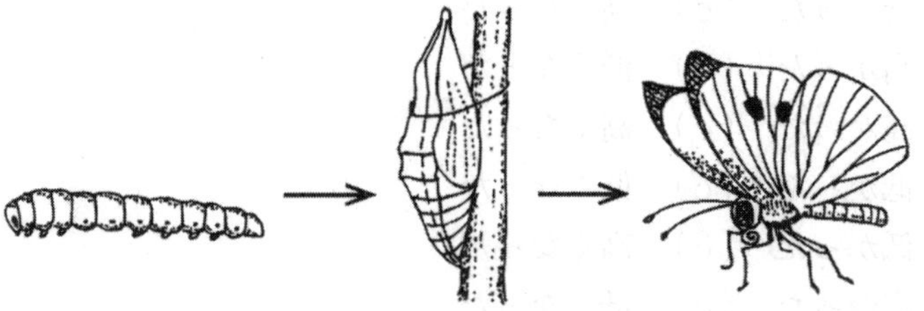

生物は進化とともに大きさを変えました。ここで図1のように，ある生物のたて・横・高さの長さが，形をたもってすべて2倍になったとします。すると，体の表面積は(　1　)倍，体積は(　2　)倍になります。生物が大きくなるときの体積の増える割合は，表面積の増える割合よりも大きいのです。

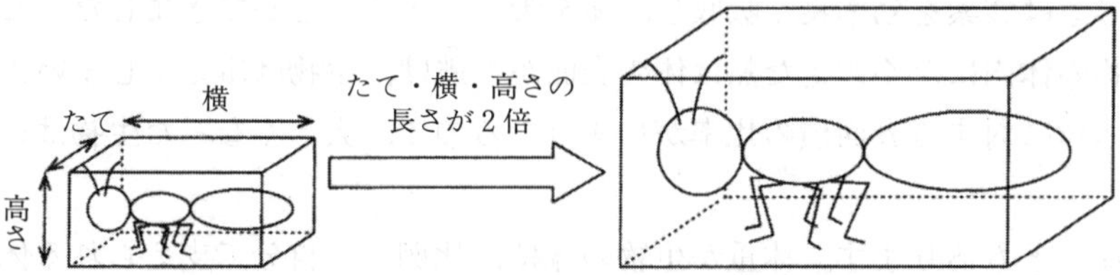

図1

約3億年前の地球には，今では見られない巨大《きょだい》な昆虫が住んでいました。例えば，50～60cmの長さのどう体を持つトンボが化石として見つかっています。昆虫をはじめとする多くの生物は，体を動かすために必要なエネルギーを，酸素を使ってつくります。そのため，大きな昆虫はより多くの酸素を必要としました。

昆虫の体内には「気管」という管があみの目のように広がり，昆虫は，気管に流れた酸素をその表面から直接体内に取り入れます。ここで，図1のように昆虫が大きくなったとします。すると，体内に取り入れられる酸素の量は，気管の表面積に比例するので(　1　)倍になり，活動に必要な酸素の量は，体の体積に比例するので(　2　)倍になります。大気中の酸素の量が今と変わらずに，昆虫が図1のように変化すると，昆虫は活動に必要な酸素の(　3　)倍しか吸収できないのです。ところで，①約3億年前には大気中の酸素の量が今の2倍近くだったといわれています。大量の酸素が巨大な昆虫を栄えさせたのかもしれません。

問2　文中の(1)～(3)に入る適当な数を，整数または分数で答えなさい。

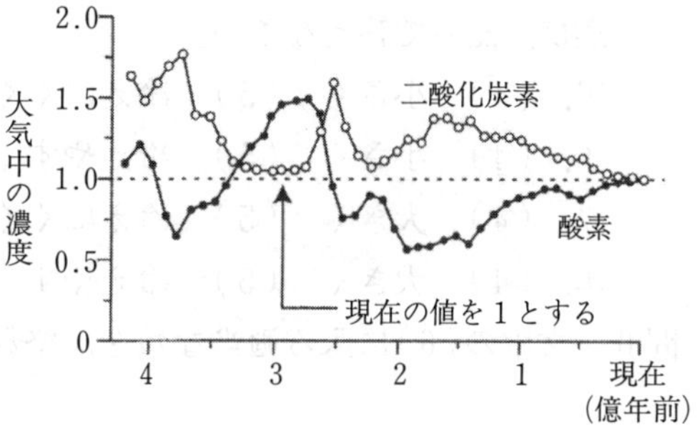

問3　下線部①について，右の図は，地球の大気中の酸素と二酸化炭素の濃度《のうど》変化を，それぞれの現在の値を1としてグラフにしたものです。このグラフから，地球の気温についてどのようなことが考えられますか。次の文の

(a)～(c)に入る語句の組み合わせとしてもっとも適当なものを，下のア～クから選び，記号で答えなさい。

約3億年前には，植物の(a)が活発だったために，二酸化炭素の濃度がそれ以前よりも(b)ので，地球の気温は(c)と考えられる。

ア．(a) 光合成 (b) 低かった (c) 低くなった
イ．(a) 光合成 (b) 低かった (c) 高くなった
ウ．(a) 光合成 (b) 高かった (c) 低くなった
エ．(a) 光合成 (b) 高かった (c) 高くなった
オ．(a) 呼 吸 (b) 低かった (c) 低くなった
カ．(a) 呼 吸 (b) 低かった (c) 高くなった
キ．(a) 呼 吸 (b) 高かった (c) 低くなった
ク．(a) 呼 吸 (b) 高かった (c) 高くなった

かつての巨大な昆虫は，少なくなった酸素の中では生きていけなくなりました。その一方で，より大きな別の生物が現れます。それはトカゲやヘビと同じハ虫類である「恐竜《きょうりゅう》」です。②恐竜は，昆虫と同じように酸素を必要としますが，酸素を肺で血液にとけこませて全身に運びます。そのため，恐竜は酸素を効率良く吸収し，体を大きくすることができました。これは大きな利点です。生物の体内にたくわえた熱は体の表面から逃《に》げ，生物は冷えてしまいます。生物が大きくなれば体積に対する表面積の比率が(4)なるので，大きくなった生物は(5)なるのです。

体が大きいと不利なこともあります。体重が生物の体積に比例し，自分で支えられる体重は足の裏の面積に比例するとします。図1のように体の大きさが2倍になると，足の裏の，ある同じ面積で支えなければならない体重は(6)倍になります。そのため，生物の体の大きさには限界もあったのです。

問4　下線部②について，肺には「肺ほう」と呼ばれる小さな部屋がたくさんあり，ひとつひとつの肺ほうを血管があみの目のようにおおっています。そのため，肺の体積が同じでも，酸素を吸収する効率は良くなります。このしくみと関係のない現象としてもっとも適当なものを，次のア～エから選び，記号で答えなさい。

ア．動物は，胃や小腸にあるたくさんのひだから食べ物を吸収する。
イ．動物は，胃や小腸で消化しやすいように歯で食べ物を細かくする。
ウ．植物は，葉の表や裏にあいたたくさんの小さな穴から酸素を吸収する。
エ．植物は，細かく枝分かれした根から水や栄養を吸収する。

問5　文中の(4)と(5)に入る語句の組み合わせとしてもっとも適当なものを，次のア～エから選び，記号で答えなさい。

ア．(4) 小さく (5) 冷えにくく
イ．(4) 小さく (5) 冷えやすく
ウ．(4) 大きく (5) 冷えにくく
エ．(4) 大きく (5) 冷えやすく

問6　文中の(6)に入る適当な数を，整数または分数で答えなさい。

③約２億年にわたって栄えた恐竜も約6600万年前に絶滅《ぜつめつ》してしまいます。恐竜をはじめとするハ虫類の次に栄えたのが，私たちヒトをふくむホ乳類です。④ホ乳類は，ハ虫類より効率良く酸素を取り入れる方法を身につけました。その上，ホ乳類は多くのハ虫類と異なり，体温を一定にたもつことができます。このしくみによって，ホ乳類は気温の低い中でも生き残ることができます。

問７　下線部③について，恐竜が絶滅した原因の１つとして，次のａ～ｄにあげた一連のできごとが生じました。これらのできごとの順番としてもっとも適当なものを，下のア～カから選び，記号で答えなさい。

ａ．いくつもの植物が絶滅しはじめた。

ｂ．巨大ないん石が地球にしょうとつした。

ｃ．ちりやほこりによって太陽光がさえぎられた。

ｄ．いくつもの動物が絶滅しはじめた。

ア．ａ→ｂ→ｃ→ｄ　　イ．ａ→ｃ→ｂ→ｄ　　ウ．ｂ→ａ→ｃ→ｄ

エ．ｂ→ｃ→ａ→ｄ　　オ．ｃ→ａ→ｂ→ｄ　　カ．ｃ→ｂ→ａ→ｄ

問８　下線部④について，ヒトは，肺ほうのしくみ以外にも酸素を効率良く吸収して運ぶつくりやしくみを持ちます。そのつくりやしくみとしてもっともふさわしくないものを，次のア～エから選び，記号で答えなさい。

ア．お腹をふくらませたり胸をひらいたりすることで肺をふくらませる。

イ．皮ふにはたくさんの毛穴がある。

ウ．心臓や血管に弁がある。

エ．全身をめぐる血液と肺をめぐる血液は混じりあわない。

ここまでの話を聞くと，ヒトはトンボより優《すぐ》れていると思えてしまいます。しかし，ヒトはトンボとちがって飛ぶことができません。血液を使って酸素を全身に運ぶので，ヒトの体は飛ぶには重すぎるのです。進化と聞くと，生物が優れたものに変化するように思うかもしれませんが，進化で生まれるのは「ちがい」であって「優劣《ゆうれつ》」ではないのです。

ウ　野生のシカとして生きるべきなのか、思いなやんでいる自分の姿。

エ　野生のシカとしてたくましく生きていく、本来あるべき自分の姿。

問十三　――線⑮「おれは今日から、害獣に帰るんだ」（349行目）とありますが、「おれ」が「害獣」に帰る決意をしたのはなぜですか。本文全体をふまえて説明しなさい。（５行）

問四　――線③「やつらは、おれたちをまったく気にしていないみたいだった」(69〜70行目)とありますが、「やつら」が「おれたちをまったく気にしていない」のはなぜですか。65〜155行目をよく読んで、説明しなさい。(2行)

問五　――線④「それがおれにはまぶしすぎた」(146行目)とありますが、「おれ」が「フレンドリー」を「まぶしすぎ」ると感じるのはなぜですか。説明しなさい。(2行)

問六　――線⑤「『あ……ああ』おれは〜ずんずん進んで行く」(163〜164行目)とありますが、この部分から「おれ」と「マル」とのどのような違いがわかりますか。説明しなさい。(2行)

問七　――線⑥「おれは固まったまま、ため息をひとつついて、目を閉じた」(210行目)とありますが、この時の「おれ」の気持ちはどのようなものですか。次の中からふさわしいものを一つ選んで記号で答えなさい。

ア　自分を取り囲んで体にさわってくる上に、意味のわからないことを言っている小さい人間たちに腹を立てつつも、奈良公園で暮らしていくためにはがまんしようと決意している。

イ　奈良公園に来てからは、新しいことが次々に起こり、気を張って対応していたら体がつかれてしまったので、しばらくじっとして休むことが自分のためには大切だと思っている。

ウ　人間に囲まれて奈良公園で暮らすことにはまだなじめないが、以前も母とはなれて暮らすのに慣れるまで時間がかかったので、今は何も考えず、時がたつのを待とうと思っている。

エ　奈良公園でめぐまれた暮らしをしているとつい忘れてしまいそうになるが、故郷の森で飢えている仲間を思うと胸が痛くなるので、仲間の無事をいのるような気持ちになっている。

問八　――線⑦「おれは慣れた。ほぼかんぺきに慣れた」(212行目)とありますが、「おれ」はどのような生活に「ほぼかんぺきに慣れた」のですか。212〜247行目をよく読んで、説明しなさい。(2行)

問九　――線⑩「本当なら〜慣れちゃった」(292〜293行目)、――線⑫「ボク、そういう世界も〜自分でもわかってる」(322〜324行目)とありますが、これらの部分からは、「フレンドリー」がどのような思いをいだきながら「ナラコウエン」で暮らしていたことがわかりますか。説明しなさい。(3行)

問十　――線⑧「ここらに住んでいるシカは〜大切にされている」(227〜229行目)、――線⑨「少なくとも、シカの間では、そんな言い伝えはない」(233行目)、――線⑪「神様の動物にも、例外の害獣はいるってことだ」(298行目)とありますが、これらの部分からは、「おれ」の「人間」に対するどのような思いが読み取れますか。説明しなさい。(2行)

問十一　――線⑬「おれは耳をすまして、太鼓の音を聞いた」(332〜333行目)とありますが、

(1)　「太鼓の音」は何が行われていることを示すものですか。文中から三字で抜き出しなさい。

(2)　「太鼓の音」を「おれ」が「耳をすまして」聞いたのはなぜですか。説明しなさい。(3行)

問十二　――線⑭「おれは立ち上がった。〜影も動いた」(342〜343行目)とありますが、この時の「おれ」は、自分の「影」を通して何を見ていると考えられますか。次の中からふさわしいものを一つ選んで記号で答えなさい。

ア　野生のシカとしてほこりを持って生きていた、かつての自分の姿。

イ　野生のシカとして生きることにおびえている、実は弱い自分の姿。

「え、どこへ？」

そうたずねるマルの顔を見つめた。二股に分かれた角は、しもぶくれの顔には似合わずいかめしい。同じ形の角が、おれの頭にも乗っている。自分では見えないけれど。

「元いたところへ」

「え、あの森へ？ あんな遠くまで？」

「いや、そこまでは行かないかもしれない。途中のどこか落ち着ける森で、生活するよ」

フレンドリーがため息をついた。

「そうか、君ら、そんな遠くから来たんだね。⑫ボク、そういう世界も見てみたいなぁ。でも無理。ナラコウエンに守られてるって自分でもわかってる」

わあぁ、と遠くで人間の叫《さけ》び声と手をたたく音が聞こえてきた。フレンドリーがおれとマルを交互《こうご》に見た。

「マルも行くの？」

ググ、と口元から変な音を出して、マルはうつむいた。

「行かないよ」と、おれが代わりに答えてやった。

「マルは、フレンドリーのそばにいるのが合ってるんだ」

「ずっと、いっしょに生きてきたのに……サンカク」声をしぼりだすように、マルが言う。聞いていると泣きそうになって、⑬おれは耳をすまして、太鼓の音を聞いた。どうしてもたえられない、と自らを奮い立たせる。

「すぐそこらの山に住むかもしれない」おれが言うと、マルはうなずいた。

「そうだね！ 冬の寒い時期だけもどってくるといいよ。そしたら、意外とすぐにまた会えるね。ね、ね？」

「そうだな。おれの角が抜け落ちた後なら、区別つかなくなる。そのころ、君らの顔を見に来るのもいいな」

「いいね！ シカせんべい、いっしょに食べよう。約束だよ」

「ああ」⑭おれは立ち上がった。芝生におれの黒い影《かげ》がうつる。長い角を振り上げた。影も動いた。

「また、近いうちに。じゃあ」

「じゃあ」

二度と会うことはないだろう。マルだってフレンドリーだって、心の底ではわかってるはずだ。天然記念物と害獣。分かれ道は、あまりにはっきりと方角が違って、行ったり来たりなんてできない。

⑮おれは今日から、害獣に帰るんだ。

（吉野《よしの》万理子《まりこ》『ロバのサイン会』より）

〈語注〉※① 無謀…行動するときに後先を考えないこと

※② 新参者…新しく入って来た者

〔設問〕解答はすべて、解答らん（編集部注＝横10ミリメートル・たて152ミリメートルの行数で示した）**におさまるように書きなさい。句読点なども一字分とします。**

問一 ＝線a「ハブ」(224行目)、b「オウボウ」(277行目)、c「キズ」(295行目)、d「キビ」(309行目)のカタカナを、漢字で書きなさい。

問二 ――線①「人間がご飯をくれて、仲良くできるところがある？ 信じられない」(44～45行目)とありますが、「おれ」がこのように思うのは、どのようなことがあったからですか。説明しなさい。(2行)

問三 ――線②「ありったけの勇気を振りしぼらなければ、この山をはなれて行くことなんてできない」(49～50行目)とありますが、「おれ」がこのように思うのはなぜですか。説明しなさい。(2行)

ドドドという音やら人間のでかい声やらが聞こえてくることに気づいた。ドドドドはきっと太鼓《たいこ》だ。夏にも聞いた覚えがある。

「角切りだよ。何頭か仲間がつかまった」

「なに、角切りって」

「ボクたちの角、のび切ってるだろ？　人間を刺《さ》すと危ないからさ。秋になるといつも、人間は角を切るんだ。それを祭りにしてる」

「祭り？」

「たくさんの人間が見物に来るんだ。あれ、ほんと怖いんだ。去年、運悪くつかまってさ。最初はボクたちを囲いの中で走らせる。そのうち、角に長いなわを巻きつけて、つかまえて、ごりごりと刃物《はもの》で角をそぎ落とすんだ」

「なんてひどいことを」

「祭りで、たくさんの人間に囲まれて角を切られるのは今日と明日とあさってだけさ。にげきるのは難しくない。でも、他のシカたちもみんな、後で麻酔《ますい》をかけられるんだ」

「麻酔って？」

「チクッとしたら、すぐねむくなって、寝ちゃうんだ。で、目が覚めたら角がない」

「そんな、bオウボウな……」

「毎年そうなんだ」

「角をうばわれるなんて、オスとしてこんなにはずかしいことはないじゃないかっ」

　おれの勢いに、マルが目をぱしぱし瞬《しばたた》かせてとまどっている。フレンドリーはたんたんと答えた。

「そりゃ、サンカク一頭が切られたら、みっともないよ。でも、角を持ってるオスは全員切られるんだ。みんなで切られたら、そっちが普通になるんだよ。やられないのは、メスだけさ。角がもともとないからね」

「フレンドリーはそれでいいのかよ？　角がなくなるなんて……」

　おれたちがここへ来たのは、冬の終わりかけだ。野生のシカはみんな、角が抜けて生え替《か》わるときだった。だから、ナラコウエンのシカもちろんそうなんだと思っていた。もっともっと前に、人間に切られてたなんて、想像もしなかった。

「⑩本当ならありえないんだろうね。でも、初めて角が生えたときから、毎年だからなぁ。慣れちゃった。切られた後は頭が軽くて楽になるし。それに、大事なルールなんだ。ここで生活するための。もし角で人間をcキズつけちゃったら、収容所行きだからね」

　収容所。病気やケガのシカ、人間が作った草を食ってめいわくをかけるシカ、そいつらが入れられる場所なんだと聞いた。そう、⑪神様の動物にも、例外の害獣はいるってことだ。

「どう思うんだ、マルは。切られること」

「そりゃイヤだよ」マルは落ち着きなく、かりかりと前足で地面をかいた。

「でも、仕方ないよね。チクッとするの、怖いんだけど、ねむってる間に切られるなら痛くないんだろうし。だったら、平気だよね」

「痛いからイヤだとか、痛くないから平気だとか、そんな話をしてるんじゃないんだよ！」おれがどなると、マルは答えず、地面をはっていく小さな虫を見つめていた。フレンドリーは芝生をはむはむ食べ始めた。

　アニキならどう言うだろう。人間をあなどるなよ。人間の作るルールは想像以上にdキビしいんだ。それに従えるか？　森の奥で気ままに育ってきたこのオレたちが。そんな声が聞こえる気がする。

　おれは立ち上がった。

「行くよ」

おれは石。おれは河原のでっかい石。そう念じて、ひたすら固まった。きっとじきに慣れるさ。たくさんの人間にも、ルールにも。だって、母さんからはなれた後も、しばらくは不安で仕方なかったのに、あの後すっかり森に慣れたじゃないか。新しい環境《かんきょう》に体がついていくのに、マルより時間がかかるだけなんだ。

⑥おれは固まったまま、ため息をひとつついて、目を閉じた。

予想したとおりだった。⑦おれは慣れた。ほぼかんぺきに慣れた。

春が過ぎ、夏になると、どこも草だらけになって、食べるのがいそがしくなった。それでも、一日一時間くらいはマルとフレンドリーに付き合って、シカせんべいをもらっておじぎするボランティアをやっていた。冬の間はそこそこありがたかったせんべいも、この時期になるとみりょくはない。香《かお》りが足りないんだと思う。若草を食べるときは、ふわっと命の香りがただようんだけど、それが、せんべいにはまったくないんだ。それでも、人間との暗黙《あんもく》の年間契約《けいやく》だから、とフレンドリーは言う。春も夏も秋も、せんべいをちゃんといただくから、冬ももらえるんだ、と。もっとも、せんべいをまったく食べずに芝生《しばふ》ばかり食べていても、それはそれでいいみたいだ。人間は、草がぼうぼう生えてる状態を好まないらしい。シカが片っぱしから食べることで、整備する手間がａハブけるって喜んでいるのだそうだ。

フレンドリーがあちこち引き合わせてくれるおかげで知り合いも増えて、このナラコウエンについての知識も増えてきた。⑧ここらに住んでいるシカは、あのロバが言った通り、天然記念物と呼ばれていて、野生のシカと種類は変わらないのに、大切にされている。大昔、「神様」っていう、人間のボスみたいなのをシカが運んできたとの言い伝えがあって、他の生き物とは違うえらい動物なんだ、とあがめられるようになったらしい。本当にそうなのかはなぞだ。⑨少なくとも、シカの間では、そんな言い伝えはない。

秋が近づくと、のんびりしたふんいきが変わってきた。オス同士、こぜり合いがちょくちょく起きて、角と角をつき合わせてるやつらも現れた。おれとマルの角は、二股《ふたまた》に分かれ、去年よりは迫力《はくりょく》が出てきた。でも、せんぱいたちに比べるとまだまだで、結局、メスの集団にはまったく近づけなかった。フレンドリーですらダメだったのだから、仕方ない。でっかい角のオッサンたちが、独占《どくせん》していた。あと二年、三年くらいして、おれたち自身がオッサンになるのを待つしかないようだ。

故郷に残っていたら、チャンスはあっただろうか。あったかもしれない。たぶん、ナラコウエンのシカたちよりも、寿命《じゅみょう》が短くて、だから若いやつにもチャンスがあるんだ。でも……そのくらいしんぼうしよう。だって、飢え死にする心配がないというのは、やっぱり大きいから。がまんできる。ここでの生活をそれなりに楽しめる。そう思っていた。あの日が来るまでは。

林の入口でねむっていたおれのもとに、フレンドリーとマルがかけてきた。めずらしいことだ。二頭はいつだって、にぎやかなところにいるのが好きなはずなのに。

「サンカク、大変だよ～」マルの目が情けないほど細くなっている。

「何が」おれは、やわらかい草のじゅうたんの感触《かんしょく》をもう少し味わっていたくて、寝そべりながらたずねた。

「まあ、毎年のことなんだがな。一年で一番めんどうくさい時期が来ちゃったってこと。でも、人間との契約だから仕方ないんだよ」フレンドリーがいつになく早口で、はき捨てるように言う。

「なんの話？」ようやくおれは起き上がった。そして、遠くからド

「うん、ここナラコウエンは有名なとこでね。遠くから遊びに来た人間は、シカと仲良くしたくて、シカせんべいを買うんだ。あちこちで、ほら、売ってるだろ？　でも、積んである束を食べちゃだめ。まして売ってる人をおそったりしたら、論外。せんべいを買った人間だけから、もらうんだよ」
「わかった」
「あと、せんべいを持ったまま、もったいぶってなかなかくれない人間がいても、怒っちゃだめだよ。ちょっと鼻でつつくくらいはいいけどね。もらった後、ありがと、っておじぎをすると喜ばれるよ」
「喜ばせたほうがいいの？」
「もう一包み、せんべいを買おうと思うかもしれないだろ？」
「ようし、やってみる。ね、サンカクもやるよね」
⑤「あ……ああ」おれはあいまいに答えて、立ちつくしていた。マルはフレンドリーにくっついて、ずんずん進んで行く。さわいでいる人間のもとへ、さっそく二頭は行って、食べる前からおじぎしている。
　せんべいの味を知りたい。でも、もっと知りたいことがあった。なんでこうも違うんだろう。ここだけは、なぜ。マルがせんべいをくわえたままもどってきた。それをおれの足元に置く。
「一枚、もってきたよ～」
「おう、ありがとう」おれは土の上に置かれたそれを、ふんふんとかいだ。悪いにおいはしない。いいにおいもしない。かじってみると、それはパリ、と音を立てて割れた。
「うまいのか、まずいのかわかんない」
「米ぬかと小麦粉、っていうのを使って人間が作ってるんだって～」
「フレンドリーがそう言ってたのか」
「うん、ほんと何でもよく知ってるよね、かれ。ぼくとサンカクのグループに入ってくれないかな？　ボスになってもらうってどう？」と声をはずませている。おれが返事をしないことに気づいて、マルは話題を変えた。
「でもさ、これがあれば、冬だって食べ物がなくて死ぬ心配はもうないんだね」
「ああ」故郷には、まだ雪は積もっているだろうか。飢《う》え死にした仲間がいないことを願う。
「ねえ、駅のほうまで行ってみない？　フレンドリーが案内してくれるって」
「駅？」
「人間がたくさんいるとこだよ。そこでまずシカせんべいを買う人間が多いから、一番たくさんありつけるって」
「そんなに腹、減ってないから」
「じゃあ、後でまた待ち合わせしようよ。けさ寝てた木の下でいいかな？」
「いいよ」
「じゃあねっ」マルは小走りに、フレンドリーのところへ寄って行き、
「走っちゃダメだよ。人の多いところではさ」とたしなめられて、
「えへへー、ごめん」と笑っている。
　なんでおれは、はしゃげないんだろう。こんなにつかれてるんだろう。風の運んでくるにおいが、山のなかとは全然違う。こうばしいような、こげついたような。食欲をそそるような、なくすような。
　ぼんやりしているうち、いつの間にかおれは小さい人間に囲まれていた。背中に手を置かれる。なでられる。つねられる。「カーイイ」と、こいつらはしきりに言っているけれど、フレンドリーが訳してくれなきゃ意味なんてわからない。

あのぼーっとしたロバが言っていたことは本当だった。人間が、丸っこいものを手に持っている。それをシカが首をのばして受け取り、おじぎをしてから食べているではないか。そんな風景が一カ所だけではない。あちこちでくり広げられているのだ。おれは、ふらふらっと近寄った。マルがささやいてくる。

「やっぱり、あれ、ためしてみたいよねえ。きっと相当おいしいんだろうねえ」

「でも、決まりがあるのかもな」

「決まり？」

「このグループは、この人間から受け取る、みたいな決まりが」

「じゃあ、ぼくたちは？　どうやったら食べられるんだろうね」

「わかんねえ」

「わかんないの？　何が？　質問なら、ボクのわかる範囲《はんい》ならなんでもお答えするよ」

不意に、会話に割りこまれて、おれたちは同時にその声のほうへ鼻を向けた。

「やあ」オスのシカがいた。毛並みがよくて、おれたちよりも体重がある。鼻筋が通っていて、気品があった。だれかを警戒《けいかい》してビクビクしたことなど、一度もなさそうな態度だ。

おれひとりがビクビクしているのもくやしくて、なるべく普通《ふつう》にしゃべろうと心がけた。

「いや、この丸いのはおいしいのかな、と思って。実はあのへんの奥《おく》に住んでて、こっちまで出てこなかったから。今まで食べたことないんだ」

不自然だっただろうか。しかし、相手は警戒する様子もなく、あっさり納得《なっとく》してくれたようだった。

「ああ、林のほうに住んでたの？　静かでいいらしいよねえ。こっちはにぎやか過ぎてイヤだっていう仲間も多いよ。まあ、ボクは全然苦にならないんだけどね。自己紹介《しょうかい》してなかったね。ボクの名はフレンドリー」

フレンドリー？　なじみのない発音だ。

「英語でね、親しみやすい、っていう意味なんだ」

「英語……？」とんでもないところに来てしまったような気がする……。よほど頭のいいやつでなければ、ここにはいられないのかもしれない。

「あ、ごめんごめん。それより、シカせんべいの味について聞きたかったんだよね？」

「シカせんべい？」

「そう。この丸くてうすっぺらいやつ。そう呼ばれてるんだ。人間は食わないの。ボクらだけのために作られてるんだよ。味はね、うーん、そうだなぁ。ぜいたく言わなきゃ、まあ、そこそこのおやつ。腹はふくれるしね。だから、冬は草を探しに歩きまわるより、もらったほうが手っ取り早いだろ？　それでみんな、ここでシカせんべいを買う人を待ってるわけなんだ」

「じゃ、※②新参者が入りこんじゃいけないね」

「ここには細かいしきたりなんてないよ。ただ、シカせんべいをもらうのには、ルールがあるから、それさえ知っておけばだいじょうぶ。やあ、久しぶり！」現れたよそのシカに、フレンドリーは明るくあいさつしている。知り合いが大勢いるらしい。朝日を受けて、茶色い目は明るくおどっている。④それがおれにはまぶしすぎた。とりあえず、いったんどっか行って、出直そうか。マルにそう話しかけようかと思ったが、

「ルール、教えてくれる？」マルは、目をきらきらさせながら聞いている。

とっても大切にされてる」

①人間がご飯をくれて、仲良くできるところがある？　信じられない。この目でどうしても見てみなくては。

出発するのがおくれたのは、マルがぐずぐずしていたせいだった。毎日出かける直前になって、「また雪が降りそうだよ」などと足を引っ張る。おれも、②ありったけの勇気を振りしぼらなければ、この山をはなれて行くことなんてできない。だから、マルにそう言われると、つい先延ばししてしまったのだった。それに、角が抜《ぬ》けたのも大きかった。去年の春からゆっくりのびてきた、一本の角が、抜けて地面に転がったのだ。

この一年、角を武器に戦ったことなど一度もなかったのだが、心を守る武器ではあったのかもしれない。失ってから、果てしなく心細くなった。いや、この森にいる限りは、みんな同じ条件だ。でも、ナラコウエンはどうだろう？　まったく気候が違って、あるいはそこに住むシカの種類が違って、角は抜け落ちないかもしれないではないか。その地へ入りこんで行くなんて、※①無謀《むぼう》すぎやしないか？

山を上って下って、また上って下って、を何回くり返したかよくわからなくなってきたところで、ついに山が近くに見当たらなくなった。青空の下に、大きな大きな林が広がっている。

そして、やつらは突然《とつぜん》現れた。何頭も。寝そべったり、歩き回ったり、シカたちはみんな勝手気ままだ。おれらと同じように角が抜け落ちていてよかった。だからか、さほど怖《こわ》さは感じない。

あんたら、どっから来た？　だれの許可を得た？　最初は絶対からまれるだろうとかくごしていた。けれどふしぎなことに、③やつらは、おれたちをまったく気にしていないみたいだった。ちら、と視線を投げかけて来ることすらしないんだ。どうなってるんだ……。

ナラコウエンってどこですか？　という質問を、おれは必死にガマンした。もしかしてここもナラコウエンなのかもしれない、という気がしたから。だとすると、おれたちがよそから来たとバレてしまう。さらに林を進んでいくと、ちらほらと草が生えているのが見えてきた。

「食っても怒《おこ》られないかな？」そう言いながら振り返ると、マルは早くも、のびかけの葉っぱをぱくっとかんでいるところだった。ようし、おれも。あいつ食い過ぎじゃねーか、とまわりのシカににらまれない程度に、のびた葉の先端《せんたん》をついばむように。

「あと少し、歩こう。シカの数が増えてきたな」

「話しかけられたら、なんて言えばいいの？」

「うーん、田舎者《いなかもの》ってバレたくないな。じゃあ、あのあたりの木の下で休むか。作戦を練ってちょっと休んで、それから動こう」しかしおれたちは、作戦を練る間もなく、うつらうつらし始めてしまった。

「サンカク、サンカクってば」

マルに起こされたとき、不覚にも太陽はとっくにのぼっていた。

「ああ、ごめん」自分で思ったよりもつかれていたようだ。立ち上がって、ふるふるとみぶるいして、目を覚まそうとしていると、

「ねえ、ちょっと見に来てよ。ぼく、さっき散歩してすごいもの見ちゃったんだ」マルが先に立って歩き出す。

「なんだよ、すごいものって」

「仲間が人間にご飯をもらってるんだ」

「え！」目は一気にさえた。マルにくっついて、その現場まで急いだ。

平成二十九年度 麻布中学校

【国 語】（六〇分）〈満点：六〇点〉

次の文章を読み、設問に答えなさい。

「アニキ」をリーダーとして「マル」とともに暮らしていた野生のシカの「おれ」（「サンカク」）は、冬の森の食べ物のとぼしさにたえられず、人里に食べ物を探しにいきます。人間に見つかってにげる途中《とちゅう》、「アニキ」は車にひかれて命を落としてしまいますが、「おれ」は「マル」とともに必死ににげ続けます。

おれたちは息を切らしながら、走り続け、四角い大きなものを見つけた。人間が作った建物なんだろう、というのはわかった。

「今夜はここで寝《ね》るか」入り口を見つけた。あまり大きく開かない。頭をぎゅっとおしこむようにして、おれはのぞきこんで、ハッとした。先客がいる。シカの仲間かと思ったら、違《ちが》った。大きさはよく似ているけれど、もっと顔が長くて耳が大きくて、鼻の穴がでかい。足もとっても太かった。

「あんた、だれ？」言葉が通じるかわからないものの、たずねてみた。

「ロバの、ウサウマ」ゆっくりとした返事が聞こえた。

「あ、おれはシカのサンカク。こっちがマル。ちょっと休みたいんだ」

「どうぞ」

「あぁ、もうぼくダメ……」すみっこまで行って、マルがへなへなとしゃがみこんだ。

「つかれてるみたいだね？」

「人間に追われててね。あいつら、最低だ。アニキを殺しやがった」

「このあたりでは、シカは害獣《がいじゅう》なんだね」

「ガイジュウ？」

「人間にとって、めいわくな生き物だってことだよ。だから追いはらわれたり、つかまったりするんだ」

「ふうん……」

「昨日までいたところでは、人間とシカはとってもうまくやっていたのになぁ」

「へ？」おれは、聞き違いかと思って、耳をぴきぴき動かして、ほこりや雪がついてたら振《ふ》り落とそうとした。

「シカは、人間にもらったご飯を食べてるんだ。もらうと、ありがとありがと、って頭を下げるんだよ」

おれは鼻を鳴らした。

「そいつらは、どっかに閉じこめられて、一日中立つかしゃがむか、それしかやることのない、かわいそうなやつらだろ？」

「ううん。自由だよ」

「そんな、まさか」

「ご飯をもらいたくなければ、自分で草を探す。そういうシカもいるみたいだよ」

「本当に食うものに困らないのか」

「みんな君よりは太っていたよ」

「そ、その場所はどこにあるんだ」

「太陽が夕方にしずむ方向」

「ああ」

「何日か、そっちに向かって歩いて行くと、奈良《なら》公園ってところに着くから。そこにいるシカは天然記念物って呼ばれててね、人間に

平成29年度

麻布中学校 ▶解説と解答

算数 (60分) ＜満点：60点＞

解答

1 $\frac{17}{20}$ 　2 (1) 1時27分$16\frac{4}{11}$秒，1時49分$5\frac{5}{11}$秒　(2) 5時5分$27\frac{3}{11}$秒　3 (1) 1.5　(2) $2\frac{2}{3}$　(3) $2\frac{4}{7}$　4 (1) 分速72m　(2) 1386m　5 (1) A…3個，B…2個　(2) 20：21　(3) 3：7　6 (1) **[2112]**…1212，**[2212]**…2222　(2) 21，122，212　(3) 2121　(4) 211112，211212，212112，212212，22112

解説

1 四則計算

$\left\{1.68\div\left(1\frac{1}{5}-0.36\right)-\left(\frac{1}{3}+\frac{1}{4}\right)\right\}\div\left(5.5-3\frac{5}{6}\right)=\left\{\frac{168}{100}\div\left(\frac{6}{5}-\frac{9}{25}\right)-\left(\frac{4}{12}+\frac{3}{12}\right)\right\}\div\left(\frac{11}{2}-\frac{23}{6}\right)=\left\{\frac{42}{25}\div\left(\frac{30}{25}-\frac{9}{25}\right)-\frac{7}{12}\right\}\div\left(\frac{33}{6}-\frac{23}{6}\right)=\left(\frac{42}{25}\div\frac{21}{25}-\frac{7}{12}\right)\div\frac{10}{6}=\left(\frac{42}{25}\times\frac{25}{21}-\frac{7}{12}\right)\div\frac{5}{3}=\left(2-\frac{7}{12}\right)\div\frac{5}{3}=\left(\frac{24}{12}-\frac{7}{12}\right)\div\frac{5}{3}=\frac{17}{12}\times\frac{3}{5}=\frac{17}{20}$

2 時計算

図1

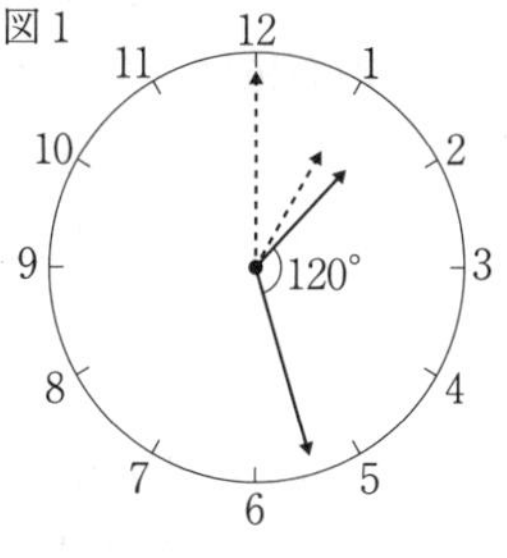

図2

(1) 1回目は左の図1，2回目は左の図2のようなときである。1時ちょうどのとき，長針と短針の作る角の大きさは，360÷12×1＝30(度)である。この後，長針は1分間に，360÷60＝6(度)，短針は1分間に，30÷60＝0.5(度)の割合で動くから，長針は短針よりも1分間に，6－0.5＝5.5(度)多く動く。図1のようになるのは，1時ちょうどから長針が短針よりも，30＋120＝150(度)多く動いたときなので，1時ちょうどの，150÷5.5＝$27\frac{3}{11}$(分後)とわかる。これは，$60\times\frac{3}{11}=16\frac{4}{11}$(秒)より，1時27分$16\frac{4}{11}$秒となる。また，図2のとき，アの角の大きさは，360－120＝240(度)だから，図2のようになるのは，1時ちょうどから長針が短針よりも，30＋240＝270(度)多く動いたときである。よって，1時ちょうどの，270÷5.5＝$49\frac{1}{11}$(分後)なので，$60\times\frac{1}{11}=5\frac{5}{11}$(秒)より，1時49分$5\frac{5}{11}$秒と求められる。

(2) (1)より，1時ちょうどから，長針が短針よりも270度多く動いたとき，長針と短針の作る角の大きさが2回目に120度になる。その後は，長針が短針よりも360度多く動くと，長針と短針の作る角の大きさが120度になる回数は2回増える。したがって，右の表のようになり，8回目の時刻は1時ちょうどから，長針が短針よりも1350度多く動いたときとわかる。1350÷5.5＝$\frac{2700}{11}$

2回目	270度	
		＋360
4回目	630度	
		＋360
6回目	990度	
		＋360
8回目	1350度	

$=245\frac{5}{11}$(分)より，8回目の時刻は1時ちょうどから$245\frac{5}{11}$分$\left(4\text{時間}5\frac{5}{11}\text{分}\right)$たったときである。$\frac{5}{11}$分は，$\frac{5}{11}\times 60=\frac{300}{11}=27\frac{3}{11}$(秒)より，8回目の時刻は，1時＋4時間5分$27\frac{3}{11}$秒＝5時5分$27\frac{3}{11}$秒と求められる。

3 平面図形―辺の比と面積の比

(1) ABの長さ(台形ABCDの高さ)は，$48\times 2\div(6+10)=6$(cm)である。下の図1のように，長方形ABCEと長方形DFGEを作ると，三角形APDと三角形FDP，三角形PBCと三角形CGPはそれぞれ合同だから，かげをつけた部分の面積も21cm²になる。また，長方形ABCEの面積は，$6\times 10=60$(cm²)なので，長方形DFGEの面積は，$60-21\times 2=18$(cm²)とわかる。よって，DFの長さは，$18\div(10-6)=4.5$(cm)だから，BPの長さは，$6-4.5=1.5$(cm)と求められる。

図1

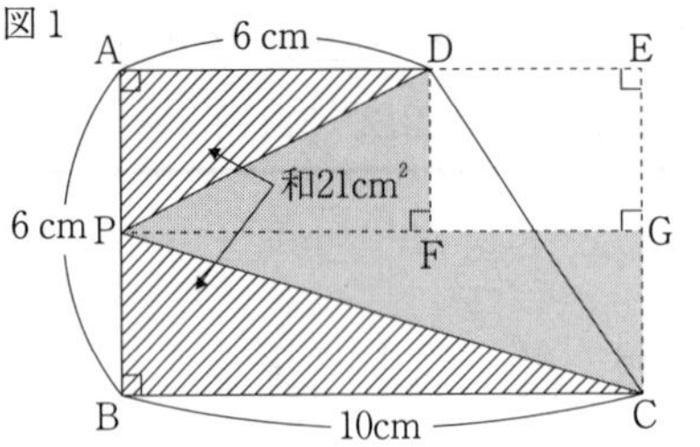

図2

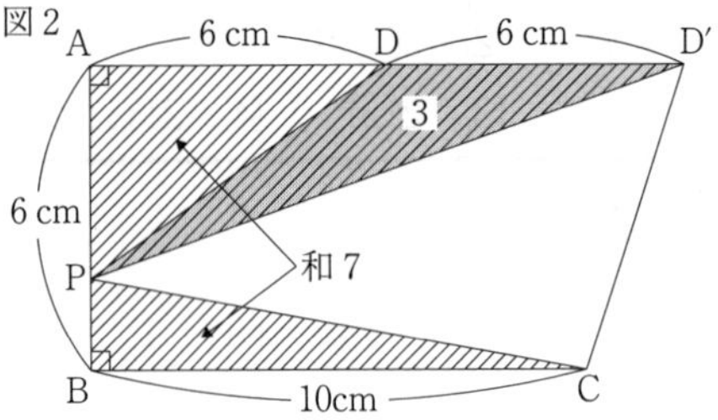

(2) ADの長さを2倍にすることによって，上の図2の三角形DPD′の面積が増える。また，もとの面積と増えた後の面積の比は，$1:\frac{10}{7}=7:10$だから，もとの面積(三角形APDと三角形PBCの面積の和)を7とすると，三角形DPD′の面積は，$10-7=3$となる。さらに，三角形APDと三角形DPD′の面積は等しいので，三角形APDの面積も3となり，三角形PBCの面積は，$7-3=4$とわかる。よって，三角形APDと三角形PBCは，面積の比が3：4であり，底辺の比が，AD：BC＝6：10＝3：5だから，高さの比は，AP：BP$=\frac{3}{3}:\frac{4}{5}=5:4$と求められる。したがって，BPの長さは，$6\times\frac{4}{5+4}=\frac{8}{3}=2\frac{2}{3}$(cm)である。

(3) 下の図3のように，ADの長さを5倍にすると，DD″の長さは，$6\times(5-1)=24$(cm)になり，BCの長さを2倍にすると，CC′の長さは10cmになる。このとき，三角形DPD″と三角形PCC′の面積が増える。また，もとの面積と増えた後の面積の比は，$1:\frac{10}{3}=3:10$なので，もとの面積を3とすると，増えた部分の面積は，$10-3=7$となる。次に，DD″上に，DH＝6cmとなる点Hをとると，三角形APDと三角形DPH，三角形PBCと三角形PCC′の面積はそれぞれ等しいから，三角形DPHと三角形PCC′の面積の和も3となり，三角形HPD″の面積は，$7-3=4$とわかる。さらに，三角形APDと三角形HPD″の面積の比は，AD：HD″＝6：(24－6)＝1：3なので，三角形APDの面積は，$4\times\frac{1}{3}=\frac{4}{3}$と求められる。よって，三角形PBCの面積は，$3-\frac{4}{3}=\frac{5}{3}$だから，三角形APDと三角形PBCは，面積の比が，$\frac{4}{3}:\frac{5}{3}=4:5$，底辺の比が，AD：BC＝3：5となる。したがって，高さの比は，AP：BP$=\frac{4}{3}:\frac{5}{5}=4:3$なので，BPの長さは，$6\times\frac{3}{4+3}=\frac{18}{7}=2\frac{4}{7}$(cm)である。

図3

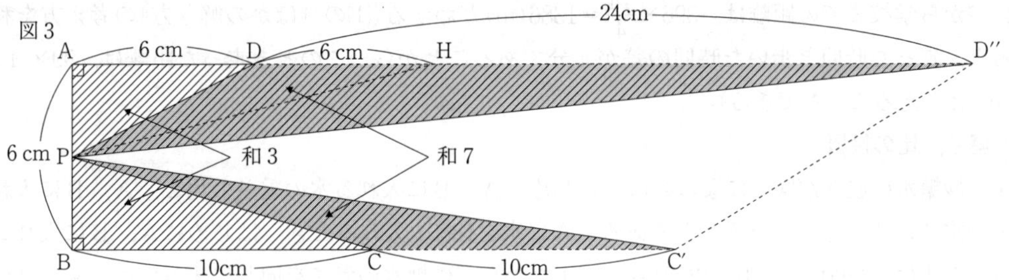

4 速さと比，相似

⑴ ふだんと，今週の月曜日と火曜日の進行のようすをグラフに表すと，右の図1のようになる。図1で，3つの直線AB，CD，EFは平行であり，FB：DB＝8：1だから，EA：CAも8：1になる。よって，3分と□分の比も8：1なので，□＝$3\times\frac{1}{8}=\frac{3}{8}$(分)と求められる。つまり，太一君は$\frac{3}{8}$分で99m走ったことになるから，走る速さは分速，$99\div\frac{3}{8}=264$(m)とわかる。次に，DBの時間が1分なので，CGの時間も1分である。したがって，太一君が99mを歩くのにかかった時間は，$\frac{3}{8}+1=\frac{11}{8}$(分)だから，歩く速さは分速，$99\div\frac{11}{8}=72$(m)となる。

図1

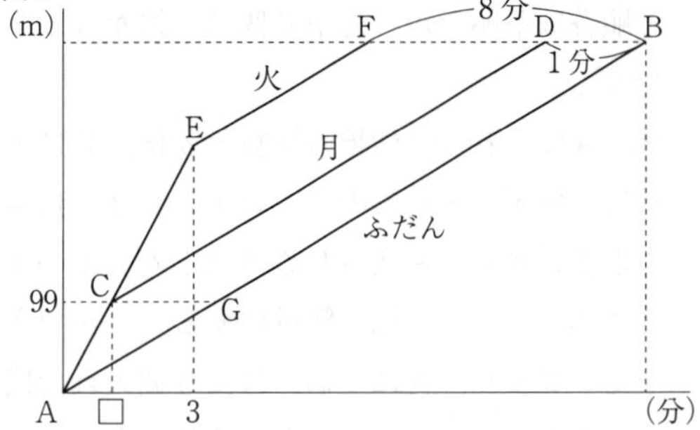

〔ほかの解き方〕 右の図2のように，99m走るとかかる時間の差が1分になるので，かかる時間の差を8分にするためには，99×8＝792(m)走ればよい。よって，太一君は3分で792m走ったことがわかるから，太一君の走る速さは分速，792÷3＝264(m)と求められる。また，3分走ると8分早く着くので，3分で走る距離《きょり》を歩いたとすると，3＋8＝11(分)かかることになる。したがって，歩く速さは分速，792÷11＝72(m)と求められる。

図2

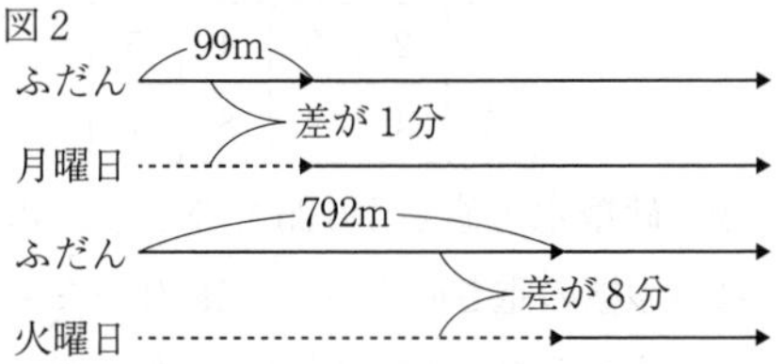

⑵ ⑴より，走る速さと歩く速さの比は，264：72＝11：3とわかる。また，水曜日は走った時間と歩いた時間が同じだから，走った距離と歩いた距離の比も11：3になる。よって，自宅から学校までの距離を，⑪＋③＝⑭とすると，木曜日に走った距離と歩いた距離はそれぞれ，⑭÷2＝⑦となるので，グラフに表すと右の図3のようになる。ここで，かげをつけた部分に注目すると，走った時間と歩いた時間の比(ア：イ)は，$\frac{1}{11}:\frac{1}{3}=3:11$である。この差が4分だから，比の1にあたる時間は，$4\div(11-3)=\frac{1}{2}$(分)となり，走った時間は，$\frac{1}{2}\times3=\frac{3}{2}$(分)と求められる。したがって，その間に走った距離は，$264\times\frac{3}{2}=396$(m)であり，これは，⑪－⑦＝④にあたるので，

図3

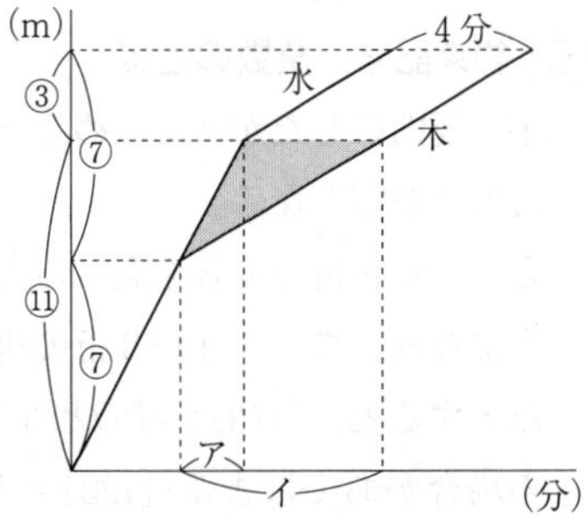

自宅から学校までの距離は，$396\times\frac{14}{4}=1386$(m)とわかる((1)の〔ほかの解き方〕の考え方を利用すると，走った時間と歩いた時間の差が４分であることから，このとき走った距離は，99×４＝396(m)と考えることもできる)。

5 濃《こ》さ，比の性質

⑴　砂糖水の濃さが同じになるのは，はじめにＡ，Ｂに入れる水の重さの比と，Ａ，Ｂに入れる砂糖の重さの比が等しくなるときである。Ａに水を1200ｇ入れるとき，はじめにＡ，Ｂに入れる水の重さの比は，1200：(1800－1200)＝２：１だから，砂糖水の濃さを同じにするには，Ａ，Ｂに入れる砂糖の重さの比が２：１になるようにすればよい。そのためには，Ａ，Ｂに入れる角砂糖の個数の比を，$\frac{2}{4}:\frac{1}{3}=3:2$にすればよいので，Ａに３個，Ｂに２個入れればよい(これだけでは入れる順番は不明だが，途中で個数の比が３：２(＝重さの比が２：１)になることはないから，条件に合う)。

⑵　Ａに入れる角砂糖の個数をa個，Ｂに入れる角砂糖の個数をb個とすると，［操作１］では，Ａ，Ｂに１個ずつ入れるので，$a+b=2+10=12$(個)となる。また，aは２以上であり，aよりbの方が多いから，考えられるのは下の表１の４通りである。ただし，ア(Ａに２個，Ｂに10個)の場合，２：10＝１：５と比を簡単にすることができるので，Ａに１個，Ｂに５個入れたときと同じ濃さになる。つまり，Ａに１個，Ｂに５個入れた段階で操作が終わってしまうから，条件に合わない。同様に考えるとイ，ウの場合も条件に合わないから，条件に合うのはエの場合だけであり，はじめにＡ，Ｂに入れる水の重さの比(＝Ａ，Ｂに入れる砂糖の重さの比)は，(４×５)：(３×７)＝20：21となる。

表１

表１	ア	イ	ウ	エ
a	2	3	4	5
b	10	9	8	7

表２

表２			オ	カ	キ	ク	ケ	コ	サ	シ
a	30	27	24	21	18	15	12	9	6	3
b	0	4	8	12	16	20	24	28	32	36

⑶　砂糖水の濃さが6.25％のとき，水と砂糖の重さの比は，(100－6.25)：6.25＝15：１なので，入れる砂糖の重さの合計は，$1800\times\frac{1}{15}=120$(ｇ)とわかる。よって，Ａに入れる角砂糖の個数を$a$個，Ｂに入れる角砂糖の個数を$b$個とすると，$4\times a+3\times b=120$と表すことができる。また，$a+b=2+30=32$(個)以上だから，上の表２のオ～シの場合が考えられる。このうち比を簡単にすることができるものは条件に合わないので，条件に合うのはコだけであり，はじめにＡとＢに入れる水の重さの比は，(４×９)：(３×28)＝３：７と求められる。

6 約束記号，整数の性質

⑴　規則にしたがって求めると，[2112]＝[112][112]＝1212，[2212]＝[212][212]＝[12][12][12][12]＝2222となる。

⑵　Aが２桁《けた》の場合を調べると，右の図１のようになる。また，Aが３桁の場合，百の位が１だとすると，[1PQ]＝PQとなるから，PQ＝22の場合があてはまる([122]＝22)。さらに，Aが３桁で百の位が２の場合を調べると図１のようになるので，[A]＝22となるAの値は，21，122，212の３つとわかる。

図１

Aが２桁の場合	Aが３桁で百の位が２の場合
[11]＝１	[211]＝[11][11]＝11
[12]＝２	[212]＝[12][12]＝22
[21]＝[１][１]＝22	[221]＝[21][21]＝2222
[22]＝[２][２]＝11	[222]＝[22][22]＝1111

〔**注意**〕 Aが4桁の場合，千の位が1だとすると，$[1PQR]=PQR$となり，3桁の整数になる。また，千の位が2だとすると，$[2PQR]=[PQR][PQR]$となる。ここで，$P=1$とすると，$[1QR][1QR]=QRQR$と4桁の整数になり，$P=2$とすると，$[2QR][2QR]=[QR][QR][QR][QR]$となる。図1からわかるように，$[QR]$の値は1桁または2桁だから，$[QR][QR][QR][QR]$が4桁未満になることはない。このように，$A$が4桁以上のときは，$[A]$が2桁になることはないので，$A$が4桁以上の場合を調べる必要はない。

(3) 一番大きな位が1の場合は1桁減るから，$[A]=A$となるのは，一番大きな位が2の場合である。また，図1からわかるように，Aが2桁と3桁の場合は条件に合わない。そこで，Aが4桁で千の位が2の場合を考えると，右の図2のようになる。$P=1$の場合，$Q=2$，$R=P=1$なので，$[A]=[2121]=[121][121]=2121$となり，条件に合う。また，$P=2$の場合，$[QR]=2$より，$QR=12$と決まるが，このとき，$[A]=[2212]=2222$となり((1)より)，条件に合わない。よって，$A=2121$である。

図2

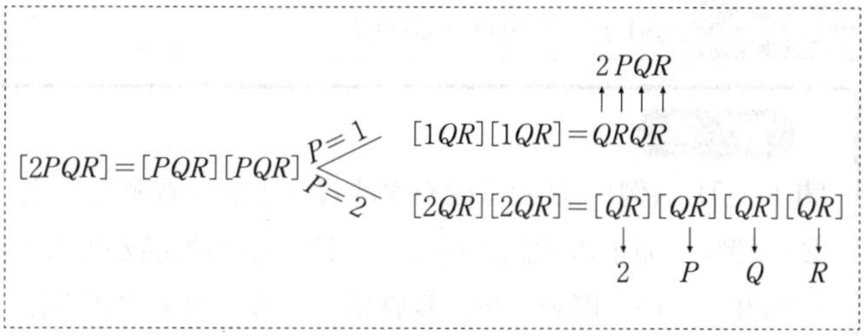

〔**注意**〕 Aが5桁の場合，一番大きな位が1だとすると$[A]$は4桁になり，一番大きな位が2だとすると$[A]$は[4桁][4桁]となる。これは，少なくとも，$(4-1)\times2=6$(桁)以上になる。同様に，Aが6桁以上のときも，$[A]=A$となることはないので，Aが5桁以上の場合を調べる必要はない。

(4) Aの桁数で場合分けをして求める。いずれの場合も，Aの桁数よりも$[A]$の桁数の方が多いから，Aの一番大きな位は2である。**Aが6桁の場合**，$A=2PQRST$とすると，$[A]=[2PQRST]=[PQRST][PQRST]$となる。$P=1$とすると，$[1QRST][1QRST]=QRSTQRST$となる。これは，$QRST\times10000+QRST=QRST\times(10000+1)=QRST\times10001$と表すことができる。そこで，292と10001をそれぞれ素数の積で表すと右の図3のようになるので，$QRST\times10001=QRST\times73\times137$となる。これが$292(=2\times2\times73)$で割り切れるためには，$QRST$が$(2\times2=)4$で割り切れればよい。つまり，$QRST$は4の倍数だから，下2桁が4の倍数となり，$ST=12$と決まる。したがって，$QRST=1112$，1212，2112，2212なので，$A=211112$，211212，212112，212212とわかる。次に，$P=2$とすると，$[2QRST][2QRST]=[QRST][QRST][QRST][QRST]$となるが，これが8桁になることはないから，この場合はあてはまらない。**Aが5桁の場合**，$A=2PQRS$とすると，$[A]=[2PQRS]=[PQRS][PQRS]$となる。これが8桁になるためには，$P=2$である必要があり，$[2QRS][2QRS]=[QRS][QRS][QRS][QRS]$となる。ここで，$Q=1$とすると，$[1RS][1RS][1RS][1RS]=RSRSRSRS=RSRS\times10000+RSRS=RSRS\times10001$となるので，上と同様に考えると，$RS=12$と決まる。つまり，$P=2$，$Q=1$，$RS=12$だから，$A=22112$とわかる。次に，$Q=2$とすると，$[2RS][2RS][2RS][2RS]=[RS][RS][RS][RS][RS][RS][RS][RS]$となる。ここで，$[RS]$の値は{1，2，22，11}のいずれかな

図3

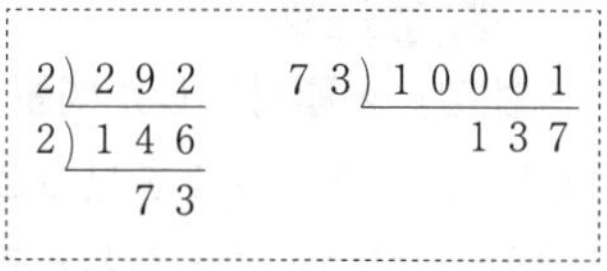

ので，この下2桁が4の倍数になることはない。つまり，$[A]$は4の倍数ではないから，$[A]$が292で割り切れることもない。**Aが4桁の場合**，$A=2PQR$とすると，$[A]=[2PQR]=[PQR][PQR]$となる。これが8桁になるためには，$P=2$である必要があり，$[2QR][2QR]=[QR][QR][QR][QR]$となる。上の場合と同様に，$[QR]$の値は{1，2，22，11}のいずれかなので，この下2桁が4の倍数になることはない。Aが3桁以下の場合は，$[A]$の桁数が8桁になることはないから，条件をみたすAの値は，211112，211212，212112，212212，22112の5つである。

社　会　(50分)＜満点：40点＞

解　答

問1　(1)　(例)　洗たく機や水洗式トイレが普及し，家に浴室もつくられるようになったから。　(2)　(例)　節水の意識が高まり，節水型の製品が普及したから。　**問2**　**あ**　平等院鳳凰堂，京都府　**い**　開智学校，長野県　**う**　東大寺正倉院，奈良県　**問3**　(1)　寝殿造　(2)　藤原道長　(3)　(例)　かな文字　**問4**　(例)　火事が広がるのを防ぐため。　**問5**　(1)　**青山**　え　**猿江**　あ　**大塚**　う　(2)　①　(例)　共同で利用する場所や施設についてのルールを定めて管理すること。　②　(例)　地域の人びととの交流を深めて，その地域社会になじむ必要があったから。　**問6**　(例)　かつて大名の居館であった城は，現在では市民のいこいの場やその地域を代表する建築物として観光名所ともなっている。　**問7**　(1)　(例)　高低差の大きな丘陵地　(2)　(例)　住宅が高台にあり坂道が多いため，近年増加している高齢者にとって毎日の生活が体力的に困難になっているという問題。　**問8**　(例)　かつては街の環境を維持するため，伝統や地域の人びととの交流を重視していたが，個人の生活を重視する人が増え，憲章の定める内容が生活を制限するものと受けとめられるようになったから。　**問9**　選んだ例…防犯カメラ付き住宅／(例)　犯罪を未然に防ぎ，事件の捜査にも役立つため，治安の悪化という問題を解決してきたが，カメラの設置位置によっては，通行者の監視や近隣住民のプライバシーの侵害につながってしまうといった新たな問題が生じるようになった。

解　説

「住宅」を題材にした問題

問1　(1)　グラフ1を見ると，1965年から1970年にかけて，人口の増え方に比べて水の使用量が大きく増加していることがわかる。本文に，僕の家は「50年くらい前にできた家」とあるので，家ができたのはちょうどこの時期にあたる。そこで，「50年くらい前に建てられた僕の家の間取り図」を見ると，台所の左に洗たく機や浴室，トイレといった，水を多く使う設備や部屋が設けられている。この時期には下水道が整備されて水洗式トイレも普《ふ》及《きゅう》しており，これまで銭湯(公衆浴場)を利用することが多かった風呂も，各家庭の浴室で入れるようになった。そのため，水の使用量がこれまでよりも増加したと考えられる。　(2)　水の使用量が増えたことにともない，工業や生活に使う都市用水の不足が深刻になると，人びとの間に「節水」という意識が高まり，家庭でも節水型の製品が使用されるようになった。グラフ1を見ると，1995年以降，人口はゆるやかに増加しているが，1日当たりの水使用量が減少しているのは「節水」の効果といえる。

問2　**あ**　平等院鳳凰《ほうおう》堂は平安時代に藤原頼通《よりみち》が，現在の京都府宇治市に建立した阿弥陀《あみだ》堂である。　**い**　開智学校は明治時代初め，現在の長野県松本市に建てられた木造洋風建築の小学校である。　**う**　正倉院は奈良県奈良市の東大寺にある旧倉庫で，切り口が三角形の長材を井桁《いげた》に組んだ「校倉造《あぜくらづくり》」の建物として知られる。聖武《しょうむ》天皇の愛用品などがおさめられており，中には唐(中国)からもたらされた品物のほか，インドやペルシア(現在のイラン)の文化の影響を受けた品物も見られる。

問3　(1)「寝殿造《しんでんづくり》」は平安時代の貴族の邸宅《ていたく》に用いられた建築様式で，正殿(寝殿)を中心に，北や東西に対屋《たいのや》をおいて渡廊《わたりろう》で結び，正殿の正面には池や築山《つきやま》などがある庭を設けた。　(2)　藤原道長は平安時代半ばに活躍した政治家で，４人の娘を皇后《こうごう》や皇太子妃《こうたいしひ》とし，その間に生まれた子どもを天皇の位につかせることで，その外祖父として大きな権力をふるった。道長は1016年には摂政《せっしょう》，1017年には太政《だいじょう》大臣となり，1018年に三女の威子《いし》を後一条天皇の后《きさき》とした祝いの席で「この世をば　わが世とぞ思う　もちづきの　欠けたることも　なしと思えば」と，その喜びを歌に詠《よ》んだ。　(3)　菅原道真の進言によって894年に遣唐使が廃止されると大陸の文化が入ってこなくなり，それまでの唐の文化を基礎としながら，日本の風土に合った日本独特の文化が生まれた(国風文化)。特にかな文字の発明により感情や思想を自由に表現できるようになり，多くの女流文学作品が書かれた。美術では寝殿造のほか，日本の風物をえがいた大和絵や絵巻物がさかんになり，生活では男性の衣冠《いかん》・束帯《そくたい》，女性の十二単《じゅうにひとえ》といった日本風の服装が貴族の間に広まった。

問4　瓦《かわら》は屋根をふくための材料で，耐火性《たいかせい》にすぐれている。江戸時代，瓦は寺院や神社，武家屋敷，裕福な商家の屋根などに用いられたが，一般庶民《しょみん》の家は板ぶきや茅《かや》ぶきであった。しかし，江戸の町域が拡大すると，火事がひんぱんに発生するようになり，防火対策が急務となった。そこで，幕府は燃えにくい瓦屋根にすることを奨励《しょうれい》し，一般にも広まるようになった。

問5　(1)　**青山**　地図２より，青山は東京市ではなく，その西の郊外にある。また，表から，青山のアパートは家族向けになっていることが読み取れる。これらのことから，火災がひどかった地域では土地の買収が難しかったため，アパートはおもに中流の家族向け住宅として郊外に建てられたと判断できる。　**猿江《さるえ》**　猿江は東京市東部に位置し，火災がひどかった地域に入る。アパートは家族向けで店舗《てんぽ》を備え，善隣館《ぜんりんかん》という住民に職業を紹介《しょうかい》する総合福祉施設が設けられている。よって，このアパートは仕事のない貧しい人びとの住まいを確保し，被災者の生活再建を目的に建てられたのだと考えられる。　**大塚**　地図２より，大塚は東京市の北に位置し，火災をまぬかれた場所にあることがわかる。アパートは独身向けで，食堂や浴室，音楽室など付属施設が多い。ここは女性を対象にした専用のアパートとして建てられ，独身の職業婦人にとってあこがれの集合住宅であった。　(2)

①　資料１を見ると，階段・廊下・下水などの共用部についての規定がある。つまり，同潤会《どうじゅんかい》アパートは集合住宅なので，共同で利用する場所を管理するため，管理組合が設けられたのである。

②　アパートの住民は別の地域からの入居者がほとんどであるが，地域にはその地域に代々受け継《つ》がれてきたしきたりや行事などの文化があり，入居者が長年そこで暮らしている住民と交流することで，早くそれになじんで地域にとけこむことが必要であった。つまり資料１の「その他」で町内会への入会を勧《すす》めているのは，地域の人びととの交流が必要だと考えたからである。

問6　一般に，文化財的な価値のある建築物は，その役割を終えた後も保存されることが多い。全国各地に存在する城跡や天守閣がよい例で，その地域を代表する建築物として観光資源にもなっている。

ユネスコ（国連教育科学文化機関）の世界文化遺産に登録された建築物も同様の役割を持っており，たとえば群馬県の「富岡製糸場」は日本の絹産業の発展に大きな足跡を残したことを今に伝えている。また，広島県の「原爆ドーム」は人類の負の遺産として，核兵器の恐ろしさを後世に伝える象徴的な建築物として大切に保存されている。このほか，廃校となった学校の校舎をコミュニティセンターや老人福祉施設にするなどの例もある。

問7　(1)　地図3を見ると，起伏《きふく》の激しい丘陵《きゅうりょう》地《ち》であることがわかる。それが，地図4では，丘が切りくずされて平地が造成され，そこに住宅地や団地がつくられて，鉄道や道路も整備されている。　(2)　グラフ2で1980年の人口構成を見ると，年齢層は30代と10代未満の子どもが多い。これに対し35年後の2015年では，65歳以上の高齢者が多くなっている。多摩ニュータウンは丘陵地をくずして造成されたので，商店が集まる鉄道の駅と住まいとをつなぐ道は標高差があり坂道が多い。高齢者にとっては，出かけるたびに坂道を上り下りするのは非常に大変であることが想像できる。

問8　資料2を見ると，その2に「～自治協同の伝統を受け継《つ》ぎましょう」とあり，そのほかの項目でも自分の家を適切に管理することばかりではなく，居住者が互《たが》いに協力して公共施設や環境を保全し，災害対策や文化活動を行うことが記されている。一方，地図1を見ると，開発当初から変化が見られない敷地も多いが，1985年から2005年に細分化された敷地が目立つようになった。細分化した敷地に新たに入った居住者は，古くからある憲章を守り，近隣住民との交流を深めるという意識は薄いと考えられる。新たに入居した人びとは，家を他人から干渉《かんしょう》されないプライベートな生活空間として重視する傾向があり，地域社会に積極的にかかわろうとはしない。従来からの居住者にとって，憲章は住民が誠実に守らなければならないいわば「ルール」としてとらえられているが，新たに入居した人びとにとって憲章は「理想」であり，生活を制限するようなことは押しつけられるべきではないと受けとめているだろう。

問9　解答例の「防犯カメラ付き住宅」以外にも，次のような例が考えられる。「オール電化住宅」の場合，電気は火災に対する安全性が高く，さまざまな用途に利用できて便利である。しかし，災害の発生などで電源が切れると，家の機能が完全に止まってしまう。「高層マンション」については，１か所に多くの人が住むことができ，住宅地の不足が解消された。しかし，地震の発生などでエレベーターが使えなくなると階の行き来が大変であり，近隣騒音に悩むこともある。「震災復興住宅」は，震災で住まいを失った人びとにとって，これにより避難所《ひなんじょ》や仮設住宅といったきゅうくつな生活から解放された。しかし，住まいを自由に選択することができず，長く住み慣れた場所を離《はな》れることに抵抗を感じる人もいる。また，住宅の復興ができても，新たな職業を得て生活を立て直すには相当の時間がかかる。「郊外の大型ショッピングセンター」については，広い駐車場があり，品ぞろえも豊富でまとめ買いができるため，買い物が便利になり郊外の発展にもつながった。しかし，古くからの商店街は客が減って閉店する店も増え活気がなくなり，自動車を持たない高齢者にとっては買い物が不便になった。

理 科 (50分)＜満点：40点＞

解 答

1 **問1** ニホニウム　**問2** **ア** 90　**イ** 144　**問3** 12.5%　**問4** オ　**問5** (例) 核どうしの反発する力にさからってぶつけるため。　**問6** 6個　**問7** 4個　**問8** 157個　**2** **問1** イ，ウ　**問2** 水，空気，適当な温度　**問3** イ　**問4** エ，カ　**問5** イ，ウ，カ　**問6** **a** 赤色光　**b** 赤色光　**c** 遠赤色光　**問7** エ　**問8** (例) 日光，肥料　**3** **問1** エ　**問2** (例) 動いているものは，同じ向き，同じ速さで動き続けようとする性質。　**問3** イ　**問4** 地震　**問5** ウ　**問6** オ　**問7** 右上の図 i　**問8** 右の図 ii　**問9** ウ，オ　**4** **問1** (例) 成長の途中で姿を変えただけで，子孫が親とちがう姿になったわけではないから。　**問2** **1** 4　**2** 8　**3** $\frac{1}{2}$　**問3** ア　**問4** ウ　**問5** ア　**問6** 2　**問7** エ　**問8** イ

図 i

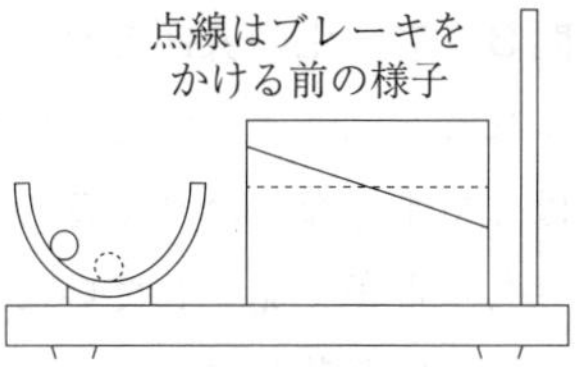

図 ii

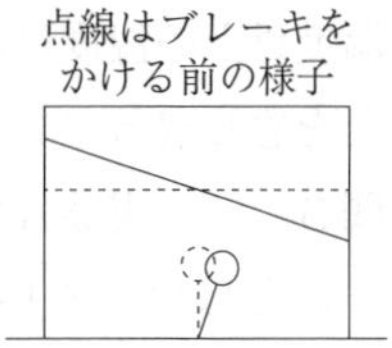

解 説

1 **新しい原子の合成方法のしくみについての問題**

問1 日本の理化学研究所が合成した新しい種類の原子は，発見国である日本にちなんで「ニホニウム」と命名され，2016年に国際的に認められた。

問2 粒《りゅう》子《し》Xは○2個と●2個のかたまりで，この粒子X1個が核《かく》Aから放出されるので，核Bでは，○が，92－2＝90(個)，●が，146－2＝144(個)になっている。

問3 こわれずに残っている核Cの数は，100秒たつごとに半分になっていく。200秒後には最初の25%になるので，300秒後には核Cが最初の，25÷2＝12.5(%)残っている。

問4 50秒ごとに□倍になることを2回くり返して，最初から100秒後にこわれずに残っている核Cの数が最初の50%になる。したがって，□×□＝0.5が成り立つ。ここでは，0.7×0.7＝0.49がもっとも0.5に近くなるので，オが選べる。

問5 核どうしは○の性質によっておたがいに反発するとのべられているので，核を高速で発射するのは，核どうしが反発する力にさからってぶつけるためと考えられる。

問6 1000日間で発射した核Eは全部で，(2兆×60×60×24×1000)個となる。核Eを(36万×80兆)個発射すると新しい核が1つできるので，新しい核は，2兆×60×60×24×1000÷(36万×80兆)＝6(個)できる。

問7 粒子X1個には○が2個ふくまれているので，このとき放出された粒子Xは，(113－105)÷2＝4(個)と求められる。

問8 核Eを核Fにぶつけると，○を，30＋83＝113(個)，●を，40＋126＝166(個)持つ核が合成され，この核から●が1つ放出された後，●を2個ふくむ粒子Xが4個放出されたので，○を105個持つ核が持っている●は，166－1－2×4＝157(個)となる。

2 植物の発芽についての問題

問1　シメジやカビなどの菌類《きんるい》やスギゴケなどのコケ類は，日かげのしめったところに多くみられる。

問2　一般に，種子が発芽するために必要な条件は，水，空気(酸素)，適当な温度である。

問3　ア　土の表面をバーナーで焼くと，土の表面付近にある雑草の種子は焼かれて，発芽しにくくなる。　イ　土をていねいにほり起こすと，土の中に空気や水をふくみやすくなったり，根がはりやすくなったりするので，雑草の種子が発芽し成長しやすい状態になる。そのため，ア～オのうち一番多く発芽していると考えられる。　ウ～オ　種子に日光があたりにくくなるため，雑草の種子は発芽しにくい。

問4　地表では，日光があたると温度が上がり，日光があたらなくなると温度が下がる。ある一定温度以上の温度になったことや，昼夜の温度差が一定以上になったことを感知できる種子は，日なたを感じ取って発芽しているといえる。

問5　ア　実験Aで，雑草Xの種子は約50％しか発芽していないので，赤色光をあてると必ず発芽するとはいえない。　イ　実験Bより，遠赤色光のみをあてると，雑草Xの種子は発芽しない。　ウ，エ　実験Cより，日なたでは赤色光の方が強く，木かげでは遠赤色光の方が強い。
オ，カ　実験Cで，赤色光の強さが日なたで24，木かげで2と差が大きくなっているのは，赤色光が葉で光合成によく利用され，木かげに届きにくくなるためである。

問6　仮説1は，赤色光と遠赤色光の強さ(どちらが弱いか)を，雑草Xの発芽の条件としている。したがって，実験Dで発芽しなかった赤色光の強さで，光が弱い方を逆にして，赤色光より遠赤色光が弱いときに，雑草Xの種子が発芽することを確かめられれば，仮説1が正しいといえる。

問7　仮説2は，遠赤色光の有無にかかわらず，赤色光の量を雑草Xの発芽の条件としている。そのため，仮説2が正しければ，①～③のいずれの遠赤色光のあて方(強さ)であっても，発芽しなくなる赤色光の量は変わらない。

問8　植物の成長には，水，空気(酸素)，適当な温度のほかに，光合成を行ってより大きく成長するための日光や，体をつくる成分となる肥料が必要である。雑草Xは，ほかの植物におおわれていない場所を選んで発芽することにより，日光を多く受けられるほかに，まわりの植物とうばい合いになる肥料や水をより多く得られるようになると考えられる。

3 慣性についての問題

問1，問2　自転車が一定の速さで走っているとき，かごの中のボールと水とうも自転車と同じ速さ，同じ向きに動いている。そのため，ブレーキをかけると，かごの中のボールと水とうはそれまでと同じ速さ，同じ向きにしばらく動き続けようとするので，かごの前寄りの位置に転がったりたおれたりする。

問3　台車を前後に動かしても，慣性により，ボールは動かないように止まり続けようとするため，地面に対するボールの位置はほとんど変わらない。よって，ボールとの距離《きょり》が変わらなかった人形Aは地面の上の⑴に置いてあり，台車を前に動かしたときにボールとの距離が近づいた人形Bは，台車を前に動かしたときにボール側に近づく⑶に置いてあると考えられる。

問4　建物の地震《じしん》対策のために慣性を利用して，建物にゆれを伝わりにくくしているものがある。

問5　電車が走り出しているときには，つり革や人は慣性により元の位置にとどまろうとするため，走り出す向きとは反対側にかたむくことになる。このとき，転ばないようにあらかじめバランスをとっている人は，走り出す向き側に体をかたむけようとして，走り出す向き側の足に体重をかける。

問6　上り坂の途《と》中《ちゅう》で信号待ちをしているバスの車内では，つり革が下がる向きは水平面に対して直角の向きになり，人は水平面に対して直角に立とうとして走り出す向きの側の足に体重をかけてバランスをとる。そのため，車内の様子は，問5のウと同じようになる。

問7　一定の速さで動かしていた台車のブレーキをかけ続けると，慣性により進み続けようとするため，台車上の物体は台車を動かす向き側に動く。

問8　水面は問7と同様になる。このとき，水そうは前側にかたむけたのと同じ状態(下り坂の途中で信号待ちをしているバスと同じ状態)になるので，水中のピンポン球が浮《う》かぶ向きは水面に対して直角になると考えられる。この様子は，重いものが持っている慣性の方が，軽いものが持っている慣性より大きいことが影響している。水は空気の入ったピンポン球より重いので，水の慣性の方がピンポン球の慣性より大きく，台車にブレーキがかかっている間，慣性の大きな水は台車を動かす向きに動くが，慣性の小さなピンポン球は水に押しのけられて逆に台車の動かす向きとは反対側へ動く。

問9　車が急発進するときには，運転席に座っている人は慣性により進行方向と反対側にかたむくので，ウのようにかたむければ実際に車に乗っているように感じる。また，車が急停止するときには，運転席に座っている人は慣性により進行方向側にかたむくため，オのようにかたむければ実際に車に乗っているように感じることになる。

4　進化についての問題

問1　図で表されているのは，昆虫《こんちゅう》の変態の様子である。変態では，途中で姿は変わるものの，子孫が親と同じ姿や性質をたもつ。一方，進化では，姿や性質が変化していく。

問2　図1のように，たて・横・高さの長さがそれぞれ2倍になると，表面積は，$2 \times 2 = 4$(倍)になり，体積は，$2 \times 2 \times 2 = 8$(倍)となる。昆虫が図1のように変化すると，体内に取り入れられる酸素の量が4倍になり，活動に必要な酸素の量が8倍になるので，大気中の酸素の量が変わらなければ，昆虫は活動に必要な酸素の，$4 \div 8 = \frac{1}{2}$(倍)しか吸収できなくなってしまう。

問3　a，b　グラフで，3億年前はそれ以前よりも大気中の二酸化炭素の濃《のう》度《ど》が低く，酸素の濃度が高くなっている。これは，植物の光合成が活発で，植物がさかんに二酸化炭素を吸収して酸素を放出していたためと考えられる。　c　二酸化炭素は，地面からの熱が宇宙へ放出されるのをふせぐ温室効果を持つ。二酸化炭素の濃度が低くなると，温室効果が減り，地球の気温が低くなる。

問4　肺は，肺ほうという小さな部屋に分けられていることで，表面積を大きくして，酸素を効率良く吸収している。アは胃や小腸のかべをたくさんのひだにすることにより表面積を広げて効率良く消化や吸収を行い，イは食べ物を歯で細かくして表面積を広げて消化液とふれやすくし，エは根が細く枝分かれすることで表面積を広げて水などの吸収を効率良く行っている。

問5　生物が大きくなるときの体積の増える割合は，表面積の増える割合よりも大きいので，生物が大きくなれば，体積に対する表面積の比率が小さくなる。また，生物の体内にたくわえられた熱は体積におよそ比例し，体の表面から逃げる熱は表面積に比例するため，大きくなった生物は冷えにくくなる。

問6　図1のように体の大きさが2倍になると，体積に比例する体重は8倍になり，足の裏の面積は4倍になるので，足の裏の，ある同じ面積で支えなければならない体重は，8÷4＝2（倍）になる。

問7　中生代の終わりごろに，巨大ないん石が地球にしょうとつし，そのときに巻き上げられたちりやほこりによって太陽光がさえぎられ，地球が急激に寒冷化していった。それにより，いくつもの植物が絶滅《ぜつめつ》しはじめ，その植物をエサにしていたいくつもの動物が絶滅しはじめた。このできごとが，恐竜が絶滅した原因の１つとして考えられている。

問8　ホ乳類は，腹部より上側にろっ骨があり肺をふくらませやすいつくりになっていて，心臓の左右の部屋が完全に区切られているので，ハ虫類よりも効率良く酸素が吸収できて全身に運べる。また，心臓や血管にある弁は，酸素を運ぶ血液が逆流するのを防ぐことができる。なお，皮ふにある毛穴は体温調節などに役立っている。

国語　(60分)＜満点：60点＞

解答

問1　下記を参照のこと。　**問2**　(例)　食べ物を探しに行った人里で人間に追われ，にげる途中で，アニキが人間に殺されたこと。　**問3**　(例)　ナラコウエンがどんな地なのかわからず不安がつのるうえに，心を守る武器でもあった角がぬけ，果てしなく心細くなったから。

問4　(例)　人間に守られ，だれもが十分にシカせんべいを食べられる状況にあるため，新参者を警戒する必要がないから。　**問5**　(例)　だれかを警戒してビクビクしたことなど一度もなさそうなフレンドリーの態度に引け目を感じているから。　**問6**　(例)「おれ」は新しい環境に体がついていかず警戒しているのに，マルは新しい環境にすぐに慣れ，興味を示している。　**問7**　ウ　**問8**　(例)　多少しんぼうしなければならないこともあるが，人間が望むようなふるまいさえすれば，飢え死にする心配がない生活。　**問9**　(例)　野生のシカが生活する森の世界に興味はあるものの，生まれたときから人間に守られてきた自分には野生の生活を送るのは無理だろうと，最初からあきらめるような思い。　**問10**　(例)　勝手な言い伝えでシカをえらい動物とあがめながら，めいわくをかければ害獣とみなす人間の身勝手さにあきれる思い。　**問11**　⑴　角切り　⑵　(例)　マルとの別れのつらさから森へ帰る決意がゆらいでしまうことをおそれ，人間への反発に意識を向けることで自らの気持ちを奮い立たせようと思ったから。　**問12**　エ　**問13**　(例)　飢え死にするかもしれない厳しさがある森と比べれば，ナラコウエンでの生活は平おんではあるが，オスのシカのほこりである角まで切らなければいけないというルールだけは受け入れられず，これ以上人間にこびる生活はできないと考え，たとえはく害されても野生にもどる決心をしたから。

●漢字の書き取り

問1　a　省　b　横暴　c　傷　d　厳

解説

出典は吉野万理子《よしのまりこ》の『ロバのサイン会』による。野生のシカの「おれ」(サンカク)とマルは，人間がシカを天然記念物として大切にしている奈良《なら》公園の話をウサウマというロバから聞き，奈良公園を目指すことにする。

問1　**a**　音読みは「ショウ」「セイ」で,「省略」「反省」などの熟語がある。訓読みにはほかに「かえり(みる)」がある。　**b**　自分の思うままに乱暴にふるまうこと。　**c**　音読みは「ショウ」で,「傷害」などの熟語がある。訓読みにはほかに「いた(む)」などがある。　**d**　音読みは「ゲン」「ゴン」で,「厳重」「荘厳《そうごん》」などの熟語がある。訓読みにはほかに「おごそ(か)」がある。

問2　少し前の部分で,「おれ」が「人間に追われててね。あいつら, 最低だ。アニキを殺しやがった」となげいていることに注目する。それを聞いたロバのウサウマは,「このあたりでは, シカは害《がい》獣《じゅう》」なので「追いはらわれたり, つかまったりする」のだと言った後, 人間とシカが「うまくやっていた」場所のことを話題に出し, そこではシカは「自由」で「食うものに困らない」のだと話している。自分たちが人間にされたあつかいとは違《ちが》いすぎて,「おれ」にはその話がにわかには信じられなかったのである。

問3　「おれ」は「ナラコウエン」について, 今住んでいる森とは「気候」や「そこに住むシカの種類」がまったく違うかもしれないと考え,「その地へ入りこんで行くなんて, 無謀《むぼう》すぎやしないか？」と不安を感じている。そのうえ,「心を守る武器ではあったのかもしれない」角がぬけたことで「果てしなく心細く」なってしまい, なかなか出発する決心がつかなかったのだと考えられる。

問4　大きな林にたどり着いた「おれ」は, そこにいるシカたちから「どっから来た？　だれの許可を得た？」とからまれることをかくごし, 付近の葉っぱをついばむときにも「あいつ食い過ぎじゃねーか」とにらまれないよう注意をはらっていた。森の生活では冬は食べ物がとぼしかったので, ここでも「新参者」が勝手に草を食べにきたと警戒《けいかい》されると思っていたのである。ところが, 奈良公園にほど近いその林では,「冬は草を探しに歩きまわるより, もらったほうが手っ取り早い」ほど「シカせんべい」を食べることができる。そのように食べ物に困ることがない生活をしていれば,「おれ」やマルを警戒する必要もなくなるのである。

問5　「おれ」がフレンドリーと最初に会ったときのようすに注目する。フレンドリーは「毛並みがよくて, おれたちよりも体重がある。鼻筋が通っていて, 気品があった」だけでなく,「だれかを警戒してビクビクしたことなど, 一度もなさそうな態度」でいた。それに対して「おれ」は,「おれひとりがビクビクして」とあるように, フレンドリーやほかのシカのことを警戒していた。まったく警戒心も見せず,「知り合いが大勢いるらしい」フレンドリーに対して, 引け目のようなものを感じていたことが, ぼう線④の「まぶしすぎた」という表現につながる。

問6　「シカせんべい」についての「ルール」を聞いたマルは「ようし, やってみる」と言って, すぐに「フレンドリーにくっついて, ずんずん進んで」行った。それに対して,「おれ」は「立ちつくし」たままで, マルのように行動することができないでいる。「おれ」が少し後で, マルのようにはしゃげない理由について,「新しい環境《かんきょう》に体がついていくのに, マルより時間がかかるだけなんだ」と考えていることにも注意する。

問7　「おれ」は,「きっとじきに慣れるさ。たくさんの人間にも, ルールにも」と考えながら, 子どもたちがさわってくるのをじっとがまんしている。「母さんからはなれた後も, しばらくは不安で仕方なかったのに, あの後すっかり森に慣れた」のと同じように, 時がたてばやがて慣れるだろうと考えているのである。

問8　夏になり,「どこも草だらけになって, 食べるのがいそがしく」なっても,「おれ」が草よりもみりょくのない「シカせんべい」を人間からもらう「ボランティア」をしていることに注目する。フレンドリーがそれを，冬に「シカせんべい」をもらうための「人間との暗黙《あんもく》の年間契約《けいやく》」だと言うので，「おれ」もそれを守ろうとしていたのだと推測できる。「おれ」は，「飢《う》え死にする心配がない」のだから多少のことはがまんしようと考えながら生活をしているのである。

問9　「角切り」の話を聞き，「角をうばわれるなんて，オスとしてこんなにはずかしいことはないじゃないかっ」といきどおる「おれ」に対して，フレンドリーは，野生のシカだったら「ありえないんだろうね」と言いながらも，奈良公園で生活している自分は「慣れちゃった」と言っている。その一方で，「おれ」が横暴な「角切り」のルールにたえかねて森へ帰ることを宣言すると，「ボク，そういう世界も見てみたいなぁ」と，野生のシカの生活にあこがれを見せている。にもかかわらず，すぐに「でも無理」と打ち消しているのは，奈良公園で人間に守られて生活してきた自分には野生の生活は無理だと，最初からあきらめているからだと考えられる。

問10　奈良公園に住むシカが人間に「大切にされている」のは，「『神様』～をシカが運んできたとの言い伝えがあって，他の生き物とは違うえらい動物なんだ，とあがめられるようになった」からである。しかし，その「言い伝え」は人間の間だけの勝手なもので，「シカの間では，そんな言い伝えはない」のである。その一方で，角で人間を傷つけたシカや「病気やケガのシカ，人間が作った草を食ってめいわくをかけるシカ」は「例外の害獣」として，人間によって「収容所」に入れられる。同じシカを一方では「えらい動物」，他方では「害獣」とみなす人間の身勝手さに，「おれ」はあきれたり，不信な思いをいだいたりしているのだと読み取れる。

問11　(1)　少し前の部分に注目する。遠くから「ドドドド」という「太鼓《たいこ》」らしき音が聞こえてきた直後に，フレンドリーが「おれ」に，「角切り」が行われていることを伝えている。　(2)「角切り」は，のび切った角が人間を刺《さ》さないように，人間がいっせいにシカの角を切る行事。「おれ」は「角切り」に対して，「角をうばわれるなんて，オスとしてこんなにはずかしいことはないじゃないかっ」「痛いからイヤだとか，痛くないから平気だとか，そんな話をしてるんじゃないんだよ！」と反発し，自分のほこりを守るために，奈良公園を出て森へ帰る決意をしたのである。一方，マルは奈良公園での生活に慣れ，角を切られることも受け入れてとどまろうとしている。別れに際して，「ずっと，いっしょに生きてきたのに……」と「声をしぼりだすように」マルが言ったのを聞き，「おれ」が「泣きそうになって」いることに注意する。「おれ」にとってもマルとの別れはつらく，そのつらさを思うと決意がゆらぎそうだったのである。だからこそ，「どうしてもたえられない，と自らを奮い立たせる」ために，「耳をすまして，太鼓の音を聞いた」のだと推測できる。

問12　オスのシカのほこりでもある角は，自分では見えない。しかし，「黒い影《かげ》」には，しっかりとその存在がうつし出される。それは，自分のほこりを守るために野生にもどろうとする「おれ」の姿を印象づけるものである。また，くっきりとした「黒い影」という表現には，「おれ」の決意の強さが暗示されているので，エがふさわしい。

問13　「おれ」とマルがもともと住んでいた森では，冬になると食べ物が少なくなり，飢え死にする心配がある。森の食料のとぼしさにたえかねて，「おれ」とマルは人里に行ったが，そこでは「害獣」として「追いはらわれたり，つかまったりする」存在とみなされてしまったのである。ところが，奈良公園では「人間の作るルール」さえ守れば，マルが言うように，「冬だって食べ物がなくて死ぬ心配はもうない」平おんな生活が送れる。「おれ」も一時はその生活に慣れたが，オスのシカのほこりである角を切られるという「角切り」のルールだけは受け入れることができず，自分のほこりを守るために，再び森で「害獣」として生きる決意をしたのである。

Dr.福井の 入試に勝つ! 脳とからだのウルトラ科学

睡眠時間や休み時間も勉強!?

みんなは寝不足になっていないかな？　もしそうなら大変だ。睡眠時間が少ないと，体にも悪いし，脳にも悪い。なぜなら，眠っている間に，脳は海馬《かいば》という部分に記憶をくっつけているんだから。つまり，自分が眠っている間も頭は勉強しているわけだ。それに，成長ホルモン（体内に出される背をのばす薬みたいなもの）も眠っている間に出されている。昔から言われている「寝る子は育つ」は，医学的にも正しいことなんだ。

寝不足だと，勉強の成果も上がらないし，体も大きくなりにくく，いいことがない。だから，睡眠時間はちゃんと確保するように心がけよう。ただし，だからといって寝すぎるのもダメ。アメリカの学者タウブによると，10時間以上も眠ると，逆に能力や集中力がダウンしたという研究報告があるんだ。

睡眠時間と同じくらい大切なのが，休み時間だ。適度に休憩するのが勉強をはかどらせるコツといえる。何時間もぶっ続けで勉強するよりも，50分勉強して10分休むことをくり返すようにしたほうがよい。休み時間は，散歩や体操などをして体を動かそう。かたまった体をほぐして，つかれた脳を休ませるためだ。マンガを読んだりテレビを見たりするのは，頭を休めたことにならないから要注意！

頭の疲れに関連して，勉強の順序にもふれておこう。算数の応用問題や理科の計算問題，国語の読解問題などを勉強するときには，脳のおもに前頭葉という部分を使う。それに対して，国語の知識問題（漢字や語句など）や社会などの勉強では，おもに海馬《かいば》という部分を使う。したがって，それらを交互に勉強すると，１日中勉強しても疲れにくい。

Dr.福井（福《ふく》井《い》一成《かずしげ》）…医学博士。開成中・高から東大・文Ⅱに入学後，再受験して翌年東大・理Ⅲに合格。同大医学部卒。さまざまな勉強法や脳科学に関する著書多数。

Memo

Memo

平成28年度　麻布中学校

〔電　話〕 (03) 3446－６５４１
〔所在地〕 〒106-0046　東京都港区元麻布２－３－29
〔交　通〕 東京メトロ日比谷線―「広尾駅」より徒歩10分
都営大江戸線・東京メトロ南北線―「麻布十番駅」より徒歩15分

【算　数】（60分）〈満点：60点〉

《注意》円周率の値《あたい》を用いるときは，3.14として計算しなさい。

1　容積100Ｌの空《から》の水そうに水を，
はじめに毎分10Ｌの割合で10Ｌ，
次に毎分12Ｌの割合で20Ｌ，
その次に毎分14Ｌの割合で30Ｌ，
最後に毎分16Ｌの割合で40Ｌ
入れたところ，水そうがちょうどいっぱいになりました。水そうがいっぱいになるまでにかかった時間は［　ア　］分［　イ　］秒でした。［ア］に当てはまる整数と，［イ］に当てはまる帯分数を答えなさい。

2　下の図のように，角Ｂが直角である直角三角形ABC，直線PR，直線QSがあります。BP：PQ：QC＝3：2：1であり，２つの直線PRと直線QSによって三角形ABCの面積が３等分されています。このとき，BR：RS：SAを，最も簡単な整数の比で答えなさい。

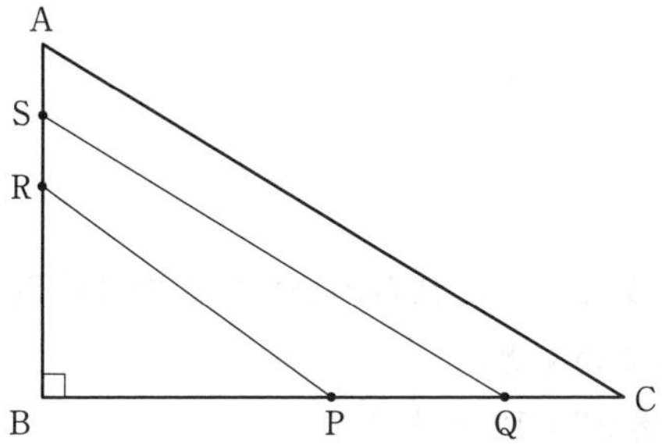

3　太郎《たろう》君と次郎《じろう》君はそれぞれ一定の速さで移動し，その速さの比は５：３です。太郎君がＡ地点を出発してＢ地点へ向かい，太郎君の出発と同時に次郎君がＢ地点を出発してＡ地点へ向かうと，Ａ地点とＢ地点のちょうど中間から，Ｂ地点の方向へ210ｍ進んだところで２人は出会います。

(1)　Ａ地点からＢ地点までの道のりは何ｍですか。

太郎君と次郎君が同時にＡ地点を出発してＢ地点へ向かうと，次郎君は太郎君より８分遅《おく》れてＢ地点に到着《とうちゃく》します。

(2)　太郎君と次郎君の速さはそれぞれ毎分何ｍですか。

(3)　太郎君と次郎君が同時にＡ地点を出発してＢ地点へ向かいました。太郎君は途中《とちゅう》にあるスーパーで７分間買い物をし，買った荷物が重かったので速さが毎分40ｍ遅《おそ》くなりました。次郎君は，まっすぐＢ地点へ向かったので，太郎君より２分早くＢ地点に到着しました。Ａ地点からスーパーまでの道のりは何ｍですか。

4 下の図は，一辺60mmのガラス板A，B，C，D，Eを上から見たものです。

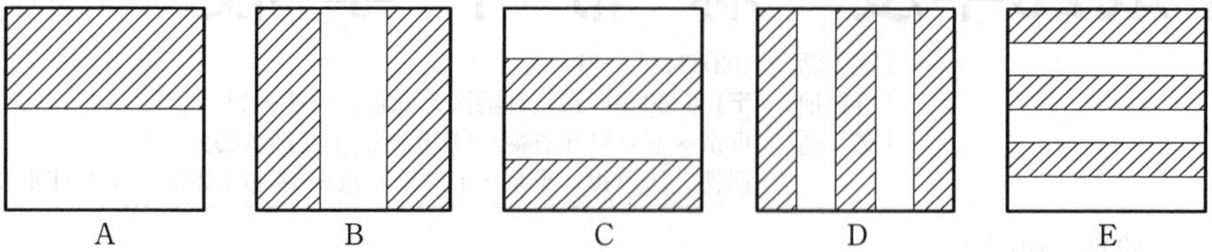

白い部分は無色のガラス，斜線《しゃせん》部分は灰色のガラスであり，それぞれのガラス板において白い部分と斜線部分の幅《はば》はすべて同じです。

これらのガラス板を重ねると，灰色のガラスが2枚以上重なった部分は上から見たとき黒色に見えます。例えば，板Aと板Bをこの向きのままぴったりと重ねると，重ねる順番に関係なく，上から見たとき右図のように見えます。

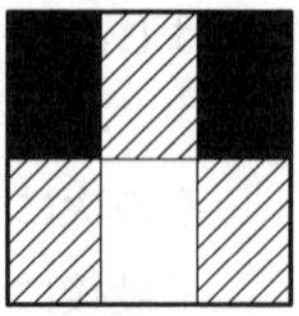

(1) 板Bと板Dをこの向きのままぴったりと重ねました。上から見たとき，灰色に見える部分の面積は何mm^{2}ですか。

(2) 板A，C，Eの3枚をこの向きのままぴったりと重ねました。上から見たとき，灰色に見える部分の面積は何mm^{2}ですか。

(3) 5枚すべての板をこの向きのままぴったりと重ねました。上から見たとき，黒色に見える部分の面積は何mm^{2}ですか。

5 2016は各位の和が9となる4けたの整数です。このような整数を小さい順に並べると次のようになります。

1008，1017，1026，1035，……，9000

この数の列について，以下の問いに答えなさい。

(1) 2016は何番目にありますか。

この数の列にある整数はすべて9の倍数です。したがって，これらの整数は3で2回以上割り切れることがわかります。例えば，1026を3で割っていくと，

1026÷3＝342　　342÷3＝114　　114÷3＝38　　38÷3＝12あまり2

となり，3回目までは割り切れますが4回目は割り切れません。このとき，「1026は3でちょうど3回割り切れる」ということにします。

(2) この数の列の中には，5でちょうど3回割り切れる整数がいくつかあります。それらのうち，最も小さい整数と3番目に小さい整数を答えなさい。

(3) 2016は2でちょうど5回割り切れる整数です。このような整数は列の中に2016を除くと3個あります。それらをすべて答えなさい。

6 黒い正方形がいくつかあたえられたとき，それぞれの黒い正方形を9等分し，図1のように5個の正方形を白く塗《ぬ》る操作を操作Aと呼びます。また，図2のように4個の正方形を白く塗る操作を操作Bと呼びます。

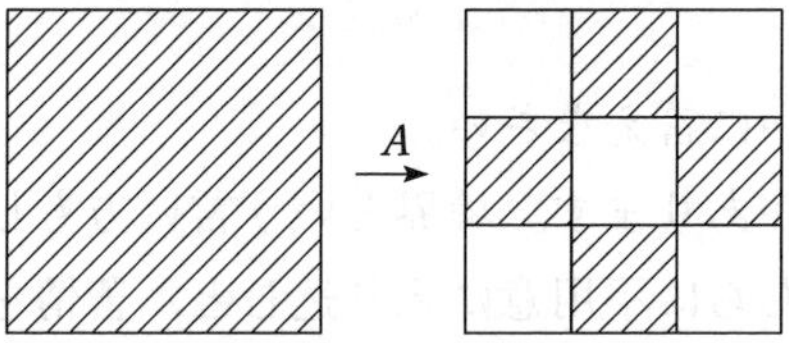

図1

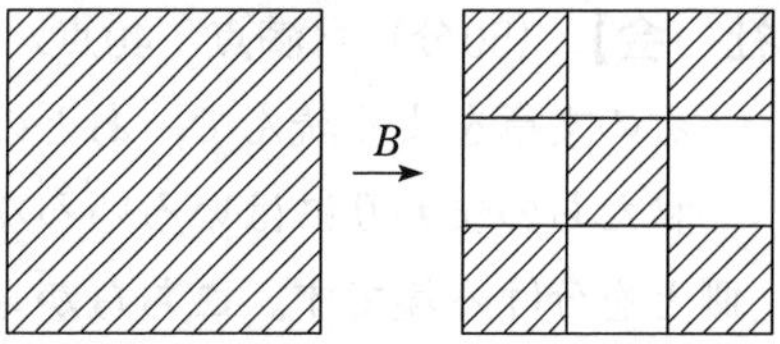

図2

例1　1つの黒い正方形に対し，操作Aを続けて2回行うと，下のようになります。このとき，黒い正方形が16個と，白のつながっている部分が5個(正方形4個と他の白い部分1個)現れます。

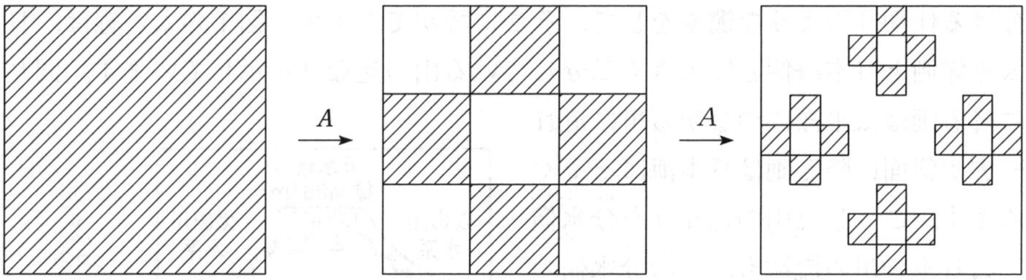

結果

例2　1つの黒い正方形に対し，操作Aを行った後に操作Bを行うと，下のようになります。このとき，黒い正方形が20個と，白のつながっている部分が9個現れます。

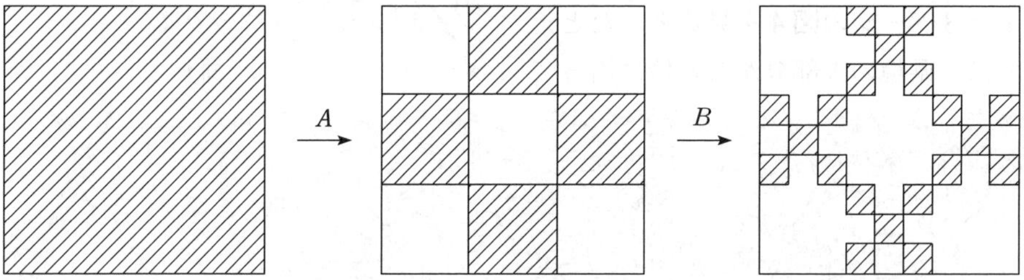

結果

(1)　**例2**の結果の図形に操作Aを行いました。黒い正方形はいくつできますか。また，白のつながっている部分はいくつできますか。

(2)　(1)の結果の図形に，操作Bを行いました。白のつながっている部分はいくつできますか。

(3)　(2)の結果の図形に，操作Aを行い，さらにその後に操作Bを行ったとき，白のつながっている部分はいくつできますか。

必要ならば，下の図は自由に用いてかまいません。

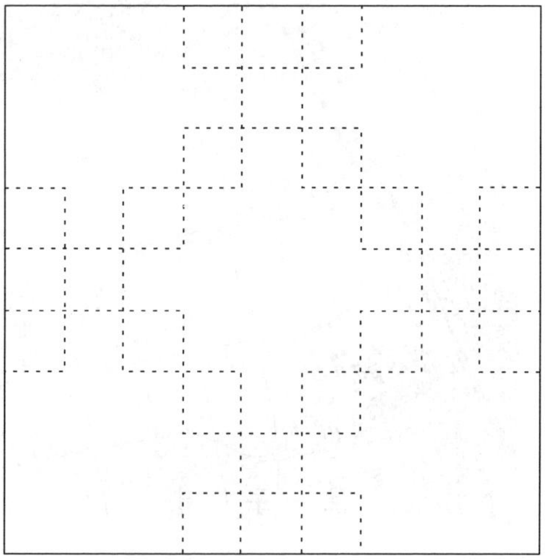

【社　会】（50分）〈満点：40点〉

次の文章をよく読んで，あとの問いに答えなさい。

私たちのまわりにはいろいろな境があります。境界という言い方もします。こちら側とあちら側とを分ける境です。こちらからあちらに不用意に入り込《こ》むと，苦情を言われ，場合によっては争いが起こります。子どもでも大人でも同じです。その事情は領土をめぐる国同士の争いとそれほど変わりがありません。境はときにやっかいな問題を引き起こしますが，同時に私たちの社会のあり方を考える上で興味深いヒントを与《あた》えてもくれます。

*

＜自然と境＞

人びとの暮らしのなかで，山や山の連なりが境の働きをしていることがあります。人びとの生活の範囲《はんい》を分ける仕切りのような働きをして，そこに境ができます。**図1**の太い線は，日本列島に降る雨を太平洋側と日本海側とに大きく二分している山の連なりを示しています。同じ山でも，一方の斜面に降る雨は太平洋につながる川に流れ込み，もう一方の斜面に降る雨は日本海にそそぐ川に流れ込みます。こうした山の連なりを分水嶺《ぶんすいれい》と呼びます。ア日本の川の流域も，この分水嶺の線を境として大きく二つに分けることができます。そして，この境が古い時代の「くにざかい」であったり，現在の県境になっていたりすることがあります。**図1**と8ページの**図4**を見ると，たとえば東北地方では，県境の大部分がこの境に沿って

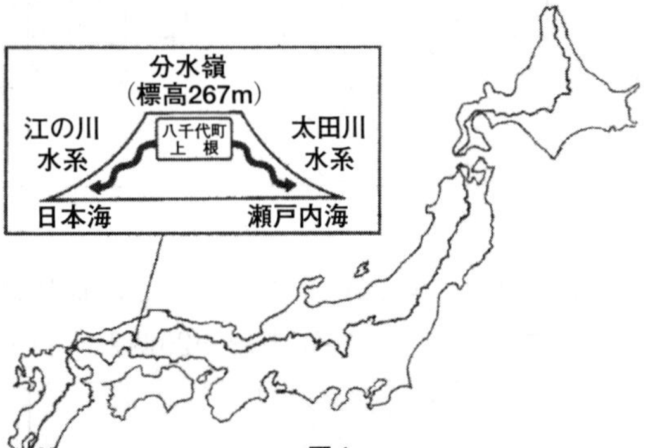

図1

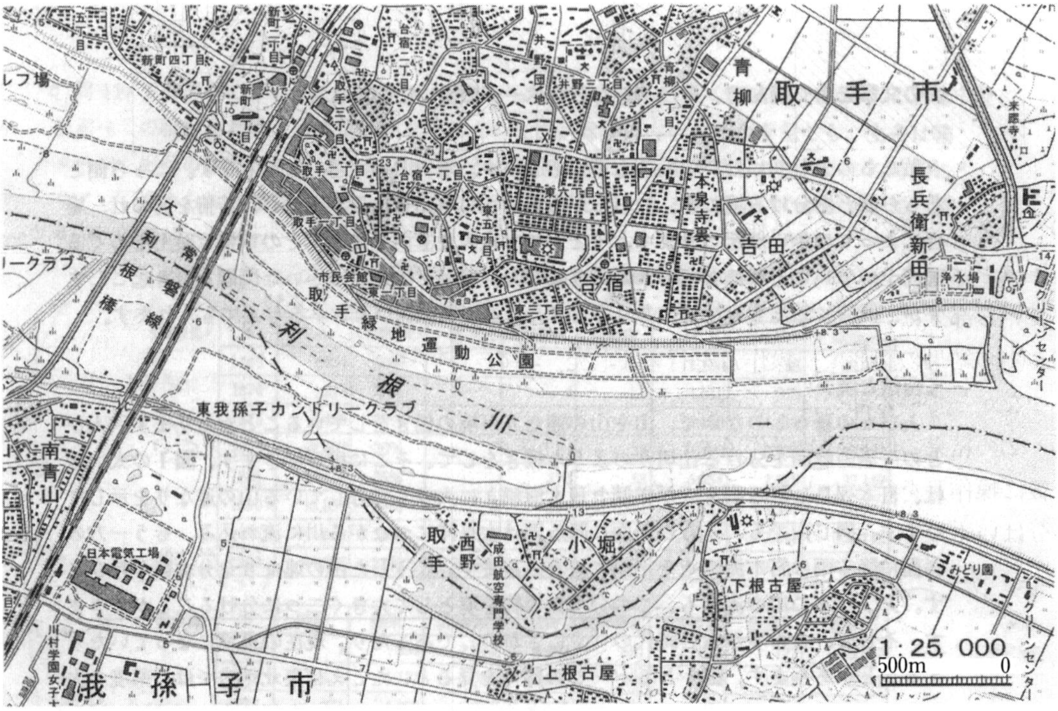

図2

〈編集部注：実物の入試問題では，**図2**はカラー印刷です。また，編集上の都合により原図の85％に縮小しました。〉

引かれていることがわかります。しかし，中部地方の（ **1** ）や近畿《きんき》地方の（ **2** ）のように，そこを通過している分水嶺の線が，一つの府や県を分断しているところもあります。

平野での暮らしでは，川が境になることもあります。山と同じように，人びとの生活の範囲を川が分け隔《へだ》てることがあるからです。4ページの**図2**を見てください。茨城《いばらき》県取手《とりで》市と千葉《ちば》県我《あ》孫子《びこ》市の県境付近の地図です。これを見ると確かに利根《とね》川が境の役割をしているのがわかります。ただ，興味深いのは，取手市の一部が川の対岸にあることです。洪水《こうずい》を防ぐための河川《かせん》改修が行われた結果なのですが，**イ**この地区は取手市にとどまることになりました。川を境とする場合には，このようなことも起こりえます。

このように自然のあり方と人びとの暮らしのなかの境は，重なったり，ずれたりしています。それぞれについて観察してみるといろいろなことに気づかされます。

＜暮らしから生まれた境＞

日本の歴史のなかで人びとが暮らす地域としての村が，今の姿のもとになるような形になったのは，鎌倉《かまくら》時代から室町《むろまち》時代にかけての時期だといわれています。

村ができはじめると，隣《とな》り合う村と村との間では，さまざまな問題が起こったことでしょう。村には人びとの暮らしのすべてがありました。人びとにとって村は，単に住む場所というだけでなく，生きるために必要なものをうみだすための場所だったのです。当然，村と村との間の深刻な争いも起こったことでしょう。しかし，いったん境が定まれば，その境があることで無用な争いを避《さ》けることもできたはずです。境の始まりはそのように考えることができます。人びとは村のはずれに石を置いて村の境としたといわれています。

ただし，石を置くだけで村ができるわけではありません。**資料1**を見てください。これは室町時代に現在の滋賀《しが》県にあった村の「掟《おきて》」から三つを抜《ぬ》き出したものです。これを読むと，**ウ**一つの村がつくられていくためには掟が大変大きな役割を果たしていることがわかります。

資料1

・よその村人は，身元を保証する人がいなければ，村に住まわせないこと。
・村の森で，勝手に木を切った者は，村人ならば村の寄合《よりあい》から外すこと。
・無断で寄合を二回欠席した者は，罰金《ばっきん》として五十文を支払《しはら》うこと。

＜支配者がつくる境＞

村の暮らしからできた境とは違《ちが》った理由で設けられた境もありました。関所です。とくに戦国時代の大名たちは関所を置くことに熱心でした。それによって旅人の安全が守られた面もありましたが，**エ**天下統一をめざした織田信長《おだのぶなが》や豊臣秀吉《とよとみひでよし》は，そうした関所を廃止《はいし》したことで有名です。彼《かれ》らには，関所は邪魔《じゃま》な存在に見えたのでしょう。ところが，天下統一を実現した江戸《えど》幕府は関所を復活させます。そして，幕府はさらに大きな規模で境を設けようとしました。それが人びとの行き来を厳しく制限した鎖国《さこく》政策です。

幕府はキリスト教の流入を防ぐことをおもな理由として鎖国政策をとったといわれます。このころすでにヨーロッパの国ぐにがアジアにまでその勢力を伸《の》ばしてきていたのです。一方で，日本から海外に活躍《かつやく》の舞台《ぶたい》を求める人びともいました。海を間にはさんで，人と物の行き来は活発だったのです。幕府はその流れを止めて，厳しく取り締《し》まりました。幕府がとくに神経をとがらせたのは，宣教師が国内に入り込み，**オ**キリスト教の布教に関係する書物が持ち込まれることに対してでした。

それでは江戸時代，外国との境はどのように設けられていたのでしょうか。まず北に目を向けると，そこにはあきらかな境はなく，蝦夷地《えぞち》と呼ばれる広大な土地が広がっていました。西には，朝鮮《ちょうせん》半島との間に（　**3**　）があります。この島の領主は朝鮮の国王に貢《みつ》ぎ物を捧《ささ》げていた時期もあって，朝鮮半島との結びつきがありました。江戸時代，朝鮮通信使の往来の窓口となったのはこの島の大名でした。南に位置する沖縄《おきなわ》には，独自の王国がありました。琉球《りゅうきゅう》王国です。琉球は，中国や東南アジアの国ぐにとの交易で大変繁栄《はんえい》していましたが，江戸時代，薩摩藩《さつまはん》が武力でこの王国を支配するようになりました。幕府も琉球に江戸まで使節を派遣《はけん》することを要求しています。その際，カ幕府は琉球の使節に日本人とは異なる服装で来ることを求めたといわれています。

このように江戸時代の外国との境は，はっきりとした線を引く形では存在していなかったことがわかります。境の周辺にいた人びとは，支配者が定めた境を行き来しながら暮らしていたことになります。もちろん，幕府はそのことを承知していたのです。線を引くことで国の境を決めようとする考えが強くなるのは，日本が欧米《おうべい》の制度を取り入れるようになった明治時代になってからのことでした。

＜境を越《こ》える動き＞

確かに欧米の制度が取り入れられたことで，国と国との境には，はっきりした線が引かれることになります。国境です。それは今でもさまざまな形で私たちに作用しています。しかし，開国した幕末から明治に時代が移る時期，早くも国境を越える人や物の行き来が始まり，境をめぐる様子に大きな変化が見られるようになります。その例を埼玉《さいたま》県の西部に位置する秩父《ちちぶ》に見てみましょう。

キ周囲を山に囲まれた盆地《ぼんち》を中心にした秩父の農家は，耕地の狭《せま》さをおぎなうため，江戸時代から傾斜《けいしゃ》のある土地でも可能な養蚕《ようさん》を行い，生糸《きいと》を生産してきました。周辺から現在の秩父市に集まってきた生糸は，峠《とうげ》を越えて所沢《ところざわ》に出て江戸へと運ばれていきました。秩父は峠という境を行き来することで外とつながっていたのです。幕末になるとこの峠を通過する生糸の量があきらかに増えてきます。しかも，そのほとんどが新しくつくられた横浜《よこはま》の港に運ばれるようになりました。このため江戸に入る生糸が激減し，困った幕府は対策を立てなければならなかったほどでした。ク生糸は日本の貿易にとって欠かせない輸出商品になっていたのです。

図3

秩父の生糸のおもな輸出先はフランス

でした。当時秩父を訪《おとず》れたフランスの外交官が，子どもたちがフランス式で算数を学んでいることに感激し，小学校の新校舎建設費を寄付した話が残っています。

さて，すでに述べたとおり，秩父や関東山地の山麓《さんろく》一帯で生産された生糸の行き先は横浜でした。峠を越えた生糸は現在の東京都西部に出て，神奈川《かながわ》県の相模原《さがみはら》台地を横浜に向かって運ばれました(**図3**)。その途中《とちゅう》には五日市《いつかいち》(現在のあきる野市)や青梅《おうめ》，八王子《はちおうじ》などの町がありました。ケ明治維新《いしん》から10年ほどたつと，全国的に自由民権運動が盛《さか》んになりますが，秩父に限らず，これらの町でも自由民権を主張する人びとの活動が活発だったといわれています。

秩父では1884(明治17)年に大きな事件が起こっています。銃《じゅう》などで武装した数万人の農民たちが政府の軍隊と衝突《しょうとつ》する事態にまでなって，自由民権運動のなかでも最大の事件として記憶《きおく》されています。コ明治政府はこの事件を少数のならず者やばくち打ち，脱獄《だつごく》者が農民たちをそそのかして起こした事件であると発表しました。そして当時の報道機関も政府の発表に従って報道しました。しかし，事件の背景には，フランスのリヨン市などで生糸価格が暴落し，その影響で農民たちの生活がひどくおびやかされたことがありました。政府は農民たちを救おうとしませんでした。農民たちには切実な要求があったのです。

このようにして，境を越える動きは，すでに幕末から始まっていました。

＜境をめぐる現代の動き＞

経済が発展し，人も物も自由に行き来する今の時代，社会のなかに境がなくなってきていることを私たちは実感することができます。2014(平成26)年に海外に出かけた日本人は約1690万人で，日本にやって来た外国人は約1340万人です。街で外国人を見かけるのはごく普通《ふつう》のことです。私たちが普段《ふだん》使っている物についてはどうでしょうか。日本の製品だと思って手にした品物が，中国など外国製であることはよく経験する話です。日本の企業《きぎょう》でも製品の組立を外国で行っていることが多いのです。人や物の行き来だけではありません。人びとの生活や文化にも境がなくなってきているように感じることがあります。若者が共通のアニメや音楽やゲームを楽しんでいる様子は，国の内外を問わずどこでも見られるようになっています。

このように，今は人びとが境を簡単に越える時代なのです。境があったという自覚さえ，なくなってきていると言ってよいかもしれません。しかし，本当に境はなくなったのでしょうか。たとえば，外国人とのつながりといった面ではどうでしょうか。外国人を受け入れる政策は国によってさまざまです。日本の場合，観光客を呼び込むことには熱心で，オリンピックの誘致《ゆうち》をきっかけにして，政府も「おもてなし」の国であることをアピールしています。しかし，外国から日本に働きに来る人びとの受け入れについては，積極的とはとても言えません。また，自分の国で戦争や迫害《はくがい》にあって逃《のが》れてきた人を難民として受け入れることになると，大変消極的です。近くにそうした外国人が生活していても，隣人《りんじん》として一緒《いっしょ》に打ち解けて暮らしているという例はあまり多くないようです。人や物が自由に行き来しているように見える今の世界ですが，私たちの社会は，まだまだ外国人との間に目に見えない境を設けているといえます。

＜人の一生のなかの境＞

境を設けるということは，ものごとをある一定のグループにまとめることです。ある一つをグループにまとめると，別のグループとの間に境ができるのです。そうした意味での境は人の一生のなかにもあります。昔の15歳《さい》は，大人への仲間入りの境となる年齢《ねんれい》でした。現在でも法律は中学校を終える前の15歳未満の人を働かせることを禁じています。20歳を過ぎると成人ですが，選挙権については18歳への引き下げが実現することになって，他の権利とのバランスをどう取るかで少し混乱しています。65歳を過ぎると「高齢者《こうれいしゃ》」と呼ばれることになりますが，高齢者福祉《ふくし》のしくみとしては75歳を境にしようとする考えも新しく出てきています。どうやら，**サ**こうした年齢という境には，それぞれの社会や時代の都合や必要が影響《えいきょう》しているといえそうです。そして，人生の終わり，人が死ぬときにも境はあります。「この世」と「あの世」の境です。この境については昔から多くの人が考えをめぐらせてきましたが，少なくとも，この境を自覚することで，人は自分の人生を意味あるものにしようと努力してきたことはまちがいありません。

＊

ここまで境について見てきました。分水嶺など自然のなかに観察できる境，あるいは歴史をさかのぼって社会のなかにつくられている境について見てみました。最後のところでは，人の一生や私たちの心のなかにある境についても触《ふ》れました。**シ**私たちの生活を特徴《とくちょう》づけているこうした境によって，人は守られてもいますが，場合によっては，境があることで人が困ったり苦しんだりすることもあります。自分のまわりの境を意識してみることで，いろいろな問題を発見できることは確かなようです。

問1　文章中の(**1**)，(**2**)にあてはまる府県名を，それぞれ**二つずつ**答えなさい。

問2　下線部**ア**について。**図4**は国が管理している河川の流域を地図上に示したものです。(**a**)，(**b**)にあてはまる河川の名前を答えなさい。上流で名前が違ったり，途中に湖があったりすることもありますが，海に流れ込む場所での河川名を答えなさい。

図4

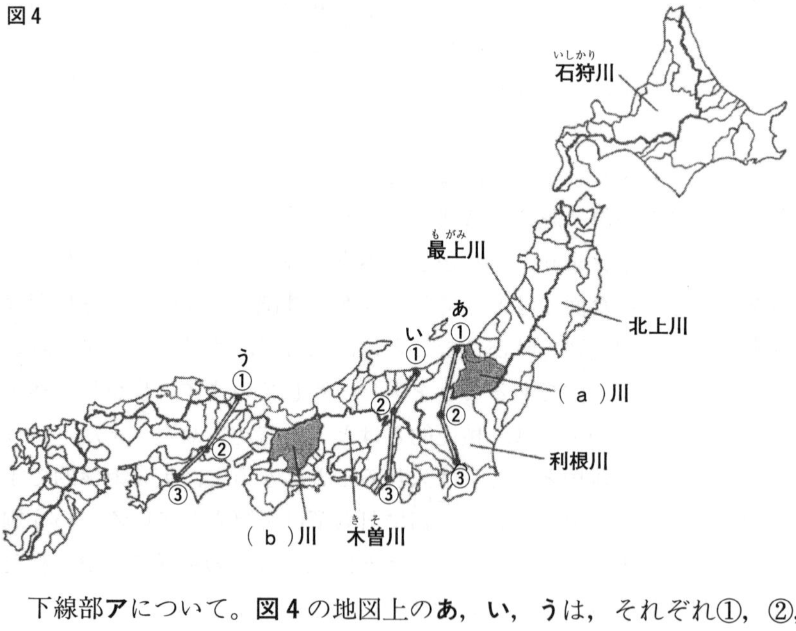

問3　下線部**ア**について。**図4**の地図上の**あ**，**い**，**う**は，それぞれ①，②，③の三つの都市を線で結んだグループを示しています。下のグラフの**A**，**B**，**C**は①，②，③の各都市の1月と7月の気温と降水量を順に並べたものです。**あ**，**い**，**う**の各グループにあてはまるものはそれぞれどれですか。**A**，**B**，**C**より選び，記号で答えなさい。

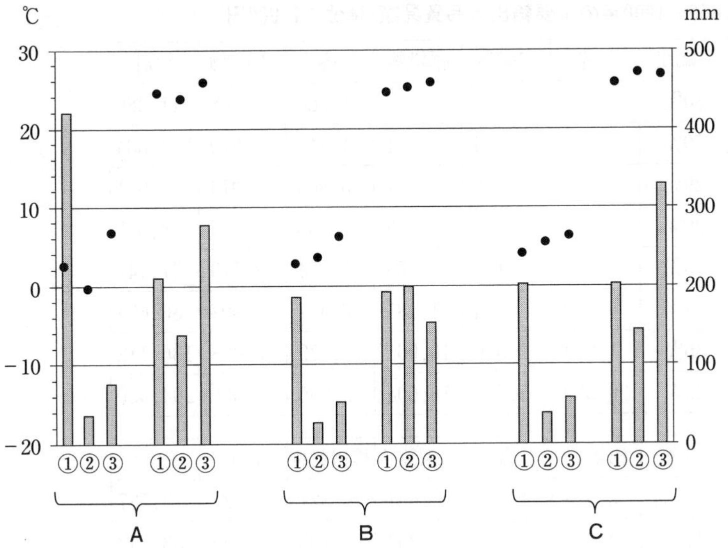

問4　下線部**イ**について。利根川で分断されてしまった地区のために，取手市が特別に行っていることがあります。これについて説明した文のうち，**あきらかな誤り**があるものはどれですか。**図2**を参考にしながら，次の**あ**～**え**から一つ選び，記号で答えなさい。

あ. 小中学校へ通う子どものため，無料の渡《わた》し船や循環《じゅんかん》バスを運行している。

い. ゴミを収集するため，国道の橋を渡って収集車を回すルートをつくっている。

う. 上下水道はライフラインであるため，この地区に直接水道橋をかけている。

え. 地区に消防署がないため，さまざまな災害に備えて我孫子市と協定を結んでいる。

問5　下線部**ウ**について。**資料1**にあるような掟は，村を成り立たせるうえで，どのような役割を果たしたと考えられますか。当時の村の暮らしを考えて，説明しなさい。

問6　下線部**エ**について。江戸幕府が関所を設けた理由は何ですか。信長と秀吉が関所を廃止した理由と比べながら説明しなさい。

問7　下線部**オ**について。キリスト教の布教に関係しない書物は，次第《しだい》に持ち込むことができるようになりました。このことに関わりのある前野良沢《りょうたく》とは，どのような人物ですか。説明しなさい。

問8　文章中の(**3**)にあてはまる地名を答えなさい。

問9　下線部**カ**について。それはなぜですか。幕府の考えを説明しなさい。

問10　下線部**キ**について。秩父で銅が産出されたことをきっかけにして，お金がつくられ，平城《へいじょう》京《きょう》で使われたといわれています。このお金の名前は何ですか。答えなさい。

問11　下線部**ク**について。下の表は，幕末から明治30年代まで(1865～1900年)の日本の輸出品と輸入品の貿易額を表しています。総計に占《し》める割合を見ても，生糸は輸出品の重要な柱でしたが，そのほかの輸出入品には変化が見られます。この時期に進められた工業化について，この表から重要と思われる品目をいくつかあげて，説明しなさい。

表　1865～1900年の主要輸出入品貿易額(単位：1,000円)

〈輸出品〉

年	生糸	(対総計比)	綿糸	綿織物	絹織物	茶	水産物	総計
1865	9,054	80%	—	—	—	1,180	58	11,280
1870	4,279	29%	—	4	1	4,512	979	14,534
1875	5,425	29%	—	10	7	6,863	1,014	18,611
1880	8,607	30%	—	33	38	7,498	2,015	28,395
1885	13,034	35%	—	178	58	6,854	2,579	37,147
1890	13,859	24%	2	174	1,181	6,327	3,307	56,604
1895	47,866	35%	1,034	2,316	10,061	8,879	3,028	136,112
1900	44,657	22%	20,589	5,724	18,604	9,036	4,086	204,430

〈輸入品〉

年	綿花	綿糸	綿織物	毛織物	鉄鋼製品	機械製品	砂糖	総計
1865	1	534	2,628	4,088	651	321	127	8,587
1870	628	4,522	2,982	2,696	264	193	3,048	33,742
1875	371	4,058	5,046	5,777	946	2,185	3,425	29,976
1880	171	7,700	5,523	5,792	1,689	1,809	3,536	36,627
1885	809	5,190	2,884	2,685	1,050	1,929	4,671	29,357
1890	5,365	9,928	4,129	6,726	2,215	7,267	8,410	81,729
1895	24,822	7,083	6,894	9,104	6,015	14,436	11,747	129,261
1900	59,472	7,043	18,438	17,757	21,743	17,779	26,607	287,262

(杉山伸也『日本経済史』2012年)

問12　下線部**ケ**について。**資料2**は，秩父と横浜を結ぶ街道《かいどう》からほど近い，五日市にある農家の蔵《くら》から見つかった文書の一部で，1880(明治13)年に，新しい憲法の草案として書かれたものです。この文書を書いたのは，千葉卓三郎《たくさぶろう》という仙台《せんだい》藩の下級武士だった人物です。彼は当時，五日市で教師をしていました。

資料2

> 第76条　すべての日本国民には，日本全国で同じ法律が適用され，同じように保護を受けることができる。特定の地方出身者や個人，家柄《いえがら》，一族に特権を与えることはない。

①　この条文を書いたとき，千葉卓三郎は当時の政治のあり方についてどのようなことを考えていたのでしょうか。彼の経歴に注目して，説明しなさい。

②　当時の五日市で，自由民権運動が盛んだったのはなぜですか。説明しなさい。

問13　下線部**コ**について。政府はどのような考えでこのような発表をしたのですか。説明しなさい。

問14　下線部**サ**と**シ**について。社会の都合や必要から境が設けられることで，人びとが混乱し，ときには困ったり，苦しんだりする例は，年齢のほかにもあります。そうした例を一つあげ，どのように人びとが混乱したり，あるいは困ったり，苦しんだりするのかを，80字以上100字以内で説明しなさい。ただし句読点も1字分とします。

問15　本文からもわかるとおり，境は異なるもの同士が接する場所です。その境をめぐっては，こちら側からあちら側に越えたり，あるいはあちら側のものをこちら側にむかえ入れたりすることが行われます。このことが混乱を引き起こすこともありますが，むしろ活力になって，社会に良い影響をあたえることもあります。

　社会のなかで，異なるもの同士が接し交わることが，活力を生むことにつながるのはなぜですか。具体的な例をあげながら，80字以上100字以内で君の考えを述べなさい。ただし句読点も１字分とします。

【理　科】（50分）〈満点：40点〉

1　わたしたちヒトは，約24時間を１日とする地球のリズムの上で生活する①昼行性《ちゅうこうせい》(昼間活動し，夜は眠《ねむ》る)動物です。この習慣は，生まれたのち，体内のあるしくみによって，環境《かんきょう》の影《えい》響《きょう》を受けながら身についていきます。この体内のしくみは，まるで体内に時計でもあるかのように規則正しくはたらくため，体内時計と呼ばれています。この体内時計をつかさどる部分は，脳内のある領域に存在していることが研究によってわかりました。

　ヒトの体内時計のリズムは，地球のリズムよりも１時間長く，約25時間を１日として動いていることが，その後の研究で明らかにされました。このため，わたしたちは（　１　）しやすく，（　２　）しやすいのです。そして，この体内時計は特別な刺激《しげき》があたえられない限り，約25時間を１日として規則正しく維持《いじ》されていきます。つまり，外部からの刺激などがなければ，ふだん利用している腕時計《うでどけい》と同様に正確なリズムを維持するのです。そのため，窓のない部屋などで時間がまったくわからない状態で生活を続けると，食事をとりたくなる時間も眠くなる時間も，当然，起床《きしょう》時間もすべてが次第に（　３　）にずれていきます。そして，10日を経過するころには，昼に寝《ね》て夜に活動する夜行性になることが実験でも証明されています。

　このようなことにならないように，わたしたちのからだは，体内時計を毎朝調節しています。この調節方法とは，②体内時計をつかさどる部分が強い光の刺激を受けることです。つまり，明るい太陽光が目に入ると，その刺激が体内時計をつかさどる部分に伝わり，朝のおとずれと判断して，そこが１日の始まりとなるように体内時計が調節されるのです。そして，光の刺激を受けているあいだは，昼間であると認識《にんしき》されています。

問１　下線部①に相当する動物を次のア～オからすべて選び，記号で答えなさい。

ア．チーター　　イ．オオカミ　　ウ．ネズミ

エ．カブトムシ　　オ．アゲハチョウ

問２　文中の（１）～（３）に入る語の組み合わせとしてもっとも適当なものを，次のア～クから選び，記号で答えなさい。

	(1)	(2)	(3)		(1)	(2)	(3)
ア．	早寝《はやね》	早起き	前	イ．	早寝	早起き	後ろ
ウ．	早寝	朝ねぼう	前	エ．	早寝	朝ねぼう	後ろ
オ．	夜ふかし	早起き	前	カ．	夜ふかし	早起き	後ろ
キ．	夜ふかし	朝ねぼう	前	ク．	夜ふかし	朝ねぼう	後ろ

問３　下線部②について，毎朝７時ごろに気持ち良く目覚めるには，どのような状態の部屋で寝るとよいでしょうか。窓の有無《うむ》や向き，窓のカーテンの状態について，答えなさい。ただし，

就寝《しゅうしん》時には部屋の明かりは消えているものとし，部屋のまわりには太陽をさえぎる建物や，街灯はないものとします。

そもそも地球と同じリズムの体内時計をもっていれば，体内時計を毎朝調節する必要がなくて便利なように思えます。しかし，体内時計が固定されて調節できないと，いろいろと困ったことになります。例えば，病院や警察，工場などで夜間に勤務する人たちが体内時計を調節できないと，作業中にいつも眠く，昼間に睡眠《すいみん》を取りたくてもまったく眠れなくなってしまいます。さらに，海外に移住する人たちの場合では，③(4)が解消しないので，もっと深刻なことになるでしょう。

問4　文中の(4)は，体内時計のズレによって生じる現象のことです。(4)にあてはまる語句を答えなさい。

問5　下線部③について，日本から移住する場合，もっとも深刻なことになると考えられる国はどこですか。次のア～オから選び，記号で答えなさい。

ア．韓国《かんこく》　　イ．中国　　ウ．オーストラリア

エ．イギリス　　オ．インド

この体内時計のリズムは，起床や就寝時間を決めるだけではありません。わたしたちの体内のさまざまなはたらきは，すべてリズムをもっていて，活動しているときと休息しているときがあります。そして，そのはたらきのほとんどは，この体内時計のリズムをもとに，調節されているのです。つまり，勉強や運動が効率よく行える時間帯や，食べ物がおいしく感じられる時間帯，からだが大きく成長する時間帯は，この体内時計にもとづいて決まります。そのため，わたしたちがこのリズムを無視して行動すると，からだやこころの調子が悪くなり，病気を引き起こすことにつながります。健康的に生きるためには，わたしたちの体内時計が，地球のリズムである１日24時間のサイクルに合うように，毎朝きちんと調節されることが重要なのです。

問6　下のグラフは，毎朝７時(午前７時)に起きて，22時(午後10時)に寝ているＡ君の体温の変化を示したグラフです。この体温の変化は，体内時計のリズムに合わせて変動しています。友人のＢ君は，深夜番組を毎日みていて，午前２時ごろに眠くなるそうです。それでは，Ｂ君の１日の体温の変化はどのようになっていると考えられますか。解答らんの図中に予想されるグラフをかいて答えなさい。

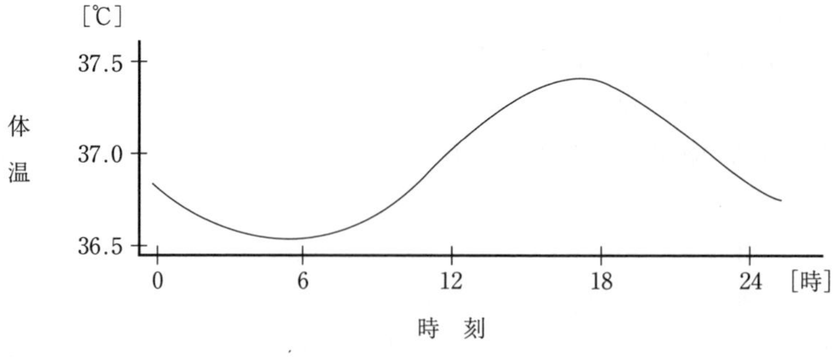

2　近年，ほとんどの染料《せんりょう》は工業的に作られていますが，それ以前はさまざまな天然染料が使われてきました。布を染めるときに使う染料は水に溶《と》けやすいため，繊維《せんい》内にしみこみます。しみこんだ染料は繊維と結びつくため，洗っても落ちなくなります。天然染料のひとつである藍《あい》は，植物の中に含《ふく》まれている物質が変化して生じたインジゴという藍色の物質を含んでいます。しかし，インジゴは水に溶けないため，藍は①顔料《がんりょう》としては使えますが，そのままでは染料として使えません。

問１　顔料(絵の具など)でついた色は水で洗えば落ちますが，染料の色は落ちません。下線部①について，顔料と染料との違《ちが》いを説明した以下の文の〔　〕にあてはまる適当な言葉を，それぞれ答えなさい。

顔料は繊維と〔　　A　　〕が，染料は繊維と〔　　B　　〕。

日本の伝統的な藍染《あいぞめ》では，蓼藍《たであい》という植物の葉を刈《か》り取《と》って乾燥《かんそう》させた後，３～４日ごとに水を加え，100日ほど混ぜ合わせます。すると微生物《びせいぶつ》(とても小さい生物)によって葉の中のインジカンという無色の物質がインジゴという藍色の物質になります。このようにしてできたものを「すくも」といいます。「すくも」作りで重要なのは(　1　)の量と(　2　)の管理です。

続いて，土の中に埋《う》めこんだ藍瓶《あいがめ》の中に，②「すくも」と「小麦ふすま」と「灰汁《あく》」を入れます。「小麦ふすま」とは，小麦の表皮部分で栄養成分が豊富に含まれているもので，「灰汁」とは，灰を水に入れてできるアルカリ性の上澄《うわず》みのことです。これらを一週間ほどおくと，微生物のはたらきで，「すくも」の中のインジゴが水に溶けやすいロイコインジゴという黄色の物質に変化し，液面に泡《あわ》(藍の花)が立つと繊維を染めることができるようになります。このような方法には熟練した技術が必要とされますが，③現在では，微生物を用いずに短時間で，この変化を起こすことができます。ロイコインジゴは繊維の内部にしみこみ，その後，空気にふれると酸化(酸素と結びつくこと)して元のインジゴに戻《もど》ります。インジゴは水に溶けないので水で洗っても色落ちせず，染色《せんしょく》されます。一般《いっぱん》に微生物は，中性や，④酸をつくることができる環境《かんきょう》で活動することが多いのですが，藍に関係する微生物はアルカリ性の環境でしか生育できません。

1880年にドイツのバイヤーは，これまで使われてきた天然インジゴにかわる純粋《じゅんすい》な合成インジゴを作ることに成功しました。さらにバイヤーは，1883年にはインジゴの構造を発見し，1905年にノーベル化学賞を受賞しました。その後インジゴの工業的生産が始まり，合成インジゴはジーンズの染色などのために大量に生産されるようになりました。現在では，純粋な合成インジゴと天然インジゴに含まれているインジゴの構造には，まったく違いがないことがわかっています。しかし，伝統的な製法で作られた天然インジゴを用いると，同じ素材の布を染めても製品ごとに微妙《びみょう》な色の違いが生まれるため，合成インジゴよりも天然インジゴで染めた製品を好む人もいます。

問２　文中の(1)と(2)にあてはまる語の組み合わせとして，もっとも適当なものを，次のア～カから選び，記号で答えなさい。

ア．1．時間　2．体積　　イ．1．体積　2．時間　　ウ．1．温度　2．水
エ．1．水　　2．温度　　オ．1．体積　2．温度　　カ．1．時間　2．水

問３　下線部②の「小麦ふすま」とアルカリ性の「灰汁」は何のために加えていると考えられま

すか。それぞれ理由を答えなさい。

問4　下線部②の「灰汁」のかわりになる物質を１つ答えなさい。

問5　インジゴをロイコインジゴにする必要があるのはなぜですか。簡潔に答えなさい。

問6　下線部③について，どのような方法で行われていると考えられますか。その方法を答えなさい。

問7　下線部④について，微生物が酸をつくることを利用して作られる身近な物を，次のア～カから２つ選び，記号で答えなさい。

ア．塩酸　　イ．石灰水《せっかいすい》　　ウ．食酢《しょくす》　　エ．ホウ酸　　オ．ヨーグルト　　カ．炭酸水

問8　次の図は，蓼藍から藍染ができるまでの物質の変化を表したものです。ａ～ｄにあてはまるもっとも適当な物質を下のア～エからそれぞれ選び，記号で答えなさい。同じ記号を何度選んでもかまいません。

（ａ）→（ｂ）→（ｃ）→（ｄ）

ア．天然インジゴ　　イ．合成インジゴ　　ウ．ロイコインジゴ　　エ．インジカン

問9　問８の図において，酸化の逆の変化が起こっているのは，どの物質からどの物質に変化するときだと考えられますか。もっとも適当な物質を次のア～エからそれぞれ選び，解答らんの文中に記号を入れて答えなさい。

ア．天然インジゴ　　イ．合成インジゴ　　ウ．ロイコインジゴ　　エ．インジカン

問10　天然インジゴで染めた布は，「洗えば洗うほど合成インジゴで染めた色に近づく」といわれることがあります。それはなぜだと考えられますか。その理由を答えなさい。

3　ブランコについて考えましょう。ブランコをある程度こいでからこぐのをやめると，その後のブランコは図１の振《ふ》り子《こ》と同じような往復運動をします。

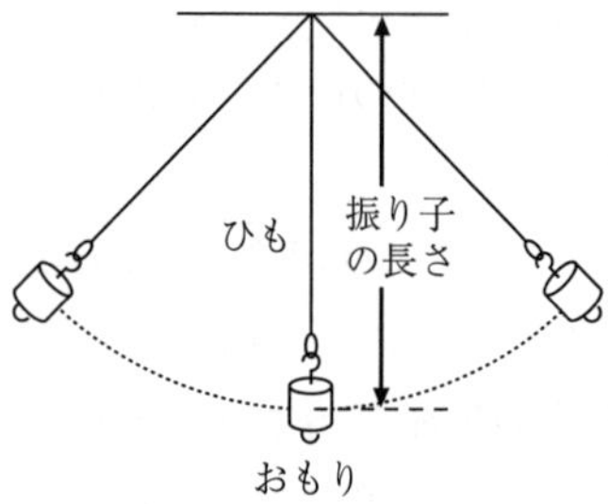

図１

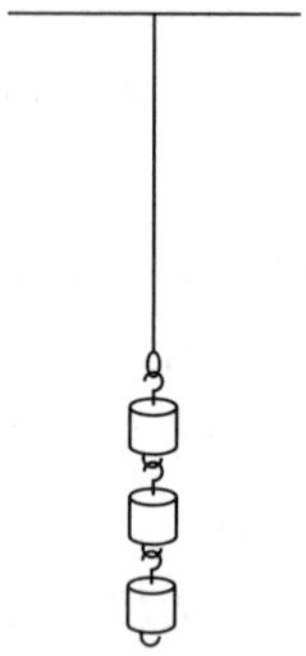

図２

図３

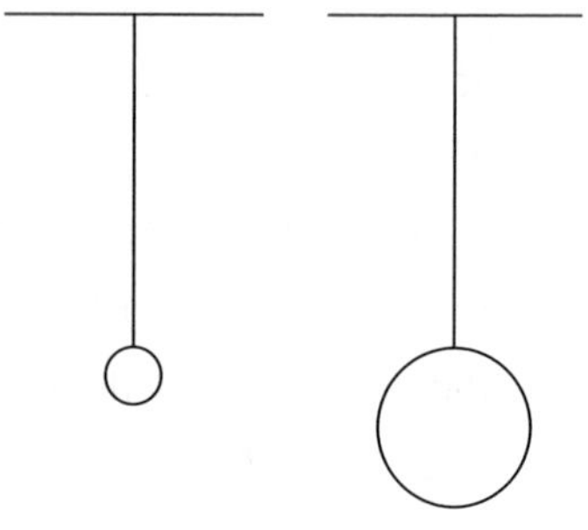

図４

問1　振り子が１往復する時間(周期といいます)をストップウォッチで測るとき，おもりが最高点にきたときにストップウォッチを押《お》すと，測定ごとのばらつき(誤差)が大きくなってしまいます。その理由を説明した以下の文の〔　〕にあてはまる適当な表現を答えなさい。

最高点付近ではおもりが遅《おそ》く，〔　　　　　〕から。

問2　おもりの数と振り子の周期の関係を調べる実験をするとき，図２のようにおもり同士をつなげると，図３のようにおもりを一か所にまとめてつけたときよりも，周期が長くなります。

その理由を答えなさい。ただし，ひもの長さや振り子の振《ふ》れ幅《はば》はいずれも同じとします。

問３　図４のように，おもりの大きさが違《ちが》う２つの振り子の周期を測ります。大きなおもりの振り子の周期は，小さなおもりの振り子の周期と比べてどうなりますか。説明としてもっとも適当なものを，次のア～オから選び，記号で答えなさい。ただし，ひもの長さ，振り子の振れ幅，おもりの材質はいずれも同じとします。

ア．おもりが重いため，周期は長くなる。

イ．おもりが重いため，周期は短くなる。

ウ．振り子の長さが長いため，周期は長くなる。

エ．振り子の長さが長いため，周期は短くなる。

オ．おもりは重いが，振り子の長さが長いため，周期は変わらない。

次に，ブランコのこぎ方について考えるために，実験Aと実験Bを行いました。

【実験A】　図５のように，なめらかで水平な机に小さな穴を空けて，穴にひもを通して片方の端《はし》をおもりと結んで机の上に置きます。おもりを押《お》し出《だ》すのと同時に，おもりが机から飛び出さないよう，おもりに結ばれていない方のひもの端を下向きに引いて支えたところ，おもりは一定の速さで半径10cmの円の円周に沿って運動しました。

次に，ひもを引く力をゆるめると，図６のように，おもりは点aから点bに進み，その後は半径20cmの円の円周に沿って運動しました。同様の操作を行い，おもりの円軌道《えんきどう》の半径を変えながら円軌道を１周する時間を測定したところ，表の結果となりました。

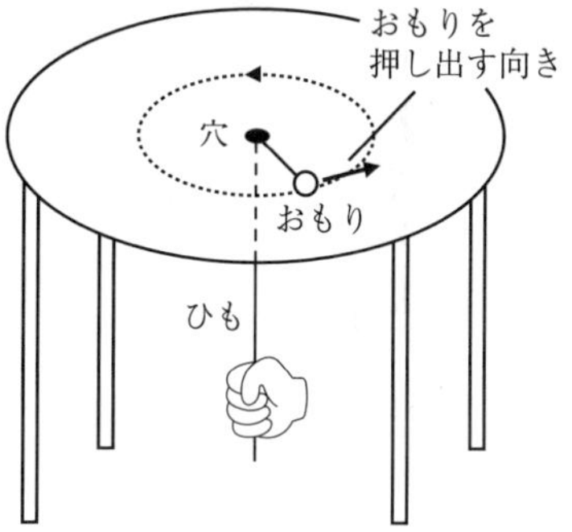

図５

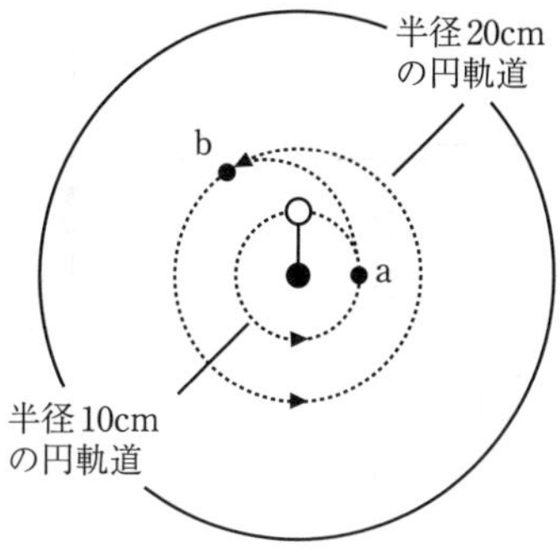

机を真上から見た図

図６

表

円軌道の半径[cm]	１周する時間[秒]
10	0.4
20	1.6
30	3.6
40	6.4

問４　おもりの円軌道の半径が10cmのときのおもりの速さは秒速何cmですか。ただし，円周率は3.14とします。答えが整数にならない場合は，小数第１位を四捨五入して整数で答えなさい。

問５　実験Aの結果からわかる，おもりの円軌道の半径とおもりの速さの関係の説明として，もっとも適当なものを，次のア～オから選び，記号で答えなさい。

ア．半径が２倍，３倍，……となると，おもりの速さは$\frac{1}{4}$倍，$\frac{1}{9}$倍，……となる。

イ．半径が２倍，３倍，……となると，おもりの速さは$\frac{1}{2}$倍，$\frac{1}{3}$倍，……となる。

ウ．半径が２倍，３倍，……となると，おもりの速さは２倍，３倍，……となる。

エ．半径が２倍，３倍，……となると，おもりの速さは４倍，９倍，……となる。

オ．半径が変わっても，おもりの速さは変わらない。

問6　実験Aの結果ともっとも関係が深い現象を次のア～オから選び，記号で答えなさい。

ア．送風機を用いて風車を回転させるとき，送風機の風の強さが強いほど風車は速く回転する。

イ．大小2つの歯車がかみあって回転しているとき，大きな歯車よりも小さな歯車の方が1回転するのにかかる時間が短い。

ウ．乾電池《かんでんち》2個を直列つなぎにしてモーターに導線でつないだ方が，乾電池1個だけのときよりもモーターが速く回転する。

エ．数人が横一列に並んで運動場のトラックを1周するとき，曲線部分では外側の人ほど速く進まなければならない。

オ．フィギュアスケートの選手がスピン(その場での回転)をするとき，伸《の》ばしていた手を縮めると回転が速くなる。

【実験B】　実験Aで使用した道具を図7のように配置しました。点cからおもりを静かにはなした後，おもりが最下点付近の点dにきたときにひもを引き上げて，机の穴からおもりまでのひもの長さを短くすると，おもりは点dから点eに進みました。その後，おもりが最高点付近にきたときにひもを引く力をゆるめて，机の穴からおもりまでのひもの長さを元に戻《もど》すと，おもりは点fから点gに進み，その後は点dの方に戻っていきました。この実験において，点gは点cよりも高くなります。なぜなら，実験Aの結果からわかるように，点dから点eに進むときにおもりが速くなるからです。

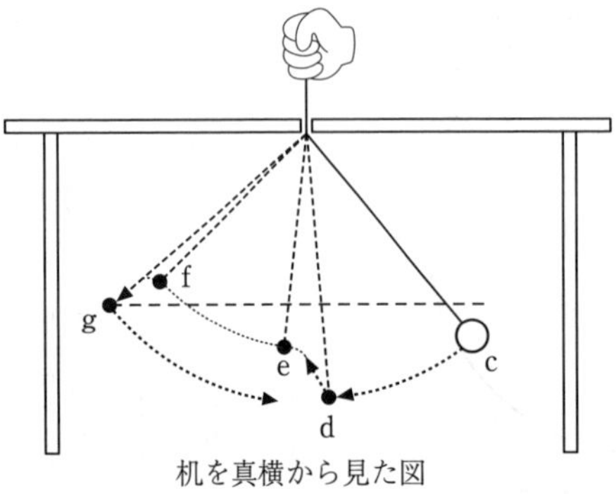

机を真横から見た図

図7

図8

図9

図8，図9はブランコに乗っている人がしゃがんだときの状態と立ったときの状態を示しています。これらの図と実験Bの結果から，しゃがんだり立ち上がったりしてブランコをこぐとき，どのようにすればブランコの振れ幅が大きくなっていくのかがわかります。

問7　ブランコの振れ幅を大きくしていくためのこぎ方の説明として，もっとも適当なものを，次のア～エから選び，記号で答えなさい。

ア．最高点にきたときにしゃがみ，最下点にきたときに立ち上がる。

イ．最高点にきたときに立ち上がり，最下点にきたときにしゃがむ。

ウ．最高点にきたときに立っていればしゃがみ，しゃがんでいれば立ち上がる。最下点では姿勢を変えない。

エ．最下点にきたときに立っていればしゃがみ，しゃがんでいれば立ち上がる。最高点では姿勢を変えない。

問８　問７の正しい答えでブランコをこぐ場合，最高点から最下点に達するまでの時間と，最下点から最高点に達するまでの時間を比べたときの説明として，もっとも適当なものを，次のア～ウから選び，記号で答えなさい。また，その理由を答えなさい。ただし，人がしゃがんだり立ち上がったりする時間は非常に短く，考えないものとします。

ア．最高点から最下点に達するまでの時間の方が長い。

イ．最下点から最高点に達するまでの時間の方が長い。

ウ．どちらの時間も同じである。

問９　立たずに座《すわ》ったままブランコをこぐとき，ブランコの振れ幅を大きくしていくためにはどのようにこげばよいですか。こぎ方を答えなさい。

4　昨年2015年は，ドイツ人の学者であるヴェーゲナーの『大陸と海洋の起源』という本が初めて出版されて，ちょうど100年でした。ヴェーゲナーはこの著書の中でさまざまな根拠《こんきょ》を示しながら「大陸移動説」を主張しました。

問１　大陸移動説の発想は，ある海洋(大洋)をはさんだ２つの大陸の海岸線が一致《いっち》していることから生まれたといえます。その海洋と２つの大陸の名前をそれぞれ答えなさい。大陸の名前の順番は問いません。

ヴェーゲナーは，現在は離《はな》れている大陸の間で，それぞれの地層の構造に連続性が見られることや，同じ陸上生物の化石が見つかることなどを，大陸の移動によるものと考えました。それまでは，地層の構造や地球表面の起伏《きふく》については，誕生時には（　１　）地球が（　２　）ことによって，表面積が変わらずにしわができたものであると考えられていました。また，化石については，生物が大陸間を移動できる陸地(陸橋)が大昔には存在していたが，沈《しず》んでなくなったと考えられていました。これに対してヴェーゲナーは，①地球の表面における標高と面積の関係から，大陸と深海底は異なる物質でできていて②大陸をつくる物質は深海底をつくる物質に浮《う》かんだ状態であるという考えを示しました。

問２　文中の(１)と(２)にあてはまる語句としてもっとも適当なものを，(１)は次のアとイから，(２)は次のウ～カからそれぞれ選び，記号で答えなさい。

ア．冷たかった　　　　イ．熱かった

ウ．温まって膨《ふく》らんだ　　エ．温まって縮んだ

オ．冷えて膨らんだ　　カ．冷えて縮んだ

問３　下線部①について，右の図は，それぞれの土地の高さ(深さ・標高)以上の地表面をすべて合わせた面積が，地球の全表面積にしめる割合をグラフにしたものです。この図から考えて，土地の高さを縦軸《たてじく》に，高さごとの地表面の面積が地球の全表面積にしめる割合を横軸《よこじく》にしたグラフとして，もっとも適当なものを，次のア～カから選び，記号で答えなさい。

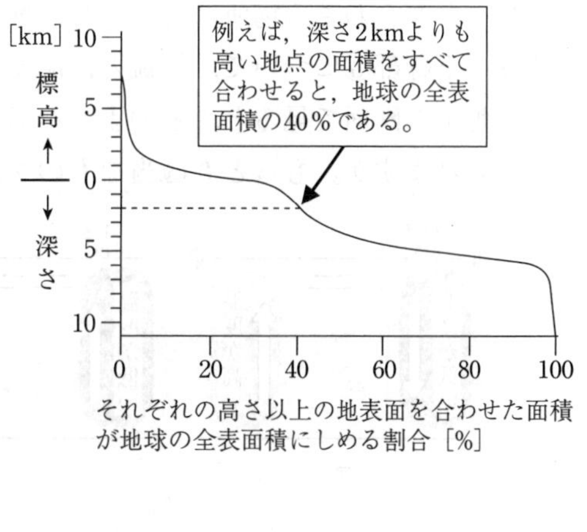

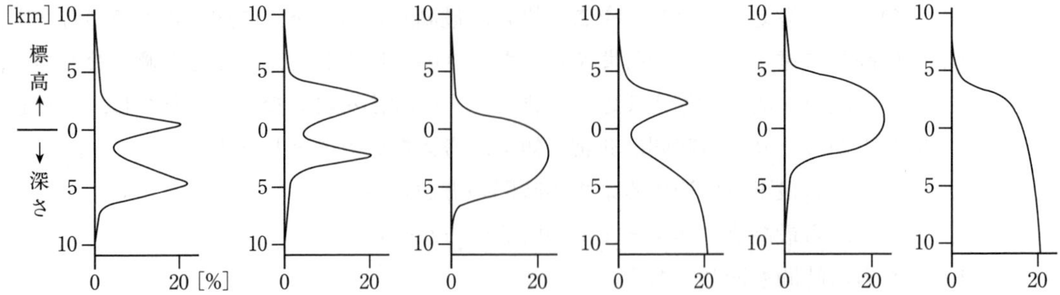

ア　　イ　　ウ　　エ　　オ　　カ

問４　前ページの文中の下線部②について，ヴェーゲナーは著書中でこの状態を右の図のように示し，「水に浮かぶ平らな氷」に例えています。大陸をつくる物質について説明した以下の文のａとｂにあてはまる適当な語句を〔　〕の中からそれぞれ選び，記号で答えなさい。

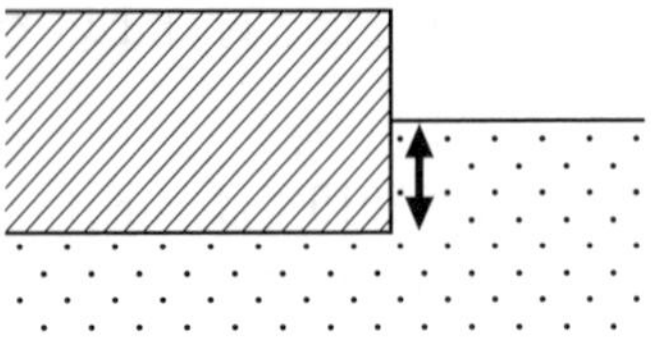

同じ体積で比べると，大陸をつくる物質の方が深海底をつくる物質より ａ〔ア．重い　イ．軽い〕ので，大陸と同じ物質でできた陸橋が，勝手に沈んでなくなることはありえない。また，図中に両矢印で示した大陸をつくる物質が沈んでいる部分の厚さは，標高が低い場合と比べて，標高が高い場合は ｂ〔ウ．厚い　　エ．薄《うす》い　　オ．変わらない〕。

著書の中でヴェーゲナーはさまざまな観点から大陸移動説について説明し，現在の大陸配置に移動する前のひとまとまりの大陸(パンゲア)を復元しました。しかし，浮かんだ大陸が水平方向に動くというアイデアは当時の人々の常識からは外れており，大陸移動説はすぐには受け入れられませんでした。ヴェーゲナーの考えはすべてが正しかったわけではありませんが，現在では「プレートテクトニクス」という理論に引きつがれており，パンゲアは２億年前ごろに存在したことがわかっています。そして，将来的には大陸は再びひとまとまりになると考えられています。

「プレートテクトニクス」とは，プレートという地球の表面をおおうかたい岩盤《がんばん》が，十数枚にわかれて動いているという理論です。③プレートは，それより下の領域の対流に乗って，一《いっ》緒《しょ》に動いていると考えられています。例えば，④ハワイと日本が近づいてきている，という話はみなさんも聞いたことがあるでしょう。これは，日本列島とハワイが別のプレート上にあり，日本列島のすぐ東側にハワイがあるプレートが沈みこんでいるからです。日本はいくつかのプレートが合わさる場所にあるので，地震《じしん》や⑤火山の活動が活発なのです。

問５　下線部③について，対流とは温度などを原因とする流動のことですが，日本とその東側の地下を断面で見ると，どのような温度分布によって，どのように対流が起こっていると考えられますか。もっとも適当なものを，次のア～エから選び，記号で答えなさい。

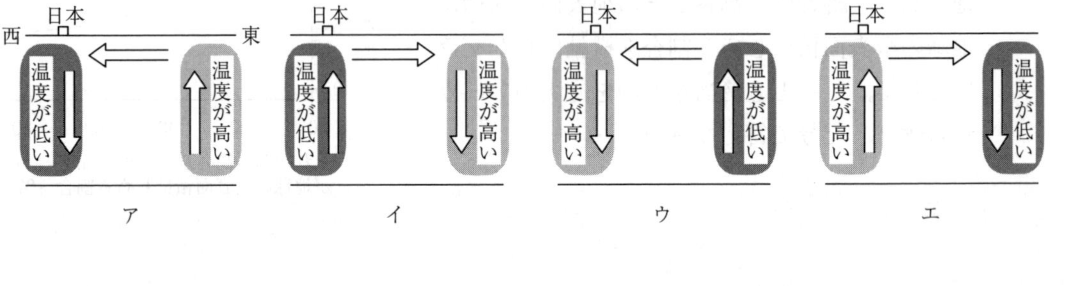

ア　　イ　　ウ　　エ

問6　下線部④について，右の図は1999年を基準として，2015年までのつくば(日本)とカウアイ島(ハワイ)との距離《きょり》の変化を観測したものです。矢印で示されている部分でグラフが大きく変化していることについて説明した文としてもっとも適当なものを，次のア～カから選び，記号で答えなさい。

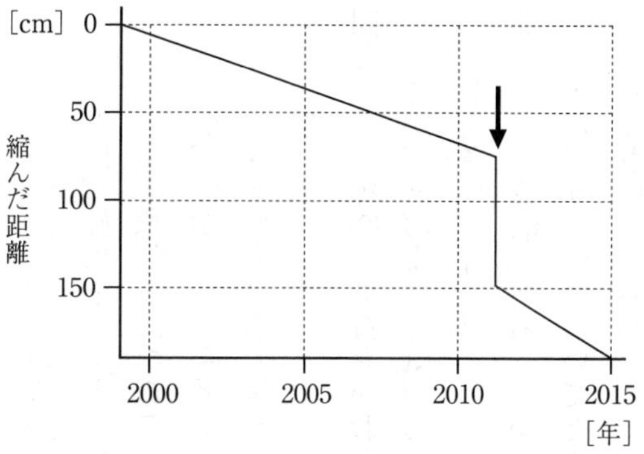

ア．2011年に起こった大きな地震で，つくばが急に西にずれたから。

イ．2011年に起こった大きな地震で，つくばが急に東にずれたから。

ウ．2011年に起こった大きな地震で，記録が一時的にとれなかったから。

エ．2011年に起こった激しい噴火《ふんか》で，カウアイ島が急に西にずれたから。

オ．2011年に起こった激しい噴火で，カウアイ島が急に東にずれたから。

カ．2011年に起こった激しい噴火で，記録が一時的にとれなかったから。

問7　問6のグラフから，日本とハワイは，2011年までは1年間におよそ6cmの速さで近づいていたことがわかります。現在約6000km離れた日本とハワイがやがてくっつくとすれば，この速さで計算しておよそ何年後ですか。五百や九千，二十万のように，漢数字で答えなさい。

問8　下線部⑤について，火山活動の観測方法の1つに，火山の斜面《しゃめん》のかたむきがマグマの動きによって変化するようすを調べる方法があります。例えば，右の図Xのように，山頂に火口がある火山の下からマグマが上昇《じょうしょう》すると，火山がふくらんで，火口側がより高く上がる向きに山腹の斜面のかたむきが変化することがあります。このような変化で，噴火がいつ起こりそうなのかを調べることができるのです。

　右の図Yは，ある火山が噴火する際に観測された，山腹の斜面のかたむきの変化を示したものです。この記録がとられた地点は，山頂の火口から見てどちらの方位と考えられるでしょうか。もっとも適当なものを8方位のいずれかで答えなさい。ただし，火山は円すい型で，図Xのようにマグマは山頂にある火口の真下から上昇してきたものとします。

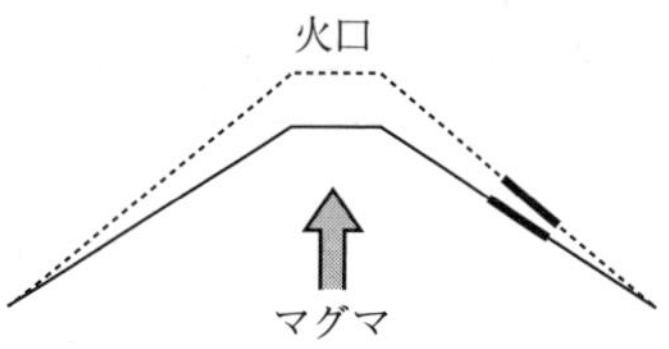

図X

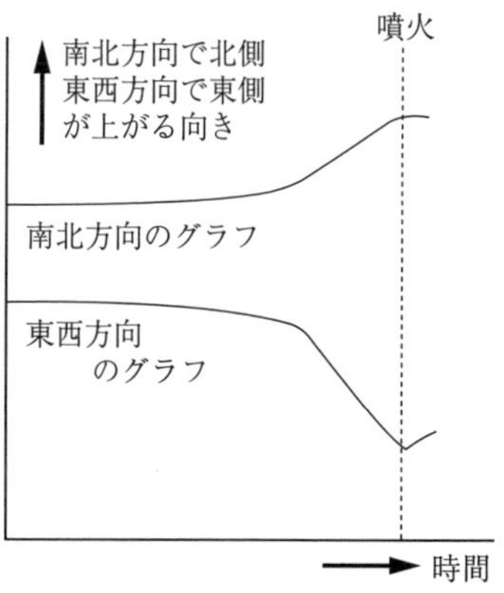

図Y

問七　――線⑦「鉄棒の付近に～気持ちになった」(156～158行目)とありますが、このときの「私」の気持ちを説明しなさい。(2行)

問八　――線⑧「『なれるよ』～言い直した」(197～199行目)とありますが、「私」が「言い直した」のはなぜですか。その理由としてふさわしいものを次のア～エの中から一つ選んで記号で答えなさい。

ア　宇宙飛行士になる夢をいだき、そのために努力をしていたが、けがをして弱気になっている妹の姿を見て、そのけがに同情し責任を感じながらも、ただはげますことしかできないと思ったから。

イ　宇宙飛行士になる夢を初めて打ち明けてくれたが、けがをして今までになく弱気になっている妹の姿を見て、やさしくなぐさめの言葉をかけることで、不安を取り除いてあげたいと思ったから。

ウ　宇宙飛行士になる夢を自分だけに話してくれたが、けがをして弱気になっている妹の姿を初めて見て、その夢をかなえることは、妹にとっても自分にとっても大切なことだと思ったから。

エ　宇宙飛行士になる夢のためにあえて強気な態度をとっていたが、けがをして今までになく弱気になっている妹の姿を見て、わざと命令口調で言うことで、妹を奮い立たせたいと思ったから。

問九　――線⑨「気持ちがおさえられなくなった」(240行目)とありますが、どのような気持ちをおさえられなくなったのですか。説明しなさい。(3行)

問十　――線⑩「ああ。わかったよ～呼びかける」(263行目)とありますが、うみかについてどのようなことがわかったのですか。説明しなさい。(3行)

問十一　――線①「私はそれを～決めていた」(10～11行目)、――線⑪「私は自分に～考え続けた」(272～273行目)、――線⑫「最後の言葉は～そのまま残した」(323～325行目)とありますが、

(1)「私」が、『銀河』に書く文章を「無難で、まじめな内容にしよう」と決めていたのはなぜですか。説明しなさい。(2行)

(2)「私」が、「自分に何ができるかを、必死に必死に、考え続けた」結果、『銀河』に宇宙についての文章を書いたのはなぜですか。説明しなさい。(5行)

て、初めて感じた。

完成した『銀河』の原稿《げんこう》を、両手でつかむ。見出しを見つめ直す。

『毛利衛さん、宇宙へ』

『無事に※⑥ミッションを終えて帰ってきてくれることをいのっている。』と書いた⑫最後の言葉は、書いた後からほおがかーっとなるくらいで、かっこつけすぎたかもしれないと反省したけど、結局、そのまま残した。

それはたぶん、うみかと、そして私の今の一番の気持ちだったから。

（辻村《つじむら》深月《みづき》『家族シアター』より）

〈語注〉

※① 学研の雑誌…『科学』や『学習』などの、小学生向けの月刊学習雑誌

※② 毛利さん…宇宙飛行士「毛利《もうり》衛《まもる》さん」のこと

※③ 『りぼん』と『なかよし』…月刊少女漫画雑誌の名前

※④ ミーナ…「私（はるか）」のクラスメート（美菜《みな》）の呼び名

※⑤ ボルト…ここでは、折れた骨を固定するための金具のこと

※⑥ ミッション…ここでは、任務のこと

〈設問〉**解答はすべて、解答らん**（編集部注＝横10ミリメートル・たて152ミリメートルの行数で示した）**におさまるように書きなさい。句読点なども一字分とします。**

問一 ＝線a「**カンソク**」（22行目）、b「**トックン**」（92行目）、c「**シンケイ**」（230行目）、d「**シュウセイエキ**」（317行目）のカタカナを、漢字で書きなさい。

問二 ――線②「『いやだよ』と、反射的に声が出た」（51行目）とありますが、「反射的に声が出た」のは、うみかのことをどのように思っていたからですか。15～31行目をよく読んで説明しなさい。（2行）

問三 ――線③「二人してお母さんに～たのみに行く」（75～76行目）とありますが、うみかの「お願い」をいやがっていた「私」が、協力することにしたのはなぜですか。説明しなさい。（2行）

問四 ――線④「私はおどろいていた」（84行目）とありますが、なぜですか。説明しなさい。（2行）

問五 ――線⑤「『いいよ』～思わなかった」（133～134行目）とありますが、このときの「私」の気持ちはどのようなものですか。その説明としてふさわしいものを次のア～エの中から一つ選んで記号で答えなさい。

ア うみかが「エンデバー」の意味のとおりに、苦手な逆上がりができるようになるための努力を一生懸命しているので、生意気だった妹が急に成長していることを姉としてうれしく感じている。

イ うみかがなかなか逆上がりができず、それができる「私」のことをうらやんだり、練習をみてほしいとたよったりするので、教えることはこんなに心が浮き立つことなのかと感じている。

ウ うみかの思いを受け止めて逆上がりの練習を見守ることで、妹から素直にたよられるうれしさや人の役に立つ喜びを覚え、今まで気付かなかった自分の一面を見つけたように感じている。

エ うみかとは今まで仲が良くなかったが、たのみに応えて逆上がりの練習を手伝ったり、一緒におふろに入ったりすることで、自分たちはやはり姉妹《しまい》の強いきずなで結ばれているのだと感じている。

問六 ――線⑥「どうしようか迷ったけど～考え直す」（153行目）とありますが、うみかとの約束よりもミーナからのさそいを選んだのはなぜですか。説明しなさい。（2行）

かだったらもっとたくさん想像できるんだろう。あの子になら、見えるのだろう。うみかはたぶん、宇宙にいるのだ。

いやなことがあった時、いつも大好きな宇宙のことを思い出して、きっとたえている。だから平気なんだ。クラスでひとりぼっちの時も、逆上がりで残された時も。つらくなかったわけがない。だからきっと、自分の居場所を別に作った。せまい教室や目に見える場所だけをすべてにしなかった。だから、あんなに強いのだ。

彼方《かなた》にある星々の明かりを見上げながら、⑪私は自分に何ができるかを、必死に必死に、考え続けた。

学級だよりの清書用方眼紙を前に、「何でも好きに書いていいですか」とたずねると、湯上先生は「へ？」と声を上げた。私が笑わず、じっと見てるのに気づいて、表情を改める。そして、「いいよ」と答えてくれた。

「一学期からみんなそうしてるじゃないか。自分の興味があることを書きなさい」

「わかりました」ミーナと一緒に職員室を後にする。

うみかの入院は結局、夏休みいっぱいかかった。

だけど、エンデバーの打ち上げにはどうにか間に合って、私たちはうちのテレビで中継映像《ちゅうけいえいぞう》を見た。毛利さんはこれから一週間ぐらい宇宙にいることになるそうだ。

だれより興奮しているだろうに、うみかはシャトル打ち上げの間、ほとんどしゃべらず、ただ食い入るようにして画面を見つめていた。録画した映像を何度も何度も再生して、毎日のニュースでエンデバーのことが報道されるたび、熱心に見入る。ギプスをしていない方の左手が、ぎゅっと、こぶしをにぎって、ふるえるのが見えた。

あ、泣くのかな、と思って顔を見ると、うみかの表情が、これまで見たこともないくらいうれしそうにかがやいていた。人間は、別に笑顔《えがお》じゃなくてもこんなふうにうれしさを表現できるんだって初めて知って、私にも、妹の喜びと興奮がそのまま伝染《でんせん》してしまう。なぜか、私が泣きそうになった。

お母さんが許可してくれた『6年の科学』を、うみかは自分の『5年』のと合わせて熟読して、私にも『科学』やほかの本、新聞で知ったというたくさんのことを教えてくれた。

机の前で、私は深呼吸して、方眼紙に『銀河』の見出しと、最初の一行を書き始める。

『現在宇宙に行ってるスペースシャトル「エンデバー」は、「努力」という意味です。』

学校に関係ないことを書くのは、浮く人間の仲間入りかもしれない。だけど、私たちには教室の「ここ」がすべてじゃなくてもいいんじゃないだろうか。教室の机の前にすわってても、それと並行《へいこう》して気持ちがもっと遠い宇宙を向いてることだってある。

ただ文章を書いてるだけなのに、途中、何度も息が切れた。自分がすごくはずかしいことをしようとしてるんじゃないか、あるいは、まじめないい子に見えることをしてるんじゃないか、それをみんなに見せようとしてるんじゃないかと考えたら、不安がおなかの底からのどまでを、わっと満たす。

でも、私は、これをうみかに読んでほしい。あの子に教えてもらったことが、刷られてみんなに配られて、学校に認められるものになったんだってことを、見せたかった。

清書用のペンを持ち直す。用意した[d]**シュウセイエキ**は、ほとんど使わずに済んだ。一気に書き上げる。文章を書くのが楽しいなん

「うん。たぶん」

うみかが、クラスメートからもらった色紙のメッセージを目で読んでいる。一度ずつ読んだら、それでおしまいとばかりに、さっさとたたんでしまう。蛍光《けいこう》ペンを駆使《くし》して、かわいい絵を入れてうみかにメッセージをつづってる子たちとうみかが本当はそんなに仲良くないことを、私も知っていた。

「もし、骨折で、手術して、うでに※⑤ボルトを入れたりすると、それがたとえ一個でも、もうそれだけで宇宙飛行士にはなれないんだって」

「え」二度目の「え」は、大きな声になった。うみかが目をふせ、何でもないふうに窓の外を見る。だけど、私にはわかる。わざとだ。無理やり平気そうにしてる。うみかはいつも、しっかり私の目を見て話す。

私の小六の夏休みは、ほぼ、うみかのけがの思い出でうまった。うみか自身が感じてるように、あの子のけがは私が思っていたよりずっと重傷だった。両親が私がねた後で、いつまでもリビングで話してる声が聞こえて、私はそっと布団を出て、ドアに耳をくっつけて、声の内容を聞いていた。

――ひじのところから切って、c**シンケイ**を一つ一つくっつけ直す――という声を聞いた日、私は全身の血が一度に下がっていくのをはっきり感じた。聞いてしまったことを後悔《こうかい》しながら布団に入ると、背筋が熱を出した時のようにぞくぞくした。

うみかが、手術する。つながっている自分のうでの付け根を見ながら、皮膚《ひふ》にメスが入ることを想像して、いやだ、とさけびそうになった。ダメだ、ダメだ、ダメだ、うみかのうでを切るなんてダメだ。宇宙飛行士が目指せなくなるなんて、ダメだ!

ねむれずにまた布団を出ると、二段ベッドの上から、うみかの机が見えた。並んだ『科学』のふろくたち。中に、ドーム型プラネタリウムの丸い頭が見えたら、⑨気持ちがおさえられなくなった。

南向きのカーテンの向こうから、月と星の明かりが差しこんで、部屋の中は窓辺だけが明るかった。ベッドを降りて窓を開くと、夜のせみが鳴いていた。晴れた空に浮かぶ星の名前。学校で習ったけど、私は北極星と、北斗七星《ほくとしちせい》くらいしかわからない。

宇宙飛行士になるには、勉強ができることはもちろん、身体《からだ》が丈《じょう》夫《ぶ》なことだって必要だろう。どうしよう。あの子は本気だ。あんなふうにはずかしそうに夢を打ち明けるくらい、大事に思ってる。エンデバーの打ち上げを、楽しみにしてる。

私は、あの子のために何ができるだろう。うみかに話を聞いてから、図書館でかたっぱしから宇宙飛行士に関する本を探して読んだ。手術したらダメなのか、目指すにはどんなことが必要なのか――、字がずらっと並んだ大人向けの分厚い本も開いてみた。

けがは私のせいだ。どうしよう、どうしよう、と一生懸命《いっしょうけんめい》内容を読んだけど、私にちゃんとした答えをくれる本は一冊もなかった。両親や先生に聞くことも考えたけど、宇宙飛行士の夢のことはナイショにするって、うみかと約束していた。

病院で聞いたうみかの言葉を思い出す。

――宇宙に行ってるしかない。

痛みにはにげ場がない、と話していた。何をしてても、気がまぎれないって。

――想像するの。自分が宇宙にいるとこ。

そう笑ってた。

⑩ああ。わかったよ、うみか、と心の中で呼びかける。月がとても近い。私が見てるこの空の向こうにあるものを、うみ

なくて、私はそれを確認《かくにん》したらほっとしたような、残念なような気持ちになった。

自転車をとめて家の中に入ると、「ただいま」を言う間もなく、おじいちゃんとおばあちゃんから「どこに行ってた」と問いつめられた。圧倒《あっとう》されて、私はうまく答えられないで、ただ二人の顔を見つめ返す。

――うみかがけがをして、右うでを折って、病院にいること。お母さんは、そっちに行ってて、うみかはひょっとしたらこのまま入院するかもしれないこと。

おばあちゃんたちが説明する声を、私はぼんやりと聞いた。うみかは、鉄棒から落ちたのだと言う。

私のせいだ。責められることを覚悟《かくご》した。お母さんたちにも、きっとおこられる。

だけど、うみかは何も言わなかった。ぼんやりと天井《てんじょう》を見てる。お母さんに言われて、私はうみかのすぐそばにすわった。あやまらなきゃ、と思うけど、ここまで来ても、言葉は口から出てこなかった。

両親が二人とも、入院のことで先生と話すため病室を出て行ってしまう。私は下を向いて、沈黙《ちんもく》の時間にただたえていた。

「九月までに、手、よくなるかな」うみかがぽつりと言った声に顔を上げる。うみかのくちびるが、かさかさにかわいて白くなっていた。「痛いなぁ」とつぶやいて、顔をゆがめる。

「エンデバーの打ち上げ、家で、見たい」

「……見ようよ、一緒に」一緒に、を言う声がふるえた。

一緒に練習しよう、の約束を破った私が口にしていい言葉じゃないのかもしれない。だけどうみかがゆっくりと私を見た。その口元が、なぜか笑った。

「私ね、お姉ちゃん」

「うん」

「宇宙飛行士になりたいんだ」

どうして、この時を選んでうみかがそう言ったのかはわからなかった。だけど、大事な秘密を打ち明けるように、うみかが「ナイショだよ」と続ける。

「うん」私はうなずいた。そして、くちびるをかんだ。そうしていないとまたなみだが出てきそうだった。痛いのはうみかなのに、私が泣いちゃダメなのに。

ねたままで言ううみかがおびえていることに、声の途中《とちゅう》で気づいた。人の目なんて気にしない、『科学』をおもしろがるセンスのある、風変わりで強い、私の妹が弱気になっている。

⑧「なれるよ」と私は答えた。鼻のおくがつんと痛んで、なみだがこらえきれなくなる。

「なってよ」もう一度、今度はそう言い直した。

一学期の終業式をむかえて夏休みに入っても、うみかは退院できなかった。私は五年のうみかのクラスからもらったおみまいの色紙と「早くよくなってね」と書かれた紙がぶらさがった千羽鶴《せんばづる》を預かって、病室を訪ねた。

「骨が曲がった方向でくっついちゃってるから、手術しなきゃならないかもしれない」

うみかの口調は、いつもみたいに淡々としていた。私は「え」とつぶやいて、とっさにうみかのうでを見てしまう。それからあわてて目をそらした。

「手術、するんだ？」

「足、持ってあげようか」

「いいよ。私、自分で回れるようになるから」

うみかの顔が、表情をなくした。おや、と思う間もなく、うみかが首をふる。

「ううん。いてほしい」

今度は私が表情をなくす番だった。そんなふうに素直《すなお》に言われたら、逆らえなかった。

「――見てれば、いいの？」

「うん。お願い」こくりとうなずいて、それから何度も何度も、空に向けて足をける。

「エンデバーってどういう意味か知ってる？」何度目かの失敗の後で、うみかが息を切らして言った。

私は「知らない」と首をふった。

「努力」とうみかが答えた。

空にうっすらと藍色《あいいろ》が降りてきて、うすい色の月が見え始めてしばらくしたころ、うみかがとうとう練習をやめた。妹が鉄棒をはなれたのと入れちがいに、今度は私が逆上がりをする。

足を上げる時、つま先の向こうに白い月が見えた。今日、うみかは何度も何度もこうやって、私と同じように、月をけってたんだなぁと思った。

逆上がりを成功させて、すとっと地面に降りた私に向け、うみかが「いいなぁ」とつぶやいた。

家に帰ると、もう七時を回っていて、私たちは、おじいちゃんとお母さんにしかられた。お父さんがまだ帰ってきてなくて、よかった。

「明日も練習、一緒に来てくれる？」

うみかとひさしぶりにおふろに一緒に入った。鉄棒をつかみすぎたせいで感覚がおかしいのか、うみかが何度も手をグーとパーに動かしている。

⑤「いいよ」と私は答えた。だれかが何かできるようになる瞬間《しゅんかん》に立ち会うのがこんなに楽しいとは思わなかった。

翌日が、※③『りぼん』と『なかよし』の発売日だったことを、私はすっかり忘れていた。※④ミーナが「うち来るでしょ？」と聞く声にはっとした。毎月、発売日の放課後にミーナとコンビニに一冊ずつそれぞれ買いに行って、どちらかの家で一緒に読むのが、いつの間にかルールみたいになっていた。

その二冊読みたさに私たちの仲間に入りたがっている子はほかにもいる。でも、ミーナは「はるかは親友だから」と、私だけをさそってくれる。

「行く！」漫画が読みたいのはもちろんだったけど、すぐに返事をしたのは別の理由からだった。「親友」のミーナのさそいを断ったら、ミーナは次から早苗《さなえ》ちゃんとか、だれか別の子をさそうようになってしまうかもしれない。もう、次から私を呼んでくれなくなるかもしれない。

うみかと鉄棒のことが頭をかすめたけど、練習はどうせ明日もあさってもするだろう。今日の放課後に付き合えなくなったことを伝えるため五年の教室によると、うみかはすでに帰ってしまった後だった。

⑥どうしようか迷ったけど、すぐに、まぁいいか、と考え直す。

ミーナの家を後にしたのは六時過ぎだった。『ちびっこ広場』に、もうみかはいないだろうと思ったけど、帰り道だから一応よった。広場を囲んだ灰色のフェンスごしに見える⑦鉄棒の付近に人かげはにすぐそこに』の文字が見えた。

気持ちがざわっとした。

②「いやだよ」と、反射的に声が出た。

あんまりなんじゃないか。うみかがどれだけ宇宙のことを好きか知らないけど、だからってそのために私から楽しみをうばう権利なんかない。だいたい、普段《ふだん》あんなに生意気な態度を取ってるくせにこんな時だけ調子いい。

「私だって、『学習』が楽しみなんだもん。いいじゃん、五年の読んでれば。来年になれば、いやでもあんた六年になるでしょ」

「今年じゃなきゃ、ダメだと思う。お願い、お姉ちゃん」

すぐに折れると思ったのに、食い下がったのがさらに生意気に思えた。私だって、『5年の学習』を読むのを我慢《がまん》して、一度だってうみかにたのんだことなんかなかったのに。にらみつけると、うみかが思いがけず、必死な声で続けた。

「今年の『科学』は、特別なの」

「どうして？」

「※②毛利さんが、九月に、宇宙に行くから」

私はあっけに取られた。うみかの目は真剣《しんけん》だった。「お願い」とまた、くり返す。

「五年のよりくわしく、そのことがのるかもしれない。今年じゃなきゃ、ダメなの」

「……そんなに好きなの？」

毛利さんや宇宙への情熱のせいなのか、それとも私とケンカして興奮してるだけなのか、わからないけど、うみかの目が赤くなっていた。こくん、と無言でうなずいて顔をふせる。開きっぱなしの来月号の予告ページに、ぽとっとなみだのつぶが落ちた。

③二人してお母さんに『6年の科学』『6年の学習』、両方を買ってくれるようにたのみに行く。

お母さんは「ふうん」とうなずいた後で、うみかに「じゃあ、がんばらなきゃね」と告げた。

「うみか、逆上がりできるようになった？」

うみかの全身にぴりっと電気が通ったように見えた。痛いところつかれたっていう顔だ。

「うみかだけできなくて居残りになったって、この間泣いてたでしょう？　みんなに笑われたって」

うみかは答えなかった。④私はおどろいていた。

この子がくやしがるとか、人の目を気にするところなんて想像できない。何かのまちがいなんじゃないかと思っていたら、お母さんが「好ききらいが多いからよ」とうみかに言い、さっさと台所にもどってしまう。

結局、『6年の科学』の追加がオーケーになったのかどうかはわからないままだった。

鉄棒のbトックンは、近所の『ちびっこ広場』で放課後にやることにした。私が一緒《いっしょ》にやろうと言う前から、うみかは毎日ここで練習していたらしい。

毛利さんが宇宙に行くのは九月。スペースシャトルエンデバーの名前をテレビでも少し前から紹介《しょうかい》してる。

「そんなに楽しみなの？」

「楽しみ」

別に意地悪で聞いたわけじゃなかったけど、うみかの返答は短かった。

鉄棒を両手でにぎり、えいっと空に向けてけり上げたうみかの足が、重力に負けたようにばたんと下に落ちる。

平成二十八年度 麻布中学校

【国語】（六〇分）〈満点：六〇点〉

次の文章を読み、設問に答えなさい。

「今日の『銀河』は、久和《ひさかず》くんが書いたものです。配ります」帰りの会で、湯上《ゆがみ》先生が声を張り上げる。前の方から順に、「やだぁ」とか「わぁ」とかしのび笑いがもれる。書きなぐられた文字と、ゲームのキャラクターのイラスト、『男子10人に聞きました！』という見出しの下に、好きなゲームソフトの名前がずらっと並ぶ。

浮《う》いてしまう子、というのはどこにでもいて、それは『銀河』を書く時にはっきりとわかった。

六年生になって、それまで担任の先生が書いていた学級だより『銀河』を私《わたし》たちが書くようになった。一学期のうちは私の順番は回ってこないけど、九月になったら私も書かなきゃならない。①私はそれを、絶対に無難で、まじめな内容にしようと決めていた。事務的な連絡事項《れんらくじこう》に徹《てっ》して、絶対に悪目立ちする浮くものにだけはしない。

ふと、もしうみかだったら何を書くんだろうか、と考えた。目立つことがあまりよくない『銀河』だけど、これまで一度だけ、文章がかがやいて見えたことがあった。学級委員の椚《くぬぎ》さんが書いた記事だった。

クラスのことから内容がはなれずに、だけどきちんと文章がおもしろい。家に持ち帰って机の上に置いておいたら、うみかがのぞきこんで読んでいた。「いいでしょ？」と声をかけると、うみかは落ち着きはらった声で「思ってたのとちがってた」と答えた。

「『銀河』って書いてあったから、ａカンソクの歴史とか、銀河の構造とか、そういうのが書いてあるのかと思った」

また、いつもの反論だ。自分の妹とも思えない考え方に、私はおこってしまった。

「あんた、宇宙人なんじゃないの」

「そうだよ。私たち地球人は、みんな宇宙人だもん」うみかが平然と答えて、私は絶句する。

その日、布団《ふとん》に入ってからもイライラは収まらなくて、うみかの顔を思い浮かべながら、私は、バカ、宇宙人！　と心の中で文句を言い続けた。

私たちはおたがいの買ったものを交換《こうかん》して読み合う。趣味《しゅみ》が合わない時もあるけど、少なくとも、※①学研の雑誌は、おたがいにだまって読む。

うみかの『科学』は、やはり『学習』に比べて漫画《まんが》が少ない分うすくて、文章も説明文みたいに淡々《たんたん》としてる記事が多かった。あるいは、この勉強っぽいページも、うみかにとっては遊びに見えてるのかもしれない。だけど、私にはちがう。

「お姉ちゃん」

話しかけられて「ん？」と『5年の科学』から顔を上げると、うみかが「お願いがあるんだけど」と話しかけてきた。

「来月から、『6年の科学』を買ってくれない？」

「え」

うみかが「お願い」と頭を下げた。この子にこんなふうにされたことは、これまでで一度もなかった。うみかが開いた『6年の学習』の裏表紙の見返しに、来月の『科学』と『学習』両方の予告が出ていた。見て、あっと思う。『科学』の方に、『特集・宇宙はつい

平成28年度

麻布中学校 ▶解説と解答

算数 (60分) ＜満点：60点＞

解答

[1] ア…7，イ…$18\frac{4}{7}$　[2] 10：2：3　[3] (1) 1680m　(2) **太郎君**…毎分140m，**次郎君**…毎分84m　(3) 630m　[4] (1) $1680mm^2$　(2) $1200mm^2$　(3) $3080mm^2$
[5] (1) 47番目　(2) **最も小さいのは**…1125，**3番目に小さいのは**…4500　(3) 1440，4320，7200　[6] (1) **黒い正方形**…80個，**白のつながっている部分**…21個　(2) 29個　(3) 417個

解説

[1] 単位の計算

毎分10Lの割合で入れた時間は，10÷10＝1(分)，毎分12Lの割合で入れた時間は，$20\div12=\frac{5}{3}$(分)，毎分14Lの割合で入れた時間は，$30\div14=\frac{15}{7}$(分)，毎分16Lの割合で入れた時間は，$40\div16=\frac{5}{2}$(分)である。よって，かかった時間は，$1+\frac{5}{3}+\frac{15}{7}+\frac{5}{2}=7\frac{13}{42}$(分)である。これは，$\frac{13}{42}\times60=18\frac{4}{7}$(秒)より，7分$18\frac{4}{7}$秒となる。

[2] 平面図形―辺の比と面積の比

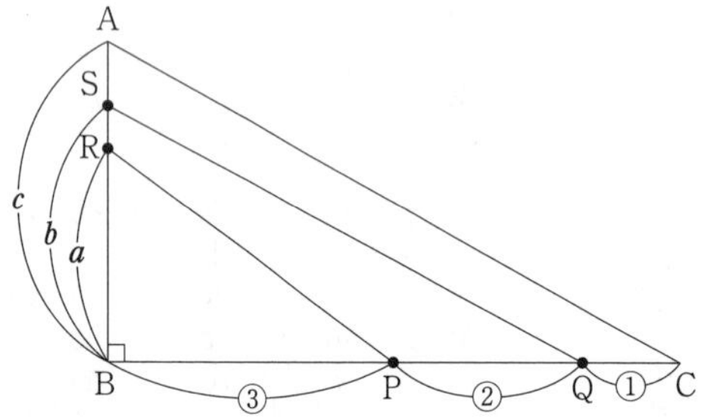

三角形RBP，SBQ，ABCの面積の比は1：2：3である。また，これらの三角形の底辺の比は，BP：BQ：BC＝3：(3＋2)：(3＋2＋1)＝3：5：6である。よって，左の図のように，これらの三角形の高さをそれぞれa，b，cとすると，$(3\times a):(5\times b):(6\times c)=1:2:3$となる。したがって，$a:b:c=\frac{1}{3}:\frac{2}{5}:\frac{3}{6}=10:12:15$だから，BR：RS：SA＝$a:(b-a):(c-b)$＝10：(12－10)：(15－12)＝10：2：3と求められる。

[3] 速さと比，つるかめ算

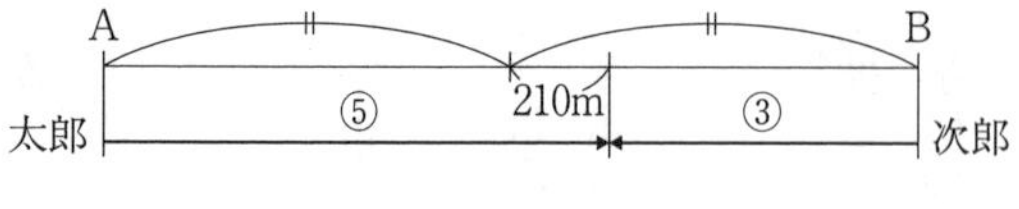

(1) 2人が出会うまでに進む道のりの比は，速さの比に等しく5：3だから，左の図のように表すことができる。このとき，太郎君が進む道のりはAB間の道のりの半分よりも210m長く，次郎君が進む道のりはAB間の道のりの半分よりも210m短いので，2人が進む道のりの差は，210×2＝420(m)である。つまり，⑤－③＝②にあたる道のりが420mだから，①にあたる道のりは，420÷2＝210(m)となり，AB間の道のりは，210×(5＋3)＝1680(m)とわかる。

⑵　太郎君と次郎君の速さの比は5：3なので，太郎君と次郎君がAB間を進むのにかかる時間の比は，$\frac{1}{5}:\frac{1}{3}=3:5$である。この差が8分だから，比の1にあたる時間は，$8\div(5-3)=4$(分)となり，太郎君がAB間にかかる時間は，$4\times3=12$(分)とわかる。よって，太郎君の速さは毎分，$1680\div12=140$(m)，次郎君の速さは毎分，$140\times\frac{3}{5}=84$(m)と求められる。

⑶　次郎君がAB間にかかった時間は，$12\times\frac{5}{3}=20$(分)なので，太郎君がAB間にかかった時間は，買い物をした時間を除くと，$20+2-7=15$(分)となる。また，太郎君の買い物をした後の速さは毎分，$140-40=100$(m)だから，右上の図のようにまとめることができる。毎分100mの速さで15分進んだとすると，$100\times15=1500$(m)進むので，実際の道のりよりも，$1680-1500=180$(m)短くなる。毎分100mのかわりに毎分140mの速さで進むと，進む道のりは1分あたり40m長くなるから，毎分140mの速さで進んだ時間は，$180\div40=4.5$(分)とわかる。よって，A地点からスーパーまでの道のりは，$140\times4.5=630$(m)である。

毎分140m ｝合わせて15分で
毎分100m ｝1680m

4　平面図形―面積

図1

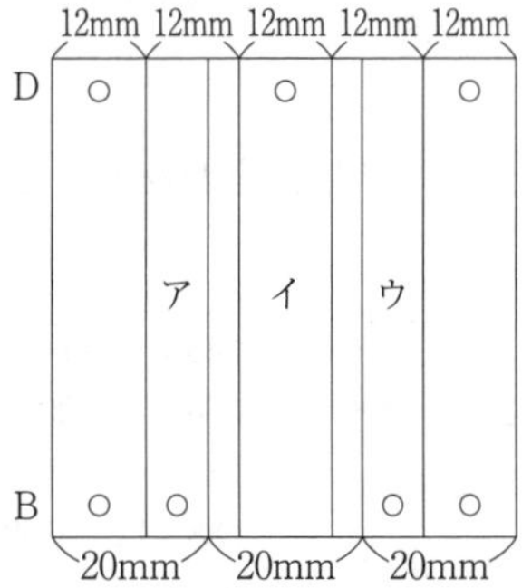

図2

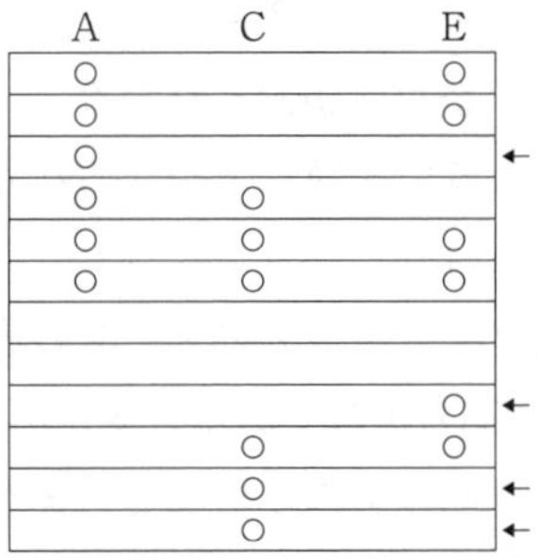

図3

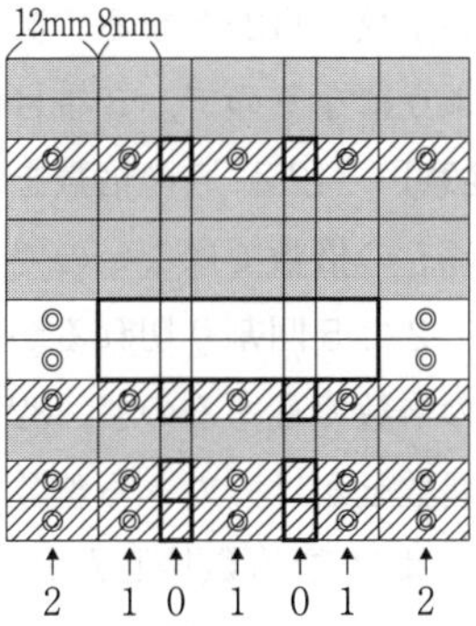

⑴　BとDの各部分の幅《はば》はそれぞれ，$60\div3=20$(mm)，$60\div5=12$(mm)だから，BとDの灰色の部分に○印をつけると，上の図1のようになる。BとDを重ねたときに灰色に見えるのは，○印が1個だけついている部分なので，ア，イ，ウの3か所ある。アとウの部分の幅は，$20-12=8$(mm)，イの部分の幅は12mmだから，これらの合計は，$8\times2+12=28$(mm)となる。よって，灰色に見える部分の面積は，$60\times28=1680$(mm^2)と求められる。

⑵　Aは2等分，Cは4等分，Eは6等分されている。2と4と6の最小公倍数は12なので，上の図2のように横方向に12等分し，A，C，Eのそれぞれについて灰色の部分に○印をつけると，図2のようになる。A，C，Eを重ねたときに灰色に見えるのは，○印が1個だけついている部分だから，「←」をつけた4か所ある。また，1か所あたりの幅は，$60\div12=5$(mm)なので，これらの合計は，$5\times4=20$(mm)とわかる。したがって，灰色に見える部分の面積は，$60\times20=1200$(mm^2)と求められる。

⑶　図1と図2を重ねた状態を考える。図2で○印が2個以上ついている部分を黒くぬり，1個だけついている部分に斜線《しゃせん》をひくと，上の図3のようになる。さらに，縦方向に見たときの○印の個数は「↑」のようになるから，◎印をつけた部分も黒色に見えることになる。よって，黒色に見えない部分は太線で囲んだ長方形である。このうち中央の長方形は，縦の長さが，$5\times2=10$(mm)，横の長さが，$60-12\times2=36$(mm)なので，面積は，$10\times36=360$(mm^2)となる。また，その他の

長方形1個の面積は，5×(12−8)=20(mm²)であり，これが，4×2=8(個)あるから，黒色に見えない部分の面積の合計は，360+20×8=520(mm²)と求められる。さらに，正方形全体の面積は，60×60=3600(mm²)なので，黒色に見える部分の面積は，3600−520=3080(mm²)となる。

5 場合の数，整数の性質，調べ

(1) 上2けたが10の場合，下2けたの和は，9−(1+0)=8だから，下2けたは08〜80の9通りある。同様に，上2けたが11の場合，下2けたの和は，9−(1+1)=7なので，下2けたは07〜70の8通りある。以下同様に考えると右の図のようになるから，千の位が1の場合は，(1+9)×9÷2=45(通り)あることがわかる。また，千の位が2の場合は小さい順に，2007，2016，…となるので，2016は，45+2=47(番目)である。

10□□…9通り	15□□…4通り
11□□…8通り	16□□…3通り
12□□…7通り	17□□…2通り
13□□…6通り	18□□…1通り
14□□…5通り	

(2) 5で3回割り切れるから，5×5×5=125の倍数である。また，9の倍数でもあるので，125×9=1125の倍数である必要がある。ここで，1125の各位の和は，1+1+2+5=9であり，条件に合うから，最も小さい整数は1125となる。次に，1125を2倍，3倍，…して調べると右の図のようになるので，3番目に小さい整数は4500とわかる。

1125×1=1125	○
1125×2=2250	○
1125×3=3375	×
1125×4=4500	○

〔注意〕 1125に5の倍数をかけると5で4回以上割り切れてしまうから，条件に合わなくなる。2，4は5の倍数ではないので，条件に合う。

(3) 2で5回割り切れるから，2×2×2×2×2=32の倍数である。また，9の倍数でもあるので，32×9=288の倍数である必要がある。ただし，288に偶数《ぐうすう》をかけてできる整数は2で6回以上割り切れてしまうから，考えられるのは288を奇数《きすう》倍した整数である。このような数を調べると右の図のようになるので，2016以外では{1440，4320，7200}である。

〔参考〕 4けたの整数の各位の和は，9を超《こ》えてしまう場合が多い。そこで，かける数の一の位の数字を5にすると，積の一の位を0にすることができ，可能性が高くなる。この性質を利用して，はじめにかける数の一の位の数字が5の場合だけを調べるのもよい。また，はじめに求めた1440を奇数倍して求めることもできる。

288×5=1440	○
288×7=2016	○
288×9=2592	×
288×11=3168	×
288×13=3744	×
288×15=4320	○
288×17=4896	×
288×19=5472	×
288×21=6048	×
288×23=6624	×
288×25=7200	○

6 図形と規則

図①
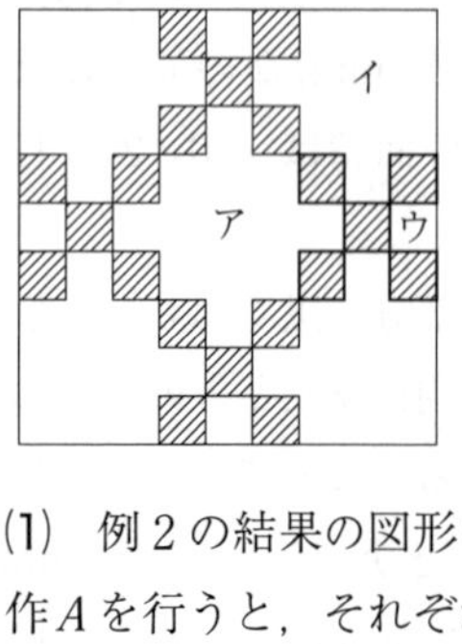

図②
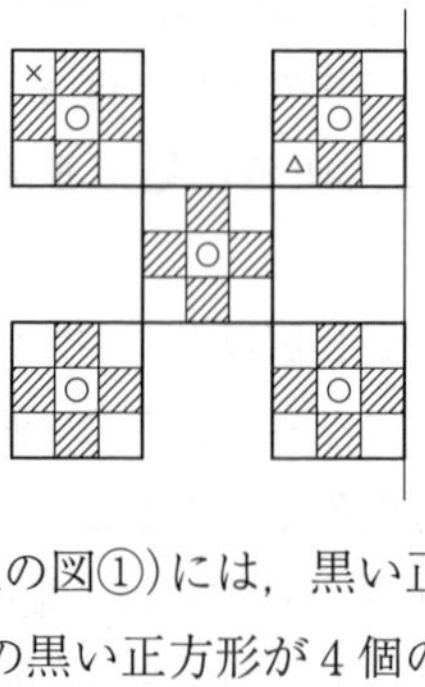

図③
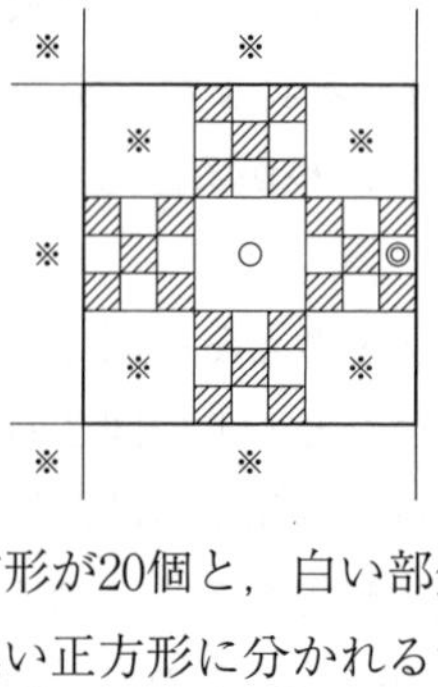

図④
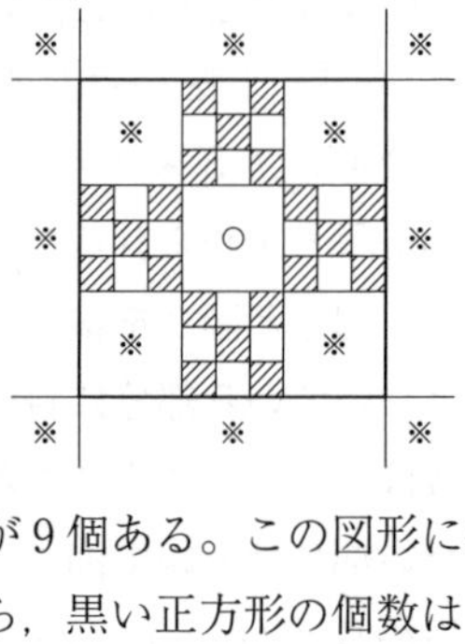

(1) 例2の結果の図形(上の図①)には，黒い正方形が20個と，白い部分が9個ある。この図形に操作Aを行うと，それぞれの黒い正方形が4個の黒い正方形に分かれるから，黒い正方形の個数は4

倍になる。つまり，黒い正方形の個数は，20×4＝80(個)になる。次に，黒い正方形のうち太線で囲んだ部分だけを調べると，上の図②のようになる。このとき，○印以外の白い正方形は図①の白い部分とつながり，図①の白い部分は1個につながることになる(たとえば，×印をつけた部分が白くなることにより，図①のアとイの部分がつながり，△印をつけた部分が白くなることにより，図①のイとウの部分がつながる)。この1個と○印の20個を合わせると，白い部分の個数は，1＋20＝21(個)と求められる。

(2) 図②の太線で囲んだ部分について調べると，元の正方形の辺上にある部分は上の図③，それ以外は上の図④のようになる(これらの図で，※印は1個につながった白い部分を表している)。すると，新しくできる白い部分は，図③の◎印を除くとすべて※印または○印の部分とつながることがわかる。◎印の部分は元の正方形の辺上に2個ずつあるので，全部で，2×4＝8(個)ある。よって，白い部分は(1)のときよりも8個増えて，21＋8＝29(個)になる。

(3) 操作Bを行うと黒い正方形の個数は5倍になるから，(2)の結果の図形(図③，図④)には黒い正方形が，80×5＝400(個)ある。また，(1)と同様に考えると，操作*A*を行った後の白い部分の個数は，つながっている部分の1個と，操作前の黒い正方形の個数の和になることがわかるので，(2)の結果の図形に操作*A*を行うと，白い部分の個数は，1＋400＝401(個)になる。次に，(2)と同様に考えると，操作*B*を行った後の白い部分の個数は，操作前に正方形の辺上にあった黒い正方形の個数分だけ増えることになる。さらに，正方形の1つの辺上にある黒い正方形の個数は，操作*A*を行ったときは変わらず，操作*B*を行ったときは2倍になるから，(1)の結果の図形(図②)には2個，(2)の結果の図形には，2×2＝4(個)あることがわかる。さらに，これに操作*A*を行った後の図形にも4個あるので，続けて操作*B*を行った後の白い部分の個数は401個よりも，4×4＝16(個)増えて，401＋16＝417(個)になる。

社 会 (50分)＜満点：40点＞

解 答

問1 **1** 長野県，岐阜県 **2** 京都府，兵庫県 **問2** **a** 阿賀野(川) **b** 淀(川) **問3** **あ** B **い** A **う** C **問4** う **問5** (例) 村内の秩序を維持し，共有地の管理を共同で行うことや，戦乱にともなう略奪や領主の横暴から村を守るために必要な団結力を強める役割。 **問6** (例) 信長と秀吉は商工業の発展のために関所を廃止したが，江戸幕府は江戸の防衛や治安維持を目的に関所を設けた。 **問7** (例) 杉田玄白らとともにオランダ語の解剖医学書を翻訳した。 **問8** 対馬 **問9** (例) 外国人がわざわざ将軍を訪ねてくる様子を人びとに示し，幕府の権威を高めるため。 **問10** 和同開珎 **問11** (例) 生糸をつくる製糸業の発展に加え，綿花を原料にして綿糸をつくる紡績業も発達していることから，工業化は繊維工業を中心に進んだことが分かる。 **問12** ① (例) 藩閥政治は不平等であり，すべての国民が平等に政治にたずさわるべきだと考えていた。 ② (例) 秩父と貿易港の横浜を行き来する商人らによって欧米の人権思想がいち早く伝わり，その影響を受けたから。 **問13** (例) 自由民権運動が激しくなるなかで，生活に苦しむ農民が再び自由民権運動と結びついて同じような事件を起こさないようにしたいという考え。 **問14** (例) 朝鮮半島は第二次世界大戦後，アメリカや中国，ソ連などの都合によって南北に分断されたため，同じ民族での争いが起き，はなればなれになった家族が会えなくなったり，経済的な格差が生まれたりしている。　**問15**　(例)　海外留学をすると，他国の文化を知るだけでなく，人びととの交流を通じて自分自身を見直すきっかけにもなるように，異なるもの同士が接することで，これまでにない発想を生み出すことができるようになるから。

解説

「境」を題材にした問題

問1　それぞれの地方で，府県を横断するように分水嶺《ぶんすいれい》の線が引かれているところに注目する。

1　長野県は，日本海に流れ込《こ》む信濃川水系と，太平洋に流れ込む天竜川水系で南北に大きく分けられる。岐阜県は，日本海に面する富山湾に流れ込む庄川《しょうがわ》水系と，伊勢《いせ》湾(愛知県・三重県)へと流れ込む木曽川水系(長良川)で，おおむね北部(飛驒《ひだ》)と南部(美濃《みの》)に分けられる。　**2**　丹波《たんば》高地と中国山地が分水嶺となり，京都府はおおむね北部(丹後)と南部(丹波・山城)に分かれ，兵庫県はおおむね北部(但馬《たじま》)と南部(播磨《はりま》・丹波・摂津《せっつ》の一部)に分かれている。

問2　**a**　福島県西部や新潟県が流域となっていることから，阿賀野川と分かる。阿賀野川は尾瀬沼(群馬県・福島県境)や猪苗代《いなわしろ》湖(福島県)を源流とする支流を集めて西に流れ，新潟市で日本海に注ぐ。　**b**　淀川《よどがわ》は滋賀県の琵琶湖を水源とし，滋賀県内では瀬田川，京都府では宇治川と呼ばれ，三重県や奈良県，兵庫県を流れる支流を集めて大阪湾に注ぐ。

問3　各グラフの気温や，降水量の最大あるいは最小となっている部分に注目する。Aでは，②の1月の気温が0℃を下回っている。示された地点のうち，1月の平均気温が0度を下回る都市をふくむのは，中央高地を通る「い」のみである。なお，「い」の①は冬の降雪量が多い上越市(新潟県)，②は松本市(長野県)，③は静岡市。また，太平洋側の各グループの③のうち，夏(7月)の降水量が最も多いのは，沖合いを流れる暖流の黒潮(日本海流)や梅雨，台風の影響《えいきょう》が大きい高知県なので，Cが「う」と判断できる。なお，「う」の①は鳥取市，②は高松市(香川県)，③は高知市。残った「あ」にはBがあてはまり，①が新潟市，②が前橋市(群馬県)，③が東京(東京都千代田区)である。

問4　図2からは取手市(茨城県)の小堀《おおほり》地区が利根川の南岸に位置していることが分かるが，これは1914年に蛇行《だこう》していた利根川の流路をまっすぐにする改修工事が行われたためである。これにより小堀地区への渡《わた》し舟の運行が開始され，1999年には循環《じゅんかん》バスの運行も始まった。図2で示された範囲《はんい》内では，千葉県と茨城県を隔《へだ》てる利根川には，国道の橋である大利根橋と，常磐線《じょうばんせん》の橋りょうがかけられているのみである。よって，「う」が誤っている。なお，この地区の上下水道は我孫子《あびこ》市(千葉県)の事業となっている。

問5　室町時代，村人たちが寄合《よりあい》という会合を開いて掟《おきて》を決め，自治を行う村が出現した(惣村《そうそん》)。掟という共通のルールは，共同作業が必要な農業や，入会地《いりあいち》(共同利用する土地や山林)・用水の管理，あるいは村の祭礼などを行ううえで欠かせないものであった。また，室町時代には南北朝の争乱や応仁の乱のような政治不安があり，こうした混乱にともなう略奪《りゃくだつ》や領主の横暴に対し，村人たちは自らの生命や土地・財産を守るために団結する必要があった。このような時代に，同じ集団に属する者が同じルールで行動することは，村内の秩序《ちつじょ》や治安を維持《いじ》するだけでなく，村人たちの連帯感，団結力を強める役割も果たしていたと考えられる。

問6　室町時代，幕府や寺社，公家などは，当時増加していた交通・運輸量に目をつけ，通行税を取るために各地に関所を設けた。しかし戦国時代になると，これが領地の商工業発展を妨《さまた》げていると考え，領内の関所を廃止する戦国大名が現れた。織田信長や豊臣秀吉はこれを全国に広げ，経済の発展をはかった。一方，江戸幕府は支配体制をより強固なものにするため，江戸防衛や大名の反抗阻止《そし》，治安の維持を目的に関所を設けた。街道の要地に置かれた関所では，「入り鉄砲に出女」といったように，江戸への武器持ち込みや大名の妻女の逃亡をとくに注意して監視した。

問7　前野良沢《りょうたく》は豊前《ぶぜん》中津藩(大分県)の藩医で，青木昆陽《こんよう》についてオランダ語を学び，その後長崎で蘭学を学んだ。杉田玄白らと死刑囚《しゅう》の解剖に立ち会った際，西洋医学の正確さに驚《おどろ》き，オランダ語の解剖医学書『ターヘル・アナトミア』の翻訳《ほんやく》にとりかかり，翻訳に指導的な役割を果たした。翻訳書は1774年に『解体新書』として刊行されたが，良沢は自分の名を出すことを拒《こば》んだため，出版は杉田玄白が中心となって行われた。

問8　対馬《つしま》(長崎県)は朝鮮半島と九州の間に位置し，古くから大陸との交通の要地であった。対馬藩の宗《そう》氏は，豊臣秀吉の朝鮮出兵でとだえていた国交の回復に成功し，江戸時代には朝鮮との外交の窓口として貿易を独占し，朝鮮通信使の江戸への派遣を仲立ちした。

問9　琉球《りゅうきゅう》王国は尚巴志《しょうはし》が三山に分かれていた全島を1429年に統一して成立した。王国は日本・中国・東南アジアとの中継《ちゅうけい》貿易で栄えたが，江戸時代に薩摩《さつま》藩(鹿児島県)に侵略《しんりゃく》されて降伏し，清(中国)と日本との二重支配を受けた。王国からは，将軍の代がわりごとに慶賀使が，琉球国王の代がわりごとに謝恩使が江戸に派遣された。琉球からの使節が日本人と異なる服装を強要されたのは，外国から使節がわざわざ将軍を訪ねてくる様子を人びとに見せることで，将軍や幕府の権威《けんい》が外国にまでおよんでいることを示そうというねらいがあったためである。

問10　708年，武蔵国秩父《ちちぶ》(埼玉県)で天然の銅が産出され，朝廷に献上《けんじょう》されたことをきっかけに「和同開珎《かいちん》」が鋳造《ちゅうぞう》された。平城京遷都《せんと》(710年)のための経費を確保するという目的もあったといわれており，政府は流通を奨励《しょうれい》したが，実際には都とその周辺でしか用いられなかった。

問11　「綿花」と「綿糸」，「綿織物」に注目すると，「綿花」の輸入額が飛躍的《ひやくてき》に伸びた1890年以降，「綿糸」「綿織物」の輸出額も大幅《おおはば》に伸び，1900年には「綿糸」の輸出額が輸入額を上回るほどになっている。また，「生糸」は，対総計比は減少しているが，輸出額は伸びており，「絹織物」の輸出も増えている。これは，明治政府の殖産興業政策が繊維産業を中心に進められ，生糸をつくる製糸業だけでなく，綿花から綿糸をつくる紡績《ぼうせき》業も日本の工業や貿易を支えるようになっていったことを示している。

問12　①　明治政府では，維新に功績のあった薩摩藩や長州藩(山口県)など一部の藩の出身者で要職が占《し》められる藩閥《はんばつ》政治が行われていた。示された条文からは，仙台藩(宮城県)の下級武士だった千葉卓三郎がこうした政治のあり方を不平等だと感じ，「特定の地方出身者」など一部の人に特権を与《あた》えるようなことはせず，すべての国民が平等であることを前提に政治が行われるべきだと考えていたことが読み取れる。　②　図3から，五日市(東京都あきる野市)は秩父と，貿易港がある横浜(神奈川県)を結ぶ道のほぼ中間に位置することが分かる。よって，生糸などの貿易品をあつかう商人などから欧米人の考え方や欧米の人権思想がいち早くもたらされ，それに影響された人びとが自由民権運動の担《にな》い手になっていったのだと考えられる。

問13　自由民権運動の広がりとともにその活動は激化し，自由党員は各地で政府と衝突《しょうとつ》する事件を起こしていた。こうしたなかで1884年10月に起きた秩父事件は，生糸の価格が暴落して生活に苦しむ養蚕《ようさん》家らが自由党員の指導で起こしたもので，約１万人が高利貸しや役所などを襲撃《しゅうげき》した。しかし政府はこの事件を「少数のならず者やばくち打ち，脱獄《だつごく》者が農民をそそのかして起こした事件」と発表することで，生活苦の農家が自由民権運動と結びつき，同様の事件を起こすことを防ごうとしたのである。

問14　歴史上，社会の都合や必要から境が設けられた事例は，国の内外を問わず多数にのぼる。人種の違《ちが》いによる境としては，たとえば南アフリカ共和国がかつて行っていた極端な人種隔離《かくり》政策である「アパルトヘイト」があげられる。民族の違いによる境としては，北海道の先住民であるアイヌ民族が日本人への服属と同化をせまられ，民族の独自性や固有の文化を無視されてきた事例がある。健常者とそうでない人との境としては，日本でライ病患者《かんじゃ》を，正しくない根拠《こんきょ》にもとづいて専門の療《りょう》養所《ようじょ》に隔離してきた事例などがあげられる。このほか，宗教や思想，性別など，さまざまな境がある。このような境は，社会的な差別を生んだり差別意識をあおることにつながったりするため，差別を受ける側の人びとに，日常生活から教育や就職の機会，結婚など，さまざまな場面で大きな不利益を与えることになる。

問15　近年グローバル化が進み，国の境を越《こ》えた交流が盛んに行われるようになった。言語や文化，生活習慣の異なる外国人との交流は，これまでの自分の価値観を見直し，新たな発想を生み出す機会となる。海外留学や外国人留学生の受け入れは，こうした点で非常に有意義なことだといえる。江戸時代末の開国が経済や社会に混乱をもたらした一方で，欧米の近代的思想や技術が日本に活力を与えた歴史もある。「あんパン」や「たらこスパゲッティ」のように，昔からあったものと外国から伝わったものが組み合わさり，新たな料理が生まれたという例も多い。お年寄りと若い人たちが年齢《ねんれい》という境を越えて交流することで，それぞれが知らなかったものを共有できるといった場面もあるだろう。このように，異なるもの同士が接し交わることは今までの自分になかったものを体験することであり，だからこそ新たなものを生み出す活力につながるのである。

理　科　(50分) ＜満点：40点＞

解　答

1 **問1**　ア，オ　　**問2**　ク　　**問3**　(例)　東向きに窓があり，カーテンが開いている状態の部屋。　　**問4**　時差ぼけ　　**問5**　エ　　**問6**　右の図

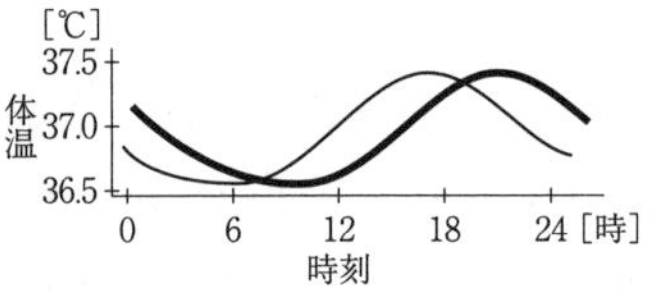

2 **問1**　**A**　結びつかない　　**B**　結びつく　　**問2**　エ　　**問3**　**小麦ふすま**…(例)　微生物の栄養分にするため。**灰汁**…(例)　微生物が生育できるアルカリ性の環境にするため。　　**問4**　(例)　水酸化ナトリウム水溶液　　**問5**　(例)　水に溶けるようにするため。**問6**　(例)　薬品による化学変化。　　**問7**　ウ，オ　　**問8**　**a**　エ　　**b**　ア　　**c**　ウ　　**d**　ア　　**問9**　ア(から)ウ(に変化するとき)　　**問10**　(例)　不純物が洗い流されて，純粋な合成インジゴに近づくから。　　3 **問1**　(例)　最高点がどこになるのかわかりにくい　**問2**　(例)　重心の位置が下がり，振り子の長さが長くなるから。　　**問3**　ウ　　**問4**　秒速157cm　　**問5**　イ　　**問6**　オ　　**問7**　ア　　**問8**　**記号**…ア　　**理由**…(例)　最高点から

最下点に達するまでの方が振り子の長さが長いから。　**問9**　(例)　最高点にきたときに足を下げ，最下点にきたときに足を上げる。　**4**　**問1**　**海洋**…大西洋　**大陸**…南アメリカ大陸，アフリカ大陸　**問2**　**1**　イ　**2**　カ　**問3**　ア　**問4**　**a**　イ　**b**　ウ　**問5**　ア　**問6**　イ　**問7**　一億年後　**問8**　南東

解説

1　体内時計についての問題

問1　チーターやアゲハチョウは昼行性であるが，オオカミやカブトムシ，ネズミの多くは夜行性である。

問2　ヒトの体内時計のリズムは地球のリズムよりも1時間長いため，外部からの刺激《しげき》などがなければ，眠くなる時間や起床《きしょう》時間などはしだいに後ろにずれていく。このことから，ヒトは夜ふかししやすく，朝ねぼうしやすいと考えられる。

問3　ヒトは体内時計を強い光の刺激を受けることで毎朝調節しているので，毎朝7時ごろに太陽の光が部屋の中に差しこむようにすれば，気持ちよく目覚めることができる。午前7時ごろに太陽は東の空にあるので，東向きの窓があり，朝日が差しこむようにカーテンの開いている部屋で寝るとよい。

問4　時差のある場所へ飛行機で移動すると，生活時間のずれのために眠気やだるさなどの体調不良が起こることがあり，これを時差ぼけという。体内時計が固定されて調節できないと，海外に移住する人たちは時差ぼけが解消できないことになる。

問5　日本との時差が大きいほど，時差ぼけが深刻になる。一般に経度の差が大きいほど時差も大きくなるので，ここではヨーロッパに位置するイギリスが選べる。

問6　B君が眠くなる午前2時ごろは，A君が寝る午後10時のおよそ4時間後である。よって，B君の1日の体温の変化は，A君の体温の変化を4時間ほど後ろにずらしたものになると考えられる。

2　藍染《あいぞめ》についての問題

問1　しみこんだ染料《せんりょう》は繊維《せんい》と結びつくため洗っても落ちないとのべられていることから，水で洗えば落ちてしまう顔料は繊維と結びつかないことになる。

問2　「すくも」作りでは，3～4日ごとに水を加えて100日ほど混ぜ合わせるため，水の量の管理が重要であると考えられる。また，微生物《びせいぶつ》のはたらきを用いるので，微生物がはたらきやすいように温度の管理も重要である。

問3　栄養成分が豊富に含《ふく》まれている「小麦ふすま」は，微生物の栄養分となる。また，灰を水に入れてできるアルカリ性の上澄《うわず》みである「灰汁《あく》」を加えて，藍に関係する微生物が生育できるアルカリ性の環境にしている。

問4　「灰汁」はアルカリ性の環境を作るために加えているため，アルカリ性の水溶液《すいようえき》である水酸化ナトリウム水溶液や重そう水，石灰水(水酸化カルシウム水溶液)などがかわりになり得る。

問5　水に溶《と》けないインジゴを水に溶けやすいロイコインジゴにすることで，ロイコインジゴが水に溶けて，繊維の内部にしみこむようになる。

問6　インジゴからロイコインジゴへの物質の変化は，別の物質へと変わる化学変化である。現在では薬品による化学変化が用いられていると考えられる。

問7　一般に，食酢《しょくす》は微生物のはたらきによって作られた酒(アルコール)に種酢を加えたものを，

さらに微生物のはたらきで発酵《はっこう》させて作られる。また，ヨーグルトは，生乳や乳製品を微生物のはたらきによって固めたクリーム状の食品である。どちらにも，水に溶けると酸性になる「酸」と呼ばれる物質ができている。

問8　藍染を行う工程の順に物質の変化を追っていくと，まず，蓼藍《たであい》の葉に含まれているインジカンという無色の物質が，微生物のはたらきでインジゴという藍色の物質になる。そして，水に溶けないインジゴを，微生物のはたらきによって水に溶けやすいロイコインジゴに変化させる。このロイコインジゴが水に溶けて繊維の内部にしみこみ，その後，空気にふれて酸化(酸素と結びつくこと)すると元のインジゴに戻《もど》る。ここでのインジゴは，伝統的な製法で作られた天然インジゴであり，工業的に生産された合成インジゴではない。

問9　問８でのべたように，ロイコインジゴが元の天然インジゴに戻るときに酸化している。このことから，酸化の逆の変化は天然インジゴがロイコインジゴに変化するときに起こると考えられる。

問10　天然インジゴを用いると，同じ素材の布を染《そ》めても製品ごとに微妙《びみょう》な色の違いが生まれるとのべられている。これは，天然インジゴが合成インジゴに比べて不純物が多く，その種類や量によって影響の出方が違うためと考えられる。したがって，天然インジゴで染めた布が洗えば洗うほど合成インジゴで染めた色に近づくのは，洗うたびに不純物が取りのぞかれ，純度が高まるためと推測できる。

3 ブランコについての問題

問1　振《ふ》り子の周期を測るときに最下点でストップウォッチを押すようにするのは，最下点ではおもりの速さがもっとも速く，この点を通過する瞬間《しゅんかん》がわかりやすいからである。一方，おもりが一瞬止まる最高点付近では，おもりの速さが遅くなっていて，最高点がどこになるのかがわかりにくく，それだけ誤差《ごさ》が大きくなってしまう。

問2　物体の重さが集まっていると考えることができる点を重心といい，振り子の支点から重心までの長さを振り子の長さという。振り子の周期は振り子の長さだけに関係し，振り子の長さが長いほど周期が長くなる。また，振り子の周期はおもりの重さや振れ幅《はば》には関係しない。おもりを図２のようにつなげると，図３よりも重心の位置が下がるので，振り子の長さが長くなり，周期も長くなる。

問3　図４で，２つの振り子は糸の長さが等しいため，大きなおもりの振り子の方が小さなおもりの振り子よりも振り子の長さが長く，周期も長い。

問4　おもりの円軌道《きどう》の半径が10cmのとき，円軌道の長さは，10×２×3.14＝62.8(cm)である。このときおもりが１周する時間は0.4秒であるから，おもりの速さは秒速，62.8÷0.4＝157(cm)と求められる。

問5　円軌道の半径が，20÷10＝２(倍)，30÷10＝３(倍)になったとき，おもりの速さはそれぞれ秒速，20×２×3.14÷1.6＝157×$\frac{1}{2}$(cm)，30×２×3.14÷3.6＝157×$\frac{1}{3}$(cm)となるので，円軌道の半径とおもりの速さは反比例の関係であることがわかる。

〔ほかの考え方〕　表で，円軌道の半径を２倍，３倍にすると，１周する時間は４倍，９倍となっている。おもりの速さは，(円軌道の半径)×２×(円周率)÷(１周する時間)で求められるので，円軌道の半径を２倍，３倍にしたとき，おもりの速さは，２÷４＝$\frac{1}{2}$(倍)，３÷９＝$\frac{1}{3}$(倍)になり，反比例していることがわかる。

問6　実験Aは，回転運動をしている物体の円軌道の半径を，回転方向に力を加えることなく変化させる実験で，半径を小さくするほど1周する時間が短くなり，速さが速くなることがわかる。フィギュアスケートの選手がスピンする場合も，伸ばしていた手(うで)を回転の中心であるからだに引きよせることで，円軌道の半径を小さくして回転を速くさせている。

問7　ブランコに乗っている人が立ったときの重心の位置は，しゃがんだときの重心よりも上に上がり，振り子の長さは短くなるといえる。図7で，d→eでは振り子の長さが短くなり，f→gでは振り子の長さが長くなる。このことから，最高点にきたときにしゃがみ，最下点にきたとき立ち上がると，ブランコの振れ幅を大きくすることができる。

問8　ブランコに乗っている人がしゃがんでいるときは振り子の長さが長いことから，最高点から最下点に達するまでの方が，最下点から最高点に達するまでよりも時間が長くなる。

問9　ブランコの振れ幅を大きくしていくためには，最下点にきたときに重心の位置を上へ，最高点にきたときは重心の位置を下へ移動させる必要がある。立たずに座ったままブランコをこぐ場合には，最下点で足を上げ，最高点で足を下げればよい。

4　大陸移動説についての問題

問1　ヴェーゲナーの大陸移動説の発想は，南アメリカ大陸の東海岸の形とアフリカ大陸の西海岸の形が非常に似ていることから，大西洋をはさむ南アメリカ大陸とアフリカ大陸はもともとつながっていたのではないかと考えたことが始まりといわれる。

問2　ねばり気のある熱い地球が冷えて縮んだことで，表面にしわができたと考えられていた。

問3　それぞれの土地の高さ以上の地表面をすべて合わせた面積が地球の全表面積にしめる割合のグラフを見ると，標高0～1km付近と深さ4～6km付近で割合が大きく変化していることから，それぞれの土地の高さごとの地表面の面積が地球の全表面積にしめる割合のグラフはアのようになる。

問4　水に氷が浮《う》かぶのは，水と氷を同じ体積で比べると氷の方が軽いからである。また，氷山の海面下に沈《しず》んでいる部分の厚さを比べると，海面上に出ている部分の高さが高いほど，海面下の部分は厚くなっている。これと同じように，大陸をつくる物質の方が深海底をつくる物質よりも軽く，大陸をつくる物質の沈んでいる部分は標高が高いほど厚いと考えられる。

問5　プレートより下にはマントルがあり，水や空気と同じように，温度の高い部分では同じ体積あたりの重さが軽くなって上昇《じょうしょう》し，そこへ温度が低い部分が流れこむように対流が起きている。そして，この対流により，マントルの上にあるプレートが移動していく。ハワイと日本が近づいてきているといわれるのは，ハワイ諸島が太平洋プレート上にあり，このプレートが西側に向かってほぼ一定の速さでゆっくり動いて，日本付近で北米プレートの下に沈みこんでいるからである。

問6　グラフより，つくばとカウアイ島の距離《きょり》は，1999年以降は一定の割合で縮み，2011年に大きく縮み，2011年以降は縮む割合が以前に比べやや増えているが一定になっている。2011年は，3月11日に東北地方太平洋沖地震が起きたため，つくばが急にハワイよりの東にずれて大きく距離が縮んだと考えられる。

問7　約6000km離《はな》れた日本とハワイが1年間におよそ6cmの速さで近づくとすると，6000×1000×100÷6＝100000000(年)より，一億年後に日本とハワイがくっつくことになる。

問8　図Yを見ると，噴火《ふんか》のときに，南北方向では北側が上がり，東西方向では西側が上がっている。これは，記録がとられた地点から見て北西の向きに山頂の火口があり，その火口側の地面が上がったと考えられる。よって，山頂の火口から見るとこの地点は南東にある。

国 語 (60分)＜満点：60点＞

解 答

問1 下記を参照のこと。 **問2** (例) 宇宙のことばかり考え，姉である私にいつも反論し，平然とした態度をとることをいらだたしく思っていたから。 **問3** (例) いつもとは異なり，なみだを流すほど真剣にお願いをしてきたうみかの姿に心を動かされたから。 **問4** (例) 強くて，人の目など気にしないと思っていたうみかが，笑われたことがくやしくて泣いたと知り，意外に思ったから。 **問5** ウ **問6** (例) うみかとの鉄棒の練習は明日以降もできるが，今日ミーナのさそいを断れば，次から呼んでくれなくなると思ったから。 **問7** (例) ひとりぼっちで練習をするうみかの姿を見ずにすんでよかったと思う反面，うみかが自分を待っていてくれなかったことを残念に思っている。 **問8** ウ **問9** (例) 自分のせいでうみかが骨折したことに責任を感じ，宇宙飛行士になりたいといううみかの夢をつぶさないためにもできる限りのことをしたいと思う気持ち。 **問10** (例) いやなことがあった時や，つらい気持ちになった時に，うみかは宇宙に居場所を作り，宇宙のことを思い出してたえていたから，あんなに強くいられたのだということ。 **問11** (1) (例) 悪目立ちするような内容を書いてしまうと，クラスの中で浮いてしまって，はずかしい思いをすると考えたから。 (2) (例) うみかから教えてもらった宇宙に関係することが刷られてみんなに配られ，学校に認められるものになったのだということをうみかに見せて喜んでほしかったし，エンデバーに対する喜びと興奮の気持ちを自分も共有していることをうみかに伝えたかったから。

●漢字の書き取り

問1 a 観測 b 特訓 c 神経 d 修正液

解 説

出典は辻村《つじむら》深月《みづき》の『家族シアター』所収の「1992年の秋空」による。「私」は，妹のうみかが逆上がりの練習中に骨折したことをきっかけに，うみかの内面を理解するようになり，宇《う》宙《ちゅう》飛行士になりたいといううみかの夢を応援《おうえん》したいと思うようになる。

問1 a 自然現象の変化を観察したり測定したりすること。 b 「特別訓練」の略。特に集中して厳しく訓練をすること。 c 脳と体の各器官をつなぎ，それぞれの器官が受けた刺《し》激《げき》を脳に伝えたり，脳からの指令をそれぞれの器官に伝えたりする組織。 d 書いた文字のまちがいやよくないところを直すための液体。

問2 『銀河』というタイトルがついた学級だよりを，「観測の歴史とか，銀河の構造とか，そういうのが書いてあるのかと思った」と言っていることから，うみかは日ごろ宇宙のことばかり考えていることがわかる。また，姉の「私」が「いいでしょ？」と声をかけたのに「いつもの反論」をしてきたり，「あんた，宇宙人なんじゃないの」となじっても「平然と答えて」きたりする。こういった態度に「私」の「イライラ」は収まらなかったのだから，「私」がうみかを生意気な，いらだたしい妹だと思っていることが読み取れる。

問3　一度断れば，うみかも「すぐに折れる」と「私」は思っていたのだが，うみかは「思いがけず，必死な声で」，今年の『科学』は毛利さんが宇宙に行く前の号なので「特別」であることを説明し，「真剣《しんけん》」に，目を赤くしてまで「お願い」してきた。いつもの生意気なうみかとは異なる，「真剣」なようすに心を動かされたために，『6年の科学』も買ってくれるように，一緒《いっしょ》に母親にたのみに行ってあげたのである。

問4　「うみかだけできなくて居残りになったって，この間泣いてたでしょう？　みんなに笑われたって」という母親の言葉を聞いて「おどろいていた」ことをおさえる。「私」は，うみかのことを「この子がくやしがるとか，人の目を気にするところなんて想像できない」と思っていたために，うみかが「笑われた」ことをくやしがって泣いたということが意外で，おどろいたのである。

問5　練習の手助けはしなくていいがそばにいてほしいとうみかは言い，「私」のことをたよってきた。そんなうみかに対して，「私」は「そんなふうに素直《すなお》に言われたら，逆らえなかった」と感じている。いつもは生意気なうみかが「素直」な姿を見せ，自分をたよってきたことがうれしかったのである。だから，「明日も練習，一緒に来てくれる？」とうみかに言われた時にも，「いいよ」と快く約束をしたのだと推測できる。

問6　ミーナのさそいに，「私」がすぐに「行く！」と返事をしたのは，「『親友』のミーナのさそいを断ったら，ミーナは次から早苗《さなえ》ちゃんとか，だれか別の子をさそうようになってしまうかもしれない。もう，次から私を呼んでくれなくなるかもしれない」と考えたからである。それに対して，うみかとの鉄棒の練習は「どうせ明日もあさってもするだろう」と思ったために，今日ぐらい約束を破ってもいいだろうと考えたのである。

問7　もし，うみかがまだ練習をしていたとすれば，約束を破ったという負い目があるために，どんな顔でうみかに会えばいいのかという気持ちは当然あったはずで，そのことが鉄棒のそばにうみかの姿がなかったことを確認した時の「ほっとしたような」気持ちに結びつく。その一方で，昨日あれだけ「素直」な態度で「私」のことをたよってくれたうみかが，「私」のことを待っていてくれずに帰ってしまったことが「残念なような気持ち」に結びついている。

問8　うみかは，「宇宙飛行士」になるのが夢だということを「ナイショだよ」と言って「私」だけに教えてくれた。そんなうみかにかけた「なれるよ」という言葉には，「(うみかだったら)なれるよ」と，うみかをはげます気持ちがこめられているが，「なってよ」という言い方には，「(私のためにも)なってよ」という願いがこめられている。うみかが骨折したことに対して「私」が負い目を感じていることや，「人の目なんて気にしない，『科学』をおもしろがるセンスのある，風変わりで強い，私の妹が弱気になっている」ことに「私」が気づいていたことにも注意して，「私」の気持ちを考える。

問9　「もし，骨折で，手術して，うでにボルトを入れたりすると，それがたとえ一個でも，もうそれだけで宇宙飛行士にはなれない」とうみかから聞かされた「私」は，「うみかのうでを切るなんてダメだ。宇宙飛行士が目指せなくなるなんて，ダメだ！」と思っている。また，ぼう線⑨の後で，「あの子のために何ができるだろう」と考え，「図書館でかたっぱしから宇宙飛行士に関する本を探して」読み，「手術したらダメなのか，目指すにはどんなことが必要なのか」を知ろうとしていることに注目する。これは，うみかの夢をこのままつぶしてはいけないと思い，うみかの夢の実現のためにできる限りのことをしたいという「気持ちがおさえられなくなった」ための行動である。

問10　「病院で聞いたうみかの言葉を思い出す」ことがきっかけになって，どんなことが「わかった」のかをとらえる。うみかは「痛みにはにげ場がない」から，そういう時は「自分が宇宙にいるとこ」を「想像する」と語っていた。「私」はその言葉を思い出し，うみかが「いやなことがあった時，いつも大好きな宇宙のことを思い出して」たえてきたであろうこと，そうして「自分の居場所」を作ってきたからこそ「平気」でいられたのだということを理解している。

問11　(1)『銀河』を書く時に「無難で，まじめな内容」にするというのは，「事務的な連絡事項《れんらくじこう》に徹《てっ》して，絶対に悪目立ちする浮《う》くものにだけはしない」ということである。そういった「悪目立ちする」ことを書くと，ゲームのことを『銀河』に書いた久和《ひさかず》くんのように「浮いてしまう子」になってしまうと考えたからである。このことは，最後の場面で，うみかのために「エンデバー」や「毛利さん」のことを『銀河』に書こうと思った「私」が，「学校に関係ないことを書くのは，浮く人間の仲間入りかもしれない」「すごくはずかしいことをしようとしてるんじゃないか」と考えてしまっていることからもわかる。　(2)　うみかにとって「宇宙」とは，「いやなことがあった時」にじっとたえるための「自分の居場所」だった。そのことに気がついた「私」は「自分に何ができるかを，必死に必死に，考え続け」，うみかが「私」に教えてくれた「『科学』やほかの本，新聞で知ったというたくさんのこと」を『銀河』に書くことにしたのである。そう決めた理由については，「うみかに読んでほしい。あの子に教えてもらったことが，刷られてみんなに配られて，学校に認められるものになったんだってことを，見せたかった」と後に書かれている。また，『無事にミッションを終えて帰ってきてくれることをいのっている。』という「最後の言葉」を「かっこつけすぎたかもしれないと反省したけど，結局，そのまま残した」理由については，「うみかと，そして私の今の一番の気持ちだったから」と語っている。ただうみかを喜ばせたいという思いだけでなく，「エンデバー」のことが報道されるたびにうみかが感じていた「喜びと興奮」が「そのまま伝染《でんせん》し」，今では「私」もうみかと同じ気持ちでいることを，『銀河』を通じてうみかに伝えたいという思いがあったために，「最後の言葉」を残したのである。

平成27年度　麻 布 中 学 校

〔電　話〕 (03) 3446－6 5 4 1
〔所在地〕 〒106-0046　東京都港区元麻布２－３－29
〔交　通〕 東京メトロ日比谷線－「広尾駅」より徒歩10分
都営大江戸線・東京メトロ南北線－「麻布十番駅」より徒歩15分

【算　数】 (60分) 〈満点：60点〉

《注意》 円周率の値《あたい》を用いるときは，3.14として計算しなさい。

1　次の計算をしなさい。

$$\left\{3\frac{1}{15}-1.56\div\left(1\frac{1}{4}-0.6\right)\right\}\div\left(1\frac{2}{3}-1.2\right)$$

2　以下の２つの条件にあてはまるような，３つの２桁《けた》の整数ア，イ，ウを求めなさい。

(条件１)　アからウを引いた数とイからウを引いた数との比は２：７である。

(条件２)　アにウを足した数とイにウを足した数との比は５：８である。

3　たて40cm，よこ30cm，高さあcmの直方体の形をした水そうがあり，図１のように仕切りで区切られています。この仕切りの両側に図２のような水道A，Bがあり，両方からそれぞれ毎秒 $18\frac{3}{4}$mLの割合で水を入れていきます。水を入れ始めてから５分36秒後にAから入った方の水の高さとBから入った方の水の高さとが等しくなり，水を入れ始めてから７分28秒後にはA側とB側が同時にいっぱいになりました。このとき，以下の問いに答えなさい。ただし，図１・２は正確とは限りません。また，仕切りの厚さは考えないものとします。

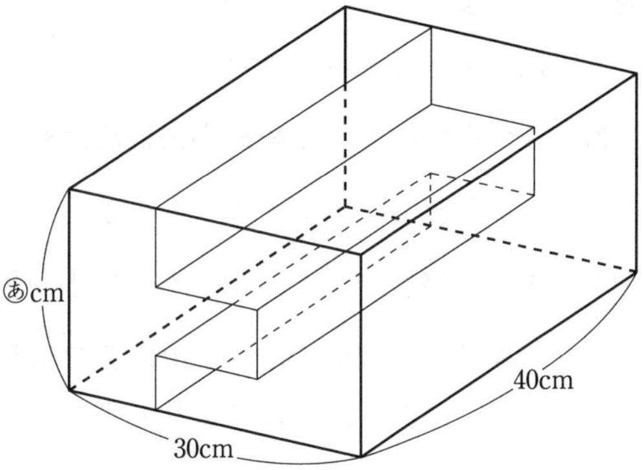

図１

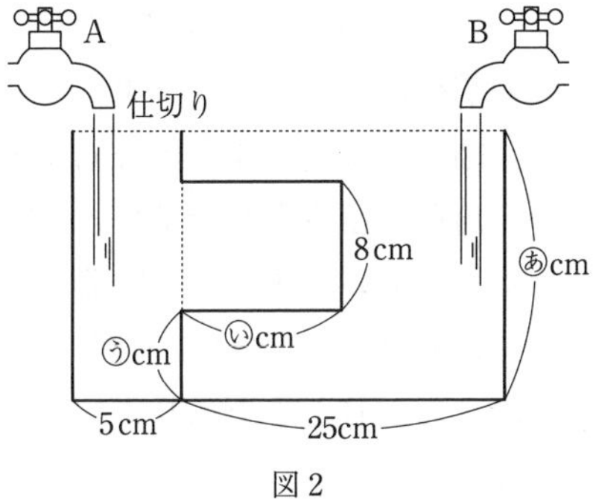

図２

(1)　あは何cmですか。

(2)　いは何cmですか。

(3)　うは何cmですか。

4　公園内に右図のようなコースがあります。あからいは100m，いからうを通ってえまでは200m，いからえは100m，えからおは100mです。

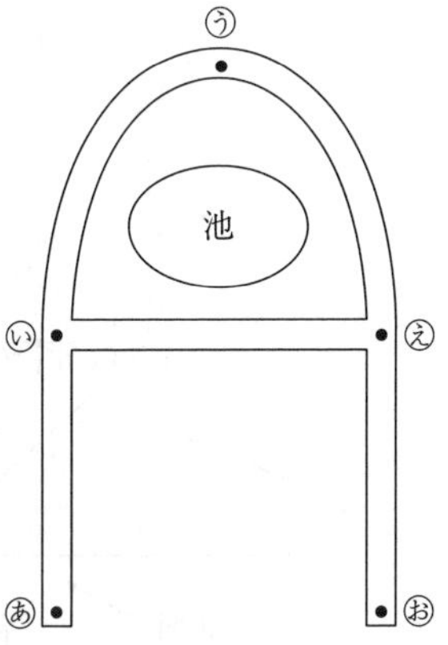

Aさんは一定の速さで歩き，あの位置から出発して，コース上をあ→い→う→え→おの順に進みます。Bさんは自転車に乗って分速

280m で走り，(お)の位置から出発して(え)に進み，(え)に着いたあとは(え)→(う)→(い)→(え)→(う)→(い)……と池の周りを反時計回りに何度も周回します。

2人とも同時に出発したとして，次の問いに答えなさい。ただし，答えは整数または分数で書きなさい。

(1) Aさんの速さは分速70mであるとします。

① 2人が最初に出会うのは出発してから何分後ですか。

② 2人が最後に出会うのは出発してから何分後ですか。

(2) AさんとBさんがちょうど3回出会うとき，Aさんの速さとして考えられるもののうち，最も速いのは分速何mですか。

5 (1) $\frac{○}{84}=\frac{1}{□}$ となる整数の組(○，□)は，(1，84)と(84，1)を含めて12組あります。残り10組をすべて書きなさい。

(2) 2つの整数ア，イの最小公倍数は84であり，$\frac{1}{ア}+\frac{1}{イ}=\frac{11}{84}$ となります。整数ア，イを答えなさい。ただし，アはイよりも小さいものとします。

(3) 4つの整数ウ，エ，オ，カの最小公倍数は84であり，$\frac{1}{ウ}+\frac{1}{エ}=\frac{1}{オ}+\frac{1}{カ}$ となります。また，ウとエは3の倍数で，オとカは3の倍数ではありません。整数ウ，エ，オ，カの組を2組答えなさい。ただし，ウはエよりも小さく，オはカよりも小さいものとします。

6 図1のような立体を角すいといいます。角すいの体積は

(底面の面積)×(高さ)÷3

で求めることができます。

図2のような4つの合同な正方形と，4つの合同な二等辺三角形を組み合わせてできた容器があり，水でいっぱいに満たされています。この容器をゆっくりと傾けて水をこぼし，三角形IGFを水平な地面にぴったり重ねたところ，容器内の水面がBとJを通りました。このとき，以下の問いに答えなさい。

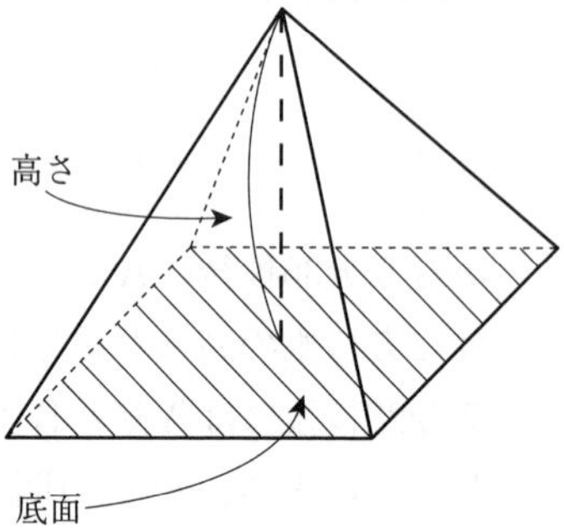

図1

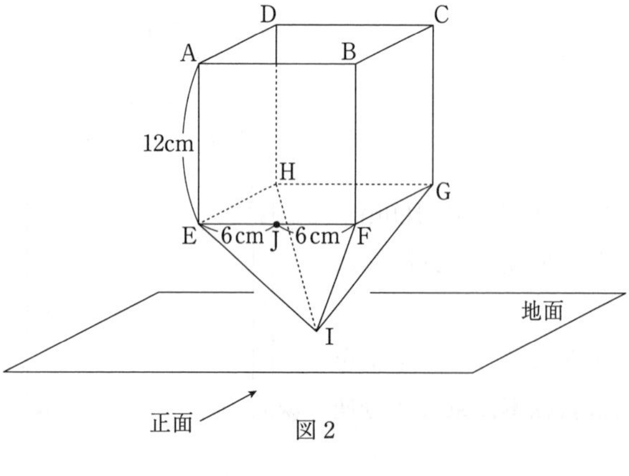

図2

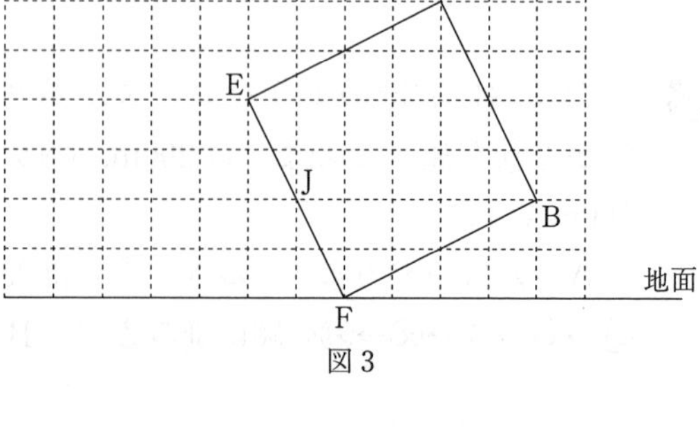

図3

(1) 前ページの図3は容器を正面から見た図の一部です。この図に，辺EIを表す線と容器内の水面を表す線を書きこみなさい。

(2) 容器の容積を求めなさい。

(3) 容器に残った水の体積を求めなさい。

【社　会】 (50分) 〈満点：40点〉

次の文章をよく読んで，あとの問いに答えなさい。

あなたの家の今朝の食卓《しょくたく》を思い出してみてください。茶碗《ちゃわん》に盛られた白いご飯。そのとなりには熱々《あつあつ》のお味噌汁《みそしる》。あるいは，パンの横に，サラダやスープや目玉焼きが並んでいるかもしれません。栄養バランスのとれたおいしいおかずが並んでいることでしょう。しかし，今日これからあなたに考えてほしいのは，ご飯やおかずのことではありません。それらをのせている「器《うつわ》」についてです。

国によって食卓のマナーが異なるように，器の扱《あつか》い方も国によって異なっていて，たとえば，日本ではご飯を食べる茶碗はそれぞれ自分専用の器を使う家庭が多いようです。実は，これは世界的にも珍《めずら》しい習慣です。なかには夫婦で使うア夫婦茶碗《めおと》というものもあり，結婚《けっこん》のお祝いとして贈《おく》られることがあります。

食卓の器を見てみましょう。ご飯をもりつけたそのお茶碗は，陶磁器《とうじき》ではありませんか。お味噌汁の入っているお椀《わん》はどうでしょう。木製ではないでしょうか。最近ではプラスチック製のものが多いかもしれません。日本の家庭の食卓に並ぶ器の歴史を考えると，ずっと長く主役をつとめていたのは木製の器でした。その後，陶磁器が登場してきました。木製の器と陶磁器，ここでは食卓に並ぶ器の主役たちに注目してみましょう。

まずは木製の器からです。人びとのくらしに器として密接にかかわってきたのは木製のお椀です。お椀ははじめ，木材をけずり，器の内側になる部分を手でくりぬいて作られていましたが，円盤《えんばん》を回転させる「ろくろ」が利用されるようになると形も整い，長持ちさせるためにイ漆《うるし》が塗《ぬ》られるようになりました。漆は木の表面に傷をつけてそこから採取します。それを塗料《とりょう》として使うのです。白木《しらき》(材料の木材をくりぬき，けずったままのもの)に漆を塗って作られたものはお椀以外にもいろいろあり，そうした品物を漆器《しっき》と呼びます。

奈良《なら》時代の終わりごろから漆の塗られたお椀が用いられるようになりますが，庶民《しょみん》の間では長い間お椀は白木のままでした。漆器は昔から高級品だったようで，江戸《えど》時代の農村では婚礼や葬《そう》式《しき》などがあると，人びとは村の庄屋《しょうや》のところへ行って漆器のお膳《ぜん》やお椀を借りて間に合わせました。庄屋の蔵《くら》にはこうしたお膳やお椀が50人分とか100人分も納められていました。次第《しだい》にそれぞれの家で購入《こうにゅう》されるようになり，ふつうの家庭でも使われるようになっていったのです。

さて，ろくろを回してお椀を作る人を木地師《きじし》と呼びます。トチやブナやケヤキなどの木を材料として仕事をする木地師は，もともとは山でくらす人たちだったといわれます。そうした木地師が作った白木のお椀は，漆を塗る職人である塗師《ぬし》の仕事に引きつがれ，さらに漆の上にさまざまな装飾《そうしょく》をほどこす職人の手も加わることになります。漆器の産地はいまでも全国に何か所かありますが，江戸時代に藩《はん》が木地師や塗師を集めて漆器づくりを奨励《しょうれい》したことから発達した例もあります。

漆器で忘れてはいけないのは輪島塗《わじまぬり》でしょう。江戸時代には，その品質の高さで広く知られるようになりました。たとえばアイヌの人たちが輪島の漆器を購入し，神さまにささげものをするときの器として使ったという話もあります。実際，いまでもその漆器が多く残されています。

輪島塗の発展を支えたのは，作業を細かく分担し，それぞれに専門の職人をおく分業の仕組みでした。現在でも，全部で124の作業に分けて作られていて，塗りだけで24の作業があります。輪島の高級漆器のなかには，金箔《きんぱく》をふんだんに使って，細かい細工をほどこしたものも少なくありません。欧米《おうべい》で漆器のことを「ジャパン」と呼ぶことがありますが，それは日本の漆器の質の高さを示しています。

ウ輪島は漆器の代表的産地として発展してきましたが，他の産地と同様に，現在はたいへん厳しい現実に直面しています。輪島に限った話ではありませんが，高い技術をどのように維持《いじ》し，産業として成り立たせていくかが問われています。

陶磁器に話を移し，エ縄文《じょうもん》土器のことから始めましょう。縄文土器は，日本列島に住み着いた人びとが初めて使用した器といえます。世界各地でさまざまな土器が発見され，使われていたことが報告されていますが，縄文土器は世界的にとても古いものなのです。縄文時代は約１万年続き，その間にさまざまな形の土器が作られたことが知られています。なかには，燃え上がる炎《ほのお》をかたどったような，独特な形のものもみられます。

日本列島に大陸から稲作《いなさく》の文化が入ってくるのは，縄文時代の終わりごろです。そのころ，列島では弥生《やよい》土器と呼ばれる新しい土器が作られるようになりました。これはそれまでの土器とは異なり，薄《うす》くて硬《かた》い仕上がりの土器でした。時を経るごとに，土器づくりの技術は向上していったのです。

【陶器と磁器の比較《ひかく》】

	陶器	磁器
材料	土。乾燥《かんそう》させ，粘土《ねんど》を作る。そのため陶器は「土もの」と呼ばれる	岩石。砕《くだ》いて粉末にし，粘土を作る。そのため磁器は「石もの」と呼ばれる
形の作り方	ろくろを用いるだけでなく，手でこねたり，型にはめたりなど，いろいろな方法で形をとることができる	ろくろが用いられてきたが，いまでは鋳型《いがた》に材料の粘土を流し込む方法が普及《ふきゅう》している
焼く温度	低温（1100～1200度）の火で焼く	高温（1250～1400度）の火で焼く
特徴《とくちょう》	磁器より厚い。ザラザラ，でこぼこした手触《てざわ》りで，光をとおさない。指ではじくと鈍《にぶ》い音がする	陶器より薄《うす》くて硬《かた》い。表面がつるつるし，光にかざすとすけてみえる。指ではじくと「チン」という金属音がする

そうした土器の長い時代を経て，いま私たちが使っている陶磁器が登場します。日本では現在，陶磁器の産地は100を越えるといわれています。それぞれの特徴《とくちょう》を活《い》かした焼き物が各地で作られていて，有田焼や瀬戸《せと》焼，オ益子《ましこ》焼，備前焼，萩《はぎ》焼などがとくに知られています。ただ，ひとくちに陶磁器といっても陶器と磁器とでは，作り方も見た目も異なります。二つの違《ちが》いは，上の表にある通りです。

陶磁器の歴史のなかで，日本の位置する東アジアは重要な役割を果たしてきました。その東アジアで陶磁器の文化をリードしたのは，なんといっても中国です。欧米で「ジャパン」は漆器でしたが，「チャイナ」は磁器を意味することがあります。

中国では紀元前16世紀には表面に「釉薬《うわぐすり》」をかけた陶器が作られていました。釉薬をかけて焼くと，薄いガラス質の膜《まく》ができて，美しい色になったり，水分の吸収を防いだりすることができるようになります。磁器についても紀元１世紀ごろには作られ始め，唐《とう》などの王朝の発展とともに高度な技術が確立しました。ユーラシア大陸にまたがる交易のなかでも，中国の陶磁器は重要な交易品だったのです。また，陶磁器が南シナ海からインド沿岸をとおって西アジアやアフリカに海路で運ばれていたこともあって，この道を「セラミックロード（陶磁の道）」とか，「海のシルクロード」と呼ぶことがあります。実際，この道につながる各地には古い時代の中国製の陶磁器が現存し，さらに昔の難破船《なんぱせん》から大量の陶磁器が発見されることもあるのです。カこのような発展をとげた中国の産地でも，磁器を生産するために分業を取り入れていました。

朝鮮半島にも陶磁器の長い歴史があります。たとえば４世紀から６世紀にかけて栄え，日本とも交流のあった百済《くだら》などでは，すでに釉薬をほどこした陶器が作られていました。磁器についても10世紀には中国から製法が伝わって生産が始まっています。

こうした中国や朝鮮半島からの影響《えいきょう》を受けた陶器が日本で作られるようになったのは，平安時代の後期になってからだといわれます。現在の瀬戸市周辺の一帯では，この時期さかんに陶器を焼いた作業場の跡《あと》が1000か所ほども見つかっています。間違いなくこの地域は陶器の一大生産地だったのでしょう。キ現在でも「セトモノ」は陶磁器の代名詞です。

日本での陶磁器の生産に飛躍的《ひやくてき》な発展をもたらしたのは，「茶の湯」の流行でした。茶の湯はもともと仏教の僧侶《そうりょ》が中国から伝えたものですが，それが武士の間にもひろがります。そして，茶の湯への関心は，そこで使う茶碗などの道具への興味につながっていきました。この時代から，日本の陶器の技術はますます多様になり，そこに独特の美しさを追求するようにもなりました。茶碗ひとつが一国一城と同じ価値をもつほどの熱狂《ねっきょう》を，大名たちの間に引き起こしたりもしました。日本による朝鮮侵略《しんりゃく》のときには，５～６万人もの朝鮮人が日本に連れてこられ，そのなかには数多くの陶工《とうこう》（陶磁器づくりの技術をもつ人）が含《ふく》まれていたといわれています。

そして日本でも磁器が作られるようになりました。磁器を作るために不可欠な岩石の鉱脈が日本で発見されたのです。発見したのは李参平《りさんぺい》という朝鮮の陶工でした。この人には鉱山技師のような高い能力があったのでしょう。場所は九州の有田で，1616年のことだとされます。日本での磁器生産の歴史はこうして有田から始まったのです。ク鍋島《なべしま》（佐賀《さが》）藩の手厚い保護のもとに，有田での磁器づくりの技術は急速に向上します。とくに，赤色を使った華《はな》やかな色絵が有名でした。

有田の陶山《すえやま》神社にある李参平の碑《ひ》

有田焼をはじめ，陶磁器の多くの産地が各藩の統制のもとにおかれました。ケたとえば薩摩《さつま》（鹿児島《かごしま》）藩では，朝鮮出身の陶工は，城下町から遠く離《はな》れた場所に集められ住まわされました。この結果，各藩の個性ある陶磁器づくりが花開いていったのです。

陶磁器は，江戸時代の終わりごろから次第に庶民の間でも使われるようになりました。さらに明治時代には輸出産業としても発展していきました。このような歴史の流れを経て，現在の日本の陶磁器があります。もっとも現在の日本では，ふだんの生活で使う器は，外国からの安い輸入品でまかなわれ，国内で作られている陶磁器は比較的《ひかくてき》値段が高く，どちらかといえば高級品と呼んだ方がよいものに限られてしまっています。日本の陶磁器産業もまた，厳しい現実に直面しているのです。

ただ，陶磁器の技術が意外なところで使われていることは知っておいてよいでしょう。たとえば，いま多くの人が使っている携帯《けいたい》電話にも陶磁器の技術は使われています。陶磁器のことを英語でセラミックスといいますが，いろいろな原料に特別な加工を行い，硬くて熱に強いというセラミックスの特徴を最大限に引き出したものをファインセラミックスと呼びます。このファインセラミックスのなかには電気を蓄《たくわ》える装置を作るのに不可欠なものもあり，携帯電話を小型化するのに役立っています。コファインセラミックスはさまざまな分野で使われていて，私たちの生活に欠かせないものになっています。

話を器にもどしましょう。大昔，泉や川などの水場で水を手ですくって飲んでいた人が，自分の手に代わるものとして器を考えついたということが，器の始まりだといえるでしょう。器は人の手の延長として始まったのです。運び，蓄えるために，器は大いに役立ってきたはずです。器という道具を手に入れることで，人びとの生活は大きく変わりました。人びとは，より使いやすい器を工夫して作り出してきたのです。しかし，器の歴史を調べてみると，人間と器の関係はそれだけではないことがわかります。つまり，サ器はたんに生活を便利にするための道具としてだけでなく，それとは異なる意味や役割をもつことによって，私たちの生活や社会のあり方にさまざまな影響をおよぼしてきたのです。

問１　以下にあげる①～③は，この文章と関係がある人物です。これらの人物はいつの時代に，どのようなことをしたのでしょうか。例にならって，それぞれ答えなさい。

例　ザビエル：戦国時代に来日し，ヨーロッパからキリスト教を伝えた。

①　シャクシャイン

②　栄西《えいさい》

③　千利休《せんのりきゅう》

問２　下線部アについて。写真１のように，夫婦茶碗とは大きさの違う茶碗をひと組にしたものです。しかし最近では，このような茶碗を好まない人も増えているようです。それはなぜでしょうか，理由を答えなさい。

写真１　夫婦茶碗の一例

問3　下線部イについて。漆は以下にあげる植物とともに「四木三草《しぼくさんそう》」といわれ，とくに江戸時代の農村では，他の植物とは区別されてきました。これらの植物の共通点は何ですか，答えなさい。

〔茶，桑《くわ》，楮《こうぞ》，麻《あさ》，藍《あい》，紅花《べにばな》〕

問4　下線部ウについて。輪島塗の産地には，他の漆器の産地と比べてどのような特徴がありますか。下の表からわかることを答えなさい。

主要な漆器産地の生産額，企業《きぎょう》数，従業員数など　(2005年度)

産地 (漆器生産額順)		漆器生産額 (100万円)	うち伝統的工芸品生産額 (100万円)	企業数	従業員数	伝統工芸士登録数
山中漆器	(石川県)	12500	4000	413	2200	78
香川《かがわ》漆器	(香川県)	8000	800	59	845	33
会津《あいづ》塗	(福島県)	7750	800	336	1767	73
越前《えちぜん》漆器	(福井県)	7500	750	260	1070	54
輪島塗	(石川県)	7200	7200	634	1760	132
紀州漆器	(和歌山県)	5680	410	185	805	11
木曽《きそ》漆器	(長野県)	3200	1600	173	690	86
飛驒春慶《ひだしゅんけい》	(岐阜《ぎふ》県)	1500	600	51	194	44
川連《かわつら》漆器	(秋田県)	1330	1180	162	584	43
京漆器	(京都府)	1000	1000	61	300	50
全国		60114	20757	2777	11291	575

(『全国伝統的工芸品総覧』などから作成)

問5　下線部エについて。以下の写真2，3の土器を，縄文時代の人びとは何のために使ったと考えられますか。当時の生活のようすを考えて，それぞれ説明しなさい。

写真2

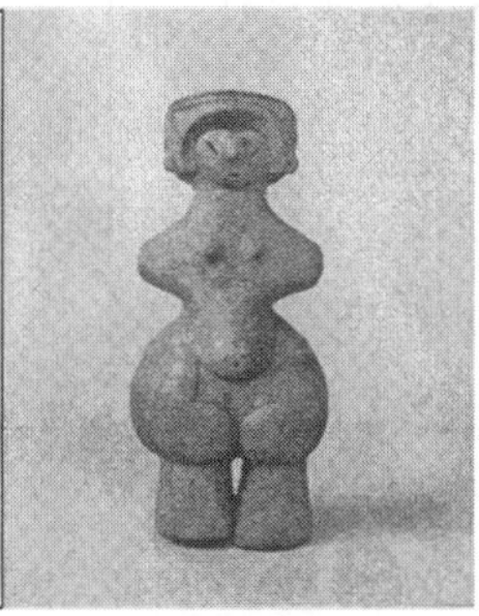

写真3

地図1

問6　下線部オについて。陶磁器の産地である，益子，備前，萩の位置を地図1から選び，それぞれ記号で答えなさい。

問7　下線部カについて。分業を取り入れることで生まれる良い点は何ですか，二つ答えなさい。

問8　下線部キについて。地図2をみると，陶磁器は，東では主に「セトモノ」，西では主に「カラツモノ」と呼ばれていたことがわかります。それ以外に，セトモノとカラツモノの分布について目立つ特徴を一つあげ，その理由として考えられることを答えなさい。

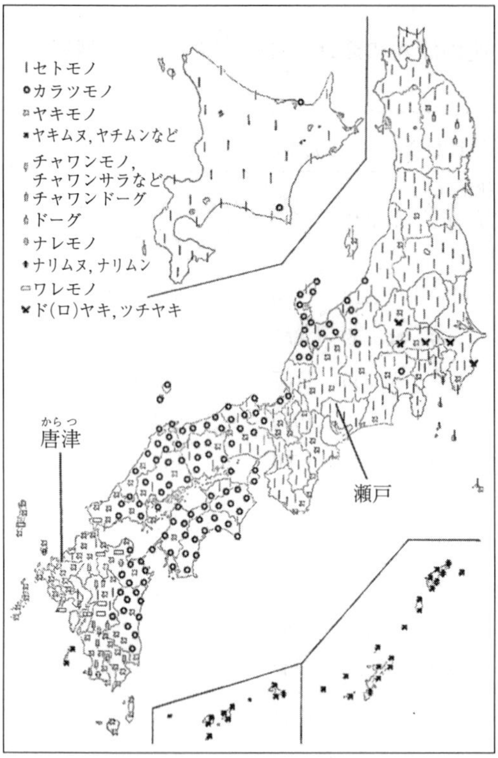

地図2　(徳川宗賢《むねまさ》『日本の方言地図』より
国立国語研究所 1957〜65年の調査による)

問9　下線部クについて。写真4は有田で作られた絵皿です。なぜこの時代の有田焼の皿にヨーロッパの文字が記されているのでしょうか，答えなさい。

写真4

問10　下線部ケについて。藩が朝鮮出身の陶工を城下町から離れた場所に集めて住まわせたのはなぜですか，答えなさい。

問11　下線部コについて。陶磁器から生まれたファインセラミックスが最新の電子機器に役立っているように，人間が昔から使ってきたもので，現代では新たな使われ方をするようになったものが他にもあります。どのようなものがあるでしょうか。身のまわりから一つあげ，使われ方の変化がわかるように説明しなさい。

問12　下線部サについて。器はものを入れるための道具として，私たちの生活を便利にしてきました。しかし，便利さだけではない意味や役割をもつことによって，器は私たちの生活や社会のあり方にさまざまな影響をおよぼしてきたともいえます。本文をよく読んで，器がもつようになった意味や役割を一つあげ，どのような影響を生活や社会に与えたか，80字以上120字以内で説明しなさい。ただし句読点も1字分とします。

【理　科】（50分）〈満点：40点〉

1　陸上にいるほとんどの植物は，光合成(光を受けて，吸収した二酸化炭素と水を使って体の中で養分をつくること)によって，体をつくったり，活動のためのエネルギーを得たりしています。ウサギのような草食動物は植物を食べ，オオカミのような肉食動物は草食動物などを食べ，それぞれ消化管で分解して取りこんで，体をつくったり，活動のためのエネルギーを得たりしています。物質とエネルギーの流れをまとめると図1のようになります。つまり，陸上にいる生物のほとんどが直接，間接を問わず植物の光合成にたよっているということになります。私たち人も非常に多くの種類の食品からエネルギーを得ていますが，どれももとをたどれば，植物の光合成によるものといえます。

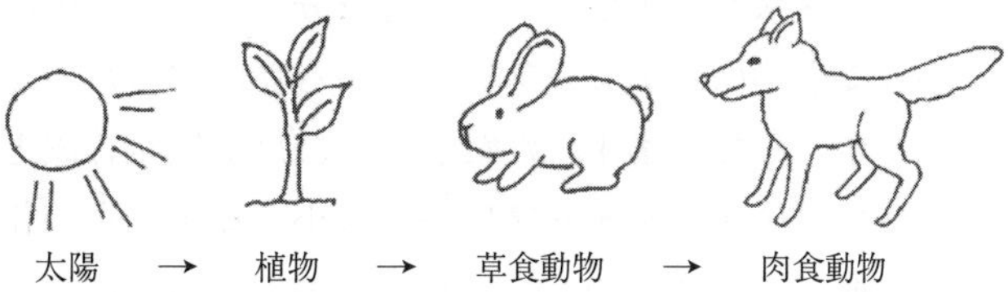

図1

問1　図1にみられるような「食べる」「食べられる」の関係でつながっていることを何といいますか。答えなさい。

海中で育つ動物であるサンゴ(図2)は動物でありながら，せっかい質のかたい骨格を持ち，ほとんど動いているように見えません。多くのサンゴは体内にいるゾーザンテラという光合成をする小さな生物と共生しています。ゾーザンテラは光合成に必要な材料(二酸化炭素など)をサンゴから受け取っています。サンゴはゾーザンテラがつくった養分を受け取って，体をつくったり，活動のためのエネルギーを得たりしています。サンゴはゾーザンテラを消化することはありません。「食べる」「食べられる」という関係でなく，たがいに利益を得ている関係なのです。また，このサンゴを食べるオニヒトデという動物もいます。つまり，〈サンゴ＋ゾーザンテラ〉はまとめて図1の陸上の植物の立場にあると考えられます。

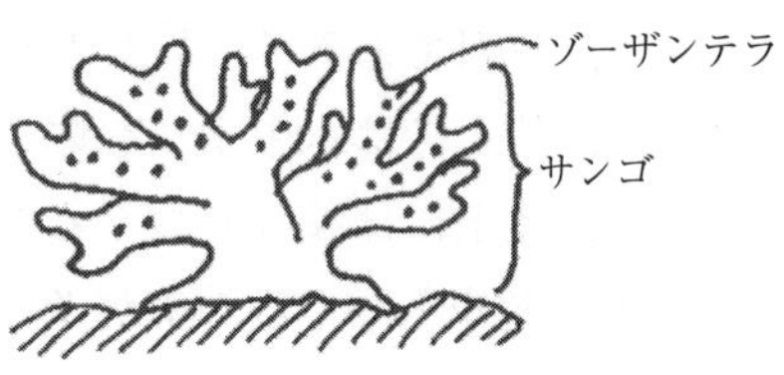

図2

問2　ゾーザンテラは単独で活動することもできますが，サンゴの体内にいることに利点があります。その利点として適当ではないものを次のア～オから1つ選び，記号で答えなさい。

ア．光合成に必要な二酸化炭素を，サンゴからもらっていること。

イ．光合成に必要な海水を，サンゴからもらっていること。

ウ．魚に食べられないよう，サンゴに守られていること。

エ．サンゴの中にいるので，海の深いところに流されないこと。

オ．サンゴの中だけで生活できるので，海中を泳ぐ必要がないこと。

海中の魚たちが得ているエネルギーも，もとをたどれば，光合成をするゾーザンテラのような小さな生物や海草だったりします。海の中でもエネルギーのもとはほとんどが光合成なのです。

ところが，深海には光がまったくとどかず，そこでは光合成はできません。その深海には，光合成をエネルギーのもととしない生物たちが住んでいるところがあります。それは海底から熱水がふき出しているところです。ここにはチューブワーム(図3)という，浅いところにいるサンゴと同じようにほとんど移動しない動物がいます。この動物は口が無く，何かを食べるということはしていません。そのかわりに体内にいる小さな生物と共生しています。チューブワームは熱水からイオウをふくむ成分を，まわりの海水から二酸化炭素などを取り入れています。小さな生物は，チューブワームから受け取ったイオウをふくむ成分と二酸化炭素の反応から養分をつくっています。ただし，この反応は光合成と比べると，養分をつくる効率が非常に低くなっています。チューブワームは小さな生物を消化せず養分を受け取って，体をつくったり，活動のためのエネルギーを得たりしています。チューブワームと小さな生物は「食べる」「食べられる」という関係ではありません。この付近には白いカニなどもたくさん住んでいます。白いカニを観察していると，チューブワームをちぎって食べていました。

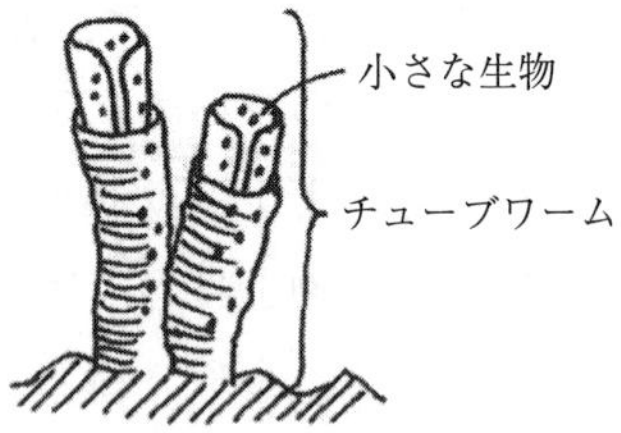

図3

問3　チューブワームは動物ですが，消化管がありません。消化管が無くても生きていける理由を答えなさい。

問4　この深海における，陸上や浅い海での光合成のようなはたらきを，文中から20文字以内でそのままぬき出して答えなさい。

問5　この深海において，図1の植物の立場にあるものを答えなさい。

問6　陸上において，問4で答えたはたらきによって養分を得る生物は，光合成から養分を得る生物ほど多くありません。この理由として適当なものを次のア～オから2つ選び，記号で答えなさい。

ア．材料であるイオウなどが地表に出ているところがとても少ないから。
イ．材料であるイオウなどが地表に出ているところがとても多いから。
ウ．陸上では水中よりも体を支えるための体のつくりを必要とするから。
エ．陸上には養分をつくるために利用できる酸素が少ないから。
オ．養分をつくる効率が光合成よりとても低いから。

2　私たちの身のまわりでは様々な所で磁石が利用されています。これらの磁石は，より磁石の力(磁力)が強い磁石を外側から近づけることによって作られています。①図1のように，2つの棒磁石を鉄くぎの両はしにつけてしばらく放置した後，磁石をはずした鉄くぎを方位磁針に近づけると方位磁針の針が動きます。ただし，棒磁石の斜線《しゃせん》部はN極側，もう一方がS極側を表すこととします。

図1

問1　下線部①について，図1の鉄くぎを右図のように方位磁針に近づけると，方位磁針のN極はどちらを指しますか。右図の上下左右で答えなさい。

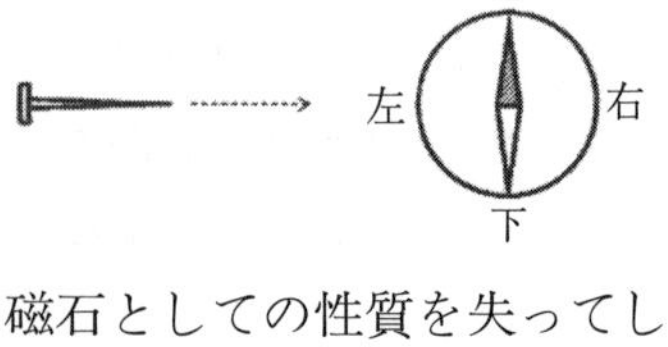

問1は，鉄くぎが強い磁力によって磁石になったことを示します。しかし，磁石をはずした状態でしばらく置くと，鉄くぎは磁石としての性質を失ってしまいます。また，鉄くぎの両はしにつける磁石をそれぞれ逆向きにすることで，磁石になる鉄くぎの極も逆にすることができます。なぜ強い磁力をかけると磁石になり，また，しばらくすると磁石の性質を失ってしまうのか，そして鉄くぎの極がなぜ自由に変えられるのかを調べるために，以下のA～Cのような実験を行いました。

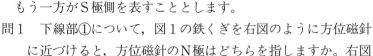

A．4本の棒磁石を用意し，これらをa～dのように固定しました(図2)。そして，それぞれのかたまりにクリップがどのくらいつくのかを調べました。aとbのとき，クリップは左右両はしに多くつきましたが，その量は棒磁石1本だけのときより少なくなりました。一方でcとdのとき，クリップは左右両はしに多くつき，その量は棒磁石1本のときより多くなりました。また，固定をはずすと磁石が自ら向きを変え，aやbのように極の向きがバラバラな状態になり，そのまま安定しました。

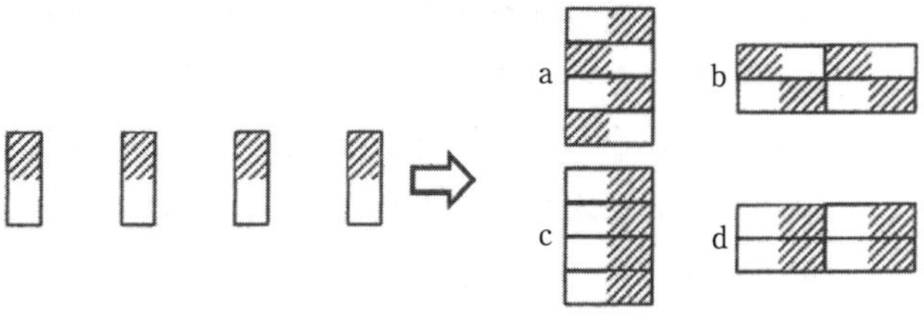

図2

問2　Aの実験からわかることを説明した次の文中の①と②に入る適当な語句を(　)の中から記号で選び，正しい文を完成させなさい。

【説明文】　cやdに比べて，aやbのときは，全体の磁力は①(ア．強くなり　　イ．弱くなり　　ウ．変わらず)，cやdよりも②(エ．安定な　　オ．不安定な)状態になる。

B．はさみで切ることのできる棒磁石を用意し，細かく切りました。切った棒磁石はそれぞれその両はしが極となり，小さな棒磁石となりました。これらの棒磁石はどこまで細かく切っても，それぞれが棒磁石になりました(図3)。

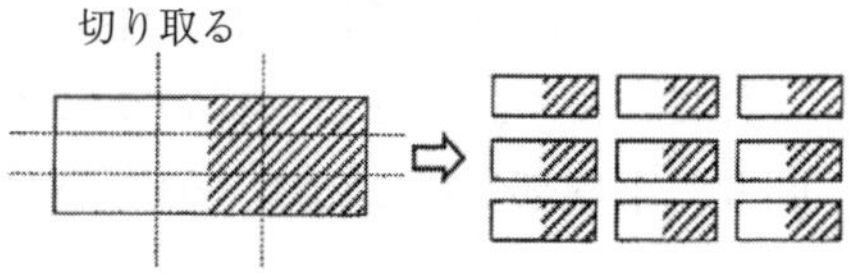

図3

C．磁石を細かく切り，これらをひとまとめにしてケースに入れました。ケースをよく振《ふ》ってからケースをクリップに近づけても，クリップは引き寄せられませんでした。しかし，細かく切った磁石に，ケースの外側から磁力の強い磁石をつけてケースを振ったあと，外側の磁石をはずしてからケースをクリップに近づけると，クリップはケースにつきました(図4)。

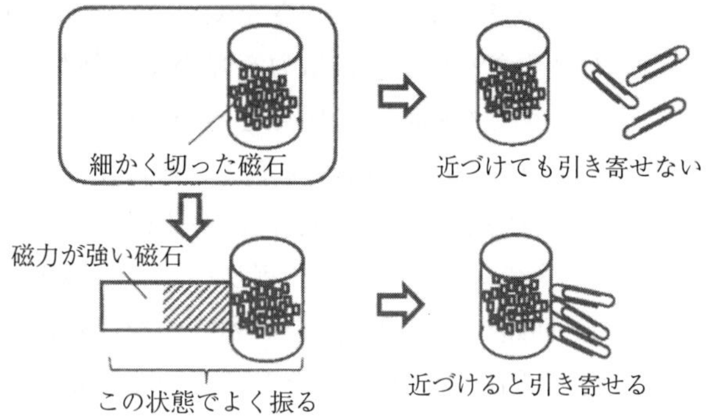

図4

また，再びこのケースを振ってからクリップに近づけると，クリップは引き寄せられませんでした。

B，Cの実験からわかるように，磁石や，磁石になりうるものは，細かくしていったときにも，磁石の性質を保ちます。さらに，これ以上ないほどに細かくしたときにも磁石の性質は保たれ，これを「小さな磁石」と呼ぶことにします。つまり，磁石や磁石になりうるものは，これらの「小さな磁石」(図5)が集まってできています。「小さな磁石」には以下のような特徴《とくちょう》があります。

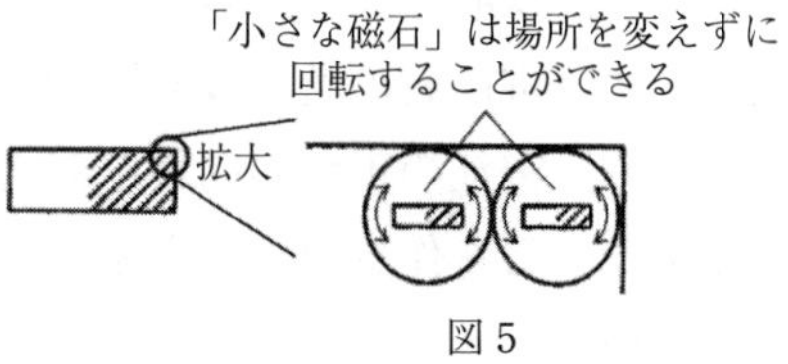

図5

・「小さな磁石」の磁力はそれぞれ同じ強さで，その強さは変化しない。

・「小さな磁石」はそれぞれ回転することができ，そのとき磁石や磁石になりうるもの自体の形や向きは変化しない。

問3　次の①と②について，「小さな磁石」という言葉を用いて説明しなさい。

① 磁石に近づけた鉄くぎは，なぜ磁石になるのですか。

② 磁石になった鉄くぎは，時間が経過するとなぜ磁石ではなくなるのですか。

問4 磁石をかなづちでたたくほど，その磁力は弱くなっていきます。この理由としてもっとも適当なものを次のア～オから選び，記号で答えなさい。

ア．かなづちでたたくと，「小さな磁石」が磁石ではなくなるため。

イ．かなづちでたたくと，「小さな磁石」の向きが変わってしまうため。

ウ．かなづちでたたくと，「小さな磁石」が割れてしまうため。

エ．かなづちでたたくと，鉄とは異なる物質が磁石内に入りこんでしまうため。

オ．かなづちでたたくと，鉄にひびが入るため。

純粋《じゅんすい》な鉄は，磁石になっても，短時間で磁石ではなくなってしまいます。②これに比べて，何らかの物質を混ぜた鉄は磁石として存在できる時間が長くなります。鉄に混ぜる物質としては，ネオジムが有名です。この物質を混ぜた鉄でできた磁石は，非常に強い磁力をもつ磁石の状態を保つことができます。また，磁石を作るためには，それ以上に強い磁力の磁石が別に必要ですが，現在では磁石を作るとき，外部に置く磁石として，おもにコイル(電磁石)が利用されています。電磁石の代わりにネオジム磁石を用いて磁石を作ることも可能です。

問5 下線部②について，何らかの物質の役割を説明する文章としてもっとも適当なものを次のア～エから選び，記号で答えなさい。

ア．「小さな磁石」の向きを変えにくくする役割がある。

イ．「小さな磁石」の向きを変えやすくする役割がある。

ウ．「小さな磁石」の磁力を強める役割がある。

エ．「小さな磁石」の磁力を弱める役割がある。

問6 下図のような回路のスイッチを入れると，鉄心の間にある鉄をふくむ物質は磁石になります。この鉄をふくむ物質にかかる磁力を強くするためにはどうすればよいですか。適当なものを次のア～カから2つ選び，記号で答えなさい。

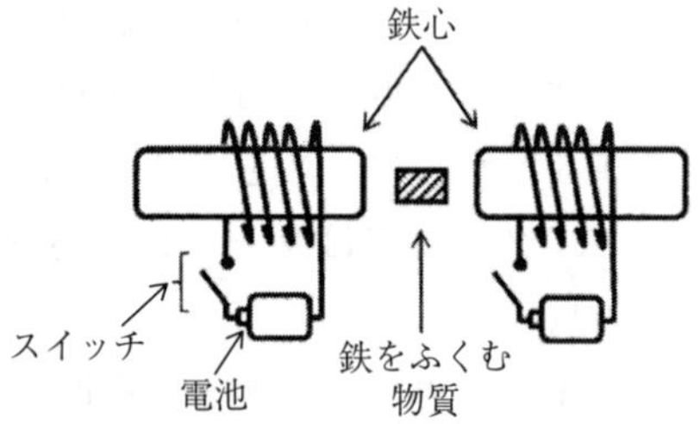

ア．回路に新たな電池を直列でつなげる。

イ．回路に新たな電池を並列でつなげる。

ウ．鉄をふくむ物質を小さくする。

エ．鉄心をアルミニウムに変える。

オ．電磁石の巻き数を増やす。

カ．電池の正負の向きを変える。

問7 磁石を作る際に，ネオジム磁石を用いるよりも，電磁石を用いたほうが良い点を答えなさい。

磁石そのものの存在は紀元前から知られていましたが，電磁石を用いて強い磁力をもつ磁石が作れるようになったのは，20世紀の初頭からです。それまでは，磁鉄鉱という磁石の性質をもった鉱石や，磁鉄鉱を利用して作った人工磁石や，③地球の性質を利用して作った人工磁石などが使われていました。これらの磁石が方位磁針に利用されたり，または磁石の性質の研究に利用されたりしていました。

問8 下線部③について，棒磁石を作る場合は，熱した鉄の棒をある決まった向きに合わせて置くことで作ります。どのような向きに置くか説明しなさい。ただし，まわりに人工磁石はないものとします。

3　地面の下，そしてもっと深い地球の内部はどうなっているのでしょうか。また，どのように調べたらいいのでしょうか。

地表で見られる地層の様子から，地下の構造が推定できる場合があります。たとえば，図1は，円すい形をした島の地表で見られる地層の様子です。地形図の等高線は10mごとに引いてあり，島の頂上の標高は50mです。この島にはれき岩，砂岩，でい岩の3種類の岩石からできた地層が見られ，図1にはそれらの岩石の地表の分布と，地層ごとの境界線が描《えが》かれています。また，砂岩の地層からは恐竜《きょうりゅう》の化石，でい岩の地層からはゾウの化石がそれぞれ見つかりました。

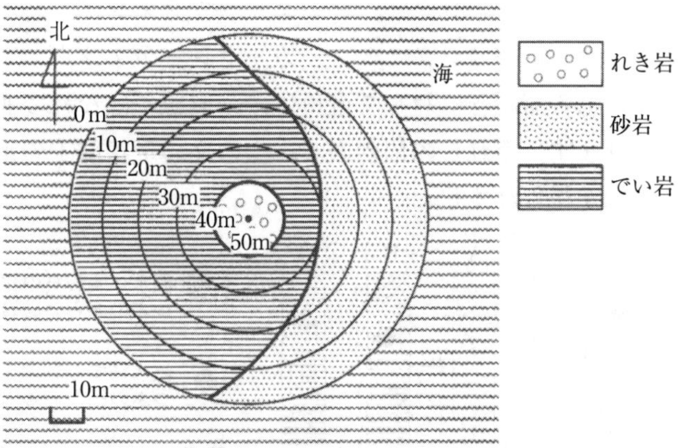

図1　島の地形図と地層の分布

問1　島の内部の様子(地層の境界)を表したものとして，もっとも適当なものを次のア～オから選び，記号で答えなさい。ただし，これらの図はすべて島の南の上空から島を見下ろしたものとします。また，地層の境界面は平らであることがわかっています。

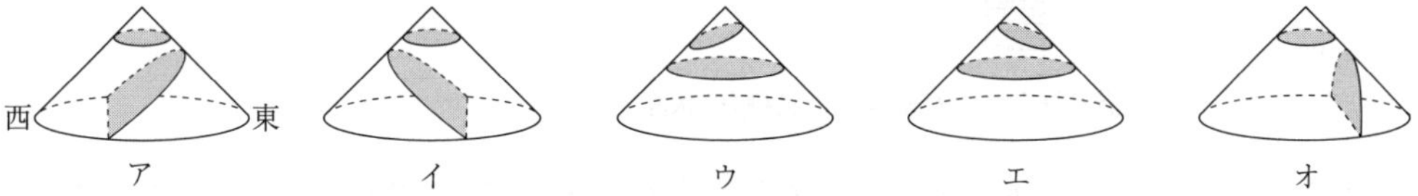

問2　頂上から真下に穴を掘《ほ》り，島の地下構造を調べます。次の①と②の答えとして，適当なものを下のア～カからそれぞれ1つ選び，記号で答えなさい。

①　頂上から何m掘るとれき岩とでい岩の境界に達しますか。

②　頂上から何m掘ると砂岩とでい岩の境界に達しますか。

ア．10m　　イ．20m

ウ．30m　　エ．40m

オ．50m　　カ．60m

問3　3つの地層を古いものから順に並べたものとして正しいものはどれですか。適当なものを次のア～カから1つ選び，記号で答えなさい。

ア．れき岩→砂岩→でい岩

イ．れき岩→でい岩→砂岩

ウ．砂岩→れき岩→でい岩

エ．砂岩→でい岩→れき岩

オ．でい岩→れき岩→砂岩

カ．でい岩→砂岩→れき岩

地表に分布する地層の様子から，地下の構造を推定するには限界があります。何といっても確実なのは，問2のように直接①パイプ状の深い穴を掘って調べることです。

問4　上の文の下線部①のような調査を何といいますか。もっとも適当なものを次のア～カから選び，記号で答えなさい。

ア．テイスティング　　イ．ドリリング

ウ．パイピング　　エ．ラフティング

オ．ボーリング　　カ．トレーディング

ある海岸線に対して直角に，一直線にはなれて並んでいるごく浅い3つの沼《ぬま》A，B，Cがあります。それらの沼の底で，上の文の下線部①のような調査をしたところ，図2のような柱状図が得られました。

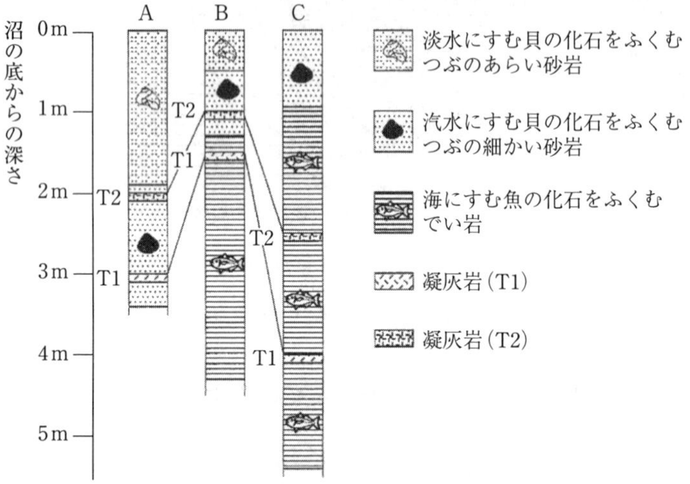

図2　3つの沼で得られたパイプ状の試料(柱状図)

なお，凝灰岩《ぎょうかいがん》とは火山灰が積もってできた岩石です。T1，T2は同じ火山の火山灰ですが，T1は11000年前，T2は6000年前の噴火《ふんか》のときのものです。また，淡水《たんすい》とは真水のこと，汽水とは真水と海水が混ざった水のことです。さらに化石については，生きていたときと同じ場所で化石になったことがわかっています。

問5　T1とT2の間のたい積物が積もる平均の速さ(1年間で約何mm)として正しいものを次のア～カから1つ選び，記号で答えなさい。

ア．A地点が0.1mmで一番速い

イ．A地点が0.3mmで一番速い

ウ．B地点が0.1mmで一番速い

エ．B地点が0.3mmで一番速い

オ．C地点が0.1mmで一番速い

カ．C地点が0.3mmで一番速い

問6　沼のまわりが陸地になっていった順番として正しいものを次のア～カから1つ選び，記号で答えなさい。

ア．A→B→C　　イ．A→C→B

ウ．B→A→C　　エ．B→C→A

オ．C→A→B　　カ．C→B→A

穴を掘って調べることができないような深いところ，さらには地球の中心までの様子(何でできているかや構造など)は，地震《じしん》(地震波《じしんは》)の伝わり方で調べています。下の表は，Fから2カ所の観測点P1，P2までの直線距離《きょり》[km]と，地震波が震源からそれぞれの観測点まで届くのに要した時間[秒]です。

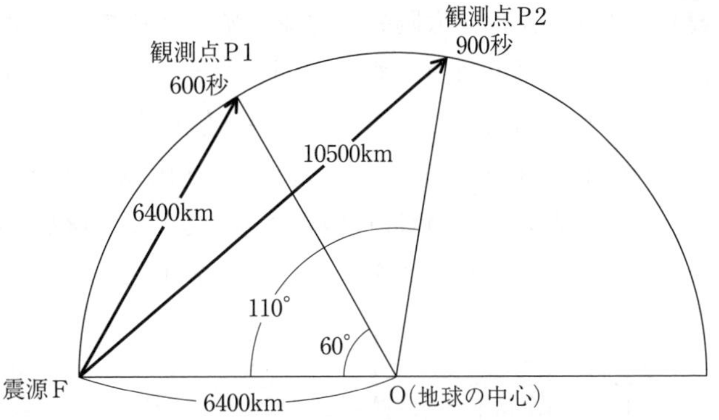

図3　地球(断面)の内部を伝わる地震波

問7　地震波が図3の矢印のように，震源から観測点まで地球の内部を直進したものとして，観測点P1，P2に届いた地震波の平均の速さ[km/秒]を，小数第2位を四捨五入して小数第1位まで求めなさい。

表　地震波が各観測点に届くのに要した時間

	P1	P2
震源からの直線距離　[km]	6400	10500
地震波が届くのに要した時間　[秒]	600	900

問8　問7の結果から，地球内部を伝わる地震波の速さはどのように変化していると考えられますか。図4を使って説明した次の文の(①)から(⑤)の中に入るもっとも適当な語を下のア～サから選び，記号で答えなさい。同じ記号を何回使ってもかまいません。

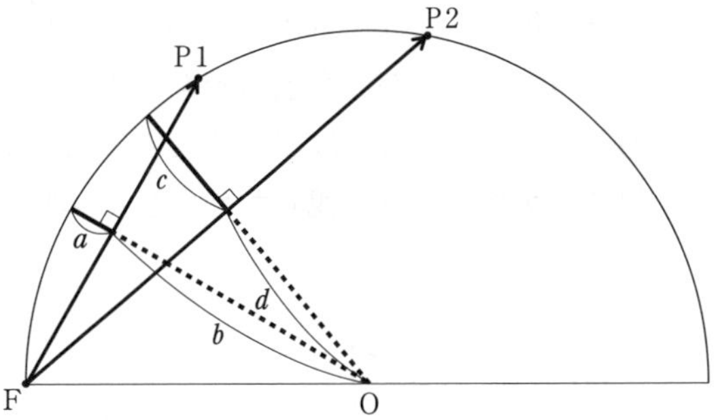

図4

【説明文】　F→P1を伝わる地震波が通過する経路(道筋)の中で地表からもっとも深い深さは(①)で，F→P2でもっとも深い深さは(②)である。あきらかに，(③)の方が深い。より深いところを通過した地震波の平均の速さが(④)ということから，地球内部で地震波の伝わる速さは深いところほど(⑤)ということが考えられる。

ア．a　イ．b　ウ．c
エ．d　オ．$a+b$　カ．$c+d$
キ．浅い　ク．深い　ケ．おそい
コ．速い　サ．同じ

4　みなさんは，太陽光や電球の光をプリズムに通すと，色が分かれて虹色《にじいろ》に見えることを知っていると思います(図1)。目に見える光は可視光線とよばれ，可視光線にふくまれる光は，その色に対応した「波長」という値《あたい》をもっています。波長は長さの単位であるnm(ナノメートル：n《ナノ》は10億分の1を表します。1nmは0.000000001m《メートル》)で表され，値が大きいと赤色に近づき，小さいと紫《むらさき》色に近づきます。また，可視光線以外の目に見えない紫外線《しがいせん》や赤外線などもそれぞれの波長の値をもっています(図2)。

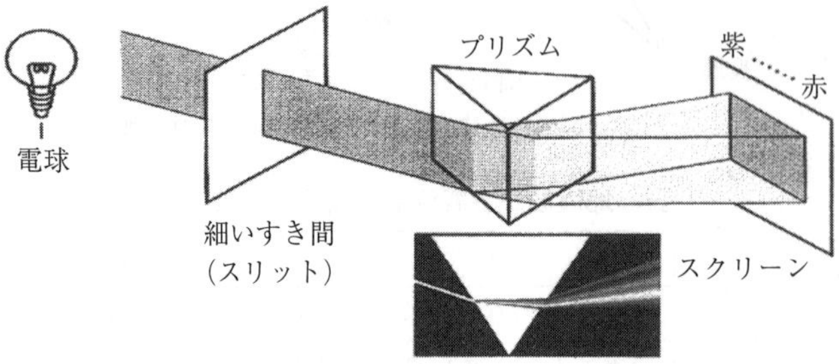

図1

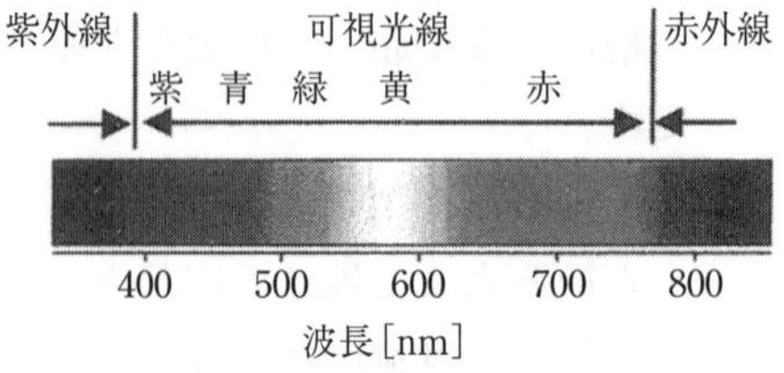

図2

1880年ごろには，気体の水素のみを封《ふう》じこめた密閉容器の両はしを外部の電源につなぐと，容器の中の水素が赤紫色の光を発することが知られていました。この赤紫色の光をプリズムに通したところ，虹色は観測されず，何本かの決まった波長の値をもつ光，つまり決まった色の何種類かの光のみが観測されました(図3・図4)。

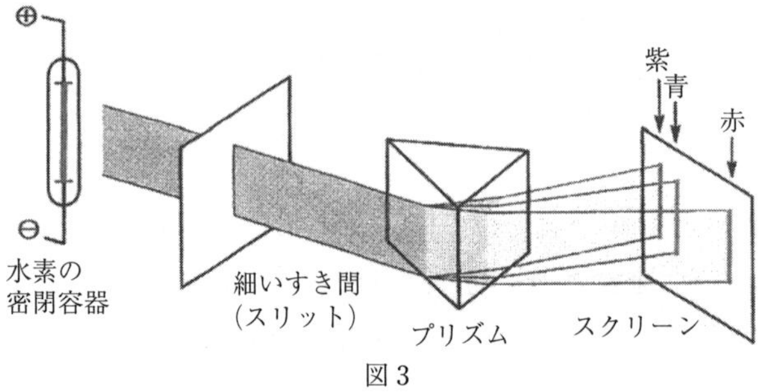

図3

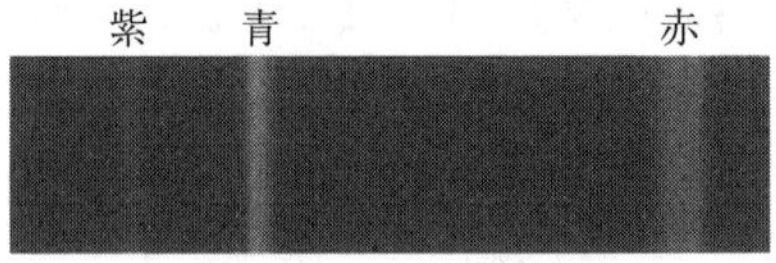

図4　スクリーンの写真

〈編集部注：実物の入試問題では，図1～4はカラー印刷です。〉

※なお，弊社のホームページには，カラー印刷のものを収録してあります。必要な方はアクセスしてください。

問1　気体の水素が発生する試薬の組み合わせとして適当なものを次のア～オから2つ選び，記号で答えなさい。

ア．塩酸とチョーク　　イ．水酸化ナトリウム水溶液《すいようえき》とアルミニウム

ウ．塩酸と銅　　エ．酢《す》と卵の殻《から》

オ．塩酸と鉄

スイスの女学校で物理の教師をしていたバルマーは，この水素が発する光の波長(表1)に興味をもち，この数値に何らかの規則性を見い出そうとしましたが，なかなかうまくいきませんでした。あるとき，バルマーはこれらの波長の値を365で割り，それぞれもっとも近い分数で表してみようと考えました。

表1　水素から発された光の波長

色	波長　[nm]
赤色	656
青色	486
紫色	434

問2　表1の赤色，青色，紫色の光の波長の値を365で割った数値を，それぞれ小数第3位を四捨五入して小数第2位まで求めなさい。

バルマーは，問2で求めた小数の値を，もっとも近い分数に当てはめていきました。すると，その分数は以下の式①の形をしており，しかも，□に当てはまる整数値にはきれいな規則性があることが見い出されました。

$$\frac{\square}{\square - 4}$$ …①（分母，分子の□には同じ整数が入ります。）

帯分数	仮分数
$2\frac{2}{3}$	$\frac{8}{3}$

ただし，式①は帯分数ではなく仮分数で表され，分母，分子は約分できる場合でも，約分しないままで表されるものとします。

問3　表1の赤色，青色，紫色の光について，式①の□に当てはまる整数をそれぞれ答えなさい。

問4　この実験では，図4の紫の光のすぐ左側に，もう一本のうすい紫色の光が観測されていました。式①の□に当てはまる整数に規則性を見い出し，このうすい紫色の波長の値[nm]を予測しなさい。答えは，小数第1位を四捨五入して求めなさい。

バルマーはこのような考えを経て，1885年に水素が発する光の波長の規則性を発表しましたが，なぜそのような規則性になるのかなどは，当時は不明なままでした。その後，この規則性の理由や，ほかの種類の物質が発する光の規則性などが，理論的に解明されていきました。さまざまな物質が発する決まった色の光は，色々なところで利用されています。たとえば，ネオンが発する光を利用したネオンサインや，ナトリウムが発する光を利用したナトリウムランプなどがあります。

また，同じような現象として，ある成分をふくむ物質の水溶液を炎《ほのお》にかざすことで，その成分に特有の色の光を発することが知られています。この現象は炎色《えんしょく》反応とよばれており，花火の色を出すときにも利用されています(表2)。

表2　炎色反応で観測される光の波長

ふくまれる成分	波長　[nm]
リチウム	671
ナトリウム	589
銅	520
カリウム	404，768

問5　ガスコンロで調理していたみそ汁《しる》がふきこぼれると，コンロの火が黄色に見えることがあります。これはみそ汁にふくまれているどのような成分によるものでしょうか。表2を参考にしてふくまれる成分を1つ答えなさい。

問6　花火は，表2に挙げられた成分などを火薬に混ぜ合わせることで，さまざまな色合いを出すことができます。花火の光を利用して，その花火の色を出している複数の成分を明らかにするためには，どのようにして何を調べればよいでしょうか。説明しなさい。必要ならば図を用いて示してもかまいません。

（4行）

問十三　この作品において、年のはなれた潤平と勇大との間に交流が生まれたのは、二人に共通するものがあったからだと考えられます。それはどのようなものですか。二つの-----線「いや、だめだ。立ち去ってはいけない。そばにいてやらなければ」（161～162行目）、「だいじょうぶ。ぼく、お兄ちゃんに料理教えてもらったから、お母さんのめんどう見られるよ」（293～294行目）に注目して説明しなさい。（3行）

のア～エの中から一つ選んで記号で答えなさい。

ア　午後、買い物に出かける前に、携帯電話が鳴ったとき。（19行目）

イ　ライギョをつっている水路沿いを歩いたとき。（39行目）

ウ　車の解体工場にかけこんだとき。（71行目）

エ　携帯電話を取り出し、部長に連絡を入れたとき。（106行目）

問六　――線⑤「本人に事情を～かれが書いた作文でわかりました」（192～194行目）とありますが、横山先生は、作文を読んで勇大についてどのようなことがわかったのですか。説明しなさい。（3行）

問七　――線⑥「潤平は心の中で、もしかしておれのおかげ？　と少々鼻を高くした」（208～209行目）とありますが、このときの潤平の気持ちを説明しなさい。（2行）

問八　――線⑦「勝野君の生活環境を心配しておられる」（234～235行目）とありますが、潤平に出会うまでの勇大の生活について、214～226行目をよく読んで、説明しなさい。（3行）

問九　――線⑧「足もとを見ると、勇大は新しいスニーカーをはいていた。そういえば、Tシャツも新品である」（260～261行目）、――線⑨「スーパーで買い物して、ゲームセンターに行って、いっしょにメダルゲームとかした」（264～266行目）とありますが、この二つの部分からは、母親が勇大にどのように接してきたことがわかりますか。「ということ」につながる形で、本文中から十七字でぬき出して答えなさい。

問十　――線⑩「あまりに予想外だった返事に潤平は、周りの景色が突然反転してしまったような感覚にとらわれた」（296～297行目）とありますが、この部分の説明としてふさわしいものを次のア～エの中から一つ選んで記号で答えなさい。

ア　おばさんたちと暮らすことより母親との生活を選んだことで、勇大が母親を支えようとしていることを知り、自分たちおとなが子どもの勇大を守る側にいるという思いこみがくつがえされている。

イ　おばさんたちと暮らした方がいいという提案に対し、勇大が母親との生活を選んだことで、社会的に信用のある人と生活することが、子どもにとって一番いいという思いこみがくつがえされている。

ウ　おばさんたちと暮らすことを願い、友達として助言したにもかかわらず、母親との生活を選んだ勇大の姿に、かれが自分の言うことは必ず聞き入れるはずだという思いこみがくつがえされている。

エ　おばさんたちと暮らすことを選ぶと考えていたが、勇大が母親との生活を選んだことで、母親の愛情の深さに気付き、母親と暮らしてもろくなことにならないという思いこみがくつがえされている。

問十一　――線⑪「負けるもんかっ、負けるもんかっ」（333行目）とありますが、作品全体の内容を考えたとき、勇大のこの言葉には、どのような意味があると考えられますか。説明しなさい。（2行）

問十二　〰〰線「「奇跡を信じたければ、つりをするがいい」」（30行目）とあるように、この作品にはつりをすることで生まれる「奇跡」がえがかれています。

(1)　〰〰線A「つりが奇跡を起こす」（123行目）、〰〰線B「奇跡が起きた」（173行目）では、それぞれどのようなことが「奇跡」なのですか。答えなさい。

(2)　〰〰線C「この子との出会いこそが自分の身に起きた奇跡だった」（316～317行目）とありますが、「この子との出会いこそ」が「奇跡」だというのはどういうことですか。説明しなさい。

就職に手間取っているぐらいで焦っていらついているどこぞのだれかさんとは大ちがいだ。こいつの方がよっぽど器《うつわ》がでかい。いいやつと友達になれた。Ｃこの子との出会いこそが自分の身に起きた奇跡だったんだなと納得《なっとく》した。

そのとき、突然水面を割って、静止したままのジタバグにライギョが食いついてきた。

「あっ、来たっ」勇大が興奮した声を上げ、潤平が指示するよりも早く、ロッドをあおった。ロッドのしなり具合が※⑪尋常《じんじょう》ではない。潤平はあわてて「勇大、※⑫ドラグ、ドラグをもっとゆるめて」と声をかけた。

※⑬リールがじりじりと逆回転し、※⑭ラインが水面上をｄジュウオウに走る。ライギョが一度顔を出し、それから尾《お》びれで水面をたたいた。ジャンプしなかったのは、元気がないからではない。それほどでかいからだ。

潤平が「うわっ、むちゃくちゃでかいぞ」とさけぶ。勇大を見ると、とても返事をする余裕《よゆう》なんかないという感じで、こわばった顔でしなりながら動くロッドにふり回されている。

そのとき、しなるロッドをにぎりしめながら勇大が、しぼり出すように言った。

「⑪負けるもんかっ、負けるもんかっ」

（山本甲士《こうし》『あたり　魚信』より）

〈語注〉

※①　ロッド…つりざお
※②　就職浪人…就職がうまくいかなかった人
※③　護岸…水害を防ぐためにつくられた堤防《ていぼう》
※④　つなぎ服…上着とズボンが一つにつながった作業着
※⑤　遭遇…出会うこと
※⑥　つたない…下手であること
※⑦　ルアーフィッシング…小魚や虫などに似せてつくったつり針（ルアー）を用いて行うつり
※⑧　キャスト…つりざおをふってつり針を水中に投げこむ動作
※⑨　ジタバグ…ルアーの一種
※⑩　身を挺して…身を投げ出して
※⑪　尋常ではない…ふつうではない
※⑫　ドラグ…つり糸が切れるのを防ぐ装置
※⑬　リール…つり糸をくり出したり巻き取ったりする道具
※⑭　ライン…つり糸

〔設問〕解答はすべて、解答らん（編集部注＝横10ミリメートル・たて151ミリメートルの行数で示した）におさまるように書きなさい。句読点なども一字分とします。

問一　＝線ａ「ジガジサン」（11行目）、ｂ「オガ」（34行目）、ｃ「ケワ」（225行目）、ｄ「ジュウオウ」（324～325行目）のカタカナを、漢字で書きなさい。

問二　――線①「勇大がアパートの鉄階段のところに座って、空を見上げていた」（15～16行目）とありますが、このときの勇大の気持ちを説明しなさい。（2行）

問三　――線②「手間取る出来事」（110行目）とありますが、具体的にはどのようなことですか。説明しなさい。（2行）

問四　――線③「うーむ。潤平は頭をかいた」（135行目）とありますが、潤平がなやんでいるのはなぜですか。126～139行目をよく読んで、説明しなさい。（3行）

問五　――線④「潤平は腕時計を見て、『うそぉ』とうめいた。あのときにもどっている」（149～150行目）とありますが、「あのとき」とは具体的にはどのときを指していますか。ふさわしいものを次

⑧足もとを見ると、勇大は新しいスニーカーをはいていた。そういえば、Tシャツも新品である。

　二人で例の場所に向かった。

「昨日、お母さんと出かけてたのか」聞いてみると、勇大は「うん」とうなずいた。「お母さん、昨日仕事休みだったから。⑨スーパーで買い物して、ゲームセンターに行って、いっしょにメダルゲームとかした。その後、お好み焼き食べた。自分の分は自分で焼いたんだ」

「ふーん。そうか」

　五十メートルほど進んでから、ガードレールのすきまを通ってコンクリート護岸を下りた。

　水ぎわに立って、二人で目をこらした。勇大が先に「あ、あっちにいるみたい」と、排水門の手前を指さした。確かに、ライギョらしき魚影《ぎょえい》が見える。

「よし、じゃあ、そっと近づいて※⑧キャストだ」

「うん」

　まずは勇大につらせることにして、潤平はかれの後に続いた。

　十メートルほど接近して、勇大が※⑨ジタバグを投げた。間近に着水したが、ライギョはそれにおどろいたようで、波紋を立ててにげてしまった。

「しばらく待ってからルアーを巻いたら、食いに来るかもしれないよね」

　潤平がうなずいて返すと、勇大はルアーをそのまま静止させて、水面を見つめた。

「おばさんが君を引き取りたいって言ってくれてるんだって？」

　勇大がおどろいた顔を向けた。「何で知ってるの？」

「ちょっと聞こえちゃって……」

　勇大は何かを考えているような表情になり、ロッドを下げた。

「勇大。友達として意見を言ってもいいか」勇大はうなずかなかったが、潤平は構わず続けた。「おれは、おばさんのところに行った方がいいと思うな」心の中で、あのお母さんはたよりにならないし、君にとってろくなことにならない、とつけ加えた。

　勇大は静かに笑った。

「だいじょうぶ。ぼく、お兄ちゃんに料理教えてもらったから、お母さんのめんどう見られるよ。せんたくとかも、やり方覚えようと思ってるところだし」

　⑩あまりに予想外だった返事に潤平は、周りの景色が突然《とつぜん》反転してしまったような感覚にとらわれた。

　自分や担任の教師は勇大のことを心配して、かれのことばかり考えていたのだが、当人は自分のことなどより母親のことを心配している。

「……そうか。めんどう見られるか」

「うん。お母さんね、夜中によっぱらって帰ってきたときにときどき、一人でこっそり泣いてるんだ。ぼくはねたふりしてるから、なんで泣いてるかは聞けないけど、仕事でいやなことがあるんだ、きっと」

「…………」

「ぼくね、お母さんに今まで守ってもらったから、これからはぼくが守るんだ、絶対に」勇大の口調に迷いらしきものは感じられなかった。

　父親の暴力の話を思い出した。母親が※⑩身を挺《てい》して勇大を守ろうとする場面が、何となくうかんだ。あの母親は母親なりに、息子《むすこ》に愛情を注いできたのだろう。だから勇大はそれをしっかりと感じ取っている。

授業で本人に朗読させたんですよ」と続けた。「それ以来、他の男子児童たちの勝野君に対する態度も変わったような気がします」

へえ、そうだったのか。⑥潤平は心の中で、もしかしておれのおかげ？　と少々鼻を高くした。

「ところで」と横山先生がせきばらいをした。「おとなりに住んでおられてお気づきの範囲《はんい》でけっこうなんで、勝野君が、家ではどういう生活をしているのかを、お聞かせいただければありがたいのですが」

担任の教師であれば知っておきたいことだろうし、見たところ、横山先生は勇大の味方をしてくれそうな気がしたので、潤平は、母親が夜に仕事に出ていることや、以前はインスタント食品ばかり食べていたようだが、料理の作り方を最近教えたこと、勇大と親しくなったのはごく最近であること、などを話した。

話のついでだと思い、潤平は勇大の父親のことをたずねてみた。横山先生は個人情報だから口外しないでほしいと念おしした上で、勇大の両親は二年前に離婚《りこん》しており、父親については全くといっていいほどわからないと教えてくれた。

「ときどき会ったりはしてないんでしょうかね、勇大は、お父さんに」

「会ってないと思いますよ」横山先生はcケワしい顔で頭をふった。「最大の離婚原因が、奥《おく》さんへの暴力だったと聞いてますし」

勇大が最近まで、どこかおどおどした態度だったことを思い出した。

しばらくの間ができ、横山先生はもう一度せきばらいをした。

「まあ、鵜川さんになら、お話ししていいと思いますのでお教えしますが……先ごろ、母親の方の姉夫妻が、勝野君を引き取りたいと言い出しましてね」

「えっ、本当ですか」

「ええ。そのご夫妻には子供さんが三人いるのですが、⑦勝野君の生活環境《かんきょう》を心配しておられるようで、日常生活のめんどうを見たい、と言っておられるんです」

「そうですか……そんなことが」

「でも、勝野君の母親が断ったそうです。もともとあまり姉妹《しまい》の仲がよくなかったという事情もあるようですが、母親としての意地、ということなんでしょうか。あ、それはあくまでそのご夫妻の言い分なんですが」

「じゃあ、その話はなくなった、と」

「ええ、一応は」横山先生はため息をついた。「私は立場上、そういったことに口出しできないのですが、勝野君にとっては、そのご夫妻のもとで生活する方がいいのではないかと、感じています。ご主人の方は税理士という、社会的にも信用のある仕事をしておられますし」

もしかして、説得してくれということなんだろうかと不安になったが、横山先生はそこまで求めてはいなかったようで、「長々とすみませんでした。ではそろそろ」と腰をうかせた。

勇大はその日、母親とどこかに出かけていたらしく、午後九時ごろに二人で帰宅した気配があった。その後は、テレビのバラエティ番組の音が聞こえてきた。

日曜日も曇り空だったが、天気予報によると降水確率は低いようだった。

朝食の後、ロッドを持って外に出ると、勇大が待っていた。「お兄ちゃん、昨日はごめんなさい」と言って頭を下げたので、「ああ」と少し手あらく頭をなでてやった。

頭が混乱した。今のこの状況《じょうきょう》をどう解釈《かいしゃく》すればいいかということもだが、自分は今から何をするべきなのかもよくわからない……。

潤平はとりあえず走って近づき、ガードレールをまたぎながら「勇大」と声をかけた。勇大が、はっという感じの表情を向ける。その顔がたちまちすがりつくような、そして泣き出しそうなものになった。

「出られなくなったのか?」

勇大がくちびるをかみしめてうなずく。

ということは、つなぎ服のあの男性にたのめば何とかなる。勇大と再び目が合った。いや、だめだ。立ち去ってはいけない。そばにいてやらなければ。

その後は同じだった。潤平は、自動車解体工場の男性といっしょに勇大を助け出した。その間に面接時間のことをまたもや忘れてしまい、携帯電話から部長に連絡を入れたものの、ノーの宣告を受けた。

そしてさきほどタクシーを降りて、今は排水門の近くに立っている。

もしやと思って目をこらしたが、勇大の姿はなかった。その場所にあったのは、いくつかの足跡《あしあと》と、タイヤ跡だけだった。腕時計を見たが、時間はもどっていない。奇跡は一度きり、ということか。

潤平は「ばーか」とつぶやいた。「せっかくB奇跡が起きたというのに、むだにしやがって」一人で大きく背のびをし、それからげんこつで頭をたたいた。

帰宅してスーツをしまいこみ、部屋の掃除《そうじ》をしているときに、ドアチャイムが鳴った。

出てみると、見覚えのない男性が「あ、急におうかがいしてすみませんが」と小声で言った。「あの、鵜川さん、ですよね?」

「はい」

「勝野君とライギョつりをされる方」

「はあ……」少し身構えながらうなずくと、男性は横山と名乗り、勝野勇大の担任をしていると自己紹介《しょうかい》した上で、「ちょっとだけ、お話をさせていただきたいんですがね、いいでしょうか」と言った。どうやら内緒《ないしょ》の話をしたいらしいと察し、潤平は招き入れた。

横山先生は「勝野君、最近になって急に元気が出てきたというか、目のかがやきがちがってきましてね」と切り出した。「それまではおとなしいというか、おどおどしているというか、自信のなさそうなところがあって、クラスメートからも軽く見られて、ばかにされているような感じだったんですよ。だから心配していたんですが」

横山先生は相変わらず小声だった。「⑤本人に事情を聞くタイミングをはかってたところだったんですが、かれが書いた作文でわかりました」

横山先生はそう言って、原稿《げんこう》用紙を出してよこした。「かれは作文を書かせても、一枚分でもなかなか書けない子だったんです。そのかれが、ものすごい勢いで一気に三枚も書いたんですよ」

〔ライギョつり〕という題名の作文だった。となりに住んでいるお兄ちゃんにライギョつりを教わったことが書かれてあった。文章は※⑥つたないが、勇大がライギョつりに夢中であることや、初めてつり上げたときの興奮などが伝わってくる内容だった。さらには、ライギョの生態や※⑦ルアーフィッシングの方法とマナー、できるだけライギョにダメージを与えないようにつることが大切だといったことも書かれてあった。

読み終わったのを確認《かくにん》して横山先生が「いい作文だと思ったので、

「ぼく、気ぃつけろよ。一人で土手を下りたら危ないぞ」男性はそう言って笑いかけ、潤平には「タイヤは後で、引っかけるものを使っておれが回収するから」と言い残して行った。潤平がその後ろ姿に向かって「ありがとうございました」と頭を下げると、勇大もそれにならって頭を下げた。

「やれやれだったな」言いながら勇大の背中をなでてから、我に返って、腕時計《うでどけい》を見た。

潤平は「ああ」とうめいた。面接の時間にとても間に合いそうもなかった。携帯電話を取り出し、部長に連絡《れんらく》を入れた。

アクシデントがあって面接におくれそうなので、申し訳ありませんが少し待ってもらえませんか――おずおずとたのんだ。列車事故にでもあったのかと聞かれ、そうではなくて、列車に乗る前にちょっと②手間取る出来事に※⑤遭遇《そうぐう》してしまった、と正直に答えた。

部長の口調が急に冷たいものになった。

「あなたもビジネスの世界で生きていこうとしているのなら、約束の時間を守れないということがどういうことか、わかるはずです。何があったのか、くわしいことは知りません。そんなことは関係ないんです。とにかくあなたは約束を守れないと言っている。ならば面接はできません」

切れた携帯電話を見つめながら潤平は「あーあ」と、やけくそ気味につぶやいていた。

アパートまでタクシーで帰るつもりだったが、気が変わって排水門の手前で降りた。

減水した水路の水面が、風でさざ波を立てている。

「何でだよー、Aつりが奇跡を起こすんじゃなかったのかよー」

声に出して、足もとの小石を拾い、投げた。間のぬけた音がして、波紋《はもん》が広がった。

ばかなことをしてしまった。別に自分が助けなくてもよかったのだ。勇大は単に、ぬかるみから出られなくなったというだけのことだ。今にもおぼれそうだったとか、流されそうだったというわけじゃなかった。その気になれば自力でも脱出できたのではないか。

知らん顔で通り過ぎればよかったというのではない。あの自動車解体工場の男性に後をたのめば、それでよかったのだ。急用があるからと断って、後で礼を言えば。あの男性からは、無責任なやつだと思われるかもしれないが、勇大は結局は無事救出され、自分は面接に間に合っていたし、就職できた。

③うーむ。潤平は頭をかいた。

本当にそうすべきだったのか。無事に会社に入り、バリバリ働くようになる。勇大だって、別にうらみはしないはずだ。そうかもしれない。でも、もやもやした後ろめたさが残るということはないか。自分だけ、用があるからとその場からいなくなったりしていいのか。

視界に人かげが入ったので目をやると、五十メートルほど前方の水ぎわに男の子が立っていた。すぐにそれが勇大だとわかった。手にはロッドを持っており、腰のところにウエストバッグらしきものをつけている。

何で？　潤平は目をこすった。確かに勇大だ。

近づいて、「あっ」ともらした。

勇大はコンクリート護岸にではなく、それよりも二メートルほど入りこんだぬかるみに立っていた。ひざの上までが、めりこんでいる。

④潤平は腕時計を見て、「うそぉ」とうめいた。あのときにもどっている。

これが奇跡というやつなのか。

ドを持っており、腰《こし》のところにウエストバッグらしきものをつけている。

　何か変だなと思った。近づいてゆくうちに、何が変なのかがわかった。勇大はコンクリート※③護岸にではなく、それより二メートルほど入りこんだ土の上に立っていた。しかも、勇大のひざ上までが、土の中にめりこんでいる。よく見ると、それは土ではなかった。表面がかわいているせいで土のように見えるが、水分をたっぷりとふくんでいる泥《どろ》らしかった。だから、ひざ上までめりこんでいる。

　ガードレールをまたぎながら「勇大」と声をかけると、勇大が、はっという感じの表情を向けた。その顔がたちまちすがりつくような、泣き出しそうなものになった。

「出られなくなったのか？」

　勇大がくちびるをかみしめてうなずく。ひざまで泥にうまると、確かに動くことは難しいだろう。無理をすればそのままたおれてしまい、起き上がれなくなるかもしれない。

　自分のせいだと潤平は思った。減水したときは、ぬかるみが地面のように見えることがあるから注意しなければならない、そういうことまで教えておくべきだったのだ。

　潤平はコンクリート護岸のふちに立ち、そっと、体重をかけないようにして、ぬかるみ部分をふんでみた。一瞬《いっしゅん》だけ、ふつうの土のように感じられるが、ゆっくりとしずみ始める。あわてて足を引っこめた。こんなところに入りこんでしまったら、子供一人の力では脱出《だっしゅつ》できないだろう。

「棒か何かを取ってくる。もうちょっとそこでがまんできるか」

　勇大は泣き出したいのを必死でこらえている感じでうなずいた。

「すぐに助けてやるから、二〜三分待ってて」そう言い残して、コンクリート護岸をかけ上った。

　車の解体工場にかけこんだが、人かげがない。今日は土曜日だからなのか。

　使えそうなものが見あたらず、焦《あせ》り始めたときに、軽トラックが入ってきて、グレーの※④つなぎ服を着た、四十代半ばぐらいの男性が降りてきた。

「何？」と男性が言った。

「そこの水路のぬかるみに、男の子が入って、出られなくなってるんです」

「えっ、ほんとか」男性は水路の方を見回すが、ここからは視界に入らない。潤平は「少し先です」と説明した。

「よし、じゃあ、あれを使おう。何個か持って行こう」男性は、敷《しき》地《ち》のすみに積まれてある古タイヤをあごでしゃくった。

　一人二つずつ、大きめのタイヤをかかえて歩いた。使い方は聞かなくてもわかる。

　男性が勇大を認めて「すぐに助けてやるからな」と声をかけ、コンクリート護岸を下りる。潤平も後に続いた。

　まず男性が、ぬかるみの中にタイヤを一個置き、その上にもう一個を重ねた。男性がその上に乗り移る。タイヤは男性の重みでゆっくりとしずんだが、全部がしずむことはなく、かろうじて上の部分は残った。

　男性が「よし、まずはそれ、さおをよこして」と手を差し出し、勇大からロッドを受け取って潤平にリレーした。続いて男性は勇大の手をつかんでひっぱり上げた。勇大はぬかるみから足がぬけて、タイヤの上に乗った。

　潤平がロッドを近くに置いて、手を差しのべると、勇大がしっかりつかんできた。そのままコンクリート護岸に渡らせる。勇大の顔は青ざめて、くちびるがふるえていた。

平成二十七年度　麻布中学校

【国　語】（六〇分）〈満点：六〇点〉

次の文章を読み、設問に答えなさい。

就職が決まらない鵜《う》川潤平《かわじゅんぺい》は、アパートのとなりの部屋に住む小学生の勝野勇大《ゆうだい》と、ライギョつりを教えることを通じて親しくなり、料理なども教える関係になっています。

日曜日の午前中も、二人でライギョつりをした。前回よりも長い時間、勇大に※①ロッドを持たせてやったところ、やや小ぶりな二匹をつりあげた。特に二匹目の五十センチ台の方は、潤平はほとんど指示を出さずに「あそこにいるみたいだぞ」と教えてやっただけだったので、勇大が一人でつったものといえた。

その週の水曜日にもいっしょに夕食を食べた。このとき、潤平は見守るだけで、ほとんどを勇大にやらせた。みそしるに入っている豆腐《とうふ》の形がばらばらで、フライパンで焼いたソーセージは少しこげ過ぎてしまったが、ご飯はちゃんとたけており、みそしるの味もまあまあの出来だった。勇大は食べながら何度も「おいしい」と喜んでいたが、多分それはａジガジサンではないのだろう。きっと、自分で作ったということや、だれかといっしょにそれを食べるということが、味を格別なものにしているのだ。

次の日曜日は残念ながら雨が降っていた。潤平がもしやと思ってドアを開けると、①勇大がアパートの鉄階段のところに座って、空を見上げていた。「今日はだめだな。また今度な」と潤平が声をかけると、勇大は少しがっかりしたように「うん」とうなずいて、自宅にもどった。

午後、買い物に出かける前に、携帯《けいたい》電話が鳴った。画面を見ると黒谷《くろたに》からだった。

「鵜川、おれ、おれ。今ちょっといいか」

「ああ、いいよ」

「実は、うちの部長がお前に会ってみたいと言ってるんだ」

「……ほんとか」

「本当に決まってるだろう。決まれば即《そく》採用だから、※②就職浪人《ろうにん》とおさらばできるぞ」

もしかすると黒谷は、「鵜川ってやつがいるんですけど……」などと、売りこんでくれたのかもしれない。いや、きっとそうだ。潤平は電話を切った後も「すまん、ありがとう」と頭を下げた。

そのとき、〔奇跡《きせき》を信じたければ、つりをするがいい〕という言い伝えに、だったら就職させろと、心の中でぼやいたことを思い出した。

「つりの神様、あなたをなめてました。おそれ入りました」潤平は両手を合わせてｂオガんだ。

土曜日は曇《くも》り空で、少し暑さを感じる気温になった。潤平はスーツを着こみ、午後一時にアパートを出た。会社に行くには列車と徒歩で四十分近くかかる。

駅に向かって、勇大とライギョをつっている水路沿いを歩いた。何となくのぞきこむと、おとといから昨日の朝にかけて降った雨に合わせて排水門《はいすいもん》を開いたらしく、水位がかなり減っていた。視界に人かげが入ったので目をやると、五十メートルほど前方の水ぎわに男の子が立っていた。すぐにそれが勇大だとわかった。手にはロッ

平成27年度

麻布中学校 ▶解説と解答

算数 (60分) <満点:60点>

解答

$\boxed{1}$ $1\frac{3}{7}$　$\boxed{2}$ ア＝31，イ＝61，ウ＝19　$\boxed{3}$ (1) 14cm　(2) 17.5cm　(3) 4.5cm　$\boxed{4}$ (1) ① 2分後　② $3\frac{5}{7}$分後　(2) 分速120m　$\boxed{5}$ (1) (2，42)，(3，28)，(4，21)，(6，14)，(7，12)，(12，7)，(14，6)，(21，4)，(28，3)，(42，2)　(2) ア＝12，イ＝21　(3) (ウ＝6，エ＝84，オ＝7，カ＝28)，(ウ＝12，エ＝42，オ＝14，カ＝28)　$\boxed{6}$ (1) 解説の図②を参照のこと。　(2) $2304cm^3$　(3) $828cm^3$

解説

$\boxed{1}$ **四則計算。**

$$\left\{3\frac{1}{15}-1.56\div\left(1\frac{1}{4}-0.6\right)\right\}\div\left(1\frac{2}{3}-1.2\right)=\left\{\frac{46}{15}-\frac{39}{25}\div\left(\frac{5}{4}-\frac{3}{5}\right)\right\}\div\left(\frac{5}{3}-\frac{6}{5}\right)=\left\{\frac{46}{15}-\frac{39}{25}\div\left(\frac{25}{20}-\frac{12}{20}\right)\right\}\div\left(\frac{25}{15}-\frac{18}{15}\right)=\left(\frac{46}{15}-\frac{39}{25}\div\frac{13}{20}\right)\div\frac{7}{15}=\left(\frac{46}{15}-\frac{39}{25}\times\frac{20}{13}\right)\div\frac{7}{15}=\left(\frac{46}{15}-\frac{12}{5}\right)\div\frac{7}{15}=\left(\frac{46}{15}-\frac{36}{15}\right)\div\frac{7}{15}=\frac{10}{15}\times\frac{15}{7}=\frac{10}{7}=1\frac{3}{7}$$

$\boxed{2}$ **和差算，比の性質。**

図1

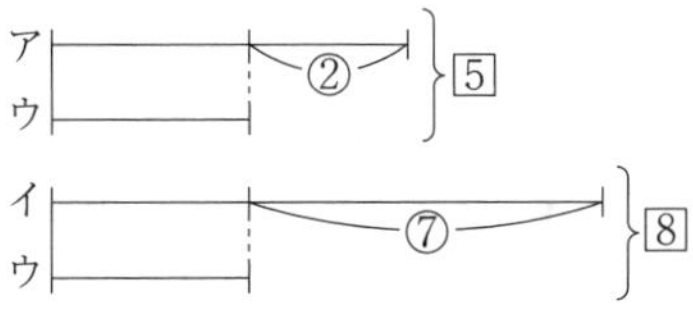

図2

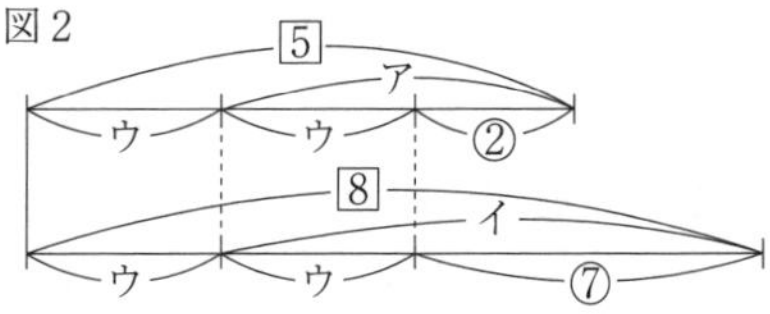

アとウの和と差の関係，イとウの和と差の関係をそれぞれ図に表すと，右の図1のようになる。図1から，イとアの差は，⑦－②＝⑤とわかる。また，(イ＋ウ)－(ア＋ウ)＝イ＋ウ－ア－ウ＝イ－アであり，この値は，$\boxed{8}-\boxed{5}=\boxed{3}$だから，イとアの差は⑤または$\boxed{3}$と表せることになる。よって，⑤＝$\boxed{3}$より，①：$\boxed{1}=\frac{1}{5}:\frac{1}{3}=3:5$となる。そこで，①＝3，$\boxed{1}$＝5とすると，アとウは，和が，5×5＝25(奇数《きすう》)，差が，3×2＝6(偶数《ぐうすう》)となり，アとウが整数にならない。次に，①＝3×2＝6，$\boxed{1}$＝5×2＝10とすると，アとウは，和が，10×5＝50，差が，6×2＝12となり，ア＝(50＋12)÷2＝31，ウ＝50－31＝19と求められる。このとき，イとウの差は，6×7＝42なので，イ＝19＋42＝61とわかる。なお，右上の図2のように表すこともできる。図2からも，⑦－②＝⑤と，$\boxed{8}-\boxed{5}=\boxed{3}$が等しいことがわかる。また，①＝3×4＝12，$\boxed{1}$＝5×4＝20とすると，ア，イ，ウの値がそれぞれ2倍になる。このとき，イの値が3桁《けた》になってしまうから，条件に合う整数は上で求めた1通りだけである。

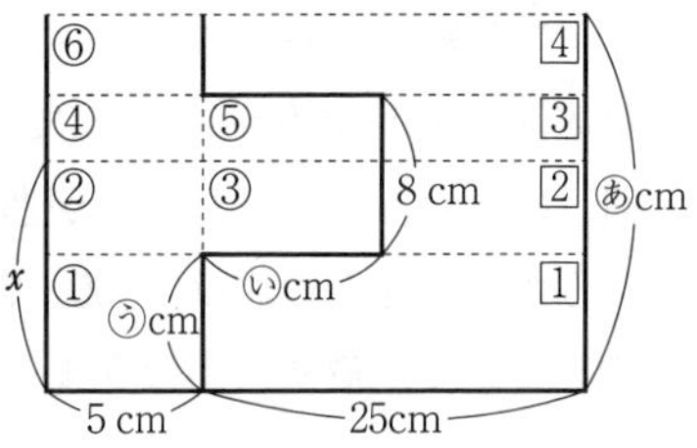

$\boxed{3}$ **水の深さと体積。**

(1) 右の図で，Aからは，①→②③→④⑤→⑥の順に水が入り，Bからは，$\boxed{1}\to\boxed{2}\to\boxed{3}\to\boxed{4}$の順に水が入る。また，水道A，Bから入る水の量の合計は毎秒，$18\frac{3}{4}\times2=37.5(cm^3)$

であり，水そうがいっぱいになるまでの時間は，60×７＋28＝448(秒)だから，水そうの容積は，37.5×448＝16800(cm^3)とわかる。さらに，水そうの底面積は，30×40＝1200(cm^2)なので，水そうの高さ(あ⃝の長さ)は，16800÷1200＝14(cm)と求められる。

(2)　①②③④⑤⑥の部分の体積は，16800÷２＝8400(cm^3)であり，①②④⑥の部分の体積は，５×40×14＝2800(cm^3)なので，③⑤の部分の体積は，8400－2800＝5600(cm^3)とわかる。よって，い⃝の長さは，5600÷８÷40＝17.5(cm)と求められる。

(3)　水を入れ始めてから，60×５＋36＝336(秒後)までに，①②③の部分と1⃞2⃞の部分に水が入るから，この部分までの高さ(xの長さ)は水そうの高さの，$\frac{336}{448}=\frac{3}{4}$にあたることがわかる。よって，$x=14\times\frac{3}{4}=10.5$(cm)なので，①②の部分の体積は，５×40×10.5＝2100(cm^3)と求められる。また，①②③の部分の体積は，$18\frac{3}{4}\times336=6300$($cm^3$)だから，③の部分の体積は，6300－2100＝4200(cm^3)となる。したがって，③の部分の高さは，4200÷(17.5×40)＝６(cm)なので，う⃝の長さは，10.5－６＝4.5(cm)である。

4⃞　速さ，旅人算，速さと比。

図１

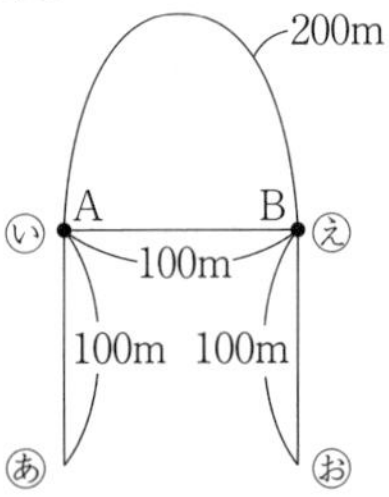

図２

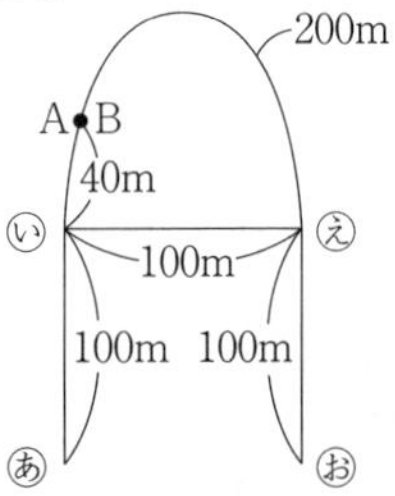

図３

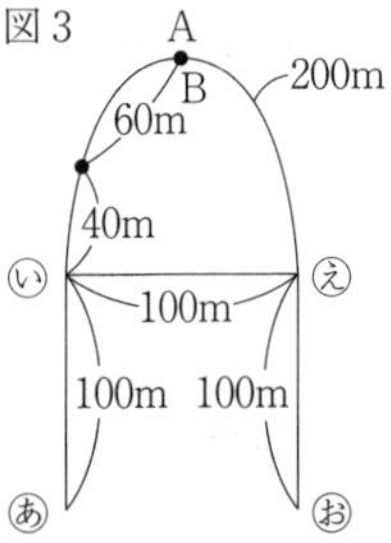

図４

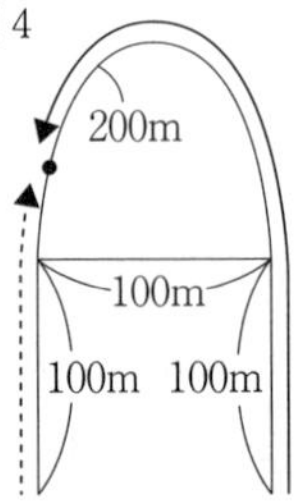

図５

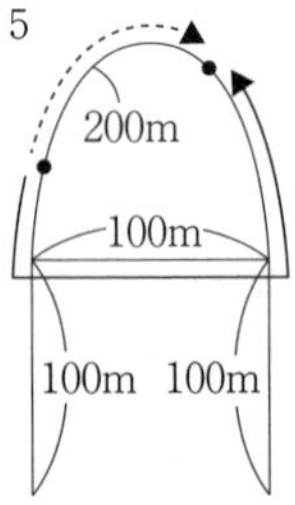

図６

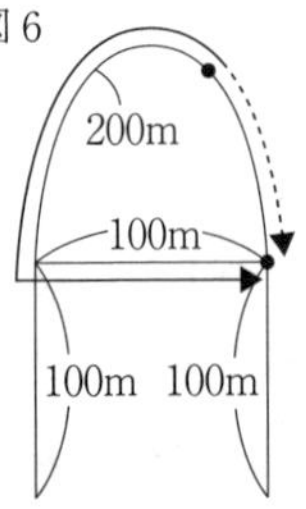

(1)　①　Aさんがい⃝に着くのは出発してから，$100\div70=\frac{10}{7}$(分後)であり，このときまでにBさんは，$280\times\frac{10}{7}=400$(m)進んでいるから，400－100－200－100＝０(m)より，右の図１のように，Aさんがい⃝にいるとき，Bさんはちょうどえ⃝にいることがわかる。よって，２人が最初に出会うのはこのときから，$200\div(70+280)=\frac{4}{7}$(分後)なので，出発してから，$\frac{10}{7}+\frac{4}{7}$＝２(分後)と求められる。　②　２人が最初に出会うのはい⃝から，$70\times\frac{4}{7}=40$(m)の地点である(右上の図２)。また，２人が２回目に出会うのは最初に出会ってから，$(200+100)\div(70+280)=\frac{6}{7}$(分後)であり，その間にAさんは，$70\times\frac{6}{7}=60$(m)進む(上の図３)。その後は$\frac{6}{7}$分ごとに(Aさんが60m進むごとに)出会うので，２人が出会うのはい⃝から，40m，40＋60＝100(m)，100＋60＝160(m)の地点とわかる。よって，最後に出会うのは出発してから，$2+\frac{6}{7}+\frac{6}{7}=3\frac{5}{7}$(分後)である。

(2)　はじめに，右上の図４～図６のように進む場合を考える。３回目に出会うまでにAさんが進む距離《きょり》は，100＋200＝300(m)である。また，３回目に出会うまでにBさんは池を２周するから，３回目に出会うまでにBさんが進む距離は，100＋(200＋100)×２＝700(m)である。よって，AさんとBさんの速さの比は，300：700＝３：７なので，Aさんの速さは分速，$280\times\frac{3}{7}=120$(m)とわかる。ここで，最初に出会うまでに２人が進む距離の和は，100＋100＋200＝400(m)だから，最初に出会うまでにAさんが進む距離は，$400\times\frac{3}{3+7}=120$(m)となる。つまり，Aさんが㋑に着くよりも前にBさんが㋑を通過することはないので，この考えは正しいことになる。したがって，最も速いAさんの速さは分速120mである。

5 整数の性質。

(1) 右の図1のように，84の約数は全部で12個ある。たとえば，2と42のように上下に並んだ数(積が84になる数)をそれぞれ(○，□)とすると，$\frac{2}{84}=\frac{1}{42}$とすることができる。また，○と□を入れかえることもできるから，(○，□)の組は，(2，42)，(3，28)，(4，21)，(6，14)，(7，12)，(12，7)，(14，6)，(21，4)，(28，3)，(42，2)となる。

図1

84	1	2	3	4	6	7
	84	42	28	21	14	12

(2) はじめに，右の図2の(i)のような式を考える。ここで，A，Bに84の約数を入れると，約分されて分子が1になるので，図2の(ii)のような式を作ることができる。そこで，84の約数の中で和が11になる組をさがすと，4と7が見つかる。また，ア<イより，$A>B$となるから，$A=7$，$B=4$とすればよく，(i)，(ii)の式は，$\frac{7}{84}+\frac{4}{84}=\frac{1}{12}+\frac{1}{21}=\frac{11}{84}$となる。したがって，ア＝12，イ＝21である(12と21の最小公倍数は84なので，条件に合う)。

図2

$\frac{A}{84}+\frac{B}{84}=\frac{11}{84}$…(i)

⬇

$\frac{1}{ア}+\frac{1}{イ}=\frac{11}{84}$…(ii)

(3) はじめに，右の図3の(iii)のような式を考える。ここで，C，D，E，Fに84の約数を入れると，約分されて分子が1になるから，図3の(iv)のような式を作ることができる。よって，84の約数の中で，$C+D=E+F$となる4つの整数を見つければよいことになる。ここで，ウ，エは3の倍数なので，ウ，エとして考えられる数は，84の約数の中の3の倍数になる。つまり，ウ，エとして考えられる数は{3，6，12，21，42，84}だから，C，Dとして考えられる数は{28，14，7，4，2，1}となる。同じように，オ，カは3の倍数ではない数なので，オ，カとして考えられる数，E，Fとして考えられる数はそれぞれ右上の図4のようになる。この中で，$C+D=E+F$となるのは，$1+14=3+12$(…(Ⅰ))，$2+7=3+6$(…(Ⅱ))，$4+14=6+12$(…(Ⅲ))の3組ある。また，ウ<エより，$C>D$，オ<カより，$E>F$となるから，(Ⅰ)の場合は，$\frac{14}{84}+\frac{1}{84}=\frac{12}{84}+\frac{3}{84}\rightarrow\frac{1}{6}+\frac{1}{84}=\frac{1}{7}+\frac{1}{28}$，(Ⅱ)の場合は，$\frac{7}{84}+\frac{2}{84}=\frac{6}{84}+\frac{3}{84}\rightarrow\frac{1}{12}+\frac{1}{42}=\frac{1}{14}+\frac{1}{28}$，(Ⅲ)の場合は，$\frac{14}{84}+\frac{4}{84}=\frac{12}{84}+\frac{6}{84}\rightarrow\frac{1}{6}+\frac{1}{21}=\frac{1}{7}+\frac{1}{14}$となる。このうち，ウ，エ，オ，カの最小公倍数が84になるのは(Ⅰ)と(Ⅱ)の場合であり，(ウ，エ，オ，カ)＝(6，84，7，28)，(12，42，14，28)と求められる。

図3

$\frac{C}{84}+\frac{D}{84}=\frac{E}{84}+\frac{F}{84}$…(iii)

⬇

$\frac{1}{ウ}+\frac{1}{エ}=\frac{1}{オ}+\frac{1}{カ}$…(iv)

図4

ウ，エ … 3，6，12，21，42，84
C，D … 28，14，7，4，2，1
オ，カ … 1，2，4，7，14，28
E，F … 84，42，21，12，6，3

6 立体図形—作図，相似，体積。

(1) 水面は下の図①の太線のようになる。三角形IFEは，IFとIEの長さが等しい二等辺三角形だから，下の図②のように，EFと直角に交わり，EFを二等分する直線が地面と交わる点がIになる。ここで，直線EFは，右に1マス，下に2マスの方向に引かれているので，Jを中心として直線EFを90度回転した直線は，左に2マス，下に1マスの方向に引かれることになる。よって，この直線と地面が交わる点がIになる。また，水面は地面と平行になるから，辺EIを表す線と水面を表す線は，それぞれ太線のようになる。

(2)　図②で，斜線《しゃせん》をつけた2つの三角形は合同であり，EJ(＝FJ)の長さは6cmなので，IJの長さは12cmである。つまり，正面から見たときのIJの長さが12cmだから，四角すいの高さは12cmとわかる。よって，立方体の体積は，$12\times12\times12=1728$(cm^3)，四角すいの体積は，$12\times12\times12\div3=576$(cm^3)なので，この容器の容積は，$1728+576=2304$(cm^3)と求められる。

(3)　こぼれた水の体積を求め，容器の容積からひいて求める。図①で，四角柱AEJB―DHMCの体積は，$(12+6)\times12\div2\times12=1296$(cm^3)である。また，EH，KL，JMの真ん中の点をそれぞれP，Q，Rとすると，立体EKJ―HLMの体積は，三角形PQRを底面とし，EH，KL，JMの平均の長さを高さとする三角柱の体積と等しくなる。ここで，FIとJKは平行であり，JはEFの真ん中の点だから，KはEIの真ん中の点になる。よって，三角形PQRで，PRを底辺と考えたときの高さは，$12\div2=6$(cm)なので，三角形PQRの面積は，$6\times6\div2=18$(cm^2)とわかる。また，三角形EIHと三角形KILは相似であり，相似比は2：1だから，KLの長さは，$12\times\frac{1}{2}=6$(cm)である。したがって，EH，JM，KLの平均の長さは，$(12+12+6)\div3=10$(cm)なので，立体EKJ―HLMの体積は，$18\times10=180$(cm^3)と求められる。よって，こぼれた水の体積は，$1296+180=1476$(cm^3)だから，容器に残った水の体積は，$2304-1476=828$(cm^3)と求められる。

図①

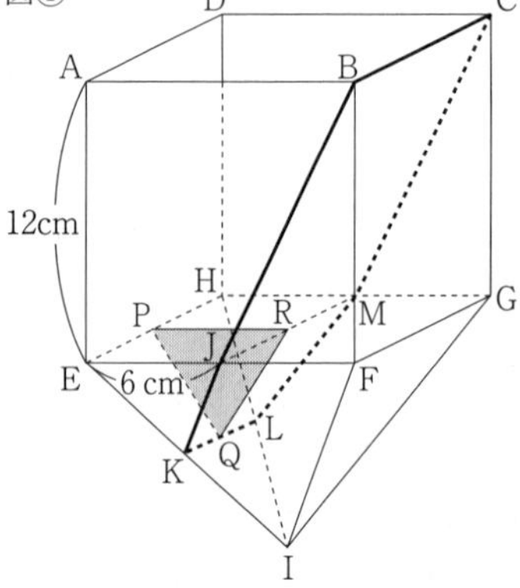

図②

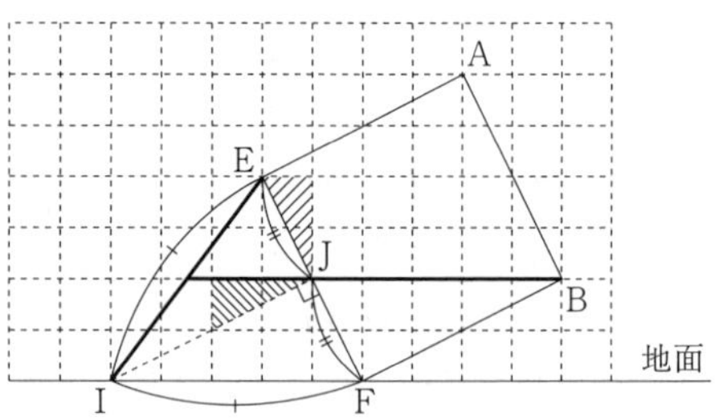

社　会　(50分)＜満点：40点＞

解　答

問1　①（例）江戸時代に蝦夷地のアイヌをまとめ，松前藩に反乱を起こした。　②（例）鎌倉時代に宋へわたって禅宗を学び，日本へ臨済宗を伝えた。　③（例）安土桃山時代に茶の湯から茶道を大成した。　問2　（例）茶碗の大きさの違いを，男女平等ではないと考える人もいるから。　問3　（例）現金収入を得るための商品作物であること。　問4　（例）漆器の生産が，伝統的工芸品の生産のすべてであること。企業数と伝統工芸士登録数が産地の中で最も多く，生産が多くの専門の職人に支えられていること。　問5　写真2…(例)　食料を煮炊きするために用いた。　写真3…(例)　収穫が豊かであることを願うまじないに用いた。　問6　益子…い，備前…こ，萩…け　問7　（例）商品の質を均一なものにすることができる。／生産性の向上により，大量生産ができる。　問8　（例）カラツモノは北陸地方から西の沿岸部を中心に分布しており，唐津から船で陶磁器が運ばれたためと考えられる。
問9 (例) 長崎を通じてオランダに輸出されたから。 問10 (例) 薩摩焼の製法や技術が，他の地域に伝えられるのを防ぐため。 問11 (例) 木炭はかつて暖房や調理の燃料として使われていたが，現在では消臭剤や水道水の浄化剤などに用いられている。 問12 (例) 器は初め実用的な道具であったが，高品質のものが作られるようになると，そこに高い芸術性が生まれ，工芸品としての価値を持つようになった。それは富や地位，権力を象徴するものになり，そこから質の高い日本文化の伝統が形成されるようになった。

解説

「器」を題材にした問題。

問1 ① アイヌは蝦夷地《えぞち》(北海道)の先住民で，狩猟《しゅりょう》や漁を中心とした伝統的な暮らしをしていた。江戸時代には蝦夷地南部を支配した松前藩がアイヌとの交易を独占《どくせん》したが，松前藩の不正な交易を不服としてアイヌの人々はしばしば反乱を起こした。その最大のものは，首長シャクシャインが蝦夷地のアイヌをまとめて起こした反乱(1669年，シャクシャインの乱)で，シャクシャインらは松前藩のはかりごとにあって講和の祝宴《しゅくえん》で殺害された。 ② 栄西《えいさい》は平安時代の終わりごろに宋《そう》(中国)へわたって禅宗を学び，日本に臨済《りんざい》宗を伝えた。鎌倉幕府の保護を受け，鎌倉に寿福《じゅふく》寺，京都に建《けん》仁《にん》寺を創建した。また，中国から茶の種を持ち帰り，『喫茶養生記《きっさようじょうき》』を著して茶の薬効を説いたことでも知られている。 ③ 安土桃山時代，堺(大阪府)の豪商であった千利休は，室町時代に生まれた茶の湯を発展させて「茶道(わび茶)」として大成させ，織田信長・豊臣秀吉に茶頭《さどう》(茶事をつかさどるかしら)として仕えた。しかし，大徳寺山門上に自分の木像をおいたことなどで秀吉の怒りにふれ，1591年に自害させられた。
問2 「夫婦茶碗《めおとぢゃわん》」は大小2つが一組になった茶碗のことで，写真1を見ると，大きさに違いがあることがわかる。ふつう大きい方を夫，小さい方を妻が使用する。夫婦仲むつまじくという願いが込《こ》められているものの，大きさの違いには男性中心の封建《ほうけん》的な考え方が反映されているとも考えられる。現在では夫婦はもともと同権であり，家事や育児・介護《かいご》も夫婦が同じように負担する「男女共同参画社会」という考え方が定着しており，茶碗の大きさの違いはこうした考え方にそぐわず，男女差別だと思う人も多い。そこで，近年では大きさを同じにして，模様の色を変えた夫婦茶碗も増えている。
問3 「四木三草」は江戸時代に商品として販売することを目的に栽培した商品作物の代表で，諸藩《しょはん》が重視して栽培を奨励《しょうれい》した。「四木」は桑《くわ》・漆《うるし》・茶・楮《こうぞ》，「三草」は麻《あさ》・藍《あい》・紅花《べにばな》である。桑は葉が蚕《かいこ》のエサとなり養蚕《ようさん》業に欠かせない。この他は工芸作物で，漆は漆器《しっき》の原料，茶は飲料，楮は和紙の原料になる。麻は衣類などの原料，藍と紅花は染料になる。桑・楮・麻は全国的に栽培され，茶は山城《やましろ》(京都府)，漆は会津(福島県)，藍は阿波《あわ》(徳島県)，紅花は出羽最上(山形県)が産地としてよく知られていた。
問4 表を見ると，「輪島塗」は漆器生産額とそのなかに占《し》める伝統的工芸品生産額が一致《いっち》しており，生産される伝統的工芸品のすべてが輪島塗ということになる。また，示された産地のなかで企業数と伝統工芸士登録数が最も多く，従業員数も多い方である。文中に「輪島塗の発展を支えたのは，作業を細かく分担し，それぞれに専門の職人をおく分業の仕組みでした。現在でも，全部で124の作業に分けて作られていて，塗りだけで24の作業があります」とあるように，輪島塗が日本を代表する漆器として，その質の高さを維持しているのも，それぞれの工程を専門の職人が行うといった，分業の仕組みがしっかり整えられていることがその背景にあると考えられる。

問５　写真２…縄文土器で，炉《ろ》のそばの土に差して煮炊《にた》きを行う尖底《せんてい》型(底がとがっている型)の深鉢《ふかばち》である。縄文時代は狩猟や漁労，採集生活を送っており，得た食料を調理するためにこうした土器を用いた。　写真３…土偶《どぐう》で，女性の身体的特徴《とくちょう》を強く表している。これは縄文時代の人びとが，女性が子どもを産むことを神秘と感じ，その力が大地の恵《めぐみ》をもたらすものと考えたことに由来するといわれる。よって，収穫が豊かであることを願うまじないに使用したと推定される。

問６　益子《ましこ》…益子焼は栃木県南東部の益子町周辺(地図１の「い」)で作られる陶磁器で，江戸時代末期に生産が始まったといわれる。水がめや火鉢など日用品の産地として発展した。　備前…備前焼は岡山県南東部の備前市周辺(地図１の「こ」)で作られる陶磁器で，平安時代に作られた須恵器《すえき》から発展した。長時間かけて焼きしめた褐色《かっしょく》の自然な風合いが特徴になっている。　萩《はぎ》…萩焼は山口県北部の萩市周辺(地図１の「け」)で作られる陶磁器で，豊臣秀吉の朝鮮出兵のときに連れ帰った朝鮮人陶工によって始められた。その中心は茶器である。　なお，地図１の「あ」は福島県会津美《み》里《さと》町(会津本郷焼)，「う」は茨城県笠間《かさま》市(笠間焼)，「え」は愛知県常滑《とこなめ》市(常滑焼)，「お」は石川県金沢市(九谷焼／その他加賀市，小松市，能美《のみ》市でも生産)，「か」は滋賀県甲賀《こうか》市(信楽《しがらき》焼)，「き」は兵庫県三田市(三田焼)，「く」は島根県雲南市(御代《みじろ》焼)，「さ」は愛媛県松山市(楽山《らくざん》焼)，「し」は大分県日田市(小鹿田《おんた》焼)，「す」は鹿児島市(薩摩焼)。

問７　分業は，作業工程をいくつかの段階に分け，それぞれの段階に専門の職人を配置して，完成品を作る生産方式である。１人の職人がすべての作業工程をこなす場合，完成品を作るのに時間がかかり，また，完成品に差異が生じることも多い。しかし，分業の場合，職人は単一の工程をくり返すだけなので習熟が早く，商品の質が上がるとともに均一性も保つことができる。また，完成品を作るのに時間が短縮されて生産性が向上し，大量生産が可能になる。

問８　「瀬戸」の焼物は古くは平安時代にさかのぼり，鎌倉時代に陶工の加藤景正《かげまさ》が宋から製陶技術を伝えたのがその始まりといわれる。その後，瀬戸は陶器の一大生産地となり，広く全国に普及《ふきゅう》した。地図２で陶磁器を「カラツモノ」と呼んでいた西日本に，「セトモノ」と呼ぶ地域があったことからも，その歴史の古さや普及度が想像できる。一方，「唐津《からつ》」の焼物は秀吉の朝鮮出兵で連れてこられた朝鮮人陶工によってさかんになり，主に唐津港(佐賀県)から出荷されていた。そこで，唐津から伝わったものという意味で「カラツモノ」と呼んだと考えられる。地図２で陶磁器を「カラツモノ」と呼んだ地域は唐津に近い西日本が中心となっているが，なかでも瀬戸内海周辺や日本海沿岸部に多いことがわかる。江戸時代には，東北地方と日本海を経て大坂(大阪)を結ぶ西廻《まわ》り航路をはじめとする海上交通がさかんであったため，このような分布になったと考えられる。

問９　江戸時代の初め，幕府はキリスト教の禁止を徹底し，貿易の管理と統制をはかることを目的として鎖国を行い，鎖国後はキリスト教の布教に関係のないオランダと清(中国)に限り，長崎で幕府と貿易することを許した。写真４の有田焼の絵皿にヨーロッパの文字が記されているのは，オランダへ輸出する商品であったためと考えられる。なお，写真４の絵皿の中央にあるアルファベットの記号は，オランダ東インド会社のマークである。

問10　江戸時代，薩摩藩(鹿児島県)は朝鮮人陶工たちを，城下町から離れた苗代川《なえしろがわ》(現在の日置《ひおき》市)に集住させ，藩の厳重な監視・保護下においたという。これは藩財政の一端《いったん》を担う薩摩焼の製法や技術が，他の地域に伝えられるのを防ぐためと考えられる。また，日本が鎖国を行っていたことも関係し，一般庶民《しょみん》が朝鮮人と交流することを避ける目的もあった。

問11　木炭はかつて家の暖房や調理の燃料として多く使われていたが，現在ではこれらには電気やガスが用いられ，木炭を使う家庭はほとんどない。しかし，木炭を加工した活性炭は脱臭《だっしゅう》効果や濾過《ろか》効果があるため，消臭剤や浄水器のフィルターなどに利用されている。

問12　「器」は，それが漆器であれ陶磁器であれ，日常生活の必要性から生み出されたものである。しかし，それがある程度普及するようになると，装飾をほどこした高級品なども作られるようになった。それが新しい価値を持つようになり，文中に「アイヌの人たちが輪島の漆器を購入し，神さまにささげものをするときの器として使った」「茶碗ひとつが一国一城と同じ価値を持つほどの熱狂を，大名たちの間に引き起こした」とあるように，「器」は日常生活の単なる道具から，より価値のある，芸術性の高い工芸品へと変化したのである。そこから質の高い文化の伝統が形成され，日本文化をいろどり豊かなものにしていったといえる。

理　科　(50分)＜満点：40点＞

解　答

1 問1　食物連鎖　　問2　イ　　問3　(例)　小さな生物から直接養分を受け取り，消化の必要がないから。　　問4　イオウをふくむ成分と二酸化炭素の反応　　問5　チューブワームと小さな生物　　問6　ア，オ　　2 問1　右　　問2　①　イ　　②　エ　　問3　①　(例)　鉄くぎの中の小さな磁石の極が同じ向きにそろうから。　　②　(例)　鉄くぎの中の小さな磁石の極がバラバラの向きになるから。　　問4　イ　　問5　ア　　問6　ア，オ　　問7　(例)　電流を流したときにだけ磁力をおびる点。　　問8　(例)　南北方向に合わせて置く。　　3 問1　ア　　問2　①　ア　　②　エ　　問3　エ　　問4　オ　　問5　カ　　問6　ア　　問7　P1…10.7km/秒，P2…11.7km/秒　　問8　①　ア　　②　ウ　　③　ウ　　④　コ　　⑤　コ　　4 問1　イ，オ　　問2　赤色…1.80，青色…1.33，紫色…1.19　　問3　赤色…9，青色…16，紫色…25　　問4　411nm　　問5　ナトリウム　　問6　(例)　花火の光をプリズムに通して分け，どの波長の光がふくまれているかを調べる。

解　説

1 深海における生物の養分のつくり方についての問題。

問1　生物どうしの「食べる・食べられる」の関係を食物連鎖《れんさ》という。食物連鎖は，光合成によって養分をつくり出すことのできる植物，植物を食べて生活する草食動物，他の動物を食べて生活する肉食動物とつながっている。

問2　ゾーザンテラは単独で活動することもできると述《の》べられているので，光合成に必要な海水をサンゴからもらっているとあるイは，ゾーザンテラがサンゴの体内にいる利点として適当ではない。なお，ゾーザンテラは褐虫藻《かっちゅうそう》ともいい，単細胞《さいぼう》の藻類である。

問3　チューブワームは小さな生物を消化せず，養分を受け取っていると述べられている。つまり，小さな生物から直接養分を受け取っているので，消化の必要がなく，消化管がなくても生きていけると考えられる。

問４　光合成は，葉緑体で日光のエネルギーを利用し，二酸化炭素と水を材料として養分(デンプン)をつくり出すはたらきである。したがって，小さな生物が養分をつくり出す反応である「イオウをふくむ成分と二酸化炭素の反応」がぬき出せる。

問５　サンゴとゾーザンテラは，まとめて図１の陸上の植物の立場にあると述べられている。ここでの植物の立場とは，養分をつくって，体をつくったり，活動のためのエネルギーを得たりしており，さらにほかの動物に食べられてしまうということである。そのため，この深海における植物の立場にあるものは，チューブワームと小さな生物といえる。

問６　ア，イ　材料であるイオウなどが地表に出ているところが少なければ，イオウをふくむ成分と二酸化炭素の反応から養分をつくるはたらきが行いにくくなると考えられる。　　ウ　陸上では，浮力《ふりょく》のはたらく水中に比べて，みずからを支えるための体のつくりがしっかりしている必要があるが，これは養分のつくり方とは関係がない。　　エ　光合成でも，イオウをふくむ成分と二酸化炭素の反応でも，酸素は必要ではない。　　オ　イオウをふくむ成分と二酸化炭素の反応は，光合成と比べると，養分をつくる効率が非常に低くなっていると述べられている。そのため，光の多く届く陸上では，効率の良い光合成を行って養分をつくる生物のほうが多いと考えられる。

2　磁石の性質についての問題。

問１　図１で，右側の磁石のＳ極に引きよせられている鉄くぎの先はＮ極になっている。よって，鉄くぎの先を方位磁針に近づけると，方位磁針のＳ極が引きよせられて，方位磁針のＮ極は右を指す。

問２　①　磁石につくクリップの量に注目すると，全体の磁力が強い順に，ｃとｄ，棒磁石１本，ａとｂとわかる。よって，ａやｂは，ｃやｄより全体の磁力が弱い。　　②　ａやｂの状態になるとそのまま安定したと述べられているので，ａやｂは，ｃやｄよりも安定な状態といえる。

問３　鉄くぎに磁石を近づけると，鉄くぎの中の小さな磁石の極が同じ方向にそろうため，磁力が強まり，鉄くぎは磁石になる。また，磁石になった鉄くぎは，時間が経過すると，鉄くぎの中の小さな磁石の向きがバラバラになって安定し，磁力が弱まって磁石の性質を失う。

問４　磁石をかなづちでたたくと，磁石の中でそろっている小さな磁石の向きが乱れるため，磁力が弱くなる。

問５　何らかの物質の例として挙げられているネオジムを混《ま》ぜた鉄でできた磁石では，非常に強い磁力をもつ磁石の状態を保つことができると述べられている。問２～問４より，時間が経過すると磁石の磁力が弱くなるのは，磁石の中でそろっていた小さな磁石の極の向きが，バラバラになっていくためだとわかる。したがって，鉄に混ぜる何らかの物質は，小さな磁石の向きを変えにくくする役割があると推測できる。

問６　鉄をふくむ物質にかかる磁力を強くするには，回路に新たな電池を直列でつないで流れる電流を大きくしたり，電磁石の巻き数を増やしたりして，電磁石を強くすればよい。

問７　磁石をつくるさいには，外部に置く磁石に材料を近づける必要がある。このため，外部に置く磁石にネオジム磁石を用いた場合，材料を出し入れするさいに，材料がくっついてしまうおそれがある。一方，外部に置く磁石に電磁石を用いた場合，材料を出し入れするさいに電流を止めれば，磁力が弱くなるので材料を取りあつかいやすくなる。

問８　地球は１つの大きな磁石と考えることができ，北極がＳ極，南極がＮ極になっている。このため，熱した鉄の棒を南北方向に合わせて置くと，北側に向けたはしがＮ極になり，南側に向けたはしがＳ極になる。

3 地面の下や深い地球の内部の構造や調べ方についての問題。

問１　図１をもとにして，島を南側から見たときの様子をえがくと，右の図のようになるので，アがふさわしい。

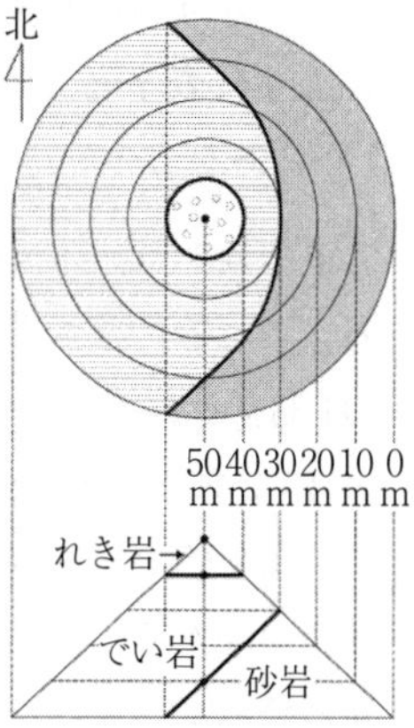

問２　右の図をもとにして考える。　①　れき岩とでい岩の境界の標高は40mなので，標高50mの頂上から，50－40＝10(m)掘《ほ》ると境界に達する。　②　砂岩とでい岩の境界は標高が10mで，頂上から，50－10＝40(m)掘ると達する位置である。

問３　ふつう，地層は下にあるものほど古い。また，砂岩の層からは中生代に栄えた恐竜《きょうりゅう》の化石，でい岩の層からは新生代の初期頃にその祖先が現れ，現在の形へと進化したとされるゾウの化石が見つかっている。よって，３つの地層は古いものから順に，砂岩→でい岩→れき岩となる。

問４　地層の重なり方や広がり方を調べるためなどに，地下深くまでパイプ状の穴を掘ることをボーリングという。

問５　たい積物が積もる平均の速さが一番速い地点は，図２のＴ１とＴ２の間の長さがもっとも長いＣ地点である(約1.5m)。また，その速さは，１年間あたりおよそ，1.5×1000÷(11000－6000)＝0.3(mm)と求められる。

問６　沼Ａ～Ｃの柱状図をみると，「海にすむ魚の化石をふくむでい岩」の上には「汽水にすむ貝の化石をふくむつぶの細かい砂岩」があり，さらにその上には「淡水にすむ貝の化石をふくむつぶのあらい砂岩」がある。このことから，沼Ａ～Ｃはいずれも，海にあった土地の水深がだんだんと浅くなり，その後まわりが陸地になってできたと考えられる。同じ時期にできたＴ１やＴ２の前後の岩を見ると，どちらの時期も水深が浅いものから順に，Ａ→Ｂ→Ｃとなっている。そのため，沼のまわりが海面より高くなり，陸地になっていった順も，Ａ→Ｂ→Ｃであったと考えられる。

問７　観測点Ｐ１，Ｐ２に届いた地震波の平均の速さはそれぞれ，6400÷600＝10.66…，10500÷900＝11.66…より，10.7km/秒，11.7km/秒となる。

問８　図４で，Ｆ→Ｐ１，Ｆ→Ｐ２を伝わる地震波が通過する経路の中で地表からもっとも深い深さはそれぞれａ，ｃで，ｃのほうが深い。また，問７より，より深いところ(Ｆ→Ｐ２)を通過した地震波の平均の速さのほうが速い。したがって，地球内部で地震波の伝わる速さは，深いところほど速いと考えられる。

4 さまざまな物質が発する決まった色の光についての問題。

問１　ア　炭酸カルシウムをおもな成分とするチョークに塩酸を加えた場合，チョークがとけて二酸化炭素のあわが出てくる。　イ　アルミニウムに水酸化ナトリウム水溶液《すいようえき》を加えると，アルミニウムがとけ，水素が発生する。　ウ　銅に塩酸を加えても，反応は起こらない。　エ　卵の殻《から》のおもな成分は炭酸カルシウムである。卵の殻に酢《す》を加えると，二酸化炭素のあわが出てくる。　オ　鉄に塩酸を加えると，鉄がとけて水素が発生する。

問２　赤色，青色，紫《むらさき》色の光の波長の値を365で割るとそれぞれ，656÷365＝1.797…，486÷

365＝1.331…，434÷365＝1.189…となる。よって，それぞれの色の光の数値は，赤色1.80，青色1.33，紫色1.19である。

問３　赤色の光について式①にあてはめて考えると，$\frac{□}{□-4}$＝1.80となり，分子と分母の比で表すと，□：(□－４)＝1.80：１になる。そこで右の図のように表すと，比の，1.80－１＝0.8が４とわかる。よって，□は比の1.80にあたるので，$4\times\frac{1.80}{0.8}$＝９と求められる。同様にして，青色の光と紫色の光についても求めるとそれぞれ，$4\times\frac{1.33}{1.33-1}$＝16.1…，$4\times\frac{1.19}{1.19-1}$＝25.0…より，16と25が□にあてはまる整数と考えられる。どちらの整数も式①に入れて確かめると成り立つ。なお，赤色の光の1.80，青色の光の1.33をそれぞれ，$\frac{9}{5}$，$\frac{4}{3}=\frac{16}{12}$と仮分数で表し，□にあてはまる整数が，９(＝３×３)，16(＝４×４)であることを見つけ，規則性を考えて紫色の光の□にあてはまる整数を25(＝５×５)と考えて式①で確かめてもよい。

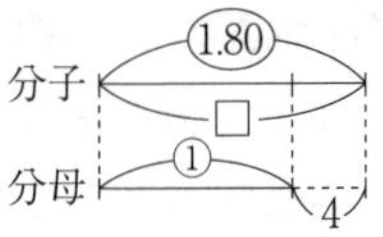

問４　図４で，右側から順に，赤色，青色，紫色の光が観察された。これらの光は，式①にあてはまる整数が，９(＝３×３)，16(＝４×４)，25(＝５×５)であった。このことから，紫色のすぐ左側に観察されたうす紫色の□にあてはまる整数は，６×６＝36となり，式①の値は，$\frac{36}{36-4}$＝1.125となる。式①の値はその色の波長を365で割ったものなので，うす紫色の波長は，1.125×365＝410.625より，411nmと予測できる。

問５　図２より，黄色の光の波長は580nm付近とわかる。また，表２で，ナトリウムの炎色《えんしょく》反応で観測される光の波長は589nmである。したがって，コンロの火が黄色に見えるのは，みそ汁にふくまれているナトリウムによるものと考えられる。

問６　表２を見ると，炎色反応で観測される光の波長はふくまれる成分により異なっていることがわかる。よって，花火の光をプリズムに通して分け，どの波長の光がふくまれているかを調べれば，花火の色を出している複数の成分を明らかにすることができる。

国　語　(60分)＜満点：60点＞

解　答

問１　下記を参照のこと。　問２　(例)　ライギョつりに行けないことが残念であきらめきれず，もしかすると雨がやむのではないかと期待する気持ち。　問３　(例)　水路のぬかるみに入って出られなくなった勇大を自動車解体工場の男性とともに助け出したこと。　問４　(例)　勇大の救助を自動車解体工場の男性に任せて，自分は面接に行けば就職できたと思う一方で，そうすればもやもやした後ろめたさが残るような気もしたから。　問５　イ　問６　(例)　自信のなさそうなところがあった勇大が，最近急に元気になったのは，となりに住んでいる潤平からライギョつりを教えてもらい，それに夢中になったからだということ。　問７　(例)　特に意図していたわけではなかったが，結果として自分が勇大を元気づけたとも思え，いくらか得意になる気持ち。　問８　(例)　父親の暴力が原因で二年前に両親が離婚した後は，母親と二人で暮らしているが，母親が夜に仕事に出ているため，インスタント食品ばかりを食べるような生活をしていた。　問９　母親なりに，息子に愛情を注いできた(ということ)　問10　ア

問11　(例)　自分を取りまく厳しい環境に負けず，つらい思いをしている母親を守るために強く

なろうとする勇大の決意を感じさせる意味。　問12　(1)　A　(例)　就職できること。　B　(例)　時間がもどったこと。　(2)　(例)　まだ小学生なのに，自分のことよりも母親を守ることを決心した勇大に出会ったことで，就職に手間取っているぐらいで焦っていらついている自分の器の小ささに気づき，自分の生き方を見つめ直すきっかけになったということ。　問13　(例)　たのみとできる場所や相手がいないという苦しい立場でありながら，自分のことよりも周囲で苦しんでいる人のことを思いやり，相手を支えようとする優しさがあるところ。

●漢字の書き取り

問1　a　自画自賛　b　拝　c　険　d　縦横

解　説

出典は山本甲士《やまもとこうし》の『あたり―魚信』所収の「らいぎょ―雷魚」による。 潤平《じゅんぺい》はアパートのとなりの部屋に住む小学生の勇大《ゆうだい》とライギョつりを通じて親しくなり，勇大が意外としっかりした子どもであることを知る。

問1　a　自分で自分のしたことをほめること。　b　音読みは「ハイ」で，「参拝」などの熟語がある。　c　音読みは「ケン」で，「危険」などの熟語がある。　d　あらゆる方向。

問2　勇大は潤平とライギョつりに行くことを楽しみにしていたが，この日はあいにく雨が降っていた。勇大にしても，雨が降ればライギョつりが無理であることはわかっているのだが，あきらめきれない思いがあるから外に出て「空を見上げていた」のである。そこには，もしかすると雨がやむかもしれないという期待や，雨がやんでほしいと願う気持ちがあることをおさえる。単に残念に思ったり，がっかりしたりしていたわけではないので注意する。

問3　潤平が何をしていたために，面接に間に合わなくなったのかをまとめる。一人でライギョをつりに出かけた勇大が「水路のぬかるみ」にはまって出られなくなってしまったのを潤平は発見し，自動車解体工場の男性とともに救出したために手間取ってしまったのである。

問4　勇大の救出を自動車解体工場の男性に任せて，自分は面接を受けに行けば，勇大も「無事救出され」，自分は「就職できた」のではないかと潤平は考えている。そして，もしその選択《せんたく》をしても「勇大だって，別にうらみはしないはずだ」とも思っている。しかし，その選択をした場合，勇大を見捨てたような「もやもやした後ろめたさが残る」のではないかとも考え，なやんでいたのである。

問5　直前の部分で，「コンクリート護岸にではなく，それよりも二メートルほど入りこんだぬかるみに立って」いる勇大を発見している。実際には一度助け出したのに，また同じことが起こっていたというのである。つまり，最初に勇大を発見した，「駅に向かって，勇大とライギョをつっている水路沿いを歩い」ていたときまで，時間がもどっていたことになる。

問6　横山先生が聞きたいと思っていた「事情」とは，「それまではおとなしいというか，おどおどしているというか，自信のなさそうなところがあっ」た勇大が，「最近になって急に元気が出てきたというか，目のかがやきがちがって」きた，その原因が何かということである。勇大の作文を読むことで，その原因が，潤平からライギョつりを教わり，それに「夢中」になったことにあったという「事情」がわかったというのである。

問7　「鼻を高くする」は，得意になること。横山先生の話を聞いた潤平が「へえ，そうだったのか」と反応していることから，勇大を元気づけたいとか，勇大に自信を持たせたいということを意図してライギョつりを教えたわけではないことがわかる。それでも結果的に，ライギョつりによって勇大は元気になり，それまで勇大をばかにしていたクラスメートも態度を変えたというのだから，潤平は勇大の変化を「もしかしておれのおかげ？」と思い，いくらか得意な気持ちになってしまったものと読み取れる。

問８　141〜149行目で，勇大について語られている部分をおさえる。「母親が夜に仕事に出ている」，「以前はインスタント食品ばかり食べていた」，「勇大の両親は二年前に離婚《りこん》しており」，「最大の離婚原因が，奥《おく》さんへの暴力だった」などの部分をおさえて解答をまとめる。

問９　少し後の部分で「あのお母さんはたよりにならないし，君にとってろくなことにならない」と語っているように，潤平は勇大の母親に対してあまり好意的な印象を持っていない。ところが勇大は，母親が「一人でこっそり泣いてる」ことを心配し，「お母さんに今まで守ってもらった」と母親に愛情を示している。ぬかるみで汚《よご》れた「スニーカー」や「Ｔシャツ」の代わりに新品を買い与《あた》えたり，仕事が休みのときには，ゲームセンターに連れて行ったり，いっしょに外食をしたりするなど，勇大の母親は「母親なりに，息子に愛情を注いできた」のであり，勇大は「それをしっかりと感じ取っている」から，母親に対する愛情を示したのだと考えられる。

問10　勇大はおばさんの家に引き取られるよりも，母親を「守る」ために母親といっしょに生活することを選んでいる。その返事が「予想外だった」のは，潤平や横山先生は「勇大のことを心配して，かれのことばかり考えていたのだが，当人は自分のことなどより母親のことを心配している」からである。大人たちから守られる側の存在だと思っていた勇大が，逆に「守る」側になろうとしていることを知った驚《おどろ》きが，「周りの景色が突然《とつぜん》反転してしまったような感覚にとらわれた」という表現で示されている。

問11　「負けるもんかっ」という勇大の言葉は，逃《に》げようとして暴れるライギョに向けられたものであると同時に，母親を絶対に「守る」という気持ちを潤平に語った後の自分自身を奮い立たせようとするためのものともとらえることができる。自分自身も厳しい環境《かんきょう》に置かれている中で，つらい思いをしている母親を守っていこうとするのは，小学生の勇大にとっては大変なことであることが想像できる。そうであっても，負けないという勇大の強い気持ちが感じられる言葉である。

問12　(1)　Ａ　黒谷《くろたに》から潤平に電話があり，潤平は面接を受けられることになった。その面接に受かればすぐに採用されるので，潤平は「就職できた」はずである。潤平はこれを，つりをすることで起こった「奇跡《きせき》」だと思ったのである。　　Ｂ 「せっかく奇跡が起きたというのに，むだにしやがって」とあることに注目する。勇大を助け出す前まで時間がもどるという「奇跡」が起こったのに，自動車解体工場の男性に勇大の救助を任せ，面接に向かうという選択を潤平がしなかったことは，「いや，だめだ。立ち去ってはいけない。そばにいてやらなければ」と思っていることからわかる。面接に行くチャンスが再び訪れたのに，それを選択しなかったことを「むだにしやがって」と表現している。　　(2)　まだ小学生であるにもかかわらず，勇大は「自分のことなどより母親のことを心配し」，これからは自分が母親を「守る」と決心している。そんな勇大に対して潤平は，「就職に手間取っているぐらいで焦《あせ》っていらついている」自分とは「大ちがい」で，自分よりも「よっぽど器がでかい」と感じている。そして，勇大との出会いで自分の生き方を見直すきっかけになったことが，潤平にとっては大きな意味のある，すばらしい出来事だったのだと思ったのだと考えられる。

問13 「いや，だめだ。立ち去ってはいけない。そばにいてやらなければ」という表現は，「就職に手間取って」「焦っていらついている」にもかかわらず，「水路のぬかるみ」にはまって身動きが取れなくなった勇大を，潤平が見捨てることなく助け出したことがわかる表現である。また，「だいじょうぶ。ぼく，お兄ちゃんに料理教えてもらったから，お母さんのめんどう見られるよ」という勇大の言葉は，本来ならば母親をはじめとした大人に守られる側の小学生が，だれにたよることもなく母親を守っていこうと決心している言葉である。就職の決まっていない潤平が勇大のことを，母親に守られるはずの勇大が母親のことを，というように，二人とも自分自身が苦しい環境にいるにもかかわらず，自分のことよりも他の人のことを心配している。そういった思いやりと優しい気持ちを備えている人物であることが共通点だといえる。

Dr.福井の

入試に勝つ！脳とからだのウルトラ科学

試験場でアガらない秘けつ

キミたちの多くは，今まで何度か模擬試験（たとえば合不合判定テストや首都圏模試）を受けていて，大勢のライバルに囲まれながらテストを受ける雰囲気を味わっているだろう。しかし，模擬試験と本番とでは雰囲気がまったくちがう。そういうところでも緊張しない性格ならば問題ないが，入試独特の雰囲気に飲みこまれてアガってしまうと，実力を出せなくなってしまう。

試験場でアガらないためには，試験を突破するぞという意気ごみを持つこと。つまり，気合いを入れることだ。たとえば，中学の校門前にはあちこちの塾の先生が激励《げきれい》のために立っている。もし，キミが通った塾の先生を見つけたら，「がんばります！」とあいさつをしよう。そうすれば先生は必ずはげましてくれる。これだけでもかなり気合いが入るはずだ。ちなみに，ヤル気が出るのは，TRHホルモンという物質の作用によるもので，十分な睡眠をとる，運動する（特に歩く），ガムをかむことなどで出されやすい。

試験開始の直前になってもアガっているときは，腹式呼吸が効果的だ。目を閉じ，おなかをふくらませるようにしながら，ゆっくりと大きく息を吸う。ここでは「ゆっくり」「大きく」がポイントだ。そして，ゆっくりと息をはく。これをくり返し何回も行うと，ノルアドレナリンという悪いホルモンが減っていくので，アガりを解消することができる。

よく「手のひらに“人”の字を書いて飲みこむことを３回行う」とアガらないというが，そのようなおまじないを信じて実行し，自分に暗示をかけてもいいだろう。要は，入試に対するさまざまな不安な気持ちを消し去って，試験に集中できるようなくふうをこらせばいいのだ。

Dr.福井（福《ふく》井《い》一成《かずしげ》）…医学博士。開成中・高から東大・文Ⅱに入学後，再受験して翌年東大・理Ⅲに合格。同大医学部卒。さまざまな勉強法や脳科学に関する著書多数。

Memo

Memo

2025年度用

中学スーパー過去問

■編集人 声の教育社・編集部

■発行所 株式会社 声の教育社

〒162-0814 東京都新宿区新小川町8-15

☎03-5261-5061(代) FAX03-5261-5062

https://www.koenokyoikusha.co.jp

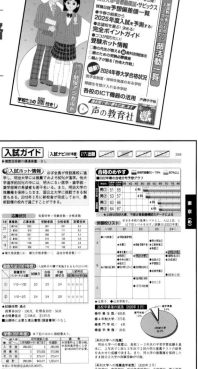

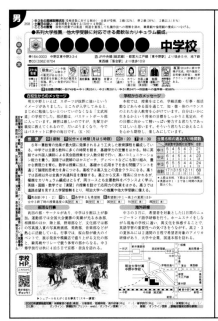

カコを追いかけ
ミライをつかめ
「今の説明、もう一回」を何度でも
web過去問
ストリーミング配信による入試問題の解説動画
もっと古いカコモンないの?
カコ過去問
「さらにカコの」過去問をHPに掲載(DL)
声の教育社
詳しくはこちらから

よくある解答用紙のご質問

01

実物のサイズにできない

拡大率にしたがってコピーすると，「解答欄」が実物大になります。配点などを含むため，用紙は実物よりも大きくなることがあります。

02

A3用紙に収まらない

拡大率164％以上の解答用紙は実物のサイズ（「出題傾向＆対策」をご覧ください）が大きいために，Ａ３に収まらない場合があります。

03

拡大率が書かれていない

複数ページにわたる解答用紙は，いずれかのページに拡大率を記載しています。どこにも表記がない場合は，正確な拡大率が不明です。

04

１ページに２つある

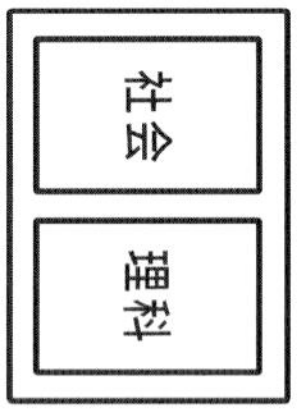

１ページに２つ解答用紙が掲載されている場合は，正確な拡大率が不明です。ほかの試験回の同じ教科をご参考になさってください。

【別冊】入試問題解答用紙編

解答用紙は本体からていねいに抜きとり、別冊としてご使用ください。

※　実際の解答欄の大きさで練習するには、指定の倍率で拡大コピーしてください。なお、ページの上下に小社作成の見出しや配点を記載しているため、コピー後の用紙サイズが実物の解答用紙と異なる場合があります。

●入試結果表

—　は非公表

年　度	項　目	国　語	算　数	社　会	理　科	4科合計	合格者
2024 (令和6)	配点(満点)	60	60	40	40	200	最高点
	合格者平均点	—	—	—	—	—	152
	受験者平均点	—	—	—	—	—	最低点
	キミの得点						105
2023 (令和5)	配点(満点)	60	60	40	40	200	最高点
	合格者平均点	—	—	—	—	—	157
	受験者平均点	—	—	—	—	—	最低点
	キミの得点						105
2022 (令和4)	配点(満点)	60	60	40	40	200	最高点
	合格者平均点	—	—	—	—	124.0	158
	受験者平均点	—	—	—	—	—	最低点
	キミの得点						113
2021 (令和3)	配点(満点)	60	60	40	40	200	最高点
	合格者平均点	—	—	—	—	124.7	159
	受験者平均点	—	—	—	—	—	最低点
	キミの得点						113
2020 (令和2)	配点(満点)	60	60	40	40	200	最高点
	合格者平均点	—	—	—	—	121.6	151
	受験者平均点	—	—	—	—	—	最低点
	キミの得点						110
2019 (平成31)	配点(満点)	60	60	40	40	200	最高点
	合格者平均点	—	—	—	—	111.0	145
	受験者平均点	—	—	—	—	—	最低点
	キミの得点						100
2018 (平成30)	配点(満点)	60	60	40	40	200	最高点
	合格者平均点	—	—	—	—	115.5	144
	受験者平均点	—	—	—	—	—	最低点
	キミの得点						106
平成29	配点(満点)	60	60	40	40	200	最高点
	合格者平均点	—	—	—	—	115.5	146
	受験者平均点	—	—	—	—	—	最低点
	キミの得点						106
平成28	配点(満点)	60	60	40	40	200	最高点
	合格者平均点	—	—	—	—	113.3	139
	受験者平均点	—	—	—	—	—	最低点
	キミの得点						103
平成27	配点(満点)	60	60	40	40	200	最高点
	合格者平均点	—	—	—	—	127.6	158
	受験者平均点	—	—	—	—	—	最低点
	キミの得点						118

※　表中のデータはすべて学校公表のものです。

２０２４年度　　麻布中学校

算数解答用紙　No. 1

番号		氏名		評点	／60

1　次の計算をし，分数で答えなさい．

$$\left\{\left(4.2-\frac{7}{3}\right)\times 2.25-4\frac{1}{9}\right\}\div\left(0.895+2\frac{1}{6}\div 9\frac{1}{11}\right)$$

答

2　以下の問いに答えなさい．

(1)　右の図において，AB = 5 cm であり，BC = BD = 6 cm です．三角形 ABE の面積から三角形 CDE の面積を引くと何 cm² になりますか．

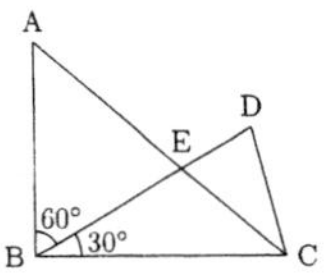

答　　　cm²

(2)　右の図において，QS ＝ 5 cm であり，三角形 PQR は正三角形です．三角形 UQR の面積から四角形 PTUS の面積を引くと何 cm² になりますか．

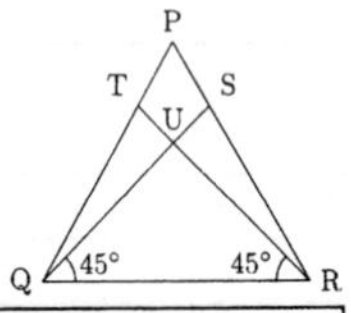

必要ならば，下の図は自由に用いてかまいません．

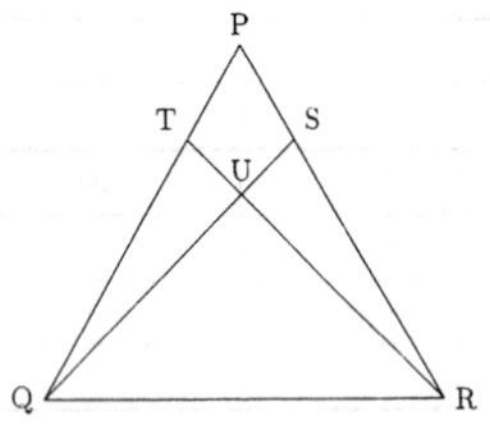

答　　　cm²

3　川に船着き場 A があり，A から 7200 m 下流の地点に船着き場 B があります．船アが A を出発して B へ向かい，船アの出発と同時に船イが B を出発して A へ向かうと，2 そうの船は A から 4500 m 下流の地点ですれ違《ちが》います．また，船イが A を出発して B へ向かい，船イの出発と同時に船アが B を出発して A へ向かうと，2 そうの船は A から 3750 m 下流の地点ですれ違います．ただし，川の流れの速さはつねに一定で，静水時の船ア，イの速さもそれぞれ一定であるものとします．以下の問いに答えなさい．

(1)　静水時の船ア，イの速さの比を最も簡単な整数の比で答えなさい．

答　船アの速さ：船イの速さ ＝ 　　：

(2)　船アが A から B へ移動するのにかかる時間は，船イが B から A へ移動するのにかかる時間よりも 4 分 48 秒短いことがわかりました．川の流れの速さは分速何 m ですか．

答　分速　　　m

２０２４年度　　麻布中学校

算数解答用紙　No. 2

4　右の図のように白黒２色の正三角形をしきつめて，

- １段目の三角形に１
- ２段目の三角形に２, ３, ４
- ３段目の三角形に５, ６, ７, ８, ９

⋮

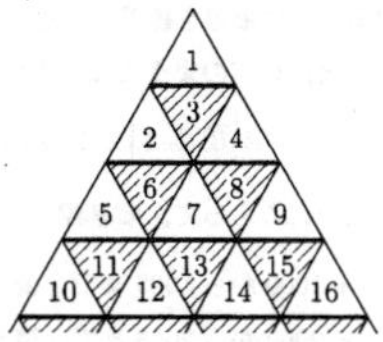

というように規則的に数を書きこみます．

以下の問いに答えなさい．

(1)　13段目の三角形に書きこまれたすべての数の和を答えなさい．

答

(2)　しきつめられた三角形の中から，右の図のように上下に並んだ２つの三角形を考えます．ア＋イ＝464であるとき，数ア，イを答えなさい．

答　ア＝　　，イ＝

(3)　しきつめられた三角形の中から，右の図のように並んだ４つの三角形を考えます．ウ＋エ＋オ＋カ＝1608であるとき，数オを答えなさい．

答　オ＝

5　１周１kmの円形のコースがあります．Ａ君とＢ君はコース上のＰ地点を同時に出発し，Ａ君は自転車に乗って反時計回りに，Ｂ君は歩いて時計回りに，それぞれコースを周回します．２人はこれを２日行いました．以下の問いに答えなさい．

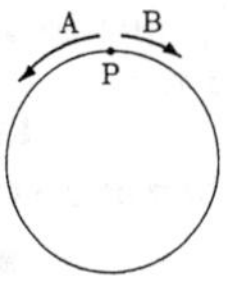

(1)　１日目，Ａ君の進む速さとＢ君の進む速さの比は９：４でした．２人が18回目にすれ違《ちが》うまでにＡ君が進んだ道のりは何kmですか．

答　　　km

(2)　２日目，Ａ君の進む速さとＢ君の進む速さの比は，出発してしばらく９：４でしたが，途中《とちゅう》でＡ君だけが速さをそれまでの２倍に変えました．すると，２人が18回目にすれ違った場所はＰ地点でした．

①　２人が18回目にすれ違ったのは，Ａ君がコースを何周したときですか．考えられるものをすべて答えなさい．ただし，解答欄《らん》はすべて使うとは限りません．

答　　周，　　周，　　周，　　周

②　Ａ君が出発してから途中で速さを変えるまでに進んだ道のりは何kmですか．考えられるものをすべて答えなさい．ただし，解答欄はすべて使うとは限りません．

答　　km，　　km，　　km，　　km

２０２４年度　　麻布中学校

算数解答用紙　No. 3

6　1から9999までの整数を小さい順につなげて書き並べ，数字の並び A を作ります．

数字の並び A　123456789101112 · · · 99989999

この数字の並び A を左から順に3つの数字ごとに区切り，整数の列 B を作ります．

整数の列 B　123, 456, 789, 101, 112, . . . , 999

ただし，3つの数字の一番左が0である場合には，左の0を取って2桁《けた》や1桁の整数にします．例えば，021は整数21，007は整数7になります．また，000は整数0にします．

以下の問いに答えなさい．

(1) B の1001番目の整数を答えなさい．

答

(2) A に数字0は何回現れるか答えなさい．

答　　回

(3) A の中で，20から30までを書き並べた部分に注目し，B を作るときに区切られる位置に縦線を書きました．このとき，縦線のすぐ右にある数字0をすべて丸で囲むと，以下のようになります．

2|⓪ 2 1|2 2 2|3 2 4|2 5 2|6 2 7|2 8 2|9 3 0|

これにならって，解答欄《らん》にある

- 1000から1003までを書き並べた部分
- 2000から2003までを書き並べた部分
- 3000から3003までを書き並べた部分

に，それぞれ B を作るときに区切られる位置に縦線を書き入れ，縦線のすぐ右にある数字0をすべて丸で囲みなさい．ただし，0が2個以上続いている場合も，縦線のすぐ右にある0だけを丸で囲みなさい．

答

1 0 0 0 1 0 0 1 1 0 0 2 1 0 0 3

2 0 0 0 2 0 0 1 2 0 0 2 2 0 0 3

3 0 0 0 3 0 0 1 3 0 0 2 3 0 0 3

(4) B の中に100未満の整数は何回現れるか答えなさい．

答　　回

(注) この解答用紙は実物を縮小してあります。175％拡大コピーをすると、ほぼ実物大の解答欄になります。

〔算　数〕60点(推定配点)

1～3　各4点×5　4　(1)　3点　(2)，(3)　各4点×2＜(2)は完答＞　5　(1)　3点　(2)　各4点×2＜各々完答＞　6　(1)，(2)　各4点×2　(3)，(4)　各5点×2＜(3)は完答＞

２０２４年度　麻布中学校

社会解答用紙　No.１

番号		氏名		評点	／40

問１　（１）　　（２）

（３）　　（４）

問２

問３　　による解決から　　による解決へと変化した

問４

問５　①　　②　　③

問６

問７

問８

２０２４年度　麻布中学校

社会解答用紙　No. 2

問９

問10

問11

問12

問13

(100)

(120)

(注) この解答用紙は実物を縮小してあります。Ｂ５→Ｂ４(141%)に拡大コピーすると、ほぼ実物大の解答欄になります。

〔社　会〕40点(推定配点)

問１　各１点×４　問２～問８　各２点×９　問９　３点　問10　４点　問11，問12　各３点×２　問13　５点

２０２４年度　麻布中学校

理科解答用紙

番号		氏名		評点	／40

1

問1		問2		問3	
問4					
				問5	
問6	記号		理由		
問7	記号		理由		

2

問1		問2		問3	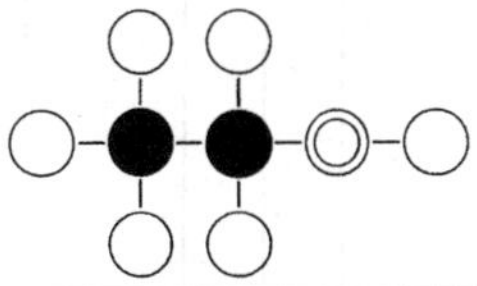	問4	
問5		問6	(1)	●　g		(3)	
				○　g			
			(2)	●:○　:			

3

問1	ア		イ		ウ				問2	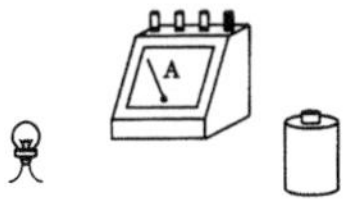	
問3		問4	あ		い						
問5	う		え		X						
	お		か		き		く		け		
問6		問7									
問8											

4

問1		問2	a		b		問3		問4	a	b
問5	(1)		(2)	mm	問6						
問7	a		b		c		問8				

（注）この解答用紙は実物を縮小してあります。Ｂ５→Ａ３(163%)に拡大コピーすると、ほぼ実物大の解答欄になります。

〔理　科〕40点(推定配点)

1　問1～問3　各1点×3＜各々完答＞　問4　2点　問5　1点＜完答＞　問6，問7　各2点×2＜各々完答＞　2　問1～問5　各1点×5　問6　(1)　2点＜完答＞　(2)　1点　(3)　2点　3　問1～問4　各1点×4＜問1，問4は完答＞　問5　う・え　1点　X　1点　お・か　1点　き～け　1点　問6～問8　各1点×3　4　各1点×9＜問2，問4，問7は完答＞

２０２４年度　麻布中学校

国語解答用紙

番号		氏名		評点	／60

問一

問二

問三

問四

問五

問六

問七

点

問八

問九

問十

問十一

(1)

(2)

問十二

a

b

c

d

（注）この解答用紙は実物を縮小してあります。185%拡大コピーすると、ほぼ実物大の解答欄になります。

〔国　語〕60点(推定配点)

問1～問3　各4点×3　問4，問5　各3点×2　問6　5点　問7　4点　問8，問9　各3点×2　問10　7点　問11　(1)　5点　(2)　7点　問12　各2点×4

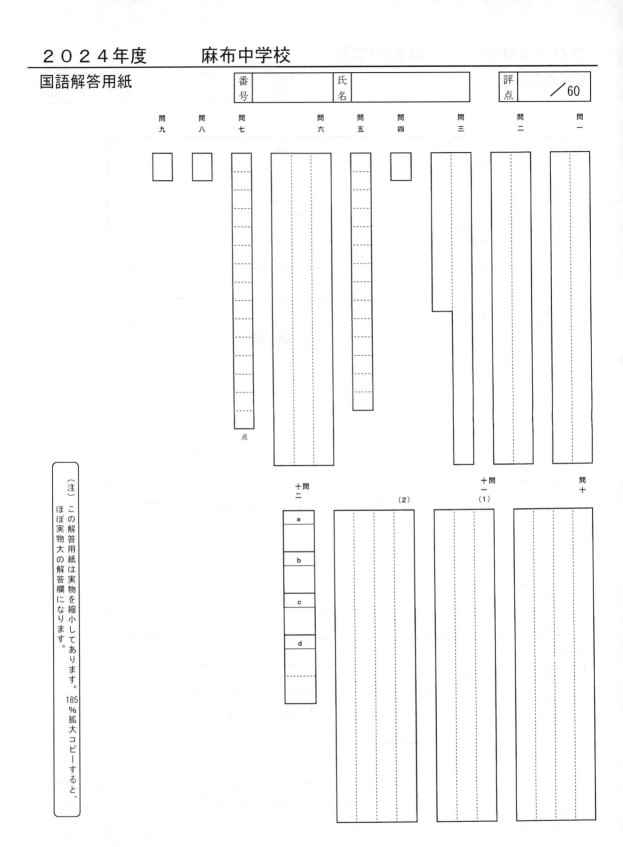

２０２３年度　　麻布中学校

算数解答用紙　No. 1

番号		氏名		評点	／60

1　容積 100 L の水そうがあります．また，水そうに水を注ぐための蛇口《じゃぐち》と，水そうから水を排出《はいしゅつ》するための排水口《はいすいこう》がそれぞれいくつかあります．水そうが空の状態から，蛇口 1 つと排水口 1 つを開けておいたところ，ちょうど 25 分で水そうがいっぱいになりました．1 秒あたりに 1 つの蛇口から注がれる水の量は一定で，どの蛇口についても同じです．1 秒あたりに 1 つの排水口から排出される水の量は一定で，どの排水口についても同じです．以下の問いに答えなさい．

(1) 水そうが空の状態から，蛇口 2 つと排水口 2 つを開けておくと，水そうは何分何秒でいっぱいになりますか．

答　　分　　秒

(2) 水そうが空の状態から，蛇口 3 つと排水口 2 つを開けておいたところ，2 分 30 秒で水そうがいっぱいになりました．水そうが空の状態から，蛇口 5 つと排水口 4 つを開けておくと，水そうは何分何秒でいっぱいになりますか．

答　　分　　秒

2　面積が 30 cm^2 の正八角形 ABCDEFGH があります．以下の問いに答えなさい．

(1) 図 1 のように点 P が正八角形の中にあるとき，三角形 PAB と三角形 PEF の面積の和は何 cm^2 ですか．

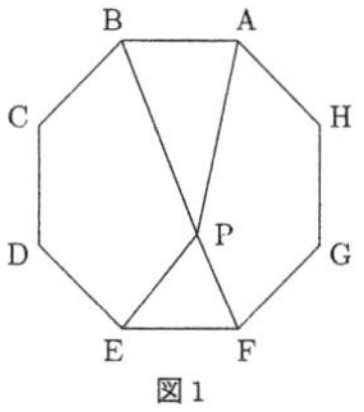

図 1

答　　cm^2

(2) 図 2 のように 3 直線 QA，QC，QR を引くと，正八角形の面積が三等分されました．三角形 QER と四角形 QRFG の面積の比が 1 : 3 であるとき，四角形 QCDE の面積は何 cm^2 ですか．

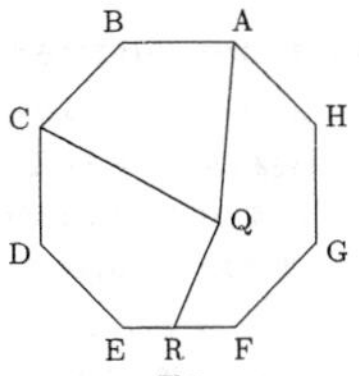

図 2

答　　cm^2

3　図 1 のような半径 1 cm の円形の紙のふちにインクがぬられています．点 A が中心 O と重なるようにこの紙を折って，インクの跡《あと》をつけてから開きました．同じように，点 B が O と重なるように折って開き，点 C が O と重なるように折って開きました．このとき，折り目あといい，あとうは，図 1 のように交わりました．

図 1 の角アの大きさは何度ですか．また，インクの跡と紙のふちでできる図形において，図 2 の 3 か所の斜線《しゃせん》部分の周の長さの和は何 cm ですか．ただし，図は正確とは限りません．

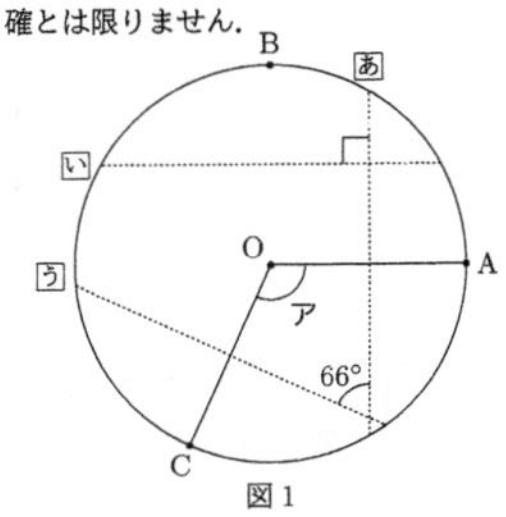

図 1

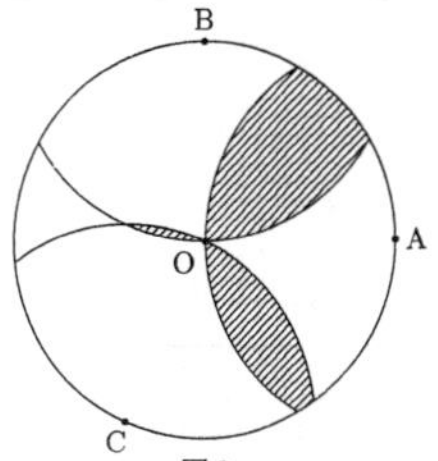

図 2

必要ならば，右の図は自由に用いてかまいません．

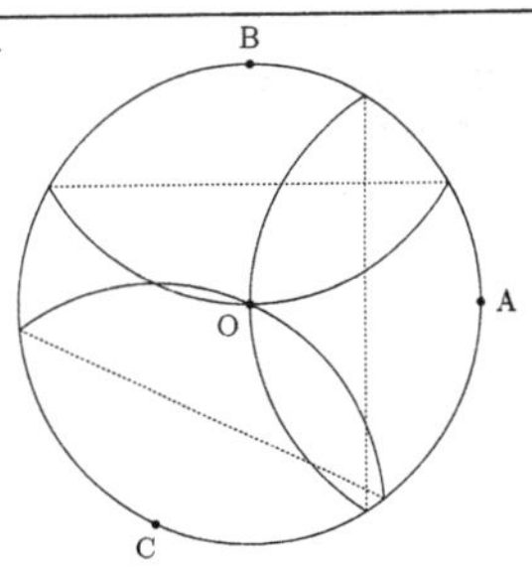

答　ア　　度，周　　cm

2023年度　麻布中学校

算数解答用紙　No. 2

4 同じ物質が溶《と》けている水溶液《すいようえき》が A, B, C の 3 種類あります．それぞれの濃《こ》さと，100 g あたりの原価は右の表のようになっています．ただし，水溶液の濃さとは，水溶液の重さに対する溶けている物質の重さの割合のことです．

これらをいくらかずつ混ぜ合わせることで，別の濃さの水溶液を作ります．例えば，A を 300 g，B を 200 g 混ぜ合わせると，14 %の濃さの水溶液が 500 g できます．この 500 g の水溶液を作るには 300 円かかるので，できる水溶液の 100 g あたりの原価は 60 円となります．

種類	濃さ	100 g あたりの原価
A	10 %	40 円
B	20 %	90 円
C	26 %	140 円

(1) A と C を混ぜ合わせて，100 g あたりの原価が 110 円の水溶液を作ります．A と C の重さの比はどのようにすればよいですか．もっとも簡単な整数の比で答えなさい．また，できる水溶液の濃さを答えなさい．

答　A : C = 　 : 　 , 濃さ 　 %

(2) B と C を混ぜ合わせて，100 g あたりの原価が 110 円の水溶液を作ります．B と C の重さの比はどのようにすればよいですか．もっとも簡単な整数の比で答えなさい．また，できる水溶液の濃さを答えなさい．

答　B : C = 　 : 　 , 濃さ 　 %

(3) A と B と C を混ぜ合わせて，100 g あたりの原価が 110 円で，濃さが 22 %の水溶液を作ります．A と B と C の重さの比はどのようにすればよいですか．もっとも簡単な整数の比で答えなさい．

答　A : B : C = 　 : 　 : 　

5 1 辺の長さが 1 cm の立方体の形をしたブロックを，いくつかすき間なく貼《は》り合わせて立体を作ります．この立体に対して，次の【操作】を行います．

【操作】 他のブロックと接する面の数が 3 つ以下のブロックを，一斉《いっせい》に取り除く．

すべてのブロックが取り除かれるまで【操作】を繰《く》り返し行うとき，【操作】が行われる回数について考えます．例えば，9 個のブロックを使ってできる図 1 の立体では，1 回目で A のブロックが，2 回目で B のブロックが取り除かれるので，【操作】は 2 回行われます．

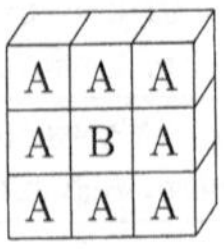

図 1

(1) 27 個のブロックを使ってできる，1 辺の長さが 3 cm の立方体について，【操作】は何回行われますか．

必要ならば，下の図は自由に用いてかまいません．

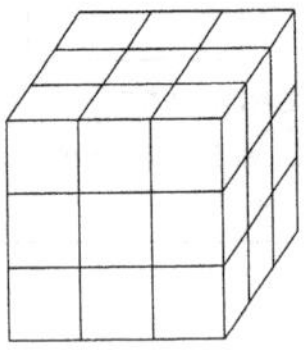

答　　回

(2) 245 個のブロックをすべて使って作ることのできる直方体は 4 種類あります．ただし，たて，横，高さの 3 辺の長さを入れ替《か》えた直方体は同じものとみなします．これら 4 種類の直方体について，3 辺の長さと【操作】が行われる回数をそれぞれ答えなさい．ただし，3 辺の長さは，長いほうから順に書きなさい．例えば，図 1 の直方体では『3 cm, 3 cm, 1 cm, 2 回』のように書きます．

答
cm, cm, cm, 回
cm, cm, cm, 回
cm, cm, cm, 回
cm, cm, cm, 回

2023年度　麻布中学校

算数解答用紙　No. 3

6　$\frac{1}{16}$, $\frac{3}{32}$, $\frac{9}{64}$ のように，2を4個以上かけ合わせてできる数を分母として，奇数《きすう》を分子とするような真分数を考えます．このような分数 A を小数で表したとき，小数点以下に現れる数字のうち，右端《はし》の4個をそのままの順で並べてできる整数を $\langle A \rangle$ で表します．

例えば，

$$\frac{1}{16} = 0.0625 \quad なので \quad \left\langle \frac{1}{16} \right\rangle = 625,$$
$$\frac{1}{32} = 0.03125 \quad なので \quad \left\langle \frac{1}{32} \right\rangle = 3125$$

です．

次の表は，さまざまな $\langle A \rangle$ の値《あたい》を，分数 A の分母と分子についてまとめたものです．

分子＼分母	16	32	64	128	256	…
1	625	3125	5625			
3	1875	9375				
5	3125	5625				
7	4375	1875				
9	5625	8125				
11	6875	4375				
13	ア	ウ				
15	イ	エ				
17	／	オ				
19	／	カ				
⋮		⋮	⋮	⋮	⋮	⋮

以下の問いに答えなさい．ただし，上の表は答えを求めるために自由に用いてかまいません．

(1) 表の中にある空らんア，イ，ウ，エ，オ，カに当てはまる整数を下の答のらんに書きなさい．

答　ア　　イ　　ウ

エ　　オ　　カ

(2) $\left\langle \frac{\boxed{\text{あ}}}{64} \right\rangle = 4375$ となりました．$\boxed{\text{あ}}$ に当てはまる，1以上64未満の奇数をすべて答えなさい．ただし，答のらんはすべて使うとは限りません．

答

(3) $\left\langle \frac{9}{\boxed{\text{い}}} \right\rangle = 625$ となりました．$\boxed{\text{い}}$ に当てはまる，2を4個以上かけ合わせてできる数を，もっとも小さいものから順に2つ答えなさい．

答

(4) $\frac{\boxed{\text{う}}}{2048}$ を小数で表したとき，小数第一位の数字が1になりました．さらに，$\left\langle \frac{\boxed{\text{う}}}{2048} \right\rangle = 9375$ となりました．$\boxed{\text{う}}$ に当てはまるもっとも小さい奇数を答えなさい．

答

（注）この解答用紙は実物を縮小してあります。175％拡大コピーをすると、ほぼ実物大の解答欄になります。

〔算　数〕60点（推定配点）

1，**2**　各4点×4　**3**　各3点×2　**4**　(1)，(2)　各2点×4　(3)　4点　**5**　(1)　4点　(2)　各1点×4＜各々完答＞　**6**　(1)，(2)　各4点×2＜各々完答＞　(3)，(4)　各5点×2＜(3)は完答＞

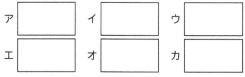

２０２３年度　　麻布中学校

社会解答用紙　No. 1

番号		氏名		評点	／40

問１　（１）　　　（２）

問２　（１）　　　川　（２）

問３

問４

問５（１）

（２）

問６

問７

２０２３年度　　麻布中学校

社会解答用紙　No. 2

問８

問９

問10（1）

（2）

問11

(100)

(120)

（注）この解答用紙は実物を縮小してあります。Ｂ５→Ｂ４（141%）に拡大コピーすると、ほぼ実物大の解答欄になります。

〔社　会〕40点(推定配点)

問１～問７　各２点×12　問８　３点　問９　４点　問10　各２点×２　問11　５点

２０２３年度　　麻布中学校

理科解答用紙

番号		氏名		評点	／40

1

問1											
問2											
問3	あ		い								
問4											
問5	あ		い		問6		問7				

2

問1	左眼		右眼		問2	a		b		c		問3	a		b
問4	(1)	年	(2)	光年	(3)	年	(4)	1年あたり　光年							
問5	1年あたり　光年		問6												

3

問1							問2			
問3	a		b		c		問4			
問5	a		b		c		問6	(1)		(2)
問7										
問8										

4

問1		問2	g	問3	kcal	問4	g	
問5	kcal	問6	a		b		c	
問7								
問8	kcal/g	理由						

（注）この解答用紙は実物を縮小してあります。B５→Ａ３(163%)に拡大コピーすると、ほぼ実物大の解答欄になります。

〔理　科〕40点(推定配点)

1　問1～問4　各1点×4＜問1，問3は完答＞　問5～問7　各2点×3＜問5，問6は完答＞　2　問1～問5　各1点×8＜問1～問3はそれぞれ完答＞　問6　2点　3　問1～問7　各1点×8＜問3，問5は完答＞　問8　2点　4　問1～問6　各1点×6＜問6は完答＞　問7　2点　問8　各1点×2

二〇二三年度　麻布中学校

国語解答用紙

番号		氏名		評点	／60

問一　a　b　c　d

問二

問三

問四

問五

問六

問七

問八

問九

問十

問十一

問十二

問十三　(1)　(2)

（注）この解答用紙は実物を縮小してあります。185％拡大コピーすると、ほぼ実物大の解答欄になります。

〔国　語〕60点(推定配点)

問1　各2点×4　問2〜問7　各3点×6　問8　5点　問9〜問11　各4点×3　問12　5点　問13　1　7点　2　5点

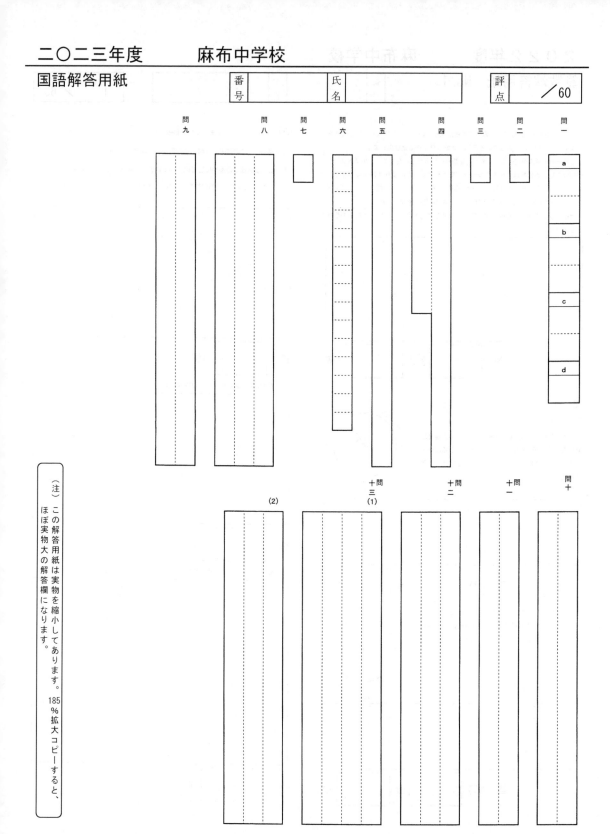

２０２２年度　　麻布中学校

算数解答用紙　No. 1

番号		氏名		評点	／60

1　2つの倉庫A，Bに同じ個数の荷物が入っています．Aに入っている荷物を小型トラックで，Bに入っている荷物を大型トラックで運び出します．

それぞれの倉庫が空になるまで荷物を繰《く》り返し運び出したところ，小型トラックが荷物を運んだ回数は，大型トラックが荷物を運んだ回数より4回多くなりました．また，小型トラックは毎回20個の荷物を運びましたが，大型トラックは1回だけ10個以下の荷物を運び，他は毎回32個の荷物を運びました．

大型トラックが荷物を運んだ回数と，倉庫Bにもともと入っていた荷物の個数を答えなさい．

答　　回，　　個

2　次の図1，図2の時計について，以下の問いに答えなさい．

(1) 2時から3時までの1時間で，図1の点線と短針の間の角度が，長針によって2等分される時刻を答えなさい．ただし，秒の値《あたい》のみ帯分数を用いて答えること．

図1

答　2時　　分　　秒

(2) 1時から2時までの1時間で，短針と長針の間の角度が，図2の点線によって2等分される時刻を答えなさい．ただし，秒の値のみ帯分数を用いて答えること．

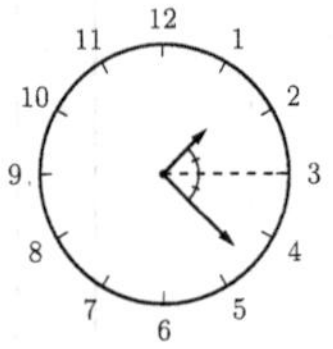

図2

答　1時　　分　　秒

3　次の条件に当てはまる4桁《けた》の整数を考えます．

条件：1つの数字を3個，別の数字を1個並べて作られる．

例えば，2022はこの条件に当てはまっています．以下の問いに答えなさい．

(1) 条件に当てはまる4桁の整数のうち，どの桁の数字も0でないものはいくつありますか．

答　　個

(2) 条件に当てはまる4桁の整数は全部でいくつありますか．

答　　個

(3) 条件に当てはまる4桁の整数のうち，3の倍数であるものはいくつありますか．

答　　個

２０２２年度　　麻布中学校

算数解答用紙　No. 2

4　兄と弟の２人が，図のような東西にのびた道で，自転車に乗って競走します．２人はそれぞれ一定の速さで走り，スタート地点を変えて何回か競走します．ただし，ゴール地点は毎回変わりません．

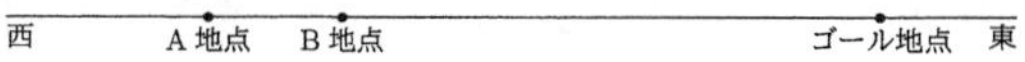

はじめに２回競走したところ，結果は次のようになりました．

- ２人がＡ地点から同時に出発したところ，兄が弟より 4.6 秒早くゴール地点に到着《とうちゃく》しました．
- Ａ地点の 24 m 東にＢ地点があります．弟がＢ地点から，兄がＡ地点から同時に出発したところ，弟が兄より１秒早くゴール地点に到着しました．

(1)　弟の速さは秒速何 m ですか．

答　秒速　　m

さらにもう１回競走したところ，結果は次のようになりました．

- Ａ地点の 6 m 東にＣ地点があり，Ａ地点の 24 m 西にＤ地点があります．弟がＣ地点から，兄がＤ地点から同時に出発したところ，２人は同時にゴール地点に到着しました．

(2)　兄の速さは秒速何 m ですか．

答　秒速　　m

5　面積が 6 cm^2 の正六角形 ABCDEF があります．この正六角形の辺 FA, BC, DE 上に，

$$FG : GA = BH : HC = DI : IE = 2 : 1$$

となるような点 G, H, I をとります．また，直線 AI と CG が交わる点を J，CG と EH が交わる点を K，EH と AI が交わる点を L とします．以下の問いに答えなさい．ただし，右の図は正確な図ではありません．

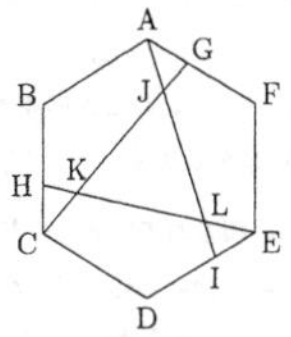

(1)　3 点 A, C, G を頂点とする三角形 ACG の面積を求めなさい．

答　　cm^2

(2)　三角形 AJG の面積を求めなさい．

答　　cm^2

(3)　三角形 JKL の面積を求めなさい．

答　　cm^2

２０２２年度　麻布中学校

算数解答用紙　No. 3

6　1 から 250 までの整数が書かれたカードが 1 枚ずつあり，これらは上から 1 のカード，2 のカード，…，250 のカードの順で積まれています．A さん，B さん，C さん，D さんの 4 人が A → B → C → D → A → B → C → … の順番で次の作業をします．

- 積まれているカードの中で一番上のものを引き，自分の手札にする．
- 自分の手札に書かれている数をすべて合計する．
- その合計が 10 の倍数になったときだけ自分の手札をすべて捨てる．

この作業を，積まれているカードがなくなるまで繰《く》り返します．以下の問いに答えなさい．

(1) B さんが引いたカードに書かれた数を，小さい方から順に 7 個書きなさい．また，B さんが最初に手札を捨てることになるのは，何の数のカードを引いたときか答えなさい．

答　7 個の数は ☐ ☐ ☐ ☐ ☐ ☐ ☐

最初に手札を捨てるときに引いたのは ☐ のカード

(2) A さんが最初に手札を捨てることになるのは，何の数のカードを引いたときか答えなさい．

答 ☐ のカード

(3) ある人が作業をした直後，手札がある人は 1 人もいませんでした．初めてこのようになるのは，誰《だれ》が何の数のカードを引いたときか答えなさい．

答 ☐ さんが ☐ のカードを引いたとき

(4) ある人が作業をした直後，4 人全員がそれぞれ 1 枚以上の手札を持っていました．このようになるのは，250 回の作業のうち何回あるか答えなさい．

答 ☐ 回

（注）この解答用紙は実物を縮小してあります。175％拡大コピーをすると、ほぼ実物大の解答欄になります。

〔算　数〕60点（推定配点）

1～6　各 4 点×15＜1，6の (1) は完答＞

２０２２年度　　　麻布中学校

社会解答用紙　No. 1

番号		氏名	

評点	／40

問１　あ　　　い　　　う

問２　イラン　　　ブラジル

問３

問４（1）

（2）

問５

問６（1）

（2）

問７

２０２２年度　　　麻布中学校

社会解答用紙　No. 2

問８（1）　　　（2）

問９　選んだ番号　３　４　５　※選んだ番号を〇でかこむこと。

問題点

問10　①　　　②

問11

問12

問13

(80)

(100)

（注）この解答用紙は実物を縮小してあります。Ｂ５→Ｂ４（141％）に拡大コピーすると、ほぼ実物大の解答欄になります。

〔社　会〕40点(推定配点)

問１　各１点×３　問２～問９　各２点×12＜問３は完答＞　問10　各１点×２　問11，問12　各２点×３　問13　５点

２０２２年度　麻布中学校

理科解答用紙

番号		氏名		評点	／40

1

問１	①		②		③		④		⑤		⑥		問５
問２	⑦						⑧						
	⑨						⑩						
問３	⑪		⑫		⑬		問４						
問６	⑭												
	⑮												
問７	役立つこと												
	理由												

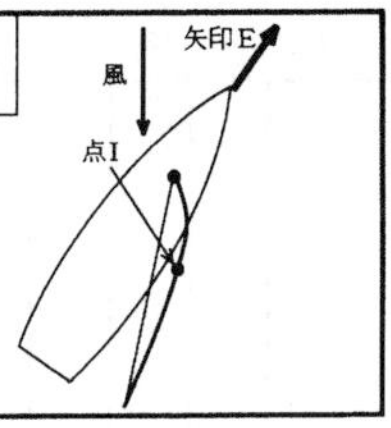

2

問１		問２	甘味		旨味			
問３								
問４								
問５	X		Y		Z		Bの名前	
問６	ブドウ糖　：　エタノール　：　(B)		問７	ブドウ糖の重さ	g	エタノールの濃度	%	

3

問１		問２	°	問３	X		Y			
問４		問５		問６						
問７	(あ)	°	(い)	°	(う)	°	(え)		(お)	

4

問１		問２		問３	A		B	
問４		問５		問６				
問７								
問８								
問９								

（注）この解答用紙は実物を縮小してあります。Ｂ５→Ａ３(163%)に拡大コピーすると、ほぼ実物大の解答欄になります。

〔理　科〕40点(推定配点)

1　問１～問４　各１点×４＜問１，問２，問３は完答＞　問５～問７　各２点×３＜問６，問７は完答＞　2　問１～問４　各１点×４＜問２は完答＞　問５～問７　各２点×３＜問５，問７は完答＞　3　問１～問４　各１点×４＜問３は完答＞　問５～問７　各２点×３＜問７は完答＞　4　各１点×10＜問２，問９は完答＞

二〇二二年度　麻布中学校

国語解答用紙

番号		氏名	

評点	／60

問一
a
b
c
d

問二

問三

問四

問五

問六

問七

問八
(1)
(2)

問九

問十

問十一

問十二
(1)
(2)

（注）この解答用紙は実物を縮小してあります。185%拡大コピーすると、ほぼ実物大の解答欄になります。

〔国　語〕60点(推定配点)

問1　各2点×4　問2，問3　各4点×2　問4，問5　各3点×2　問6　4点　問7　3点　問8　(1)　4点　(2)　3点　問9，問10　各4点×2　問11　3点　問12　(1)　8点　(2)　5点

２０２１年度　麻布中学校

算数解答用紙　No. 1

番号		氏名		評点	／60

1　下の図のような直角二等辺三角形 ① と台形 ② があります．

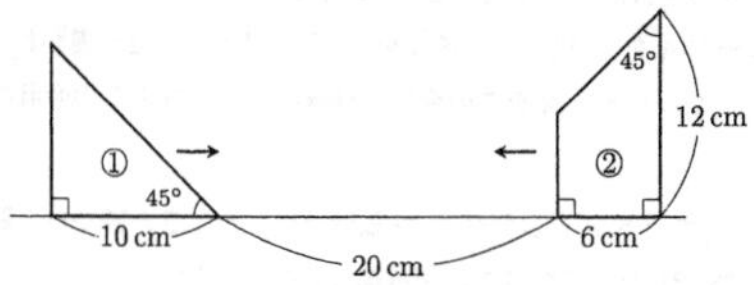

図の位置から ① を毎秒 1 cm で右へ，② を毎秒 2 cm で左へ，同時に動かします．9 秒後に ① と ② が重なっている部分の面積は何 cm^2 ですか．

答　　　　cm^2

2　たかし君とまこと君が全長 6 km のマラソンコースを同時にスタートし，それぞれ一定の速さで走り始めました．たかし君はスタートして 3.6 km の地点 P から，それまでの半分の速さで走りました．たかし君が地点 P を通り過ぎた 15 分後から，まこと君はそれまでの 2.5 倍の速さで走りました．まこと君はゴールまで残り 600 m の地点でたかし君を追い抜《ぬ》いて先にゴールしました．また，たかし君はスタートしてから 40 分後にゴールしました．

(1)　たかし君がスタートしたときの速さは分速何 m ですか．

答　分速　　　　m

(2)　まこと君がスタートしたときの速さは分速何 m ですか．

答　分速　　　　m

２０２１年度　麻布中学校

算数解答用紙　No. 2

3　同じ形と大きさのひし形の紙がたくさんあります．

　これらの紙を，縦横何列かずつはり合わせます．このとき，となりのひし形と重なり合う部分はひし形で，その１辺の長さは元のひし形の $\frac{1}{4}$ 倍となるようにします．最後にこの図形の一番外側を太線で囲みます．

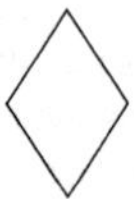

←ひし形の紙

　例えば，縦２列，横３列の計６枚のひし形の紙をはり合わせてこの図形の一番外側を太線で囲んだ場合は，右図のようになります．太線の内側には，紙が重なり合う部分が７か所あり，紙のない所が２か所できます．

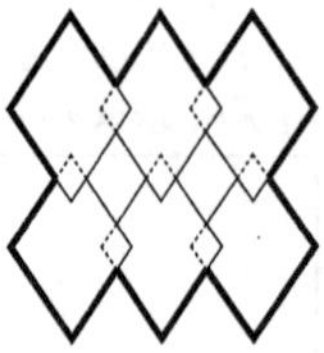

　この方法で，縦 10 列，横 20 列の計 200 枚のひし形の紙をはり合わせて，この図形の一番外側を太線で囲みました．以下の問いに答えなさい．

(1)　太線の内側に，紙が重なり合う部分は何か所ありますか．

答　　　　か所

(2)　太線の内側の面積は，ひし形の紙１枚の面積の何倍ですか．ただし，太線の内側の面積には，紙のない所の面積も含《ふく》むものとします．

答　　　　倍

4　1.07 と書かれたカードＡと，2.13 と書かれたカードＢがそれぞれたくさんあり，この中から何枚かずつを取り出して，書かれた数の合計を考えます．

　例えば，カードＡを 10 枚，カードＢを１枚取り出したとき，書かれた数の合計は 12.83 です．このとき，12 をこの合計の整数部分，0.83 をこの合計の小数部分と呼びます．

(1)　カードＡとカードＢを合わせて 32 枚取り出したとき，書かれた数の合計の小数部分は 0.78 でした．この合計の整数部分を答えなさい．

答

(2)　カードＡとカードＢを合わせて 160 枚取り出したとき，書かれた数の合計の小数部分は 0.36 でした．この合計の整数部分として考えられる数をすべて答えなさい．ただし，解答らんはすべて使うとは限りません．

答　　　，　　　，　　　
　　　　，　　　，　　　

２０２１年度　　麻布中学校

算数解答用紙　No. 3

5　1から7までの数字が書かれた正六角形のライトが右図のように並んでいて，各ライトを押《お》すと，以下のように点灯と消灯が切りかわります．

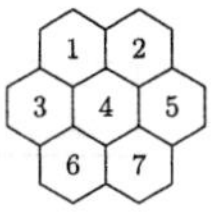

- 押されたライトの点灯と消灯が切りかわる．
- 押されたライトに接するライトのうち，押されたライトより大きい数字が書かれたライトの点灯と消灯が切りかわる．

例えば，下の図のように，1, 7のライトだけが点灯しているとき，3 → 2の順でライトを押すと，1, 2, 3, 5, 6, 7のライトだけが点灯します．

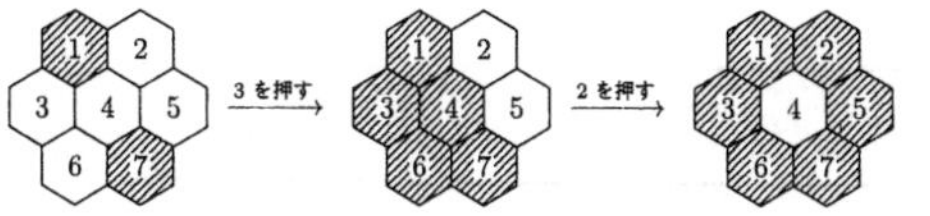

このとき，以下の問いに答えなさい．

(1) すべてのライトが消灯しているとします．そこから1 → 5 → 6の順でライトを押したとき，点灯しているライトの数字をすべて答えなさい．

答

(2) 2のライトだけが点灯しているとします．そこからすべてのライトを消灯させるには，少なくとも3回ライトを押す必要があります．3回で消灯させる押し方を一つ答えなさい．

答　　→　　→

(3) 1, 4, 6のライトだけが点灯しているとします．そこからすべてのライトを消灯させるには，少なくとも5回ライトを押す必要があります．5回で消灯させる押し方を一つ答えなさい．

答　　→　　→　　→　　→

6　赤色と緑色の2つのサイコロをこの順に振《ふ》り，出た目をそれぞれ A, B とします．ただし，サイコロには1から6までの目が一つずつあります．このとき，$A \times B$ が決まった数になるような目の出方が何通りあるか数えます．例えば，$A \times B = 8$ となるような目の出方は $A = 2, B = 4$ と $A = 4, B = 2$ の2通りあります．

(1) $A \times B =$ [ア] となるような目の出方は全部で4通りありました．[ア] に当てはまる数をすべて答えなさい．ただし，解答らんはすべて使うとは限りません．

答　　，　　，　　，

(2) $A \times B =$ [イ] となるような目の出方は全部で2通りありました．[イ] に当てはまる数はいくつあるか答えなさい．

答　　個

赤色，緑色，青色，黄色の4つのサイコロをこの順に振り，出た目をそれぞれ A, B, C, D とします．

(3) $A \times B = C \times D$ となるような目の出方は全部で何通りあるか答えなさい．

答　　通り

（注）この解答用紙は実物を縮小してあります。175％拡大コピーをすると、ほぼ実物大の解答欄になります。

〔算　数〕60点（推定配点）

1，2　各5点×3　3　各4点×2　4　各5点×2＜(2)は完答＞　5　各4点×3＜各々完答＞　6　各5点×3＜(1)は完答＞

2021年度　麻布中学校

社会解答用紙　No. 1

番号		氏名	

評点	／40

1

問1　　問2　　問3

問4　ご当地グルメは　　　を目的として

問5

問6　消費者

農家

問7

問8

問9　国内

海外

２０２１年度　麻布中学校

社会解答用紙　No.2

2

問10　①　　②

問11

問12

問13

問14

問15

問16

(80)

(120)

（注）この解答用紙は実物を縮小してあります。Ｂ５→Ｂ４(141%)に拡大コピーすると、ほぼ実物大の解答欄になります。

〔社　会〕40点(推定配点)

1　問１～問３　各１点×３　問４～問６　各２点×４　問７　１点　問８　３点　問９　各２点×２　2　問10～問13　各２点×５　問14　１点　問15　各２点×２　問16　６点

２０２１年度　麻布中学校

理科解答用紙

番号		氏名		評点	／40

1

問1	タンポポ			センダングサ			
問2		問3					
問4	記号		理由				
問5							

2

問1	a		b		c		問4
問2	d		e				
	X						
問3		m	問5				
問6	あ		い		う		
	え		お				
問7							

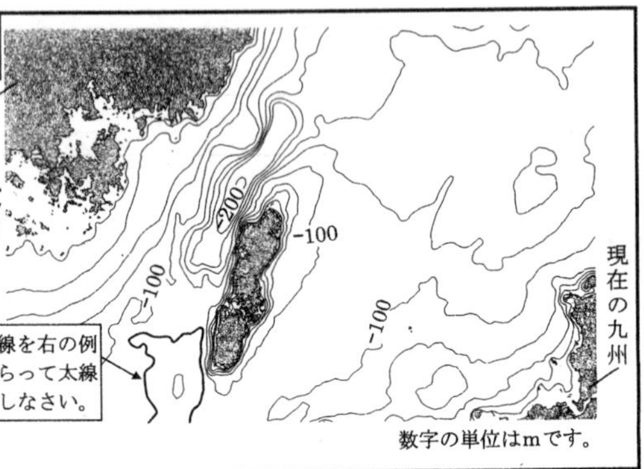
現在の韓国《かんこく》
海岸線を右の例にならって太線で示しなさい。

3

問1		問2			問3		問4	通り	問5	
問6	a		b		問7	c		d		
問8	e		f		g		h		問9	

4

問1		問2							
問3	(1)		(2)		(3)		問4		問5
問6	(1)		(2)		問7		問8		
問9	あ		い		う				
問10	a		b						
	c								

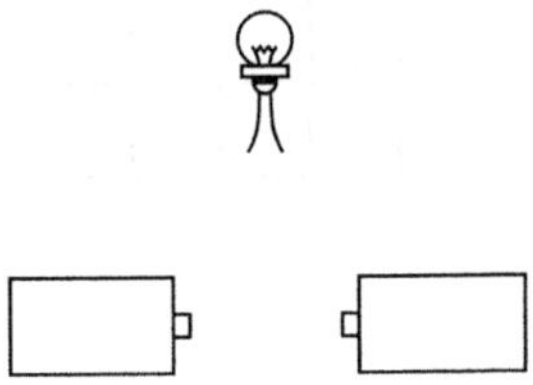

（注）この解答用紙は実物を縮小してあります。Ｂ５→Ａ３（163％）に拡大コピーすると、ほぼ実物大の解答欄になります。

〔理　科〕40点（推定配点）

1　各１点×6＜問１は各々完答，問２，問３，問４，問５は完答＞　2　問１，問２　各２点×2＜各々完答＞　問３～問５　各１点×3　問６　２点＜完答＞　問７　１点　3　問１～問７　各１点×7＜問２，問６，問７は完答＞　問８　２点＜完答＞　問９　１点　4　問１～問９　各１点×12＜問９は完答＞　問10　２点＜完答＞

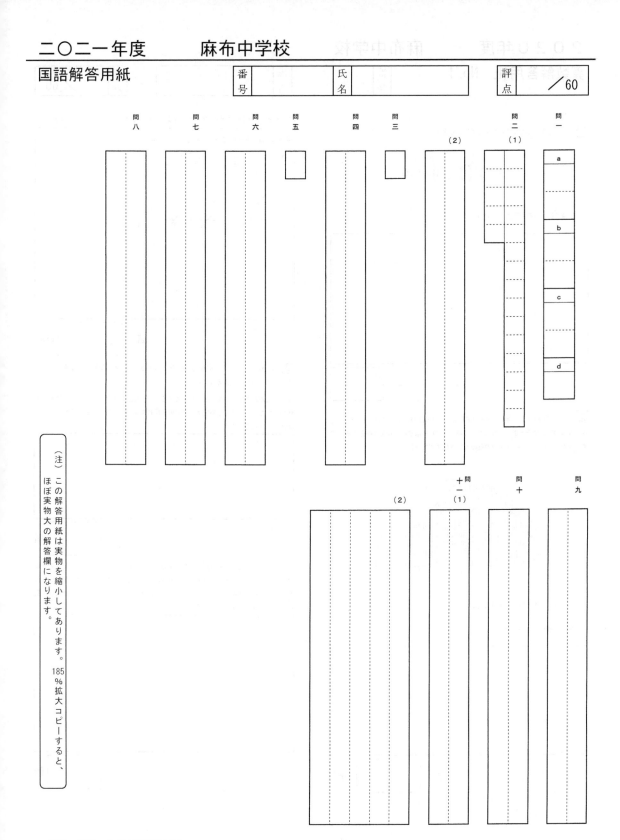

二〇二一年度　麻布中学校

国語解答用紙

番号		氏名		評点	／60

問一 a b c d

問二 (1) (2)

問三

問四

問五

問六

問七

問八

問九

問十

問十一 (1) (2)

（注）この解答用紙は実物を縮小してあります。185％拡大コピーすると、ほぼ実物大の解答欄になります。

〔国　語〕60点(推定配点)

問１　各２点×４　問２　(1)　３点　(2)　４点　問３　３点　問４　４点　問５　３点　問６～問８　各４点×３　問９，問10　各５点×２　問11　(1)　５点　(2)　８点

2020年度　麻布中学校

算数解答用紙　No. 1

番号		氏名		評点	／60

1　次の式の□には同じ数が当てはまります．

$$\left(4\frac{1}{4}-\square\right):\left(3\frac{5}{6}-\square\right)=31:21$$

□に当てはまる数を答えなさい．

答

2　下の図のように，半径5cmの半円を，4つの直線によってア，イ，ウ，エ，オの5つの部分に分けます．ここで，図の点C, D, Eは直径ABを4等分する点です．また，○の印がついた4つの角の大きさはすべて45°です．

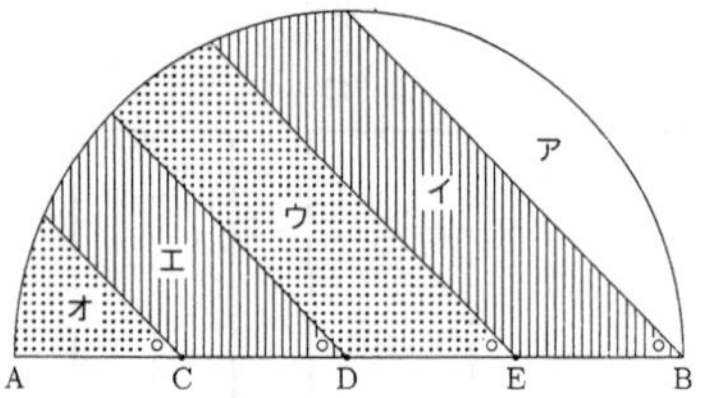

このとき，以下の問いに答えなさい．

(1) アの面積は何 cm^2 ですか．

答　　cm^2

(2) イとエの面積の和からウとオの面積の和を引くと，何 cm^2 になりますか．

必要ならば，下の図は自由に用いてかまいません．

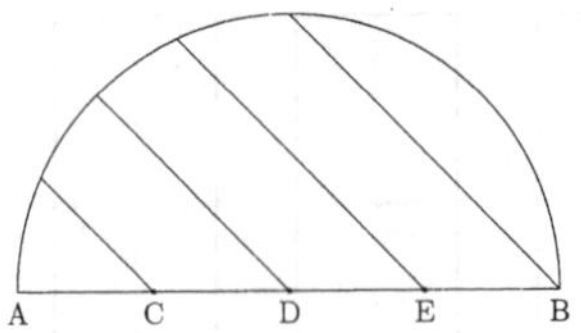

答　　cm^2

3　1から6までの6つの数字を1度ずつ使って，6桁《けた》の整数を作ります．このとき，以下の問いに答えなさい．

(1) 各位の数字を2で割った余りを考えると，同じ余りがとなり合うことはありませんでした．このような整数は全部で何個作れますか．ただし，割り切れるときには余りは0と考えます．

答　　個

(2) 各位の数字を2で割った余りを考えると，同じ余りがとなり合うことはありませんでした．また，各位の数字を3で割った余りを考えても，同じ余りがとなり合うことはありませんでした．このような整数は全部で何個作れますか．ただし，割り切れるときには余りは0と考えます．

答　　個

２０２０年度　　麻布中学校

算数解答用紙　No. 2

4　空の容器Xと，食塩水の入った容器A, Bがあり，容器A, Bにはそれぞれの食塩水の濃《こ》さが表示されたラベルが貼《は》られています．ただし，食塩水の濃さとは，食塩水の重さに対する食塩の重さの割合のことです．

たかしさんは，次の作業1を行いました．

作業1 容器Aから120g，容器Bから180gの食塩水を取り出して，容器Xに入れて混ぜる．

このとき，ラベルの表示をもとに考えると，濃さが7％の食塩水ができるはずでした．しかし，容器Aに入っている食塩水の濃さは，ラベルの表示よりも3％低いことがわかりました．容器Bに入っている食塩水の濃さはラベルの表示通りだったので，たかしさんは，次の作業2を行いました．

作業2 容器Aからさらに200gの食塩水を取り出して，容器Xに入れて混ぜる．

この結果，容器Xには濃さが7％の食塩水ができました．容器A, Bに入っている食塩水と，作業1のあとで容器Xにできた食塩水の濃さはそれぞれ何％ですか．

答　A［　　］%，B［　　］%，X［　　］%

5　図1のように一辺の長さが2cmの正三角形を12個組み合わせてできる図形を「ほしがた」と呼ぶことにします．図2のような，一辺の長さが1cmの正六角形に内側から接する大きさの円を，中心が「ほしがた」の周上にあるように点Pから一周させます．

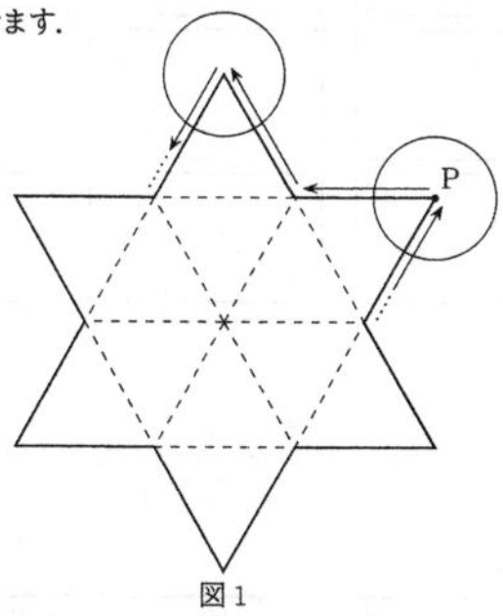

図1

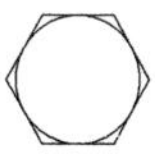

図2

円が通った部分のうち，「ほしがた」の外側を青く塗《ぬ》ります．また，円が通った部分のうち，「ほしがた」の内側を赤く塗ります．以下の問いに答えなさい．

(1) 青く塗られた部分の面積を求めなさい．ただし，一辺の長さが1cmの正三角形の面積をⒶcm^2，図2の円の面積をⒷcm^2として，［　　］×Ⓐ＋［　　］×Ⓑ(cm^2)の形で答えなさい．

必要ならば，下の図は自由に用いてかまいません．

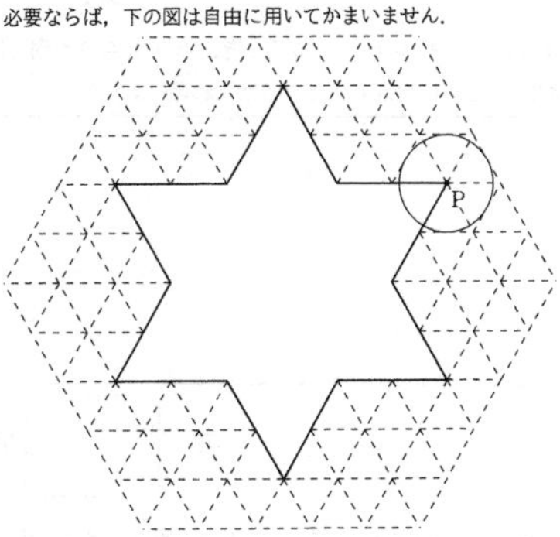

答　［　　］×Ⓐ＋［　　］×Ⓑ(cm^2)

(2) 赤く塗られた部分の面積を求めなさい．ただし，一辺の長さが1cmの正三角形の面積をⒶcm^2，図2の円の面積をⒷcm^2として，［　　］×Ⓐ＋［　　］×Ⓑ(cm^2)の形で答えなさい．

必要ならば，下の図は自由に用いてかまいません．

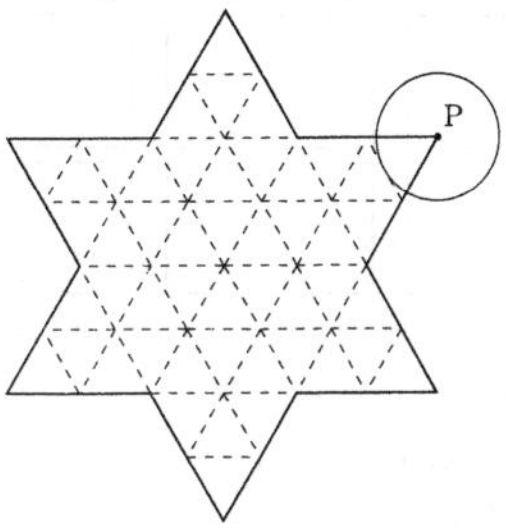

答　［　　］×Ⓐ＋［　　］×Ⓑ(cm^2)

２０２０年度　　麻布中学校

算数解答用紙　No. 3

6　周の長さが1mの円があります．図1のように，この円の周上を点Aは反時計回りに，点Bは時計回りにそれぞれ一定の速さで動きます．点Aと点Bは地点Pから同時に動き始め，2点が同時に地点Pに戻《もど》ったとき止まります．以下の問いに答えなさい．

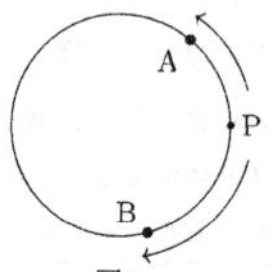

図1

(1) 点Aの動く速さと点Bの動く速さの比が3:5のとき，点Aと点Bが同時に地点Pに戻って止まるまでに，2点は地点P以外で何回すれ違《ちが》いますか．

答　　　回

(2) 点Aの動く速さと点Bの動く速さの比がア:イのとき，点Aと点Bが同時に地点Pに戻って止まるまでに，2点は地点P以外で14回すれ違いました．このとき，ア:イとして考えられるものをすべて，できるだけ簡単な整数の比で答えなさい．ただし，点Aよりも点Bの方が速く動くものとします．また，解答らんはすべて使うとは限りません．

答　ア:イ＝　　:　　,　　:　　,　　:　　,
　　:　　,　　:　　,　　:

次に，周の長さが1mの円を図2のように2つ組み合わせます．これらの円の周上を，点Aと点Bはそれぞれ一定の速さで次のように動きます．

- 点Aは5つの地点P, Q, R, S, Tを，P → Q → R → P → S → T → Pの順に通りながら，繰《く》り返し8の字を描《えが》くように動く．
- 点Bは5つの地点P, Q, R, S, Tを，P → T → S → P → R → Q → Pの順に通りながら，繰り返し8の字を描くように動く．

点Aと点Bは地点Pから同時に動き始め，2点が同時に地点Pに戻ったとき止まります．以下の問いに答えなさい．

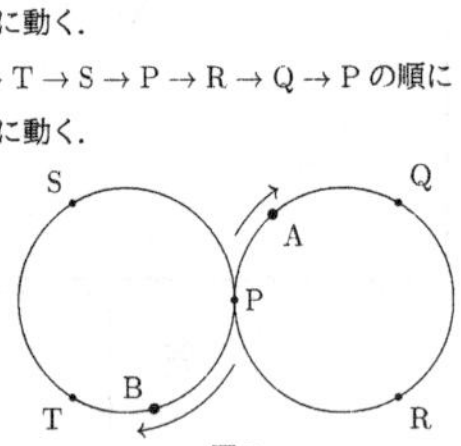

図2

(3) 点Aの動く速さと点Bの動く速さの比が3:8のとき，点Aと点Bが同時に地点Pに戻って止まるまでに，2点A, Bが動いた道のりは合計何mですか．また，2点は地点P以外で何回すれ違いますか．

答　　　m,　　　回

(4) 点Aの動く速さと点Bの動く速さの比がウ:エのとき，点Aと点Bが同時に地点Pに戻って止まるまでに，2点は地点P以外で6回すれ違いました．点Aよりも点Bの方が速く動くものとすると，ウ:エとして考えられるものは9通りあります．これらをすべて，できるだけ簡単な整数の比で答えなさい．

答　ウ:エ＝　　:　　,　　:　　,　　:　　,
　　:　　,　　:　　,　　:　　,
　　:　　,　　:　　,　　:

(注) この解答用紙は実物を縮小してあります。175%拡大コピーすると、ほぼ実物大で使用できます。(タイトルと配点表は含みません)

〔算　数〕60点(推定配点)

1　3点　2　(1)　3点　(2)　4点　3　各4点×2　4　各3点×3　5　各4点×2　6　(1)〜(3) 各4点×4＜(2)は完答＞　(4)　各1点×9

２０２０年度　麻布中学校

社会解答用紙　No. 1

番号		氏名	

評点	／40

問1　あ　　い　　う

問2　①　②　③

問3　①　②　③

問4

問5

問6

問7

問8

２０２０年度　麻布中学校

社会解答用紙　No. 2

問 9

問 10

問 11

問 12

問 13　（1）　選んだ例の番号

(80)

(120)

（2）　二つの例に共通する理由

（注）この解答用紙は実物を縮小してあります。Ｂ４用紙に133%拡大コピーすると、ほぼ実物大で使用できます。（タイトルと配点表は含みません）

〔社　会〕40点(推定配点)

問1～問3　各1点×9　問4～問6　各2点×4　問7　3点　問8～問11　各2点×5　問12　3点　問13　(1)　4点　(2)　3点

2020年度　麻布中学校

理科解答用紙

番号		氏名		評点	／40

1

問1		問2	記号						
問3									
問4		問5		問6		問7		問8	

2

問1	(油が多い)											(油が少ない)	問2		
問3	(1)	層	(2)	層	問4		問5								
問6	a		b		c		d		問7	a		b		c		d	
問8															

3

問1	と	測定が困難なのは	問2		問3	
問4	(1)		問6			
	(2)					
問5	P→R→Qの時間：P→S→Qの時間＝　　：					
問7		問8				

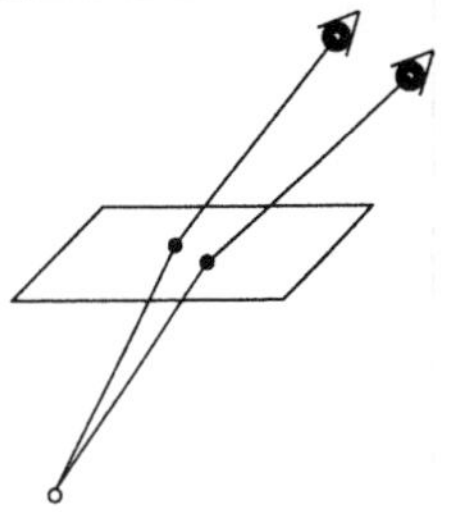

4

問1		問2	レゴリスは		川砂は									
問3			問4		問5	m²	問6		問7	kg				
問8	a		b		c		問9	(高い)					(低い)	

（注）この解答用紙は実物を縮小してあります。Ａ３用紙に145％拡大コピーすると、ほぼ実物大で使用できます。（タイトルと配点表は含みません）

〔理　科〕40点(推定配点)

1 問1，問2　各1点×3＜問1は完答＞　問3　2点　問4～問8　各1点×5＜問7は完答＞ 2 問1　2点＜完答＞　問2～問8　各1点×8＜問6，問7は完答＞ 3 問1～問5　各1点×6＜問1は完答＞　問6　2点　問7，問8　各1点×2＜問7は完答＞ 4 各1点×10＜問2，問8，問9は完答＞

二〇二〇年度　麻布中学校

国語解答用紙

番号		氏名		評点	／60

問一　a　b　c

問二

問三

問四

問五

問六

問七

問八

問九

問十　(1)　(2)　(3)

（注）この解答用紙は実物を縮小してあります。185％拡大コピーすると、ほぼ実物大で使用できます。（タイトルと配点表は含みません）

〔国　語〕60点(推定配点)

問１　各２点×３　問２　４点　問３　５点　問４　６点　問５　５点　問６　３点　問７，問８　各５点×２

問９　３点　問10　(1)　５点　(2)　８点　(3)　５点

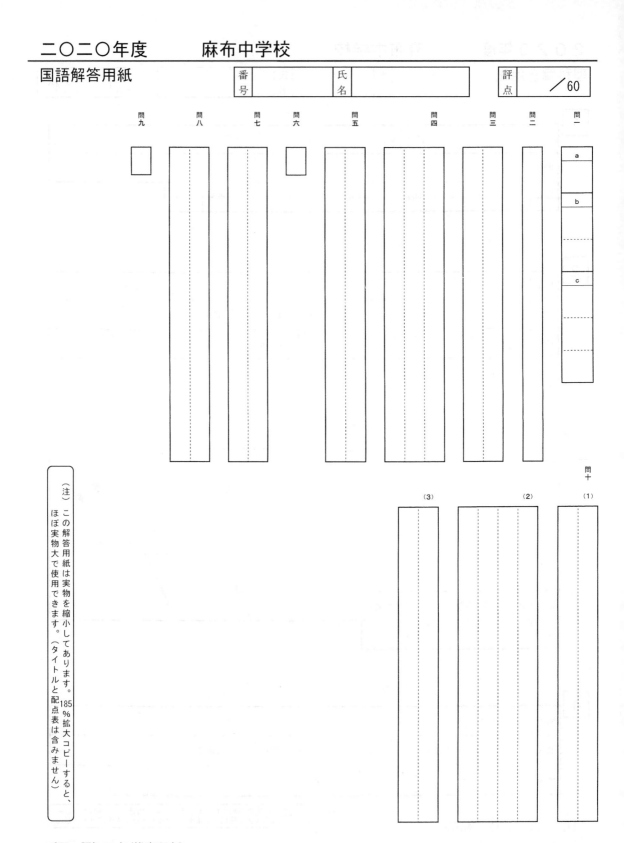

2019年度　麻布中学校

算数解答用紙　No. 1

番号		氏名		評点	／60

1 3つの教室 A, B, C があり，41人の生徒が，それぞれ教室を選んで入っていきます．3つの教室について，次のことがわかっています．

- 教室Aの室温は，生徒が1人も入っていないとき7度で，生徒が1人入るごとに0.3度上がる．
- 教室Bの室温は，生徒が1人も入っていないとき8度で，生徒が1人入るごとに0.2度上がる．
- 教室Cの室温は，生徒が1人も入っていないとき9度で，生徒が1人入るごとに0.1度上がる．

生徒が1人も入らない教室ができてもよいものとして，以下の問いに答えなさい．

(1) 41人全員が教室に入ったところ，2つの教室AとCの室温が同じになりました．このとき考えられる生徒の入り方のうち，Bの室温が最も高くなるのは，AとCに何人ずつ生徒が入ったときですか．

答　教室Aに［　　］人　教室Cに［　　］人

(2) 41人全員が教室に入ったところ，3つの教室 A, B, C の室温が同じになりました．このときの室温を求めなさい．

答［　　］度

2 太朗君は，バスが走る道路沿いの道を通り学校へ通っています．ふだん，太朗君は7時50分に家を出発し，歩いて学校へ向かいます．すると，8時ちょうどに途中《とちゅう》のA地点でバスに追い抜《ぬ》かれます．

ある日，太朗君がふだんより3分遅《おそ》く家を出発し，歩いて学校へ向かったところ，7時59分40秒にバスに追い抜かれました．

太朗君の歩く速さとバスの速さはそれぞれ一定であり，バスは毎日同じ時刻にA地点を通過するものとします．以下の問いに答えなさい．

(1) 太朗君の歩く速さとバスの速さの比を，最も簡単な整数の比で答えなさい．

答　太朗君の速さ：バスの速さ＝［　　］：［　　］

別の日，太朗君がふだんより3分遅く家を出発し，歩く速さの $\frac{5}{2}$ 倍の速さで走って学校へ向かったところ，A地点より720m学校に近い地点でバスに追い抜かれました．

(2) ふだん太朗君が歩く速さは秒速何mですか．

答　秒速［　　］m

２０１９年度　麻布中学校

算数解答用紙　No. 2

3　同じ高さの直方体の形をした白いもちと赤いもちがあります．右図のように赤いもちの上に白いもちを重ねて立方体を作ります．

2点P, Qはそれぞれ2辺AB, CD上の点で，

AP : PB = 4 : 3,　CQ = QD

です．3点P, Q, Rを通る平面で立方体を切断したとき，切り口の図形の白い部分と赤い部分の面積の比を，最も簡単な整数の比で答えなさい．

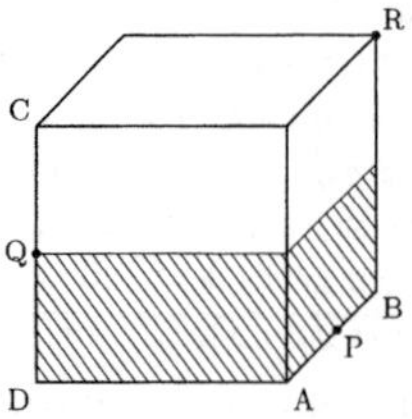

ただし，白いもちはどのように切っても切り口の色は必ず白になり，赤いもちはどのように切っても切り口の色は必ず赤になります．

必要ならば，下の図は自由に用いてかまいません．

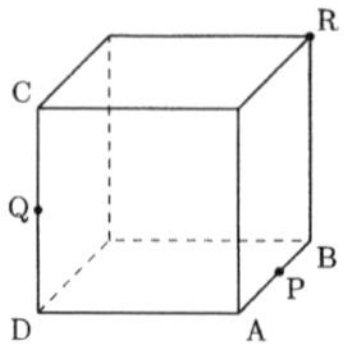

答　白い部分：赤い部分＝　　：

4　整数の中から，3の倍数と7の倍数だけをすべて取り出して小さい順に並べると，次のようになります．

3, 6, 7, 9, 12, 14, 15, 18, 21, 24, 27, ･･･

この数の列について，以下の問いに答えなさい．

(1) 1番目から9番目までの数の和を求めなさい．

答

(2) 77番目から85番目までの数の和を求めなさい．

答

(3) 1番目から99番目までの数の和を求めなさい．

答

(4) この数の列の中で連続して並ぶ99個の数を取り出し，その和を計算すると128205になりました．取り出した99個の数の中で最も小さい数は，数の列全体の中で何番目にありますか．

答　　番目

２０１９年度　　麻布中学校

算数解答用紙　No. 3

5 中心に回転できる矢印が２本取り付けられた円盤《えんばん》があります．まず，この円盤の円周を７等分する位置に目盛りを振《ふ》ります．さらに，図１のように，１から７までの数字が書かれた７枚のコインを各目盛りの位置に１枚ずつ置き，２本の矢印を１と２の数字が書かれたコインの方へ向けます．

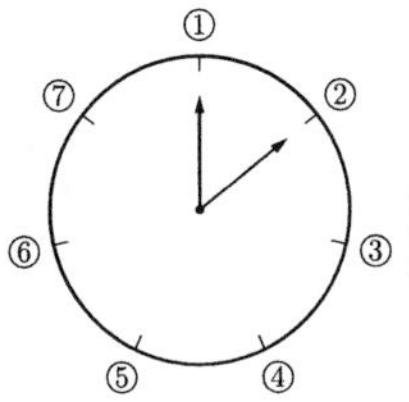

図１

ここで，次の【操作】を考えます．

【操作】矢印が向いている目盛りの位置にある２枚のコインを入れ替《か》え，その後２本の矢印をそれぞれ２目盛り分だけ時計回りに回す．

図１の状態から１回【操作】を行うと図２のようになり，さらに１回【操作】を行うと図３のようになります．

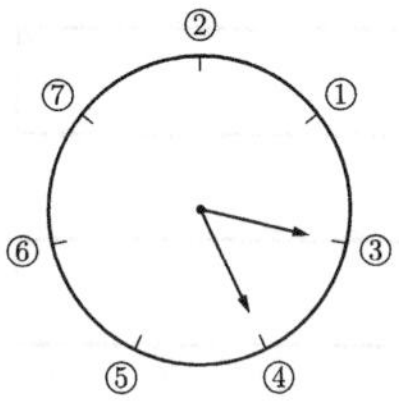

図２

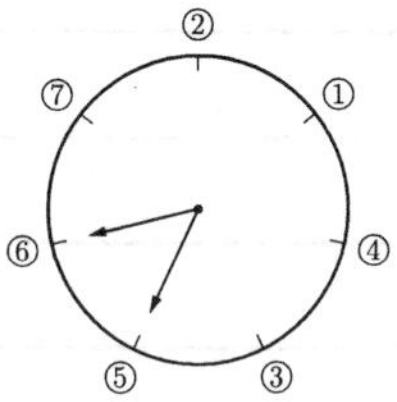

図３

この操作について，以下の問いに答えなさい．

(1) 図１の状態から７回【操作】を行うと，７枚のコインの位置と２本の矢印の向きはどうなりますか．下の図に１から７までの数字と２本の矢印をかき入れなさい．

答

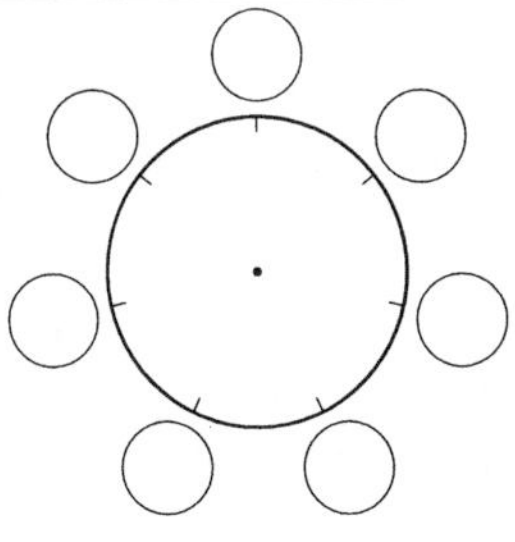

(2) 図１の状態から何回【操作】を行うと，１の数字が書かれたコインの位置と２本の矢印の向きが図１と同じになりますか．最も少ない回数を答えなさい．ただし，【操作】は１回以上行うものとします．

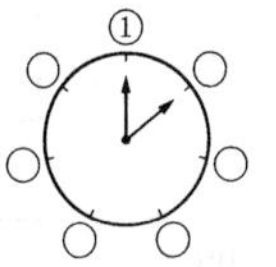

答　　　回

(3) 図１の状態から何回【操作】を行うと，全てのコインの位置と２本の矢印の向きが図１と同じになりますか．最も少ない回数を答えなさい．ただし，【操作】は１回以上行うものとします．

答　　　回

次に，円盤の円周を99等分する位置に目盛りを振り直します．さらに，図４のように，１から99までの数字が書かれた99枚のコインを各目盛りの位置に１枚ずつ，１から順に時計回りに置き，２本の矢印を１と２の数字が書かれたコインの方へ向けます．

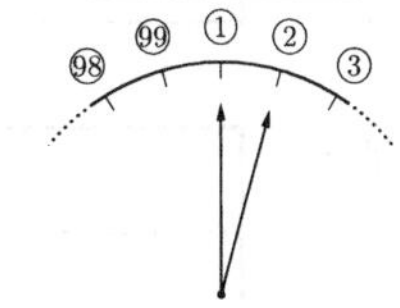

図４

(4) 図４の状態から何回【操作】を行うと，全てのコインの位置と２本の矢印の向きが図４と同じになりますか．最も少ない回数を答えなさい．ただし，【操作】は１回以上行うものとします．

答　　　回

(注) この解答用紙は実物を縮小してあります。175％拡大コピーすると、ほぼ実物大で使用できます。(タイトルと配点表は含みません)

〔算　数〕60点(推定配点)

1～3　各４点×５　4，5　各５点×８

2019年度　　麻布中学校

社会解答用紙　No.1

番号		氏名	

評点	／40

問1　あ　　　　省

問2　い　　　う

問3　場所　　　説明

問4

問5

問6

問7

問8

問9

２０１９年度　　麻布中学校

社会解答用紙　No. 2

問 10

問 11

問 12

問 13

問 14

(100)

(140)

(注) この解答用紙は実物を縮小してあります。Ｂ４用紙に143%拡大コピーすると、ほぼ実物大で使用できます。(タイトルと配点表は含みません)

〔社　会〕40点(推定配点)

問 1～問 4　各 1 点×6　問 5，問 6　各 3 点×2　問 7　4 点　問 8～問 11　各 3 点×4　問 12　4 点　問 13　3 点　問 14　5 点

２０１９年度　　麻布中学校

理科解答用紙

番号		氏名		評点	／40

1

問１	あ		い		う		問２	
問３		問４	チューリップ	うめるもの	生殖方法	ひまわり	うめるもの	生殖方法
問５	時間	問６	卵が大きい		卵が多い			
問７		問８						

2

問１		問２		問９	
問３					
問４					
問５					
問６	コーヒーの粉：熱湯 ：	問７	熱湯（１回）：熱湯（３回） ：	問８	

3

問１		問２					
問３							
問４							
問５	あ		い		問６	mA	問７ ℃
問８							問９ ℃

4

問１		問２		問３		問４	①		②
問５	地球　月 （　，　）	地球　月 （　，　）	地球　月 （　，　）	地球　月 （　，　）	地球　月 （　，　）	問６	回目		
問７		問８		問９		問10			

(注) この解答用紙は実物を縮小してあります。Ｂ４用紙に143%拡大コピーすると、ほぼ実物大で使用できます。(タイトルと配点表は含みません)

〔理　科〕40点(推定配点)

1～4　各１点×40＜1の問２，問４，3の問５，4の問５は完答＞

二〇一九年度　麻布中学校

国語解答用紙

番号		氏名		評点	／60

問一　a　b　c　d

問二　(1)　(2)

問三

問四

問五

問六

問七　行目

問八

問九　(1)　(2)

問十

問十一

問十二

問十三　(1)　(2)

（注）この解答用紙は実物を縮小してあります。185％拡大コピーすると、ほぼ実物大で使用できます。（タイトルと配点表は含みません）

〔国　語〕60点(推定配点)

問1　各2点×4　問2　(1)　2点　(2)　4点　問3　2点　問4　3点　問5　4点　問6　3点　問7　2点　問8　4点　問9　(1)　3点　(2)　4点　問10～問12　各4点×3　問13　(1)　3点　(2)　6点

2018年度　麻布中学校

算数解答用紙　No. 1

番号		氏名		評点	／60

1　太朗君と次朗君がコインを何枚か持っています．最初，太朗君の持っている枚数は次朗君の1.5倍でした．その後，次朗君が太朗君にコインを40枚わたしたところ，太朗君の持っている枚数は次朗君の3.5倍になりました．最初に太朗君が持っていたコインの枚数を答えなさい．

答　　　　枚

2　右の図の斜線《しゃせん》部分を，直線ABの周りに1回転させてできる立体の体積が2088.1 cm^3 となります．図の□に入る数を答えなさい．

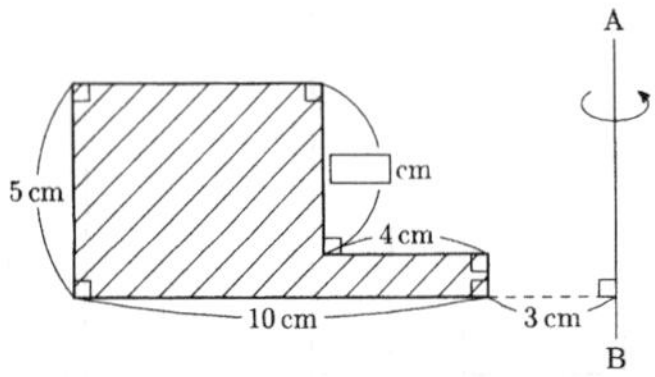

答　　　　cm

3　2つの記号○，×を並べてできる列のうち，次の条件にあてはまるものを考えます．

（条件）○が3つ以上連続して並ぶことはない．

例えば，○○×○○はこの条件にあてはまりますが，○×○○○××は条件にあてはまりません．次の問いに答えなさい．

(1) ○，×を合わせて14個並べるとき，×の個数が最も少なくなる列を1つ書きなさい．

答

(2) ○，×を合わせて13個並べるとき，×の個数が最も少なくなる列は全部で何通り考えられますか．

答　　　　通り

(3) ○，×を合わせて12個並べるとき，×の個数が最も少なくなる列は全部で何通り考えられますか．

答　　　　通り

2018年度　麻布中学校

算数解答用紙　No. 2

4 以下の(1), (2)について，□に「+」,「×」,「=」の3種類の記号のいずれかを入れて，例のように正しい式を作る方法を，2通りずつ答えなさい．ただし「=」は1か所のみに入れるものとします．

例 (問) 2 □ 3 □ 5 □ 10 □ 20
(答) 2 ⊞ 3 ⊞ 5 ⊞ 10 ⊟ 20,　2 ⊠ 3 ⊠ 5 ⊟ 10 ⊞ 20

(1) 1 □ 4 □ 5 □ 6 □ 7 □ 8

答 1 □ 4 □ 5 □ 6 □ 7 □ 8
1 □ 4 □ 5 □ 6 □ 7 □ 8

(2) 2 □ 3 □ 5 □ 7 □ 11 □ 13 □ 17

答 2 □ 3 □ 5 □ 7 □ 11 □ 13 □ 17
2 □ 3 □ 5 □ 7 □ 11 □ 13 □ 17

5 ある長方形があり，頂点にいるクモが内部にいる虫を捕《と》らえようとしています．ただし，クモは一定の速さで移動し，虫は動かないものとします．

クモは，まず以下の規則で辺上を移動します．

- 虫に最も近い辺上の点（図1中の○で表されている点）が一つだけあるとき，その点まで辺上を最短経路で移動する．

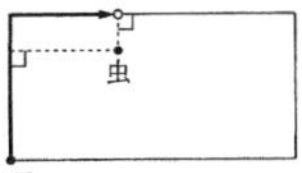

図1
(矢印に沿って移動)

- 虫に最も近い辺上の点（図2，図3中の○で表されている点）が複数あるとき，それらのなかで最も早く着ける点のいずれかまで辺上を最短経路で移動する．

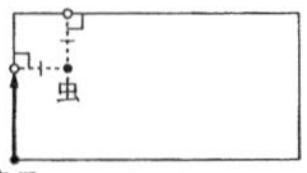

図2
(矢印に沿って移動)

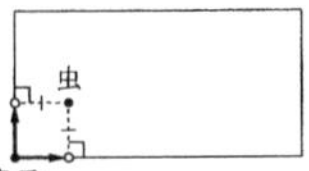

図3
(いずれかの矢印に沿って移動)

このの ち，クモは虫に向かってまっすぐ移動します．

例えば，図1，図2，図3の位置に虫がいるとき，クモが移動を始めてから虫を捕らえるまでの動きはそれぞれ下図のようになります．

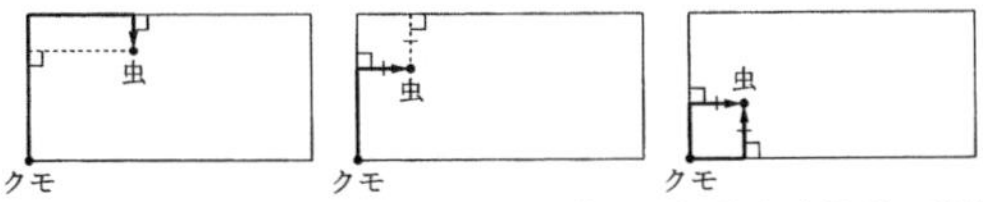

(矢印に沿って移動)　(矢印に沿って移動)　(いずれかの矢印に沿って移動)

クモの移動する速さは秒速10 cmであるとして，以下の問いに答えなさい．

(1) 図4のように1辺の長さが10 cmの正方形の頂点にクモがいるとします．クモが1.5秒以内で捕らえることができるのは，どのような範囲《はんい》にいる虫ですか．その範囲を斜線《しゃせん》で示しなさい．ただし，図中の点線は5 cmごとに引いてあります．

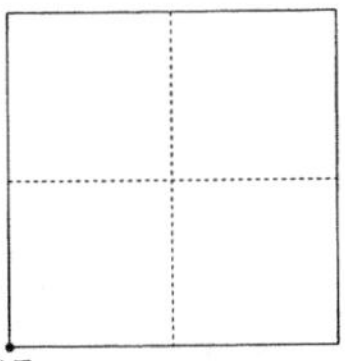

図4

答

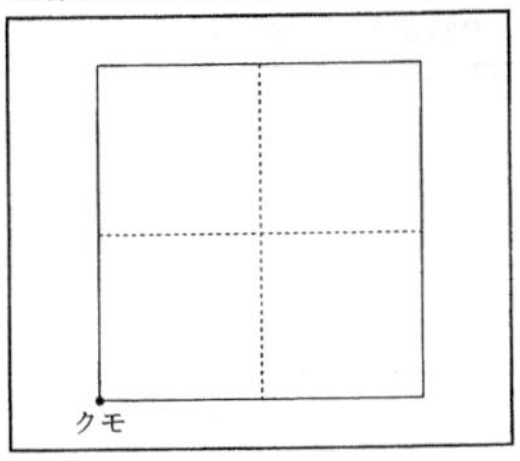

(2) 図5のように，縦の長さが10 cm，横の長さが20 cmの長方形の頂点にクモがいるとします．クモが2.5秒以内で捕らえることができるのは，どのような範囲にいる虫ですか．その範囲を斜線で示しなさい．ただし，図中の点線は5 cmごとに引いてあります．

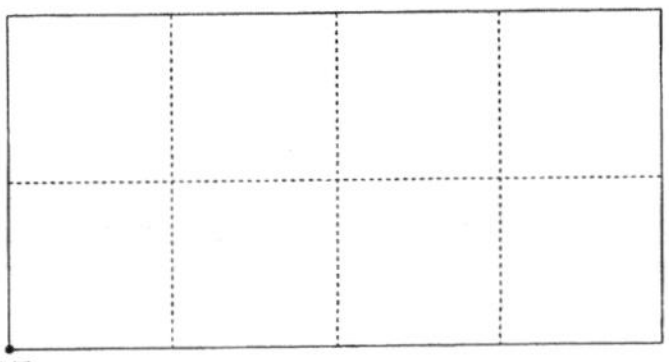

図5

答

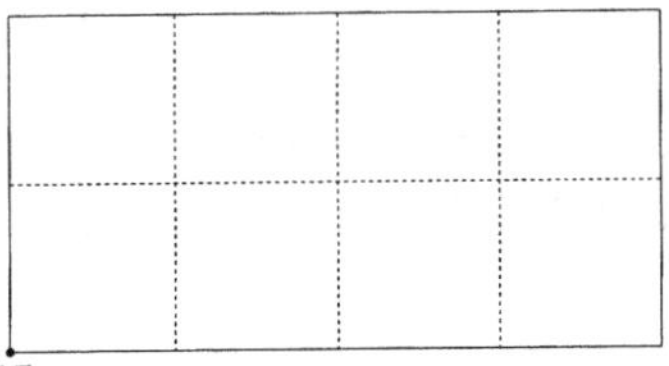

(3) (2)で示した斜線部分の面積を求めなさい．

答　　　cm^2

算数解答用紙　No. 3

6　2 を N 個かけ合わせてできる数を $\langle N\rangle$ と表すことにします．例えば

$$\langle 3\rangle = 2\times 2\times 2 = 8, \qquad \langle 5\rangle = 2\times 2\times 2\times 2\times 2 = 32$$

となります．ただし，$\langle 1\rangle = 2$ と約束します．

(1) $\langle 1895\rangle$ の一の位の数字は何ですか．

答

(2) $\langle 12\rangle + \langle 2\rangle$ と $\langle 13\rangle + \langle 3\rangle$ を計算しなさい．

答　$\langle \mathbf{12}\rangle + \langle \mathbf{2}\rangle =$

$\langle \mathbf{13}\rangle + \langle \mathbf{3}\rangle =$

(3) $\langle 2018\rangle$ の下 2 桁《けた》を答えなさい．

ここで，下 2 桁とは十の位と一の位の数字の並びのことです．例えば，1729 の下 2 桁は 29 で，1903 の下 2 桁は 03 です．

答

(4) $\langle 53\rangle$ の下 3 桁は 992 です．$\langle N\rangle$ の下 3 桁が 872 となる N を 2 つ求めなさい．

ここで，下 3 桁とは百の位から一の位までの数字の並びのことです．

答

（注）この解答用紙は実物を縮小してあります。175％拡大コピーすると、ほぼ実物大で使用できます。（タイトルと配点表は含みません）

〔算　数〕60点(推定配点)

1～3　各 4 点×5　4　各 2 点×4　5　各 4 点×3　6　(1)　4 点　(2)　各 2 点×2　(3)，(4)　各 4 点×3

２０１８年度　　麻布中学校

社会解答用紙　No.１

番号		氏名	

評点	／40

問１　あ　　い　　う

問２　（１）　　古墳

（２）

問３　（１）　　（２）

問４

問５　（１）

（２）

問６

問７

問８　（１）

（２）

２０１８年度　　　麻布中学校

社会解答用紙　No. 2

問 9

問 10

問 11

問 12

（1）

(120)

（2）

(80)

（注）この解答用紙は実物を縮小してあります。Ｂ４用紙に143％拡大コピーすると、ほぼ実物大で使用できます。（タイトルと配点表は含みません）

〔社　会〕40点（推定配点）

問 1～問 6　各 1 点×11　問 7　各 2 点×2　問 8　(1)　1 点　(2)　2 点　問 9　各 2 点×2　問 10　4 点
問 11　各 2 点×2　問 12　(1)　6 点　(2)　4 点

２０１８年度　麻布中学校

理科解答用紙

番号		氏名		評点	／40

1

問１		問２				
問３	a					
	b					
問４			問５		問６	

2

問１	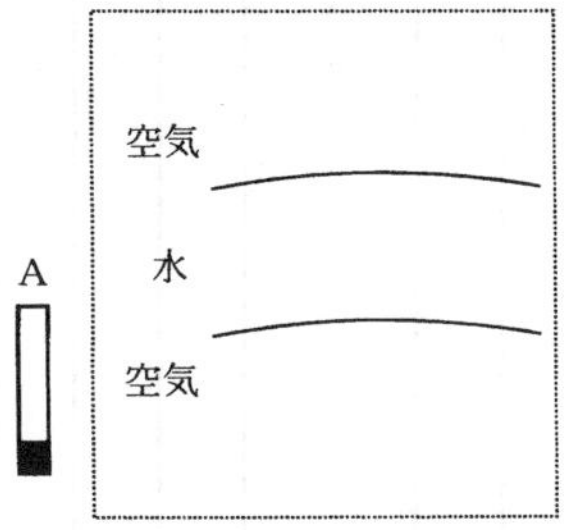	問２	cm³			
		問３				
		問４	記号		理由	
		問５	nm	問６		問７

3

問１	分	問２		問３	L	問４							
問５	位置		向き		問６		問７	Ⅰ		Ⅱ		Ⅲ	
問８		問９											

4

問１	a		b									
問２	①直射日光											
	②せまい場所											
問３	→　→	問４	→　→									
問５	ア	℃	イ	℃	ウ	℃	エ	℃	オ	℃	カ	℃
問６	a		b		c		d					
問７		問８	a		b		c					

（注）この解答用紙は実物を縮小してあります。Ａ３用紙に145％拡大コピーすると、ほぼ実物大で使用できます。（タイトルと配点表は含みません）

〔理　科〕40点（推定配点）

1　各１点×10＜問２は完答＞　2　問１，問２　各２点×２　問３～問７　各１点×６　3　問１　２点　問２～問９　各１点×８＜問５，問７は完答＞　4　問１～問５　各１点×６＜問１，問３，問４，問５は完答＞　問６　２点＜完答＞　問７，問８　各１点×２＜各々完答＞

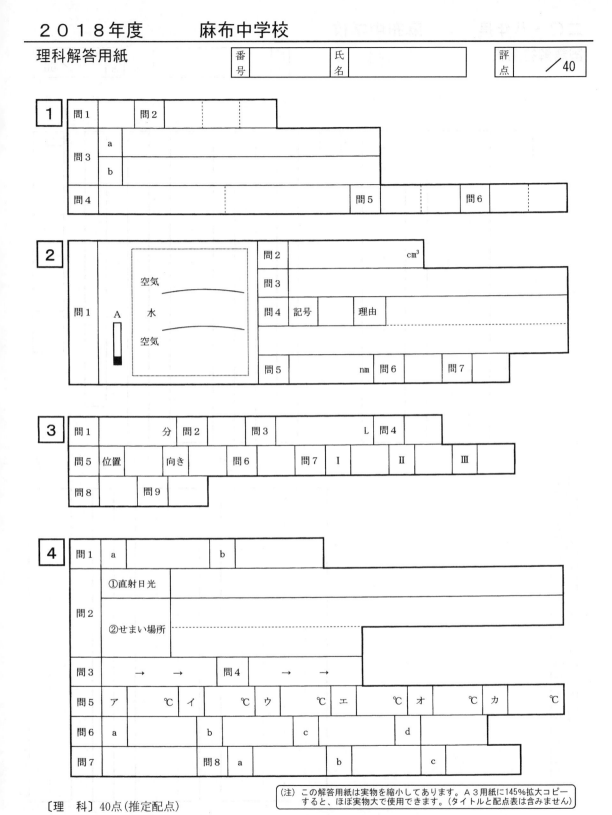

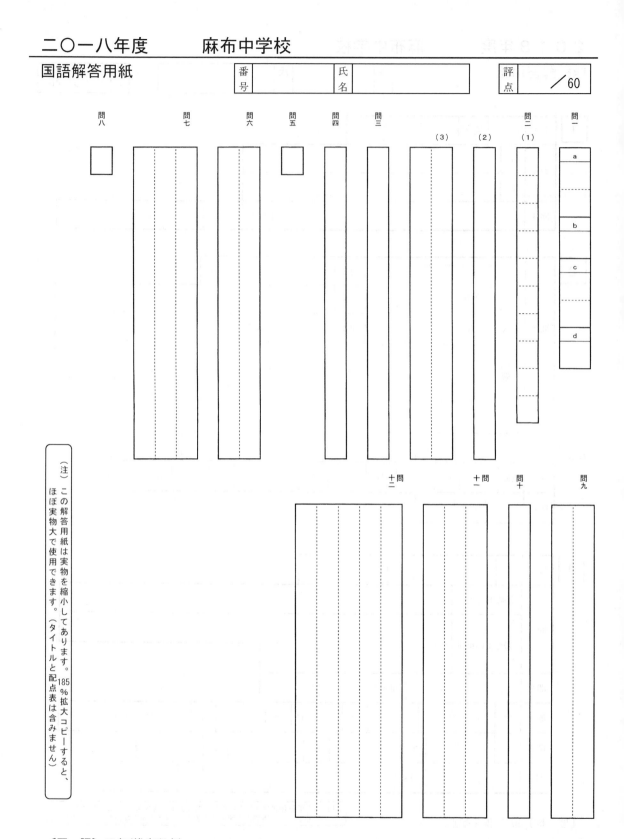

二〇一八年度　麻布中学校

国語解答用紙

番号		氏名		評点	／60

問一　a　b　c　d

問二　(1)　(2)　(3)

問三

問四

問五

問六

問七

問八

問九

問十

問十一

問十二

（注）この解答用紙は実物を縮小してあります。185％拡大コピーすると、ほぼ実物大で使用できます。（タイトルと配点表は含みません）

〔国　語〕60点(推定配点)

問1　各2点×4　問2　(1), (2)　各3点×2　(3)　4点　問3, 問4　各3点×2　問5　2点　問6　4点　問7　6点　問8　2点　問9　4点　問10　3点　問11　6点　問12　9点

平成29年度　麻布中学校

算数解答用紙　No. 1

番号　　氏名　　評点　／60

1 次の計算をし，分数で答えなさい.

$$\left\{1.68 \div \left(1\frac{1}{5} - 0.36\right) - \left(\frac{1}{3} + \frac{1}{4}\right)\right\} \div \left(5.5 - 3\frac{5}{6}\right)$$

答

2 以下の問いに答えなさい.

(1) 1時から2時までの1時間で，時計の長針と短針の作る角の大きさが120° になる時刻を2つ求めなさい．ただし，秒の値《あたい》のみ帯分数を用いて答えること.

答　1時　　分　　秒，1時　　分　　秒

(2) 今，時計が1時ちょうどを示しています．この後，長針と短針の作る角の大きさが120° となるのが8回目の時刻を求めなさい．ただし，秒の値のみ帯分数を用いて答えること.

答　　時　　分　　秒

3 角Aと角Bが直角である台形ABCDがあり，ADの長さは6cm，BCの長さは10cm，面積は48 cm² です．点Pが辺AB上にあるとして，三角形PADと三角形PBCの面積の和を考えます．次の［ア］から［ウ］に入る数を答えなさい.

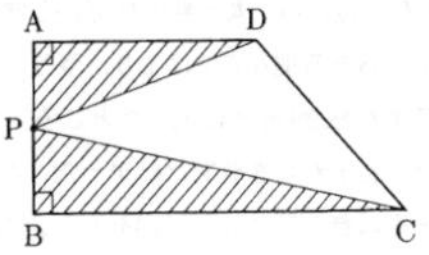

(1) BPの長さが［ア］cmのとき，2つの三角形の面積の和は21 cm² です.

答　ア

(2) BPの長さが［イ］cmのとき，下図のように点Dを動かしてADの長さをもとの2倍にのばすと，2つの三角形の面積の和はもとの $\frac{10}{7}$ 倍になります.

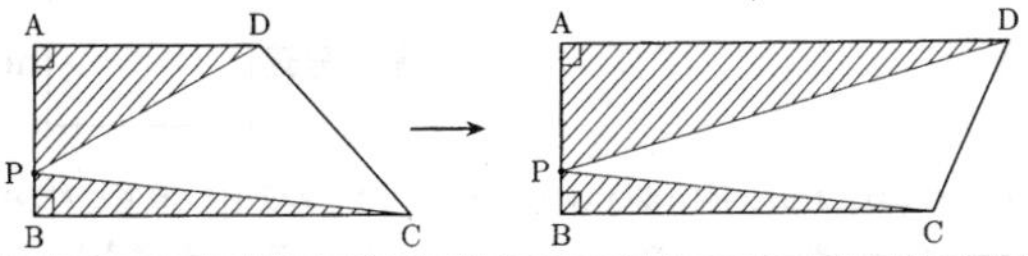

答　イ

(3) BPの長さが［ウ］cmのとき，点Dを動かしてADの長さをもとの5倍にのばし，点Cを動かしてBCの長さをもとの2倍にのばすと，2つの三角形の面積の和はもとの $\frac{10}{3}$ 倍になります.

答　ウ

平成29年度　　麻布中学校

算数解答用紙　No. 2

4 ふだん，太一君は自宅から学校まで歩いて通っています．今週，太一君は自宅からある地点までは走り，残りは歩いて学校まで行くことにしました．月曜日は，自宅から99 m だけ走ったところ，ふだんより1分早く学校に着きました．火曜日は，自宅から3分間だけ走ったところ，ふだんより8分早く学校に着きました．太一君は毎日同じ時刻に出発し，走る速さと歩く速さはそれぞれ一定とします．このとき，以下の問いに答えなさい．

(1) 太一君の歩く速さは分速何 m ですか．

答　分速 [　　] m

(2) 水曜日は，走った時間と歩いた時間が同じでした．木曜日は，自宅と学校のちょうど中間の地点まで走ったところ，水曜日よりも4分遅《おそ》く学校に着きました．太一君の自宅から学校までの距離《きょり》は何 m ですか．

答 [　　] m

5 2つの空の容器AとBに，1800 g の水を分けて入れ，以下の操作を行って同じ濃《こ》さの砂糖水を作ります．ただし，砂糖水の濃さとは，砂糖水の重さに対する砂糖の重さの割合のことです．

[操作1]：Aに4 g の角砂糖を1個，Bに3 g の角砂糖を1個，それぞれ入れて溶《と》かす．

[操作2]：AとBの砂糖水の濃さを比べて，Aの方が濃いときはBに3 g の角砂糖を1個入れて溶かし，Bの方が濃いときはAに4 g の角砂糖を1個入れて溶かす．

まず [操作1] を行い，その後はAとBの砂糖水の濃さが同じになるまで [操作2] をくり返し行います．砂糖水の濃さが同じになったら操作を終えるものとして，以下の問いに答えなさい．

(1) Aに入れる水の重さを1200 g にすると，AとBの砂糖水の濃さが同じになるまでに，AとBに角砂糖をそれぞれ何個入れることになりますか．[操作1] で入れるものも合わせて答えなさい．

答　Aに [　　] 個，Bに [　　] 個

(2) Aに入れる水の重さを [ア] g，Bに入れる水の重さを [イ] g にすると，[操作1] の後 [操作2] がちょうど10回行われ，AとBの砂糖水の濃さが同じになります．ただし，[操作1] で入れるものも合わせて，Aには角砂糖が2個以上入り，Aに入れる角砂糖の個数よりBに入れる角砂糖の個数の方が多くなります．このとき，[ア]：[イ] をできるだけ簡単な整数の比で表しなさい．

答　[ア]：[イ] ＝ [　　]：[　　]

(3) Aに入れる水の重さを [ウ] g，Bに入れる水の重さを [エ] g にすると，[操作1] の後 [操作2] が30回以上行われ，AとBの砂糖水の濃さがどちらも6.25 %になります．このとき，[ウ]：[エ] をできるだけ簡単な整数の比で表しなさい．

答　[ウ]：[エ] ＝ [　　]：[　　]

平成29年度　　麻布中学校

算数解答用紙　No. 3

6 111, 1121 のように，1, 2 の 2 種類の数字だけからなる整数を考えます．
このような整数 A に対し，以下の規則で定まる整数を $[A]$ と表します．

(規則 1)　A が 1 桁《けた》の整数 1, 2 の場合，$[1] = 2$，$[2] = 1$ とします．

(規則 2)　A が 2 桁以上の整数で一番大きな位の数字が 1 の場合，つまり，A が $1B$ と表せるときは，$[A] = B$ とします．例えば，

$$[112] = 12,$$
$$[12112] = 2112$$

です．

(規則 3)　A が 2 桁以上の整数で一番大きな位の数字が 2 の場合，つまり，A が $2B$ と表せるときは，$[A] = [B][B]$ とします．ただし，$[B][B]$ は $[B]$ を 2 つ並べてできる整数を表します．例えば，

$$[22] = [2][2] = 11,$$
$$[21121] = [1121][1121] = 121121,$$
$$[2211] = [211][211] = [11][11][11][11] = 1111$$

です．

このとき，以下の問いに答えなさい．

(1) $[2112]$, $[2212]$ を求めなさい．

答　$[2112] =$　　，$[2212] =$

(2) $[A] = 22$ となる整数 A は 3 つあります．このような A をすべて求めなさい．

答

(3) $[A] = A$ となる整数 A は 1 つだけあります．このような A を求めなさい．

答

(4) 次の条件をともにみたす整数 A をすべて求めなさい．ただし答の欄《らん》はすべて使うとは限りません．

- A は 6 桁以下の整数です．
- $[A]$ は 292 で割り切れる 8 桁の整数です．

答

(注) この解答用紙は実物を縮小してあります。175%拡大コピーすると、ほぼ実物大で使用できます。(タイトルと配点表は含みません)

〔算　数〕60点(推定配点)

1～5　各 4 点×11＜2の(1)は完答＞　6　(1)　各 2 点×2　(2)～(4)　各 4 点×3＜(2)，(4)は完答＞

平成29年度　　　麻布中学校

社会解答用紙　No. 1

番号		氏名	

評点	／40

問１　（1）

（2）

問２

	名前	都道府県名
あ		
い		
う		

問３　（1）　　（2）　　（3）

問４

問５　（1）青山　　猿江　　大塚

（2）

①

②

平成29年度　　麻布中学校

社会解答用紙　No. 2

問 6

問 7　(1)

(2)

問 8

問 9　選んだ例

(100)

(120)

(注) この解答用紙は実物を縮小してあります。Ｂ４用紙に143%拡大コピーすると、ほぼ実物大で使用できます。(タイトルと配点表は含みません)

〔社　会〕40点(推定配点)

問１　各２点×２　問２, 問３　各１点×９　問４　２点　問５　(1)　各１点×３　(2)　各２点×２　問６　３点　問７　(1)　２点　(2)　３点　問８　４点　問９　６点

平成29年度　麻布中学校

理科解答用紙

番号		氏名	

評点	／40

1

問1		問2	ア		イ		問3 %
問4		問5					
問6 個		問7 個		問8 個			

2

問1		問2				
問3		問4		問5		
問6	a		b		c	
問7		問8				

3

問1		問2					
問3		問4		問5		問6	
問7	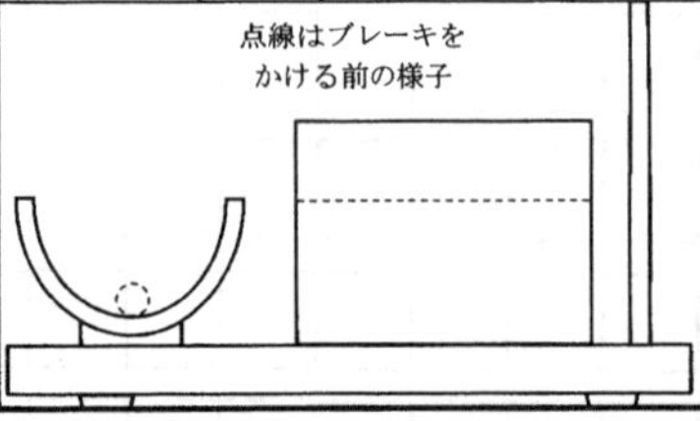	問8	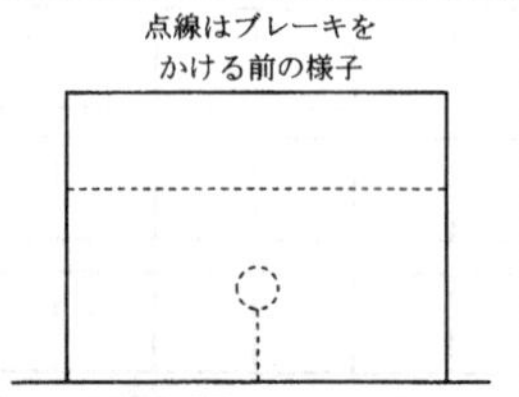	問9			

4

問1													
問2	1		2		3		問3		問4		問5		
問6		問7		問8									

（注）この解答用紙は実物を縮小してあります。B４用紙に143%拡大コピーすると、ほぼ実物大で使用できます。（タイトルと配点表は含みません）

〔理　科〕40点(推定配点)

1，2　各１点×18＜1の問２，2の問１，問２，問４，問５，問８は完答＞　3　問１～問６　各１点×６　問７，問８　各２点×２　問９　１点＜完答＞　4　問１　２点　問２～問８　各１点×９

平成二十九年度　麻布中学校

国語解答用紙

番号		氏名		評点	／60

問一
a
b
c
d

問二

問三

問四

問五

問六

問七

問八

問九

問十

問十一
(1)
(2)

問十二

問十三

（注）この解答用紙は実物を縮小してあります。185％拡大コピーすると、ほぼ実物大で使用できます。（タイトルと配点表は含みません）

〔国　語〕60点（推定配点）

問１　各２点×４　問２～問６　各４点×５　問７　２点　問８　４点　問９　５点　問10　４点　問11　(1)　３点　(2)　５点　問12　２点　問13　７点

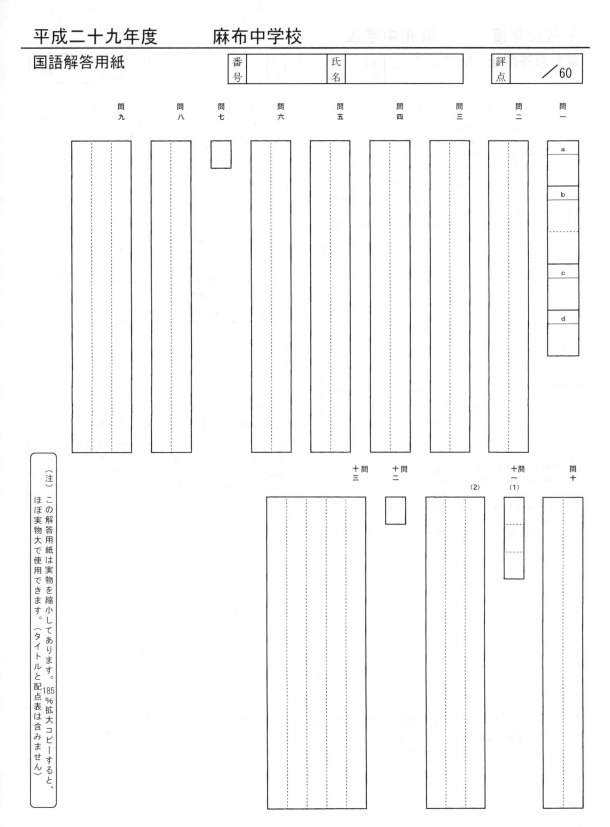

平成28年度　麻布中学校

算数解答用紙　No. 1

番号		氏名		評点	／60

1　容積 100 L の空《から》の水そうに水を，

はじめに毎分 10 L の割合で 10 L，
次に毎分 12 L の割合で 20 L，
その次に毎分 14 L の割合で 30 L，
最後に毎分 16 L の割合で 40 L

入れたところ，水そうがちょうどいっぱいになりました．水そうがいっぱいになるまでにかかった時間は［ア］分［イ］秒でした．［ア］に当てはまる整数と，［イ］に当てはまる帯分数を答えなさい．

答　ア［　　］　イ［　　］

2　右図のように，角 B が直角である直角三角形 ABC，直線 PR，直線 QS があります．BP : PQ : QC = 3 : 2 : 1 であり，2 つの直線 PR と直線 QS によって三角形 ABC の面積が 3 等分されています．このとき，BR : RS : SA を，最も簡単な整数の比で答えなさい．

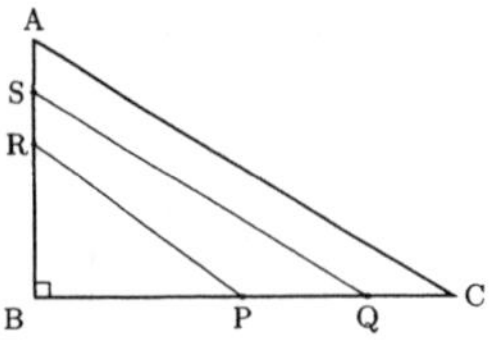

答　BR : RS : SA = ［　　］ : ［　　］ : ［　　］

3　太郎《たろう》君と次郎《じろう》君はそれぞれ一定の速さで移動し，その速さの比は 5 : 3 です．太郎君が A 地点を出発して B 地点へ向かい，太郎君の出発と同時に次郎君が B 地点を出発して A 地点へ向かうと，A 地点と B 地点のちょうど中間から，B 地点の方向へ 210 m 進んだところで 2 人は出会います．

(1) A 地点から B 地点までの道のりは何 m ですか．

答［　　］m

太郎君と次郎君が同時に A 地点を出発して B 地点へ向かうと，次郎君は太郎君より 8 分遅《おく》れて B 地点に到着《とうちゃく》します．

(2) 太郎君と次郎君の速さはそれぞれ毎分何 m ですか．

答　太郎君　毎分［　　］m，次郎君　毎分［　　］m

(3) 太郎君と次郎君が同時に A 地点を出発して B 地点へ向かいました．太郎君は途中《とちゅう》にあるスーパーで 7 分間買い物をし，買った荷物が重かったので速さが毎分 40 m 遅《おそ》くなりました．次郎君は，まっすぐ B 地点へ向かったので，太郎君より 2 分早く B 地点に到着しました．A 地点からスーパーまでの道のりは何 m ですか．

答［　　］m

平成28年度　麻布中学校

算数解答用紙　No. 2

4　下の図は，一辺 60 mm のガラス板 A, B, C, D, E を上から見たものです．

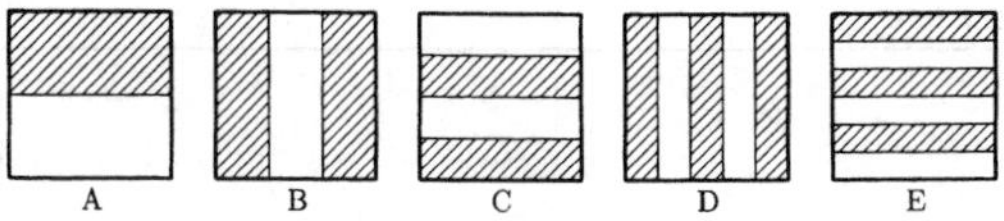

白い部分は無色のガラス，斜線《しゃせん》部分は灰色のガラスであり，それぞれのガラス板において白い部分と斜線部分の幅《はば》はすべて同じです．

これらのガラス板を重ねると，灰色のガラスが 2 枚以上重なった部分は上から見たとき黒色に見えます．例えば，板 A と板 B をこの向きのままぴったりと重ねると，重ねる順番に関係なく，上から見たとき右図のように見えます．

(1) 板 B と板 D をこの向きのままぴったりと重ねました．上から見たとき，灰色に見える部分の面積は何 mm^2 ですか．

答　　　mm^2

(2) 板 A, C, E の 3 枚をこの向きのままぴったりと重ねました．上から見たとき，灰色に見える部分の面積は何 mm^2 ですか．

答　　　mm^2

(3) 5 枚すべての板をこの向きのままぴったりと重ねました．上から見たとき，黒色に見える部分の面積は何 mm^2 ですか．

答　　　mm^2

5　2016 は各位の和が 9 となる 4 けたの整数です．このような整数を小さい順に並べると次のようになります．

1008, 1017, 1026, 1035, . . . , 9000

この数の列について，以下の問いに答えなさい．

(1) 2016 は何番目にありますか．

答　　　番目

この数の列にある整数はすべて 9 の倍数です．したがって，これらの整数は 3 で 2 回以上割り切れることがわかります．例えば，1026 を 3 で割っていくと，

$1026 \div 3 = 342$　　$342 \div 3 = 114$　　$114 \div 3 = 38$　　$38 \div 3 = 12$ あまり 2

となり，3 回目までは割り切れますが 4 回目は割り切れません．このとき，「1026 は 3 でちょうど 3 回割り切れる」ということにします．

(2) この数の列の中には，5 でちょうど 3 回割り切れる整数がいくつかあります．それらのうち，最も小さい整数と 3 番目に小さい整数を答えなさい．

答　最も小さいのは　　　で，3 番目に小さいのは

(3) 2016 は 2 でちょうど 5 回割り切れる整数です．このような整数は列の中に 2016 を除くと 3 個あります．それらをすべて答えなさい．

答

平成28年度　　麻布中学校

算数解答用紙　No. 3

6 黒い正方形がいくつかあたえられたとき，それぞれの黒い正方形を 9 等分し，図 1 のように 5 個の正方形を白く塗《ぬ》る操作を操作 A と呼びます．また，図 2 のように 4 個の正方形を白く塗る操作を操作 B と呼びます．

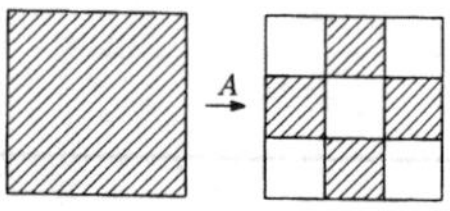

図 1

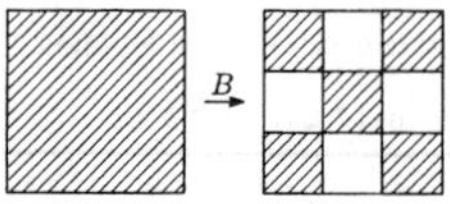

図 2

例 1　1 つの黒い正方形に対し，操作 A を続けて 2 回行うと，下のようになります．このとき，黒い正方形が 16 個と，白のつながっている部分が 5 個（正方形 4 個と他の白い部分 1 個）現れます．

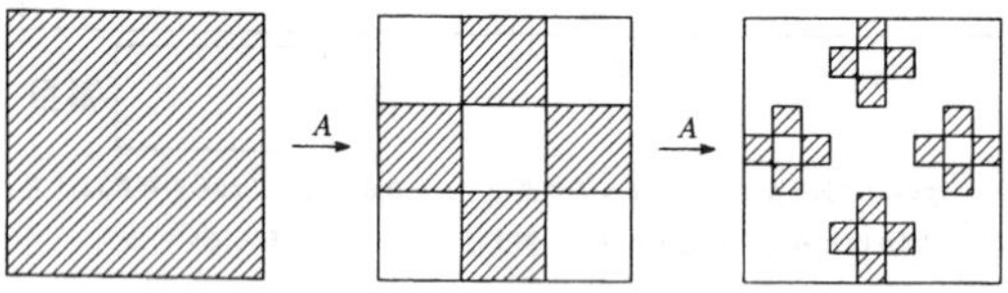

結果

例 2　1 つの黒い正方形に対し，操作 A を行った後に操作 B を行うと，下のようになります．このとき，黒い正方形が 20 個と，白のつながっている部分が 9 個現れます．

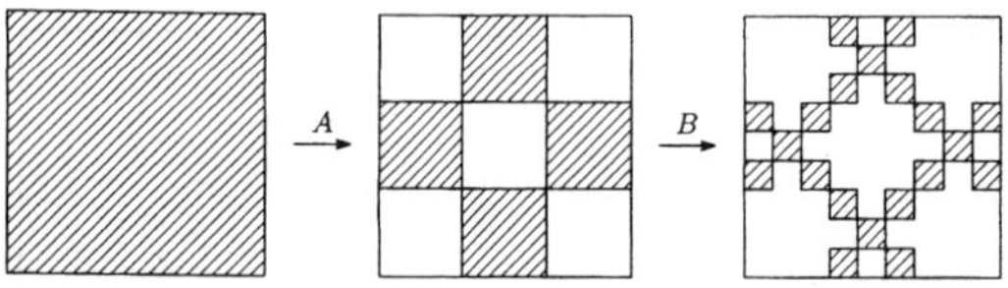

結果

(1) 例 2 の結果の図形に操作 A を行いました．黒い正方形はいくつできますか．また，白のつながっている部分はいくつできますか．

必要ならば，下の図は自由に用いてかまいません．

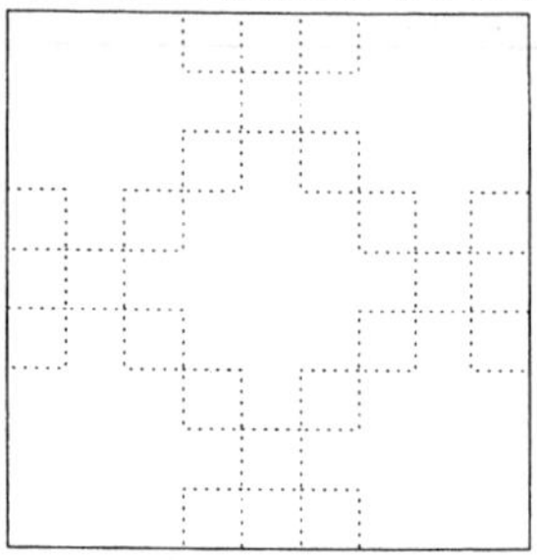

答　黒い正方形　　　個，白のつながっている部分　　　個

(2) (1) の結果の図形に，操作 B を行いました．白のつながっている部分はいくつできますか．

答　　　個

(3) (2) の結果の図形に，操作 A を行い，さらにその後に操作 B を行ったとき，白のつながっている部分はいくつできますか．

答　　　個

（注）この解答用紙は実物を縮小してあります。175% 拡大コピーすると、ほぼ実物大で使用できます。（タイトルと配点表は含みません）

〔算　数〕60点(推定配点)

1～4　各 4 点×8＜3の (2) は完答＞　5　(1)　4 点　(2)　各 2 点×2　(3)　4 点＜完答＞　6　各 4 点×4

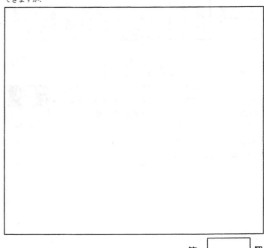

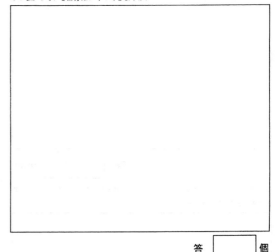

平成28年度　　麻布中学校

社会解答用紙　No. 1

番号		氏名	

評点	／40

問1　(1)　　　　　(2)

問2　a　　川　　b　　川

問3　あ　　い　　う

問4

問5

問6

問7

問8

問9

問10

問11

平成28年度　　　麻布中学校

社会解答用紙　No. 2

問12　①

②

問13

問14

(80)

(100)

問15

(80)

(100)

（注）この解答用紙は実物を縮小してあります。Ｂ４用紙に143％拡大コピーすると、ほぼ実物大で使用できます。（タイトルと配点表は含みません）

〔社　会〕40点(推定配点)

問１～問４　各１点×6＜問１は各々完答，問３は完答＞　問５，問６　各３点×2　問７～問10　各２点×4　問11　３点　問12　各２点×2　問13　３点　問14，問15　各５点×2

平成28年度　麻布中学校

理科解答用紙

番号		氏名		評点	／40

1

問1		問2		問6	
問3					
問4		問5			

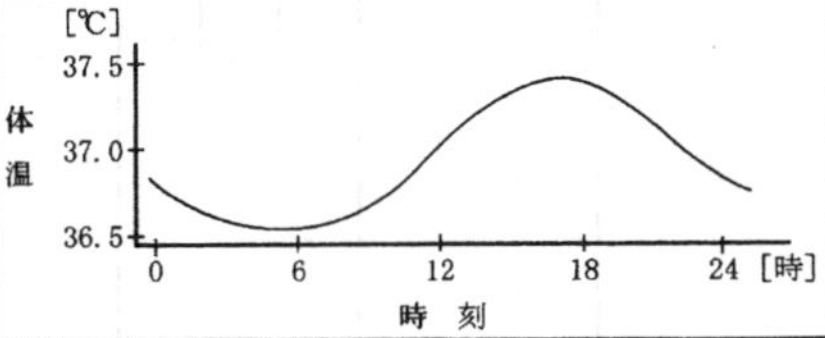

2

問1	A		B		問2				
問3	小麦ふすま		灰汁						
問4		問5							
問6		問7							
問8	a		b		c		d		
問9	から　　に変化するとき								
問10									

3

問1									
問2									
問3		問4	秒速　　cm	問5		問6		問7	
問8	記号		理由						
問9									

4

問1	海洋		大陸	大陸	大陸							
問2	1		2		問3		問4	a		b	問5	
問6		問7	年後	問8								

(注) この解答用紙は実物を縮小してあります。B４用紙に139%拡大コピーすると、ほぼ実物大で使用できます。(タイトルと配点表は含みません)

〔理　科〕40点(推定配点)

1～4　各１点×40＜1の問１，2の問７，問８は完答＞

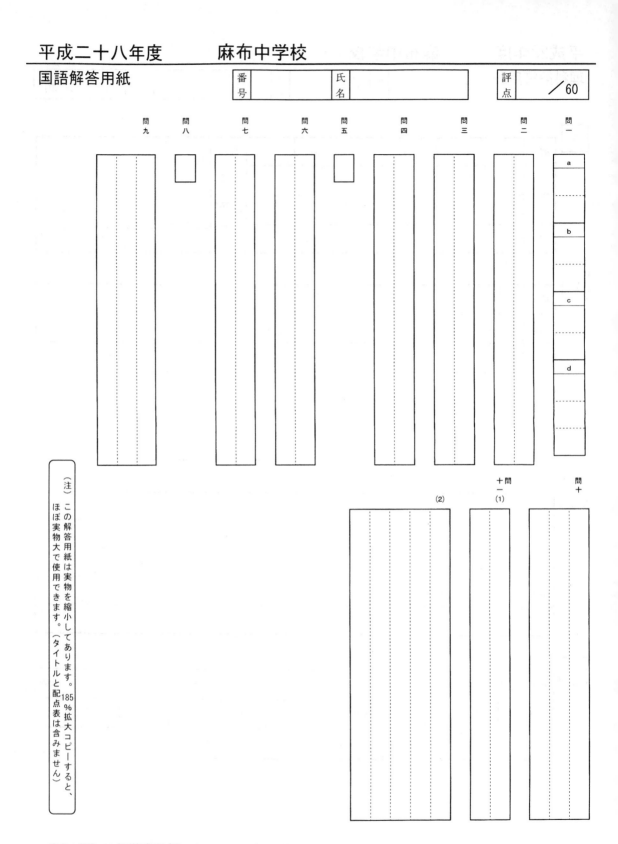

平成二十八年度　麻布中学校

国語解答用紙

番号		氏名		評点	／60

問一　a　b　c　d

問二

問三

問四

問五

問六

問七

問八

問九

問十

問十一　(1)　(2)

（注）この解答用紙は実物を縮小してあります。185％拡大コピーすると、ほぼ実物大で使用できます。（タイトルと配点表は含みません）

〔国　語〕60点(推定配点)

問１　各２点×４　問２～問４　各５点×３　問５　３点　問６，問７　各５点×２　問８　３点　問９，問10　各５点×２　問11　(1)　５点　(2)　６点

平成27年度　　麻布中学校

算数解答用紙　No. 1

番号		氏名		評点	／60

1 次の計算をしなさい．

$$\left\{3\frac{1}{15}-1.56\div\left(1\frac{1}{4}-0.6\right)\right\}\div\left(1\frac{2}{3}-1.2\right)$$

答

2 以下の２つの条件にあてはまるような，３つの２桁《けた》の整数 ア，イ，ウ を求めなさい．

（条件１） ア から ウ を引いた数と イ から ウ を引いた数との比は 2 : 7 である．

（条件２） ア に ウ を足した数と イ に ウ を足した数との比は 5 : 8 である．

答　ア＝　　，イ＝　　，ウ＝

3 たて 40 cm，よこ 30 cm，高さあcm の直方体の形をした水そうがあり，図のように仕切りで区切られています．この仕切りの両側に図のような水道 A, B があり，両方からそれぞれ毎秒 $18\frac{3}{4}$ mL の割合で水を入れていきます．水を入れ始めてから 5 分 36 秒後に A から入った方の水の高さと B から入った方の水の高さとが等しくなり，水を入れ始めてから 7 分 28 秒後には A 側と B 側が同時にいっぱいになりました．このとき，以下の問いに答えなさい．ただし，図は正確とは限りません．また，仕切りの厚さは考えないものとします．

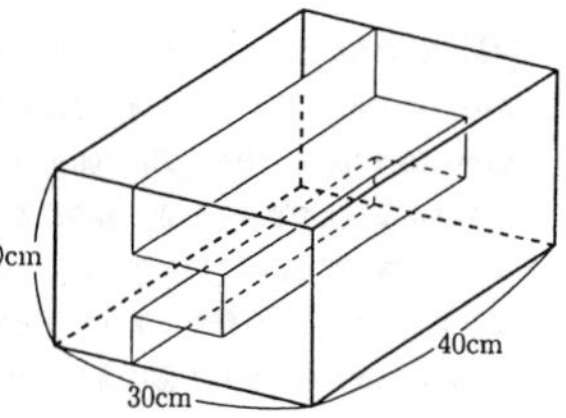

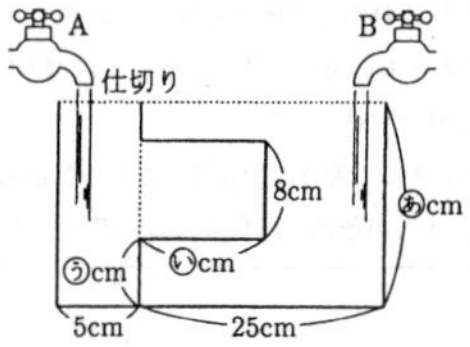

(1) あは何 cm ですか．

答　　cm

(2) いは何 cm ですか．

答　　cm

(3) うは何 cm ですか．

答　　cm

平成27年度　　麻布中学校

算数解答用紙　No. 2

4　公園内に右図のようなコースがあります．(あ)から(い)は 100 m，(い)から(う)を通って(え)までは 200 m，(い)から(え)は 100 m，(え)から(お)は 100 m です．

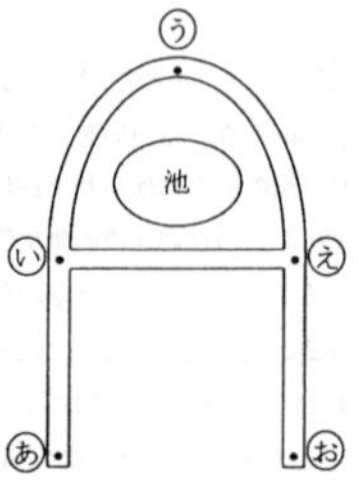

A さんは一定の速さで歩き，(あ)の位置から出発して，コース上を (あ) → (い) → (う) → (え) → (お) の順に進みます．B さんは自転車に乗って分速 280 m で走り，(お)の位置から出発して(え)に進み，(え)に着いたあとは (え) → (う) → (い) → (え) → (う) → (い)… と池の周りを反時計回りに何度も周回します．

2 人とも同時に出発したとして，次の問いに答えなさい．ただし，答えは整数または分数で書きなさい．

(1) A さんの速さは分速 70 m であるとします．

① 2 人が最初に出会うのは出発してから何分後ですか．

答　□　分後

② 2 人が最後に出会うのは出発してから何分後ですか．

答　□　分後

(2) A さんと B さんがちょうど 3 回出会うとき，A さんの速さとして考えられるもののうち，最も速いのは分速何 m ですか．

答　分速　□　m

5　(1) $\frac{○}{84} = \frac{1}{□}$ となる整数の組 (○, □) は，(1, 84) と (84, 1) を含めて 12 組あります．残り 10 組をすべて書きなさい．

答

(,)	(,)	(,)	(,)
(,)	(,)	(,)	(,)
(,)	(,)		

(2) 2 つの整数ア，イの最小公倍数は 84 であり，$\frac{1}{ア} + \frac{1}{イ} = \frac{11}{84}$ となります．整数ア，イを答えなさい．ただし，アはイよりも小さいものとします．

答　ア＝　　，イ＝

(3) 4 つの整数ウ，エ，オ，カの最小公倍数は 84 であり，$\frac{1}{ウ} + \frac{1}{エ} = \frac{1}{オ} + \frac{1}{カ}$ となります．また，ウとエは 3 の倍数で，オとカは 3 の倍数ではありません．整数ウ，エ，オ，カの組を 2 組答えなさい．ただし，ウはエよりも小さく，オはカよりも小さいものとします．

答　ウ＝　　，エ＝　　，オ＝　　，カ＝

ウ＝　　，エ＝　　，オ＝　　，カ＝

平成27年度　　　麻布中学校

算数解答用紙　No. 3

6　図1のような立体を角すいといいます．
角すいの体積は
(底面の面積) × (高さ) ÷ 3
で求めることができます．

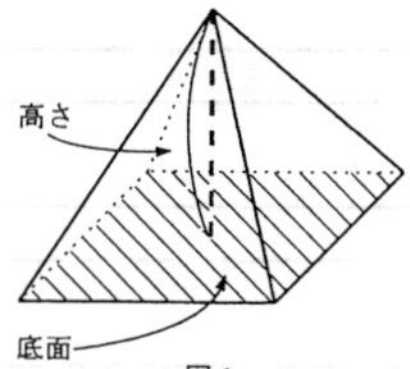

図1

図2のような4つの合同な正方形と，4つの合同な二等辺三角形を組み合わせてできた容器があり，水でいっぱいに満たされています．この容器をゆっくりと傾けて水をこぼし，三角形IGFを水平な地面にぴったり重ねたところ，容器内の水面がBとJを通りました．このとき，以下の問いに答えなさい．

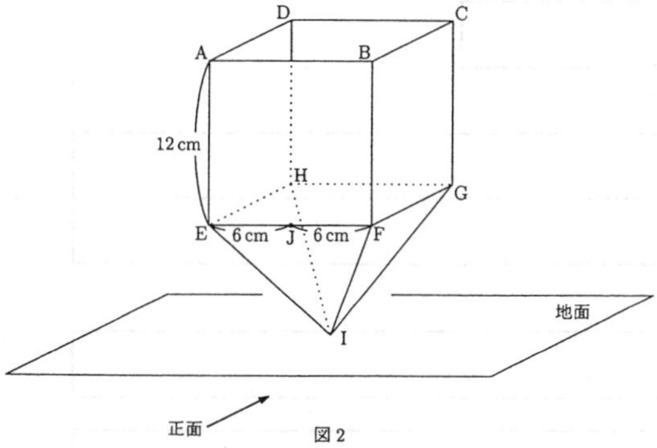

図2

(1) 下図は容器を正面から見た図の一部です．この図に，辺EIを表す線と容器内の水面を表す線を書きこみなさい．

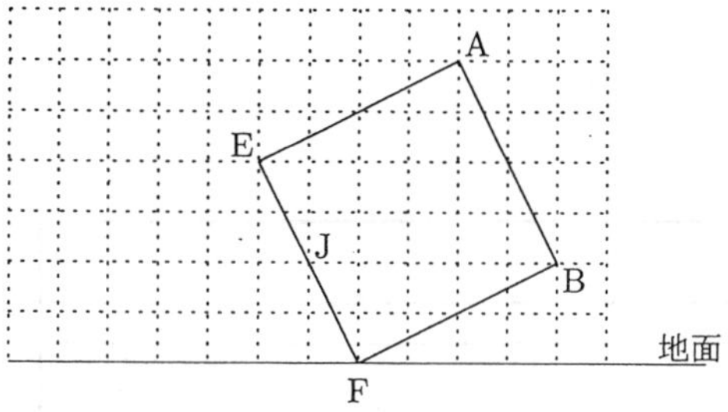

(2) 容器の容積を求めなさい．

答　　　　cm³

(3) 容器に残った水の体積を求めなさい．

答　　　　cm³

(注) この解答用紙は実物を縮小してあります。175% 拡大コピーすると、ほぼ実物大で使用できます。(タイトルと配点表は含みません)

〔算　数〕60点(推定配点)

1～6　各4点×15＜2，5の(1)，6の(1)は完答＞

平成27年度　　麻布中学校

社会解答用紙　No. 1

番号		氏名		評点	／40

問1

① シャクシャイン：

② 栄　西　：

③ 千 利 休 ：

問2

問3

問4

問5

写真2

写真3

問6

益子	備前	萩

問7

平成27年度　　麻布中学校

社会解答用紙　No. 2

問8

問9

問10

問11

問12

(80)

(120)

(注) この解答用紙は実物を縮小してあります。B４用紙に143％拡大コピーすると、ほぼ実物大で使用できます。（タイトルと配点表は含みません）

〔社　会〕40点(推定配点)

問１～問３　各２点×５　問４　３点　問５～問７　各２点×５＜問６は完答＞　問８　３点　問９，問10　各２点×２　問11　３点　問12　７点

平成27年度　麻布中学校

理科解答用紙

番号		氏名		評点	／40

1

問1		問2			
問3					
問4					
問5		問6			

2

問1		問2	①		②		
問3	①						
	②						
問4		問5		問6			
問7							
問8							

3

問1		問2	①		②		問3		問4		問5		問6		
問7	P1　　km/秒	P2　　km/秒													
問8	①		②		③		④		⑤						

4

問1			問2	赤色		青色		紫色	
問3	赤色		青色		紫色		問4	nm	
問5									
問6									

(注)この解答用紙は実物を縮小してあります。Ｂ４用紙に139%拡大コピーすると、ほぼ実物大で使用できます。(タイトルと配点表は含みません)

〔理　科〕40点(推定配点)

1～4　各１点×40＜1の問６，2の問６，4の問１は完答＞

平成二十七年度　麻布中学校

国語解答用紙

番号		氏名		評点	／60

問一 a b c d

問二

問三

問四

問五

問六

問七

問八

問九 ということ

問十

問十一

問十二 (1) A B (2)

問十三

（注）この解答用紙は実物を縮小してあります。182％拡大コピーすると、ほぼ実物大で使用できます。（タイトルと配点表は含みません）

〔国　語〕60点(推定配点)

問１　各２点×４　問２，問３　各３点×２　問４　５点　問５　３点　問６　５点　問７　３点　問８　５点　問９～問11　各３点×３　問12　(1)　各３点×２　(2)　５点　問13　５点

Memo

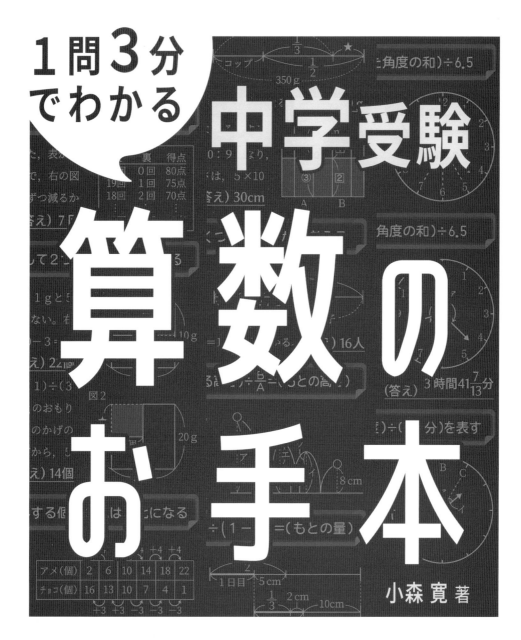